光　緒
嘉興府志

第四册

[清] 許瑤光　修　吳仰賢　等纂

嘉興市地方志編纂室　編校

上海古籍出版社

嘉興府志卷五十四

列傳〔五〕

嘉善縣

明

孫詢，字廷言。博學多才。宣德初，應賢良詔，爲廣西布政司檢校。時峒蠻竊發，無寧歲。安遠侯柳溥擬詢往諭之，詢毅然冒險入，宣上威德，事以定。陞分宜縣丞，歲祲，平量衡，去冗費，設法賑濟，全活甚衆。尋以疾致仕。所著有《忠孝廉節》《武塘覽勝》諸書。孫璧，字拱樞，官景州訓導。亦善詩文。嘉善倪《志》。參于《志》。

俞綱，字宗正。寓籍上元，爲諸生。改隸順天。舉修《宣廟實錄》，歷中書。郕王受封，簡輔導，詔綱侍講。歷陞太子少保，兼兵部侍郎，改南京禮部。成化二年致仕，十四年卒。賜祭葬。綱和厚縝密，謹身率職，稱爲長厚君子。王世貞言："綱入内閣，不由翰林，且係乙科，亦本朝異數。"然考綱當日被命即辭，實未嘗入閣也。《嘉禾徵獻錄》。

施奇，字廷偉。少好學，寒暑不輟。登景泰甲戌進士，授工部主事，奉使山後諸鎮，閱視兵砦，邊將餽遺，悉卻之。尋復清匠江西，至建德，鄉人有官縣幕者以白金餽，奇駭，曰："是安得此，若執汝是賣廉矣，亟去。"鄉人慚而退。擢知太平府。改知萊州。卒。《分省人物考》。

劉侃，字克剛。景泰初，領鄉薦。選知涇州，政尚寬簡。朔方歲事征討，涇當要衝，大將提兵必道涇，侃措置有方，雖供億百出，民不擾。都御史馬文升嘉其績，與御史劉廷高交章論薦。擢守延平。同知某恃才凌轢，侃置弗較，未幾没，撫恤其家，時稱長者。侃素廉約，兩赴官，皆鬻產以行。及歸，囊篋蕭然。授徒自給，足不入城市，號樂閑翁。工楷書，詩文亦清麗。卒年七十。

楊霖，字時望。祖嗣宗，洪武中以人才徵，試工部主事。霖自少以氣節自負聞，四明楊守陳邃易學，負笈從之遊。天順中貢，領應天鄉薦。知玉田，改任寶坻，抑強扶弱，清白自守，有古循吏風。以上《嘉禾徵獻錄》。

夏勖，字汝建。知内邱縣，歲飢，蠲民租，仍出粟賑之，全活甚衆。勖爲人疏簡，持大體，不屑屑細故。逮居官，持法不撓，除奸去盗，境内肅然。

高第，字士元。以貢授永福知縣。先是，縣被兵荒，民多流亡。第至，廣招撫，給田開墾，民復故業。

周紀，字廷理。以進士授豐城令。縣多淫祀，有曰官將軍者尤惑人。紀下車，立毀之，人服其正。以上袁《志》。　參嘉善倪《志》、于《志》。

任泰，字亨伯。成化乙未進士，授上饒令。時婁諒稱名儒，屈體事之。爲政知大體，增置學舍，親爲講授。立法清丈田畝，以杜爭訟。作浮梁，增社倉，凡有利于民者，行之不遺餘力。孫縈,字公職。爲新野王府教授。王年少,縈以輔導自任,進講輒以前代賢王事條析陳之。縈事母孝,父遺產悉讓諸弟。弟芹爲蕪湖訓導,醇厚簡默,不苟言笑。里人稱任氏世德云。《嘉禾徵獻錄》。

王琳,字廷佩。登進士,爲兵科給事中,彈劾不避權豪。尋陞福建右參議,招撫永安頑民八百戶,清廢稅千餘石。轉貴州參政,卒。嘉善倪《志》。

王相,字廷輔。以貢拜蘄水丞,邑田無經界,多爲巨室兼并。相至,首正之。濬畎澮以興水利,御史上其事,特加旌異。尋移疾歸。嘉善于《志》。

於岨,字文瑞。以進士知南皮縣,遷吳橋。丁外艱。服闋,改知無極,皆有能聲。擢建寧府同知,革清軍紙價,黜貪令。衛有屯田,久侵于民,軍多逃亡,凡五奏,不得白。岨按籍悉還之,軍乃歸伍。正德初,擢知慶遠府。土酋缺貢賦,例出金啗守。岨以其物充遍,夷大感悅。郡人不知學,立程式以課,文教大興。《嘉禾徵獻錄》。

卞諶,字信之。父翩,家貧,客同里。有女窺之,辭去。爲諸生,不仕。諶,弘治壬戌進士,授廣信府推官。決獄精允,雖老吏不逮。嘗經鉛山嶺,道有臥屍,忽夜夢一人,曰:“我傭者,爲主所殺。”密訪其人,得之,竟抵罪。郡有巨室殺人,匿屍燕室中,諶廉其處,發屍驗之,遂伏辜,其發奸摘伏類如此。嘗謂姑息所以養盜,乃嚴鉤捕,得宿盜,重治之。盜乃止。三載,行取,道卒。兄子玉,有至性。母病,籲天願代。爲廣東海陽教諭。子錫,負異才,篤學,登嘉靖丙辰進士。官司勳,時嚴嵩柄政,不爲屈。又嘗卻鹺賈賂,時論重之。《嘉禾徵獻錄》。參嘉善楊《志》。

王倬[1],字廉父。嘉靖壬戌進士,授職方,從尚書劉燾征曾一本。燾欲誅老帥王詔,倬力爲解釋,後竟用詔,擒酋首以獻。歷武選郎,以議馬市,忤高拱、張居正。而拱又秉銓,遂出爲永州守。庭無滯獄,乞終養歸。服除,拱、居正先後敗,起廬州知府,累陞湖廣道御史。以疾乞休。居家好施予,宗黨賴之。

沈科,字子進。嘉靖甲辰進士。授工部營繕司主事。庚戌,邊烽直薄都下,軍務久弛,猝不能辦車牛。科旦夕支給,數日而畢。飛輓旁午,賴以濟。知臨江府,遷江贛兵備副使,平劇賊李文標等。時官江右者,皆嚴嵩私人,聞科才,陰令人諷之。科正色曰:“科即不才,奈何以天子臣爲相公奴隸?”嵩銜之。未幾轉苑馬寺卿,左遷河南副使。有欲爲科謀解於嵩者,科聞而謝之,卒不聽。甫之官,嵩嗾言官劾罷之。科事親孝,撫其弟友愛,生平磊落多大節。嗜學能文。著有《史抄》二十卷。以上《嘉禾徵獻錄》。

盛唐,字元陶。嘉靖戊戌進士。初授江西吉安府推官,每讞獄,摘發幽隱,爰書成己手,吏胥不能爲奸。入爲湖廣道御史,時重建太廟,有希上意者,奏當倣周制七廟,以憲宗爲祖,興獻帝爲考,唐極言其非。疏入,世宗震怒,覽其疏,擲地者三。浹旬後得旨罰俸,邪議遂寢。巡按陝西,以劾仇鸞降湖廣布政司照磨,陞國子監博士,累陞湖廣副使。《分省人物考》。參《嘉禾徵獻錄》。

錢貞,字子元。博學積行。嘉靖丁酉順天鄉薦,授福建尤溪令。操守峻潔,愛民好士。陞汝寧府同知,悉心佐政,保民如赤子。代去,百姓攀援不忍舍,夾轂焚香,追送數十里而後返。以入覲卒于京師。汝人聞之,爲之巷哭。著有《實政錄》。其在信陽,捐俸薪以完逋賦;西平則均馬政以省夫役;確山則修庠校,祀呂先生于鄉賢,皆政之卓卓者。嘗修《尤溪志》,詳于土田、戶口、賦役,尤人德之。立碑祀名宦。《兩浙名賢錄》。參嘉善楊《志》。

陸埒,字秀卿。嘉靖丙戌進士。初任南刑部,嚴嵩方爲翰林,求訂交,拒不納。嚴令人私詢其意，埏曰："此人雖有時名，實奸雄也。"嵩銜之。歷任兵部武庫，出知武昌，徙岳州。在任崇節儉，寬迪息訟，措牛種，開荒蕪。歲飢，竭倉以賑，活飢民數百萬。時嵩已柄政，銜前事，十年不調。御史伊毓生巡歷至岳[2]，埏供奉甚薄，伊怒，直入其署，惟老蒼頭二人，敝筐無鎖，檢之殘書百帙，布衣數事而已。特疏薦，陞京堂。埏至都，不謁嵩。嵩遣人諷之，埏曰："受職天朝，拜恩私第，賢者不為。況未受官而先謁權貴乎？"卒不往。陞太僕少卿，轉光祿正卿。以僉都御史撫河南，乞歸。

錢于鄰，字德卿。嘉靖丙辰進士，授邵武知縣。歷官四川按察司僉事。性儉樸，絕無宦情，孤立行意而已。以上《嘉禾徵獻錄》。

丁賓，字禮原。隆慶五年進士。授句容知縣。徵授御史。大學士張居正，賓座主也，誣劉臺以贓，屬賓往遼東按之。賓力辭，忤居正意，去官。萬曆十九年，用薦起故官，累遷南京右僉都御史兼督操江。江防多懈，賓率將校乘一舟往來周視，增守兵戌要害，部內晏然。南衛世職率赴京師請襲，留滯不得官，賓請就南勘襲。妖民劉天緒左道事覺，兵部尚書孫鑛欲窮治之，詔下法司訊鞫。賓兼攝刑部大理事，力平反，論七人死，餘皆獲釋。召拜工部侍郎，尋擢南京工部尚書。自上元至丹陽道路，盡易以石，行旅頌之。數引年乞罷，光宗立，始予致仕。賓官南都三十年，每遇旱潦，輒請賑貸，時出家財佐之。初以御史家居，及丁憂歸，連三年大飢，咸捐資以賑。至天啟五年，復捐粟三千石賑貧民，以資三千金代下戶之不能輸賦者。撫按錄上其先後事，時已加太子少保，詔進太子太保，旌其門，以年高，三被存問。卒，年九十一。謚清惠。《明史》。

朱鳳，字文瑞。貢生。為邵武教授，郡有滛祠，賽祭無虛日。鳳往以杖擊之，像自塌壞。二子賢、愚。賢，字汝賢。以貢官沔陽學正。戶部蕭某從賢受經，讞獄至浙，有大姓坐法論死，用賄乞求末減，賢卻之。愚，字汝明。負氣節，曾上書規郭縣令，郭謝過，表其書于門，以示悔。任松江府訓導。《嘉禾徵獻錄》。

孫朝宗，字賓江。至孝，事父百歲翁嵐及母鍾，依依孺慕，寢食未嘗不在側。伯兄朝宰病瘵早世，哭之慟，啟其衾同臥，曰："今而後不復與兄同此被也。"隆慶丁卯，鄉薦授福建順昌令。歲大祲，捐俸易家產佐賑，全活數萬。邑設關，舊有私稅，請除之。沒，祀名宦。錢士升為立《傳》。嘉善楊《志》。

錢吾德，字湛如。食貧力學。萬曆初，禾郡推三名家，一為袁了凡，一為馮具區，一即吾德，時人咸以公輔期之。庚午舉于鄉，秉鐸若上。擢遷安令，多惠政。邑為閩藪，槩不與通。補泰寧令，益砥清白。有置黃金于茗器以饋者，密封還之。民苦逋賦，為核產分戶，均役平輸。邑產斷腸草，民有憤鬥，輒輕生食之。吾德令犯法者拾草，多寡以贖罪重輕，期年根荄盡絕。移守寧州，大水矯檄，發賑。居官不潤脂膏，居家不問生產，凡焚券裂責，助婚助葬，皆歡喜為之。子繼登，有《傳》。次子繼振，鄉貢，不仕，以孝友聞。繼章，崇禎丙午舉人。《嘉禾徵獻錄》。

毛汝賢，字見吾。嘉靖丙辰進士。授鳳陽府推官，累陞郎中，降南禮部員外，遷大名兵備副使。汝賢性坦夷，不留宿怨，其調禮部，以御史周宏祖劾之故論降。及在大名，宏祖適為屬吏，于公事無纖介嫌，宏祖亦詳其行事，大愧服焉。《嘉禾徵獻錄》。

朱廷益，字汝虞。萬曆丁丑進士。為漳浦令，歲比不登，捐俸賑飢，全活甚眾。補令嘉定，時苦漕兌，請于大司農，改折二十萬石，歲省民財以五萬計。奏最，得南儀部，遷考功，擢僉事。

督江西學政。屏絕干謁,益王餽古琴,受而橛諸學宮曰:"此琴貯文廟,以彰賢王崇儒雅意。"翌日,王以妃弟囑廷益,謝曰:"校閱時何由私識,執法所以敬王也。"發卷置劣等。擢南通政司參議。馮夢禎《行略》。

支大綸,字心易。萬曆甲戌進士。試政西曹,時江陵秉政,進白燕紅蓮以爲瑞。綸言於朝曰:"大臣不宜稱祥瑞,啟侈心。"遷泉州司理,時侍郎洪朝選失江陵意,欲中以法,乃爲書具陳"天道人事,不宜枉殺大臣以媚人"。江陵益嗛之,遂罷官。又七年,推補江西藩幕,遷奉新令。復與上官不協,掉首而還。卒,門人私謚文介先生。著有《嘉隆編年史》《華平集》行于世。子如玉,有《傳》。《檇李詩繫》。

王慎德,字允明。萬曆庚辰進士。知萬安縣,力鋤豪強,有能聲。行取廣東道御史,出按廣東,復按四川,與討平楊應龍之亂,上功將遷。值並封事起,疏請建儲甚力,忤旨,罷。光廟立,追贈光祿寺少卿。

葉繼美,字含章。萬曆癸未進士。知金溪縣,清冤滯,丁憂。補蕪湖。擢刑科給事中,彈劾不避當路。請建儲,停礦稅。及疏救王錫爵、高攀龍甚力。出典湖廣鄉試。累進吏科都給事中,以疏阻東事削籍,後東事敗,一如繼美言,終不得申理。子培恕,字行可。崇禎甲戌進士。知崑山縣,考察降福建按察司照磨,不赴,歸。以上《嘉禾徵獻錄》。

袁黃,初名表,字坤儀。仁子。黃少負異才,于三乘、四部、星雜諸書無不研究。萬曆丁丑會試擬第一,以策忤主試被落。後改名黃,至丙戌始第,授寶坻知縣。邑諸役倍于田賦,車運皇木爲甚。黃請由會通河運入,移皇木廠於三賢祠北,使濱水受木便。臺使爲奏,報可。因盡革重夫重馬、採石及箭手諸役。邑田窪下,比歲大潦,黃浚治三坌河,築隄捍之。海水時溢入爲患,令海岸多植柳,高數尺,潮退,沙遇柳即淤,漸成隄。因于隄內地開溝塍,課耕種,曠土大闢。遷兵部職方司主事。適倭侵朝鮮,朝廷大舉東征,經略薊遼宋應昌請黃贊畫,與劉黃裳浮海渡鴨綠江,調護諸師。提督李如松桀鷔自恣,黃數其罪,大恨,與黃裳比而搆之。未發,如松大敗于碧蹄館。兵部尚書石星意主款,黃亦以將驕兵罷,上書于星。未幾而如松以十罪列黃,黃遂以京察免歸。熹宗立,吏部尚書趙南星追敘東征功,贈尚寶司少卿。子儼,字若思。天啟乙丑進士。授高要知縣,悉心籌畫,興革甚多。雨潦驟漲,城中水深三尺,儼走暑雨中,竭力捄援,治苫蓋,作粥糜,倩工撈溺,斂瘞浮骸。入秋淫霖不止,米價騰踴,細查貧戶而親給之,以勞瘁嘔血,猶親民事,遂不起。士民市唁巷哭,如喪所生。《吳江志》。參《嘉禾徵獻錄》。

錢承統,字道光。少孤。事兄以禮,從杜偉講學松陵,獲聞羅念庵主靜之旨,製一木榻,晝夜危坐其中,刻苦提撕,後漸進平實。嘉善章《志》。

丁寅,字直原。幼敏嗜學,入北雍,無所遇,遂屏舉子業。遊王畿、唐樞之門,講身心實學。事母盡孝,敝衣蔬食,人稱爲篤行云。袁《志》。

曹津,字元會。諸生。以貢歷南安府教授,課士有程。賙貧生,卻贈賄,秋毫無所苟。著《周禮集傳》。嘉善楊《志》。

陳于王,字用賓。萬曆丙戌進士。授魏縣。父憂。服闋,補句容。甫下車,申飭保甲法,奸宄屏息。凡徵收節縮,必殫思斟酌。據道理遠近,立爲限。嚴胥吏出入,防其侵擾。聽訟多以理諭,令兩造自釋。遷刑部主事,士民擁道遮留,若失慈父母。于王以祖母年九十,告改南兵部,督龍江關稅。中官在南者亦設科稅于儀真,撓于王權,于王曰:"該監不得侵本部職,重困商民。"有假中旨橫索者，以法從事，遂止不復稅。調吏部，陞湖廣按察司副使，兵備武昌。值淫雨，漢水暴溢，穀騰貴，群盜並起。山谷深僻有數大姓，實爲盜首。于王練兵，按甲弗動，檄諭何、陳、徐、譚等十二姓，反覆開導。于是縛其渠魁以獻，盜悉平。尋陞四川按察使。未蒞事，歸。逾年改推福建，命下，以疾卒。子山毓、龍正，有《傳》。

沈道原，號淮槎。科子。萬曆乙未進士。授樂安令，以病歸。樂安士民挽留甚切，改松江教授，陞國學，尋轉工部主事，歷改吏部。道原在松江，知青浦知縣某貪墨無狀，及司察，遂斥之，青浦民咸以爲快。調文選司，以病告歸。道原業可自給，入官後中落，人稱其清操。以上《嘉禾徵獻録》。

馮盛典，字桂海。萬曆辛丑進士。授刑曹，出守歸德。遷兩淮運使，與巡鹽爭禮，至上聞，詔令抗禮。累遷河南布政使，謝政歸。莊則孝，字翼庵，戊戌會試，辛丑廷試，授福建興化推官，平反無疑獄，陞禮部主客郎。乞歸，行李蕭然。没，祀鄉賢。沈萬鉌，字玉臺。鄉薦。後力學。著書有《詩經類考》傳世。嘉善楊《志》。

曹穗，字泰宇。家貧，事父極孝養，撫幼弟以恩。婚喪之儀，必式於古。祭必齋器，物必夙戒。覃思性理河洛之言，期月間鬚髮爲白。執經者甚衆，魏忠節大中出其門。生平無疾行，無惰容，無譁語，無違心之言，無欺人之事。子勤，有《傳》。嘉善章《志》。

夏九鼎，字台卿。少從顧憲成學，萬曆間鄉薦，北上，憲成屬其請益於李材。時材官兵部侍郎，誣下獄。九鼎從獄中受講，登進士，即抗疏白其冤。釋褐，疏爭三王並封事。艱歸，補新喻令，調安福，皆清操自勵，多政績。上計，卒於道，貧不能殮。生平秉禮蹈義，晝所爲，夕必書之。任安福時，莫敢干以私。人稱爲夏鐵耳。袁《志》。參《西江志》。

錢天允，字延之。萬曆辛丑進士。知攸縣，勤慎樸素，革除羨餘贖鍰，豪猾望風束手。毀諸淫祠，尤詳慎刑，獄民無冤濫。入爲工部都水司主事，進兵部郎中。卒，祀鄉賢。《嘉禾徵獻録》。

毛尚忠，字誠庵。萬曆甲辰進士。歷海澄、棗强令，皆有治績。陞工部主事，杜絕中貴人請託，光宗在東宮異之，書"承恩堂"額以賜。遷雲南僉事。弟尚質、尚文。尚質，字素庵。狷介，重然諾。尚忠卒，子幼，尚質撫育遺孤，辛勤備至。尚文，字郁庵。以鄉貢爲新昌訓導。一作餘姚[3]。巡按以其才檄令查盤一郡庫藏，積弊蠹剔殆盡。遷紹興府教授。《嘉禾徵獻録》。參吳《志》。

計元勳，號明葵。萬曆丁未進士。由南銓部郎出爲山東參政，分巡濟南。東省謀建逆璫生祠，遂挂冠歸。爲人敦愨，有古風。宦轍所至，咸著清節。居家，杜跡城市，鄉黨推爲祭酒。《嘉禾徵獻録》。

蔣英，號屺瞻[4]。萬曆庚戌進士。初令松溪，調漳浦。服闋，補宜興。爲江南劇邑，賦煩民困，英愛民執法，薪米之需咸取給於家。歷遷南刑、禮二部主事，旋改南驗封司郎中，轉福建副使。未之官，時璫逆勢焰已極。英與周宗建爲姻家，因于推升疏内批蔣英依傍門户，著革職。忠賢敗，以故官分巡蘇松，坐事貶秩。未行，而宜興民變。上官以英先治宜興得民心，檄之撫治。單騎往諭法豪家僮客數人，令亂民自獻其首惡，亂遂定。宜興故多豪家，修撰陳于泰、編修陳于鼎兄弟尤橫，遂激民變。執兵鼓譟，勢洶洶。賴英事旋定。而周延儒方枋國，與陳氏有連，銜英，再貶兩秩，遂歸。《嘉禾徵獻録》。參《明史》。

錢士升，字抑之。萬曆四十四年殿試第一，授修撰。天啟初，以養母乞歸。進左中允，不赴。高邑趙南星、同里魏大中受璫禍，及萬燝杖死追贓，皆力爲營護，破產助之。起少詹事，掌南京翰林院,即謝病歸。後起南京禮部右侍郎,署尚書事。祭告鳳陽陵寢,疏陳户口流亡之狀甚悉。拜禮部尚書兼東閣大學士。入朝,請停事例,罷鼓鑄,嚴贓吏之誅,止遣官督催新舊餉,第責成於撫按。帝悉從之。帝操切,温體仁以刻薄佐之。士升因撰《四箴》以獻,大指謂寬以御衆,簡以臨下,虛以宅心,平以出政,其言深中時病。帝雖優旨報聞,意殊不懌也。無何,武生李璉請括江南富户報名輸官,行首實籍没之法。士升擬旨下刑部提問,帝不許,體仁遂改輕擬。士升曰:"此亂本也,當以去就爭之。"乃疏言:"自陳啟新言事,擢置省闥。比來借端倖進者,實繁有徒,然未有誕肆如璉者也。郡邑有富家,固貧民衣食之源也。地方水旱,有司令出錢粟,均糶濟飢,一遇寇警,令助城堡守禦,富家未嘗無益於國。《周禮》荒政十二,保富居一。今以兵荒歸罪於富家朘削,議括其財而籍没之,此秦皇不行於巴清、漢武不行於卜式者,而欲行於聖明之世乎?今秦、晉、楚、豫已無寧宇,獨江南數郡稍安。此議一倡,無賴亡命相率而與富家為難,不驅天下之民胥為流寇不止。或疑此輩乃流寇心腹,倡橫議以搖人心,豈直借端倖進已哉!"疏入,而璉已下法司提問。帝報曰:"即欲沽名,前疏已足致之,毋庸汲汲。"前疏謂《四箴》也。士升惶懼,引罪乞休。帝即許之。弟士晉,由進士除刑部主事。崇禎時以山東右布政擢雲南巡撫。築師宗、新化六城,濬金針、白沙等河,平土官岑、儂兩姓之亂,頗著勞績。已而經歷吳鯤化訐其營賄,體仁即擬嚴旨,欲因弟以逐其兄。命下,而士晉已卒,事乃已。《明史》。

　　錢栻,字去非。原名格,士升子。少從婦翁吳兵部志遠講求性命之旨。崇禎庚午,漳浦黃道周典浙試,得其牘,謂必老師宿儒,置第八。及謁見,年僅弱冠,黃益嘆賞。為人厚重寡言,不妄交與。鄉舉後益刻勵學問。道周以言事下獄,栻納橐饘,不避險難。後講學杭之大滌山,栻病起,褰裳往從。竟中風露卒,年三十三。道周呼其名而慟之曰:"吾道無傳矣。"姜埰撰《墓志》。

　　錢棅,字仲馭。士升仲子。崇禎丁丑進士。授南職方,轉郎中。察軍政,剔夙弊。中涓欲有所撓,糾之不少枉,南都稱健決郎。遷廣東僉事,請終養。棅伉爽豪邁,其天性而言吶吶如不出口。至於處大事,決大疑,臨大節,雖古剛介大臣不是過。甲申都城陷,棅方病嘔血,聞北耗,糾兵勤王,慷慨誓師,聞者感激泣下,一切糧餉皆破產為之。乙酉八月,殉節震澤。生平博綜正史,兼採漢魏六朝諸名家,皆有成編。尤好為詩,戛戛去陳,論者方之李長吉。所著有《少司馬新草》《憺園文部》。余懷撰《傳》。參《檇李詩繫》。

　　錢枬,字彥林。士晉子。崇禎癸酉舉人,兵部職方司郎中。國破,死。枬子默,字不識。崇禎癸未進士。知嘉定縣,鼎革後不知所終。或言其為僧,名成回,卒於越之顯聖寺。有《吹簫草》。《嘉禾徵獻録》。

　　錢繼登,字龍門。萬曆丙辰進士,授刑部主事。有珠商與大璫乾没帑金,鞫訊不少貸。轉郎中,摘猾胥奸弊。守饒州,修復芝山書院,與諸生講學。陞蘇松副使,謫歸。崇禎末,起江防都御史,未赴,淮揚失守,歸。卒年八十餘。著《壄專堂集》《東皋問耕録》《易窺》《南華拈笑》《孫武子繹》等書。弟繼振、繼章有《傳》。吳《志》。參《嘉禾徵獻録》。

　　周宗文,號開鴻。萬曆丙辰進士。令清江,築隄以捍章、貢諸水。邑多盜,廉得為首者捕斬之,黨悉散。行取貴州道御史,時廣寧失守,疏糾兵部尚書張鶴鳴緩師玩寇,請明正國典,以儆後人。京師大雨雹,疏請扶陽抑陰。時宦寺專寵,惓惓以君子小人消長為言,不報。值三案會議,宗文持論侃侃,大璫銜之,幾及禍。以艱歸。起尚寶卿,請郵死節諸臣,糾李承祚等附璫之罪。引疾歸。再起光禄,推京尹,為柄國者所抑,解綬歸。弟丕顯,字知徵。天啟辛酉舉人。時若有朗悟,甲申三月,忽呼同年曹勳、陳龍正及兄宗文,謂之曰:"國家有大故,期且不遠,余死不及見,諸君好爲之。"有頃,捉鼻而逝。後十餘日,國破,如其言。《嘉禾徵獻録》。

魏大中,字孔時。自爲諸生,讀書砥行,從高攀龍受業。家酷貧,意豁如也。舉於鄉,家人易新衣冠,怒而毀之。萬曆四十四年進士,官行人。天啟元年,擢工科給事中。楊鎬、李如楨既論大辟,以僉都御史王德完言,大學士韓爌遽擬旨減死。大中憤,抗疏力爭,詆德完語,并侵爌。帝爲詰責大中。御史周宗建、徐揚先、張捷、徐景濂、温皋謨,給事中朱欽相右德完,交章論大中,久而後定。明年偕同官周朝瑞等兩疏劾大學士沈淮,語侵魏進忠、客氏。及議"紅丸"事,力請誅方從哲、崔文昇、李可灼,且追論鄭國泰傾害東宮罪。持議峻切,大爲邪黨所仄目。太常少卿王紹徽素與東林爲難,營求巡撫,大中惡其人,特疏請斥紹徽,紹徽卒自引去。再遷禮科給事中。是時恤典冒濫,每大臣卒,其子弟夤緣要路以請,無不如志。大中一切裁以典制。遷吏科都給事中。大中居官不以家自隨,二蒼頭給爨而已,入朝則鍵其户,寂無一人。有外吏以苞苴至,舉發之,自是無敢及大中門者。吏部尚書趙南星知其賢,事多咨訪。朝士不能得南星意,率怨大中。而是時觝排東林者多屏廢,方恨南星輩次骨。給事中章允儒,江西人也,性尤忮,嫉其同官傅櫆假汪文言發難。文言者,歙人。初爲縣吏,智巧任術,負俠氣。入京,輸貲爲監生,用計破齊、楚、浙三黨。察東宮伴讀王安賢而知書,傾心結納,與談當世流品。光、熹之際,外廷倚劉一燝,而安居中以次行諸善政,文言交關力爲多。魏忠賢既殺安,府丞邵輔忠遂劾文言,褫其監生。復逮下吏,得末減。益游公卿間,大學士葉向高用爲内閣中書,大中及韓爌、趙南星、楊漣、左光斗與往來,頗有迹。會給事中阮大鋮與光斗、大中有隙,遂與允儒定計,囑櫆劾文言,并劾大中與光斗等交通文言,肆爲奸利。疏入,下文言詔獄。大中時方遷吏科,上疏力辨,詔許履任。御史袁化中、給事中甄淑等相繼爲大中、光斗辨。大學士葉向高以舉用文言,亦引罪求罷。獄方急,御史黃尊素語鎮撫劉僑曰:"文言無足惜,不可使搢紳禍由此起。"僑頷之,獄辭無所連。文言廷杖褫職,牽及者獲免。大中乃遵旨履任視事。楊漣疏劾忠賢,大中亦率同官上言。忠賢得疏大怒,矯旨切讓,尚未有以罪也。大學士魏廣微結納忠賢,表裏爲奸,大中每欲糾之。會孟冬時享,廣微偃蹇後至,大中遂抗疏劾之。廣微慍,益與忠賢合。吏部推謝應祥巡撫山西,廣微遂嗾所親陳九疇劾大中出應祥門,推舉不公,貶三秩,出之外,盡逐諸正人吏部尚書趙南星等。明年,逆黨梁夢環復劾文言,再下詔獄。鎮撫許顯純自削牘以上,南星、漣、光斗、大中及袁化中、繆昌期、周朝瑞、顧大章、李三才輩,無所不牽引,而以漣、光斗、大中、化中、朝瑞、大章爲受楊鎬、熊廷弼賄,矯旨俱逮下詔獄。鄉人聞大中逮去,號泣送者數千人。比入鎮撫司,顯純酷刑拷訊,血肉狼籍。其年七月,獄卒受指,與漣、光斗同夕斃之。莊烈帝嗣位,贈大中太常卿,諡忠節。録其一子。《明史》。

魏廷相,字翊卿。大中從弟。萬曆甲辰進士。授汝陽令。始至,即開河以便漕輓。居官清約,人不敢干以私。嚴持吏胥,令不得舞法。邑中春耕,無桔槔取水爲艱,廷相乃令倣吳農作車戽水,于是濱河之地皆可種稻。墾荒數萬畝,民號魏公車。服闋,補棗強。行取四川道御史,未受事,卒。《嘉禾徵獻録》。

曹烈,字允和,更字鴻甫。幼不好嬉,動作有度。通曉圖書、天文地理,已,謂無益身心性命,遂矢志濂洛之學。卒年二十八。語弟子魏學泄曰:"吾肢體日就銷脫,而靈覺不減於舊。"卒之日,從容言別,神色不亂。著《蒙養録》《果行編》。新纂。

魏學洢,字子敬。少隨父大中讀書破寺中,刻苦勵志。大中以璫禍被逮,學洢號呼泣血,欲隨侍入都。大中厲聲曰:"若智出孔文舉八歲兒下耶! 奈何以完卵狗覆巢?"學洢易姓名,密隨檻車行,不令父知。入都,潛匿邸舍,暮夜叩當途。父執無能發公憤者,欲上書代父不得,痛不欲生。大中既斃獄中,遑遽扶櫬歸里,見母痛絶仆地,跡不入中閨,日夜伏草啼號。家人間進粥糜,輒揮去曰:"詔獄中,安得有此?"淚盡,繼之以血,遂死。死二年,弟學濂伏闕訟大中冤。并白學洢死孝狀。又瀝血上疏劾阮大鋮、傅櫆交通逆奄,實殺諸臣。制詔褒美曰:"以爾臣忠,彰爲子孝,洢、濂之義,生死同揆。學洢許配父祠。"癸未,學濂成進士,入翰林。時賊陷太原,濂請東宮或二王往鎮南服。又言當糾合畿輔義士,爲勤王師。城陷,作《絶命詞》,自縊死。濂豁達,多大略。痛父詔獄之慘,終身布衣,無重味。母病,割臂肉和藥進,乃瘳。《檇李往哲編》。

李奇珍,字四可。萬曆進士,知長樂縣。定役緩徵,興利剔弊。任九載,召入兵、户二科,有爭國本、止開礦、議營田、陳星變諸疏,陞太常寺卿。家居十五年,無一字入長安。卒,祀鄉賢。長樂有雙清特祠。袁《志》。

李奇玉,字元美。幼擅文名,與兄奇珍有"二李"之稱。萬曆癸卯舉於鄉。研思《易》學,時高攀龍講道東林,奇玉北面就正,忠憲勗之曰:"發吾蘊者,子也。"天啟壬戌魁南宮。歷遷兵、工兩曹,再守汝寧,數月,引疾歸。發篋中所箋註,研晰疑義,不停筆者十年。《雪園易義》成,大旨與師説相發明。甲申聞變,悲憤卒,學者稱荆陽先生。子松,崇禎庚辰進士。官歙縣令。《儒林傳》。參嘉善楊《志》。

吳志遠,號蓬庵。舉孝廉三十年,未嘗謁官府,就教烏程,擢翰林孔目,改禮部司務。時尚書孫慎行爭紅丸事,託志遠詮次章奏,屬意用之。志遠力請就閒,轉南兵部郎。璫禍發,嘆曰:"吾不能如皇甫規,自附黨人,尚思懷綏乎!"即告歸。年八十終。子亮中,順治壬辰進士。户部員外郎。袁《志》。參嘉善楊《志》。

卞洪載,字子厚。從高攀龍遊,獲聞性命之旨。崇禎間,兩舉徵辟不就。晚舉鄉飲賓,亦不赴。著有《辨邪説》《持敬省察約言》《緑雪軒詩》行世。《嘉禾徵獻録》。

郁調元,字涵真。性孝,鄰失火,從烈焰中負母出,踰垣涉河,兩踝皆裂。父母殁,廬于墓側。饗祀必哭,終其身如一日。以廩例入國學,謁選得儀封丞,司河務,秋水衝溢,濬築盡瘁,河賴以平。遷遼陽參軍,單車赴遼,區畫邊備。嚴汛守,募勇敢,儲糗糧,廣芻牧,放古金城方略,召丁壯,給牛種、耕具于山之右,墾田萬畝。鄉人有戍遼失所者,厚給之。致政歸。以子之章,贈如其官。袁《志》。

顧際明,字良甫。曾祖謹,有義行。父態,見《孝義》。際明萬曆己丑進士,選庶吉士。爲雲南道御史,請告養母。丁憂。起河南道。上言播酋應龍必叛,宜早爲之備。未幾,應龍叛,隨奉命按廣西,事竣歸。上方以言官交爭國本,遷怒臺省,遣斥三十餘人,際明與焉。天啟踐阼,求言。陞太僕寺少卿。先是,際明在臺,巡視太僕,洞悉馬政之弊,至是益甚,乃刻意節省,減費不貲。以黨禍將起,引疾歸。《嘉禾徵獻録》。

陳龍正,字惕龍。父于王,福建按察使。龍正遊高攀龍門,崇禎七年成進士,授中書舍人。時政尚綜覈,中外爭爲深文以避罪,東廠緝事尤冤濫。十一年五月,熒惑守心,下詔修省,有"哀懇上帝"語。龍正讀之泣,上《養和》《好生》二疏。略曰:"回天在好生,無過減死。皋陶贊舜曰:'罪疑惟輕。'是聖人於折獄不能無失也。蓋獄情至隱,人命至重,故不貴專信,而取兼疑;不務必得,而甘或失。臣居家所見聞,四方罪犯,無甚窮凶奇謀者,及來京師,此等乃無虛月。且罪案一成,立就誅磔,亦宜有所懲戒,何犯者若此纍纍?臣願陛下懷帝舜之疑,寧使聖主有過仁之舉,臣下獲不經之愆。"蓋陰指東廠事也。其冬,京師戒嚴,詔舉堪任督、撫者。御史葉紹顒舉龍正。久之,刑部主事趙奕昌請訪求天下真賢才。帝令奕昌自舉,亦以龍正對。帝皆不用。龍正居冷曹,好言事。十二年十月,彗星見。是歲冬至,大雷電雨雹。十三年二月,京師大風。天黃日眚,浹旬不解。龍正皆應詔條奏,大指在聽言省刑。時議欲用龍正爲吏部,御史黃澍以僞學詆之。十七年正月,左遷南京國子監丞。甫抵家而京師陷。福王立於南京,用爲祠祭員外郎,不就。南京不守,龍正已得疾,遂卒。《明史》。

孫朝言,號賓瀾。諸生。入成均,爲廣東藩司首領官。有兄弟搆訟,經年不息者,朝言取具詞裂之,諭以一體至愛。二人悔,各謝過。獄地卑溼,瘐死狼藉。別營高敞,徙居之。遇大水,立括贖鍰,佐以薪俸,扁舟風浪中,且拯且賑。他若平治道塗,庀茸黌序,立義倉以備荒祲,皆長治久遠之計。晉階奉直大夫。三舉鄉飲賓。粵中祀名宦,邑祀鄉賢。《禾郡雜記》。

陸敷錫,字德承。光祿丞,遷柳州通判,署象州事。安仁土司何公思等聲言花蘆古陳諸賊倡亂,請爲朝廷除之,其實欲藉此剽掠爲奸。邊地居民騷然聚衆數萬,與土司相攻殺。上官遣吏往慰諭之,不解。賊曰:"即欲撫我,須陸通判來。"敷錫單騎往撫,遂帖然散去。尋署賓州事,時斷藤峽雖平,然道險民少,間爲山賊竊踞。敷錫乃相要害,移置衛所一十九處,由是山賊遠遁。以母老乞歸。《浙江通志》。

柯元芳,字月傳。崇禎進士,授建寧府推官,署甌寧。浦城接壤甌寧,江山麻龍賊盤互剽掠。元芳募壯勇,設關諜,擒賊首五大王,餘黨竄伏。元芳還郡,而監司僨師,以遺寇詿元芳,坐鎸級。已而賊嘯柘、浦,約日取浦城,元芳詗知之,午夜勒郡邑兵,分道掩捕,質明,七十餘酋反手就縛,諸大吏驚,相告曰:"是果能辦賊,非縮朒縱賊者。"當元芳鎸級時,屬邑令夏允彝與直指抗辨,而閩人亦相率訟言之。卒用得直,解官歸。居十五年而卒。元芳天性至孝,初釋褐,得父平安信,忽心動,急馳歸,而父病劇。侍母終身,如孺子歡。居鄉多行陰德。著述自娛。子聳,有《傳》。《浙江通志》。參嘉善楊《志》。

曹勳,字允大。崇禎戊辰會元,授庶吉士。官至禮部侍郎。時門戶角立,勳負時望,在講筵,每隱護正類。魏大中被逮,周旋患難。吏垣章正宸言事下獄,請救得釋。乞養,十年留都。召起,見時事日非,規切相臣。尋以母喪歸。勳精於《易》,著《易說》三卷。祀鄉賢。《橋李詩繫》。參嘉善楊《志》。

沈鴻起,歲貢,就教,累轉太湖教諭。左良玉以師東下,人勸其去,鴻起毅然曰:"吾木鐸明倫而苟免君父之難乎?"卒死于寇,闔門一十三人俱遇害。《明史》。

徐遠,字道招。少孤力學。崇禎癸未進士,任中書。國變,堅臥不出。長吏至門,輒辭以疾。葛巾野服,三十八年不改。吳《志》。參嘉善戈《志》。

陳揆,字子衆。平居節儉自謹,好周人急。遇歲旱,設法救荒。少善病,絕意進取。專心學古,于經史多發明。晚歲研悅性理。所著有《省心日記》十卷。弟修,字子近。專攻《三禮》,貫穿六經,有《經緯書》,分九部藏于家。袁《志》。參嘉善楊《志》。

沈崗,字若英。本姓蔡,性沉毅端謹,究心濂閩,受業百餘人,一時稱爲安定弟子。兄弟五人,友愛無間言,皆諸生。嘉善楊《志》。

丁鑛,字九貢。賓子,恩廕,當得官,不就。中辛酉副榜,研究宋元諸儒宗旨,身體力行,化畛域,忘喜慍,與人語嘔煦,惟恐傷之。然外和中嚴,不苟同,雖燕處必整飭,盛暑未嘗脫帽露頂。邑令以望重造請見,率婉辭以謝。不問戶外者四十餘年。日手一編,凡論人物臧否,政事得失,皆窮極源委。若鬻產償族孫逋賦,歲饑發粟賑濟,其爲善多類此。卒年八十七。<small>嘉善戈《志》。</small>

沈龍翼,崇禎十七年以府試第一入庠,年已五十。順治二年,王師臨境。是日戴儒冠,登東亭橋赴水死。時有訓導錢一選、陳鶴鳴在城亦死於兵。<small>嘉善萬《志·外紀》。</small>

【校注】

[1] 按:康熙《秀水縣志》卷四《選舉·進士》:"嘉靖四十一年壬戌科　王俸參政。"康熙《永州府志》卷四《秩官上·知府》:"王俸。浙江秀水人。壬戌進士。由兵部郎中隆慶六年任。"卷十五《循良》:"王俸,號會泉,浙江秀水人。由進士知永州,寬弘沈雅,廑恤民隱,陶冶多士,庭無滯獄。"嘉慶《廬州府志》卷二十四《名宦中》:"王俸,字廉父,浙江秀水人。萬曆間知廬州府,剔蠹息民。歲大旱,手橋禾流涕,禱於神,且拜且行。正酷烈間,雷雨忽作,俸淋漓雨中。"由此,疑王俸是秀水人,不當列入嘉善卷。

[2] 按:光緒《嘉善縣志》卷十九《宦業》"陸坰"條作"御史伊敏生巡歷至府"。道光《上元縣志》卷十《選舉·進士》:"(嘉靖十一年壬辰)伊敏生,字子蒙。伯蒙子,以知縣任御史,事見《明史·謝瑜傳》。"《明史》卷二一〇《謝瑜傳》:"逾月,御史伊敏生、鄭芸、陳策亦云嵩居宅乃(郭)勳私人孫澄所居,澄籍没,嵩第應在籍中……伊敏生,上元人。官至山東參政。"故"伊毓生"是"伊敏生"之誤。

[3] 按:光緒《餘姚縣志》卷十八《職官表·明訓導》:"崇禎　毛尚文。"民國《新昌縣志》卷八《職官·教諭》:"毛尚文　嘉興秀水人。歲貢,崇禎二年任。"由此,毛尚文先後任新昌、餘姚兩縣教職。

[4] 按:光緒《嘉善縣志》卷十九《宦業》:"蔣英,字瞻屺。"光緒《漳州府志》卷二十五《宦績》:"蔣英,字瞻屺,嘉善人。"當作"字瞻屺"。

國　朝

錢楞,字芃生。士晉子。順治三年,隨征入閩,署將樂令。會山寇吳長文等竊發,建寧失守,將樂被圍,城中無兵。楞與丞方抗督鄉勇登陴拒之,堅守九月。城碎,率家丁夏允中、沈貴等巷戰,手刃二賊,馬蹶,被殺。家丁死者數人。雍正五年,楞孫、禮部侍郎以塈陳奏,贈按察司僉事,祀功臣廟。<small>《福建名宦册》。</small>

柯聳,字素培。己丑進士,授棗陽令。邑當楚、豫、關、陝之衝,流寇穴西山,數出爲患。聳厲衆登陴,寇旋散。舊帥孟應學歸誠返蜀,道由襄,有利其資者誣爲奸宄,下獄死。聳廉其枉,盡釋其家。以卓異授禮科,前後歷五垣,凡十九年。奏疏凡五十七上,如請郵楚省凋敝,蠲吳江歲租,及建言《春秋》宜四傳並重,不得專主胡傳。又請以理學名臣方孝孺從祀,皆卓卓可傳。轉通政使參議,乞養歸。著有《存古堂文藁》《霽園詩集》。子崇樸,維禎,有《傳》。鄧枚,陝西寧夏兵備道。<small>嘉善崔《志》。</small>

郁之章,字衷恒。順治己丑進士,歷官分巡道。駐上杭,時海寇入漳,聲言來攻,人情驚恐。之章以靜持之,密約城守張國棟整飭營伍,趣士民集演武廳,手草檄以忠義激發,士民咸願效死。賊知有備而退。陞大理寺丞,以譴歸。杜門課孫,獎掖後進,執經問者甚衆。纂修《邑乘》若干卷。<small>《福建名宦册》。參嘉善戈《志》。</small>

沈鱄,字木門。順治辛丑進士,知建安縣事。兵燹後,土田荒蕪,蠹胥巧爲影射,鱄廉得實,窮治不少貸。先是,藩斯以錢貸窮民勒息,數私禁榜掠。有鬻妻孥以償者,官莫能制。鱄曰:"愛一官而脅於興隸,使民無告,吾恥焉。"捕,置之法,民大悦。《浙江通志》。

張苗,字文葭。順治壬辰進士。家貧,四世不異爨。兄芷早亡,撫其子如己子。歷部郎,出爲安慶守。開荒田二千餘頃,其請蠲請賑諸書,民頌之有流涕者。以詿誤歸。袁《志》。

吳亮中,字寅仲。與錢繼振、郁之章、魏學濂、學洙、學渠、曹爾堪、蔣玉立稱"柳洲八子"。搆來問堂,鍵户力學。順治己丑登進士,授户部主事。督理漢中糧儲,有頌聲。轉員外郎。《檇李詩繫》。

孫籥,字潔初。順治己丑進士。任山西學道,稱得人。大學士陳廷敬、吳琠,侍郎田逢吉皆其所拔士。尋補福建糧道,值厦門用兵,先時籌餉,刻期奏捷。移鎮靈武,開屯治河。在安廬,撫凋瘵,鋤豪猾,修學校,善政畢舉。轉南汝,因辦公馳驅,墮馬傷足,告歸。每去任,士民鐫碑建祠。卒,祀鄉賢。子復煒,由縣尹陞主政;復輝,有《傳》。嘉善戈《志》。

沈鼎,字止岳。順治己丑進士。隨征入粵,授肇高道,適蒼梧陷,獨守孤城二載。又平洞荷諸寨山賊,陞福建海道。築隄防,通水利,廢墜悉舉。轉徽寧道。吳《志》。

丁彦,字文博。順治己丑進士,授工部都水司主事,督理江南蘆政,有政聲。著有《暇日堂集》行世。于《志》。

丁旭,字子葵。父洪夏,夢歸子慕入其廬,是夕生旭。及長,號慕庵。砥志礪行,講身心實學。其慮周憂世,有類西山;胸中灑落,有類濂溪。我朝徵修《明史》,學使李文襄公薦之於朝。書成,議敘當得官。念親老,不仕。父母没,哀毁盡禮,廬墓以居。卒年七十八。著有《寶晉齋初刻》《再刻》二集、《明史稿》。于《志》。

曹爾堪,字子顧。勳子。順治壬辰進士。選庶吉士。性強記博覽,能舉原委,興圖要害,山川形勢,指畫纖悉,聽者神聳。歷陞侍講學士,屢蒙聖祖嘉寵,有"曹爾堪學問最優"之語。罷歸,偕二三老友選勝賦詩,與宋琬、施閏章、沈荃、王士禎、王士禄、汪琬、程可則稱"海内八家"。有《南溪集》行世。子鑑平、鑑章有《傳》。《檇李詩繫》。參嘉善戈《志》。

魏學渠,號青城。順治戊子舉人,授成都府推官。時蜀中初定,户口尚少,民疲于差役。學渠招撫綏輯,定嘉、眉、邛、雅四州賦額,公私稱便。舉博學鴻詞。陞刑部主事。歷官江西,分守湖西道,加意撫綏,務從寬簡。其俗生女多溺死,嚴爲之禁,生全者甚衆。生平輕財好施,親友緩急立應。從祀名宦、鄉賢。《浙江通志》。參吳《志》。

周宸藻,號質庵。宗文子。順治乙未進士,由庶常改御史。屢陳時務,禁旗丁勒索,請清查倉穀,皆切中窾要。巡兩淮鹽課,罷歸。擅書工詩。有《柿葉齋詩集》。吳《志》。

夏長泰,字季保。原籍華亭。父嘉遇,官考功郎,著清望。長泰,順治乙未進士,授文水令。輕刑緩徵,得士民心。擢刑部主事,請假歸。布素蕭然,會蘇松撫臣議築隄捍海,推長泰廉幹,請視工事,勞瘁卒。嘉善楊《志》。

陸翔華,順治進士。任鬱林州知州。時李定國餘黨未散,侵擾諸州縣,鬱林參將提兵遠出。賊乘虛猝至圍城,翔華率衆登陴固守,賊攻不克,引去。後補廣德州,著有惠政。崇祀鬱林名宦。《廣西通志》。參嘉善崔《志》。

錢黯,字長孺。士晉孫。弱冠成順治乙未進士,授池州府推官。以敏練受知臺使,所至輒以自隨。以詿誤罷職,年甫三十。家居,事親盡孝。暇益肆力經史百家。書法追二王,兼擅潑墨。自設科來,登第踰七十年者,史册罕見。年九十五卒。嘉善戈《志》。

楊應標,字勝林。順治乙未進士。授寧國府推官,歷溧陽、鄢陵令,牧劍川,所至俱有惠政可紀。能詩。著《永思堂集》。子恒。孫方岳,舉人;爾德,會元,有《傳》。吳《志》。參《檇李詩繫》。

朱張銘,字西渠。順治乙未進士,授行人司。奉使者三,屏絕請謁。典試雲南,陞户部主事。會長子兆渭能文,早世,傷痛,卒於京邸。嘉善崔《志》。

顧儀,字可桂。歲貢生。授金山衛教授。沿海邊邑,無廩額。儀請于上,創膳堂。分經課士,文風聿起,始登解額。曹相駿《楓溪小志》。

顧耿臣,字奕聞。際明孫。順治戊戌進士,知郿州。兵燹後,加意撫綏,劇賊投誠,約束得宜,不爲州患。陞户曹,典貴州試。尋督榷蕪湖,秩滿,知大名府。釐正豪右隱糧。有愚民倡亂,止罪渠魁,脅從者盡爲寬釋,民戴其德。吳《志》。參嘉善戈《志》。

孫榮,字曙東。性穎異,究心天文、河渠。由舉人授亳州牧,兵後民多逃亡,榮勞,來安集,墾田萬餘,建巨橋十一,以當潢蕩渠之衝。轉開州,築城濬河,建倉修學,積穀三千,以備荒歉。墾田七十頃。舉博學宏詞,尋陞兵部郎。子雯鏡,由縣尹陞綿州牧。詩文俊逸。著《鶯嘯軒稿》。

顧向,字羊舌。辛卯舉人,授四川蘆山令。蘆地荒遠,離城三里即爲天全、董北諸土司,生熟蠻雜處。向竭力撫綏,蠻既帖然,民亦安輯。時逆孽未靖,協辦軍餉,具有成績。後清田賦,豁賠累,集流亡,葺城郭,勸農宣教,一以實心舉行。比歸,囊橐蕭然。子鼎升、鼎恒,至性肫篤。鼎恒,有《傳》。以上嘉善戈《志》。

沈湛,字淵伯。前明諸生,踐履篤實。當湖陸清獻極推重,稱先生而不名。慨世人浮薄殘刻,無非涉險蹈危,因集倫常日用語,訓二子瑤、璿,署名詒安,清獻前後兩序之。並摘三教合一一條,謂偶涉獵於神仙,力勸改正,立言垂誡,衛道綦嚴。居名五柳村。著有《閩游草》《響雪堂古文》。參《三魚堂文集》。

王睿,字聖若。副貢,授興化通判,旋陞同知。時海禁甚嚴,出界捕漁者論死。睿原情平反,全活者衆。著有《曠期堂集》。

龔在升,字聞園。順治乙亥進士。爲蘇州推官,督漕決獄,摘發奸惡。請蠲版荒,停修土城,爲三吳永利。改湖廣通山令,嚴禁耗羨,停薦新茶,事事爲民請命。卒于官,民皆哽咽流涕,城外山中刻有思公石。以上嘉善崔《志》。

李振宗,字欲仙。康熙甲辰進士。初令陝西禮縣,後補湖廣蘄水。政寬訟簡,士民樂業,以卓異内陞。歷任郎中。轉平涼府同知,以勞瘁卒于官。子允符,舉人。授什邡令,有惠政。陞御史。吳《志》。參嘉善戈《志》。

錢霞,字赤城。四歲而孤,事母盡孝。庚戌成進士。授山東冠縣令,諮訪利弊,嚴保甲,勤開墾,均賦稅。又修葺學宮,興文教。改承德令,兼署治中、通判,有守將欲徙民,分成上陽堡,百姓大噪,單騎曉諭,民乃帖然。内陞主事。

曹鑑倫,字彝士。勳孫。己未進士,選庶常。典試山左,所拔士如何世墋、李永紹、王沛壇、顏光敦、王懿蕫,皆著清望。再主北闈試。歷陞内閣學士,預修《國史》《典訓方略》,膺《一統志》副總裁,賜"錫類堂"匾額以示優寵。歷陞吏部侍郎。卒,年六十三。賜祭葬。子源祁,貢生。源郁、源郊,有《傳》。源邦,舉人,雲陽知縣。以上嘉善戈《志》。

沈辰垣,字紫翰。乙丑進士。授翰林,與纂修《明史》,及續《唐類函》《群芳譜》諸書。又奉敕繙閱等韻,標摘差誤,謂吳興識四聲,而不識七音,失三韻之原。四聲爲經,七音爲緯,辨甚詳悉。洊陞侍讀學士。尤喜汲引後輩。乞歸。卒,祀鄉賢。

丁策,字嘉猷。康熙乙丑進士。爲諸生時,遊粤西。同里蔣孝修任奉議州判,適病亡,策經紀其喪,并爲申理錢穀之未清者。事竣,護其柩歸。後任昌黎令,慈惠得士民心。以上吳《志》。參嘉善戈《志》。

錢以塏,字闓行。士晉曾孫。戊辰進士,授茂名令,以才能調東莞,遷隰州牧。內陞員外,歷通政,特轉少詹事,躋清華之列。奉命至雞林呱喇、寧古塔、白都納地方,相度形勢,設立州縣,繪圖入告。擢副憲,陞禮部侍郎。祖楞,殉難閩中,瀝情叩籲,得贈郵。簡本部尚書,以疾乞休,奉旨褒嘉,加宮保致仕。卒,七十一。賜諡恭恪,予祭葬。嘉善戈《志》。

王濤,字見平。武進士。康熙十三年,隨征福建,授遊擊,以勞歿於行。間能詩,工書,不苟然諾。子醇業,諸生。力學修行。于《志》。

丁棠發,字卓峰。賓曾孫。戊辰進士,授新安令。減耗革積弊,恤民訓俗,建義學課士,月給廩餼,特舉鄉飲酒禮,繪圖定儀注,士民始知禮讓。以才能陞御史,潔己率屬,綱紀肅然。歸,奉八十老父,貧無餘貲,承懽菽水,自號一餐居士。吳《志》。參嘉善戈《志》。

金皋謝,字應台。髫年喪母,哀毀如成人。戊辰進士。授莆田令,莆邑濱海之田常被水災,捐俸築隄以捍之。延紳士重輯《邑乘》。以親老力請終養,歸。卒,祀鄉賢。嘉善戈《志》。

陳霆萬,字子敦。康熙甲戌進士。授臨朐縣,邑正供四萬餘兩,向有胥蠹私收包納之弊,甚至挈家遠遁,累民重完。霆萬至,一變其法,散歸業戶,使各自輸糧,其弊遂革。卓薦行取。病卒,祀名宦、鄉賢。鍾之枚,亦甲戌進士,任義烏教諭。師範端莊,儒林推重。子承烈,字武傳,亦有文名。《浙江通志》。參嘉善戈《志》。

孫洙,字魯淵。康熙乙卯舉人。授臨湘令,崇尚教化,不事鞭扑。荒歲設法賑濟,建啟聖祠,設義塾。以勞卒于官,貧無以殮,衆爲贈賻,得扶柩歸。嘉善戈《志》。

張王典,字堯若。康熙丁丑進士。授山西平順縣,下車,減耗費,絕苞苴,省差徭。值歲當編審,秉公釐剔,從前隱漏之弊,重役之苦,一時頓清。陞吏部主事,旋擢吏科給事中。官京七載,賃屋數間,僅可容膝。公餘焚香玩易。及卒,惟圖書數束而已。《浙江通志》。

陳培,字用楫。丁巳舉人,授廣東高明令。發粟賑濟,以恩信招撫盜魁,俾巡緝地方,民得安枕。粤有毒草,民遇忿爭,輒服以陷人。培以德化之,此風遂革。任十三載,卒于官。著《鳳覽堂文稿》《粤遊吟》行世。嘉善戈《志》。

孫衍,字宰工。康熙甲子舉人,授長山知縣。在任五年,減耗羨,賑貧乏。以病乞休,邑人攀轅臥轍者相望于道,有《廣川去思錄》,建專祠祀之。所著《長山邑乘》《孫氏宗譜》等書。

許湄,字臨洲。康熙庚辰進士,知湖廣石門縣。苗蠻雜處,湄開誠撫諭,諸土司咸格心向化。巡撫趙申喬保奏內召,卒于途。居官十五年,家無寸椽尺土。沒,後人益信其廉。子王謨、王猷,有《傳》。以上《浙江通志》。參嘉善戈《志》。

楊爾德,字質爲。戊戌會試第一,選庶常。歷陞掌垣,條陳學政事宜,深中竅要。視廣東學政,歲試甫周,以校文勞瘁,卒于官,詔郵其家。

曹源郊,字東牧。戊戌進士。以編修入直南書房,充實錄纂修官。甲辰典試貴州。丙午典試廣東,冒暑馳馹,入闈,力疾校文,榜未發而歿。著有《桂園詩集》。

許王謨,字端操。由舉人分發四川,委署宜賓令。邑稱繁劇,又值承辦軍需,籌畫無失。上官重其才,簡往督築雷波城。工在萬山中,王謨伐山開道,觸犯嵐瘴而卒。以上嘉善戈《志》。

孫錄,字古喤。順治辛丑科廷試二甲第一。故事,二甲第一稱傳臚,多得館選。時更令以推官用,及謁選而推官又奉裁,授福建南靖縣知縣。靖故巖邑,奸民率恃險抗糧,錄躬歷窮鄉勸諭,民感動,始樂輸將。又嚴私稅之禁。新學宮,集諸生講經。制府范承謨知其才,值大計,欲薦之而拘於格,因先行風示,爲循吏勸。會捧檄以事往鄰省,逆藩變作,不得歸。大兵入粵,錄夜行晝伏,至軍門,將軍見制府檄,且素知錄有經濟才,遂題補潮州府通判。丁外艱,歸。著有《廉靜堂集》。

浦文焯,字元量。康熙丙戌進士。選蠡縣知縣,地居畿輔,習俗強悍難治。文焯之官,法令一新,任九載有奇,慈祥愷悌,士民稱爲浦菩薩。陞正定府同知,甫涖任,即擢河間府知府。雍正三年,直隸巡道改設按察使司,即以文焯陞授,尋鐫職歸。乾隆初,起廢員,授福建糧驛道而卒。著有《鶴貽堂集》《平恕齋文稿》。

孫燾,字叔荀。貢生。善詩文,倜儻負異才。遊川陝,賓某觀察所,撫軍察公,見其詩,甚嘆賞,延至幕,使掌箋奏。會山賊竊發,上諭察往剿,燾請從。倥傯戎馬間,羽書旁午,措辦悉中機宜。賊聞察諳邊事,皆竄伏,謀欲出降而懼誅。燾探知之,請往宣諭,單身入賊巢,愷切曉諭,賊感泣羅拜。事平,以軍功議敘,選廣東廉州府同知,調肇慶,署廉州府知府。興利剔弊,所在多惠政。後以耳聾致政歸。

許王猷,字賓穆。康熙癸巳進士。以翰林累擢少詹事,主試江南,如沈德潛、楊大琛、吳虎炳、倪承茂,皆其所得士。書法力追北海,片楮寸簡,人爭寶之。歸後,與里中耆舊仿白香山故事,爲尊德會。居鄉謙厚,與人交,外和內介。累官內閣學士,兼禮部侍郎。年八十卒。

孫浚,字殿揚。康熙丙子舉人。選舞陽縣知縣,遇疑獄,摘伏如神。制府調留省垣,使清理積案。浚斟酌情理,多所平反。保陞知州,薦剡已發矣。時制府威重,某官素所嗔者,因公罣議,欲吹求以重其罪,使浚雜治之。浚竟白其冤,制府怒,人咸爲之咋舌。浚拂衣曰:"吾不能殺人以媚人也。"遂引疾歸。

顧心錯,字嘉集。康熙辛卯舉人。父秉堅,以孝廉教諭會稽。修學校,置祭器,歿後門人私諡端毅。心錯,博學能文,通刑名家術。湖廣衡永道汪樹以茂材薦,授河南溫縣知縣。調河內,邑有溉田渠二,偷注越洩,爭鬬有死者。爲設夫司啟閉,挨日遞洩,民無旱溢之患。右族以義男爭繼速訟,幾破家。心錯使就讞於邑廟,片言而兩造悅服。擢光州直隸知州,光城中貫大渠,北城根逼水,城中地高,等女牆,民環堞而居,圮則盡爲魚鱉。心錯捐俸修築,密排以石,下張上斂,永無坍決患。年老,乞歸。卒年八十四。

錢家墅,字惟若。康熙癸巳舉人,補湖北鄖西令,調南漳。漳地遼闊,奸宄竊發,家墅力行編甲互保法,盜賊不得發。又捐俸修千工堰,以利蓄洩。民名其堰曰嘉善,曰水壺,曰彭城,誌勿諼也。秩滿,陞中書。制府奏留,題授隨州牧。丁內艱。服闋,補直隸保安州。歲大祲,盡心撫賑,災黎皆得所。後因公降補寶坻令。寶坻爲鄉先輩袁黃舊治,家墅顏其堂曰"景袁",民有嘉善兩名宦之譽。以迴避改補山東博山令。告歸。乾隆甲午,重赴鹿鳴宴。壽八十一卒。所著有《服居吟稿》。

朱一蜚,字健沖。以貢入成均。時值準夷草竊,詔命舉茂材異等,一蜚以宗人府丞蔡嵩薦,命往陝西軍前。岳大將軍鍾琪檄令馳赴鄂爾多斯,查點軍旅、糧儲、器械。一蜚以書生從事行間,約束嚴明,指揮如意。岳深器之。歷署高陵、麟遊令。補韓城,調臨潼,所在多惠政。歷陞清河道,擢山西布政使。既又移江蘇,復調畿輔,仍轉晉藩。一蜚起家縣令,二十年中開藩者六,護督篆者再。卒以用非其人被議。家中貲產,祖遺田屋外無長物也。羈滯潞安,當事延主起文書院講席,卒。

程鍾彥,字驥超。雍正癸丑進士。入翰林,改御史。甫視事,即條陳水利。他如請寬換照,限期添築石道以便行旅等疏,皆準行。擢禮垣,充河南鄉試正考官。歷陞太常寺少卿,巡視西城,奏請禁止附近香山一帶毋許開煤窑;巡察東漕,相度運河緊要,奏請添夫挑浚,以收利濟實效。凡所疏奏,皆見施行。著有《經義日纂》《皇華紀程》《南村堂詩文集》。

孫惪寀,榜名觀洴。雍正己酉舉人。選授山西廣靈縣知縣。廣靈地素瘠,民欠丁糧,多流亡。惪寀力請上官,仿浙西例,將丁糧移派田地,起科十年帶徵,得準行。以妻弟朱一蜚任山西布政,迴避,補山東武城知縣。有民婦年六十餘,獨居,被焚死,往驗,屋已爐,屍自項以下皆焦灼。惪寀密語幹役曰:“此縊而後焚者也,急緝勿失。”後廉得真犯,寔之法。蓋婦有姪,夜盜姑財,爲所識,以結襪帶絞死,焚之以滅其迹。遠近稱神明。惪寀以愛民爲心,故所在多實政,比去,民懷其德不忘。

陸偉然,字季容。乾隆丁巳進士,選新樂縣知縣。潔己愛民,上官皆善視之。獨失方伯意,請掣回,調簡治新樂。未及期,人士有清廉敏惠之頌。制軍知其剛介,委署雞澤縣事。偉然坐理裕如,改補高陽。旋以濫應驛馬鐫級。偉然篤行力學,爲文章根柢經史,闡發精奧,有《稼墨軒詩賦》行世。

陳興祚,字緒三。乾隆己未進士。選福建仙遊縣知縣,時有泉人俞得海越獄拒捕,通緝未獲。仙邑林姓等七人以疑似,羅織陷獄。興祚廉得其情,力請開釋,屢觸上官怒。堅持不撓,卒如所請。內艱。服闋,補河南洧川知縣。洧故瘠土,興祚撫字得宜,民有起色,政尚慈惠。而摘發如神,所至豪強皆斂跡。他若賑窮黎,新學校,毀淫祠,均徭別蠹,閩、豫之民至今頌之。

陳作梅,字爕原。乾隆壬戌進士。官刑曹,由主事遞陞郎中。歷掌給事中,多建白,稜稜有風望。其任御史時,條陳綠旗營務及江浙一帶海塘事宜,均得議行。又有分別原衙門注上考之奏,遂著爲令。巡視津漕,奏運弁宜鑄給印信及帮船更調之法,俱關體要。膺外擢,分巡雲南迤東道,旋調迤西。後以公案議。事白,以疾卒。著有《雪園小稿》。

許椿,字董園。乾隆辛酉舉人,以知縣發四川試用。歷署雙流、儀隴等縣,有政聲。會大兵征緬甸,蜀省協供騾馬,委官督解,灌令沈鵬以母老病憚行,椿慨然請代,上官義之。調度得宜,未半載事竣。在途不廢吟詠。著有《南征旅草》二卷。既補內江令,值金川蠢動,定邊將軍溫福進討,檄椿司正林口臺站,飛芻挽粟,軍用以饒。又調登春臺站,六月師潰,賊突至,椿率站夫力戰,以救援不至被執,罵賊死。事聞,賜恤,贈道銜。賜祭葬,配享雙忠祠。廕世襲恩騎尉。

錢金殿,字鵠雲。以壜嗣子。髫齡能詩文。及長,援例選合肥丞,補江寧知縣,陞海州牧,擢鎮江守。治有寶晉書院,幾廢矣。延師,集生徒,資其膏火,暇與諸生講論經史。旋擢江安糧道。本生外艱。服闋,補江西饒九道,署臬篆。尋奉旨署理巡視南漕御史,外吏得此任,異數也。後以事左遷徐州守。歷太平、廬州,以勞卒。著有《自信紀言》《静寧室詩鈔》。

朱錦昌,字畫圃。一螢子。乙酉順天鄉試舉人,謁選大理府雲南知縣,尋陞雲州知州。制府以錦昌熟諳邊事,奏調騰越州。州轄五關七土司,土司來謁,例佩刀拜跪,雖品高,不稍假。錦昌霽顏温諭,得悉其地方土俗并其族姓賢否。其後隴川因承襲失序,擾及内地,于千崖盞、達户撒拉撒各處搶掠,錦昌與總鎮許世亨隨地鎮壓,并誡其子姓毋妄動,因得無事。擢蒙化同知。丁内艱。服闋,補大關廳同知,歷署大理、順寧知府。所至多惠政,以勞瘁卒于官。著有《産芝室詩集》。

周翼洙,字迪文。全錫子。以選貢入成均,受經義於宛平黄叔琳,受詩法於長洲沈德潛,學日以進。甲戌成進士,選衢州府教授。弟澧,字芑東。兄弟互相師友,以科名非不朽事,沉潛於馬、鄭、賈、孔諸書,旁通天文、輿地、兵農、經世之務。晚尤究心《通典》《通考》二書,拾遺糾繆,不下萬餘條。爲諸生二十餘年。庚午同兄翼洙舉於鄉,辛未會試第一。以及第第三,入翰林。旋以親老,乞歸。卒。

蔡以臺,字季實。甲子順天鄉試副榜,考補景山教習,以知縣用,不就。庚午舉順天鄉試,丁丑冠南宮,廷試第一。授翰林院修撰,尋補日講起居注官,以親老乞養歸。以臺自幼穎拔好古,博通群籍。鐘鼎、圖書、金石之品,寓目即辨真贋。生平著述多不屬草,僅存《姓氏輯略》六卷。

朱鑑昌,字宗盛。四歲而孤,性聰慧。及長,益倜儻,不樂爲經生業。援例選縣丞,分發楚南,尋補通道令。改發四川,值金川肆逆,軍需旁午,上官委鑑昌督役,修日耳拉山路,兼總兩臺。甫題補漢州牧,以積勞成疾卒。

金汝珪,字同侯。父舉,文行重一邑。乾隆壬辰成進士,授吏部文選,兼考功司主事。尋丁母憂,扶櫬歸葬。時南陽夏鎮間河水驟溢,狂飈陡起,船欲覆,家人掖汝珪,將呼他舟載,汝珪抱棺痛哭不肯去。服闋,由郎中擢江南鹽巡道。在江南五年,累署藩臬,儉約自持,未嘗一召優伶演劇。被議歸。卒年五十一。

謝墉,字崑城。乾隆辛未召試一等一名,授内閣中書。壬申成進士,入翰林。歷官工部侍郎,三充鄉會試同考官,兩主鄉試,兩任學政,兩知貢舉,一充會試正總裁。墉以文章受知遇,甫入詞館,即命上書房行走,出入三十餘年。其歷掌文衡,積學之士多出其門。辛丑狀元錢棨,鄉、會榜首,皆墉所取,爲熙朝盛事。後被議,降編修。仍上書房行走,以疾卒京邸。嘉慶五年,上以師傅舊臣,追贈三品卿銜,并祭葬。著有《詩文集》《書學正説》等書。

曹焜,字素爲。乾隆癸未進士。選四川新都令,疏堤堰以溉田疇,均驛站以安夫役,民咸便之。制府阿爾泰奏調成都,兼署華陽。以卓異薦,歷署嘉定、雅州、潼川諸府事。兩金川逆酋蠢動,隨制府桂林,專治文書。嗣被吏議,革職留任,調赴定邊。將軍明亮軍前奏開復,改授員外郎,金川方略館纂修官。以繼母年老,乞歸養。里居十餘載,卒。

王啟焜,字東白。以新江例,選四川大竹丞,擢成都令。時大兵進剿金川,羽書旁午,擘畫悉中窾要。陞簡州牧,尋遷瀘州牧,權守虁州,大吏咸倚以爲重。旋擢成都守,晉川東道。廓爾喀軍興,檄辦打箭爐軍需,轉輸迅速,大功告成,賞戴花翎。值川匪滋擾,總籌軍務,以勞卒。以上伊《志》。

朱潮,字學瀾。以貲郎爲府經歷,洊升長沙府知府,攝靈壽縣。時遇水災,典質以賑,母錢亦脫簪珥助。迨官福建，署福寧府，值海寇蔡牽於三沙爲巢，潮乃察地勢，練民勇，購獲賊黨，悉牽踪跡，出奇搗巢，未幾殄滅。補淡水同知，治民番械鬥，率勇直前，宣布威信，經年而平。新纂。

程廷泰，字西泉。乾隆甲寅舉人。就江西布庫大使，嚴禁牙行私秤，校準印烙，商民稱便，尋擢刑部郎中。有婦被火死，同官將嚴治其子。廷泰諦視形迹，研詢親戚，供稱母子本無間，因坑火延燒，睡酣不知逃避。子在別房，聞聲奔救，已遍體焦灼，哀號莫及。案定，子得免。見《魏塘人物志》。

程廷濟，字悅舟。廩貢生。由方略館議敍得江西臨川縣丞，升浮梁知縣。訪獲鄱陽湖盜鄭萬年、洪四保等，置之法。景德鎮兩大姓聚衆械鬥，單車往諭，即時解散。丁艱。吉補直隸曲周，增堤防，廣書院，士民沾惠。調署良鄉，擢雲南鄧州知州，引疾歸。見《魏塘人物志》。

陳孝泳，字賡言，號松崖。以婁籍補博士弟子員，後歸原籍。精篆隸金石。乾隆丙寅，詔修《西清古鑑》，冢宰汪文端薦參預討論。壬申中順天舉人，修書成，供奉懋勤殿。授國子助教，累遷至陝西道監察御史，晉授光祿寺正卿。參書文植撰《墓誌》。

陳祁，字如京，號紅圃。由謄錄議敍得郃陽縣丞，升臨潼令。值教匪不靖，生擒首逆李貴誠。歷陞甘肅布政、陝甘總督，賞戴花翎，積勞成疾。制軍那彥成爲繕[1]《墓誌》，深致慨焉。著有《從戎草》《南國雜詠》《新豐吟稿》《商於吟稿》。尤敦本誼，叔祖孝泳欲創義庄，不果，祁與堂叔㬢贊成其事。《楓溪小志》。

孫銀槎，字階青。乾隆丙戌進士。歸班，選山東濰縣。引見，改安徽績溪。其爲治，以端士習爲先，分校所得，皆名士。請加學額，邑人有“澤留黌序”之頌。見《魏塘人物考》。

范寶琛，字六泉。乾隆庚子進士。部選山西山陰縣，引見，特改四川嘉定縣，并賞給紗袍褂。時教匪方熾，橾督兵餉，稱職。歷署石砫同知、嘉定府知府。調赴西藏，管理錢局。藏俗，親死不葬，教之殯殮。又畏出痘，有患者，輒委棄致死。爲設痘局，居病者，醫治之。仕至湖北靳州知州[2]。著有《古品節錄》《行軍須知》《駐藏識略》。新纂。

錢樾，字撫棠。少時器宇端重，讀書過目成誦，喜作擘窠大字。乾隆壬辰翰林，累遷吏部左侍郎。坐失察銓吏，降編修。復累遷內閣學士，兼禮部侍郎。嘗主試陝西、江西，又督學四川、廣西，召入尚書房行走。于役江西之歲，睿皇帝方在藩邸，製詩寵行，有“冰心玉衡”句。嘉慶元年，督學江蘇。先是，蘇有獄連諸生，懼羅織，樾會鞫得雪，所全多知名士。會徐州壩工火，又瓜儀鹽梟盤據爲閭閻害，上命密訪二事。樾指陳利害本末甚悉。歲辛酉，畿輔大水，疏請以工代賑，又請禁南漕折色諸弊。乙丑，督學山左。戊辰，丁艱回籍。服闋，患病，屢蒙溫諭，問疾無虛歲。甲戌，力疾勤闈，以江南番錢盛行，奏請嚴禁。其所歷半天下，熟悉民間利病，知無不言。里居，未嘗有干謁地方官事。年七十有三，卒於家。于《志》。

陳蘭徵，字香王。乾隆庚辰舉人。銓廣西永淳令，署橫州。時山水驟漲，民多登城避溺。蘭徵立發倉，按丁口分給，民賴以安。水退，爲修城垣三百餘丈。署懷集縣，邑素健訟，蒞治甫三月，刁風頓息。時值邊西荒歉，上官知其恤民瘼，仍調橫州。蘭徵立請出倉穀五萬石，官爲平糶，全活數千餘人。後官至山東濱州知州。引疾歸，卒，壽七十有九。著有《粵遊吟》二卷、《樹香齋詩集》六卷。于《志》。

吳書城，字擁萬。嘉慶戊午舉人。由中書入軍機，陞戶部郎中。補貴州遵義府知府，值大旱，米價騰貴，飭各屬開倉平糶，並諭殷富量力捐賑，治無飢黎。擢貴東道，兩署臬篆，凡遇重獄,必反覆再三。以勞卒,年五十六。生平事親孝,自以禄不逮養,爲終身恨。與諸弟歡好無間。有《詩古文稿》各二卷《筆記》八卷,《撫苗事略》一卷。于《志》。

周以勳,字次立。性倜儻,有幹濟才。乾隆丙午舉人。補山東嘉祥令。萊陽勢豪,因爭麥場,嗾群奴斃其人,正兇不得。檄以勳會鞫,廉得之,將定案而勢豪內控,欽使來按獄,以勳反覆辯論,卒抵勢豪罪。後以姻親迴避,改江蘇,委辦丹徒賑務,周歷城鄉,勸捐二十四萬餘兩,活人數十萬計。任寶山,時捐廉堵築海隄,悉臻鞏固。陞海門同知,旋署江寧知府。以勞瘁卒於官。于《志》。

錢清履,字慶徵。以塏孫。乾隆甲寅舉人,官蘄水縣。時嚴斥堠,清户糧。進邑中子弟,教之如家兒。而發奸摘伏,不稍姑息。膺卓薦,陞白河口同知。年踰六十告歸,居家十有餘年。邑中官紳重之,每有疑難,得其一言以決。平生喜爲詩。有《松風老屋詩稿》十六卷,《詞》二卷。于《志》。

倪景點,字檢之。由安徽府經歷,陞至順天府治中。服官四十年,所在皆實心任事,而於西隆煙瘴要地,尤多德政,州人至今思之。于《志》。

周升桓,字穉圭。乾隆癸酉,同兄鼎樞舉於鄉。甲戌,同父翼洙成進士。入翰林,擢侍講,外補廣西蒼梧驛鹽道。粵產斷腸草,獠民遇忿,毒人死,歲常數百計。升桓令犯笞杖者納草以贖罪,不數年根荄絕,慘毒之獄遂除。又獠民自煽禍,大吏疑土司勾結,欲坐之罪。升桓白其冤。調土司征之,戮其魁,釋餘黨。其他鋤奸蠹弊,雪枉決疑,類如此。旋署臬篆。以事罣議,謫戍在臺。供應臺站外,惟課《通鑑》,摹古帖,凡六年如一日。歸里後,長鍾山書院。卒年六十有九。書法宗顔。詩清婉。有《皖遊詩存》。子以輝,由通判籤發南河,官至河南開歸陳許道,旋署臬篆。所至,辦理河務有政績。以疾乞歸。廉俸所贏,並助親黨喪葬。于《志》。

盛堂,字素園。少端重。乾隆甲辰成進士。選四川長寧令,邑故有健訟風,甫蒞任,即嚴訪訟棍,每訊案,隨判隨結,由是四境肅清。後因公罣吏議。生平褐衣蔬食,課子弟極嚴,家居未嘗有干謁地方官事。年八十六卒。于《志》。

周以炘,字亦次。嘉慶戊午舉人。宰河南偃師,課農桑,興文教,有令名。陞雲南寧州,引疾歸。居家孝友。工書翰。于《志》。

王煥,字中照。少有膽略,官四川萬縣丞。嘉慶初,川楚教匪滋事,經略勒公調赴營理軍務,煥擘畫悉中竅要。子堦,字陞升,四川百丈司巡檢,時亦隨營,數帶兵戰,殺賊魁,升雲陽縣知縣,加知州銜。以丁母艱。服闋,任貴州普安直隸同知,卒官。于《志》。

陳鵬,字翼雲。官貴州州判,從征逆苗。署定番州事。會鎮戎統援兵到州,鵬獻奇計,敗賊於盧山。凡殺苗一千二百餘人,官兵死傷者二人,鄉勇七人而已。時制帥抵貞豐,設軍需總局於安順府,飛檄購備軍糧,接濟貞豐一路。鵬不惜重貲,分路購辦,又於沿途各站分佈丁役,陸續起運,先後四月餘,凡運米六千餘石。又署普安州。時有巨猾陽黨中者,本州民,久於滇結黨羽至十餘萬,欲謀不軌。嘉慶十五年,潛回州境,將取老幼赴滇,尅期舉事。鵬方抵任,聞之,遣偵其家,則已束裝秣馬,待旦行矣。遂選集兵役,乘夜直入擒之。明日,制府差官帶兵至,即以授之。後升興義縣知縣。官至廣東連平州知州。罣吏議鐫級,歸。著有《萬里蠻吟》一卷。卒年七十。于《志》。

黃安濤,字霽青。父凱鈞,入《孝義傳》。嘉慶丁卯舉人。己巳傳臚,授編修。丙子出典貴州試差,旋充文淵閣校理,與修《一統志》《文苑傳》,尋除江西廣信府。艱歸。服闋,補廣東高州府,調劇,改潮州。初涖高州,俗好訟,多積獄,乃檄屬州縣,書兩造兩辭,揭通衢,約以期。自至暮,獄平以千計。潮人好械鬭,殺傷事發,市人代抵名,曰"宰白鴨"。前守利易了,率不復窮治。安濤思移俗。獄上,輒語囚曰:"若但勿承,毋他慮,我養若衙中,獲犯而後釋。"以故。終其任,未戮一代抵者。屬吏成案懲失入多駁詰,怨望所積,浸潤達上官,卒坐督捕疏懈被議,改簡罷歸。與諸文士詩酒往還,有《真有益齋文集》《詩娛室息耕草堂詩集》。又著《說經巵義》一百卷,《權濟錄》《綠箋詞鈔》《昭代詞選》《嶺南從政錄》。吳江沈曰富撰《墓志》。

鍾汪杰,字元甫。嘉慶丙子舉人,丁丑進士。分發山西,授壽陽縣。歲值水旱蝗蝻,後籌積儲,勸墾荒,作歌剴切,民感化馴。復繁庶。杰天資高妙,學《易》頓悟,故言性宗新建之說。然博覽經史,洽聞殫見,不爲心學空言。所著遺書有二十一種,詩集名《小網川書屋》。新纂。

浦曰楷,字端培,號又垞。母沈氏,嫻禮教,善吟詠。有身時,恬情蕭選,生曰楷。讀書過目成誦,漢魏六朝文若夙習然。嘉慶辛酉舉人,丁丑成進士。館庶常,散授山東萊陽縣。清積案,嚴保甲,創設書院。興國寺爲祝釐之所,捐廉重葺,並修宋琬安雅堂。會大旱,禱雨輒應。冒雨捕蝗,卒有雙歧之麥。道光戊子,保舉卓異,旋調滕縣。聞治萊陽有威名,猾吏斂迹。地素產煤,掘者半亡命,挖過深,一壓斃數百人,嚴禁之,袛存一窰供日用。修上宮館,肖孟子像其中。吏治儒雅,政聲方著。以肝疾告歸。著有《自怡齋文集》《晴蘭書屋詩稿》。《浦氏行述》。

孫成彥,原名鈖,號廉甫。嘉慶癸酉優貢,考取八旗教習,以知縣分發廣東,署龍川。有江西定南民人與龍邑人爭婚,埋滅七命之案,盡心究辦,不兩月,屍犯盡獲。咨補博羅,籌賑水災,有政聲。權南雄州,仁化巨盜蒙叫化等出肆焚掠,成彥故弛捕限,密伺不備,掩捕之,盜駭,戒毋入境。再任博羅,平反盧某械殺命案,旋獲正犯,前議抵死者十餘人得雪。英德匪首鄺亞清等嘯聚,拒官兵,宰英者孫福謙求退,大府命成彥往。匪聞,旋解散。嗣西匪竄入,躬冒矢石,馳往黃茅峽、百花巖、千段石等處追剿。將密保擢陞,遽卒。新纂。

查奕照,字丙唐。講求經濟,年少館京師侍郎琅玕宅。琅赴浙,聘掌章奏,時值英吉利入貢,與當道渡海觀蓮花、橫首諸洋,即欲有所設施。偕海寧牧張玉田轉餉甘肅,遇張漢潮匪警,居圍城匝月,策守禦。阿林保督閩浙,專弁來迎,適海寇蔡牽、朱濆勢方熾,策以絕接濟、援擄刼、截剿、躪擊諸法,寇得撲滅。百齡督兩江,威望嚴重,權令鞫獄,有劫庫戕官案,捕者以難民三人當之,具白其無辜。百督始詰責之,繼器重之,歎謂"渺小丈夫乃能以氣節抗上官"。後隨慶保撫黔,條奏運銅觔觔之苦,部格於成議,再駁再奏,並請欽使會勘,遂邀特允。慶陞督兩湖,楚省例食淮鹽,而永州逆流挽運寶慶、郎陽。施南在萬山中,道險難至,爲稿奏請改引界,議雖寢,民感之。通山鹽梟拒捕,戕官梟遁。強獲二民人,背有刺字者實之。獄上,疑有冤,力勸慶率司道會鞫,卒得雪。修脯所入,援例官通判,進權淮安同知。值河南潰決,工繁帑絀,部議按田派夫,預征雜稅,爲條陳不可狀,請借提淮商引費,卒如議。行既歸里,與嘉興張廷濟、同邑黃安濤相友善,往來倡和,尤超然塵壒云。所著《東望閣詩鈔》及《隨筆》行世。其未刻者《南北史小識》《敬業堂集註》,藏於家。子世璜,善畫工詩。參汪能肅撰《傳》。

陳傳均,字衡甫,號皋蘭。祖作梅,宦歿雲南。襁褓自滇歸,貧不能延師。稍長知苦讀,母鍾呼使罷,始就寢。年十三補博士弟子員,娶妻十八日,殂。終身不復娶。中嘉慶丁卯鄉試第一,甲戌入翰林,散館,授户部主事,陞郎中。道光初,西陲用兵,指撥餉需,司農著績,京察列保一等。尋以失察降官，遂南游楚，爲制軍琦掌牋奏。巡撫吴榮光器重之，遂主講蓮池書院，啟迪多人。氣度和平，雖御臧獲，亦無疾言遽色，以耆壽終。

郁鼎鍾，字彝齋。道光丙戌成進士。入詞林，散館，授江西泰和縣知縣。甫下車，即懲蠹吏。骩法者有宿盜案，廉知退役某能，召之踸緝，卒獲，寘諸法。聽訟以誠感兩造，各愜意而去。邑有萃和、儲英兩書院，捐俸獎勵，文望翕然。時粵東有兵事，邑當孔道，供億頻仍，紳民喜其廉而無擾，集資相助，差畢，悉以廉俸償。鼎鍾性沖澹，苦案牘勞形，遂乞休。貧不能歸。贛州守王藩重建陽明書院，適落成，聘主講席。在贛五年，教有程式，士風丕振。歸鄉後，足不入城，鍵户著書。遠近從學者踵至。著有《平川舊聞》《心香閣詩鈔》《彝齋文集》《平川詩徵》《舊聞識餘校補》《袁氏紀年類編注釋》《王修竹論畫詩》。上海賈履上撰《傳》。

錢寶青，字萍矼。内閣學士樾曾孫。幼岐嶷，能文章。道光辛丑成進士，由户部主事荐，擢至宗人府府丞，仍在軍機章京行走。一典湖北鄉試，一充朝考閲卷。咸豐七年，京城鐵錢壅滯，條陳疏通。八年，俄唊欲派員駐京，桂良、花沙納先與照會允準，然後奏聞。寶青疏摘原摺，有駐京是否另有詭謀，實不敢信等奏。則是姑爲是請以貽朝廷，憂他日準行之害，君相任其咎，而彼已先事聲明，其立足不爲不穩，應請宸衷獨斷，應剿應撫，悉歸僧格林沁督辦。桂良等立與罷斥。九年，奉詢湖北軍情，歷陳官文、胡林翼和衷濟事，規畫四路進兵，誘堅守之賊，使之野戰，復沿江躡擊，俾疲奔命，楚軍成敗，視林翼去留爲轉移，毋任撫臣以奪情爲不安，許離署任。言中機宜，悉嘉納之。仕至户部右侍郎、都察院左副都御史。節録國史館《傳》。

謝宇澄，字石雲。由廩貢議敘，任寧晉縣，滹沱河水溢，設筏救民無算。西陲用兵，轉餉有功，保陞知州。後因盜案被劾，歸。工詩畫。著有《傳雅堂集》。新纂。

曹銜達，字子安。善記誦。丱角讀時憲書三遍，覆不遺一字。年十二，《九經》《三史》已畢，酷好三蘇文，謂老泉峭潔，東坡横厲，欒城容與，我欲合而一之。初入試文，無破承，某邑宰大駴，黜之。繼同學示以式，笑曰："易耳。"逾年再試，遂冠童子軍，旋食餼。道光戊子北闈南元，癸巳進士，以知縣用。簽發福建，時閩中方苦旱，大吏屬僚屬撰《禱龍王廟文》，伸紙濡墨，詞成，典博懇切。某中丞才之，遂檄飭知邵武縣事。決獄引經準律，翕然有聲。旋署知府，卒任所。新纂。

盛錞，字瘦金。廩膳生。道光登極，詔舉孝廉方正，邑人舉瘦金應，後中壬午鄉榜，大挑，分發河南，知項城縣事。有鄉民以開堰細故，惑堪輿家言，訟案久懸。錞履勘，諭曰："地理六經，首郭璞，及身不善，終且無後。其難憑可知。況今開堰灌農田，普獲利。"遂呼民壯。畚鍤之民理屈，不復辨。有同族争繼殤者，執曰："殤不立後産，宜瓜分，折以禮經爲殤者，以其服服之。"衆議阻決，案坐堂皇，戒役勿辟，人將定讞，問衆曰："合理乎否?"則言："毋隱。"聽訟悦服，稱賢父母。歸田後，質樸，率鄉里婚嫁，勸勿從奢。後進衣冠不正，不敢侍其側。新纂。

孫正鍇，字雲浦。中道光壬午舉人，以知縣分發四川。歷署清溪、新津、榮縣、射洪、夾江，補鹽源，升成都府同知。貞幹廉明，所至有政聲。尤善讞獄，疑不決者，皆平反無枉。不事刑，求民以情告。罷官家居，足迹不入公門。孫氏《誌狀》。

孫爾榛，字西山。歲貢生。幼不好弄。祖兼金，病足，淹牀蓐。父汝莔，咯血，均侍奉寢室，竭誠事湯藥。甫入小學，習楷法，兢兢點畫[3]，程子所謂即此。是敬之意，已能領略。長，敦内行。家庭間片語，怡然中理，便消嫌隙。交友偶訂言，誓不更易。艱窘，忍饑一二餐，緘口不稱貸。授徒督幼,以少儀範,長以文律。敝衣疏食,躬行示儉,經造就者,知爲酉山門弟子也。光緒紀元,邑人公舉孝廉方正,蹙然曰:"名實之間,克稱爲難。"卒時太息,猶以無裨名教爲憾云。新纂。

　　章裕善,字竹虚。性孝友方介。道光甲午舉人,大挑,以知縣分發江西。咸豐三年,署吉水縣。值粵逆竄金陵,江右戒嚴,裕善練勇守禦。五年,賊圍郡城,分擾吉水,登陴固守,自然礮擊賊。賊已緣城而上,十二月朔城陷。裕善章服坐大堂,濡硃筆,書案上曰:"勿傷吾民。"遂遇害。事聞,旨優郵予雲騎尉世職。新纂。

　　馬世鑑,字衡齋。邑庠生。授徒自給。庚申粵寇至,城陷,趨詣明倫堂,正冠巾,自經於齋房。新纂。

【校注】

　　[1] 繕:據文意,是"撰"之誤。光緒《嘉善縣志》卷十九《宦業》"陳祁"條:"與那文毅公同官最契,爲撰《墓誌》。"

　　[2] 按:清代,湖北有蘄州,無靳州。光緒《嘉善縣志》卷十九《宦業》:"范寶璙,字操衡,號六全。乾隆四十五年進士……仕至蘄州牧。"光緒《黃州府志》卷十一《文秩官表·蘄州知州》:"(嘉慶己未)范寶璙嘉善進士。"嘉慶己未,即嘉慶四年(1799)。故"靳州"是"蘄州"之誤。

　　[3] 畫:當是"畫"之誤。

嘉興府志卷五十五

列傳〔六〕

嘉善縣

孝 義

明

丁長如,字海鶴。其先從宋南渡,居嘉興永安鄉,即今丁澤,析縣隸嘉善。長如生元季,明洪武初徵授黃州府倅,告歸。宣德時析縣興築,長如年逾八十,率子弟爲衆倡,撤廳事,改搆明倫堂;撤岸石,爲麗譙址。縣令李遜以其賢,祀于鄉。郡丞曾維倫爲《記》,勒石。賓,其六世孫也。嘉善戈《志》。

王仁本,字樂山。元末寇亂,避居清風涇。慷慨好義,嘗於洪武初獨建圓明橋。曹相駿《楓溪小志》。

陸琦,字文璐。汾湖人。宣德中,父坦將建學宮,不果而没。琦承父命,捐地復建義塾於汾湖之陰,學士曾鶴齡爲《記》。《浙江通志》。

顧琮,字宗玉,號樵雲。好善樂施,詔旌義民。子文昱,字怡松。天性孝友,父年高,與弟同搆怡養堂奉之。景泰間,輸粟五百石,佐河防費,賜冠帶。文昺,字怡筠。郡庠生。歲饑賑粟施棺,焚券捐逋。晚年治地得錢,鑿井作亭,覆之以便行汲。《楓溪小志》。

支茂,字宗衍。幼孤。弟榮甫三歲,遵命不析居。貢吏部,授樂安丞,奉府督租,有王某者貧欲鬻女以償,茂爲代輸,女繪像祀之。《浙江通志》。參嘉善楊《志》。

趙純,字希文。以舉人授階州學正。初學於項襄毅忠,正統己巳,傳忠死,日夕泣奠。後忠還,柄用,純適遷襄王府教授,有將校坐法當刑,謁純求解,卒不以私撓法。忠益重之。嘉善楊《志》。

周玭,景泰中兄當戍五開,玭年十七,慨然請代。父兄不許,有司亦難之。玭曰:"家貧役重,非兄無以養親,請益力。"官不能奪。《浙江通志》。

江吉,字季正。以舉人令萍鄉,有政績。告歸,事親色養備至。徐鴻,由掾敘官倉大使,父久病,竭力侍湯藥以勤,瘁卒。吳《志》。參《褒祀編》。

王尚賓,字肖峰。貢生。趙府教授,動無越禮。嘉靖間,捐田一百二十畝。後學使者于學租内每年奏銷,扣給銀十兩,以助其子孫,爲祀讀資。

孫顯,字顯一。明洪熙時以儒官奉詔。親早没,終身蔬食,祭必哀。遇人急,質貸以濟。子麒,孝友,有父風。以上嘉善戈《志》。

魏邦直,字君賢。少喪母,懷慕不置。事舅氏如事母。居家友愛,慈和終身,無疾言遽色,鄉里化其德行。卒,私謐康惠。子大中。《嘉禾徵獻錄》。

葉守德,字小江。與弟守禮友愛,自置田八十畝,與均分,且時以財給之。子魁,拔貢,爲昌樂令。吳《志》。

倪津,字雲橋。萬曆中遇水旱,散粟施糜。建午莊橋,撫膳煢獨,官給冠帶旌之。壽九十。《浙江通志》。

章普音,筆工也。事母以孝聞,母歿,刻像以祀。顧昌,鑷工也。母年八十餘,患痢且革,昌日往里中真武祠,稽顙祈以身代。度不可爲,即於神前刳心,探之不得,割旁膜,煮羹進。母已數日不食,聞其氣香,甚食之,頓愈。每陰雨,瘡痕痛楚,不令母知。昌年亦九十餘。嘉善戈《志》。參《浙江通志》。

鄒昊,字孟昭。母年七十,因夫昶故,慟喪明,昊延醫治之,不愈,朝夕禱祀,俄而母兩目中各重生一瞳,復明如故。劉《志》。

錢春,字應仁。以進士爲行人。和粹孝友,人以非禮加之,置弗較。拜監察御史。卒,祀鄉賢。曾孫天允,以進士官兵部郎。裔孫永善,母病,刲臂以療。邑令旌其門曰"純孝重光",以春亦嘗割股云。劉《志》。參嘉善楊《志》。

孫奎,字山隱。幼孤,事母篤孝。營三世墳塋,積學好義,以博士徵,不赴。年九十三,舉鄉飲賓。吳《志》。

沈槩,字一之。居憂,蔬食三年,臥起不離喪次,考定《四禮》,尤嚴于喪祭。兄榘,性嚴毅,承順得其歡心。師事張東溟福友、魏莊渠校、邵端峰銳,學益淬勵。島夷寇三吳,槩抱宗祧祭器,避之郡城,著《布菜翁傳》以見志。著有《鄉約釋義》《筆思記》《時務議》《詩文集》。《兩浙名賢錄》。參《嘉禾徵獻錄》。

陳謨,字昌言。父吉,應貢,卒于京。謨扶櫬歸,哀毀骨立。繼母悍,數欲致謨死,謨事之益謹,以己所居產讓弟,母卒感動。晚應貢,不仕,卒。《浙江通志》。

沈稱,字子德。科弟,諸生。奉父母不違左右,有事必長跪請。科謝政歸,寢食必共。家有二貍,各育而共乳,人以爲孝感。袁《志》。

顧態,字汝美。少喪母,父納一婢,挾父勢凌態,事之益虔。積館穀,置田百餘畝,與婢所出弟均析之。父死,婢就養二子。態曰:"父之所愛,亦吾母也,豈以存亡易心?"乃舉父遺物委諸弟,留婢養之終身。貢,授涇縣訓導,崇祀名宦、鄉賢祠。《浙江通志》。參嘉善楊《志》。

郁本宗,字和川。有至性,父病割股進,未瘥,再割以進。以貢授吉水丞。署邑令,修葺文信國祠。歲饑,賑恤。人稱慈母。歿,祀鄉賢。袁黃《傳》。參嘉善楊《志》。

周寅,字汝欽。奉母至孝,安貧守義。嘗有盜其桔橰者,已而復還,曰:"吾有慚于周君寅。"博覽强記,嘗纂修《郡志》,集註《小學》,校正《四書音考》。有《百檝堂稿》。《檇李詩繫》。參嘉善于《志》。

陸申,字天厚。父忤劉瑾下獄,刺血上書,冤得釋。以貢授楚府典儀,世子英燿弒逆,官僚受賄不言。申獨踰垣告變,英燿伏誅獄。竟致仕歸。《嘉禾徵獻錄》。

陸道乾,字子勉。歲饑,以私積散宗人。兩兄早世,割產恤其孤困。宣公墓在忠州,乞官蜀府紀善。著《吳山漫稿》。孫輝錫,集其遺文行世。《檇李詩繫》。

吳儒,字汝爲。積學工文。貢,授儀真訓導。與醝使陳有舊,商人持金求援,固卻之。歸田十餘年,吟誦自適。嘉善章《志》。

孫嵐,字汝瞻。孝友終身,爲孺子歡。代兄任劇役。好施舍,饑者予粟,暴露者掩埋。子朝宗,以舉人令順昌。嵐就養,行事必請命。有異政,三年將報最。促之歸,曰:"爾樹德于民,旋養志於親,兩得之矣。"遂奉父歸。嵐百歲,建坊旌表,有司歲廩之。設耆英社,推嵐爲祭酒。嘉善楊《志》。

顧備,字可葵。由吏部掾歷官曹州同知,解任歸里。留心元學,製藥濟病。弟傳,號九槐,進賢縣丞。母病乞歸,破格予告,冢宰萬鼎元舒撰《歸養序》贈之。補上海縣丞,陞九溪衛經歷,以母老不赴。嘉靖甲寅,倭寇風涇,備與傳衣冠往見,諭以大義,同遇害。《楓溪小志》。

錢繼科,字忠所。父病踰年,一夜數十起。父搆新居,讓于弟。居鄉,寒,予纊;饑,予糈;病,予藥;道殣,予槥。贖故人之子,助疫,死之,喪。子士升、士晉皆爲名臣。弟繼美,字成所。諸生。南雍謁選,授江寧丞。念母年老,棄官歸。蒙師李某死,子幼,推解衣食,委曲安置之。族妹適沈,寡,挈之歸。好善如兄。袁《志》。參《浙江通志》。

丁鉉,字九玉。光祿寺丞,以父病不之官。歲祲,傾囊以濟衣食、醫藥,日不暇給。蠲田五十餘畝,備春秋學宮之祀。邑令上其事,朝議旌之。袁《志》。

孫光祖,字豹韋。孝友力學。少遊王守仁門,以明經授湖州訓導,遷開化教諭。所著有《龍賓堂稿》。祀鄉賢。孫在鎬,崇禎丙子舉人。袁《志》。參嘉善楊《志》。

褚附鳳,字梧崗。貢生。性耿介。教授里中,授吳江教諭,師範嚴肅。陞縣令,不就。

孫宏祖,字致虛。諸生。讀書過目成誦。淡仕進,常以敦行教子弟。次子世芳,字蘭林。日誦數千言,弱冠同從弟兆昌登賢書。令瀘溪,清慎有聲。改青浦令,未帀月,解組歸。子世芬,字子庸。諸生。年十五,父病,籲天請代。及殀,事祖母以色養。世遠,字子毅。亦以孝友稱。以上嘉善楊《志》。

朱國望,字士翹。舉人。崇禎中,舉賢良方正,不赴。幼失怙,篝燈夜讀,輒泣數行下。及長,師事高攀龍。所居嘗苦澇,國望倡義鳩工,築堤千丈,鑿渠二里許,民患以蘇。歲饑,發粟賑濟。子顏復、曾省,舉人。孟淑、程淳,選貢。張銘,進士,官行人。嘉善楊《志》。參《檇李詩繫》。

沈春山,字愛梅。孝友好施。鄉人欲鬻女償債,山爲代償。又捐貲築斜塘環秀橋。高泰,字以彙。安貧嗜學。弟升,廢疾,撫之極友愛。處人和易,鄉黨重之。吳《志》。參嘉善楊《志》。

王任相,字爾玉。日積籌,記善行,里黨稱貸。歲歉弗責償,更應之。有鬻子者,焚券給以資。《褒祀編》。

孫峰,字仰山。貢生。所居東郊外,衆水交匯處,名堰兜,不通舟楫。白于官,疏通水道,建石梁,行旅便之。子朝寵,字賓湖。廓父志,易方梁爲環洞。其他好義亦如父。

浦廉,字若虛。葬親擇穴,旁有二絕冢,地師謂宜移去。廉曰:"久埋之骨,何可毀?"隣人爲債家所逼,將搤死弱女,陷索逋者。廉聞,遺金償所負,女賴活。夫婦壽俱九十六。以上嘉善戈《志》。

錢吾仁,字廓如。父貞,官汝寧府同知,以代覲,卒京師。吾仁聞訃,哀號徒步入都,扶櫬行數十晝夜,兩足俱裂,幾不能支。苫塊三年如一日。奉繼母吳若所生,吳待之甚嚴,吾仁事之益謹。後感動,無間言。《浙江通志》。

陸維祺,字九如。國子生。孝友敦行。歲饑,死亡載道。維祺典質買棺殯殮,買米賑濟,全活數千人。卒祀鄉賢。《浙江通志》。參嘉善楊《志》。

顧朝樞，字仲執。際明次子。舉人。性嗜學，好義，戚友緩急，無不應。負亦弗較。兄朝衡，失父歡，樞周旋曲至。嘉善楊《志》。

周丕顯，字知微。舉人。敦孝弟，重氣節。天文、地理、兵農、禮樂諸書，洞悉原委。邑中有大興革，皆折衷之。弟丕承，字君烈。重然諾。邑蝗，倡義勸糶。施棺掩骼，傾資無吝色。袁《志》。參嘉善楊《志》。

沈懋德，字雲高。幼失怙。恃歲時致祭，輒飲泣。兄性豪邁，廢祖產，勿較。隱居查溪，課子孫誦讀。歲饑，倡議平糶。有負逋者，以女償，卻之，焚其券。緝有《五倫坊表錄》。

丁洪夏，字養凝。父病，擇醫進藥，口不甘味者累月。及卒，廬墓哭泣，灑樹，樹爲之枯。以副貢授官，母老不赴。魏忠節被逮，竭厔稱貸以贈。歲饑，出粟賑濟。崇禎辛未，詔訪地方人材，撫按疏薦，授常州府通判，辭不就。以上嘉善楊《志》。

夏繕，字季修。舉人。倜儻負奇。耽經史，與魏學濂討論無遺義。不事生產。事父尚文，典鬻承歡。與夏彝仲交契，不通譜牒。嘗同陳幾亭、周知微究心實學。知微沒，輯其遺文行世。《懿行編》。

張所見，字曉生。更名介，號吉先。崇禎戊辰會試副榜，授司理，不就。性孝友。累世積善，歲大祲，饑者賑粟，寒者給木綿。設鄉塾。建塔，瘞暴骸。戚黨婚葬，必賙。修築津梁。輯《古今格言》以訓子弟。嘉善楊《志》。

魏廷薦，字無咎。忠節從弟。諸生。潛心河洛之學，箋經註史，爲後學宗法。敦洽姻黨，有大事傾資濟之。所著有《息踵居集》。以子學渠貴贈官。

蔣蒔，字若子。貢生。所居遭火，從烈焰中負父出。母喪，茹素三年。有友負千金，後因事陷獄，復捐金以救。弟卒，贍養遺孼。立繼析產，讓以膏腴。買婢，詢爲士人女，亟遣歸。以上《檇李詩繫》。

孫應文，字懷川。母病劇，割股進。負財不償者，撿券焚之。至家貧壁立，無悔。以子籤貴，贈南汝道副使。吳《志》。

王道隆，字爾愚。性至孝。姊適郁，早世，撫孤甥，授以田宅如已出。妹壻沈逋賦二百石，代爲輸納。親族待以舉火者數十家。歲旱蝗，捐賑三百石。復倡議平糶，全活甚衆。出私錢，募人捕蝗。縣令劉大啟旌其門。《浙江通志》。

孫忠，字忠一。父嘗溺水，爲風浪擁去。忠投水，掖父抵蘆渚獲免。母病，侍牀褥數載無倦容。季弟達早世，母以哭子失明。忠刺血書《金光明經》，竭誠籲禱，瞽障復開。二親相繼亡，廬于墓側，旦暮號慟，孺慕至老不替。嘉善戈《志》。

錢淳，性至孝。父遇盜，將殺之。淳哀求代死，得釋。妻曹氏遭兵投河死，悼之終身，不娶。《褒祀編》。

張念省，字覺源。廉靜剛介。年未三十喪偶，不更娶。撫姪芷爲嗣，旋夭。芷兄苗又卒，撫苗子可賓，教育備至。賓力學好善，篤行誼。嘉善崔《志》。

孫叔呂，號土諧。國子生。考授光禄寺署丞，戊午中副榜。居鄉，倡舉利濟事。邑人蒙其惠。父朝宗，純孝，叔呂亦曲盡孝道。嘉善戈《志》。

王周官，字存樸。幼有孝童之目，母疾，中夜起，祝願以身代。事後母盡歡心。隣有以室售者，價既倍，而復據之。周官出私錢，俾滿欲而止。袁《志》。

孫枝良,字遇明。遊雍,有聲。親亡,哀毀垂絶。父妾無子,養葬以禮。待前母兄友愛彌篤。歲祲,多方䦏恤。嘉善戈《志》。

陸敷樹,字暎萼。母感心疾,調護十餘年弗怠。待異母弟二人,不別籍異財。嘉善崔《志》。

郁期,字幾先。郁際,字兆先。兄弟敦倫尚義。族黨有三十未娶者,婚之;三喪未舉者,葬之。歲饑,出米百石以濟蝗灾。復施糜三月,全活甚衆。吳《志》。

毛士龍,字伯乘。諸生。坦易不事矯飾。出爲伯父尚忠後,尚忠舉子力,請歸宗分授,辭不受。母病,籲天求代。父母歿,哀毀不欲生。撫幼妹,遣嫁盡禮友愛。弟士麟,事祖父母備極悃摯,兄弟終身無間言。袁《志》。

戈用忠,字藎臣。以歲貢授隰州知州。性敦厚,決獄平允,用杖輒流涕。丁內艱,攀轅載道。歸家,杜門著書。嘉善楊《志》。參《橋李詩繫》。

蔣鑑,字永徹。歲貢。事母菽水盡歡,有友寄金而歿,其子不知,立攜還之。嘉善楊《志》。

孫養濂,字浴凡。貢生。恬靜不求榮利,授江西安仁訓導,不赴。父歿,毀幾滅性。兄養源遘外難,悉力捍之。從兄養佐,賃其第,不戒於火,折券勿問。袁《志》。

朱顔復,字克非。國望子。天啟丁卯舉於鄉。布衣素履,不妄交接。嘗道過武進,其令爲同門生,疑有所謁,屏人曰:"子有欲言乎?"顔復正色曰:"無所欲言也。"即促棹去。年三十七終。病革,弟曾省涕泣曰:"兄幸勿怖!"張目答曰:"死生有命,何怖爲?"言迄逝。顔復文章夷雅,詩參韋、孟。著《鹿柴咏》,藏于家。曾省,字魯參[1]。崇禎丙子舉人。甲申之變,痛不欲生,作自祭文以卒。弟程淳,才名與兄頡頏。順治甲午選貢,痛父殯于賊,手懷匕刃執仇者,再嘔血而亡。《高士傳》。參新纂。案:舊《志》朱國望傳不載被賊事,此言痛父殯賊手,未詳。

毛尚質,字素庵。性狷介,重然諾。兄尚忠令清漳,困疾,千里扶掖。兄卒,撫字羸孤,辛勤備至。季弟新居遭火,代爲繕葺。析産推肥居瘠,鄉里稱其友于。嘉善楊《志》。

錢棻,字仲方。士晉子。崇禎壬午舉人。少失恃,事繼母盡子職。流寇披猖,閣部史可法招至幕下,辭不就。溫清如所生[2],暮年著書大滌山。有《熹宗邑乘》《讀易緒言》《莊子緒言》諸書。子黯,有《傳》。《橋李詩繫》。參嘉善楊《志》。

孫紹祖,字君裘。遊北雍,爲倪元璐器重。母病目,刺血書《光明經》,忽復明。繼得危疾,禱北辰祈代。凡四十九日甦。袁《志》。

陸奇,字平侯。諸生。慷慨好義。蝗灾,減價平糶。冬夏,施蚊幬絮衣。暴骨,槥瘞。所交皆寒士,歲時餽遺勿絶。

支允堅,字子固。如玉子。性篤孝。父病疽,吮之,嘔血幾斃。及卒,哀慟欲死。明季民解白糧繁重,應者破家。允堅上書陳北解十弊,直指左光先用其言,勒石禁革。以上嘉善楊《志》。

郁性善,字承泉。天性至孝。父京,病疽,吮之立愈。嗣父觸怒豪貴,遭冤獄。善走千里白父冤。跋涉成痼疾,謂其子曰:"父母全而生我,我以父故致疾,當復愈。"疾果瘳。袁《志》。

毛士麟,字文石。母卒,勺飲不進。事兄溫克,內外事悉諮而行。弟士望,病篤,哀號籲天,醫藥必親。歲饑,減價平糶。湖寇焚掠,出粟贍族人。四方知交攜詩文來者,解榻,盡歡乃去。

李棁,字聯河。生數月,倭寇至。母抱之奔避,度不得脱,泣而置之橋下。越宿寇退,母往,撥草視之,酣睡如懷中。父母歿,兩兄以棁出贅錢氏。仲兄亡,悉以家産讓遺孤。子二,然,字元實;剡,字元晦。然,諸生。博覽洽聞。剡,援例入雍。拮据,恢父業。嘗曰:"智勇仁强,缺一不可，否則田舍翁耳。"然子嘉，生順治甲午。舉人。剡子振宗，康熙甲辰進士。以上嘉善楊《志》。

孫世蕙，字仲畹。諸生。篤倫嗜學。有以酖餌世蕙父。世蕙覺之，急取嘗，嘔血數升，暈仆，逾日始甦。是秋讀書樓下，隱几，聞神呼曰："孝子速起。"蕙趨出樓，柱遭霹靂矣。著有《留耕堂集》。《懿行編》。

孫世選，字在公。諸生。家貧，授徒束修，必奉父。與兄甚友愛，出處必偕。父母俱年七十，一日同逝。世選一慟而絕。袁《志》。

徐汝璠，字孔望。諸生。祖知禮，字敬渠。有千金貸程某，歲饑不能償，璠遵遺命，焚其券。善事繼母。新溪萬安橋圮，捐貲創建，里人誦之。

沈之治，字修能。兄之浩，字天如。皆諸生。友愛，寢食必偕。之浩，慷慨好施予。遇貧交，曲加周恤。之治，每先意承之。之治卒，妻守節三十餘年。當事表其閭。以上嘉善楊《志》。

錢天相，字輔之。春曾孫。文行推重士林。與陳山毓、龍正、丁洪春、洪夏訂道義交。著有《豫遊草》。晚而好學。兄天錫，字法巖。持身清介。長子汝元，事親孝。著《聽松軒稿》。嘉善崔《志》。

李標，字子建。精於戎機、戰略、軍律、營陣、壬遁諸書，史可法辟為記室。後可法死揚州，渡江會葬其衣冠于梅花嶺，歸而繞屋皆種梅，賦詩三十首，蓋自託于西臺謝參軍云。著有《東山遺稿》。《靜志居詩話》。

周宗宜，字敬生[3]。父成禮，折節好施。歲大水，禾稼漂沒。寬量貸粟，不責償。宗宜居父喪，哀毀逾禮。仲兄宗榮早世，遺孤振豐甫四歲，撫育教訓，體恤備至。他若周貧乏，置祭田，建橋梁，為德于鄉甚多。

蔣芬，字去華。父小江，隨兄英宦遊，悉以家業付長子。分產不問肥确。偕魏學洢講濂閩之學，璫禍作，魏璫誣贓數千金，捐貲代納。吳門張溥倡復社，推為領袖。遊北雍，會流寇充斥，上命卿部各舉經術一人。侍郎姚思仁以芬應詔，念母年高，辭不就。啟聖宮圮，獨任修葺。歲洊饑，貴糶賤出。著有《孝經疏義》。

柯茂林，字秀崗。父得仁，累世忠厚。茂林侍奉甘旨，溫清維謹。兄成林，字萃崗，歿于王事，遺孤三人。以己所置田產分授，曰："我不欲使我子獨豐也。"

陸靈海，字若生。父輝錫。早失怙，叔遭无妄，白其冤。令惕以刑，不屈。試以文，奇之。遂得釋。兩中副榜。撫異母弟友愛肫摰。遇人急難，必多方拯救。舉鄉飲賓。以上嘉善楊《志》。

魏愷，字嘉虞。大中從子。性恬靜，不矜崖岸。詩文有逸氣。侍大中二十載，服膺遺訓，終身勿踰尺寸。兩舉鄉飲，不赴。易簀時，囑其子曰："勿怛化，勿奏樂，勿作佛事。"嘉善楊《志》。

魏學洙，字子聞。諸生。大中少子。兄學洢死，學濂走闕下。學洙侍母錢，患難中能得歡心。里人有踐更之役，諷洙緩頰，致百金。洙曰："此輕則誰重，且千澤非分，寵賂非德。"麾之去。侍母疾，心力瘁竭。母愈，洙竟以是殞。年僅二十七。《浙江通志》。參嘉善楊《志》。

沈大政，字爲吾。事親孝，待庶弟有恩。戚族子女無依者，撫養得所。修宗譜，創祭田。晚舉鄉飲賓。嘉善楊《志》。

錢熹，字子壽。士升孫。恩廕中書舍人，不仕。鍵戶著書。嘗論晉陶潛多彭澤一出，生平志尚可想見。所著《石語草堂集》八卷，《史論》二卷。伊《志》。

蔣士弘，字耦萬。諸生。疏財好施，嘗代族人輸漕七百石。又以千金之居贈一貧孝廉。後孝廉宦成，不責報。好讀書，無所不覽。漳浦黃道周深器重之。復社陳子龍、夏允彝輩皆爲忘年交。壬午，陳入涮闈，出，歎曰：“吾分校而失蔣耦萬、彭仲謀，當不復論文矣。”老，手一編不釋，著《麗農集》。嘉善戈《志》。

王衍之，字寧野。父歿，茹素終身。家貧，遺田數畝，讓兄鬻之。精岐黃術，治疾輒愈，不受人酬。從子憬，字一庵。嘗遇異人，授金丹秘旨，善療人疾。對坐佈炁，沈疴立起。嘉善崔《志》。

龔黃，字孟循。少工制義。因母疾，潛心岐黃，濟人甚衆。敦友愛，讓其宅於兩弟。弟潔，字楚仙。敦倫好善。壽九十三。嘉善戈《志》。

曹爌，字舒光。諸生。父以入火救親柩病廢，爌日侍左右，扶持無少懈。售己分産，償弟負。著有《鈍留齋集》。《浙江通志》。參嘉善戈《志》。

龔在明，字幼霞。諸生。恬淡不矜榮利，絕意進取。撫育諸孤姪，捍禦外侮，誨養幼弟在璿，辛勤備至。弟亦事兄如父。嘉善崔《志》。

蔣睿，字正言。憲副英子。諸生。力學嗜古，邃于理學。奉母盡色養，及歿，泣血三年。居常恤孤寡，葬露櫬，賙乏繼匱，三黨德之。著有《聽鴻樓集》。

錢森，字秋聲。諸生。親歿，廬墓三年。以敦倫立品訓子弟，舉鄉飲賓。壽八十二。以上[4]。

李策，字獻之。性剛直仗義。里有不孝者，策至其家，痛杖之。後其人以盜陷，策宛轉得雪。生平篤於愛敬，兄屢棄産，捐資代贖。教子多義方，子孫克世守焉。《楓溪小志》。

李學孟，字醇卿，號慕雲。唐元和中有眞靜者，避亂至吳，家華亭之楓涇鄉，世有顯人。學孟贅郁寵家。郁翁無子，學孟從容諷使納姬。姬有子，遂謝去，不持郁氏一錢。後，郁貧，輒出資收葬。郁翁夫婦子自華，舉進士及第，爲史官，不色喜。及身自有封，猶衣故衣。至京師，得大官，珍膳，輒歎曰：“吾故羹藜飯糗，時有此耶！”以誠自華，無忘上恩。申時行撰《墓誌》。

潘師正，字斐伯。家貧，親在淺土以麻。束髮者三十餘年，師事劉念臺、黃石齋。與陳獻可、魏子一交善。精醫學，濟人奇中。子遵，字康先。養庶母弟姪，終其身。著有《脈緯》等書。以上嘉善戈《志》。

蔡浩，字宗孟。幼失怙，嗣于從叔，尋又亡。明末寇盜充斥，浩扶母及弟潛匿鄉曲，屢攖鋒刃，以孝感獲全。授徒奉養，曲盡孝道。繼母失明，求醫露禱，踰年復明。《懿行編》。

劉啟先，魏忠節公鄉。忠節搆閹禍被逮，劉更姓名爲僮僕，從入獄。忠節拷掠之慘，皆親見之，輒痛哭，爲整額帕，覆背衣，驅群蠅之噆膚者，忠節獄事，劉實始終之。視王鳳洲、應養虛之周旋楊忠愍者，蓋無不及焉。《眞有益齋文集》。

呂元聲，字惕黼。諸生。父被誣，羈閩。奉母盡孝，綜理家政。父還，盡色養。刻意勵行，尤敦友愛。舉鄉飲。徐公石麒爲立《傳》。子逢申，諸生。性孝友。嘉善崔《志》。

【校注】

　　[1] 曾省，字魯參：光緒《嘉善縣志》卷二十二《行誼上》：“朱曾省，字魯參。有至性，以兄顏復爲師。”由此，知“朱曾省”是上一條“朱顏復”之弟，故疑“曾參”前脫“弟”字。

　　[2] 按：光緒《嘉善縣志》卷二十二《行誼上》“錢棻”條：“伯父士升二子先後没，孫幼，因立棻爲嗣，温清如所生。”“温”前當有脫文“伯父士升二子先後没，孫幼，因立棻爲嗣”。

　　[3] 按：光緒《嘉善縣志》卷二十二《行誼上》：“周宗宜，字散生。”周代有名臣散宜生，故當作“字散生”。

　　[4] 按：原文如此，後當有脫文。

國　朝

錢棻,字子輔。繼美孫。八歲賦《白燕》詩,傳誦一時。登順治壬辰進士,痛從兄枏慘亡,撫其孤再世,無間。築託圃于東郊,扁舟往還,足不入城市。吳《志》。

魏允枏,字交讓。忠節孫。廕入南雍。事節母嚴盡孝,病篤,禱神刺血書《孝經》。及歿,哀毀骨立。茹齋十五年。博極群書。著有《維風》《備忘鈔》《詩玉》《詩穀》。嘉善戈《志》。

李西涇,任俠好義。本朝初定鼎,尚踵明舊政,庫以有產士民值宿。順治三年,西涇女之子范廷桂與是役。適值寇入城,庫儲劫去,因獲重累。西涇破產助之,廷桂得脫。新纂。

許巢,字爾雍。四中區許家埭人。父鼎宰,遊南雍。聞母變,倉皇奔喪,以孝聞。一友人入書齋,匿多金,反誣僮侍。或白之,宰曰:“母指發,以傷友誼。”友感愧,密投金還。更有友曾厚貸,歲餘死。子幼,來償逋。宰偶出,紀綱踰額收,彼不覺也。宰立召還。叔氏幼失明,艱薪水,暨族貧,不能婚嫁。自存者斂濟之。至巢,尤純孝。叔父仲升無子,捐館,哀毀骨立。父中風,痰寢卧牀,第視湯藥,目不交睫。歿,痛哭幾絕。辛巳夏蝗,道殣相望,施粥活人無算。國朝順治丙戌,徵辟遺賢,準作貢官,固辭不受。見顧陛撰《行狀》。參許巢《行述》。

孟重德,字尊素,號治宇。亞聖六十一代孫,高祖良居孟家堰。重德幼喪父,內外交侮,賴中表韓伯淵力持,得存田三十畝供膳讀。以歲貢就試,見魏忠節被逮,絕意仕進。卒,贈儒林郎。子春先,嘉府廩生,入貢,授司訓不就。居城西南隅,衡木爲門。學者稱衡門先生。《楓溪小志》。引《孟氏南支譜》。

孟春和,字穎儒。諸生。母徐早卒,以亂故,不知厝所。稍長,涕泣不已。有老嫗自遠歸,謂曰:“吾子曾言汝母殯椿樹下,顧從軍去十年矣。”春和詢其狀貌,歷四方,求之數載,遇于泉州。偕歸,指殯所。恐傷遺骸,以手代鋤,十指流血,撿一齒不獲。哀號籲天,以泥中得之,獲全葬。廬墓三年。隆冬不忍去,染疾卒。《浙江通志》。

李雲鵬,字松庵。母范氏,患目幾瞽,舌舐五旬得愈。迨母歿,喪葬獨任。樂行善事,還遺金,無德色。

程士文,字焕然。太學生。讀書明大義。國初藩變,近郡採辦大木,督造戰艦,賠費千金。遇里黨雀角事,輒破囊排解。貧者施鍼藥,死者助棺槨。道路遺胔,買地於白牛蕩側,建塔收瘞。當事嘉之,給扁額曰“德及重泉”。以上《楓溪小志》。

鍾仁,字振寰。性謙和,敦實行。故交藍縷者,解衣衣之。父子祖孫,相對怡怡,壯者勸力善,少者勸力學。年八十餘,舉鄉大賓。

呂三錫,字命予。精《繁露》《法言》諸書。與錢棻、徐彬臣、劉芳以文章名。入闈,置副榜,益篤學著書。家貧,授徒以給。授永嘉教諭,以行誼勖諸生。風教一振。

盛國友,字賓王。諸生。好獎掖後進,處族黨姻睦,文行有過人者。以子際斯贈如其官。

王珣,字子璘。諸生。弟璋,字啟明。友愛篤至性。母病,璋籲天割股。事珣甚恭。珣好施于,親友匱乏無不恤。歲凶,罄產賑濟。盜起,劫掠村里。過珣門,相戒無犯。當事旌其門曰“一鄉善士”。以上嘉善楊《志》。

錢象儀,字瞻虛。沈潛力學。遊南雍,一試不售,棄去。事親勤恪。父喪,哀毀成疾而没。以子霞貴贈官。嘉善崔《志》。

丁穎詮,字兹勉。諸生。年十三,母錢卒。哭絕,復甦。事父鑛,竭盡色養。父病,刺血上神疏,願減己算,叩顙流血。父沒,廬于墓側。與弟嗣澂、裔沆孝友相勖。年九十卒。嗣澂,字集虛。諸生。事父能養志,父歿,寢苫膚痼疾。比葬,沍寒斷流,匍匐冰雪中,病益劇。臨歿,痛不終喪,囑用衰絰殮。嗣澂與裔沆,元旦孿生。甫免母殤,終身哀慕,令家人勿祝歲。裔沆,字函巨,舞勺入泮,工詩文,爲陳維崧、盧元昌推重。康熙戊午,當事欲薦舉博學宏詞,以親老辭不赴。事兩兄甚恭。倡葺黌序。年饑施粥,又舉廣仁會備賑。他若恤貧周乏,資葬助婚,竭力無倦。嗣澂著《雪庵文存》《詩存》。裔沆著《香湖草堂集》。《浙江通志》。參嘉善戈《志》。

沈琳,字玉衡。諸生。負異才,淹博經史。踐更之役,獨任其勞,不分任昆季。析産推腴居瘠,親族里黨多所周恤。晚年好作詩。著述甚富。

浦之純,字夔侯。少工文,長習經世之學。交遊遍海內。事父天球盡孝。父沒後,舉所受分房産讓弟。以敦本立學訓子孫。有《豫章吟》《粵遊草》。以子文焯貴贈官。

陳華允,字克讓。少孤,奉母程曲盡孝道。與弟友愛甚篤,從兄華育少失怙恃,允事之如同懷。生平樂善不倦,教子孫嚴而有法。

蔣德壂,字子亢。諸生。值歲試,聞母病,馳歸,例當除名,不顧。父大彰,好施,竭蹶供命。父歿,廬墓十餘年。妹字葉景榮,幼孤而貧,招致教養,爲諸生,後卒。養妹,嫁三甥女。子閏奇,舉人。力學敦行。以上嘉善戈《志》。

孫世遠,字子毅。少失怙,事母色養。周貧乏,解爭競,捐田置義冢,邑人頌德。以子錄貴贈官。

陳五達,字星瑤。少孤。與妻沈奉母得歡心。有弟不治生産,三析己資與之。弟歿,膳寡撫孤,久而彌篤。子聖奇,字伯珍,重然諾,好施予。友夏。諸生。鄉飲賓。

劉孝,字君升。與弟伯玉敦倫樂善。遇親族乖和者,輒爲解勸,人以橫逆加,怡然順受。歲大祲,設糜食餓者,所活甚衆。舉鄉飲賓。子苹藻,有《傳》。以上嘉善崔《志》。

盛濟英,字千士。事親孝養,代納宗黨逆賦,以恩例入成均。侍郎王度欲援薦辟例,堅辭,歸。

龔在選,字達可。幼入泮。博通經史。資脩脯,奉親盡孝養。勵名節。爲詩古文辭立就。嘉善戈《志》。參崔《志》。

張邦豫,字立生。築九里灣塘二百五十丈,建橋十三。周急賑荒,施帷絮,置義冢。重修郡邑學及縣倉厫,皆有成績。

孫景鈜,字玉珂。國子生。亦助修黌序。

魏文焜,字孟明。與弟文煐同居三十年。晚始分析,推肥居瘠,舉鄉飲。

蔣鳴西,字聞九。痛父明經鑑宗卒於京,語及輒垂涕。授徒養母,撫弱弟友愛,教及門,勤懇無倦容。以上嘉善崔《志》。

陳華育,少失怙。母殉節死。忌日必素服茹齋,閉門悲泣,自少至老如一日。迎養寡姊,撫諸甥,誨養婚娶,同己子。負郭止數頃,節縮贏餘,以贍三黨。冬授衣,夏給帳,施粥施棺,疾疫施藥,建育嬰堂。橋梁、道路應修者,無不捐資修葺。《浙江通志》。

吳勳,字曰放。諸生。好學立品,居家敦孝友,見義必爲。舉鄉飲賓。

顧以恭,字公安。事親色養兼至,弟不善治生,屢周之。又割産分授從子。宗黨有急,傾囊勿倦。顧氏向有義莊,恭復捐田二十畝。暮年修《族譜》,未就,子維祚繼成焉。吳《志》。參《懿行編》。

朱之榮，字廉臣。少孤，事母孝。兄炳，好施與。業中落，推宅讓產，及卒，代償所負。置祖塋祭田，延師課子。戚黨乏膏火者，招之來學。會賓興，必傾囊賙貧士。董率葺學宮。貸錢某、屠某資入粵。二人卒于外，更出資，扶其櫬歸。築石岸，便行人。舉鄉飲賓。嘉善戈《志》。

周隆，字履綏。幼失怙，事父盡孝。慕范文正公義莊，率二弟陶陛置田二頃，奉先之外以贍族姓。友人金某、葉某負累百金，焚券，更周之。歲饑，賑粟。冬夏施襦帳以爲常。著有《訓家恒言》。郡三舉鄉飲。《浙江通志》。參嘉善戈《志》。

葉允升，字萬山。事父母，家貧，必極甘旨。與人交，然諾不欺。

龔在公，字約茵。宗黨貧乏者，周恤不倦。年未四十卒。妻錢，養親訓子，克守先業。

郁輝，字闇卿。與弟五十餘年不析產。課子弟以孝友。

張湖，字九逸。幼失怙恃，喪葬盡禮，又獨任伯兄窀穸事。舉鄉飲賓。以上嘉善崔《志》。

孫葉，字芳巖。孝事嫡母，待寡姊妹恩義備至。辛酉議漕事，持公論。旗丁肆毒，致疾不起。子燾，肇慶同知；熙，縣丞。

張履綏，字紫襄。州同知。事親孝，慷慨好義，鄉黨稱之。嘉善崔《志》。參《褒祀編》。

陸應賢，字耀莊。少失怙恃。有兩兄，獨任殯葬。爲從子婚娶，析已產與之。子觀政，三歲喪母，善事繼母庶弟。

趙秉智，字啟明。昆弟六人，獨侍養。兄病，割股投劑。諸弟貧，輒代償其逋。嘉善崔《志》。

金全璧，字禹九。諸生。授徒以養親，撫兩從子如子。嘗館嘉興，有屠氏二子貧而好學，其父欲令服賈，全璧捐館穀周之，使卒業，俱補諸生。年五十餘，遭父喪，哀慟失明，卒。

毛植，字子建。諸生。少失怙。母嗜橘，每出，必市以歸。庭栽一樹，母沒，攀條哀號，逾年樹亦萎。撫弟，訓從子，恩情曲摯。以上嘉善戈《志》。

程文，字天章。值明季，負母避亂，遇盜欲加刃，抱母哀求，盜釋之。父宏遠，目失明，朝夕以舌舐，復明。次兄世，字百芳。諸生。博學工書法。子孫讀書砥行。

朱紫，字宸黼。四齡失怙。母多病，每夜籲天，願減算益親壽。以上嘉善崔《志》。

孫彧，字荀若。諸生。父爾祥，與李令陳玉善。令欲于北郭艮隅建書院，鑿河院東，以利通邑風水，就爾祥商之。彧踴躍贊爾祥捐田十畝，今柳洲亭東河道是也。歲饑，勸募賑濟。莫令大勳官收官兌法，彧贊畫居多。《懿行編》。

蔣廷棟，字蒼符。童時，父僑寓吳閶，往來問視無虛月。事母曲盡愛敬。家中落，藉館穀以給。非道義，一介不取。晚年與同志唱酬，門無雜交。著有《盟鷗集》及《家言百則》。吳《志》。

丁璜，字夏玉。諸生。工文，善引誘後進。經其指授，輒登科第去。敦行，嚴師範，人咸欽重。同學王景齡，字以介。諸生。孝事繼母，嚴取與，慎交遊。與璜契。嘉善戈《志》。

陸樹本，字子道。國子生。成童，代父當糧役。有與父同名罹法者，以疑似幾陷獄。本挺身赴辨，得免。事兄愛敬，撫從子如子。舉鄉飲賓。從兄樹奇，字正子。諸生。品行方正。

張元默，字識庵。待宗黨以和睦，皆舉鄉飲賓。子垓，字宇涵，以孝友稱。《懿行編》。

孫世綸，字子佩。諸生。七齡喪父，哀痛逾成人。孝事節母，昆弟極友愛，償族子逋賦，修學宮。嘉善戈《志》。

龔廷鈞，字肇權。國子生。父在明沒，析居讓宅於弟。母病，屏息伺起居，五年不怠。周人急甚多。博學，能詩文。著《嶺雲賦草》《穀貽堂詩集》。吳《志》。參嘉善戈《志》。

夏照,字昭遠。十歲喪母,慟絕,復蘇。後以哭父致重疾。弟默,字謐臣。諸生。髫齡執親喪,盡禮。待昆弟暨諸從子恩義曲至。葬親時貧甚,父執魏學渠致助,默與兄照堅辭不受。默子愷,有《傳》。《懿行編》。

支宏化,字寅臣。遊粵東,鹺使知其才,延之幕,擘畫悉中窾要。居粵久,凡浙西之來客者,居,贈斧資;沒,營扶櫬。授縣尹,歸。恤三黨匱乏,葬三世墳墓。生平義舉多類此。嘉善戈《志》。

戴家理,字爾齊。國子生。年十五,侍父舟行,遇盜,奮身捍禦得脫。赴水,亦赴水[1],掖父溯游里許,獲救免。性喜施濟。待昆弟及諸從子尤友愛。

曹爾埩,字古卣。少負雋才。因母病,精究醫理。待弟六人極友愛。一妹寡居,留養終身。中表兩弟為其兄所不容,養諸家,悉為婚娶。與弟奕雲葦俱工詩。著《東干小草》。

孫復輝,字含石。父籀,病篤,復輝療治百方,憂勞致疾。猶強起侍湯藥。事嫡母、生母皆得歡心。平生敦友誼,舉廣仁會,以濟貧乏。工詩文、書畫。以貢遊成均。以上《懿行編》。

汪文源,字聖傳。父士俊病篤,偕弟文瀾勤侍湯藥。父沒,遵遺命,同居數十年,一門雍睦。妻亡,不再娶。歲祲,施糜粥。子楷,字端書。弱冠為諸生,讀書砥行。早卒。《褒祀編》。

孟世奇,字曾唯。亞聖六十四代孫。諸生。家貧,授徒奉甘旨。弟早歾,存恤其孤寡。嘗鬻田代償外祖逋賦。兩還遺金。嘉善崔《志》。

費道成,字永修。州同知。事繼母汪,待幼弟道登,曲盡心力。施予親族不倦。孫銓,字文衡。幼失怙。母病危,籲天虔禱,得愈。製丹藥療人,冬衣夏帷,捐施不倦。嘉善崔《志》。

曹春,字涵生。父疾,割臂以療。從子幼孤失所,族人貧無以娶,皆撫恤之。歲祲,捐粟施糜粥,代宗黨納逋賦。《懿行編》。

朱秉義,字咸中。諸生。事親,終身孺慕。親友有急,輒周恤。兄秉仁歾,撫其遺孤。張元杰,字秀英。父喪,慟絕,復蘇者再。事母,孝養三十餘年。母歾,哀毀盡禮。為人廉謹,篤同氣。嘉善戈《志》。參《懿行編》。

金文遠,字鳳山。有友人負千金,以其貧,竟焚券。歲祲,施糜。同里諸生江南秀,字令則,敦學力行,亦號長者。嘉善戈《志》。

陳仁,字元愷。考授縣丞。父華育病劇,割股和劑。孝事嫡母諸母,待昆弟友愛。周恤三黨,倡育嬰堂,遇善事,竭力行之。《懿行編》。

張塤,字夑典。貢生。父,諸生元熙,字淡明。曾代幼弟踐更,不辭艱瘁。塤事父盡孝。遺妾無子,事之謹。戚黨匱乏者,多方佽助。築陶圃於南郊,隱居課子。不與戶外事。嘉善戈《志》。

胡允滋,字來修。康熙丙午武舉。父愛客,招戚友置酒肴以娛之。撫幼弟,贍寡妹,恩誼周摯。著《詩奧》及《竹亭存稿》。子然,諸生。能詩文。

李濤,字符九。父中風臥牀,扶持不離左右者十餘年。母九十四終。時濤已踰六十,晝夜號慟,哀動旁人。歲歉,貸租。晚年究心醫學。嘉善戈《志》。參《懿行編》。

徐善建,字孝標。貢生。幼喪父,哀毀若成人。事母菽色養兼至。母沒,號慟,嘔血數升。從陸隴其學,教人讀《小學》《字義》諸書,謂先識體段,方可下手。與馮異字漢良交最契。延課子若孫。馮,篤信謹守士也。同里王又維,字觀光。貢生。授徒養親,闡發性理諸書,鄉黨奉為人師。嘉善戈《志》。參《褒祀編》。

孫廷鑾,字御安。諸生。父世偉,博學嚴毅。足跛,不良于行。鑾出入扶持惟謹。痛兄鉞早世,言輒淚下。子浚,舉人。

汪士俊,字繼美。少失怙。母守節,負疴十餘年,奉事不少怠。夜扶母榻前,有毒虺蟠其足,久之竟無恙。濟貧周乏,樂善不倦。嘉善崔《志》。參《褒祀編》。

費宣,字紀龍。本姓符,出嗣外王父,改今姓。事母孝。與人交,始終不渝。雍正初,朝廷慎重牢獄,令州縣擇良吏典獄事。時縣令郜煜察宣才,委之。嚴鍵鑰,清桎拲。故事,重辟囚,仰食官廩;他囚否,飢斃相踵。宣傷之,出家財,給饘粥。不足,則走告鄉里,募濟錢粟,繇是多全活。五載當代,復留之,計十年,隨事救濟,鉗赭嘉賴。章愷撰《傳》。

劉苹,字可佩。諸生。篤孝友,撫教異母弟藻。妹適夏振橫,早寡,常周恤之。誨幼孫成立。藻,字映淵。諸生。八齡,生母病且死,抱屍哭絕,母忽甦,曰:“恍見一老人救,母子皆獲。”全事兄嫂,如父母。苹子傳彪,有《傳》。《懿行編》。

程雄飛,字雲翼。考授州同知。敦孝友,推誠接物,壯遊四方,當事折節與交,居鄉力培後進,惠逮娭黨。子輝祖、緒祖,並授州佐[2];靖祖,崖州吏目,多善政,黎人不靖,入洞善撫之,州賴以安。嘉善崔《志》。

戴大用,字聖萃。事親色養。親没,廬墓三年,風晨雨夕,嘔血哀號,墓傍産靈芝數本。終身不御葷酒。族兄患中風,臥牀三年,大用代謀薪水,措藥餌。及没,經紀其喪。姊適李,寡,無子,迎養于家。《浙江通志》。

張鴻隱,字柯山。精岐黄。父文光,爲毒蛇傷足,成廢疾。隱晨負至堂,洗瘡敷藥,晚負安寝而後退,數十年如一日。吳《志》。

陳泰,字堯階。州同知。事親孝,待諸母及弟和而有禮。施及三黨,育嬰,建橋,每偕諸昆季協力從事。子廷聰,有《傳》。施逵,字儀吉,州同知,孝友好施。

潘士龍,字華林。兄弟不析産,還遺金。友死,出資以殮。以行善訓子郁如、彦徵。孫翔九、雲九,好施不倦,置義田贍族。

顧鼎恒,字輔華。至性篤實。父向,令盧山。歸,宦囊蕭然。恒以修脯奉養,甘旨必備。兄弟雍睦。處鄉黨,樂行善事。子洪憲,貢生。孫樹本,入成均。俱敦氣誼。有祖父風。

程錫玹,字天玉。母朱病劇,割股作羹進。教兩弟成立。嘗還遺金。子法稷聾,皆孝友。

吳承立,字君植,親没,哀毀泣血,每祭悲號不止。

王誕錫,字觀上。諸生。少孤。事節母盡孝。歲洊饑,減價平糶百餘石。嘗遵母命,夏施帳,冬施襖,累年不倦。獨建太原橋,行人頌德。子學洙,國子生。以孝謹聞。以上嘉善戈《志》。

夏愷,字非遠。舉人。八歲失恃,盡哀如成人。父没,哀毀,嘔血數升,幾不起。歲時必廬墓。事繼母孝養,母病,典鬻奉參餌,衣不解帶。婦陳日夕進乳於姑。後愷没,子鎔尚幼,從兄學遜撫成立,人多重之。《浙江通志》。參嘉善《志》。

陳禮,字天敘。國子生。父及生母皆早卒,育于嫡母張。禮先意承志,曲盡孝謹。母没後,念輒流涕。兄振,諸生。早卒。以子廷玉嗣,撫仲兄孤孫二,撫育教誨,竭盡心力。生平好施予,樂善不倦。子廷瓚、廷玉,俱克家敦行。

蔣兆增,字寧遠。憲副英孫。貢生。少孤力學,奉母不違左右,友愛弟妹。三黨中貧不能養,死不能葬者,盡力周恤之。敦實行,無倦容妄語[3],陸隴其稱其有儒者氣象。以上嘉善戈《志》。

夏惠疇,字訪陳。國子生。幼孤,讀父書,輒慟哭。母殁,哀毀盡禮。歲時哭諸墓。年饑,減耀。子敘倫、敘典、敘九,皆孝友。《懿行編》。

錢揆,字文揆。少孤,事母以色養。有鬻子償租,即捐所負,令贖之。子鼎,諸生。高標,字懋邨。父病,剜臂肉和藥。家貧,好施不倦。子星遠,諸生。孫埏,廩生;圻,國子生,皆以孝友稱。

錢遜,字君林。母病劇,割股以進。侍奉祖父尤誠摯。《懿行編》。參《褒祀編》。

沈芳,字升文。養親,喪葬獨任。事兄嫂,盡恩義。族之無依者,力爲婚娶。課諸子世濟輩以孝弟。施槥、賑饑,利濟甚衆。

錢嘉遇,字懋錫。國子生。父贅于朱。嘉遇事外祖父、母,養、葬盡禮。有親黨以爭產結訟,捐己田,解其紛。貧戚鬻女,贖而嫁之。施槥賑饑,平治道路,皆竭力行之。子修祺,州佐。

孫景澤,字斐公。諸生。置五世祖嵐祭田。改築臥龍石橋。有貧友鬻妻輸稅,出資贖還。

許澄原,字清遠。父病,剜肉作羹進,獲痊。復患瞽,朝夕以舌舐,年餘復明。訓諸弟,極誠懇。戚黨有急,必周濟。

徐雲,字凌霄。幼失恃,事父孝。待昆弟友愛。弟亡,撫其孤。膳兩寡姊,鞠孤甥䎃如珪。事節母呂,養、葬盡禮。事兄如父。兄亡,撫孤三人,以己產讓之。著有《嶽樵閒唱》。以上嘉善戈《志》。

張廷璋,字殿輝。國子生。父嚴毅,委曲承歡。長兄同眉早世,遺孤六,產薄無以給,率諸弟讓田二頃,贍恤之。親戚老而無依者,竭力以養。錢永懋,字茂公。父早世,孝奉母四十年。逢父忌辰,杜門以泣。母病,祈代。及歿,哀痛成疾,踵逝。嘉善戈《志》。參《褒祀編》。

孫肇勳,字乃賡。父赴公車,母染疴,危篤。肇勳以髫齡奉侍,觸暑求醫,夜則露禱北辰。母愈而己病日深,猶強起供子職,竟以勞瘁死。《浙江通志》。

陳寶硯,字大爲。國子生。龍正孫。父病危,百計以療。後沒,喪葬獨任。妻、母淩苦節,敬事勿怠。產不及中人,周恤弟姪,勿懈。

錢象坤,字孝陔。士升曾孫。貢太學。母病,累年趺步不離晨夕,禱神獲痊。性好學。著有《楚江雜咏》。

周陞,字御掄。廩貢,選訓導。幼孤,事母孝。與兩兄隆、陶友愛,偕置墓田。戚有貧乏者,慨然賙之,遇事侃侃,無回互。工文,善行楷書。

陸在選,字子銓。父歿,哀毀骨立。七世祖坮,長房子姓貧乏,祭祀墳糧,在選爲代任。每歲製蚊帳絮衣,周閭里。子鈺鍾,授州佐。

陸宏倫,字聖爲。伯父遭无妄,宏力爲辯釋。賑貧恤孤。子廷魁,字聚拱,捐資修學,助建育嬰堂。歲饑,倡捐賑。

閔國琦,字仲韓。先賢子騫裔,事親孝。祖遺房產,悉讓諸弟。代族人完逋糧百餘金。次子殿勳,亦好善。

李天機,字宸樞。國子生。母疾,奉侍百日,嘔血成疾,不數月亡。顧惟祚,字裕伯。諸生。幼喪母,哭泣盡禮。父以恭,欲輯《家乘》,未果。祚承父志,編纂捐刻。戚黨有貸,無償者折券不索。

林昇,字紫莘。諸生。母歿,幾不勝喪。家好施濟。子光,早歲食餼。

陸鳳章,字榮錫。諸生。父文韜,有疾,籲天求代。歿,極哀毀。臨試,聞庶母疾篤,亟歸。

後以慈母報艱,一如所生。

李天植,字坤儀。諸生。歲侵,濟貧賑饑,全活甚衆。子文煥,諸生。

陳涵德,字方延。幼喪父,事節母純孝。外兄任某貧甚,招至家,生養十餘年。卒,爲營葬。買金姓女,諗爲舊家,還之,不索價。建南星橋,人便之。子作霖、作楫、作梅,俱克承父學。

陳志,字爾士。國子生。十齡失怙,事母得歡心。遇忌辰,流涕。祖塋爲人侵削,捐金復故壞。建宗嗣,撫兄遺孤,置産擇配。

蔣闓範,字言如。弟閑正,早卒,撫其四子成立。復割産與之。事兄闓奇,事必稟命。建康濟、南星橋。及掩骼、育嬰,皆竭力爲之。

曹烇,字抒煌。考授州同知。幼喪父母,哀毀如成人。稍長,營葬三代,捐産建祠。兄子早世,一孫出繼他姓,烇使歸宗,授以産。有穿窬入室,鄰人也,贈以脫粟,曲爲化導,感泣去。

孫鐔,字漢堅。五齡而孤,每讀父書,哀慟欲絶。母蔣病,割股療焉。子澧、邦泰,能承家學。

錢以坊,字禮存。貢生。長兄以塏宦遊,仲叔相繼逝。以坊獨勤色養,依依孺慕。究心理學,持躬端謹。修學築堤,諸善舉殫力從事。疾革之日,邑中無論識與不識,咸歎息悲悼。

黃鳳翔,字子羽。里中捐賑修學,皆爭先倡。子鍾,太平知府。孫治安,候補知府。曾孫興仁,刑部郎中。俱克守先訓。

龔銘益,字襄夏。大令在升子,授州吏目。父終通山官署。聞訃,哀毀幾絶。母病,呼天割腕。

張王錫,字季勇。國子生。七齡時,父患疽,吮吸而愈。年十四母病,拜禱北辰。殁後,哀毀骨立。依母柩三載不離。受兄王典訓,事如父。王錫早世,妻吳氏守節盡孝,敦婦道。以上嘉善戈《志》。

張騫,字駕六。父恒施,年八十有八,隆冬露頂遊市。騫力供甘旨外,日奉百錢以資奕戲。仲弟爲翁鍾愛,生給日用,没則厚殮,以慰親心。《哀祀編》。

陸自誠,字西上。力耕養親,具酒食,邀賓娛。父母病瞽,舐之復明。親相繼没,築墳舍傍,朝夕省視。除喪,猶飯蔬茹菜。以積哀致疾,卒。

李雲鵬,字松庵。母病目幾瞽,舐五旬而愈。《懿行編》。參戈《志》。

任王仁,字博含。少孤。母吳撫教成立。好施予,倡建育嬰堂,全活甚衆。臨没,時惟以育嬰事囑同人,無一語及家事。

張堛,字彤九。國子生。十齡後兩親踵逝,哀毀如成人。事繼母,曲意承歡。姊早寡,撫其孤。歲饑,減價賤糶。富者從之,市價立平。

陳廷聰,字臨先。考授州判。母喪,哀毀致疾,卒。好爲善,修橋,施絮、槥,尤敦族誼。子啟昂,授州佐。

屠許昌,字文侯。諸生。父病,割臂和藥以進。家貧,積館穀爲弟娶婦。終身不析爨。

張翼,字董仲。諸生。八歲喪母,哭踊如禮。事繼母,盡子職。父病篤,同妻陸奉湯藥,寒暑無間。析産以腴讓兄。著《嶺雲集》《禹貢刪略》,子增生泰安校刻行世。

郁璿,字象中。國子生。父之蕁病篤,籲天祈代,得瘳。李令天桂,漕米浥爛,首捐金助。舅氏曹貧不克葬,爲擇地安厝。他若賑恤親族,歲饑賑濟,皆力行之。

汪文瀾，字聖容。國子生。遵父遺命，與兄文源終身同爨。妹適吳，貧，屢周恤。歿，爲營葬。鄉黨搆訟，殫力勸解。洊饑賑粟七百餘家。

薛靖，字四其。國子生。遭父喪，偕弟奇哀毀盡禮。歲歉，煮粥以濟。侍母疾，酷暑終夜不寢，蚊蟲嘬體，無倦息。奇字四表，亦仁慈好善，與兄刻《勸善書》行世。

王濤，字見平。武進士。康熙十三年，隨征福建，授遊擊，以勞歿於行間。能詩，工書，不苟然諾。子醇業，諸生，力學修行。

朱紫佩，字懷玉。事母盡子職，有諸某負銀願以女爲婢，佩念其母久病，賴女扶持，義不納，即焚券。

王朝佐，字大瀛。髫齡割股，療母疾。及長，言動不苟，嘗拒奔女于客邸。撫育弟妹，雖貧，好周恤。

馮肇元，字漢英。國子生。事繼母孝，二姊俱貧，兒女婚嫁，力任之。鄰里告急，無不應。課次子琰，爲諸生。

項逢熾，字映南。父病，竭力以事。棄產，助育嬰。遇善事，爲之如不及。以上嘉善戈《志》。

魏儒燾，字荀仲。大中曾孫。諸生。性孝。幼喪母，哀痛如成人。長從陸隴其遊，講求性命之學，得其傳。父病，衣不解帶者累月。及卒，哀毀嘔血，幾滅性，廬墓三年。及卒，門人私謚正孝。著有《詩文集》《柳洲詩義選》。

沈應霞，字旭青。諸生。事親，終身孺慕。妹寡，周恤備至。歲與同志貯米，年饑，出以賑濟。子鱄，成進士，由邑令遷州牧。時以清廉慈厚爲勖。卒，祀鄉賢。

蔣兆昌，字靜遠。幼孤，孝事母。與兄兆增不析箸，兄沒，分產，兄子三，兆昌子一，四分之。朱檢討彝尊祝其母壽文有曰："目不覩嬉戲之具，耳不聞緜唲之音。長而學成，士林稱領袖。"指兆昌兄弟也。子學原，克承家教。

錢佳，字平衡。士升元孫。諸生。父歿，哀毀。事後母，得歡心。娶曹氏，爲陸清獻女甥。佳親炙清獻言論，身體而力行之。邑有義舉，罔不殫力贊襄。晚刻《相國遺集》，輯《嘉善形勢說》。又與丁廷烺輯《魏塘詩陳》。著《臨谷詩鈔》。子二，源來，有《傳》；浩充，貢生。有才，工詩文。

徐育和，字靜初。國子生。性真率，周恤艱厄，雖家落，未嘗責報。晚尤嗜學，手鈔書盈數尺。著有《心友齋稿》。子燾，字熙天。諸生。少遊桑豰甫門，務根柢之學。著有《夢花軒草》。

孫曰樫，字蘭皋。國子生。髫齡失恃。事父孝。父卒，極哀。葬有日矣，日者謂"支干不利于己"。曰樫泣曰："世安有求利己而遲親之葬者？"如期，卒無恙。

姚廷訓，字殿倫。國子生。邑有義舉，無不與。尤敦族誼，貧不能婚嫁者，必量助之。生養死葬，皆有所恤。年踰耄耋，五世一堂。乾隆四十九年，恩給"聖世瑞徵"額，表其閭。

黃湀，字學海。諸生。嘗慕高宗憲、陳幾亭同善會義舉[4]，與其弟泳倡舉于楓涇之鎮北，後置館于鎮南之務前坊。泳蹀請兩省當事，不避寒暑，苦口勸諭。會事克成，濟者甚眾。

張身浩，字史傳。由明經歷任義烏教諭。善事父母，友愛昆弟。所至以正文教，端士習爲己任。時值邪教婁得星等滋事，民惶急，欲遯身，浩曉以大義，勉爲守禦。著有《松鱗書屋學吟草》。

孫燦，本名煌，字象三。幼失恃。事繼母如嫡，繼母病，目不交睫，藥不嘗不進。及卒，如居父喪。嘗舉陸清獻《與族姪書》誡子弟。敝衣糲食,安之晏如。戚友有急,輒傾身赴之。蓄書數千卷,披誦不倦。著有《尚書要義》《學古彙編》《自省編》。

朱承勳,字書常。性樂施與。邑有育嬰堂,需用日繁,承勳前後捐貲五百金。至若敦族睦婣,賑窮恤寡,罔不竭力。其祖廷策,號彝庵。負奇才,值明季不遇。著《苹遊草》及《家訓》一編。勳終身服膺不失。

程國珍,字方貢。秀監生。幼孤力學,能文章。事母,先意承志,思以祿養。援例授縣丞,未及服官而卒。性好施與,人以緩急告,百計以應。工繪事,錢觀察元昌、張徵士庚極口嘆賞。以子維岳貴贈官。

周既濟,字協均。乾隆癸酉,與從子鼎樞、升桓同舉鄉試。甲戌登明通榜,當得官,以兩兄皆仕,親老,奉養二十年。選慈谿教諭,以經術行誼教士子,卻饋遺,捐俸建文昌閣及廊廡、齋舍。在任五年卒。

孫業,字廣勤。諸生。生有至性,早喪父,善事母。母卒,慟幾絕。因已爲叔後,格于制,乃服衰期月,飯疏食,衣墨,終三年。著有《周易集粹》十二卷。

吳本禮,字禹門。孝友樂善,建宗祠,置祭產。友戚困乏者,周之。買一女,後知爲良家子,視若己女,爲擇士族嫁之。

孫灃,字遷穆。國子生。事父母盡孝,與弟友愛。嘗兩次疏濬城河,灃董其事。子樹珠,貢生。敦倫力學,有祖父風。

吳燦,字錦川。少有至性,父梓禮,中暑疾革,思瓜及橄欖,醫禁弗與。及卒,脣齒焦灼。燦終身見二物,輒愴然淚下。撫甥成立,擇配授產。有衣冠後將鬻女,恤其家。鎮有同善會,幾廢,設法經理二十餘年。

魏爲壿,字虛受。家貧,不爲利動。妹壻朱一蜚爲山西布政,郵書招之往。旅次有客以事干,囊白金爲壽,怒卻之。後一蜚被議,法當籍。直隷制府方觀承馳書浙大吏曰:“無累廉士魏某。”蓋方知爲壿卻金事也。

王國鼎,字安九。國子生。少孤,事母孝。從子廷相,字端書。誠樸有古風。歲饑,共設粥食餓者至半月餘。里有迎秀橋,歲久傾圮,捐貲改建,不煩閭里,因呼爲王家橋。

沈韶,字師夔。貢生。性肫篤,工詩文。父捷,爲讎誣陷,罪且不測。韶歷控莫伸。康熙四十五年,聖祖南巡,韶具表叩閽,願以身代父抵罪。聖祖嘉其孝,飭撫臣,竟赦不問。韶工詩,長洲殷銘選入《魏里詩存》。

徐正誼,字方子。諸生。天性淳固,執親喪寢苫,不脫衰絰。卒哭,乃啜疏食,三年不進蔬果。免喪後,不衣裘帛者十年。乾隆初,州郡舉孝廉方正,邑人以正誼應,辭不就。

黃士章,一生好善,五世同堂。壽至九十二歲。乾隆壬午,恩賚束帛,八品頂帶。

程緒祖,字纘三。諸生。性敏嗜學。家中落,父命投筆覓衣食,依依不忍去。時其子鍾彥已長,父慰諭再四,乃行服賈,盡孝養。有弟没于崖州,間關萬里,扶櫬歸。後鍾彥歷清要,緒祖杜門陳故策,課幼子及孫,不問家事,壽至一百又三歲。乾隆三十六年,欽旌昇平人瑞,給帑建坊。

錢鍂,字茂泰。以壿嗣子,性端謹。雍正己酉,欽賜舉人,授中書。家不中貲,人有緩急,輒解囊助。起補內閣中書,旋因本生母年老,乞歸。著有《息廬詩文鈔》。

蔣銓,字山衡。諸生。敦孝悌。母病篤,割股以愈。父卒,哀毀嘔血幾絕。弟析產,後家落,銓以己產讓之。學政劉公鐶之旌其堂曰"重品彝倫"。以上伊《志》。

夏鏞,字古喤。己亥副榜,選太平教諭。勤月課。生平孝友性成,睦姻任恤。于《志》。

袁璉,字惕三。黃六世孫。年十二,補縣學生。家素貧,念學者當先治生,遂為賈,積貲買田分湖上,課子弟力耕,農隙課讀。其不耕者仍遣服賈,賈還,復讀,不數年而賈者、耕者接踵入泮。晚設家塾以教群子姓與戚屬之貧者,且贍戚族無養之婦。歲荒出粟,以糶鄉里,斗減百錢。嘉善萬《志》。

查涉,字濟之。性純篤,官鮑郎場鹽大使。聞母訃,以不獲視含殮,服除,遂不出。居恒手一卷,杜門靜坐,如老衲然。于《志》。

吳堂,字宸宸。性至孝,八歲失怙,哭泣不食者累日。母錢氏督課甚嚴,嘉慶庚申舉於鄉,辛酉入都。旋聞母病,星夜馳回。母已先旬日逝,擗踊號泣,幾不欲生。茹蔬骨立,淚無乾睫。未幾哀毀卒。于《志》。

曹應青,字選之。八歲喪繼母,擗踊哭泣如成人。長愛吟咏。著有《烏榜聞吟草》《花陰不繫舟吟草》《韻味軒詞》三種。客山東,卒。猶子裕鈞,時年十九,請於父應圻,往扶柩以歸。後遊閩,聞母訃,哀毀骨立,得咯血症,遂卒。于《志》。

郁昌齡,字魯良。性至孝。少孤食貧,母沈紡績以養。長業賈,奉菽水無闕。沈疾,侍湯藥,脅不帖席。疾篤,刲股進,越日而病若失。昌齡無胞兄弟,故視同堂不啻同胞生,周其急,沒,任其喪,至若餔餒、絮凍、槥死、梁涉、濬市河,製水龍諸善舉,無不倡眾捐資,而身任其勞。年九十四卒。于《志》。

黃大佐,字贊侯。少喪母,嘔血不欲生。事父能色養,待兄弟極友愛。于《志》。

黃凱鈞,字南薰。秉性孝友。母高氏得水腫疾甚,殆日侍湯藥,夜輒露禱,百計療治,得痊,咸以為孝感所致。為父母卜葬,躬親負土。建丙舍數椽,廬墓終身,名其地曰馴鹿莊。處事寬厚而耿介,嘗以屋旁隙地假人,後仞不還,笑置不問。又買鄰人之屋,而其屋先已賃人為店,慮其他徙失利,垂立券,而毀之。嘉慶甲子,縣被水,倡率平糶,大暑烈日,持蓋戶行,罔有漏失,貧民賴以舉火,幾半載。凤工醫以濟人,為急療治頗夥,并合善藥以施,閱五十年弗懈。著有《友漁齋詩正續集》及《醫話庸言錄》《遺睡雜言》《悅目益心》等書行於世。于《志》。

沈融,字岫青,號北海。進士泓曾孫。六歲遭母夏孺人喪,哀慟已如成人。事繼母許孺人極孝。待諸父昆弟必盡其誠,同里許閣學為立《孝子傳》。《楓溪小志》。

陳暻,字二癡,布政司理問,孝泳子。善事寡母。族中物故者多浮厝,暻於公田中擇一隙地,叢葬得安。又以故父光祿、廩祿所贏節縮經營,置田五頃,建立義莊,以贍貧族。《楓溪小志》。

程廷瑧,字理乎。倡建宗祠,置義田一千餘畝以贍貧族,朝廷旌之。《楓溪小志》。

袁青,字雪持。璉孫。歲貢生,為人端愨無飾,鄉黨推為儒者。弟茂荆蚤亡,撫姪昌齡成立。茂荆,字範韓。文法古人,屢試不售。某公視浙學,有戚為其幕友,密貽書饋以關節,荆得書,遂不赴試。所親爭勸之,以死自誓。未幾卒。《分湖小識》。

程大卓,字伯高。曾力贊堂叔廷瑧等捐田千畝,置義莊,族人贍焉。又嘗遍貸親友,義贖徐姓婦,使夫妻完聚。其平生好義多類此。于《志》。

顧照,字新德。年十一失怙,哀慕不已。父邦楨遊粵久,無耗,有傳謂已死者,欲往尋,以祖父母命止。孝養重闈，相繼歿，諸妹亦遣嫁。道光甲辰，照乃拜墓，隻身行數千里，卒負父骨歸。新纂。

閔旅，字寓生。性孝友，父愛書畫，購求以悅之。家貧，恐貽親累，乃爲弟娶婦曰："弟有子，即吾子也。"已，以鰥終。新纂。

屠存基，字秀嶺。居張涇滙。性誠慤，尤勇於行義。道光甲申，邑宰惲敷開古華亭塘，修普濟橋，以存基督工。實力奉行，事竣，給"績懋河渠"額以寵之。次年勸募巨資，修張涇滙街。弟玉壎，字松圃。咸豐四年，復捐修街費錢八百緡，居民賴之。邑宰馬給"爲善最樂"額。新纂。

袁嵩齡，字翰生。道光庚戌進士。散館授知縣，不謁選，歸。賙恤宗族，旁及里黨。先是，己酉歲大水，悉力捐賑，拯活無算。新纂。

袁瑞，字巨明。篤於行誼，喪偶不再娶。同治五年，江蘇巡撫郭題旌義夫。新纂。

顧慎薇，字愶華。國子生。秉性和厚。祖遺田龘足自給，佃有疲頑，不忍赴縣下狀，被受敲榜，曰："佃以手足養我，堪坐此尋楚耶！"有偷兒入室，已肱篋裹束矣。會厨有餕餘，惝然竊食卧，比曉覺。家人謂縛之官，意不可。翻謂偷曰："視汝身手，或可作勞，乃爲此苟且。今周汝作活，勿蹈故轍。"卒悛改，務正業焉。衣服飲食，務從儉約，惟義舉則慨任之。嘉慶二十二年冬，趺坐逝。《真有益齋文集》。

唐潮，號秋濤。道光癸巳進士。由翰林改户部員外郎。秉性篤誠，居京時有陝邑舉人勞丙坤病旅邸，貲艱援絕，慨然招與寓，卒，棺殮，送其櫬歸。在官十餘年，即告歸里。捐賑平糶，施粥捨衣，活人無算。著有《祝三堂集》。兄漣，號晴江。世業布，僅中貲，慮荒生產，急棄舉業，獨任家政，使弟潮專心力學。析產時，推多取寡，毫不蓄私。逮潮登內翰，以五品貤封，受惠報德，人兩美之。新纂。

金韻鈴，字適庵。少擅文譽，尤以孝聞。其繼母數摧辱之，承順無間。迨異母弟逆其親，繼母將控官，韻鈴涕泣跪請，遂完好如初，人多敬之。中嘉慶庚午鄉試，年齒已踰强仕，無志進取，爲青田教諭十餘年，士心翕服。新纂。

許經邦，號友漁。咸豐壬子科武舉人，以軍功保至參將，賞花翎。癸丑，劉麗川踞上海，鄰境悚惶。練勇有功。閱同治癸亥，倡義丁家柵，隨大兵進攻西塘、楓涇，支應淮軍。能顧桑梓，辦理善後，亦中機宜。惜積勞成疾，卒。新纂。

袁蔭槐，字晉廬。性孝友。同治五年，江蘇巡撫郭題旌孝子。新纂。

程文杞，字楚卿，號又韋。生而聰穎。九歲，《十三經傳》《文選》畢讀。十歲能文。十九舉於鄉，嗣以痿疾廢書，居心仁厚。道光己酉大水，倡捐濟貧困。邑寒士應舉，向無登雲會，悉力成其事。堂嫂陸氏苦節無後，力請同爨，以子熙恬爲嗣，率家人敬事之。同里顧秋士能詩，時與倡和，並周困乏，性嗜菊，尤好植蘭。著有《蘭蕙論略》。《楓溪小志》。

王濤，字雲庵。仁濟里人，授徒養母。咸豐辛酉三月，被賊擄出門，母追奪相持哭。賊傷母手，呼號愈甚。賊怒殺之，並戕母。寇退，鄰里醵金以殮。事聞，奉旨入忠義祠。《楓溪小志》。

汪光孝，號雲閣。幼孤，母氏程撫養成立。賊犯楓涇，扶母逃避教化濱，遇賊不屈，斫之，喉未斷，猶鳴咽呼母而死，賊焚其屍。事聞，賜恤，入忠義祠。《楓溪小志》。

張鎬，字湘舟。秉性剛直。咸豐庚申九月初六日，被擄至南城隍廟，不屈，反縛戲臺柱。抵死，罵不絕口，面如生。事聞，奉旨入本邑忠義祠。《楓溪小志》。

　　吳汝侗,字寅生。庠生。性孝,父復,晚年好遊玩,出入潛隨,遇橋危路險,輒扶持行。家訓蒙,朝夕趨父館定省。咸豐辛酉,被擄至縣城,不屈死。事聞,得恤廕。《楓溪小志》。

　　程文榮,號蘭川。官江寧北捕通判。善書,兼工金石文字。凡所到處,輒訪求湮薶古刻,斷甎片瓦,摩挲審視不忍去。著有《嘉興府金石志》若干卷,《江寧金石志補》四卷、《鍾鼎款識校誤》一卷,《漢隸續補》一卷,《南村帖考》若干卷。咸豐癸丑正月,粵匪攻江寧,榮奉委巡城,城陷,死事聞,恤道銜。入祀昭忠祠。《楓溪小志》。

　　蔡潤琛,號佛華。官湖北廣濟知縣。咸豐癸丑春,粵匪犯縣境,率兵堵禦。經旬賊退,方擬查辦撫恤。因抗糧滋事,褫職。經吳制軍文鎔留營效力,隨同防堵。黃州賊悍兵單,同時陣亡,事聞,加贈知府銜。《楓溪小志》。

　　謝仁溥,字湘屏,號芝齡。庠生。河南試用縣丞。咸豐初,隨袁帥甲三剿捻匪功,署宜陽縣知縣。督練堵剿,巷戰遇害。豫撫鄭元善奏聞,加贈太僕寺卿銜,入祀昭忠祠。《楓溪小志》。

　　陳二璋,字鑑源,號又裁。道光乙未舉人。居邑茜溪。生平窮經考史,諸子百家靡不流覽。時人以遠大奇之。尋爲險者所搆,致罹吏議。家居授徒,寇至,人勸他徙。二璋曰:“至則死耳。”因率鄉里爲拒寇計,卒以衆寡不敵,死。事聞,得旨優恤。新纂。

　　徐廷楨,字星白。監生。遊滄州知州沈如潮幕。咸豐三年,粵匪陷城,與如潮同殉難。新纂。

　　孫汝鼎,字梅若。附生。性嚴正。教人敦本,弟子多嚴憚之。咸豐十年,館鳳喈橋,聞縣城告警,憂忿不食死。新纂。

　　金雲錦,字冠山。幼孤貧。入泮,後課徒終其身。庚申賊至,率團練守禦。城陷,巷戰,遂被害,身受十數刃,支體幾不全。朱御史澄瀾爲奏請恤,入昭忠錄。新纂。

　　謝調梅,字鼎人。任吉林伊通河巡檢,代權理事同知。時土寇倡亂,親率弓兵團勇剿擒之。以親老告歸,書畫自娛。同治元年十二月,團勇保鄉里,爲賊獲,罵不屈。與妻周氏同被害。事平,得恤。新纂。

　　蔡祖存,兩淮候補鹽知事。咸豐十一年,奉委至海州總巡,捻匪至板浦,禦賊殉難。新纂。

　　陳珠樹,號漱泉。孤介自高。咸豐辛酉八月,粵匪犯風涇,樹忍饑不出,獨居小樓,絕粒以死。年七十有一。寇退,堂嫂徐氏收殮之。事聞,詔旌忠義。《楓溪小志》。

　　范兆景,字若谷。議敘從九品。咸豐十一年正月,集團扼粵匪於白茅河,中槍,尋卒。他若唐大林、錢惠均、孫文鳳、項德嘉、李均,俱死於難。新纂。

　　朱容照、陳徐河、顧鴻吉,均議敘從九品。咸豐十年七月,闔邑戒嚴,容照遇賊西塘,募勇潰散,遂奮予陷陣。徐河接戰西門外,陣亡。鴻吉被賊脅,抵死,罵不絕口,亦遇害。新纂。

　　程菊孫,字淡如。御史維岳孫,議敘從九品。工詩畫,精技擊,嘗客遊燕晉,賦詠古詩,驚其長老。年二十後寄居郡城,隱於醫,存心拯濟,出必步行,博覽方書集要,編次爲《四診便讀》。咸豐庚申,知世變將作,手寫所著書,分遺親友,自以世受國恩,義不受辱,約妻孥堅守故廬。至四月,郡城陷,驅妻暨二子投水死,持刀出門,奮力擊賊,賊蜂至,攢刺之死,并毀其尸。僕周貴匿旁舍,親見慘狀,逸出述之。

【校注】

　　[1] 按:光緒《嘉善縣志》卷二十三《行誼下》“戴家理”條作“父墮水,理亦赴水”。據文意,當作“父

墮水,理亦赴水"。

　　[2]按:本卷下有"程緒祖"專條,未言"授州佐"。光緒《嘉善縣志》卷二十一《孝友》"程雄飛"條:"子輝祖,授州佐;緒祖,有傳。"同卷"程緒祖"條:"程緒祖,字纘三。穎敏嗜學,屢困鄉闈,孝友行恤,敦本睦族……"不言"授州佐"事。故"授州佐"者僅"程輝祖"一人。

　　[3]無倦容妄語:光緒《嘉善縣志》卷二十一《孝友》"蔣兆增"條:"生平敦尚實行,無飾容妄語。"據文意,"倦容"是"飾容"之誤。

　　[4]按:光緒《嘉善縣志》卷二十三《行誼下》"黃漢"條作"嘗慕高忠憲、陳幾亭同善會義舉"。此處的"高宗憲"乃指高攀龍,謚"忠憲",故當作"高忠憲"。

文　苑

明

　　周鼎,字伯器。博極經史。正統中征閩寇,沐陽伯金忠辟置幕下,議進取方略。嘗與千户龔遂奇從數騎入尤溪山寨,降其衆而還。授沐陽典史,罷官。遨遊三吳,賣文爲活。吳中墓誌譜牒皆出其手。年十九修《杭州雜志》,燈下書蠅頭字,界畫信手[1],不折紙爲範。門人最有名者松陵史鑑用柳文例志其墓,曰"桐村繭室"。

　　姚綸,字允言。本姓下,才思高邁。爲詩清麗,書法規摹晉人。隱居教授,有《夢草集》。孫翼,亦以詩名,有《桂巖集》。元孫瑞哀綸及翼集合刻之,爲雙璧。曾孫諶,復姓下。有《傳》。以上《嘉禾徵獻録》。

　　湯滁,字新之。以進士爲清豐尹。恥干謁。臺使聞其能詩,命賦,有"半明半晦雲閒月,如有如無夢裏官"之句。臺使疑其隱,諷湯。謝曰:"此滁自輕其官也。"取印綬置案,揖而出。著有《思庵雜稿》。《浙江通志》。參嘉善楊《志》。

　　周澤,字天雨。博學有才,爲文清婉。詩亦工,不多作。每一言出,人膾炙之。成化癸卯鄉薦第一,登進士。累官福建同知,轉贛州,卒。《兩浙名賢録》。

　　郁袞,字九章。改名天民,博學善詩文,纂《靖難盡心録》。子敦易,自號斗野山人。有《言志稿》。《檇李詩繫》。

　　沈燼,字士明。弱冠舉于鄉,閉户手一編,與弟炤相師友。詩文根本理學,佐以韓、蘇,不事雕繪。書法遒勁,似米南宮。著《石聯遺稿》。《兩浙名賢録》。

　　郁應玄,字槐泉。學于從父袞。嘉靖甲子舉于鄉,計偕遇歸有光,遂訂交。知黟縣令[2],砥勵清節,邑健于訟,溫言勸諭,訟日簡。公餘吟咏不輟,未幾歸。與歸子慕、吳志遠講學荻秋。著有《北征草》《南遊雜編》。

　　馮盛世,字念羅。選貢。工詩文。歲祲,作《救荒書》致邑宰。用其議,民大有濟。授福建鎮海衛訓導。著有《桑榆館集》。以上嘉善楊《志》。

　　許明,字子遠。與高攀龍、吳志遠、歸子慕遊。文章行誼,爲一時推重。家貧,嘗絕糧,處之泰然。惟以著述爲樂。于術數書靡不研究。有《地理傳心集》行世。嘉善崔《志》。

　　王周,號質齋。嘉靖諸生。有別業於鴈湖之側,稱鴈湖釣叟。著《自在吟》二卷。顧珊,字子聲。諸生。馮科,教諭,與周同時。皆能詩。

　　沈大奎,字子聚。萬曆初明經,官教授。有《滄滄集》。盛時龍,字雲將。諸生。有《天選篇》《北游雜咏》二刻。以上《檇李詩繋》。

沈萬鉚,字玉臺。鄉薦後,力學著書。有《詩經類考》傳世。于《志》。

卞洪勳,字泰華。稽勳錫子。性嗜學,早歲入成均。官東鄉主簿,歸。以道誼自持。著有《漱石居集》。同時有周珍、沈璋、沈槃、姚懋勳、沈嘉賓、顧忱,皆能詩。《静志居詩話》。參《檇李詩繋》。

孫茂芝,字若英。幼失怙,事母極孝。天啟辛酉,以副榜入太學。晚謁選爲沔陽同知,有循譽。見時事日非,即請解職,曰:“我不能以塵案易硯枰也。”所著有《讀經疑》《離騷繹》《硯枰齋遺稿》。伊《志》。

朱廷旦,字爾兼。以貢入成均。遇幸學,上書不報。中應天副榜。有《警枕集》《擣堅録》《廣友論》《數花軒雜爼》。

陳山毓,字賁聞。于王子。戊午鄉試第一。爲文長于騷賦,精思苦吟,寒暑無間。中歲有嘔血疾。讀書不輟,作《自祭文》,極曠達之槩。卒,年三十八。弟龍正,集其文以傳。私諡靖質。以上《嘉禾徵獻録》。

郁泰徵,字參吾。父耀宗。泰徵爲諸生,性孝友,父歿,躃踊廢書,享薦必哭。從子之章,少孤。有家難,竭力護持。平生沈酣經史,多著述。有《松筠堂詩文稿》。袁《志》。

孫文鋒,字韞玉。戴叔遠,字元邁。同結文社。皆以貢爲學博。文鋒選昌化,以病歸,卒。叔遠爲象山訓導,聞文鋒死,歸,憑棺痛哭,嘔血以殞。嘉善楊《志》。

支如玉,字寧瑕。大綸子。萬曆庚子舉人。官監丞。有《半衲集》。弟如增,與京山李維禎、華亭陳繼儒、無錫鄒之麟爲文學交。嘗上書岳元聲,陳朝政五條,勉以格君。又貽書賀燦然,謂駁永陵之非,且詰其毀父。中崇禎庚午副榜,作《謝棘闈賦》。著有《硯亭小品》《濡削叢笈》。《檇李詩繋》。參袁《志》。

倪煌,字令倩。國子生。有《小宛集》。弟點,亦以詩著名。邱遂,字叔遂。初爲僧,後反儒服,爲諸生。有《邱叔遂詩草》。《静志居詩話》。參《檇李詩繋》。

凌斗垣,字麗天。屢試棘闈不售,閉户著書。著有《樹杪閣集》。孫如升、如恒,皆能文。王時杰,字百凡。少遊魏大中門,詩文在大曆、元和閒。蔣睿,字正言。副憲英子。雅慕高蹈,遇佳山水,流連不忍去。有《聽鴻樓集》。嘉善楊《志》。參《檇李詩繋》。

夏緇,字雪子。初字幼青。天啟間諸生。有《西泠》《維摩》《孤望》三集。其詩早務纖豔,晚趨空淡。《南中夢遊》諸作,奧削蒼涼,點染特妙。絶句尤多風調,有竹枝縹緲之音。王佐,字佐之。崇禎辛未進士。休寧令。工詩。

錢繼振,字爾玉。繼登仲弟兄,遭誣就訊,徒步數千里,周旋北寺。嘗與郁之章輩結柳洲詩社。晚歲築室曰鷗旅以老。有《蕭齋集》《西園日箋》。弟繼章,字爾斐。崇禎丙子舉人,孝友力學,鈎纂甚富。晚築谿黙園,綴石蒔花,垂老不倦。著有《逸民遺風詩》《雪堂自删集》。

孫聖蘭,字子操。崇禎癸未進士。遭亂不仕,隱居三十年。有《曉傳堂集》《長溪詩話》。以上《檇李詩繋》。

陳奇,字達可。貢生。嘗受學于徐石麒。嚴介抗俗,爲文力宗大雅,處姻黨䏅恤備至。閉户課子,授學博不就。著有《淡思集》。《檇李詩繋》。參嘉善楊《志》。

錢熙,字漱廣。枬子。諸生。少負雋才,詩學漢魏初唐,枬性豪逸,絲竹滿堂。熙焚香披誦，如無覩聞。有《思存集》。弟點，字鑒濤，早夭。有《百可堂詩》。《檇李詩繫》。

曹谿，字谹仙。原籍華亭。弱冠補諸生，後棄去。坐臥一小樓，貯法書名畫中，設陶靖節像，曰：“朝夕與此老對，如置身桃源中矣。”著有《花嘯》《谷音》二集。嘉善楊《志》。

劉芳，字墨仙。有《清唤齋集》。倪撫，字曼倩。與錢棅唱和。崇禎間諸生。

李樾，字子方。奇珍子。恬淡不樂仕進。殫心經史，至老彌篤。著《雨花齋集》《樂律解》。以上《檇李詩繫》。

呂諧，字皆言。從子洪聲，字公亮。俱負奇，博學一時，稱爲二呂。諧登崇禎壬午鄉書，洪聲早卒。有《詩文遺稿》。嘉善戈《志》。

盛于烷，字犀然。諸生。好古博覽。性恬淡，閉戶隱居，悠然古處。有《孤嘯集》。吳《志》。

吳祖錫，字稽田。諸生。敦氣誼，廣交遊。中年淡泊寡營，幅巾野服，作向平五嶽遊。卒于濟南[3]。子濩，字于東。有《先友詩》一卷。胥朱臣，字清遠。諸生。絕意進取，遊四方垂二十餘年。所著《遊草》及《讀史鏡》《蕉牕隨筆》數十卷。吳《志》。參嘉善崔《志》。

支紹昌，字克齋。如玉孫。諸生。高尚不慕仕進，老屋數椽，面文水，顏曰“竹所讀書處”。禁足不出，垂四十年。性篤孝友。膳寡姊，撫孤姪式圍。與兄紹熹白首相愛。嘉善戈《志》。

戴孝，字子華。工詩，喜讀史。與人言忠孝廉節，娓娓不倦。

錢華，字苹露。諸生。授徒講學，尤邃于《易》。

郁素，字繪先。諸生。力學能文，善談論風致，不減晉人。

駱雲程，字天遊。放浪詩酒山水。有《素券堂集》。卒年九十餘。陸龍光，字貫揚。顧之鑑，字念亭。俱工詩，善書法。以上吳《志》。參嘉善戈《志》。

沈煌，字大文。明季文弊，競獵六朝浮豔。煌昌明程朱之學，負笈者三百餘人。順治甲午，選貢不仕。有《宏益堂稿》。《檇李詩繫》。

葉宜春，字明台。歲貢生。安貧樂道。子元美，善庠生。克承父志，放情詩卷外，著有《格言雜語》《理學洞蠡》，接踵南明。同里顧際明作《記》表之。《楓溪小志》。

許應試，字元甫。號宇懷。宋進士克昌後。世居奉賢里，少游庠，文筆縱橫高古，督學紫溪，蘇公首拔，試牘達部。丙辰中副車，廷對擢第四，選諸暨訓導。著有《家箴八議》《八訓》《八款》諸篇。子鼎宰、鼎相，皆孝友篤學，時人比三蘇焉。《楓溪小志》。

夏允懷，字季思。貢生。早歲能文，與允彝爲鴈行，稱“二夏”。行己方正，嘗館一巨室，坐搆釁，幾殆。允懷悉力捍衛，全其幼孤。著有《尚書句解》《歷代史斷》。吳《志》。

【校注】

[1] 按：光緒《嘉善縣志》卷二十四《文苑》“周鼎”條：“年八十修《杭州府志》，燈下書蠅頭字，界畫信手。”據文意，當作“年八十”。

[2] 按：光緒《嘉善縣志》卷二十四《文苑》“郁應玄”條：“謁選，授黟縣令。”康熙《徽州府志》卷四《職官·黟縣知縣》：“郁應玄，浙江嘉善人，舉人，萬曆十一年任。”故“知”是“授”之誤。或刪去“令”字。

[3] 按：盛楓《嘉禾徵獻錄》卷三一：“吳祖錫，字佩遠。一名鉏，字稽田。本生父字來之，有幹才，崇禎庚午舉人，甲戌進士。授行人，歷文選郎中。坐事論死。祖錫深痛之。國破，往來江湖，屢瀕於死，卒於膠州逆旅，葬焉。”（《續修四庫全書》第五四四冊）乾隆《吳江縣志》卷三一《節義》：“吳祖錫，字佩遠。父昌期。祖錫中崇禎十五年鄉試副榜，貢太學。時本生父昌時爲文選郎中，與周延儒比，祖錫力諫不納。昌時

誅,兩都相繼陷。祖錫乃變名鉏,字稽田,從陳子龍、徐孚遠等謀恢復。子龍使偵事杭州,有薦其仕國朝者,祖錫乃逃匿長洲徐枋所。旋爲讐家縛至土國寶軍門,時子龍死,孚遠遁入海,國寶乃薙祖錫髮,縱之去。祖錫爲人偉岸,目光如電。善結客,客多歸之。魯王聞其名,授職方郎中。永明王亦官如故。王死,祖錫益鬱鬱不知所爲,復爲人告,捕其一子下獄,祖錫匿京師得免。後乃與結客居膠州大竹山,會莊烈帝忌辰,哭之慟,下血,遂不起。乃召客與訣,氣逆上,語塞,遂嘔血數升而卒。"吳祖錫中年後,亡命托跡,落泊轉徙,前後三十五年。《清史稿·遺逸傳一》説:"海師入江,(吳)祖錫實導之,且連歲在金陵,隱爲之助。"乾隆《吳江縣志》引《獻集續纂》,寫吳祖錫"乙酉後未嘗家居,虎狼之叢,蛟蜃之窟,王公曲室,節使幕府,無不棲托,其中之所存莫得測也,生平足跡半天下。"明亡,吳祖錫參與抗清,死於膠州大竹山,並非"作向平五嶽遊,卒于濟南"。向平,即東漢高士向長,字子平,隱居不仕,子女婚嫁既畢,遂漫遊五嶽名山,後不知所終。見《後漢書·逸民傳》。且吳祖錫祖籍吳江,居嘉興,列入《嘉善文苑》似亦不妥。

國　朝

曹爾坊,字子閑。勳仲子。髫年應試,宿儒不能及。工詩,並善繪事。子鑑倫,有《傳》。《檇李詩繫》。參嘉善楊《志》。

王辰,字天市,號餘庵。順治庚子舉人,授江西吉水知縣。戊午同考官。旋調保定府經歷。少工詩文,敦品行,與當湖陸清獻交最契。有魏塘名宿沈大文者,博通經史,清獻聞其講書之精,偕天市往聽之。清獻語天市云:"吾悟其講書法,以從容爲主,以文雅爲貴,傾動後輩,有以也。"《楓溪小志》。

陳舒,號道山。順治己丑進士。官布政司參議。工花鳥草蟲,長畫荷。搆小園雨花臺下,善詩詞。凡畫必自題,信手疾書,不出思索,而有韻致。《畫徵錄》。

蔣玉立,字辛彥。少從張溥遊。順治甲午拔貢。父有疾,夜不解帶,廁牏必躬浣。詩文峭厲,力追正始。有《泰茹堂集》。弟橡,一名玉章,字禹書。九歲能詩,順治辛卯副貢,不得志,卒。著有《三徑草》《靈威集》。《檇李詩繫》。參嘉善楊《志》。

孫在鎬,字西自。與從弟鑣同受業于徐遠,遠歎曰:"老生避三舍矣。"弱冠登賢書,下帷蕭寺,讖緯、星官、奇門、周髀之學,靡不殫究。

薛昌,字光尊。諸生。詩古文有江鮑淹通之目。

孫鑣,字長清。貫穿經史。豪飲,能盡一石。與人交,無面諛背毀。錄先儒座右銘自警。家庭雍睦。著有《鄂轉樓稿》。

陳增新,字子更。順治戊子舉人。工詩古文,搖筆苦吟得句,輒欣然喜。謁選,授安仁令。革火耗,寬刑罰,邑人德之。祀名宦。以上嘉善楊《志》。

魏允枚,字卜臣。學濂子。順治戊子舉人。授西安教諭,未仕卒。著有《詩集》六卷。弟允札,字州來;允植,字虎臣。允札,諸生。博覽典籍,詩文直逼兩宋。著《東齋集》。允植,事兄如嚴父,侍母湯藥,至于嘔血。百家之書,無不瀏覽。爲文風發泉湧,時稱其兄弟文章、行誼,不愧名父之子。《檇李詩繫》。參吳《志》、嘉善楊《志》。

計善,字廉伯。元勳孫。潛心理學。事母極孝。家貧,竭力奉甘旨。撫幼弟,體恤無不到。博極群書,有《古文雜著》百餘卷。弟五人,能、敬、正、法、辨,才名與兄埒,時稱爲"六計"。嘉善楊《志》。

陳秉,字夏臣。龍正孫。順治辛卯舉人。父歿,以哀毀寢瘵夭。馮運隆,字昌言。盛典孫。弱冠與秉同舉鄉榜。馮母山毓女,秉從姑。三黨中同學,同榜,同深于詩古文詞,而同夭折。人惜之。《檇李詩繫》。參嘉善楊《志》。

陳舜薦，字羽格。諸生。卜居郭外，種梅百本。搆小軒曰亭玉，著書其中以老。

沈湛，字淵伯。諸生。善古文辭。傍舍有五柳，因以名其所居爲五柳村。著有《易伸》及《貽安錄》。嘉善楊《志》。參崔《志》。

支隆求，字武侯。與兄景良，字留侯，皆工詩。隆求舉順治庚子第二。授遂安教諭，以文行勖士。擢山東沂水令，多惠績。致政歸，著書講學，有《泊庵集》。嘉善戈《志》。

毛蕃，字穉賓。少與弟正學字義上、楠字讓木，博學工文，稱"毛氏三俊"。蕃，副貢。正學、楠，諸生。高才，困場屋，以經術授徒。蕃子，澐；正學子，璐；楠子，永圖，皆以能文世其家。吳《志》。

葉翹，字楚若。少擅才名。選貢，授昌樂令。潔己愛民，捐俸倡修學宮。歸里後，閉戶著書。支撝英，字會侯。任乳源知縣。支孔願，字功禹，選桐廬教諭。陶愕，字冰修。辛卯舉人。天台學博，皆卓然文行之儒，與翹交契。

沈受祺，字獻吉。諸生。通敏有經濟才，與楊廷樞、錢禧輩同學。知縣莫大勳欲行均田役、官收官兌法，祺條議贊成，爲《清賦平役新書》，上之臺省，頒爲定例。所居北山草堂，九松皆宋元遺植，徜徉嘯咏爲樂。著有《五韻便覽》《詩餘圖譜》。

李煒，字赤茂。諸生。研窮經史，爲時輩折服。晚益肆力於古《陰符》，握奇無不研究。子光堯、應機，皆師陸隴其，稱高弟。人號"二難"。光堯有《吳梅村詩集註》。以上吳《志》。參嘉善戈《志》。

毛正學，字義上。諸生。研精理學，與陸隴其、張履祥友善。事親盡孝。父疾，籲天求代。值歲饑，鬻產以賑。尤好汲引後進。《懿行編》。參嘉善戈《志》。

周振璜，字渭陽。貢生。弟振瑗，字蓬玉。甲辰進士，山西安邑令。季弟珂，字越石。貢生。文章行誼，一家自相師友，門多負笈。兄弟俱工詩。振璜尤工書法。吳《志》。

馮瀛秀，字青掄。丁酉舉人。爲文整飭，兼工書畫，淡進取。杜門課子，清介越俗，有《散仙子稿》。嘉善戈《志》。

顧鏌，字聖修。諸生。事親孝，撫兩弟，恩義兼盡。著《四書辨疑》《禹貢廣註》及《百穀堂詩文集》。以子衍貴贈官。吳《志》。

錢煐，字蔚宗。楞次子。少孤。力學，爲名諸生。與兄燗稱"二難"。泛覽百家，纂輯古人嘉言懿行。母毛，有心疾，事之謹。嘗修學宮，置墓田。著《續最樂編》《息深齋集》。燗，字尚子。諸生。博學。性耿介，授經自給，非其力不食。吳《志》。參嘉善戈《志》。

陸淮，字秀鏊。諸生。爲文根柢，至性。盡削浮華。又有孫蕃，字天毓。諸生。勵志攻苦，詩古文以作者自命。嘉善崔《志》。

郁褒，字子弁。以貢官江西永豐令。有《詩偶》一卷。蔣雲翼，本名會貞，字鳴大，順治甲午舉人。任江南涇縣知縣。王辰，字天市，順治庚子舉人。任直隸保定府經歷。皆能詩。

顧艾，字病已。周宏藻，字丙仲。徐之陵，字子京。陳學謙，字庭益，皆長於詩。張逸，字泰庵。精岐黃術，善琴，工詩畫。有《日休堂詩》。陸淮，字秀整。諸生。少孤，事母以孝聞。曹禎驥，字觀機。有《握蘭軒詩》。曹爾垣，字彥師。勳第四子。戈元穎，字長鳴。兩人工古文，皆早世。陳昌，字漢彬。龍正孫。以貢授雲和訓導，克守家業。

柯崇樸,字寓匏。副貢。工詩古文辭。弟宏本,字聿修。十歲通《五經》,入太學,試不遇,早卒。有《鼓應初編》。維楨,字翰周。舉人。有《澄煙閣詩》。與樸同舉博學鴻辭,丁外艱,不與試。季弟用楫,亦博贍,工詩。宏本子炳,字煒昭。長洲汪琬謂其沈靜爽拔,兼而有之。早卒。有《蘭唐集》。以上《橋李詩繫》。

曹鑑平,字掌公。舉人。汎濫六籍,入古人閫奧。詩文流播人口。弟鑑章,字達夫。善承家學。令萬載,有惠績。子源邰,拔貢。兩任縣令。吳《志》。參嘉善戈《志》。

曹鑑徵,字徵之。貌寢,偏眇,不修飾。所交必奇士,與南粵朱斐、北平韓畾善。門有橡樹,中庭有紅杏,客至多咏其側。偶移石,廢二指,遂病狂,不幘不履,行於市,數年死。其集曰《紅藥園》《白石樓》。

李炳,字令文。煒弟。諸生。沈志高,字幼升。吳大震,字子濤。任星客,字右宸。皆工詩。星客,兼工畫蘭。蔣禹錫,字尚陶。少罹患難,而有沖愉之色。隱居著書,以樂其志。有《榆村集》。以上《橋李詩繫》。

王國珍,字席之。諸生。九歲能文。與潘炳孚、顧巖、沈志高結詩社,名流畢集,極一時之盛。著有《南雅堂詩文集》。弟份,字季隆。舉人。攻苦力學,爲時輩推重。吳《志》。參嘉善崔《志》。

張芷,字佩方。苗弟。性嗜學,讀書常達旦。母愛之甚,不令攻苦。芷匿火甕中,候母熟寢,始出火以讀,竟以勞卒。嘉善崔《志》。

褚偉,字駿如。勤苦嗜學。從子茂章,字昭質。力學如偉。張鶴書,字隴士。諸生。詩文折服流輩。弟辰,字北是。與鶴書齊名,邑中目爲“二張”。嘉善崔《志》。參《橋李詩繫》。

葉鈐,字潛夫。繼美孫。諸生。事親盡色養。親沒,廬墓,日誦《孝經》數千過。著有《孝經註疏大全》《小學衍義》《續小學》《人譜大全》諸書。子汝謨校刻行世。

孫涝,字麈公。少受業張溥,博覽群書。每歲手錄一編,積成卷帙。題曰《類考》。卒,無子,及門釀金以葬。以上嘉善戈《志》。

王之坼,字肇城。熟先秦兩漢諸書。詩宗漢魏,初、盛唐。性坦易,不作欺人語。年未強仕,卒。妻郁氏撫三歲孤成立,邑人重之。

葉簡,字夢在。弱冠食餼。通經史百家。孝友,不事私蓄。疾革,取《五經》朗誦一過而逝。以上嘉善崔《志》。

丁樞臣,字子衡。貢生。理學一本朱子,爲人慎言謹行,繩檢秩然。善屬文,兼工書法。著有《恒齋遺集》。嘉善戈《志》。

陳謀道,字心微。龍正孫。諸生。工小令,得南宋風致。王尚書士禎選入《倚聲集》,稱其“數枝紅杏斜陽”句,勝于宋子京,人稱爲“紅杏秀才”。著有《百尺樓稿》。從弟哲詢,字懷季。工近體詩,書得二王法。同學魏世基,字野臣;朱得琬,字宛玉,皆博學能文,早卒。嘉善戈《志》。參崔《志》。

孫琮,字執升。諸生。性孝友。兄因累毀家,琮授徒養親,親亡,獨營喪葬。仍養其兄,所居山曉閣,喬木皆數百年物。藏書萬卷,丹黃點勘,每評選一書出,輒爲紙貴。晚歲放跡名山,笠屐所到,悉見于詩。著有《山曉閣詩文集》。嘉善戈《志》。

葉汝詵,字廣基。早孤。事母孝。康熙戊午發解。淡仕進,日以著述爲事。晚得痼疾,欹枕手一編。季子廷棫，字季穮。諸生。工文，沈潛經學。侍父疾，十餘年無少怠。吴《志》。參嘉善戈《志》。

顧秉堅，字雲一。際明曾孫。嗜學，無書不讀。爲文刻深，力追古作者。中丁卯鄉舉，授會稽教諭，修黌序，補祭器。有居民十八家佔學基，請于郡守，復故址。教士子以正心術，立人品爲本。歿，祀名宦。著有《詩文》八卷。

徐鵬，字培青。以諸生入太學。少孤，事母得歡心。撫育兩弟，遺産悉授之。詩文縱横排宕，迥異恒徑。著有《修廬草》《露蟬吟》二集。以上嘉善戈《志》。

魏坤，字禹平。父文煌，能文，稱隱君子。坤弱冠善詩古文辭，遊京師，就試國學，撰《石鼓賦》，國子師擊賞以爲絶倫。晚舉于鄉，不仕，卒。坤持己正，臨財廉，其學叩之不窮。著有《倚晴閣詩鈔》《水邨琴趣》。吴《志》。參嘉善戈《志》。

孫序皇，字子黄。甫成童，父謀以誣下獄，請身代，冤乃得白。長工文，沈酣典册，夜讀，燈不燼不止，感疾卒。同學王廷標，字史名。撫諸弟，極懇摯。行文豪邁，有俯視一切之槩。嘉善崔《志》。

李葵生，字西雯。弱冠通經史百家，作古今文下筆立就，與同學胡應宸字殿陳、顧璟芳字宋梅，同選《蘭皋詞》。葵生又著《四書存是編》。嘉善戈《志》。

錢士壯，字大輿。繼登嗣子。貢生。事兄士賁極敬愛，讓産分宅，兼恤其孤，爲文高雅秀潔，詩詞亦有家法。有《佩璐軒詞》行世。士賁，字燭巖，怡情詩酒，有晉人風致。《懿行編》。參《槜李詩擊》。

孫之湛，字又尚。諸生。家貧，授徒修脯，悉以奉親。母蔡卧疾，侍牀褥五載，無倦色。長史學論説，古今成敗得失，洞悉元本。《懿行編》。

李文祺，字鶴君。幼從舅氏陳鉽學。鉽，字雲銘。文行爲魏徵士禧、朱檢討彝尊所重。後又從丁進士棠發遊，何焯愛其文，嘗曰："浙西名士當以鶴君爲第一。"己卯舉省元，不仕。卒。著有《河干詩草》。

沈育，字沛蒼。受庭訓，不由師傳。事父盡孝養，待弟盈科友愛，時周其匱乏。舉丙子鄉試。授河南永寧令，惠民造士，風流令行。歸田後，杜門著述。詩文益進，有《槩邨集》數十卷。

曹源郁，字錦含。弱冠中副榜，所居東園，有亭池竹石之勝。聚書遊息其中。薦舉孝廉方正，以親老辭。選慶元學博，邑界山，僻無藏書家，郵載家所蓄書，親爲指授。踰年卒。著有《宸翰堂稿》《東園叟雜纂》。子廷楝、廷樞，有《傳》。以上嘉善戈《志》。

劉傳彪，字炳千。諸生。好學通經傳。事親孝，居喪，哀毁逾禮。叔歿，撫從弟成立。著《近思堂文稿》。子學謙，諸生。能文敦行。《懿行編》。

陸光斗，字樞升。諸生。少穎異，博綜掌故。兵、農、禮、樂，無不研晰原委。嘉善崔《志》。

朱岸登，字蹈勇。父之榮，仗義好施。岸登八歲能屬文，舉丙子順天鄉試。通經史百家言，所著詩文詞傳誦人口。有《獲古堂文稿》。以子一蜚貴贈官。吴《志》。參嘉善戈《志》。

孟學中，字心陶。諸生。家貧，授徒自給。有餘，輒分以濟人。秀水曹侍郎溶延課諸孫，得讀其藏書。教人有法度，嘗言"庸醫殺人止一身，庸師悮人及數世"。著有《易解大義》。嘉善戈《志》。

沈廷楨，字端揆。貢生。勤學工文。性孝，不離親側。事兄，雖異居，必晨夕視候。子望熊、元勳,俱諸生。

陳原,字遠岑,諸生。家貧,以修脯奉親,待兄弟友愛甚篤。兄早世,撫孤成立,以已產讓之。《懿行編》。參嘉善戈《志》。

錢諒臣,字逸宣。諸生。工詩文。通岐黃術,尤精六壬。著有《霽堂詩草》。子元登,傳父學。同時蔡鴻逵,字去聞。潔己力學,工行楷。馮眺,字抒奇。貢生。詩文書法皆得古人意。著有《蟬嘶》諸集。從子煒,字丹霞。諸生。能詩及駢體,尤精于醫。吳《志》。參嘉善戈《志》。

蔣光祖,字岵民。蒔子。以諸生遊北雍,爲馮大司、成元濟、沈文恪荃推重,歸,不得志,惟以著述自娛。刻有《周易翼義》《杜陵綺語》。工書法。子如壎,承家學,亦以能書名。

蔡煒,字亦袁。歲貢,選臨海訓導。邑有明季司李鑿後山,塞南門,士風不振。煒請復舊制。設齋督課,文教復興。以勞勩卒于官。平居孝謹,善屬文。著有《易憲》《霞城偶草》。

陳喆倫,字安讓。龍正孫。諸生。性狷介,授徒自給。晚退處先祠,老屋數椽,吟咏不輟。有《慎微堂詩稿》,吳江葉燮謂其筆意在林逋、魏野間。

蔣向皋,字迪思。諸生。精于《春秋四傳》。遊齊、晉、楚、豫、閩、蜀,足跡半天下。題咏甚富。著《無是園稿》。

沈嘉,字善長。拔貢。入太學,有文名。郁世飀,字廷皋。之章孫,諸生。文豪邁,有奇氣。與李永祺齊名,稱“郁李”。遊太學,卒于旅邸。陸紹先,字歐亭。善屬文。兼工詩餘。癸卯舉人,貧不能赴禮部試,齎志歿。

孫炘,字奎章。貢生。著有《華黍莊集》《秋水集》《柳洲詩》。錢曄,字子明。明相國士升孫。諸生。詩出入錢、劉、王、孟間。著有《柳樊遺草》。

唐虞,字協聞。諸生。力學敦品槩。受其教者,皆優于文行。性孝友,色養六十餘年。晚喜作詩。著有《苹齹集》。以上嘉善戈《志》。

徐之麟,又名本潤,字白峰。骨格清雅,爲名流折節。少工畫。及遊粵西,歸覯湘南山水奇勝,筆法益進。詩尤瀟灑絕俗。

徐岳,字季方。博綜經史,好遊,褐衣芒履,歷嵩、岱、武夷、㟙眉諸名勝,足跡半海內。晚年結廬斜塘。著有《見聞錄》。吳《志》。參嘉善戈《志》。

曹奕霞,字晳庭。究心經史百氏,弱冠遊京師。以《雙劍歌》著名。康熙乙酉召試,賦《白杜鵑花》詩,稱旨。雍正甲寅舉博學宏詞,以老疾辭,不就。伊《志》。

丁桂芳,字筼溪。清惠賓孫。貢生。肆力於古。所居素園有林泉之勝,構讀書樓,圖書碑板,積累充棟。著有《方谷詩鈔》二十卷。晚號知白居士。曾孫秉銓,字掌卿。諸生。負才工詩。著有《帝王名臣世系考》。伊《志》。

錢元祐,字星階。康熙甲子舉人,任富陽教諭。歲大饑,上官捐俸買米佐賑,邑書役通同乾沒。元祐發其事,吐所蝕米,散給災黎,全活甚衆。後選金華府教諭,秩滿,陞國子監監丞。有《起雲堂詩》《春江詩鈔》。伊《志》。

章愷,字惇虞。讀書五行俱下,與青芝山人陳唐善。山人多蓄書,愷就觀之,手披筆書,汗雨下,蠅蚋交集,不暇一拂拭。乙丑以二甲第一入翰林。乞假歸。所著有《北堂集》《詩賦雜文》《瑣語》。伊《志》。

曹廷棟,字六圃。貢生。舉孝廉方正,不就。絕意仕進,杜門著述四十餘年,成書十餘種。

奉詔廣搜書籍，浙之大吏採訪進呈，如《宋百家詩存》《産鶴亭集》，俱入四庫館，登之著録。工草隸，善寫蘭竹，以風雅引掖後進，晚年請業益衆。壽八十七卒。弟廷樞，字古謙。副貢，與廷棟分纂《經義異同辨》。會舉鴻博，報罷。補宗學教習。卒京邸。著有《謙齋詩稿》。伊《志》。

支期，立七世孫，字品山。貢生。幼敏，里黨稱爲“小五經”。著有《巘東吟稿》。伊《志》。

顔綸，字御飛。諸生。好理學家言，於明儒服膺胡居仁，重刻《居業録》行世。著《碧巢詩稿》。伊《志》。

錢夢齡，字祚賢。士晉元孫。諸生。讀書砥行，爲文根柢。經義、詩亦和平温厚，無噍殺鬱結之音。晚以哭子喪明，或持詩文就正，朗誦一過，點竄罔不精當。著《補巢書屋集》。伊《志》。

柯煜，字南陔。於書無所不讀。文筆勁健，詩則淡雅，高潔直逼王、孟，又長於駢體。雍正癸卯成進士。尋以山林積學，薦充《明史》纂修官。謁選得宜都縣，改衢州教授。薦舉鴻博，不及試，卒于家。著有《石庵樵唱》。伊《志》。

朱紹周，字麟修。貢生。弱冠偕其兄一蜚以能文名。嘗以詩謁錢文端陳群，與論源流派别。紹周洞悉正變，舌如翻水，遂訂忘年交。一蜚官陝西，紹周匹馬往省。秦中多古蹟，題咏殆遍，詩益蒼秀。著有《默軒詩鈔》。伊《志》。

謝垣，號東君。博學工詩文，兼精書畫。乾隆丙戌進士，官刑部員外郎。性耿介，絶去依附，不汲汲富貴。畫不苟作，酒酣握筆，霑灑淋漓。題小詩其上，古雅可愛。著有《鐵網齋[1]》《壺領山房詩集》。伊《志》。

孫霖，字頌年。警敏，有才幹。康熙辛卯舉人。事親孝，撫兩弟友愛。著有《五經堂文編》。從子無懷，諸生，少師霖，著有《莒溪子詩草》。伊《志》。

錢源來，字清許。諸生。幼稱聖童。父佳極鍾愛，而訓讀極嚴。家有藏書數千卷，鍵户使盡讀，爲文下筆千言立就。長洲沈德潛嘗《序》其詩，選入《别裁集》。著有《攬雲軒詩鈔》。伊《志》。

浦鏜，字金堂。貢生。少承家學，弱冠即從事《十三經註疏正字》一書，廣購諸經善本，校正疑訛，得八十一卷。鏜著述工且富，有《小學紺珠》《補文選音義》《雙聲疊韻録》。孫魯，原名煒，字浩如。諸生。拓落工詩文。今尚書紀昀、大學士王杰俱以國士遇之。遊豫章，與王侍郎昶倡和成編。昶爲之《序》。著作多散佚，僅存《遯吉詩草》。

唐應焻，字新周。博涉群集。工詩古文，兼長駢體。兩中順天副榜，教習景山。歸，即閉户授徒，不與世事。著有《棠溪集》。

葉濬發，字養生。貢生。詩文力追古雅，杜門著述垂二十年。著有《文獻通考擬正》一書。

周震榮，字青在。受經於父澧。壬申舉於鄉，授青陽縣，調合肥。左遷直隸清苑丞，補永清令，擢永定河南岸同知。居官不廢學，讐校《周禮鄭註》。坊刻之訛舛者，别刊善本。又以讀書當先識字，撰刻《説文字原》一帙，作《養蒙術》，分年程課之法，皆有次第云。

柯鴻逵，字可儀。諸生。善書，工詩賦。引掖後進，有請業者諄復不厭。著有《稻香閣集》。

丁伯長，字孟勤。諸生。質敏學博，工古文詩賦。屢試不遇，益發憤，以勞瘁卒。著有《謙湖詩鈔》。

魏圯，字丹石。諸生。與兄坤有“二陸”之目。性高潔，不樂仕進。詩文有古趣，兼工畫。著有《北郭山人集》。以上伊《志》。

程維岳,字申伯,號受廬。僑寓洙涇,乾隆庚子進士。官山東道監察御史,軍機行走。少以詩文負異儕輩。服官後,珥筆承明,纂排典籍。後丁內艱,歸。主東林書院。著有《淞笠齋詩鈔》一卷。《兩浙輶軒錄》。

柯汝鍔,字清士。乾隆壬子舉人。選龍泉訓導。著有《甕天錄》《眠琴居詩鈔》《劍川集》。于《志》。

張芳桂,字補袞。少穎異,善屬文。戊子、己丑,鄉、會連捷,授湖北公安令。修書院,延名師,月課有程,文風丕變。癸卯分校得人,皆名士。尋乞休歸。凡遇公舉,如學宮、書院修建事,皆樂輸贊成。著有《清麗齋詩文集》,未梓。于《志》。

顧之荎,字葭隣,號桐圃。由拔貢舉甲午順天鄉試。適教習期滿,以知縣分發安徽,補當塗縣。七次秋闈,分校得士最盛,儒雅如崔錫華,經學如譚泰,詞章如陳春華、侯雲松,皆見稱海內。之荎雖任煩劇,意存閒退,顏室曰"盻柯軒"。黃鉞時登第回籍,以門生禮見,爲《畫軒圖》。善書,求者坌集。于詩尤喜蘇文忠。著有《盻柯軒》《雲僑》《寒蛩》等集。後被吏議,繫獄,卒。子超邑,幼慧。著《紫松館稿》。孫溶,亦能詩,著《瓶齋課餘》。《魏塘人物志》。

陳鴻墀,號範川。蘭徵孫。嘉慶乙丑進士,入翰林,充武英殿會典館纂修官。嘉慶十年,聖駕謁陵回蹕,獻詩,擢選。旋以罣誤歸。道光初,起廢員,授內閣中書。戊子,順天同考官。著《全唐文紀事》《全唐文年表》《賜研齋詩文集》《抱簫山道人遺稿》。《楓溪小志》。

吳遇坤,號禺人。嘉慶乙丑進士。以庶常改知廣西貴縣,因事遣戍。赦歸,貧無立錐。生平著作甚富。《七經》各有辨證,尤長於碑版序記等文。有《隅齋自訂文稿》二卷。于《志》。

浦銑,字光卿。拔貢。穎慧絕人,博通今古,尤長於詩古文詞賦。足跡半天下,所至名流傾倒。卒年八十有五。著有《歷代賦話》二十八卷,《復小齋賦話》二卷,《唐宋律賦箋註》四卷,《百一集》正續二卷。又有《柳愚詩存》《羊城西征》等集。于《志》。

孫鳳起,字振雲。性行沈篤,學有根柢。湖州姚文僖過魏塘,相與辨論經史,旁及星度輿圖,無不溯源窮委,因歎曰:"浙西經學,莫如振雲。"年七十五,始中己卯舉人。無疾而卒。族弟圻,字瑞五,亦深於漢學。著《鴻泥錄》。于《志》。

高稽,字古與。邑廩生。性謙謹,不苟言笑。著《鶴湖漁莊詩集》。于《志》。

丁維時,字馭青。邑庠生。性恬靜,家藏書萬卷,能遍讀之。著有《拙漁詩存》。兼工書畫篆刻。于《志》。

張身濤,字翔鷺。能詩善隸。著有《娛志居詩草》。于《志》。

錢階泰,字六符。諸生。性疏曠,授徒自給。亦以隸書擅名於時。刻有《讀書樂歌帖》行世。好吟咏。著有《靜憩草堂稿》。于《志》。

曹煥,字乃文。貢生。少孤力學。後考授州佐,性誠愨,事繼母色養備至。嘉慶初,當事薦舉孝廉方正,以老病辭。工寫蘭竹,兼精醫術。晚年猶多製丹藥以濟世。壽八十有一。著有《硯香齋詩集》。于《志》。

沈大成,字集元。工詩古文詞。爲名諸生。與邑中黃退庵、吳江郭頻伽友善。年未四十,齎志以沒。郭頻伽爲作《墓誌銘》,載在《靈芬館集》中。黃退庵爲裒輯其遺詩稿八卷。其門弟子黃安濤因取釋漱冰、汪芝亭諸人遺稿,合以刊之爲《慰託集》。于《志》。

錢濤,字雪山。錫陛子。生五十日失母,祖母撫之。十歲祖母沒,濤以父哀毀嘔血,恐重傷父心,恒向壁飲泣,不令父見。時已能詩,有神童之目。《登岱》云:"絶頂鬱崔嵬,登臨氣壯哉。老松千幹鐵,響瀑半峰雷。但覺雲生脚,真看海似杯。仙居應咫尺,羽翼上瑶臺。"《暮春書事》云:"小院静如許,苔痕一徑通。人歸花落後,春盡客愁中。鳥語深叢緑,簾窺夕照紅。高樓誰擪笛,催月上牆東。"《西湖懷韓忠武》云:"滿湖秋水碧灣環,相見當年此閉關。戰伐餘生驚白骨,英雄末路有青山。魂消雪窖天仍遠,夢繞龍沙月自寒。老驥由來悲伏櫪,那禁聞客淚潸潸。"諸詩風格,不減夏存古,其佳句尤多。郭頻伽采入《靈芬館詩話》。年十六投繯死,蓋逢崇也。有《雪山手蹟》一卷,未刻。于《志》。

徐建,字雲臺。嘉慶甲子舉人。官鄞縣教諭,與諸生講學論文,處事公正。曾與修《善邑志》。著有《菽香齋詩文集》。卒年八十。于《志》。

顧之芳,字芬圃,號蔚衡。學問湛深。晚年居鄉里,約同人補種四香亭梅花,名流題詠,與白下侯雲松郵筒倡和尤夥。著有《閒末草堂稿》。《楓水詩存》。

顧焕,號孝若。廩生。讀書自勵,才名蜚郡邑。粤匪犯境,被擄,不屈死。所著《壽花館詩稿》并輯《楓水詩存》。《楓溪小志》。

戴兆芬,字誦清,號卧雲。工篆隸,善竹梅雜品。舒位《瓶水齋詩》有題其《仿陸復紅梅》卷,極稱賞之。子公望,字又黄。亦工寫生。梁章鉅開藩吴郡,收名蹟必畀品評,嘗得惲壽平小像一幀,以神似公望,遂贈之公望摹弁所刻《寶惲帖》首。錢塘陳文述著《畫林新咏》中一絶云:"畫派甌香有盛名,煙霞持贈亦怡情。壁間一幅廬山瀑,深夜疑聞漱玉聲。"指公望也。詩名《近遊草》《夜舫歸棹集》。《楓溪小志》。

倪以埴,號默卿。性孝友。居喪三年,不御酒肉。鄉薦不售,遂棄帖括,矢志經學,考據精淹。著有《四書諸説異同考》《易説異同考》《斜塘竹枝詞》《銀籤館集》。新纂。

柯萬源,號小坡。諸生。四歲能辨四聲,稱神童。詩賦秀麗驚人,以《投醪賦》受知山陽汪文端。病小學廢置,授經宗陸氏《經典釋文》,匡謬正俗,學者翕從。駢語矩矱唐賢,於王輔文爲近。著有《杏花春雨館詞》《墨磨人齋集》《陳迦陵四六注》《周易名物類考》《禮記鄭陳異同考》。新纂。

孫元琦,字白軒。幼穎悟,塾師授以唐律,一再誦即能規仿。及長,名噪黌序,厄於科名,老以教授終。詩近香山、劍南,有《清芬館詩》十卷,黄太守安濤爲刊行。新纂。

顧乃德,字碞堂。未弱冠,受寶學使知入學,善治經,總諸儒説,舉大義,文有本原。黄安濤贈詩云:"時流只作尋常看,誰信千秋史筆傳。"卒後,郭麐誌墓。新纂。

朱殷,字穆卿。善畫,工刻石。勤學强記。有《穆卿詩集》。新纂。

沈丹培,號黻堂。庠生。弱歲工綴文,嗜韻語。隱居邑北,鄉名南沈。課耕把卷,養親教子。其師黄安濤《序》其詩"羨厥幽居,爲寫野趣。蕩隣夏墓,蓮花鬧紅。村接陶莊,柳陰環碧。食舊德,服先疇,非塵壒所能溷"云。課業詩娛室幾三十年。著《青箱館詩》《真有益齋文集》。

奚大綬,字印維。府學廩生。九歲誦《三都賦》,三日成誦。詩文頃刻千言,屢薦不售。卒年僅二十七。著有《紅豆山莊集》《湘江吟》《楚遊記略》《楚遊雜記》。《魏塘人物志》。

孫黄鐘,字萬元。副貢生。博覽群書,臨事尤勇於義。《魏塘人物志》。

柯復銓,字掄英。讀書過目成誦。性孤冷,不妄言。詩見《師竹社稿》。《魏塘人物志》。

孫坫,字六研。國學生。乾隆甲辰,恭逢臨雍盛典,呈獻詩册,恩賜金帛。阮文達公撫浙,延司關榷。有啗以金者,卻勿納。客至,瀹茗色甚黝,客笑過儉,曰:"物力不可不惜也。"性嗜古,游秦晉,輒於山谷訪搨碑碣,藏行笥。書法香光。新纂。

黃愷鏞,字楠蔭。愷鈞同懷弟。讀書日百行,愛讀少陵歌行,吟諷中節,嘗與友人論詩書云:"太白謂寄興深遠,五言不如四言,七言又其靡也。四言自三百篇外,如韋、孟諷諫等作,味同嚼蠟。後人模擬,幾如優孟衣冠,若欲超然復古,非學五古不可。近日言詩,戶有隋珠,然大率喜爲七言小律。詩限以四聲,倡和雷同。試叩以風雅源流,如墮雲霧。此詩教所以愈晦也。僕欲矯此弊,非曹、劉、陶、謝、陳正字、張曲江、李杜、王孟、韋柳之詩不讀,非古詩不作,非謂近體可廢,蓋欲存古學於萬一也。"持論足以鍼浮砭薄。著有《書耕堂集》三卷。《慰託集》。

汪繼熊,字芝亭。世服良賈。年弱冠,學詩黃退庵,多識江浙知名士。凡左顧魏塘者,繼熊必爲申款洽焉。晚年養疴虎邱山館,已瀕綿惙,猶事吟哦。著有《聽香館詩》五卷。新纂。

黃若濟,字子未。愷鈞次子。由國子監生入貲,注布政司經歷銜。年十三,《五經》成誦,不樂爲制舉文,專嗜韻語,別有會心。嘗讀唐宋人詩,於白香山諷諭中《母別子》句云:"但願將軍重立功,更有新人勝於汝。"評曰:"'願'字若易'恐'字,似較溫厚。"又於張乖厓《聞鷗鵠》句云:"北客南來心未穩,數聲相望在前村。"評曰:"宋不如唐,病在'說盡此詩落'句,若易'雨昏花落又前村',覺有餘韻矣。其細心率類此。"嘉興鴛湖吟社以《木棉四詠》命題,汪布衣澍所作,同人折服。及就品隲,則置乙等。汪疑之,復質子未曰:"詠物詩宜體物情狀,細意爬梳,出以風人口角,方爲合作。若專以寓情綿渺爲長,則彼此廝賴去矣。"汪乃服。又精岐黃術,自以濟世多活人,故以百藥山房名。子二:稻孫、杞孫。俱邑庠生。杞孫,字丹秋,從人辟佐爲書記,行楷逼近松雪。詩有家法,並能於十八顆松子刻《多心經》,儼然率更筆意,尤爲絕技云。《真有益齋文集》。

錢維榦,字琛卿。廩生。嗜學有逸才,爲文豪邁。試輒高等,萬學使青藜首稱之。薛宰時雨觀風,試以《郭子儀李光弼合論》,謂得蘇家父子神髓。平湖黃金臺、震澤蔡召棠,耆儒宿學,至呼爲小友,爭器重之。著《愛日吟詩草》四卷,《湖濱雜詠》百首。庚申遭亂,以太素脈爲餬口計。卒鬱死。新纂。

許王勳,字秋沙。恩貢生。汝璜父。早歲工制藝,派宗雲閒。疊試優等,然躓省闈,喟然曰:"項羽敗,嘗言非戰之罪。余適類之。"喜爲詩,近北宋名家。與華亭袁雲畤、同里黃丹秋輩相唱和,優遊桑梓,推爲祭酒。新纂。

鍾湚,字澹齋。慶槐父。選拔貢生,指分山西直隸州州判。早歲與黃霽青東莊讀書,晝夜攻苦,於《五經篋疏》能通大略,駢體文宗南北宋,清利婉轉,如其意所欲出。新纂。

周爾墉,字容齋。道光乙酉科順天副榜。官至工部虞衡司郎中。居官廉靜,娛情翰墨。尤長於書,出入歐、虞。官京師時,與昆明趙光齊名。凡執贄門下,得其筆意者,無不以八法噪都下。零章片紙,咸珍惜之。新纂。

丁大椿,字頤庵。善詩文,工書法,又精岐黃。年十九舉嘉慶癸酉鄉榜,大挑授象山教諭。勗諸生以文行,後俸滿將去,象山都人士上"化育兼施"額頌之。長子廷鸞,癸卯經魁,大挑爲江蘇知縣,卒新陽任。書學率更令,與季弟家駿俱以楷法紹父名。家駿,丁卯舉於鄉,考取內閣中書,踰年歿。新纂。

鍾文烝,字殿才。少負異稟,即通小學。年十二應邑試,冠其軍。道光丙午鄉薦,再上春官,以知縣注選,歸。絕意仕進,日事著述。同治年,入江蘇忠義局,與長洲陳奐、平湖顧廣譽同任編纂。主講敬業書院十二年，崇尚經學，尤究心《春秋》，謂穀梁子獨得麟經，遺意楊注范疏，於本傳無所發明。網羅折衷，成《穀梁傳補註》一書，若禘祫、祖禰、諡法數大端，實事求是，共成二十四卷。沈潛反覆二十餘年，始出問世。少年撰述有《論語序説詳正》《鄉黨集説備考》《河圖洛書説》各一卷，均以婺源江氏爲宗。甲子後，手自讐勘，存者有《乙閏録》四卷，《新定魯論語》二十篇。新纂。

金銓，字秉三。幼孤而敏，下筆成誦。厭棄舉業，師事查丙唐，入閩阿制軍幕。時林文忠在撫廨，相訂爲莫逆交，互證於經世之務。洎黎襄勤督南河，宣防事棘，聘之司章奏。凡所策畫，當上意。黎爲納粟入官，司筦鑰，畁帑數萬，任塞決，家雖斷炊，不染絲粟。黎倚重之。年六十餘，以子得官，棄職就封，居禾中數年。與陸費中丞琭、沈觀詧濂、朱修撰昌頤爲九老會。文酒從容，杖履養望。平生善書，得趙、董神韻。詩宗香山、劍南，有《重九短古》云："應門老隸耽風雅，種菊披籬足千朵。不是人同花性情，何能冷寄荒籬下。"張芥航河帥見之曰："我國有顔子而不知此，吾過也。"其爲名公激賞如此。新纂。

莊心鑑，字其淵。由舉人大挑，選武義縣教諭，未赴任，卒。早失怙，母王氏訓。安貧劬學，舉道光乙未孝廉。時漕無定章，紳士挾持，致釀巨案，褫革多人。心鑑受母誡，獨不被株連。晚年精醫，暑月就診，鄉人恒駕無篷舟來，即持傘蔽日，乘之去，無難色。貧者更酬藥資，存心濟困。時摘醫要，手録之，曰《祕旨真傳》。新纂。

羅燦然，字廣齋。廩生。熟精註疏，衆推經師。學使者歲科試經解，不攜隻字，輒冠曹偶。授徒課嚴，每講書設高座廳事，令環立竦聽，塾規肅然，故遊其門者學皆務實。新纂。

汪荼，字香木。廩生。授徒終身，掃頭巾氣。考究文字，條分部類，立一二三丨中木禾丫入火八丿乀又十、くく乙口以丁又人大厂囗乚匚心屮门匸口亽口爲部，推廣編排，以形爲主，以音義註釋之，名曰《文字源流》。新纂。

程光熊，字蓮壽。恩貢生。富陽訓導，訓士勵學。工篆隸，旁通醫。著有《篆隸指掌》《知足知不足齋詩草》。新纂。

隱　逸

明

袁仁，字良貴。父祥，祖顥，皆有經濟學。仁於天文、地理、曆律、書數、兵法、水利之屬，靡不諳習。謂醫雖小技，可以藏身濟人，遂寓意於醫。崑山魏校疾，召仁，使者三至，弗往。謝曰："君以心疾召，當咬咀仁義，炮治禮樂，以暢君之精神。不然，十至無益也。"校疾愈，訪仁，與語三日，大驚，遂定交。顥有《春秋傳》三十卷，祥有《春秋或問》八卷，以發其旨，仁復作《鍼胡編》以闡之。《兩浙名賢録》。

譚稷，字舜臣。幼有慧性，讀書窺大旨，不尋行數墨，汎濫百家史傳，尤精於字學，聲韻點畫,細析牛毛。身居市廛,超然遠覽,自號西窗居士。著《金鈴子》一卷。《一螺集·譚處士傳》。

郁鈇,字民威。父瑾,手植四槐於門,稱槐里。鈇性伉直,以詩文自豪。晚築小圃郊外,植梅數株,駕小艇遊泛其間。陸簣齋堺過之,曰:“猗蘭水仙,請爲先生鼓之。”年八十二終。袁《志》。參嘉善楊《志》。

陸繼鉉,字默如。方頤廣額,目光如寒星。少遊黌序,有文譽。或勸之投謁有司,鉉引袂起曰:“富貴易令名,難也。”嘗登燕子磯,眺覽江山風物,有愴然遺俗之意。歸未幾而歿。女夫錢繼章負土治竁,崇馬鬣而封之。嘉善楊《志》。

王屋,字孝時。初名畹。少傭。書過目成誦,作詩多奇句。邑諸生顧艾邀與居。艾,字病已。博學善詩文,以行誼重,介屋於魏大中。魏讀其詩,特起揖推重。魏罹難,兩人各作長歌哭送,隨護千里。屋雖布衣,慷慨有氣節。明季賊陷秦晉,首倡助餉。其詩類劉改之,詞學辛幼安。同時有沈蔚,字仲涵。諸生。刻苦潛修。著《兵法》《曆法》等書。魏學濂,痛父、兄慘死。立衣食,禁自繩,并授三人,令規其失。蔚尤切直,年未壯,即棄舉子,偕屋隱,先屋卒。《檇李詩繫》。參《靜志居詩話》、嘉善楊《志》。

毛士俠,字和仲。少入場屋,一試不售。輒棄去,放情詩酒。奉老母,課幼弟,脫去俗累,以樂其志。堂右枯竹生枝,期年而成林,謂人曰:“嵇、阮復生,樂此不疲矣。”

陸守敬,字心明。少孤。自立,不苟言笑。讀書至老不衰。同時孫應文,字懷用。沈文標,字元嘉。丁嚴德,字韶石,俱志節高尚,不求聞達。

朱元鼎,字珍兮。幼受知於陳赤石,補諸生。後從遊南嶽、沅湘,歸,即屏跡園居,詩筒茶竈,別無長物。侍郎曹勳,每稱其清泉白石,支頤高詠,得塵外逸致。從弟楚翹,字赤城。栽花百餘種,委棄世故,人亦稱其高簡云。以上嘉善楊《志》。

何浩然,字希孟。諸生。國變後高臥邨野,留意星卜之學。所居一室,惟著草[1]、瓷爐、酒瓢、詩籃而已。戴季華,字元樸。性嗜學,永夜蓺薪,苦吟。婦農家女,機杼佐讀。季華自題莪眉散人,書於墓碣。著有《戴氏詩譜》《昭往錄》。張翼,字羽升。熟韜鈐,技勇絕世,與浩然友。知天下將亂,崇禎初遊三山,不知所終。《檇李詩繫》。參吳《志》、嘉善楊《志》。

孫點,字公撰。祖母黃,一百四歲,奉事極孝。性嗜奇,究心玄理。遊豫章諸名山,訪旌陽遺跡。走新安,探朱子講學處。徜徉白嶽、黃山間,閱數載,徧歷會稽禹廟、天台鴈蕩以歸,杜門不出。嘉善楊《志》。

沈德孚,逸其名。隱於農,衣敝履穿,不爲困。少嗜老莊乾竺書,後棄去。一意探索朱、程,施約庵、張考夫極相引重。足不入城市,惟講學一出,會畢竟去。嘉善戈《志》。

沈濡,字子雨。九歲喪父,事母孝。屏跡林泉,以讀書敦本,課子孫,足不履城市者四十年。李應文,字鏡溪。倜儻多才,會明季不樂仕,隱居白牛邨,敦名節,不入城市。子友桃,讀書能承父志。嘉善崔《志》。

【校注】

[1] 著草:光緒《嘉善縣志》卷二十五《隱逸》“何浩然”條:“室中惟瓷鱸、菁草、酒瓢、詩籃而已。”故“著草”是“菁草”之誤。

國　朝

唐嶼，字子玉。庠生。崇禎年土寇竊發，由嘉善遷善鄉移居新豐鎮姚家罅漏，賃田舍三椽，市隱終身。巢端明、褚廷琯兩孝廉稱莫逆交。時褚居褚家埭，巢居黃牆里，距新豐僅一舍許。投贈翰墨畫，蒼潤沈着，神似李太僕、胥山樵叟。華亭董其昌與嶼三世結契，題其小像有“少負雋譽，天機鏗宏。時爲元岳之游，飽茹煙嵐之致”語。其秀逸可想見。《唐氏家譜》。

曹鑑微，字念劬。魏忠節外孫。不慕榮利，順治癸巳遊邑庠，旋棄舉業。與魏允札、魏圮爲世外交。結夕陽吟社，好事者繪《柳洲三老圖》以傳。嘗詠懷云：“縱有奇窮當固守，莫因饑餓懈操存。”著有《南村丈人集》。于《志》。

錢泠，字西江。黯曾孫。性清介，不慕榮利。詩酒外無他好。布衣潘佳晴，詩人也。謂泠詩清真雋逸，有元白風致。泠亦自負，舊居梅花里，以城市爲囂，攜家白水塘，依祖墓以屋茆居數椽，琴書自適，日與村翁野老遊。或有顯者過訪，輒踰垣去。生平著述多散佚。董柴《如蘭集》所選，亦非其得意者。伊《志》。

藝　術

明

顧孝淵，昆弟三人，仲恂，季愷，皆以孝友稱。孝淵善草書，居武塘，號雪樵。從事藩府，以詿誤遷文安，卒。恂奉其骸骨歸葬，鄉人哀之。滕杲，字宏甫。山水花木，妙絕一時，晚居禪舍，絕酒茹素，臨終曠然，若有所得。周振藻，字蕭陶。諸生。工詩。書法入晉唐人之室。鮑嘉，字公受。善寫照，閩人曾鯨授沈韶，韶授嘉，能傳人性情意態。著有《傳神祕旨》。嘉善章《志》。參楊《志》、戈《志》。

錢安，字以寧。精究脈理，治病如脫。子雲，字時望。精於傷寒。御史。春父也。後有潘元，與雲齊名。馮喆，字克順。長傷寒，帶下二症，人呼多吉先生。子愷，博覽醫籍。孫科，亦工醫，兼善詩、字。嘉善于《志》。參章《志》。

袁澤，字世霑。精痘疹，當痘時，每至一村，集群童閱之，曰某何日出生，某何日出死。無不驗。子樸、柏，咸繼其術。有馬菊南，與澤齊名。郁光始，字涵春。痘證察色，一見而決。子國英，亦以痘症行。張逸，字泰庵。通《素問》，《脈訣綱目》《痘症方脈》皆精。後有張世顯，字寰泉，治痘應手立效。子文光，字幼泉；文衡，字觀泉。能傳家學。父子皆年踰八袠。嘉善章《志》。參楊《志》、戈《志》。

孫復吉，字見心。與王肯堂往復參究，精其術。高隱，字果齋。從王肯堂遊，得其祕奧。《肯堂醫書》六種，皆參酌采輯，療疾多奇效。年九十餘，如少壯。同時卞模，字儀皇。亦能起危疾。

劉覽，字月梧。父性良，號仰松。精外科，授太醫院吏目。覽事親孝，益精其業。雲間陸慶紹母奇疾，治之神效，饋五百金，卻之。董其昌、陳繼儒延譽，授太醫院御醫。金元德，字鍾梧。善醫，授太醫院吏目。張萬春，字復泉。治嬰孩神效，里中有孺子啼，張入室灌藥，即歡笑。壽九十六。授冠帶、醫官。丁鳳梧，字敬山。精治無名腫毒。壽七十二，授太醫院吏目。張、丁子孫，皆得其傳。以上嘉善楊《志》。

朱績，字君永。治病決生死，百不失一。遇疫症，績至輒愈，活人無算。性至孝，割股救母。親族貧乏者，自周給，不可勝數。子煒，太學生。世其業。沈簹，字叔璉。業岐黃，貫通醫術。事親孝，兄弟雍睦。凡診治遇窮乏者，濟以藥餌，且推食解衣焉。舉鄉飲賓。子廷楨，有《傳》。

顧朝陞，字贊勿。善撲著決。馬世奇，入翰林。周宗建，罹璫禍，不爽。金文遴，字五雲。精堪輿，多奇驗。以上嘉善楊《志》。參戈《志》。

國　朝

金鈞，字上陶。少孤。遇異人，以醫術授，精其業。性孝，事母以色養。親族貧乏者，時周給之。著有《素靈廣註》《醫案日鈔》。年八十。乾隆元年，賜八品頂帶，壽至九十而卒。伊《志》。

沈又彭，字堯峰。少習舉子業。以國子生三躓鄉闈，遂習醫，治輒效，不計利。有鄰人子瀕危，憫其母老，無他子，會維揚齹賈以多金聘，乃惻然曰：“此子非我不活，忍以嗜利而令人死且絕乎！”卒不應。所著有《醫經》《讀傷寒論》《讀女科》《讀治哮證》《讀治雜病》《讀諸書》，識者謂多入理深談，能發前人所未發者。子潞，字鏡塘。乾隆乙酉舉人，亦精醫學，活人無算。著有《敦仁堂醫案》。孫圖棻，字素忱。歲貢生。亦善醫，能世其學。伊《志》。參于《志》。

鄭岡，字玉蟾。諸生。醫喉，立愈。子春回，繼業。歲大疫，食油菜者患咽喉，多不治。春回療之，皆驗。著有《喉科源遠集》。伊《志》。

沈泰，字安洲。諸生。精醫，療人疾，頗效。工詩。有《晚香吟草》。伊《志》。

張昂，字方暉。諸生。萬春六世孫。精脈理，決人生死多奇中。有一少年，貌甚肥，就昂醫，昂切脈，曰：“汝速歸。”是夜竟以暴疾亡。又治一婦，昂曰：“復發不治。”如期果驗。伊《志》。

張應誕，字讓齡。諸生。精醫。有官家女，病幾危，延應誕治之。甫至，而氣已絕。應誕切其太谿之脈，曰：“疾可為也。”即以熱水貯盆中，熨其胸，取所煉丸灌之，隨嘔六七枚狀如鴿卵。應誕曰：“此唾絨未盡，為痰所裹也。”復藥之，立愈。伊《志》。

閔如愚，字眉卿。諸生。精天文、地理，有奇驗，名振一時。著有《地理盤鍼圖說》《地理元空說》《干支卦爻說》。于《志》。

黃世樞，字則含。工繪事，性廉潔，非至交不與寫照。畫神佛勃勃有生氣，嘗於羅星臺畫關帝一幅，人以為能鎮邪祟。病家恒請，懸之室。晚工青綠山水，人咸珍之。年八十一，卒。其徒陸春堂，寫照亦極神肖，有名於時。于《志》。

孫友金，字傳慶。邑增生。嗜學，工詩文。兼習岐黃以濟世。善書，宗董文敏，一時罕有其匹。于《志》。

戴公望，字又黃。官江蘇理問。工詩，兼善山水。非佳紙不肯渲染。著有《近游草》《夜航歸棹》等詩集三卷。于《志》。

曹塏，字容照。幼從族祖文指授，丹青遂臻精詣。乾隆丁丑、壬午，兩次聖駕南巡，供奉畫繪，塏亦與焉。橐筆所至，爭相延致。性醇謹，不競時名，以是坎壈終其身。于《志》。

魏正鎧，字震來。忠節五世孫。生有夙慧，未弱冠，補博士弟子員。後棄舉業，徜徉山水間，寄托高遠。善畫山水，尤長於梅。兼工古篆鐵筆。著有《冬木詩存》等集。于《志》。

全福謙，字受伯。庠生。家藏唐、宋、元人未刻遺書數種，時時抄録，分贈後進。篆刻絕精，識者珍惜，比於金冬心云。于《志》。

魏正錡，字子湘。庠生。正鎧弟。博通今古，書畫、篆刻無不精妙。著有《鴛水輯聞》《水檻叢談》《壺中故事》《清涼庵詩鈔》《石如詩笙》等集。于《志》。

張源，字中照。通岐黃，尤精痘疹，決生死，無不驗。所著有《痘科正宗續集》，藏於家，未付梓。子汝桂，克繼其業，早世。于《志》。

姚慎樞，字敦行。仁安子。世習醫，求治者闐門，雖遇危症，投劑輒愈。暇即以丹青自娛，翛然獨寄。著有《脈按》三卷。于《志》。

王坦，字履安。得閩中曾氏之傳，於寫照尤擅場，神情逼肖。一時士大夫影神盡出其手。于《志》。

蔡廉，字思韓。遇異人，授神仙術，以符水、刀圭療疾，有橘井風，人呼爲"七仙"。新纂。

唐汾，字松舟。太學生。善仿名人手跡，逼真，隸書方勁追漢魏。兼精篆刻。性尤孤介。新纂。

錢柱人，字此生。後改名棻。邑增生。天材奇特，詩法山谷、東坡，畫兼寫生、山水，書法亦佳。《魏塘人物志》。

孫友金，字傳慶。增生。書宗董文敏，錢侍郎樾亟稱之。

奚廷瑜，號竹厂。諸生。山水秀潤，與杭州奚鐵生齊名，時號"二奚"。

施家懋，字晶齋。工山水，善於用墨。

蔣山，字仁如，號姑射。庠生。工琴，與杭州李玉峰、郡城夏鷗舫往來，詣益神。著有《琴譜易知》五卷。其初習琴也，以父有足疾，爲此博親歡。是技而進於道也。弟州，以善書名。以上均見《魏塘人物志》。

黃壽湄，字菊泉。善花卉，師錢塘蔣敬，出入新羅、白陽之間。新纂。

沈潮，號蘆舟。善山水，師奚竹厂，并善鼓琴。新纂。

張仁錫，字希白。初爲江南青浦人，後居嘉善。以儒術爲醫，精於診切。著有《痢症彙參》《四言藥性》《奪錦瑣言》《醫案醫説》等書。罹粵寇之燹，弟子吳炳存其稿，待梓。新纂。

高隱，字果哉[1]。精於醫，受業王宇堂，治病多奇效。有《醫論廣見》及《雜症》等書行世。俞東扶《古今醫案》按。

錢嘉鍾，號雲庵。由庠生報捐州同。爲人誠篤謙和，精軒岐、甘石家言。習青烏術者多從之游。尤熟悉水道源委，同治三年，命圖禾郡沿海洋面，開方計里，撰有《圖説計》。所著有《七縣海塘圖》《六壬兵占》《奇經八脈考》《奇門彙考》六卷，《繙譯名義摘要》四卷，《藥性分經》《農間摭筆》。新纂。

陶之金，號東圃。諸生。長山水、花卉、竹石。楷書臨張照，尤爲逼肖。《墨香居畫識》。

王燦，號野亭。僑居楓鎮。喜仿袁尚統，間作人物、樹石，雅有卷軸氣。《墨香居畫識》。

許從龍，字佐王。居常熟。官通判。山水、花鳥得宋元法。釋道不資粉本，有所繪五百羅漢像，藏虞山。《畫史彙傳》。引《常熟縣志》。

曹佳應，號子瑞。習堪輿家言。著有《地理入門》二卷。傳子錫瓏，號聲和；錫疇，號佐虞。均宗元法，兼參三合。瓏，著《徵驗圖考》一卷，殉粵匪難。疇，著《地學摘錦》《地理枕祕》。選擇簡要，並精算術。新纂。

金淦，字仿山。諸生。善書，旁通隸篆，工鐫印，得秦漢人法。新纂。

【校注】

　　[1] 按：本卷《藝術·明》"孫復吉"條："高隱，字果齋。"光緒《嘉善縣志》卷二十六《藝術》："高隱，字果齋。"故"果哉"是"果齋"之誤。

流　寓

明

　　夏尚，字秀爵[1]。世家慈谿，至其父始遷仁和。宣德間，縣學新設，缺弟子員。尚自仁和諸生來補。正統乙丑登進士，授刑部主事，進郎中，陞南京大理寺卿。尚博學强記，詩文書法冠一時。晚營巢居閣于西湖。所著有《瀛嶼稿》《家禮》若干卷。王鏊撰《墓志》。

　　陳國是，字與同。南直華亭人，入籍嘉善。萬曆甲戌進士。歷官郎中，出知寶慶府。有紳某罹衆怨，揭竿而起者千人。國是諭以威信，即解散。有諸生蕭某聘而未娶，江川王怙勢欲奪之。生陳冤，王以書來。國是立呼鼓吹爲生成禮，配焉。時久旱，禱之立應。轉廣西副使，歸。子元壽，字鑑先。崇禎丙子舉人。從子甲，字九先。萬曆癸丑進士，歷官南禮部郎中。《嘉禾徵獻錄》。

【校注】

　　[1] 夏尚，字秀爵：《明史》卷一五七："夏時正，字季爵。"光緒《嘉善縣志》卷二十五《僑寓》："夏時正，原名尚，字季爵。"故"秀爵"是"季爵"之誤。

國　朝

　　朱道聖，字文石。休寧籍，僑居魏塘。薦饑，捐貲設賑。贖閩越虜婦，冬夏施絮帷。金士維，字君範。徽州人。嘉興府學頹圮，士維潛往捐金，不登姓氏。當事廉其名，勒之貞珉。又有陳應孫，字明彝。亦徽州籍，爲人愿愨，敦孝友。首捐五十金倡修郡學。嘉善崔《志》。

　　程光祖，字宏先。休寧人。五歲而孤。事母孝，晨昏温清，不失時刻。母病，目不交睫。母没，哀慟屢絕。歲除，臥墓傍。天明拜謁乃返。生平急難重義，尤篤宗誼，周濟無吝色。卒。徐元文銘其墓。何業成，號建三，原籍徽州，寓清風涇。自幼敏慧好學，不屑屑習章句。欲作五嶽遊，以母老歸。侍親没，廬墓終身。嘉善崔《志》。參戈《志》。

　　張光曙，字淇園。雲間人。祖、父仕宦有政績。光曙幼孤，寓斜塘鎮，徙居梅花庵。工書。善詩詞，與李煒、毛蕃、魏坤、蔣廷棟往來倡和，刻有《硯北齋詞》三卷行世。

　　葛道明，字元亮。自績溪遷杭，養親贍族，不私所有。以嘉善風醇俗美，遂留居焉。子寅，字畏庵，中癸未武進士，點侍衛，授江南提標遊擊。引退後，囊橐蕭然。工書畫以自給。凡邑中公舉，皆彈力從事。著有《書畫苑》。以上吳《志》。

　　錢士清，字耕山。蘇郡諸生。博覽群書，精岐黃術，留心内養，自號耕道人。僑居魏里，嘗寫蘭竹自娛。年七十七，無疾終。及門錢以坊等建塔于旌陽道院旁。著有《傷寒合璧》《松窗雜咏》等書。嘉善戈《志》。

　　施椅，字楚望。諸生。華亭人。祖大經、父沛，俱清白吏，載《松江志·名臣傳》。椅年十三，遭父喪，有盜入室，家人盡逃，椅獨撫棺哭，盜稱小孝子而去。鼎革後，徙居苹川文水漾側，一室圖書，寢食坐臥其中，自號書龕。所著有《尚志集》《書龕集》。又有《勸孝曲》三十二闋。伊《志》。

陶爾穟，字潁儒。青浦人。康熙進士。官上虞令，擢葭州知州。以病乞歸，卜居邑之四十區。著有《遵渚集鈔》。《青浦縣志》。

程孫濟，字元楫。上海諸生，僑居邑之環整坊。博洽工詩詞，與李永祺輩結社倡和。著有《春雲集》《寶善堂詞》《長嘯吟》諸刻。伊《志》。

沈廷芳，字畹叔。仁和人。父宰文昌，被累戍寧夏。母查居邑之西城園。廷芳每歲南北省親，極行路之苦。乾隆丙辰，舉宏博，授編修。改御史，出爲山東按察使。矜慎庶獄，人自不冤。尤好獎掖後進，爲風雅宗。著有《理學淵源》《十三經注疏正字》《經義攷》《隱拙齋詩集》行世。族姪維材，字楚望。海寧諸生。嵇文恭曾筦建節兩河，聘入幕，一切箋奏多出其手。後來魏塘，卒于寓。有《檞莊詩文稿》十卷。伊《志》。

查開，字宣門。海寧人，贅于魏塘，即家焉。著有《吾匏亭詩集》。晚年取其伯慎行《補註蘇詩》及施王兩註，正譌芟複，爲《蘇詩三家合註》，未刻，卒。繼配錢氏亦工詩，有《桐花閣詩稿》。伊《志》。

查虞昌，字鳳喈。海寧人。父祥，翰林。虞昌，乾隆甲戌進士，授戶部主事。告養歸，掌教魏塘。後以郎中出爲江南池州知府。歲祲，辦賑，全活甚衆。以疾去官，居嘉善城熙寧橋，構數楹，顏曰“息廬”。著《廿三史攬實》《不若園雜俎》。伊《志》。

章輅，字乘殷。世居富陽，少遊邳、睢間。習河務，能隨地隨時，相機應變。由從九品歷升至山東運河兵備道。有自著《年譜》一卷。備載其治河方略，可爲後法。後以積勞回籍調理，卜居嘉善。庚子，翠華南幸，特遣太醫往視，蓋異數也。卒年八十有五。今子孫入籍嘉善。于《志》。

袁秉鈞，號竹田。世華亭人，與弟秉直遷居嘉善。由考職主簿分發河南，宣力河壩，以勤慎稱。擢中河通判，迴避，調山東上河通判。歷著勞績，引疾歸。敝廬數椽，僅足容膝。時弟秉直方觀察嘉湖，秉鈞恬淡自若，門無私謁。與人交，謙厚自持，絕不以貴介上人也。平生愛臨池，索書者常滿戶外，至老神明不衰，里黨皆稱爲篤實君子云。于《志》。

郭麐，字祥伯。吳江附生，遷居嘉善。著有《靈芬館詩文》共五集，《詩話》《雜錄》《金石例補》等，俱已梓行。又輯《唐文粹補遺》二十六卷。弟鳳，字丹叔。時與兄聯牀嘯詠，不慕榮利。于《志》。

袁秉直，松江人。由縣丞分發浙江。以功能擢至江西布政使，密禁州縣浮勒、吏胥苛索，而刁劣衿棍亦不能藉端挾制。其平生馭下明而能恕，務使各盡其長，人樂爲用。以通政司參議歸老嘉善。子斯鳳，官河南黃沁同知。于《志》。

談承坤，字厚載，號榕亭。德清人，僑居嘉善。倜儻有才略，屢任丞倅，奉職循謹。尤熟悉宣房。擢黃沁通判，兩辦大工，因革利弊，北岸無漫墊患。以病乞歸，鍵戶不問外事，蒔蘭種竹，詩酒自娛。卒年七十四歲。于《志》。

嘉興府志卷五十六

列傳〔七〕

海鹽縣

漢

陸康,字季寧。祖父,續;父,襃,有志操。康少仕郡,以義烈稱。舉茂才,除高成令。舊,令户一人具弓弩以備不虞。長吏新到,輒發民繕修城郭。康至,皆罷遣。以恩信爲治,寇盜亦息。遷武林太守,轉桂陽、樂安二郡。時靈帝欲鑄銅人,國用不足,乃調民田,畝斂十錢。而比水旱傷稼,百姓貧苦。康上疏諫,免歸田里。復徵拜議郎。會廬江賊黃穰等攻没四縣,拜廬江太守。康申明賞罰,擊破穰黨。獻帝即位,天下大亂。康蒙遣孝廉計吏奉貢朝廷[1],詔書策勞,加忠義將軍。時袁術屯兵壽春,遣使求委輸兵甲。康以其叛逆,閉門不通。術遣孫策攻康,圍城數重。康固守。受敵二年,城陷。發病卒。朝廷愍其守節,拜子儁爲郎中。《後漢書·傳》。 案《海鹽圖經》,用姚士粦《陸顧世譜》載:康以下,譜系甚詳。蓋陸氏世居長谷,即華亭谷,在海鹽縣東北三百里,見《吳地記》及《寰宇記》。天寶十載,始割海鹽北境立華亭縣。則當未割之前,陸氏應歸鹽邑無疑。第其敘次兩家,以宗派類聚,今一以時代爲次序云。

【校注】

　　[1]康蒙遣孝廉計吏奉貢朝廷:《後漢書》卷六一《陸康傳》:"康蒙險遣孝廉計吏奉貢朝廷。"據文意,"蒙"後脫"險"字。

三國吳

顧雍,字元歎。從蔡伯喈學琴書。州郡表薦,爲合肥長,後轉任婁、曲阿、上虞,皆有治跡。孫權領會稽郡,以雍爲丞,行太守事。入爲左司馬。權爲吳王,累大理、奉常,領尚書令,封陽遂鄉侯。進封醴陵侯,代孫邵爲丞相,平尚書事。其所選用文武將吏,各隨能所任。時訪逮民間,及政職所宜,輒密以聞。卒,謚肅侯。長子邵早卒,次子裕有篤疾,少子濟嗣,無後。以裕襲。

顧徽,字子歎。雍母弟孫權聞徽有才辨,召署主簿,轉東曹掾。或傳曹公欲東,拜徽輔義都尉,到北與曹公相見。公具問境内消息,厚待遣還。拜巴東太守,卒。子裕,字季則。少知名,位至鎮東將軍。案:顧雍次子裕,而徽子亦名裕,此係同祖弟兄,必非同名。裴松之注引《吳錄》云:雍子裕,一名穆。

顧悌,字子通。雍族人,以孝悌廉正聞於鄉黨。年十五爲郡吏,除郎中,稍遷偏將軍。權末年,嫡庶不分,悌數陳禍福,言辭切直,朝廷憚之。待妻有禮,常夜入晨出,希見其面。嘗病篤,妻出省之,悌命左右扶起,冠幘加襲,起對,趣令妻還,其貞潔不瀆如此。悌父向歷四縣令,年老致仕，悌每得父書，常灑掃，整衣服，更設几筵，舒書其上，拜跪讀之。父終，飲漿不入口者五日。服未闋而卒。四子：彥、禮、謙、秘。秘，晉交州刺史。秘子衆，尚書僕射。

陸績，字公紀。父康。績博學多識，星曆算數，無不該覽。孫權辟爲奏曹掾，出爲鬱林太守，加偏將軍。績雖有軍事，著述不廢。作《渾天圖》，註《易》釋《玄》，皆傳於世。年三十二卒。長子宏，會稽南部都尉，次子叡，長水校尉。

陸遜，字伯言。康從孫，仕孫權幕府，歷東西曹令史、海昌屯田都尉，領縣事。縣連年亢旱，遜開倉賑貧，勸督農桑，百姓蒙賴。會稽山賊，歷年不禽。遜討治深險，所向皆服。爲右都督。呂蒙稱疾詣建業，權問誰可代者，蒙對遜可大任。乃拜撫邊將軍，封華亭侯，進封婁侯。以破張南、馮習功，拜輔國將軍，領荆州牧，改封江陵侯，拜上大將軍，右都護。代顧雍爲丞相。年六十三卒。長子延，早夭。次子抗，襲。孫休時，追謚遜曰昭侯。

顧邵，字孝則。與舅陸績齊名。權妻以策女，起家爲豫章太守。下車祀先賢徐孺子墓，優待其後；禁淫祀非禮之祭。小吏資質佳者，令就學，擇其先進，擢置右職，風化大行。在郡五年，卒官。子譚、承。譚，字子默。弱冠與諸葛恪等爲太子四友，從中庶子轉輔正都尉。赤烏中，代恪爲左節度。每省簿書，未嘗下籌，屈指心計，盡發疑謬。祖父雍卒數月，拜太常，代雍平尚書事。是時魯王霸有盛寵，與太子和齊衡，譚上疏諫。霸與全琮子寄搆，譚坐徙交州。著《新言》二十篇。卒于交趾。承，字子直。嘉禾中，與舅陸瑁俱以禮徵。芍陂之役，拜奮威將軍，與譚俱徙交州，卒。以上《三國·吳志》。

陸抗，字幼節。年二十拜建武校尉，遷立節中郎將。與諸葛恪換屯柴桑，拜奮威將軍，爲柴桑督。破魏軍，歷遷征北將軍、鎮軍將軍，都督信陵、西陵、彝道、樂鄉、公安諸軍事。時都下政令多闕，疏陳時宜十七條。西陵督步闡據城以叛，抗討誅之，加拜都護，晉大司馬、荆州牧。疾病，上疏曰："西陵，國之西門，雖云易守，亦復易失。若有不守，非但失一郡，荆州非吳有也。乞以西方爲屬。"遂卒，子晏嗣。晏及弟景、玄、機、雲，分領抗兵。晏爲裨將軍。景以尚公主拜騎都尉，封毘陵侯。既領抗兵，拜偏將軍、中夏督。晏爲王濬別軍所殺，景亦遇害。玄早夭。謚貞獻處士。《三國志》。參海鹽徐《志》。

陸凱，字敬風。遜族子。由縣長歷除儋耳太守，討朱厓，有功，遷建武校尉。累遷征北將軍。假節，領豫州牧，封嘉興侯，遷左丞相。孫皓[1]時徙都武昌，政事多謬，黎元窮匱，上疏極論君暴臣諂，政謬民窮之故。表疏皆指事不飾，忠懇內發。疾病，皓遣中書令董朝問所欲言，凱陳："何定不宜委國事。奚熙小吏，建起浦里田，欲復嚴密故跡，亦不可聽。姚信、樓玄、賀邵、張悌、郭逴、薛瑩、滕修、族弟喜及抗，皆社稷楨幹，國家良輔，願重留神。"遂卒。弟允，子禕。《三國志》。參海鹽仇《志》。

陸胤，字敬宗。爲御史、尚書選曹郎，太子和聞其名，待以殊禮。會全寄、楊竺等阿附魯王，陰相譖搆，胤坐收下獄。後爲衡陽督軍都尉。交阯九真夷攻没城邑，以胤爲交州刺史、安南校尉。胤喻以恩信，高涼渠帥黃吳等，皆出降。加安南將軍。復討蒼梧建陵賊，破之。徵爲西陵督，封都亭侯。卒。子式嗣，爲柴桑督、揚武將軍。與從兄禕俱徙建安。召還建業，復將軍、侯。

陸瑁，字子璋。遜弟。好學篤義。同郡徐原，爰居會稽，素不相識。臨死遺書托孤，瑁爲起立墳墓，收導其子。從父績早亡，一男一女[2]，皆數歲，瑁攝養，至長。州、郡辟舉，皆不就。徵拜議郎、選曹尚書。子喜，亦涉文籍，好人倫。爲選曹尚書。以上《三國·吳志》。

陸褘,字元容。初爲黃門侍郎,出領部曲,拜偏將軍,封海鹽侯。凱亡後,入爲太子中庶子。右國史華覈表薦"褘體質方剛,器幹強固,董率之才,魯肅不過。夏口,賊之衝要,宜選名將以鎮戍之,臣以爲莫善於褘。"初,皓嘗銜凱忤旨,後竟徙凱家于建安。《吳書》。參《海鹽圖經》。

【校注】
　　[1] 孫皓:《三國志·吳書》作"孫晧"。下文"皓"也作"晧"。
　　[2] 一男一女:《三國志·吳書》"陸瑁"條作"二男一女",當從。按二男爲陸宏、陸叡。

晉

陸機,字士衡。少有異才,領父兵爲牙門將。年二十而吳滅,退居勤學。太康末,與弟雲入洛,張華曰:"伐吳之役,利獲二俊。"太傅楊駿辟爲祭酒,累遷太子洗馬。趙王倫輔政,引爲相國參軍。預誅賈謐功,賜爵關中侯。成都王穎起兵討長沙王乂,假機後將軍、河北大都督,被宦者孟玖等所譖,穎使孫秀收機,機神色自若。機死,非其罪。刑時昏霧大風,平地尺雪,人以爲陸氏之冤。機天才俊逸,辭藻宏嚴。所著文三百餘篇。《晉書》。參趙《圖記》。

陸雲,字士龍。六歲能文,與兄機齊名,號"二陸"。年十六入洛,刺史周浚召爲從事,曰:"陸士龍,今之顏子也。"補浚儀令,有異政。成都王穎表爲清河內史,轉大將軍、右司馬。與機同遇害。所著文三百四十九篇,《新書》十篇。雲弟耽,爲東平祭酒。有清譽,亦同遇害。

顧榮,字彥先。祖雍,吳丞相。父穆,張勃《吳錄》曰:"裕,一名穆。"宜都太守。榮與陸機兄弟同入洛,號爲"三俊"。歷尚書郎、廷尉正。以討葛旟功,封嘉興伯。世亂,還吳。屬廣陵相陳敏反,周圯[1]與榮及甘卓、紀瞻[2]起兵攻敏。發橋[3]斂舟于南岸,敏不獲濟,榮麾以羽扇,其眾潰散。事平,還吳。元帝鎮江東,以榮爲散騎常侍。時上牋諫,皆納之。卒,贈侍中、驃騎將軍、開府儀同三司。諡曰元,追封公。子毗嗣,官至散騎侍郎。以上《晉書》。

陸曄,字士光。瑁孫。父英,散騎常侍。曄少有雅望,居喪,以孝聞。後察孝廉,除縣令,不就。元帝初,鎮江左,辟爲祭酒。預討華軼功,封平望亭侯,拜侍中,爲領軍將軍。以平錢鳳功,進爵江陵伯。與王導、卞壺、庾亮、溫嶠、郗鑒並受顧命。成帝踐阼,拜左光祿大夫、開府儀同三司。蘇峻之難,隨帝在石頭。峻以曄吳士之望,不敢加害。峻平,進爵爲公。卒,贈侍中、車騎大將軍。諡穆。子諶,散騎常侍;嘏,新康子。《晉書》。參海鹽徐《志》。

陸玩,字士瑤。器量淹雅,弱冠有美名。郡檄紀綱,東海王越辟爲掾,皆不就。元帝引爲丞相參軍。蘇峻反,遣玩與兄曄[4]俱守宮城。玩潛說匡術歸順,以功封興平伯,遷侍中、司空。玩翼亮累世,常以弘重爲人主所貴,誘納後進,謙若布衣,搢紳之徒莫不廳其德宇。薨,諡曰康。子始嗣,歷侍中、尚書。《晉書》。

陸納,字祖言。清操絕俗,爲吳興太守,徵拜左民尚書,領州大中正。將應召,外白宜裝幾船,納曰:"私奴裝糧食來,無所復須。"臨發,止襪被而已,其餘並封以還官。俄拜尚書令。納恪勤貞固,始終不渝。除開府儀同三司,未拜而卒,即以爲贈。子長生,先卒,無子,以弟子道隆嗣,元熙中,爲廷尉。《晉書》。參《海鹽圖經》。

顧和,字君孝。侍中眾族子。曾祖容,吳荊州刺史。祖相,臨海太守。和總角有清操。王導爲揚州，辟從事。導遣八部從事之部，和爲下傳還。諸從事各言二千石官長得失，和獨無言。導問之，答曰：“明公作輔，寧使網漏吞舟，何緣悉聽風聞[5]，以察察爲政。”導善之。歷拜御史中丞。劾奏尚書左丞戴抗贓污，付法議罪，幷免尚書傅玩、郎劉備官，百僚憚之。居母喪，以孝聞。和居任多所獻納，不苟阿撓。卒，贈侍中、司空。諡曰穆。子淳，歷左衛將軍。《晉書》。

　　干寶，字令升。少勤學博覽，召爲著作郎。平杜弢有功，賜爵關中侯[6]。中興草創，未置吏官。中書監王導上疏以寶領《國史》。著《晉紀》二十卷，直而能婉，稱良史焉。歷始安太守、散騎常侍。所著別見。寶兄慶，長寧縣令。梁有干朴、干元顯，並寶之裔。朴，散騎常侍；元顯，中書舍人。《晉書》。參海鹽徐《志》。

【校注】

　　[1] 周坅：《晉書》卷六八《顧榮傳》作“周圮”。

　　[2] 紀瞻：《晉書·紀瞻傳》作“紀瞻”。

　　[3] 發橋：《晉書·顧榮傳》作“廢橋”，當從。

　　[4] 曄：《晉書》卷七七《陸玩傳》作“曄”，當從。

　　[5] 悉聽風聞：《晉書》卷八三《顧和傳》作“采聽風聞”。

　　[6] 賜爵關中侯：《晉書》卷八三《干寶傳》作“賜爵關內侯”，當從。

齊

　　陸慧曉，字叔明。曾祖，納。祖，萬載，侍中。父，子真，元嘉中爲海陵太守。慧曉初應州郡辟，舉秀才，衛尉史。歷諸府行參軍。歷遷吏部郎、尚書令[1]。吏曹都令史歷政以來，諮執選事，慧曉任己獨行，未嘗與語。帝遣左右單景儁以事諮問，慧曉曰：“六十之年，不復能諮都令史爲吏部郎也。”出爲南兗州刺史，卒。贈太常。《齊書》。參《南史》。

【校注】

　　[1] 按：《南齊書》卷四六《陸慧曉傳》：“俄征黃門郎，未拜，遷吏部郎。尚書令王晏選門生補內外要局，慧曉爲用數人而止，晏恨之。吏曹都令史歷政以來……”《南史》卷四八《陸慧曉傳》亦如此。由此，“尚書令”三字連下不連上。本《志》録《南齊書》陸《傳》時，刪去“尚書令王晏”一節，故疑“尚書令”三字亦應刪去不録，“歷遷吏部郎”後徑用句號。

梁

　　陸倕，字佐公，父慧曉。倕少勤學，善屬文。於宅內起兩間茅屋，晝夜讀書。嘗借人《漢書》，失《五行志》四卷，乃暗寫還之。舉秀才，竟陵王子良開西邸延英俊，倕亦與焉。天監初，爲右軍安成王外兵參軍。遷驃騎臨川王東曹掾。是時禮樂制度多所創革，高祖雅愛倕才，選太子中舍人，管東宮書記。歷太常卿，卒。文集二十卷，行於世。第四子纘，早慧。十歲通經，爲童子奉車郎，卒。《梁書》。

陳

顧野王,字希馮。祖子喬,梁東中郎武陵王府參軍事。父烜,臨賀王記室,兼五官掾。野王幼好學,嘗製《日賦》,領軍朱异見而奇之。年十二,隨父之建安,撰《建安地記》二篇。長而徧觀經史,天文地理、蓍龜占候、蟲篆奇字,無所不通。梁大同中,爲臨賀王記室。宣城王爲揚州刺史。侯景之亂,野王丁父憂,歸本郡,乃召募鄉黨數百人,隨義軍援京邑。野王體素清羸,居喪過毀,殆不勝衣。及杖戈被甲,陳君臣之義、順逆之理,抗辭作色,見者壯之。侯景平,太尉王僧辯深嘉之,使監海鹽縣。天嘉初,補撰史學士,除太子率更令,尋掌國史,知梁史事,遷黃門侍郎、光祿卿,知五禮事,卒。贈右衛將軍。野王篤學至性,屬精力行,皆人所莫及。第三弟充國早卒,野王撫養孤幼,恩義甚厚。所撰著別見。《陳書》。參《南史》《海鹽文獻志》。

隋

陸士季,凱之後也。父慶,通直散騎侍郎。士季初從同郡顧野王學,仕陳桂陽王府左常侍。入隋爲越王侗記室。侗稱制,擢著作郎。王世充將篡逆,侗謂士季曰:"隋有天下三十年,朝果無忠臣乎?"士季對曰:"見危授命,臣宿志也。請因啟事爲陛下殺之。"謀洩不克。貞觀初爲太學博士,兼弘文館學士。《南史》[1]。參《隋書》《新唐書》。

【校注】

　[1] 按:"陸士季"一節,實出《舊唐書》卷一八八《孝友傳·陸南金》。

唐

陸元感,字達禮。父,梁學士謀道,善班固《漢書》。元感傳其學,歷建安、歷陽縣令,咸有善政,加朝散大夫、護軍行黃州司馬。卒,葬崑山。子南金、趙璧。開元初,少卿盧崇道抵罪徙嶺南,逃還,稱南金弔客。突入其室,金匿之。事覺,詔御史捕按,金當坐法。璧言:"匿崇道者我也,請死。"金固言弟自誣不實,御史上狀,並宥之。南金操履謹飭,令鄞,築堤爲湖田千頃,民爲立祠。官至太子洗馬。《新唐書》。參海鹽徐《志》。

顧愔,況從兄。大歷初,新羅王憲英死,詔倉部郎中歸崇敬往弔,監察御史陸珽、顧愔爲副。愔采其國之人物風土,作《新羅國記》一卷。又顧萇亦況從兄,況集有《哭從兄萇》詩云"共居雲陽里,轗軻多別離"是也。皇甫冉有《送顧萇往新安》詩。《新唐書·藝文志》《新羅傳》。參《全唐詩錄》。

顧況,字逋翁。至德二載進士。志尚疏逸,好詼諧。素與柳渾、李泌善。德宗時,渾居政府,以秘書郎召。及泌爲相,稍遷著作郎。後坐語調謔,貶饒州司戶參軍。起屋茅山,自號華陽真逸。年九十卒。有《集》二十卷,皇甫湜爲《序》。湜嘗言:"自吾爲《顧況集序》,未嘗許人也。"又有《畫評》一卷,載《通志·藝文略》。子非熊,性通敏,好辨說,氣燄凌轢,爲衆所抑,久不第,然名在朝野。長慶中,諫大夫陳商放榜,復下第。上怪無非熊名,詔進所試卷,覽之,追榜敕賜及第，累佐使府。大中間，爲盱眙尉。慕父風流，亦棄官隱茅山。《唐書》李泌、柳渾《傳》。參劉大彬《茅山志》、海鹽徐《志》。

　　褚无量，字弘度。其先邑河南之陽翟，十一代祖盛，後漢海鹽長，子孫因居，遂爲海鹽人。刻意墳典，尤精理司馬《史記》。擢明經第，累除國子博士，遷司業，兼修文館學士。中宗將南郊，皇后爲亞獻，无量固爭，以爲《周禮》，后不得與。玄宗即位，遷左散騎常侍，兼國子祭酒，封舒國公。母喪，廬墓。鹿犯所植松柏，无量號訴，群鹿馴擾，不復振觸。喪除，以耆老隨杖設腰輿，許乘入殿中內府。舊書甲乙叢倒，請繕録補第，以廣秘籍，不數年，四庫完治。太子齒胄於學，詔无量，升坐講，百官觀禮，厚賚賜。卒年七十五。詔曰：“无量朕師，今宜用優典。”贈禮部尚書。諡曰文。没後，於書殿得《講史記至言》十二篇上之，帝歎息，以絹五百匹賜其家。蘇頲《褚公神道碑》。參《唐書》本傳。

五　代

　　高彦，仕吳越武肅王。初，與同縣沈夏受武肅王意，密謀誅都將徐及。會湖州刺史李繼徽棄郡奔淮南，彦隨王親巡其地，王雅屬意彦，及去，語彦曰：“我以此州授汝矣，宜善撫之。”奏遷湖州制置使，旋升本州刺史，加檢校司空、渤海公。彦居湖，政尚寬簡，民頗便之。子渭，從彦湖州。武肅王巡衣錦城，有徐、許之亂，焚掠郛郭。彦聞變，亟遣渭赴難。渭言：“今日不利。”彦曰：“赴難之急，何待吉辰？”亟促渭行，遂率所部徑趨靈隱山。伏發，遇害。後淮人檻送徐綰歸王，命剖心祭渭。《十國春秋》。

　　屠瓌智，《海鹽圖經》作環智。字寶光。世居澉浦青山[1]。母顧夢抱璧有光而生，故名瓌智。少負勇略，更善屬文。唐時累舉不第。武肅王起，鄉兵拒黃巢，與幕府籌畫，以謀誅董昌功，授指揮使。乾寧四年，同顧全武自海道救嘉興，生擒南唐將楊勝等二十人。又討平衢州刺史陳岌，積功領常州刺史、越州都指揮使。三年，調守潮州[2]。徐綰內叛，刺史高彦遣子渭與瓌智赴援，直抵靈隱山，賊圍數重，兩人搏戰，身被百創。瓌智奮力一呼，手搏數賊，以援絶與渭同遇害。武肅王閔其忠，命以衣冠招魂而葬。天寶五年，贈武康節度使、銀青光禄大夫、檢校尚書右僕射、開府儀同三司。子龍驤，澉水鎮遏使；昱，節度使；晟，湖州判官。

　　朱行先，字蘊之。燕頷虎頭，猿臂善射。時人稱曰“小由基”。起家建寧都將，事高彦，屢立戰功。武肅王擢爲節度左押牙親衛都指揮使。及彦子澧敗，率衆自歸，賜協力觀王功臣，再加佐正匡國功臣，晉秩檢校尚書右僕射。尋爲静海鎮遏使，在鎮恩威並行，甚著聲譽，凡十有五年。寶大元年七月，卒於官。贈銀青光禄大夫、上柱國。弟行存、行勤、行忠。子從訓、智紹，不仕；元晟、亞杲，俱節度正散將；元昇，節度下將；元寶、元勝、元贇。凡八人。以上《十國春秋》。參《海鹽圖經》、袁《志》。

【校注】
　　[1] 按：按吳仁臣《十國春秋》卷八四《屠瓌智傳》：“其先河東人，晉將軍擊之後也。祖某，避地澉川，遂爲海鹽人。”皮光業《吳越故忠義軍匡國功臣、越州都指揮使、前授常州刺史、特贈武康節度使、銀青光禄大夫、檢校尚書右僕射、開府儀同三司、上柱國海鹽屠將軍墓誌銘》：“……其先河東人。晉將軍屠擊之後也。大父某，避地於吳，家於澉川之青山，遂世爲蘇州海鹽人。”

[2]按：皮光業《吳越故忠義軍匡國功臣、越州都指揮使、前授常州刺史，特贈武康節度使、銀青光祿大夫、檢校尚書右僕射、開府儀同三司、上柱國海鹽屠將軍墓誌銘》："將軍姓屠氏，諱瓌智，……光化元年十一月，衢州刺史陳岌叛，將軍又將全武等討平之。三年，調守湖州。"《十國春秋》卷八四《屠瓌智傳》、光緒《海鹽縣志》卷十五《人物傳》"屠瓌智"條亦言："（光化）三年，調守湖州。"故"潮州"是"湖州"之誤。

宋

郭三益，字慎求。父璪，治平初進士。三益登元祐三年進士，爲常熟丞。時常平使者調蘇、湖、常、秀四州人濬青龍江。分地程役，三益所部前期告辦，使者留其人，使助他邑。三益竟引歸，使者怒，檄追甚急。其母周曰："役連數郡，其分地程役、廩食皆已上聞。今吾先畢，何名復役之？使者行且悔矣。然汝不可無會，第無以所部從。"三益如教，使者果檄，止丞勿來。累官刑部尚書，同知樞密院事。海鹽徐《志》。參《圖經》。

史徽，字洵美。第進士，累遷太常博士。時享太廟，以宦官押祭，徽建議罷之。知青田，明敏果斷，教民陶瓦覆屋，以免火患。建炎初，爲司農卿，扈駕至平江，遇害。贈右文殿修撰。

沈清臣，字正卿，爲國子學錄。宰相惡沈介，乃以清臣奔競，下大理。風使引介，不許，謫封州。晚始召用，勸孝宗力行。三年喪，爲嘉邸翊善，以直諒稱。初從張無垢學，以聖賢自命，與其徒問答，語下不契，輒使再參，或譏爲禪學云。著有《晦巖集》十二卷。以上袁《志》。

魯詧，字季欽。兄詹，崇寧五年進士，朝散郎，提舉兩浙市舶。詧同弟詧舉紹興五年進士，官太府卿。言支移折變事，甚悉利弊。詔可其奏。詧嘗取《杜工部集》，考其年編次而箋釋之，爲十八卷。詹子可封，進士，烏程令。詧子可宗，進士，中博學宏詞科，太常卿。詧子可簡，可簡子开、珏，及從子藝、瓊、璠並舉進士，世其家。《海鹽圖經》。

魯文諡，字子順。甲戌策第，調丹徒尉，薦，陞司理。文諡性闓爽，嗜書史，任事必究端緒，不爲矯亢，不事投合。在高郵理獄，梳剔淹滯，犴獄空虛。及攝丞幕府，適山陽流民蟻聚，文諡贊其長，極意撫安，使得所。卒於官。平生好義樂施，置義莊、義塾。弟文博，姪鐸，皆能以其教顯焉。

常濬孫，其先蜀人。曾祖，安民。祖，同。並見《宋史》。同，紹興末寓海鹽，遂世爲海鹽人。濬孫乾道中登進士，又舉博學宏詞科，爲福州教授。教養有法，閩士祠祀之。以上海鹽仇《志》。

陸峻，乾道五年進士。初授江寧縣令，累官至刑部尚書。峻守衡，楊萬里以書屬其孫，爲名流倚重如此。《海鹽圖經》。

趙孟堅，字子固，號彝齋。居士，系出安定郡王。以父朝奉郎與采蔭，登寶慶二年進士。歷官集英殿修撰，知嚴州。平反張均平報父讎獄。郡歲饑，發廩賑贍，全活民五萬餘戶。遷翰林學士。隱居廣陳，乘一舟，東西游適。縣令、宣城梅斅造船謁之，竟飛棹去。梅伫立曰："昔人所謂'名可聞，身不可見'，殆謂先生歟。"孟堅善書畫，工詩文。著有《梅譜》《書法論》傳於世。《海鹽圖經》。參《宋書紀事》。

常楙，字長孺。淳祐七年進士。調常熟尉、婺州推官。疏決滯訟，以剸繁裁劇稱。拜監察御史，尋爲兩浙轉運使。禁戢吏奸，不以急符督常賦。海鹽歲爲鹹潮害稼，楙請捐金發粟，輒以帑[1]修築新塘三千六百二十五丈，名曰海晏塘。遷戶部侍郎，兼刑部。論雷雪非時之變，帝意不悦。匄祠,不許,以集英殿修撰知平江。節浮費,修府庫。既代,有事例,餘金萬楮,悉不受。吏驚曰:“人言常侍郎不愛錢,果然。”改淛東安撫使。值水災,捐萬楮以賑之,復請糴於朝,得米萬石,蠲新苗三萬八千。又以諸暨被水尤甚,給二萬楮付縣折運,民食[2]。尋以刑部侍郎召,平反甚衆。兼給事中,封還隆國夫人從子黃進觀察使錄黃。賈似道以御書令委曲書行,棣迄不奉命。以寶章閣待制提舉太平興國宮。德祐元年,拜吏部尚書、參知政事。《宋史》。

陸之望,紹興五年進士。知會稽縣,有惠政。時山陰缺令,公舉之望攝之。王十朋有《代王尚書辟陸宰狀》,有曰:“前會稽知縣、左奉議郎陸之望爲治寬平,持己廉静,長于撫字,蔚有政聲。會稽士民前後屢請本府及司監舉留,狀牘具存。陸某今方罷官,適山陰缺宰,臣遂令暫攝職事,邑人咸喜。臣欲依條令辟舉陸之望充山陰知縣,以慰一邑之心。”之望事績不見於史覽,龜齡剡牘,可見一斑。《會稽縣志》。

【校注】
　　[1]以帑:《宋史》卷四二一《常楙傳》作“己帑”。光緒《海鹽縣志》卷十五《人物傳》“常楙”條亦作“己帑”,當作“以己帑”。
　　[2]民食:《宋史·常楙傳》作“民食不至乏絶”,可從。

元

楊發,先世居浦城,以軍功土著海鹽之澉浦。父春,宋武經大夫。發仕宋,歷官樞密院副都統。元初改授明威將軍、福建安撫使,領淛東西市舶總司事。卒,贈懷遠大將軍,封弘農郡侯。子梓,嘉義大夫[1]、杭州路總管。節俠風流,尤善音律,與貫酸齋友善。卒,封弘農郡侯,謚康惠。梓子耐翁、楧。耐翁,見《孝義傳》;楧,敦武校尉,贛州路同知,知寧都州事。楧子友直,字元坦,倜儻多才,官常州通守。袁《志》。參《輟耕録》。

屠曾,字體乾。母樂夢王曾而生,故名。受書於吳草廬,延祐中薦爲學教諭。至治癸亥中,淛江東榜第一,授建康學正,不就,隱于家。康僖公勳,其裔也。《海鹽圖經》。參《檇李詩繫》。

鄭元璠、元琰兄弟,有學行。以知兵顯,官至總管、別駕。時方國珍、張士誠往來海中爲寇,二人率鄉兵守禦,鄉人德之。明鄭端簡公曉,其後也。袁《志》。

【校注】
　　[1]嘉義大夫:天啓《海鹽縣圖經》卷十二《人物》“楊發”條、光緒《海鹽縣志》卷十五《人物傳》“楊發”條俱作嘉議大夫。

明

丁豫,字叔寬。洪武初,敕聘入京召見,問:“天下治否?”對曰:“盜賊已息,但恐復生。願以安民爲本。”稱旨,授江西按察僉事。詳慎刑法,澤被於民。民頌之不衰。子麒、麟,皆工詩。麒,字彥禎,官至濟南知府。麟,字彥祥。洪武乙丑進士,除給事中,改御史。彈劾不避權要,無辜見法。臨刑,有《哀親》《訓子》詩。海鹽仇《志》。參《静志居詩話》《檇李詩繫》。

金志剛,字大節。洪武中,爲縣三老。入都,旅見太祖。問:"今盜賊平未?"衆莫對。志剛曰:"捕獲已盡,惟恐復生。"上善之,拜知府。海鹽仇《志》。

胡恒性一作嘗性,洪武中,以文學被徵,授醴陵縣丞。清理軍政,以善績著。廳前有松數十株,公餘偃息其下,因顏曰"哦松堂",自爲《記》。去官,醴人思之,立祠祀焉。《嘉禾徵獻錄》。

常士昌,梀裔孫。洪武中,以賢良辟爲雷州守,有古循吏風,卒官。妻文登隋氏,攜三子歸里,伯子繙,紳麟[1],成化辛丑進士,選兵部主事,轉郎中。時火篩内侵,畿甸恐。大司馬條畫皆出麟手。參知河南,有党雄之亂,次第削平,不煩朝廷一旅。擢福建布政使,入覲,劉瑾索賄不得,逮繫錦衣衛,釋,爲應天府尹,轉禮部侍郎。弟龍,任壽州知州。亦有賢聲。劉《志》。

曹仁,字天爵。宋太尉勛裔。洪武乙丑進士。授工部主事,數月即乞休,杜門著述,自號知止生。四世孫鎮,通《三禮》之學,隱居淳風村,輯《仁遺集》。弘治壬子,輸粟五千斛賑饑,授七品散官,辭不受,時稱曹介士。《海鹽圖經》。參劉《志》。

葉春,字景暘。本姓林,幼鞠于葉,從其姓。洪武中,自邑吏歷事吏部。永樂初,尚書李志剛知其通練,薦授主客司主事。歷郎中,擢兩淮鹽使,改參政福建。仁廟嗣位,入朝,命與廣西布政使周幹巡視應天、鎮、常、蘇、松、杭、嘉、湖八郡,訪民利害,建革之,改參政四川。宣德初,朝廷以八郡奸吏、土豪仍肆貪,虐毒細民,復命春偕大理卿熊概巡歷訪察。浙江豪持郡邑短長爲不法者,海鹽民平康暴橫甚,聚黨八百餘人,捕誅之。已,悉捕豪惡數十輩,械至京,論如法,姦究帖息。後又偕錦衣指揮任啟、御史顧英[2]、太監劉寧巡視,所至秉公推明,行之以果,無所屈撓。春凡三涖浙,治事于鄉,人無議其私者。《明史·熊概傳》。參《海鹽圖經》。

陸定,字能舒。洪武中,以牛諒薦授博士,累擢監察御史。上封事六條,稱旨。以疾免官。永樂初詔起,不赴。吳《志》。

戈定遠,字尚武。工古文詞。永樂丙戌,貢入成均。遷湖南道監察御史,彈劾封駁,無少避忌。陞交阯按察使[3]副使。蒞官清勤,綏柔有方,得夷獠心。致仕,卒。《嘉禾徵獻錄》。

仲端,字惟正。永樂辛卯舉人,知隨州。歲旱,民苦饑,移兵餉濟之。遄寇丁朝龍聚衆流劫,至是,詣庭待罪。調知廣德州,擢户部郎。致仕。

詹文,字好問。永樂入成均,爲刑部郎中。時有田青厓者,以殺俞一坐死律。文疑其獄,按之,知俞少鬻身于孫扶則,孫以貲自豪,欲購田墓地不可得,陰殺俞,移其尸,置田室,將以陷之。文得其狀,即釋田,坐孫死律。時同官有論主僕宜輕減者,文曰:"使田就戮,此命不當償之耶!"文居官明峻類如此。以上吳《志》。

朱侃,字志剛。少爲諸生。學宮有魅,聞呼侃名即滅。永樂癸未,舉應天鄉試。尋授監察御史,出僉憲廣東。入爲通參,敕巡撫廣西,執法嚴肅,贓吏屏跡。當暑有置毒于瓜以獻者,毒發瓜裂。試罪犯即斃,刑獻瓜人,不窮治主者。

許珣,字士章。父伯全,以鄉舉諭樂安。珣舉正統丁卯鄉試,訓導安溪。未期,以老乞歸養,教授于家。張給諫寧、劉侍御泰、鄭提舉延皆及其門。嘗典應天試,稱得士云。以上《嘉禾徵獻錄》。

李孟璿,祖衍,河南人,元末官嘉興路副總管,因家苕溪。孟璿以薦官嘉興縣訓導。著《南莊集》。弟仲璣、季衡,皆工詩。季衡有《西溪集》。季衡子景孟,登景泰甲戌進士。知莆田,修潔有聲,亦能詩。編《皇明正音》若干卷。

朱祚,字天錫。以歲貢入國學,成化丙子舉人[4]。以母老乞祿,知龍溪縣,調靜安[5],爲政務以德化,不事檟楚,卒于官。所著有《拙齋漫稿》《雲谷集》《海鹽縣志》。

鄭延,字世昌。以選貢官廣東市舶副提舉,諸番無敢以方物及門者。陳獻章贈詩曰:"溪魚海舶各歸去,明月自照芙蓉峰。"著有《東谷存笥集》。

鍾海,字巨川。性剛直,能詩。以掾吏爲懷遠丞。令梅恃甲科陵人,海積不能平,奏與之辨,與梅並落職。事白,海獨起丞萬安,不數月,復飄然賦詩歸。歸數年,而貧益甚,卒。以子梁貴,贈刑部主事。《海鹽圖經》。

張寧,字靖之。景泰五年進士。授禮科給事中,言:"京衞帶俸武職,一衞至二千餘人,通計三萬餘員。歲需銀四十八萬,米三十六萬,并他折俸物,動經百萬,耗損國儲。其間多老弱不嫻騎射之人。莫若簡可者補都司、衞所缺官,而悉汰其餘。"議格不行。帝得疾,適遇星變,罷明年元會。寧言:"四方來觀,不得一睹天顏,疑似之際,必至訛言相警[6],願勉循舊典,用慰人心。"帝疾不能從。而奪門之變作,曹、石竊柄。事關禮科者,寧輒裁損,英宗以是知寧。朝鮮與鄰部毛憐衞讎殺,詔寧同都指揮武忠往解。寧辭義慷慨,而忠驍健,兩人竟解其讎而還。中官覃包邀與相見,不往。尋擢都給事中。憲宗初御經筵,請日以《大學衍義》進講。皇太后生辰,禮部尚書姚夔仍故事,設齋建醮,會百官赴壇行香。寧言傷大體,乞禁止。帝嘉納之。給事中王徽以牛玉事劾大學士李賢,得罪。寧率六科論救,由是寖與內閣忤。會王竑等薦寧堪僉都御史清軍職,與岳正並舉。得旨,會舉多私,皆予外任。寧出爲汀州知府,以簡靜爲治,善政具舉。寧才高負志節,善章奏,聲稱籍甚。英宗欲重用之,不果。久居諫垣,不爲大臣所喜。既出守,益鬱鬱不得志。以病免歸。家居三十年,言者屢薦,終不得召。無子。有二妾,寧歿,樓居不下者四十年,詔旌爲"雙節"。《明史》。

劉泰,字世亨。性耿介,不屈于物。能詩文,工行草書,尤精于法律。以庶吉士授河南道監察御史,出按遼東及南畿諸郡。嘗疏劾內閣大臣江淵不法事,卒移其官。天順初,復與同官楊瑄等極論石亨擅權,下詔獄,幾不免。後以疾卒。海鹽徐《志》。參《圖經》。

倪顒,字廷瞻。父政,字拱德。以鄉舉爲松溪教諭。顒天順丁丑進士,授工部主事。改兵部,遷懷慶知府。境內多盜賊,財賦累年逋負。顒以廉慎爲治,積弊一清。藩府人素橫,至此斂戢。中蜚語,下西廠。無驗復官,擢河東、陝西鹽運使。《嘉禾徵獻錄》。

張敏,字時勉。曾祖景福,官大理,遂籍雲南。父正,領解,第進士,終建寧知府。敏以鄉貢知蘭州,改知馬湖府。夔州鄢、藍諸賊起,敏帥玀獷兵拒戰,敗之。陞綿州兵備副使。鄢、藍餘黨廖、陳輩復亂,敏入賊營,計擒其魁,降凡三萬人,調山西參政。以太僕卿致仕。《嘉禾徵獻錄》。

劉瑋,字公奇。成化甲辰進士。歷官御史,督兩淮鹽運,兼治河道。瑋執法嚴,所司有阻壞鹽法者,奏擬戍邊,遂著爲令。時兩浙、山東水旱,疏請賑以鹽筴餘銀,全活甚衆。高郵湖風濤不測,時壞漕艘,築堤四十里,別爲裹湖通漕,名康濟河。擢廣東副使。海鹽徐《志》。

朱瑾,字孟瑜。以國子生授莆田丞。嘗攝令,每躬視獄,令掃除惡穢,不使囚致病。豪右彭姓爲尚書詔弟姪,以巨舶商通島夷,犯時禁,瑾毀其舶,加之罪,海島帖然不敢犯。海鹽仇《志》。

顧正,字尚誠。弘治壬戌進士,由兵部擢刑部郎中。時劉瑾擅政,用法者稍持平,輒被窘辱,正苦心平反。出爲四川參議,撫定白水蠻變,未幾卒。正立身恥爲依附,而崖岸不立,居官廉潔。卒之日,幾無以爲家。

劉演,字文敷。弘治癸丑進士。授南職方主事,歷刑部郎中。值閹瑾亂政,謝病不出,日與客縱飲爲樂。瑾誅,薦補四川參議,未赴卒。

沈衡,字平甫。祖孟賢,以里中良善,受成祖敕奬。衡登弘治庚戌進士。授刑部郎,欽恤南圻,多所全活。子奎,以神童召見,爲翰林秀才。早卒。以上《嘉禾徵獻録》。

董淞,字子壬。孝子謙子。弘治中,應薦陳十策,命下禮部試,罷。以著述爲事。衢州孔彥繩,至聖五十九世孫,淪於布衣,淞力言於衢守沈燾,奏襲五經博士。著有《聖學全書》《直儒藎語》《紫陽正脈》若干卷。《海鹽續圖經》。

彭程,襲指揮僉事。正統十三年,寇鄧茂七據延平,程率兵往征。十四年正月,哨延平下營,遇某帥招飲,程移營不赴。夜賊偷營不值,明發,帥問故,程曰:"下營時有怪風,占必有偷營者,以故移營。"軍中服其神明。是時都閫帥大兵屯一山,程兵寡,傍溪下營。寇首朱必森率衆隔溪呼曰:"我先殺盡大營,回,盡殺此營。"程謂衆兵曰:"賊回,我等虀粉矣。須奮勇盡死力一戰,方得生。"寇乘勝回,下溪水挑戰。程兵跣足迎之。寇半渡,擊,大敗之。攻後洋、前洋等寨,累斬首數百級,擒首寇三,招撫一千二百餘。已而寇葉宗留復叛,率兵往征,屢戰屢捷。陞指揮同知。《浙江通志》。

吳昂,字德翼。海寧祝萃家居教授,昂裋褐草鞵,負書往從。祝奇其人,欲試之,居之牛屋,昂欣然掃除,受書坐牛屋中,日夜誦不輟。後昂既貴,聞祝喪,奔赴哭踊,執心喪三年。昂起家進士。令宜城,改新建。新建人困寧濠索租,匿丁家山以拒。濠言:"民反,宜速兵。"昂身入山諭民,民立散。歲大饑,賑贍,全活幾萬人。華林盜起,日夜調兵餉,以勞眚左目。陞南京刑部主事,出爲福建按察僉事。有訟妻殺夫,妻坐死,昂閲獄疑之,禱于神,夢一小兒據人腹。昂曰:"殺此夫者,必杜福子也。"捕,訊服。陞山東按察副使,旋陞福建參政。古田礦盜起,發兵躪捕渠魁,散其黨去。進右布政使,致仕。昂幼孤,事母孝。家居遇鄉曲利害,抗言有司不得,則請于朝。精于《周禮》,參訂諸説,附以己見,凡四易稿而成。鄭曉嘗曰:"明有兩方伯,天台陳公,華亭夏公,皆人傑也。吳先生學行純固如天台,先幾明哲如華亭。而安貞履順,斂華就實,尤不可及云。"《檇李往哲傳》。參《海鹽圖經》。

錢琦,字公良。正德戊辰進士。授盱眙知縣,流賊橫行,江淮邑無城郭,琦括民爲兵,嚴戰守之具,賊知有備,不敢犯。以才薦,遷刑部主事,進郎中。武廟南巡,與同官周任疏諫,不報,引疾歸。世廟初年,起南祠察郎中,出知臨江府。屬邑新淦自華林賊亂之後,山民梗化者不悛。奏析其地爲峽江縣,置城郭,枹鼓屛息。又奏免三年額税,以寬新邑。凡舉事必擇民所便,故雖有建置,輿情安之。後調思南,乞歸。置義田以贍族。六子:蓁、芹、葵、蕭、蓘、萱。芹、萱有傳。《嘉禾徵獻録》。

徐泰,字子元。髫齡舉于鄉,讀書手不釋卷。初爲光澤令,未幾告歸。林居四十年,日偕同志飲酒賦詩。著有《玉池稿》《談屑》《春秋鄙見》《皇明風雅》等書。海鹽仇《志》。

徐咸,字子正。泰弟。正德辛未進士。與人交,不詭于俗。居官不事皦察,守沔陽,屬兵燹後,咸務在撫輯,多全活。沔地宜黍,鮮植穀,咸仿吳地播種法,與民習之,民享其利。陞南兵部郎,民思之,肖像爲生祠。尚書喬宇雅知咸,擢守襄陽。歲旱,恪修雩祀,甘澍立應。有妖民惑衆,咸計磔其渠,脅從悉解散。著有《近代名臣言行録》《澤山野録》《四朝聞見録》《西園雜記》《東濱三稿》。傅維麟《明書傳》。參廖道南《楚記》。

　　鍾梁,字彥材。正德甲戌進士。授刑部郎。諫止南巡,廷杖幾死。世宗嗣位,擢知濟南。平萊蕪反寇邵志,賜金綺。乞歸養母。以薦起補南昌,裁正湖地賦役,權貴斂手。丁艱歸。年僅四十,既疏請致仕[7]。築室郊西,與林居諸賢及布衣、衲子結文酒社。又四十年卒。有《西皋集》。《嘉禾徵獻錄》。

　　鄭曉,字窒甫。舉鄉試第一,成進士,授職方主事。日披故牘,盡知天下阨塞、士馬虛實、強弱之數。尚書金獻民屬撰《九邊圖志》,人爭傳寫之。以爭大禮廷杖。張孚敬柄政,器之,欲改真翰林及言路,曉皆不應。父憂,歸,久之不起。許讚爲吏部尚書,調之吏部。歷考功郎中。夏言罷相,帝惡言官不糾劾,詔考察去留。大學士嚴嵩因欲去所不悦者,而曉去喬佑等十三人,多嵩所厚。嵩大憾。嵩欲以子世蕃爲尚寶丞,曉曰:“治中遷尚寶丞,無故事。”嵩益怒。以推謫降官周鈇等,貶曉和州同知。稍遷太僕丞,歷刑部右侍郎。俄改兵部,兼副都御史總督漕運。大江南北皆患倭,通州人顧表者桀黠,爲倭導,以故營砦皆據要害,盡知官兵虛實。曉懸重賞捕戮之。募鹽徒驍勇者爲兵,增設泰州海防副使,築瓜洲城,廟灣、麻洋、雲梯諸海口皆增兵設堠。遂破倭于通州,連敗之如皋、海門,襲其軍吕泗,圍之狼山,前後斬首九百餘。賊潰去,錄功,再增秩。尋召爲吏部侍郎,遷南京吏部尚書。俺答圍大同右衞急,帝命兵部尚書楊博往督師,曉攝兵部。曉言:“今兵事方棘,而所簡聽征京軍三萬五千人,乃令執役赴工,何以備戰守? 乞歸之營伍。”帝立從之。尋還視刑部事。故事,在京軍民訟,俱投牒通政司送法司問斷。諸司有應鞫者,亦參送法司,無自決遣者。後諸司不復遵守。曉奏循故事,帝報許,於是刑部間捕囚畿輔。而巡按御史鄭存仁謂訟當自下而上,檄州縣,法司有追取,毋輒發。曉聞,率侍郎趙大祐、傅頤守故事爭,存仁亦據律執奏。章俱下都察院,會刑科平議。議未上,曉疏辨。嵩激帝怒,切讓,遂落曉職,兩侍郎亦貶二秩。曉通經術,習國家典故,時望蔚然。爲權貴所扼,志不盡行。既歸,角巾布衣與鄉里父老游處,見者不知其貴人也。既卒,履淳等訟曉禦倭功於朝,詔復職。隆慶初,贈太子少保,諡端簡。履淳自有《傳》。《明史》。

　　案《海鹽圖經》:曉所著有《吾學編》《徵吾録》《古言》《今言》《奏議》《文集》《史論》《策學》《禹貢圖説》等書。其他居鄉善事,尤多見于王文禄《文獻志》、《見只編》,劉忠端《人譜》諸書者,概不復贅云。

　　劉术,字汝冲。父演,先世贅錢氏,术因冒外姓。嘉靖癸未進士,授威縣令。威地素瘠疲,民無宿聚,遇水旱不能救。术募積穀萬石,以爲荒備,倣社倉法轉借貧民,歲息十一,積數年,得穀萬餘石。未幾,河北無麥,威賴以全,流民來占籍者三千人。又均丁田之役,行一年,畿輔郡邑父老皆請于上官願得术。知縣均役乃歷旁邑,惟内黄、南和弊尤甚,經理三月,民至今尸祝之。丁艱歸。擢工部主事,未赴卒。卒之日,棺衾不能備,其父以歲製者殮之。著有《威縣志》。《威縣志》。參《嘉禾徵獻録》。

　　錢芹,字懋文。琦子,嘉靖戊戌進士。歷官永州知府,每泣事,庭無鞭扑之聲。人謂其太寬。芹曰:“牧民猶牧羊,去其敗群者足矣。”論調,引年歸。芹宅心坦易,一以至誠待人。即爲所賣,終不忍逆億居家。值穆廟新政,上言正始當懋聖學,次及本郡海防事宜。又言海鹽每歲例貢黄魚,宜罷。優詔許之。《嘉禾徵獻録》。

　　錢萱,字懋孝。芹弟。嘉靖己未進士[8]。由刑部郎改儀制司,以提調試事落級。爲德慶州同知,地近倮僮,大兵數徵調,民力罷。萱至,署守事,除編徭濫役,改運米爲折納,審户籍,令丁役相埒,貧富得均。方下量移之命,染瘴卒。《海鹽圖經》。參黄懋官《墓志》。

錢薇,字懋垣。嘉靖十一年進士。擢禮科給事中。請令將帥家丁得自耕塞下田,毋徵其賦,總督大臣假便宜專制閫外。格不行。又疏劾大學士李時、禮部尚書夏言、工部尚書溫仁和、外戚蔣輪。進右給事中。郭勛請復鎮守內官,擅易置宿衛將校,薇憤,疏其不法七事。帝眷勛,然素知其橫,兩不問。已因星變,極言主德之失,帝深銜之,未發。疏諫南巡,坐奪俸。內閣夏言輩所選宮僚,多以循私[9]劾罷。薇偕同官呂應祥、任萬里乞如會推故事,集內閣九卿公舉。帝特命並斥爲民。累薦,皆報寢。集鄉里晚進與講學,足跡不及公府。倭患起,請於巡撫王忬,集兵爲備。鄉人德之。卒年五十三。隆慶初,贈太常少卿。《明史》。

案:薇爲臨江守琦兄珍子。歸田後,如罷運艘、均田則、清里甲諸事,區處贊畫,爲利于鄉邑者甚夥。隆慶之初,既贈太常,當事者復爲建特祠于縣署之西,額曰"顯忠"。薇所著有《國朝名臣錄》《承啓堂稿》《海石聞事》《學錄》《樂律》諸書,詳見《襃忠錄》及湛若水撰《傳》。

王輔,字時佐。宣德中隨父戍廣寧。中山東鄉試,登成化丙戌進士。授刑部主事。輔端愨有至性,臨終,語其子鑛曰:"我死必返葬我海鹽,無忘首邱也。"鑛因復爲海鹽人。鑛孫家棟,舉浙江鄉試第一。海鹽仇《志》。

陳言,字獻可。生而穎異,讀書數行俱下。博綜經傳,作《五經疑義》若干卷,出入傳註,發先儒所未發。領順天鄉薦,不第,卒于邸。言至性誠篤,孝養繼母,事其叔如父,撫諸弟以恩。里有嫠婦守節甚烈,白有司得旌。以子所學貴,贈如官。袁《志》。參《兩浙名賢錄》。

仇霖,字彥光。以貢爲硖江訓導。嘗書座右云"五倫之間,寧過于厚。七情所發,惟怒難忍"以自警。丁母邵憂,不復出。與徐東濱、鍾西皋爲詩酒之會。子俊卿,字舜徵。舉鄉試,知惠安縣,終國子助教。性好讀書,至老未嘗釋卷。感嘅時事,雖家居未嘗不言倭寇,時策戰守機宜,上幕府,多中竅要。死之歲,聞平秀吉將入寇,猶憤發貽書浙撫,請如漢橫海樓船故事,張中國威,識者壯之。壽九十有二。所著《瀛仙集》《通史它石》《海鹽縣志》。子雲鳳、原叟。雲鳳,博學通禪理,屢舉不第,卒。原叟,慷慨負大志。隆慶間海鹽塘圮,先是,霖有請修築海塘疏,至是原叟抱其疏請于朝,興工修築。初啓行,鬻產爲資斧。歸途病卒,邑人傷之。《海鹽圖經》。參王文禄《文獻志》。

沈奎,字文明。嘉靖戊戌進士。歷官刑部郎中、江西按察副使。奎體弱不勝衣,而操持介特。爲郎時,宗室詔獄,衆依違,奎直舉大義斷之。在江右,與臺臣執論,無所巽避。居家卻掃,與人言恒抱損自下。子騰蛟,極孝友。奎晚生子騰龍,析產不及蛟之半,使父事蛟。奎卒,蛟割產半予龍,曰:"此吾先君不言意也。"

李儒烈,字見川。嘉靖丁未進士。由廬陵令擢工部員外郎,忤權貴,出爲雲南理問,稍遷至福建按察使僉事。以母老乞歸。著述甚富,其《尚書啓蒙》一書,已採入《欽定書經傳說彙纂》。于《志》。

徐鸛,字鳴川,號前峰。嘉靖丁未進士。初任常州府教授,己酉充江西考官,升南京工部主事,監稅儀真。所立規條,商民稱便,轉刑部郎。時巨閹毀孝陵封木,屬鸛勘治。行千金,祈緩二日。援者至,鸛即日具獄詞,當大辟,其持正類此。出守肇慶府,創一條鞭法,遷湖廣兵備副使。解組後,築室曰"清溪小隱",歌詠其中,謝絕塵事。卒年七十有七。祀鄉賢。少子九牧,善繪事。吳《志》。

王大猷,字伯甫。性耿介。遇凶歲,饘粥不具,縣令魏公遺之金,不受。嘉靖丁酉舉人,丁未進士。授官中書舍人，僦邸委巷，跨一款段，了公事歸輒閉門，謝一切裘馬游，即同里臕要，謁籍終無其名。晉工部員外郎，出僉廣東按察，尋改備兵雲南，又改廣西，方陞辭，中人言罷。家居埽軌避俗，蕭然終宴。《海鹽縣志》。

劉熠，字元麗。父樑，英山學諭。熠受業鄭曉，舉嘉靖庚子鄉魁，署休寧教諭，徵爲南御史。尋卒。著《同春堂稿》。以上《海鹽圖經》。

胡憲仲，字文徵。嘉靖庚戌進士。俺答犯京師，至白河。憲仲上議，請溝都城外地，亟垣之，護關民廬舍。招勇敢士，令貴戚大閹出蒼頭私屬，助軍設伏。天壇、貴人、大莊諸處，掎角制勝。兵部大臣宜躬擐甲胄出視師，毋堅閉國門自弱。通州關外及張家灣壯丁，皆招集爲兵自衛。若敵犯都城，躡其後去，即邀擊之。爲款凡十。且請自當一面禦敵。得報以憲仲協巡九門，督追戰守器具[10]。時當事倉皇，版築之役不及興，寇退，關廂殘，築外垣保護，壹如憲仲策。授南刑部主事。值倭又擾浙中，南都戒嚴，南樞部謂憲仲曩在北策備敵，是知兵，因使守太平門。憲仲貽書浙帥，言備倭策三：一籍沿海船，責令盡歸，毋出海，以絕其源；一禁內地姦民，無資糧漏師，以困其進；一遣間諜懸重購，令各賑自相擒併，以翦其黨。帥臣用之，又大驗。在官二年卒。有《胡比部詩文集》行世。馮皋謨《傳》。

馮皋謨，字禹卿。嘉靖庚戌進士，授主事，擢御史。時嚴嵩私人柄用者謂必詣彼，謝不往，嵩怒，出爲江西按察司僉事。詣嵩第，皋謨竟南面坐，嵩愈怒。會其舍人橫行里中，捕笞之，枷示通衢。改廣東參議，分守惠、潮。賊張璉據饒平，西聯大埔蕭雪峰、程鄉林朝曦流劫閩、廣，與倭及海寇互相掎角。皋謨與督府張臬商略制禦，張盡以兵屬之，于是海寇林道乾、許朝光、王伯宣等聞風來降。時倭與官兵相持三河久，皋謨令伯宣將精兵，所至招海上賊益之，至三河，從山後登高處吹蘆發哨。倭入舟，擊之，殲焉。明年復集水陸師一萬于廣州。皋謨用賊間襲蕭雪峰，擒之，璉窘乞撫。急攻，遂擒璉，悉降其餘黨。時朝曦以官軍非有意，即攻不設備，密使諜致賊酋曰：「能擒朝曦獻，他勿問。」酋縛朝曦獻，賊盡平。上功，嵩益怒，追論王伯宣賊首，不宜以功宥，卒斬之。皋謨不得優敘，遷福建參政。嵩又嗾御史摭廣事劾之，奪職歸。《嘉禾徵獻錄》。

馮嘉謨，字猷卿。皋謨弟，由上舍選授銅仁府幕。郡在萬山中，與苗雜處，民與苗互市，得窺物賈價，而利歸市魁。嘉謨設法平之，苗感激。後黔帥以事襲殺苗，苗憤，群擁侵境，嘉謨馳單騎諭之，退。《海鹽縣志》。

劉炌，字元白。术子。嘉靖庚戌進士。歷官撫州守，值鄰寇初退，簡兵保毅，拊循瘡痍，築崇仁、樂安、宜黃三城，修千金堤禦水，佐俞大猷、戚繼光等擒大盜曾一本，多勞績。炌至孝，痛父不逮養，事母曲意承歡。居喪毀，幾滅性。忌日，衰絰坐冢旁，泣守至暮始歸。門闈之內，肅若朝典。《海鹽圖經》。參《兩浙名賢錄》。

湯彬，字子宜。父誥，博學能詩文。彬少孤，事後母屠曲盡孝敬。嘉靖丙辰進士。令廬江，進職方郎，僉河南按察。荊、隨巨寇桂六等流劫蔓延，擐甲視師，俘斬二百餘，河洛以安。方上功，而中忌者言，歸。《嘉禾徵獻錄》。參《海鹽圖經》。

陳所學，字行父。嘉靖丙辰進士。授給事中，出爲河間知府，罷歸。浙撫欲薦之，不起。子昌明，字季勉，以選貢任忻州同知，監寧武關。值山寇擾亂，昌明單車入賊巢，諭以大義，悉投戈乞降。《海鹽圖經》。參吳《志》。

朱學顏，字榮峰。祖珺，以茂才入成均。好施予，敦內行。學顏稟家法，登嘉靖辛酉鄉榜，乙丑進士。授潛山令，澗剔郵傳宿弊，條陳宜興革者十二事。旋以事忤上官，量移雷州府同知。遂歸隱。朱氏，先婺人也。元晦家建陽，次子留婺，十二傳名順者，嘉定間任海鹽簿，遂居聞琴橋，因占籍。子銘，教授潮陽。孫懋卿，學正，遷尚胥里。又四傳曰銳，生三子：溥、瀚、洪，各負才行。舉孫十，曾孫二十，族始日蕃。朱氏之登進士，自學顏始，其後科第連綿，甲於一邑。

鄭履淳，字叔初。曉子。嘉靖壬戌進士。除刑部主事，遷尚寶丞。隆慶三年疏言："最急莫如用賢。陛下御極三禩矣，曾召問一大臣，面質一講官，賞納一諫士，以共畫思患豫防之策乎？高亢暌孤，乾坤否隔，忠言重折檻之罰，儒臣虛納牖之功，宮闈違脫珥之規，朝陛拂同舟之義。回奏蒙譴，補牘奚從？內批徑出，封還何自？紀綱因循，風俗玩愒。功罪罔核，文案徒繁。閹寺潛為厲階，善類漸以短氣。言涉宮府，肆撓多端。梗在私門，堅持不破。伏願奮英斷以決大計，勿為小故之淆；弘濬哲以任君子，勿為嬖昵之所惑。移美色珍奇之玩，而保瘡痍，分昭陽細務之勤，而和庶政。以蠻裔為關門勁敵，以錢穀為黎庶脂膏。經史講筵，日親無倦。臣民章奏，與所司面相可否。萬幾之裁理漸熟，人才之邪正自知。"疏入，帝大怒，杖之百，繫刑部獄數月。刑科舒化等以為言，乃釋為民。神宗立，起光祿少卿，卒。《明史》。

顧霈，字少雨。少孤。嗜學。母莊，紡織以資鐙帷。嘉靖中成進士。知禹城，調閩縣，有閹使暴橫，力抗之。歷南兵、禮二部郎，知撫州，調柳州，進領閩都轉運。方擬參廣藩，前卒。《海鹽縣志》。

嚴守中，字一之。由武魁歷任昌國備倭，欽總昌衛。地逼海洋，守中素負才略，精陣法，訓練士卒，水陸防禦，威望遠播。涖任五載，海氛蕭然。尋陞山東都司僉事書。于《志》。

毛儲元，字伯善。其先海鹽人，坐累謫常德衛軍。父鳳岐，以衛籍中正德丙子湖廣舉人，知贛縣。儲元舉湖廣嘉靖乙卯鄉試，知延川縣，建城禦敵，關中有鐵延川之名。遷揚州府同知，乞休歸。《嘉禾徵獻錄》。

楊學詩，字可言。精騎射，通音律、書畫。嘉靖甲寅倭警，有司聘以禦守，多所贊畫。三試武科，咸舉於鄉。至老持弓矢躍馬，輕捷如少年時。所著有《兵法通鑑》《策論》諸書。《海鹽縣志》。

顧所有，字謙叔。隆慶庚午舉人。署休寧學官，擢宜黃令。奏捐雜賦，又置社倉十三，儲穀八千有奇，以防水旱。祀名宦。《海鹽圖經》。參吳《志》。

鄭履準，字叔平。曉次子。以蔭歷順天治中，擢南刑部郎中。有僕盜主財，捕急而刎者，坐其主逼死律，立出之。一惡少姦孀婦而室之，逐其前子不得，自經死，所司抵子重辟，為駁曰："同居者，有繼父姦，合即非繼父也。"與末減。豪弁盧受賄獄，諸公力為請，卒論輸城旦，執法不撓又如此。《海鹽圖經》。

劉世埏，字敬修。焑子。萬曆丁丑進士。授刑部郎中，時以波累繫獄者至數百人，世埏悉釋之。又著《酷吏論》，為同曹警。弟世教，字少彝。由舉人為閩清令，決疑獄數十，署尤溪，卒于官。著有《研寶齋稿》。吳《志》。參《靜志居詩話》。

許聞造，字長孺。父相卿，自海寧家海鹽。聞造以萬曆丙子舉南闈，歷河間、東昌推官，選授貴州道監察御史，在職敢言，糾彈無所避。初，以東封事論劾石星欺罔誤國，論止礦稅，上書責趙用賢依違不能引救。出按甘肅，勘罰西寧諸帥，賓責遠道，議築山寨以固莊浪以北。還，以轉餉事劾諸大臣，忤魏廣微，判岢嵐州，告歸。《嘉禾徵獻錄》。

鍾兆斗，字秉文。詔子。萬曆壬辰進士。仕中書，出典黔試。擢給事中，多所建白。諫止礦稅一疏，備言民役之苦，剴切無諱。轉外，予告歸。《海鹽圖經》。

謝子貞，字吉甫。起家掾吏，丞嘉定，察獄著能聲。有馬某者，家六人盡被殺，令捕其仇周某者。子貞曰：“安知非仇于馬亦仇于周者爲之？”廉得有沈某，考有血衣，左驗竟怖服。自是吳中疑案，上官悉下鞫訊。晉丞京邑，致仕。性好讀書，給事掾曹，時披覽《史》《漢》，攻苦如諸生。子錫教，字洪伯，萬曆丁酉舉人。歷官德州知州。歲饉，代民償逋賦數千。顧大年以白蓮倡教聚衆爲亂，錫教討平之，擢長沙同知。《海鹽圖經》。參吳《志》。

楊春芳，字子含。邃於經學，善屬文。由舉人授巴東令，有廉聲。時集士子講論詩文，竟日不倦，號爲儒史。吳《志》。

沈孝徵，字元萬。萬曆戊戌進士。歷官汝南道副使，録囚信陽，有周某者，奇其才，釋使就試，是年中式。誅境内巨盜。坐忤上官，歸。著有《玄暢閣集》。弟誼徵，以諸生入國學，授山東按察司經歷，歷鳳陽府通判。流寇充斥，鳳督朱大典愛其才，檄爲軍前贊畫，以勞殁。有《香雲庵稿》《閒閒集》。《嘉禾徵獻録》。

王永相，字維樞。萬曆戊戌進士，任刑部郎。時有閹縛人馬足，馳曳至死者，力請于上誅之。壬子典黔試，以勞瘁卒于官[11]。吳《志》。

徐天麒，字仁卿。萬曆壬子舉人[12]，授三河教諭。後知邛州，民有生埋其妻者，天麒夢來訴冤，往瘞所發視，尸猶含淚，如夢中見。地接蠻筰，前守不能戢，傳檄諭之，皆就撫。論罷歸。《嘉禾徵獻録》。

鄭心材，字敬中。履淳子。以祖蔭拜督府都事，歷應天治中。劉天緒之獄，訛言謀反，訊者欲借爲功。心材止按坐渠首，取天緒所募名姓籍悉焚之，全活甚多。修家規，立宗法，置義田，贍學及族人。嘗自序“行不求人知之善，讀有益世用之書”。《海鹽圖經》。

曹嘉謨，字廷述。萬曆辛卯舉人。授羅山令，俗好訟，嘉謨從容語之，曰：“忿可忍，網不可觸也。”人多感悟。以忤上官意左謫，羅人祠祀之。《嘉禾徵獻録》。參吳《志》。

崔培元，字孟辰。萬曆乙卯舉人。知青陽縣，青陽劇邑，姦叢其中，田畝不均。培元設法釐正，下戶賴之，勒石誌德。薦紳豪强多不便其所爲，搆蜚語中之，罷歸。著有《橫山草堂》等集。子長録，諸生。力學好義，歲饉，貰貧民田租，貸粟數百石，並招其人來，倒篋出券焚之。《池州府志》。參彭孫遹《墓表》。

陸鼇來，字巨元。登癸酉鄉薦。判泉州，晉思恩同知。歸，無賸俸。《海鹽圖經》。

吳中偉，字生白。系出天臺胡氏。洪武初，城石帆村曰澉浦，始遷，祖忠因家焉，易姓吳。中偉，萬曆戊戌進士。授刑部員外郎。督貴州學政，攝貴陽兵備。威清毛口土司相仇殺，檄召數責之。進廣東按察使，香山島夷築清城，窺内地，中偉馳檄諭諸番，毀其城。遷布政。入爲光禄卿。魏忠賢從子良卿爲丞，入謁，中偉坐受之，大慚恨。會寧遠告急，以副都御史治兵薊北，忠賢尋得偵騎告圍解者。忠賢益怒。宰相畫名掌中，密諮忠賢曰：“是落落士也，殺之無名。”忠賢良久曰：“不如爲好語錮之。”遂詔襃清恬可嘉，加刑部尚書，致仕去。上設朝，問：“白鬚侍郎何在？”左右對以實。帝爽然移時。《嘉禾徵獻録》。參《海鹽續圖經》。

彭宗孟，字孟公。紹賢子。萬曆辛丑進士。選朝城，縣有訟，鬭毆將斃者，宗孟鞫之，知與宦室蒼頭鬭，其兄重繫之利，弟死挾詐，治兄如律。調滕縣，福建貢茶入都，倚大璫勢，夫馬逾額,裁之,棄荼走,愬瑠禮部,移書東撫,必坐罪邑尉。宗孟不可。考選入都,滕民爲之祠。後白蓮賊陷滕,榜祠下,戒毋犯好官祠。旋巡按湖廣,膳田多派楚省額數,不足部檄括廢藩產。宗孟疏爭括地非祖制,奉旨切責,再上疏,奪俸。司道懼,欲加楚賦以充額,宗孟曰:"異日就封者以爲例,楚賦將日重。使者寧以身任責。"三上疏爭之,神宗稍悟,終不加譴。乙卯楚增解額,藩司請加徵,宗孟力阻。是年各省俱加賦楚,以宗孟故獨否。以親老乞歸。子四,厚廣以德行文章著,被兵卒。長宜、期生有《傳》。《海鹽圖經》。參吳《志》。

徐從治,字仲華。萬曆三十五年進士,除桐城知縣。累官濟南知府,遷兗東副使,駐沂州。徐鴻儒反鄆城,連陷鄒、滕、嶧縣。從治請起故總兵楊肇基主兵事,獻搗賊中堅之策,遂滅鴻儒。錄功,進右布政使,督漕江南。妖賊再起,巡撫王惟儉奏留從治,仍守沂。以議不合,歸。崇禎初,以故秩飭薊州兵備。薊軍久缺餉,圍巡撫王應豸於遵化。從治單騎馳,呼曰:"給三月糧,趣歸守汛地,否,將擊汝。"衆應聲散。進秩左布政使,再請告歸。起飭武德兵備。孔有德反,巡撫余大成檄從治監軍。馳赴萊州,而登州已陷。大成削籍,遂擢從治右副都御史代之,與登萊巡撫謝璉並命。與璉同受事于萊,而有德已傅城下,環攻不舍晝夜。從治激屬將士,多方守禦,殺賊無算。是時兵部尚書熊明遇惑大成撫議,命主事張國臣與從治及璉爲賊求撫。抗疏極言和講之害,於是廷議更設總督一人,以兵部右侍郎劉宇烈任之。宇烈無籌略,日議撫[13]。從治堅守待救,相拒凡三月,中飛礟死。萊人皆哭。從治既死,而宇烈亦以兵潰被逮。詔贈從治兵部尚書,賜祭葬。蔭子。建祠曰忠烈。我朝嘉慶二年,追諡烈愍。《明史·傳》。參吳《志》《海鹽續圖經》。

徐同貞,字伯闇。從治長子。諸生。從治殉難萊城,因襲錦衣衛中所戈戟司,尋陞都指揮僉事。時大獄屢興,北司案牘力爲平反,積勞成疾,乞歸。甲申留都,起錦衣衛堂上僉書都指揮同知。是時馬士英嚴刑峻法,同貞秉正不阿,遂以病乞休。順治年,巡按王應昌舉地方人才,巡撫秦世禎推賢良方正,俱以老病不赴。康熙初,舉郡邑鄉賢。《海鹽縣志》。

許士奇,字雅正。萬曆癸丑進士。授黃州推官,陞成都知府。奢崇明亂後,百里稀人煙,士奇抵任,弔死扶傷,與民休息。凡四年,生聚如故。陞下川南道副使,駐瀘州。奢巢雖覆,尚走險自保,倚水爲犄角。制府檄士奇搗藺以援黔,斬賊首數千,搆離其黨與,遂殄滅之。陞湖廣按察使。己巳都城被圍,將楚師入衛,條上兵事,陞布政使,備兵松潘。同事忌之,中以考功法罷歸。《嘉禾徵獻錄》。參《海鹽續圖經》。

胡震亨,字孝轅。爲諸生,即以經濟自負。萬曆丁丑舉于鄉[14]。知合肥縣。吏治之餘,留意韜鈐,嘗與劉綎論兵,綎心折。時議舉邊才,不果。崇禎季年,薦補定州知州,擢員外郎,乞歸。藏書萬卷,日夕搜討。凡祕冊僻本,魯魚漫漶者,無不補綴揚榷。所著有《續文選》《唐詩統籤》《靖康咨鑒錄》諸書。《浙江通志》。

沈弘遇,字際可。萬曆戊午舉人[15],知湖廣石門縣。縣故民傜雜處,風俗頑悍。宏遇悉心撫綏,緩徵息訟,百姓安之。丁未行取,會母喪,聞訃歸。服闋,除信宜令,興學校,均徭役。歲饑,設法賑濟,全活甚衆。陞邳州牧,引疾歸。卒祀鄉賢。于《志》。

朱士容,字汪千。歲貢生。授鄞縣學訓導,遷安吉州學正。州故僻在山隅,無與鄉薦者。士容至,最士敦行嚮學,使各自矜奮,于是州士徐炳文始登賢書焉。于《志》。

陳謙,字廷益。貢生。由部曹出守萊州,釐姦剔弊,綱舉目張,防海則設團練之法,治河則仿竹落之制,以及建倉貯穀,搆厰校士,重修《府志》,皆捐重貲。引疾歸田,得張寧故居,經營布置,俾一笑山復舊觀。又購莊於西湖段橋東,乃董文敏別墅,因懸文敏所書“浣雲館”於閣,而以“就莊”顏其門。著有《詩古文》若干卷。《海鹽縣志》。

彭宗周,字于德。紹賢子。兄宗孟起家文吏,讓宗周,襲海寧衛指揮同知,掌衛印,管屯田事,免扣軍條城銀,以屯糧餘耗充之。歷温處北洋遊擊,陞廣西潯梧副總兵,致仕。宗周起橐鞬,工書札,有儒將風。袁《志》。

彭期生,字觀我。宗孟子。萬曆四十四年進士。崇禎初,爲濟南知府,坐失囚,謫布政使照磨。量移應天推官,轉南京兵部主事,進郎中。張獻忠亂江西,遷湖西兵備僉事,駐吉安。吉安不守,走贛州。加太常寺卿,仍視兵備事。城破,冠帶自縊死。國朝乾隆四十年,賜諡節愍。《欽定勝朝殉節諸臣錄》。參《明史·楊廷麟傳》。

彭長宜,字德符。崇禎癸未進士。授上海令,值歲荒,豪奴肆劫吳中,撫道發兵屯海上。長宜至,申臺司請徹兵,其以黨亂相訐告者,皆下縣審,保全甚衆。民間逋賦數十萬,次第清其乾沒,盡卻耗羨,無錙銖溢。俸入不敷,載米家中以自給。南都失守,解印歸。悲痛不食,扼吭而卒。于《志》。

劉渾,字爾濛。熠曾孫。家貧,與從弟泓寒餓讀書,夏常無帷帳,解單裙連接障之,咿唔不輟。萬曆丙午舉于鄉,知永明縣。時張獻忠寇掠充斥,邑控西粵阻險,林箐中多蠻獠,善格鬬,渾以財物賂其酋,使爲我用。寇逼舉烽,群蠻絡繹山谷,跳刀爲前行,渾率鄉勇乘城鼓之,又募士夜溝其地作塹,寇多陷其中。終渾任,不敢犯。

劉泓,字止澄。熠曾孫。萬曆己未進士,授營繕司主事。出督夏鎮,察覈河工錢糧,不下數十萬,封貯官庫。以艱去。服闋,詣京疏暴崔文昇督兩淮鹽漕驕橫之害。起兵部郎中,出爲淮徐副使。徐當河決之後,盜賊蜂起,泓禽其渠,散脅從者。開濬馬陵山、駱馬湖口等處,漕艘銜尾,輓輸無淤淺之患。致仕歸。以上《嘉禾徵獻錄》。

俞之策,字坤名。萬曆壬子舉人,授福寧州守。值寇亂後,極意撫綏,嘗捐俸賑饑,民賴以活。陞刑部郎中。著有《海樹堂集》。吳《志》。

朱國華,萬曆壬子解元。歷官刑部郎中。時吏治嚴急,封疆諸案,大吏多坐辟。國華初讞,坐失出,逮繫,死獄中。《海鹽續圖經》。

虞廷陛,字乾陽。先世有名勳者,自杭遷鹽。天順乙卯舉於鄉。母喪,摧毀,商文毅有哀輓詩。父紹唐,字憶蘭。事節母至孝,崇祀鄉賢。廷陛於萬曆乙卯、丙辰聯捷,爲徽州府推官,攝郡及縣,贖鍰一無所入。修城積穀,賑貧飯囚咸給於此。分較南闈,得侯峒曾、夏嘉遇,皆名著當代。以卓異被徵。丁母憂。服闋,補工科給事中。巡視皇城京營,巡省節慎庫,孜孜公務,無不悉飭,風裁自持,中璫不悦。黃山之獄,株連者衆,廷陛駁正不撓,挽救良多。璫禍益烈,廷陛昌言申論,諫削奪,請焚《點將錄》《天鑒錄》,一時服其忠讜。京營請爲魏忠賢建祠,嚴拒之,不聽,遂不署名。忠賢積怒,部疏題典試山東,矯旨廷陛久倚門户,削職,追奪誥命。崇禎初,録黨錮諸臣復職,陞吏科右給事中,轉兵科右給事中,册封徽藩。聞父喪,歸。南都再起,廷陛爲吏科左給事中,奉命典試江西。未行,江寧不守,歸里,遁跡村居。年七十卒。《海鹽縣志》。

朱泰禎,字道子。萬曆丙辰進士,授福建龍巖令。淫雨,山水暴崩。發官粟賑饑民,築城,民無流亡。擢福建道御史,巡按雲南。水西、東川、烏撒三大寇數十萬犯霑益,守兵僅六千人,泰禎董率道將擊走之,斬首數千。未幾,水藺烏復入滇,泰禎迎擊之。先設伏以待賊,且行,伏起,中斷之。賊殊死鬭,諸軍驅象橫擊之,賊潰,遂擒童戈資,俘斬之。築石壘於城旁炎方,立銘紀功焉。父喪歸。服闋,補御史,遷南兵部主事。袁《志》。參《海鹽續圖經》。

顧可漁,字泰蛟。歲貢。任德清訓導。陞南雄府教授,振興文教,庠序之士翕然敬從。晚居鄉,人推耆碩。既卒,門人私諡貞靖。

祖重熐,字函三。萬曆己未進士,官行人。天啟丁卯分校北闈,崔呈秀子鐸卷在重熐房,塗乙之。崇禎初,考選工科給事中。請恤,被璫禍,御史周宗建中官嫉之,廠員刺其問餽者,與主事王都俱下獄,論戍,遂坐廢。崇禎十年,命復重熐官,旋卒。于《志》。

吳麟瑞,字思王。萬曆己未進士。授常州府推官。妖人葉朗生、馬道人煽亂,吳越郡豪陳鼎陰結亡命以應。麟瑞計禽亂首,誅之,反側始安。累遷九江參政,因流寇擾江楚,駐節袁州,謂“流寇皆吾民,有司不能拊循,激之爲賊”。擢布政使,作謷論萬言,極陳時政之弊。告歸。薦起偏沅巡撫,時三楚已陷,麟瑞破家募勇士千餘人促裝就道,至沅,兵已并鄖撫矣。遂回籍,聞弟麟徵殉國難,痛哭作《自祭文》,卒。以上《海鹽續圖經》。

吳麟徵,字聖生。天啟二年進士。除建昌推官。父憂歸。補興化府。崇禎五年擢吏科給事中,章數上,直聲甚著。乞假葬父歸。久之還朝,劾吏部尚書田唯嘉贓污,罷去。十七年春,推太常少卿。賊薄京師,麟徵守西直門,以土石堅塞其門,募死士縋城襲擊之。賊攻益急,麟徵趨入朝,欲見帝白事。至午門,魏藻德引之出,遂還。明日城陷,乃入道旁祠,作書訣家人曰:“祖宗二百七十餘年宗社,一旦至此,雖上有亢龍之悔,下有魚爛之殃,而身居諫垣,無所匡救,法當褫服。殮用角巾青衫,覆單衾,以志吾哀。”解帶自經。家人救之甦,請待祝孝廉至,一訣,許之。孝廉名淵,嘗救劉宗周下獄,與麟徵善者也。明日,淵至,麟徵慷慨曰:“登第時夢隱士劉宗周吟文信國《零丁洋詩》,今山河破碎矣,不死何爲?”酌酒與淵別,遂自經,淵爲視含殮去。贈兵部右侍郎,諡忠節。國朝賜諡貞肅。方賊之陷山西也,薊遼總督王永吉請撤寧遠吳三桂兵守關門,選士卒西行遏寇,即京師警,旦夕可援。天子下其議,麟徵深然之。輔臣陳演、魏藻德不可,謂“無故棄地二百里,臣不敢任其咎”。麟徵復爲議,獨疏昌言,弗省。及烽煙徹大內,帝始悔不用麟徵言,旨下永吉,永吉徙寧遠五十萬衆抵豐潤,而京師已陷矣。城破,八門齊啟,惟西直門堅塞不通。集民夫發掘乃開。《明史》。

曹履泰,字大來。嘉謨子。天啟乙丑進士,授同安令。海寇紅夷交訌,邑無兵,乃編漁民爲伍,團結村落相應援,賊不敢犯。督撫熊文燦受李魁奇、鄭芝龍降,城中震恐。履泰開城門,出入如平時。芝龍部下卒橫行,履泰輒以法繩之。未幾,李魁奇挾鍾斌叛去。履泰搆斌使叛魁奇,令芝龍招斌,合兵圍魁奇,擒斬之。擢吏科給事中。海寇既平,疏陳閩事,請選將練兵,勿獨倚鄭芝龍爲長城,舉朝駭愕。又疏糾吏部李希揆躐等典銓,希揆嗛大璫王永祚誣以事,罷官。子元方,進士。《嘉禾徵獻錄》。參《海鹽續圖經》。

方戡之,字耆定。以世官擢南京都司,歷陞金山參將,備禦有方。參議范允臨爲文立碑紀其功。遷臨沅副總兵,安、奢二酋梗滇、黔,戡之合副將袁善兵直衝之,賊大潰,斬首四千級。遷漳泉副總兵,將舟師逐鍾斌,合鄭芝龍烏尾船圍之,斌沈海死。尋以老病乞歸。《嘉禾徵獻錄》。

趙敏學,字太元。天啟辛酉舉人。四川儀隴令,陞辰州府同知。官貧不能治裝,僑居邑。流賊入省城,楚、蜀路斷,儀隴之民爭匿敏學深山中,久乃得歸。布帽敝袍,炊煙時斷。年九十卒。《海鹽續圖經》。

馬孟驊，字同伯。以世官歷淮徐副總兵、南京前軍都督僉事。海寇劉香流突浙閩，以原官改浙江鎮守督兵出海。劉香敗死於閩，其父鳳以餘眾詣孟驊降。進都督同知。鎮浙六年，以老歸。《嘉禾徵獻錄》。參袁《志》。

吳文憲，字萬爲。副貢。授衡州府通判，彊直不撓，單車解散廣場礦賊四五千人。以輕兵授桂陽，卻寇二萬餘眾。董桂殿工，與內官抗禮，爲所中，逮刑部獄，事終得白。平生博綜掌故，里居均役救荒，白糧、修塘諸條畫，皆有裨地方。著有《師陶集》。袁《志》。

許令瑜，字鍾叔。聞造孫。崇禎癸未進士，知仙遊縣。國變，棄官歸。子斋，有志節，晦蹟著書，有《鐵函子集》。《嘉禾徵獻錄》。參袁《志》。

曹憲來，字九真。丙子充貢。憲來敦氣誼，賀史部燦然建言，幾廷杖。燦然母招憲來，以後事爲託。就職爲肇慶府通判，留妻子侍養，子身之官，清屯蠹蟊，軍民悅服。旋丁父憂。捐俸補稅虧額，徒跣登舟，終喪不復出。卒，祀鄉賢。子四，從外祖陳懿典姓，爲陳愫、恫、恂、恪。恂子莢，康熙中舉博學宏詞，不赴。袁《志》。參《海鹽續圖經》。

湯雲章，字耀之。諸生。忼慨有大節。莊烈帝崩，金陵失守，嘉興人起事，奉陳梧爲主帥，海鹽參將周一誠遣兵五百人至。雲章協守西門，相拒三十九日，城陷，不屈死。子芬，崇禎癸未進士，分守福、興、泉三府，布政司參政。興化破，緋衣坐堂上，被殺。子麟，字千里。匍匐抵閩，扶櫬歸葬。麟於康熙間以例貢授廣西向武州吏目，爲土人害。無嗣，有女，九歲聞父變，即面縛奔，控撫軍，卒復父仇，扶柩歸。雍正間，雲章入忠義祠，有司致祭。芬於嘉慶二年追諡烈愍。袁《志》。參《海鹽續圖經》《勝朝殉節錄》。

徐一源，字宙孟。以國子生授歸德衛經歷，署考城縣，陞歸德府通判。崇禎十三年，闖賊攻歸德甚急，一源分守城北，多所斬獲。城破，猶巷戰，力屈，罵賊死。詔褒郵，即死所立祠。子元松，字木公。以賢才徵，不出。嘉慶二年，追諡一源烈愍。《嘉禾徵獻錄》。參《海鹽續圖經》《勝朝殉節錄》。

崔文榮，海寧衛人。世指揮僉事，舉武會試，授南安守備。崇禎中，臨、藍盜起，逼桂陽，桂王告急。文榮督所部會剿，卻賊四萬人。以功擢武昌參將。張獻忠犯漢陽，文榮渡江襲斬六百級。已而城陷，武昌震懼。巡撫宋一鶴既死承天，新任巡撫王聚奎未至，武昌素不宿重兵，城空虛。或議撤江上兵以守，文榮曰：“守城不如守江，團風、煤炭、鴨蛋諸洲，淺不及馬腹，縱之飛渡，而坐守孤城，非策也。”當時不從。賊果從團風渡江，營樊口，文榮軍洪山寺扼之。既，斂兵入城，以他將代守。賊全軍由鴨蛋洲畢渡，抵洪山，守將亦退入城。文榮以武勝門當賊衝，偕故相賀逢聖協守，賊攻之不能下。監軍參政王揚基時已擢，巡撫承天、德安二郡，未聞命，尚駐武昌，與推官傅上瑞詭言有事漢陽，開門遁去。先是，楚王出資募兵，應募者率蘄、黃潰卒及賊間諜，至是開文昌、保安二門納賊。文榮方出鬬還，闔城扉不及，躍馬大呼，殺三人。賊攢槊刺之，洞胸死。國朝乾隆四十年，賜諡忠烈。《明史》。參新纂。　案：文榮死，妾郭氏攜一子兩女赴河死，僕婢從者六人。楚人于鳳凰山石誌曰“崔將軍盡節處”。

沈允芳，字隆生。崇禎戊辰進士。授工部屯田司主事，督修桂府。將告成，聞父喪，桂藩欲奪情奏留。允芳慟哭殿下，聲徹宮中。寢其奏。起補營繕司主事，出爲淮海兵備副使。鳳陽殘破後，淮泗白骨徧野。允芳勞徠安集之，除淮海道，加參政，管漕儲道事。旗丁毆傷秀水縣令，言于漕,撫檄斬倡亂者五人,旗丁之橫始戢。罷歸,卒。《嘉禾徵獻録》。參袁《志》。

陳于王,號去非。以明經考授州判,歷任廣西平樂、荔浦、修仁縣尹。陞永安州守,居官十餘載,不事煩苛。任平樂時,有李勝兄弟七人爲理刑誣以大辟,于王按之,得不死。比歸,焚香頂祝,載道路。

錢應晉,字次卿。琦孫。崇禎丙子舉人,授邯鄲教諭。邑患雨災,代陳蠲秋糧。陞蓬州知州,以病歸。著有《蜀游草》《江行雜咏》《閩風》諸集。以上《海鹽續圖經》。

錢嘉徵,字孚于。天啟辛酉中順天副榜。魏忠賢盜執魁柄,衆正荼毒殆盡。會崇禎改元,嘉徵憤然抗疏,列璫十大罪:一曰並帝,二曰蔑后,三曰弄兵,四曰無君,五曰刻剥,六曰無聖,七曰濫爵,八曰掩邊功,九曰朘民財,十曰通關節。語具載《明史》。疏上,帝召忠賢至,手嘉徵疏付侍臣當御讀之,忠賢伏地叩首,不能對。乃降旨:“魏忠賢事,廷臣自有公論,朕心亦有獨斷,青衿貢士不諳規矩,本當重處,姑饒一遭。”上書時或爲阻之,嘉徵慷慨言曰:“虎狼食人,徒手亦當搏之,舉朝不言,而草莽言之,以爲忠臣義士倡,雖死何憾!”自是言者相繼,忠賢誅死。《静志居詩話》。參伊《志》。

錢泮,字雍頌。舉人。慕奇節。與人交,不能容人過,久而彌篤。年十九,隨父嘉徵入京。嘉徵首疏擊魏忠賢,屬泮奉母南還避禍,卒不去,亦無患。從劉念臺講學,志節益勵。肄業南雍,時阮大鋮以詩詞權術傾動留都,泮與同志協力擊之,幾及禍。歸,即杜門不出。伊《志》。

李毓新,字喬之,號雲岑。先世隱居鹽之苞溪,遂爲海鹽人。毓新始卜居郡城。崇禎乙亥拔貢,入北雍,舉丙子順天鄉試。丁丑成進士。己卯,除潮陽司李,鞫獄明斷,上官器之。命攝四篆,兼察三府。潮郡鹽稅多羨額,革之,不名一錢。歲饑,富家遏糴,爲之嚴匿米法。癸未,惠潮間多山寇,總制沈猶龍檄監紀軍務。毓新條議剿寇十二策,所向奏功,隨建議築城豐順,以其地當閩粵交,相度營築,屹爲重鎮。冬,署肇慶府篆,時楚寇、賀寇攻破開建縣,肇郡震動,詔調閩兵來援,恢復開建,隨合兵西粵五路進剿,不閱月賊首就擒,餘黨悉滅。惠藩避亂,自粵西來奔,護衛不戢,居民罷市,肇兵幾與藩兵格鬥。毓新徒步行間,至誠調勸,迎王入城,肇賴以安。未幾,閩賊姜世英突入黃崗,攻饒平、大埔、潮郡,郡被圍。制府檄毓新監參戎趙千駟軍前鋒至惠來縣,賊聞風遠遁,潮圍得解。即移師駐揭陽,計擒世英,潮境悉平。捷書入奏,列毓新首功,書名御屏,特旨行取。正啟行而北都陷矣,毓新請帥兵勤王,數上不允。至南都,授兵科給事中,屢上封事,忤馬士英意,不報。時淮陽告急,而上游左良玉傳檄,欲埽清君側之姦,率兵東下。士英大恐,調兵回禦,毓新與大理姚思孝、同官吳适主守河淮,士英益怒。改命巡江,實無一兵。未幾南都亡,遂歸禾,與故宰徐石麒相約殉身。會郡中起義,城破,死之。仲子、庠生禎先抱父屍同死。國朝乾隆四十一年,追諡毓新節愍。《海鹽縣志》。

錢潤徵,字侗庵。十歲補博士弟子。崇禎己卯舉鄉薦。生平寡言笑,重廉節,布衣蔬食,晏如也。辛巳歲祲,上救荒六議,全活無算。晚年絶意仕進,築蒿園于蘆溪,自爲生壙,日徜徉其間。著有《大政廣考》《啄紅集》《代獲抄》。袁《志》。

虞贊堯,字亮工。崇禎癸未進士,授潮州府學教授。潮陽陷,殉難死。于《志》。

馮時敏,諸生。明亡,殉難。于《志》。

鍾韶,字問叔。歲薦,諭公安,端重有雅量。喜道學家言,輯薛、陳、胡、王四氏語録訓人。又撰《論語逸編》若干卷,嘗述父梁遺訓爲詩,誡子孫,劋切可誦。于《志》。

　　吳蕃昌,字仲木。貞肅次子。崇禎甲申,貞肅殉國。間行迎喪歸,遂絕意仕進。師事劉宗周,作日月歲三儀以自範,爲閨職三儀範其家。有貧者鬻女,贖歸,養爲己女。母喪,水漿不入口四日。比葬,嘔血數升。逾小祥,卒。

　　吳謙牧,字哀仲。整身修行,期爲聖賢之徒。每語人曰:"枉道以免辱,其辱更甚;枉道以求勝,其負更甚。君子不以一朝之忿、一日之難而喪終身之節。"父歿,扶病治喪葬,哀動行路。體素羸,不勝哀毀卒于喪次。以上袁《志》。參《海鹽續圖經》。

　　朱學道,字少南。國學生。有醇德,持躬謙謹,鄉里多化之。深於理學,不言而躬行,崇祀鄉賢,配享文公祠。

　　陸廷錫,字雲來。幼入邑庠,抱經濟才,議築海塘,倡修學宮,凡地方利弊,抗辭不避勞怨。居家孝友,國朝康熙元年舉鄉賢。《海鹽縣志》。

　　錢汝霖,本姓何,原名青,字雲士。隱居澉湖,學者稱爲商隱先生。幼孤,事母孝。歲饑,米石銀四兩,汝霖儲米可買田百畝,人勸之糶,不應,盡以所儲遺親黨。後又旱,米驟貴,或又以糶勸,曰:"奈親戚需以舉火,何復盡散之?"生平躬行實踐,至耄不衰。桐鄉張履祥《見聞錄》載之甚詳。

　　李自明,字先修,號少白。徙居嘉興梅會里,以廩貢成均。崇禎戊寅謁選,除揚州府廣文,課士嚴明。甲申,聞京城陷,勺水溢米不入口。進諸生,激以大義,皆感慟。未幾,淮上失守,官屬宵遁。自明身攝數篆,視事如常。時史可法兵敗,郡城失守,與幼子鳳侶對縊官署中。所著有《謫仙居稿》。《海鹽縣志》。

　　朱茂明,字循默。諸生。事親以孝聞。讀書能窮理盡性,教學者以陸象山之主靜,薛文清之實踐。著有《四書心解》《尚書微》《修身要言》《自怡悅詩草》。崇禎間,祀鄉賢。《海鹽縣志》。

【校注】

　　[1] 按:萬曆《嘉興府志》卷十九《鄉賢二·海鹽縣》"常士昌"條:"隋氏攜孤歸里中。伯子緒,生麟。"天啟《海鹽縣圖經》卷十二《人物篇》"常士昌"條:"妻隋氏,攜孤歸秀水里,家焉。生孫麟。"光緒《海鹽縣志》卷十五《人物傳》"常士昌"條:"妻文登隋氏,攜三子歸里。伯子緒,生麟。""紳"當是"生"之誤。

　　[2] 按:按天啟《海鹽縣圖經》卷十二《人物篇》"葉春"條:"後又以錦衣衞指揮任啟、監察御史賴英佐之。"光緒《海鹽縣志》卷十五《人物傳》"葉春"條:"後又偕錦衣指揮任啟、御史賴英、太監劉寧巡視。"《明史》卷一五九《葉春傳》:"既復奉命與錦衣指揮任啟、御史賴英、太監劉寧巡視。""顧英"當是"賴英"之誤。

　　[3] 按察使:光緒《海鹽縣志》卷十五《人物傳》"戈定遠"條作"按察司"。

　　[4] 按:光緒《海鹽縣志》卷十五《人物傳》:"朱祚,字天錫……成化丙午舉人。"本《志》卷四十五《選舉二·明舉人》:"成化二十二年丙午　朱祚知縣。"成化無丙子年,"丙子"當爲"丙午"之誤。

　　[5] 按:天啟《海鹽縣圖經》卷十三《人物篇》:"朱祚,字天錫……初應貢,後領舉,爲尤溪、靖安令。"乾隆《尤溪縣志》卷五《職官·明知縣》:"朱祚,海鹽人。弘治七年任。"而嘉靖《龍溪縣志》卷五《職官·知縣》無"朱祚"其人。又,萬曆《新修南昌府志》卷十四《職官·靖安知縣》:"弘治九年　朱祚　海鹽人。敦厚儒雅。優貢。"知"龍溪"當作"尤溪","静安"當作"靖安"。

　　[6] 相警:《明史》卷一八〇《張寧傳》作"相驚"。

　　[7] 按:天啟《海鹽縣圖經》卷十三《人物篇》"鍾梁"條、光緒《海鹽縣志》卷十五《人物傳》"鍾梁"條均作"即疏請致仕",是。

　　[8] 嘉靖己未進士:按天啟《海鹽縣圖經》卷十三《人物篇》"錢萱"條、光緒《海鹽縣志》卷十五《人物

傳》“錢萱”條均作“嘉靖乙未進士”。查《明清進士題名碑録索引》,錢萱是嘉靖十四年(乙未)三甲第 220 名進士。故“己未”當作“乙未”。

　　[9]循私:《明史》卷二〇八《錢薇傳》作“徇私”。

　　[10]按:天啓《海鹽縣圖經》卷十三《人物篇》“胡憲仲”條、光緒《海鹽縣志》卷十五《人物傳》“胡憲仲”條均作“督造戰守器具”。當是。

　　[11]按:天啓《海鹽縣圖經》卷十三《人物篇》:“王家相,字維樞。登萬曆庚戌進士。主刑部事,有閹縛人馬足,馳而死之,亟請於上,論如法。壬子典黔試,矢心程閲,得落卷某某,悉拔之。既竣事,名下士無遺者,黔録亦雅則爲諸省冠。還京,俄病卒。”光緒《海鹽縣志》卷十五《人物傳》:“王家相,字維樞。萬曆庚戌進士。授刑部主事。時有閹縛人馬足,馳而死,力請於上,論如法。壬子典試,所拔多名下士。還京,病卒。”由此,天啓《海鹽縣圖經》、光緒《海鹽縣志》所録與本《志》應是同一人。故疑“王永相”是“王家相”之誤。“萬曆戊戌”是“萬曆庚戌”之誤。

　　[12]按:光緒《海鹽縣志》卷十五《人物傳》作“萬曆戊子舉人”。按本《志》卷四十五《選舉二·明舉人》:“萬曆十六年戊子　徐天麒知州,海鹽人。”知“壬子”是“戊子”之誤。

　　[13]按:《明史》卷二四八《徐從治傳》:“而宇烈無籌略,諸師懦怯,抵沙河,日十輩往議撫,縱還所獲賊陳文才。”故“曰”當是“日”之誤。

　　[14]按:光緒《海鹽縣志》卷十五《人物傳》“胡震亨”條作“萬曆丁酉,浙榜名著海内”。本《志》卷四十五《選舉二·明舉人》:“萬曆二十五年丁酉　胡震亨知州。”故疑“丁丑”是“丁酉”之誤。

　　[15]萬曆戊午舉人:按光緒《海鹽縣志》卷三《選舉·舉人》:“萬曆十六年戊子　沈弘遇　知縣。”卷十五《人物傳》“沈弘遇”條亦作“萬曆戊子舉人”。本《志》卷四十五《選舉二·明舉人》:“萬曆十六年戊子　沈弘遇知州。”故知“戊午”是“戊子”之誤。

國　朝

　　胡季瀛,字子甫。震亨子。順治戊子副貢。歷官姑執守,厲廉節,杜干謁。有遺蘭數盆,啟之,皆金也,受蘭返金。轉九江守[1],時三逆萌孽,兵燹之後,民皆散亡,季瀛勞來撫綏,輯寧吏民,甫一歲而州大治。以母憂去。

　　朱宗文,字迦陵。爲諸生。慷慨敢言,以發糧胥苛派,姦胥陷以他事,下獄,不少挫,得直,始出獄。順治戊子,薦浙榜,爲餘杭教諭,攝餘杭縣事,治辦有聲。馳救民間失火,大樹折,壓幾死。《海鹽縣志》。

　　朱挾鏃,字四如。順治己丑進士。知臨湘縣,縣治燬於兵,户口寥寥,以民居爲衙署。捐俸營造公署,不費民間一錢。招集流亡,漸成井落。以執法爲豪右所中,罷官歸里。寄情詩酒。著《蓬壺軒稿》。《海鹽縣志》。

　　陸韜,字保光。力學好修,事母以孝聞。葛寅亮講學西河,韜負笈從之,名著四方,學行足爲後進楷式。順治三年,由恩考授知縣,不赴。著有《豹蔚堂集》《五經千脥》等書。于《志》。

　　費度,字二裴。以貢授湖州府學教授,陞文昌縣知縣。招撫流民,降山賊潘宗璉、周隆等。地瘠,兵戌,供億不時,以勞卒于官。士民祀之。以上《海鹽續圖經》。

　　查培繼,字王望。順治壬辰進士,知廣東東莞縣。歷兵、户、刑三科給事中,章疏數上。如清關弊、行官兑、禁鷹户等疏,皆關國計。遷江西按察副使,分巡饒九南道。時寇亂初靖,力事拊循,尤以興學校、敦教化爲首務。建義塾,禁淫祀,慎蘆課,扞水患,賑饑民。捐修白鹿洞書院,時與諸生講學,多所造就。《浙江通志》。參《海鹽續圖經》。

　　查詩繼，字二南，號樊村。爲諸生。會鼎革，中順治甲午舉人。晚令霍邱，土瘠民貧，上官督催科甚迫，詩繼革去火耗，加意撫字，《讀元道州〈舂陵行〉有感，作詩見志》曰：“民命真當惜，守官良獨難。不因兩歲緩，那得一州安。署考甘中下，臨危耐錯盤。心肝奉宸極，留向御屏看。”未三載，乞休歸。年七十一。有《樊村集》。《海鹽縣志》。

　　徐炳雲，字三孺。由舉人除武義教諭，代諸生償逋賦數百。有貧不能舉火者，周之至傾囊弗靳。武義士夫肖像祠之。吳《志》。

　　徐升貞，字君階。昌治子。由拔貢補岳州通判，蔬食布衣，居官如貧素。嘗泊舟新河，暮有二虎躍入舟，升貞叱曰：“莫傷吾吏民。”虎曳尾去。歲旱步禱，淚痕被面。兩釋冤獄，人號“活命菩提”。《湖南名宦冊》。參《海鹽續圖經》。

　　張惟赤，字螺浮。以進士授户曹郎，擢給事中。知無不言，歲條奏數十上，嘗一日疏五上。出爲荆南道，以裁缺回籍，有利于邑者力行弗倦。後以刑垣召，尋遷工垣，以疾卒。其在工垣，時三逆不靖，軍需孔亟，或計履畝加賦之法。惟赤力爭以爲不可。由是民間賦稅得循舊額。著《奏議》若干卷。子皓，字小白。康熙壬子舉人，爲中書，遷主事。性至孝，母陳病目，皓每蚤起舐之。先是，惟赤有《議賦》一疏，皓以入告得如議。

　　許全臨，字静庵。進士。授昌邑令，清歷年逋賦，捐資給牛種，開墾荒地三萬餘畝。邑多逃旗，株連。立自首法，隨緝隨解，民以不累。以疾卒于官。

　　彭孫貽，字仲謀。博聞彊記，推官陳子龍奇其才，薦之主司，已定第一。人病，不竣試。父期生死難，間關兵燹，冒白刃，求遺骸，有江右義士負骸送歸。乃杜門奉母，終身布衣。臨卒曰：“我不即從太僕公死者，以母老兄病耳。今不得終養，存歿兩負，有愧我二弟遠矣。”弟麐，孫子習，皆殉父難。孫貽卒，私諡孝介。著有《流寇志》《茗齋詩文集》《邑乘》《雜著》若干卷。以上《海鹽續圖經》。

　　彭孫遹，字駿孫。順治己亥進士，官内閣中書。康熙戊午，開博學宏詞科，大學士吳正治以孫遹薦，取中第一。初授編修。累官吏部右侍郎，銓曹事，例冗煩，絕苞苴，杜請託，一時清譽推之。致仕歸，圖書數兩而已。工詩詞，與新城王士禎齊名，時號“彭王”。著有《松桂堂集》。吳農祥《傳》。

　　朱亮彩，字杓雯。以舉人爲慈谿教諭，新學舍，端士習，聲譽藉甚。擢岳陽縣令，罷故時夫役驛傳諸弊，又創義塾，置學田，以惠諸生困乏者。

　　顧鳴陽，字岐雖。以進士知山陽縣。縣號煩劇，鳴陽以樸誠廉静處之。故時有夫役驛傳及芻牧官馬諸弊，鳴陽一切裁去。山陽人至今德之。以上吳《志》。

　　朱銓達，字在三。中武舉，倜儻負神力。康熙十三年，投大軍自效。戰捷黃鳥嶺、大溪灘、九龍山等處，復破仙霞關，功第一。後隨征海盜鄭經，恢復閩疆，授左都督。銓達敦氣誼，與友交，不怵利害，好獎譽文士，賴以成名者甚衆。後遷均房參將，卒于官。

　　夏雲，字奇峰。武進士。授潼關守備，會王輔臣叛，關中陷。雲被執，賊迫之降，不屈，賊怒，絕其食。雲以所佩刀割韉上馬革啗之，得不死。得間脱，走歸。賊平，陞都司，卒。以上《海鹽續圖經》。

　　沈德涓，字二含。以明經爲開化訓導。兵後人盡棄學，德涓捐俸新學宫，竭力振興文教。著有《聖門表誌》諸書。吳《志》。

張行健,字天行。充刑部堂書例,授正九品,選江南祁門大洪嶺兼良禾司巡檢。饒寇侵祁,行健率壯丁拒之,衆寡不敵,免冑北面叩頭曰:"臣力竭矣。"遂被執。迫之降,力抗不屈。賊怒,斫其兩臂,猶直立不仆,罵益甚。納之坎中,以刃割其腹,遂死。胥役方茂、胡振並死。事聞,贈江南金山衛經歷。乾隆六十年,詔查死難諸臣,行健六世孫璉世襲恩騎尉。

徐容,字顗中。祖琨崇,祀鄉賢。父穦,字苟三。人品端方。容康熙癸酉赴省試,祈夢于墳,忠肅示以册,面批"清晰"二字,且曰:"歸語汝祖吳三桂一事,當報汝甲第。"已而容獲雋,墨藝批亦符,因將吳三桂事詢諸祖。祖曰:"曩有僕吳與婢三桂姦事露,婢羞憤幾隕命,吾力爲掩護,即以三桂配吳,不意神鑒及之。"容中康熙丁丑進士,仕至西安知府。《海鹽縣志》。

石廷猷,字襄綸。康熙壬辰歲貢。性耿介,不苟取予。樂訓迪後進,未嘗計其修脯。以故成就者甚衆。于《志》。

沈曾懋,字子勉。康熙庚辰進士。直隸南皮令,陞禮部主事,遷吏部員外郎。令南皮時,振起凋敝,全活災黎無算。兩任部曹,秉公執法。著有《性理鈔》。以上《海鹽續圖經》。

鄭宣,字巨展。以進士授內閣中書。出爲淮安同知,惜公帑,軫勞役,政績茂著。總河疏請大用,未果,卒。著有《滄江集》。吳《志》。

錢瑞徵,字鶴庵。以舉人授西安教諭。持行嚴謹,訓士必以禮法,尤勤講課。書得趙吳興筆法,善畫松石,喜吟詠。著有《忘憂草》,朱彝尊爲之序。以孫陳群貴贈如其官,崇祀鄉賢。瑞徵同里人陶日襄,字伯宗。五歲入村塾,聽誦《孝經》,端立不去。瑞徵聞而異之。日襄年十六,博通經史,又從錢汝霖游,得其學。瑞徵命陳群兄弟受業於日襄,立講經法,各隨所見爲注。課餘令讀古詩及《李杜集》,又躬習洒掃應對進退之節。學成辭去,後不知所終。陳群《集》中方子春詩爲日襄作也。《海鹽續圖經》。參《香樹齋集》。

吳甫及,字維申。以進士歷官户部郎。清操自勵,不攜家累,涖官搜剔故弊,同僚咸憚之。自奉布衣疏食,卒之日,幾無以爲殮。著《青山草堂集》。子叔獻,字子文。以舉人授貴州婺川縣令,有政聲。吳《志》。參《海鹽續圖經》。

戚令晼,字朗園。敏悟篤學。康熙丙午領鄉薦,後聯雋南宮,授內閣中書。遷部主事,歸里。築玉山草堂,寓東山之意。卧疴不起,臨終云:"父母未膺封誥,我罪如何?"流涕而逝。《海鹽縣志》。

錢采,字介亭。郡庠生。康熙壬子副貢。讀書深入理窟,以涵養性情、變化氣質爲訓。築小樓於壺溪,顏曰"清心",與從兄汝霖講學其中,手纂濂洛關閩之言,附以己見,名曰《性理提綱》,持論甚正。《海鹽縣志》。

錢紹隆,字仲扶。康熙壬子舉人,癸丑進士。庚申選四川富順令。時大兵集瀘州,進討吳孽餘黨譚宏,距富順近,芻茭糧糧,供億無乏。姦民乘機抄掠,下令城門弗啟,露處郊外,密擒首惡,置之法。川撫姚公薦授刑科給事中,居諫垣侃直。直督某庇大盜馬回子,欲從輕典,紹隆露章參駁,遂成嫌隙。庚午典陝西試,浙藩馬某欲私其子,正色拒之。浙藩故黨於直督,兩人者遂賺取紹隆子私書上聞,削籍家居。卒後,蜀人合詞上請,崇祀名宦祠。《海鹽縣志》。

曹辰容,字石苓,號杼亭。登康熙辛酉賢書,甲戌成進士。選授湖廣寧鄉令,巡撫金公以邑令新任,將密拏叛案傅、安兩姓及連坐三十三人逕發司府。先是,邑人傅俊先與傅再興有私怨,又與寶慶民安然然有隙,遂捏稱十三太保,裝點成案。辰容上言,事涉挾仇,楚俗生女呼貞,生男呼保,貞取其節,保取長生,傅、安兩家一生男六,一生男五,皆以保名,合伊兩父共有十三耳。因得白其冤。辰容登科時,年已五十有二。六十五發甲,七十一作令,七十九歸里,幾於耄矣。又優游林下十有餘年。卒年九十四。《海鹽縣志》。

陸張烈,字昂千。康熙庚辰進士。知山西浮山縣,抵任即謝餽遺,除浮耗。歲旱,倡輸賑粟,民無失所者。力振文教,童子試增至數百人。詳請改小學爲中學。治訟口決如流,無留獄。行取,授吏部主事。官至兩廣運使。《浙江通志》。

王顯一,字立峰。康熙丙戌進士。選成縣知縣,始至,禁加派,除陋規,慎詞訟,興文學。調西寧,委至鎮海堡地方收放草束。顯一躬自料檢,不假手胥役,上官嘉其才,留軍前效力。顯一辦理精明,運糧先期至,主兵者深嘉之。即令沿途放糧回西寧,積勞卒。廕一子,承寓入監。《浙江通志》。參《海鹽圖經》。

陳宗標,字兆龍。康熙乙未進士。任山西臨汾令,邑有龍池,向立渠長掌水,因不均,爭訟。憲委宗標踏勘,見有大木橫塞泉處,訊其木,俱稱累百年所未敢動者。宗標令去之,民踴躍從事,訟遂息。後改台州教授,未赴任,卒。于《志》。

錢之燾,字幼日。弟紹隆,字仲扶。康熙癸丑同榜進士。之燾善詩古文辭,與彭孫遹齊名,未及授官,卒。紹隆爲四川富順縣,時蜀中初定,一以寬仁撫綏,窮黎戴若父母。行取,補給事中,卒于官。吳《志》。

沈光珽,舉人。少負異質。有得于性命之學,于《四書大易》及《正蒙》諸書,多所纂述。爲人嚴厲,不苟訾笑。子李楷,秀水有《傳》。吳《志》。

俞雲來,字漢乘。以進士授安仁令。時當兵燹,隨大兵招降賊朱天錫等數千人,全活閩、廣諸郡飢民甚衆。調任湖口,擢兵馬司正指揮。《浙江通志》。

曹燕懷,字二社。以進士授內閣中書。爲人剛健,論事不肯少屈,以此人多忌之。竟不盡所長,卒。著《天爵堂集》。弟辰容,字石苓。康熙甲戌進士。授湖廣寧鄉令,多惠政,折獄稱神明。比歸,士民追送,呼清官者不絕於道。吳《志》。參《海鹽續圖經》。

陳遇麒,字季游。所學孫。壬子登鄉薦,授錢塘教諭。有沈生近思,少孤貧,靈隱僧收爲徒。遇麒一見,奇之,令蓄髮肄業學署。後成進士,爲名臣。陞湖州教授,以疾歸。著有《西湖偶吟》《樊圃詩存》《閩遊草》。

錢標,字公卓。敦行力學。入太學,讀書不附聲氣。就吏部試,授州判。歸,惟擁書課子,賦詩寫字以爲樂。疾篤,口占云:"伴我清魂梅一樹,更添殘月不愁孤。夜闌忽聽雲間唳,欲跨惟嫌鶴太癯。"吟畢而逝。以上《海鹽續圖經》。

錢樨初,字又鶴。泮子。諸生。入國子監。一試京闈,念母不已,即引歸,盡孝養。周邮族黨,買田以供舅家墓祭。弟禎歿,遺腹生男,殫心撫育。嘉興自明宣德四年,析嘉興縣地方立秀水、嘉善二縣。其時祇依戶籍爲憑,不以疆界分畫,故三縣之田互嵌,民相安者二百餘年。萬曆十三年,嘉善民忽以糧額不均起訟,於是三縣爭訐不已。江浙賦重,相傳明太祖惡張士誠拒守,故重斂其民,畝稅有輸官七斗餘者。樨初辨其非,謂禍始于賈似道經界推排之役。當日原有官田、民田,官田輸租,民田輸稅。其後知府趙瀛取而均攤之。嘉興官田不及二千頃,而民田五千八百餘頃,故其賦輕。嘉善民田止三千一百餘頃,而官田二千七百頃,故其賦于三縣中差重。由官民田數不均,非因嵌田之故。著論萬言,推衍事始,更端詰難,悉有原委。朱供奉彝尊亟稱之。朱彝尊《墓誌》[2]，參《海鹽續圖經》。

錢炌，字穉光。樞初子。國子監生。考授州判職。幼從朱檢討彝尊受經學、陸檢討奎勸學舉業，生平以名節學術自勵。兩赴京兆試不遇，遂絕意仕進。時舉其祖嘉徵劾魏瑭疏中讀聖賢書傳家，惟"忠孝"二字語訓子弟。著有《自賞集》。伊《志》。

馬維翰，字墨麟。性骯髒，不屑習經生業。工詩，以進士授吏部稽勳司主事，尋轉員外郎，兼考功。銓政肅清，陞工科給事中。旋出四川，清丈田畝，相度要害。請改黎川千戶所爲清流縣[3]。轉兵科掌印給事中，留泊建昌道。占兌桑、昂邦等部跳梁焚掠及烏蒙，我師會剿，維翰駐打箭爐，軍書排闥，達旦不假寐。冰雪山積，鑿徑通馬道，苦寒裂膚，與廝養同甘苦。涼山數百里地震，疾馳勘災，散賑得實。三渡水摩娑蠻殘厰夫，方進剿，維翰力陳營兵不輯及各厰病蠻狀，遂得罷厰撤兵，撫各番。誅止其魁，全活無算。在蜀七年，政簡刑清，論剿撫事，悉中機宜。居恒和易近人，遇事勇決，無所詘。後以不阿上官意，解任。起江南常鎮道副使。丁外艱歸。年四十八而卒。所著有《墨麟詩》十二卷。

俞兆晟，字叔音。康熙丙戌進士。入翰林，典試山東，督學江南。歷官戶部侍郎。兆晟性剛毅而完養深粹，即之溫和，有古大臣風。著《海樹堂雜錄》《蔭華軒筆記》《靜思齋文集》等書。

朱之溥，字沛蒼。以舉人知潛山縣。邑苦旱，前明邑丞常公曾開河四十餘里，至是已塞。溥下車，即率民濬之，民爲之歌曰："微昔之常，疇貽我康。微今之朱，疇恤我瘝。彼吳之塘，爲鄭爲白。漠漠涓涓，維二公澤。"

潘兆新，字銘三。舉人。深經術，具經世才。海鹽海塘南爲三澗寨，北爲朱公寨，歲苦潮溢衝入內河，兆新建議三澗寨築海塘如舊，改凹爲凸，且照舊址接築矮塘數十丈。朱公寨以北向來無石塘者，創築中塘一千二百丈，濱海地得安。督撫李衛奏請簡用兆新，以母老固辭。著《周禮纂要》，輯註增訂《小四書》，見《滄山房稿》《閩遊詩鈔》。

朱以誠，字望亭。以進士任福建長泰縣，貸貧民積逋二千餘兩。調至漳浦，邑旱，出倉穀以糶。後因姦民張崑、蔡懷爲亂，窮治之，被刺，卒。

俞鴻馨，字尹思。辛丑進士。由庶常出爲靜海令，甫下車，蝗蝻熾發，夜默禱於天，翌日蝗抱草葉纍綴而殭。轉冀州知州，捐貲修堤三十餘丈，民安耕耨。卒於官，士民奔哭，立祠祀之。以上《海鹽續圖經》。

陳世侸，字公佐。以進士授戶部主事，擢兵科給事中。康熙三十八年奏銷案內有漕運脚費，部駁咨追積款，世侸上疏奏免之。除河南按察使，內陞都察院左副都御史。歷官數十年，囊橐蕭然。歸里後，與錢觀察元昌纂修《邑圖經》及《藝文續編》。子克鎬，字苣豐。康熙癸卯舉人，華亭令。著有《詩》四集，《柳堂詩話》十二冊。伊《志》。

陳鼎，字致和。湖廣麻城令，屢雪大獄，著循聲。有《警心錄》。伊《志》。

顧長祚，字容大。舉人。授湖北咸寧令，時驛站需索無厭，長祚力持之，稍戢服。邑有公地，兵丁欲據以牧馬，大害民稼。請於總戎得免。又建造河橋，橫亘數十丈，民大便。以老乞歸，卒。伊《志》。

錢元昌，字朝采。明太常薇六世孫。父標，有潛德。元昌居貧力學，中康熙壬午副貢。授廣東長寧令，捕盜有功。內薦兵曹，出知柳州府。時羅城通道鎮四圍，山險，有小徑容一人出入，僮蠻頭人黃光直據險自大。元昌撫之歸順，開鑿徑道。後調守桂林，修築陡河[4]，農田商楫賴之。陞貴州糧驛道，以年老歸。出貲葺修太常祠，散餘貲以周親族。著有《益翁詩稿》八卷。工繪事，花鳥草蟲，極生動有致。伊《志》。

陸坪，字履莊。以舉人授江西萍鄉令。邑四面皆山，多棄地，外省人來開墾者搭棚以居，子孫遂號"棚民"。土人擯不與齒，致自棄爲匪。坪以棚民中亦多善類，請定爲客籍，得與應試。改山陰教諭，卒。伊《志》。

陳韶原，名克鏜，字鳴盛。雍正癸卯舉人。授直隸欒城令，後攝亳州。捐俸成北關外石橋，民感德，建祠橋側。升壽州知州，州有安豐塘，即芍陂塘，歲久淤塞。爲鳩工疏濬，環塘田數千頃悉成膏腴。調泗州，泗多水患，力請開濬謝家溝。奉檄築盱眙高家堰，易甎爲石，櫛沐年餘，大吏嘉其法，表爲各工式。《海鹽縣志》。

陳鼎，字致和。由太學投效河工，授湖北麻城令。先是邑有涂如松者，與妻楊不相能。楊他走，爲諸生楊同範藏複壁中，楊弟五榮誣如松殺妻，與同範謀，謬以男屍報。縣令湯應求察其僞，獄不能具。督委廣濟令高仁傑重檢，竟指爲女屍，酷掠如松等，俱誣服，獄成。嗣同範鄰嫗憫松冤，密以告鼎。鼎慮事洩，無由平反，乃僞訪同範，家畜娟身，率快手直入，毀其壁，果得楊氏。訊實，邑中稱神明焉。後調福建寧化令，並有政聲。著有《鏡心錄》。《海鹽縣志》。

俞藻，字秋崖。雍正壬子舉人。河南永興令，改會稽教諭。課士有法，邑諸生勒碑頌德。

朱瑛，字新傳。乾隆癸酉舉人。任東陽教諭。陞山東萊蕪令，廉潔愛民。卒于官。著《南苝詩稿》。伊《志》。

徐煥然，字晉叔。雍正甲辰進士。授翰林院編修，江西典試，充《三朝實錄》《一統志》、武英殿纂修官，被劾罷歸。著有《桐村詩》三卷。伊《志》。

孫廷權，舉人。湖廣咸豐令，捐俸立義學，設養濟院，禁溺女，民風一新。有土司秦姓者爲害於民，廷權申文數其罪。卒于官。伊《志》。

吳懋政，號蘭陔。乾隆壬申進士。授廣東博羅令，興利除弊，視民如家人。父子有負冤者，必爲昭雪。人以"佛子"呼之。比去，立祠以祀。改處州教授，告歸。以文章教後進。游其門者，輒掇高第去。著有《粵程稿》《八銘堂詩集》。伊《志》。

陳夢鑣，字卜年。考授州判，歷任燕、蘇、秦、蜀，所至勤于撫字。有利于民者，力所能興，無不盡舉。後轉騰越州，以老歸。子孝治，博雅工詩。著有《友于集》《紅豆山房集》。伊《志》。

吳文暉，字翼萬。篤學敦行。母病，殆禱於神，願減己算延母壽。父沈疴久，文暉晝夜侍，揮之去，屏息牀簀間。父歿，哀毀骨立，見者動容。舉乾隆丁卯鄉試，三上公車，不以一刺投貴人門。晚絕意進取，以經術教授遠近，宗仰稱人師。澉水百餘年來人文散佚，文暉悉力搜采，文獻賴以有徵。著有《燈庵詩》《澉浦詩話》《日記跋尾》等書。子以敬，字惺仲。事繼母孝。初好禪學，後讀程朱書，有得，瞿然曰："幾誤矣！學非程朱，非學；人不學程朱，虛爲人。"早卒。著有《匏齋集》。伊《志》。

任昌運，字香杜。乾隆丁酉舉人，官餘杭教諭。壬子，餘杭瓦窰塘決，天目山泉奔騰而下，昌運建議以米囊數千實土，交投柴草，以彌其隙，不日而塞。後築烏龍瀯，仍用是法，餘民至今感之。于《志》。

陳基善，字穀也。乾隆庚子舉人，官福建寧化縣知縣，鋤强扶弱，民皆悅服。于《志》。

俞光裕，字勤圃。宰江西龍泉縣。興利除弊，龍泉士民作詩歌以紀其事。子克振，歷官湖南靖州、醴州,雲南廣西州刺史,所至有政聲。于《志》。

董承英,字偉文。歲貢生。司訓吳興,精易理,兼善堪輿,訓士循循有法度,壽至九十。于《志》。

陸趙泰,字時明。由進士宰正陽,以教化爲先,不事刑罰,有訟即予聽斷,吏不得操緩急。常單騎巡田野,話桑麻,諭民勤修六行,親課諸生,第其甲乙。是歲,邑人馮洵遂魁鄉薦,正陽登賢書自此始。于《志》。

朱佩蓮,字玉階。乾隆壬戌進士。除翰林編修,督學廣西,奏建太平府考棚。歲辛未歉收,濱海竈民販荒鹽爲活,場使某以拒捕告,大憲以兵至。時佩蓮里居,馳馬途次,以百口保澉民,事得寢。歷官侍講,貧無餘貲,好獎掖後進。所作詩文,卓然成一家言。伊《志》。

朱丕烈,字正咸。乾隆戊辰進士。歷官工科給事中,典江南試。督湖北學政,皆得士。巡視臺灣,開壅塞,灌田,民利賴之。督學廣西,被劾降官。著有《如蘭軒詩集》。伊《志》。

祝櫓良,字東毓。乾隆乙酉舉人。授貴州天柱令,遷麻哈知州。麻哈,民苗雜處,最稱難治。櫓良至,以德綏之,土司感服,民情愛戴。于《志》。

朱正蒙,字育泉。乾隆庚寅舉人。授山東平陰縣知縣,東省旱歉,籌畫賑濟。教匪滋事,被煽惑者開導釋之,保舉卓異。旋卒。宦橐蕭然,士民追思遺德,賻贈千金,子光昭卻之。士民以金建朱公祠焉。《海鹽縣志》。

朱蘭馨,字芬若。乾隆辛卯進士。宰鉛山,地當衝要,民情健訟。蘭馨手批口斷,民皆帖服。陞吏部稽勳司員外郎,精察不爲吏欺,保送御史,尋卒。著有《松喬詩鈔》。于《志》。

馮桂芬,字燕山。乾隆丁酉舉人,由國子監學正陞助教,擢直隸宣化同知。居官清介,聽斷詳明。遷冀州牧,將之任,宣化民遮道留之。于《志》。

朱昇佑,字篁雨。乾隆己酉副貢,官雲和教諭。日與諸生講習文藝,雲和向無科第,至是始有登賢書者。著有《篁雨詩鈔》《臺洋集》。于《志》。

陳新,字秋江。乾隆壬子副貢,以州判分發湖南。適苗頑不靖,委辦軍需,以賢勞著。補茶陵州判,旋擢綏寧令。撫輯苗傜,民皆得所。歲歉,設法平糶,全活甚衆。于《志》。

陸光宗,字古山。從九品,從政黔楚。時良民爲賊,牽連者甚夥。幕府令讞獄,光宗爲白其冤,悉縱之。以軍功擢縣令,所至有政聲,仕至酉陽知州。于《志》。

朱方增,字虹舫。本生父春煊,國學生。嘉慶甲子歲饑,設法賑濟,有厚德。方增辛酉進士,由編修洊升侍讀學士,擢內閣學士,歷充雲南、山東鄉試考官,提督廣西、江蘇學政,所至以維持風教爲事,作《黜邪導正詳示利害說》,分別十利十害,剴切勸諭,得旨刊布。嘉慶十八年,應詔陳奏一疏,論尤切要。熟諳朝章典故,史館撰述,號爲通才。年五十卒於官。著有《從政觀法錄》三十卷,《求聞過齋詩集》十二卷。《海鹽縣志》。

徐葆甫,字南州。道光乙酉拔貢。用陝西知縣,歷任盩厔、咸陽等縣。爲政以不擾爲主,所至省科條,減徭役,蠹姦剔弊,吏莫敢欺,民呼爲“徐青天”。任盩厔時,麥秀雙歧,邑紳路德作頌紀之。宣宗詔舉循吏,膺薦入都,尋擢郿州牧,卒于官。《海鹽縣志》。

朱錦琮,字尚齋。吏部員外郎蘭馨子。仁宗五旬萬壽,呈獻詩畫,拜緞匹荷包之賜。挑取謄錄國史館,議叙授安徽廬江知縣。旋署泗州知州,所至興水利,勤撫字。宣城遇水災,力籌拯救。皖撫陶澍以賢員薦,尋擢宿州牧。以俸廉助餉,例用知府,授江西瑞州守。薦舉卓異,遭母憂去官。服竟,任山東東昌府,興利除弊,振興文教。以年老謝事歸里。著有《治經堂詩文集》四十卷,《日次詩》兩卷,《信疑隨筆》十二卷。《海鹽縣志》。

張伯魁,字春溪。以議敘官甘肅洮州照磨。嘉慶二年,從征四川,身先兵勇,生擒賊首。仕至甘肅平涼知府。于《志》。

朱昌頤,字朵山。嘉慶癸酉拔貢。道光乙酉舉京兆試。丙戌成進士,授翰林院修撰。次日命書摺扇,賜文綺,蓋異數也。官戶部時,堂牒有偽,坐鐫級。尋起主事,升員外郎。甲辰充會試同考官,典試雲南。丙午遷山西道監察御史,擢吏科給事中。會與同僚論事齟齬,牽連被議。文宗御極,起用主事,謝病歸里。昌頤官農曹,值創辦南漕海運事宜,詳議規條,奉行稱便。任言官時,條陳南漕積弊,請由江浙招商海運,得旨允行。咸豐三年,粵匪擾浙,奉命辦理團練,募勇駐防青陽匯。事平,敘功賞還給事中銜。邑南鄉三澗寨海塘久圮,督勸紳民捐築。主講敷文書院,前後八年,學者奉為楷模。年七十二卒。著有《鶴天鯨海詩文稿》。《海鹽縣志》。

支清彥,字少鶴。少有奇童之目。道光乙未舉人,戊戌入詞館,乙巳分校禮闈,大考一等,擢庶子。尋遷侍講學士,視學四川,裁汰陋規,甄拔實學,士林頌之。任滿,謝病寄寓陝西。旋值粵匪滋事,卒於陝。《海鹽縣志》。

彭世洙,原名世鑑,字閬亭。自少敏悟,器宇凝重。善屬文,書法遒勁。早歲遊庠食餼。道光壬午舉人。七應禮部試,戊戌成進士。以知縣分發山西,需次,未一年卒。湘鄉曾文正為撰《傳》。《海鹽縣志》。

朱毓文,字鹿賓。嘉慶庚寅進士[5]。授安徽舒城縣知縣,首崇學校。民有訟訴,委曲開導如家人語。有兄弟爭地者,伯與季均年六十餘,毓文愀然曰:“我有兄早逝,至今以為憾。爾兄弟皆高年,為人生不易得之樂,乃手足自殘乎?”因感泣,願棄地勿取。以父憂去官。服闋,任貴州仁懷縣知縣,署安平縣事。安平城西有巨澗,民多棄屍,歲久骸積,悉檢埋之。任仁懷時,山水驟發,壞民居,立往賑給,災黎獲全。年六十二辭官歸,家居八年,卒。著有《坦坦居詩文稿》。《海鹽縣志》。

吾德涵,字笏山。嘉慶辛酉舉人,丁丑進士。用刑部主事,改授江西進賢令。時銀價貴,鄰縣徵收錢糧,輒議加增。德涵恐病民,持不可。又修築蘆溪塘,以免水患,民甚賴之。調署新建,清釐積案。未幾,告養親歸。遭父憂,築廬墓旁,以申哀慕。服竟,闢為管山草廬,雜蒔花木,觴詠其中。書法精妙,一時牌版皆出其手,老年猶日書《心經》一篇,人爭求之。年七十四卒。《海鹽縣志》。

陳希敬,字笠雨。嘉慶丙子登賢書,道光癸未成進士。授江蘇金壇令,調任江陰,仕至直隸深州知州。咸豐三年,粵賊突犯畿輔,連陷州縣。九月初七日,諜報賊將逼城,申刻城陷。希敬危坐,堂皇罵賊,被戕。事聞,得旨追贈道銜,賜卹如例。著有《菰蘆老屋吟稿》《退耕堂詩集》。《海鹽縣志》。

沈世奇,福建雜職。道光十三年,陳逆滋事,協守臺灣出力。會內渡,遭風淹斃。大吏為請于朝,得旨贈卹如例,並蔭其一子入監讀書。期滿,以州吏目用。于《志》。

朱右賢,字秋田。父光昭。嘉慶初投效四川軍營,署雲陽縣尉。歿後,遂寄籍。右賢從其外祖敖姓入榮昌縣學。道光戊子舉人,丙申進士。授貴州梓桐令,升威寧州知州,署安南縣事。咸豐四年十月,賊陷縣城,力竭被害。妻周氏及女同時殉節。如例賜卹,建專祠。《海鹽縣志》。

沈炳垣,字紫卿。道光癸卯舉人,乙巳登蕭錦忠榜進士。選庶常,授編修。咸豐壬子大考,翰詹列高等，擢中允，充四川副典試，督學廣西。同官祖餞彰儀門外，臨别鞾刀，慷慨言曰："際此寇氛充斥，使者搜巖採幹，務獲干城之選，非徒取華國才也。"馳抵桂林，與中丞勞崇光籌戰守策。山川險要，瞭如指掌，勞愧勿如。會梧州請試，毅然就道曰："軍書旁午，猶知投戈講藝，此正人心振起之機也。"省會士人群遮留，堅勿允。時七年秋月，按試甫二日，會匪圍攻，與知府陳瑞芝等嬰城固守，艱難搘拄者九十有五日，城垂危。有野處弟子員曾列名請試者縋入，紿曰："請禱城南神祠，爲民請命，意將擁匿爲脱禍計。"仍勿許，城陷，仰藥自盡。賊有識面者，劫至僧舍救治使蘇，且戒羽翼，慎勿傷。沈學使炳垣瞋目唾駡，巨魁聞，恚甚，命臠割之。屹立不爲動。賊怒猶未洩，積薪焚尸。時有老卒混跡賊中，備見慘死狀，竊藏燼體，走達巡撫。奉旨追贈内閣學士，兼禮部侍郎銜。照陣亡例賜卹。謚文節，世襲騎都尉。廣西省城建立專祠，載入祀典。國史館《傳》。參錢樞部撰《行狀》。

曹爲鉞，字東井。寄籍順天大興，以議叙選廣西，按司獄，升土田州同知。咸豐五年，擢龍勝通判。壤接湖南地，無城池。六年，苗匪猝至，遇害。子文洙，孫乃楨，同時殉難。卹贈如例。《海鹽縣志》。

任沛霖，字硯雲。道光庚子歲貢。癸卯、甲辰聯捷成進士。授直隸高陽令，居官廉惠，邑有盜魁，密擒之。督標武弁某素庇盜，欲脱其罪。沛霖執不可，白諸大府，卒置之法，民咸德之。旋調任咸安，涖任甫三月，卒於官。著有《雙桂軒詩稿》一卷。《海鹽縣志》。

黄燮清，字韻甫。工詞翰，審音律。道光乙未舉人，屢上春官不第，充實録館謄録，用湖北知縣。病，不之官。自是怡情山水，著述益富。家居拙宜園，爲楊晚研太史别業，燮清改葺晴雲閣爲倚晴樓。繼又得硯園廢址，栽花種竹，自號兩園主人。時與知交觴詠其間，有終焉之志。咸豐辛酉，賊陷縣城，乃間關之楚就官。大府耳其名，器重之。壬戌分校鄉闈，權宜都令。邑有虎患，捕不獲。爲文牒神，虎遂滅。夏旱，又以文禱，翼日雨。旋調任松滋，有政聲。未幾卒。著有《倚晴樓詩集》十六卷，《詩餘》四卷，《樂府》七種，選刻《詞綜續編》二十四卷。《海鹽縣志》。

徐槐廷，字雲鶴。弱冠入郡庠食餼。道光乙未舉人，立品端方，以文章教後進，多所成就。沈文節炳垣、顔學士宗儀，皆師事之。年五十餘，始以大挑官粵東，授遂溪令，調順德令，擢潮州黄岡同知，歷任地方，誅盜賊，清積案，除苛派，恤獄囚。初任鶴山，即有"萬家生佛"之號。任恩平時，值土民、客民争鬬，乃親歷各村，剴切曉諭，民咸悦服。任開平時，有長沙村民爲鄰縣茭荻村民挾讎誣陷，新寧令將臨以兵，人情洶洶。急爲白其冤於大府，事遂寢，保全甚衆。在韶州軍營三載，鞫獄務求詳當，嘗有"論事敢寬三尺法，原情莫詡片言能"之句。歷充咸豐壬子、辛酉，同治壬戌同考官，所取多雋才。梁燿樞、譚宗浚先後皆成一甲進士，藝林豔稱之。引疾歸里，建宗祠，立義田、祭田，樂善好施，鄉里咸欽齒德。卒年七十五。著有《自得齋詩鈔》，以子用儀官贈通奉大夫。王彬撰《傳》。

【校注】

［1］按：同治《九江府志》卷二十五《職官・知府》、卷二十七《名宦》均無"胡季瀛"其人。康熙《太平府志》卷十五《職官二・知府》："（順治十七年）胡季瀛，字念□，浙江海鹽貢士。"本《志》亦僅記胡季瀛任官一縣一府，恐實指"太平府"，非"九江府"。

［2］按：朱彝尊《曝書亭集》卷八十有《國子監生錢君行狀》，本《志》"錢樑初"條取材於此。故"墓誌"是"行狀"之誤。

　　[3] 按：光緒《海鹽縣志》卷十六《人物傳》“馬維翰”條作“請改黎州千户所爲清流縣”。嘉慶《雅州府志》卷二《建置沿革》：“清雍正七年陞雅州直隷州爲府，又改天全司爲天全州，黎大千户所爲縣，並隷府轄。”卷八《秩官·雅州分巡道》：“馬維翰，海鹽進士，雍正八年任。”新版《中國行政區劃通史（清代卷）》第十九章《四川省》第 448 頁：“雅州府，雍正十二年，置清溪縣……清溪縣，明爲大渡河黎州千户所。清初合併爲黎州大渡河守禦千户所，簡稱黎大所。雍正七年十二月，改設縣，治所即今四川漢源縣北清溪鎮。”清流縣，北宋元符元年（1098）析寧化、長汀兩縣地置，屬汀州，治所在清流驛（今福建清流縣）明、清屬汀州府。故疑“黎川”是“黎州”之誤，“清流縣”是“清溪縣”之誤。光緒《海鹽縣志》記載亦有誤。

　　[4] 陡河：光緒《海鹽縣志》卷十六《人物傳》“錢元昌”條作“隄河”。

　　[5] 嘉慶庚寅進士：光緒《海鹽縣志》卷三《選舉表上·國朝進士》：“嘉慶二十五年庚辰　朱毓文仁懷知縣。”卷十六《人物傳》：“朱毓文，字鹿賓，嘉慶庚辰進士。”嘉慶無庚寅年，“庚寅”當是“庚辰”之誤。

嘉興府志卷五十七

列傳〔八〕

海鹽縣

孝　義

晉

李祥，海鹽歃城里人。少雄於力，知書史。鄉有爭鬭，悖犯，折之以義。隆安中，孫恩寇海上。祥從內史袁山松討賊，築壘滬瀆。恩驟至，山松戰歿。祥突白刃，收山松尸，歸葬。時人義之，名祥所居里曰教義。《南史》。參趙《圖記》。

梁

陸黯，海鹽民。太清之亂，侯景遣其將朱子仙攻没吳郡[1]，以僞太守蘇單于守之。黯舉義，有衆數千人，乘子仙進攻錢唐，襲殺單于，推前度支尚書陸襄行郡事。襄遣黯及兄子映公帥衆蹦[2]子仙，與戰，黯敗走吳下。襄一夜憂憤，卒。時同義者有陸緝、戴文舉等。景以海鹽人起義，破吳，因分海鹽、胥浦二縣爲武原郡。《南史·陸襄傳》。參《梁書·侯景傳》《海鹽圖經》。

【校注】

　　[1] 按：《梁書·陸襄傳》：“景將宋子仙進攻錢唐。”《南史·陸襄傳》：“（侯）景將宋子仙進攻錢塘。”“朱子仙”當爲“宋子仙”之誤。

　　[2] 蹦：《梁書·陸襄傳》作“拒”，光緒《海鹽縣志》卷十八《人物傳·孝義》“陸黯”條亦作“拒”。

宋

衛公佐，字輔之。事繼母以孝稱，族有不能婚嫁者，悉佽助之。聚書數千卷，禮四方賢士，訓子弟。時縣未有學，捐地爲址，又獨任禮殿之役。熙寧饑疫，邑人賴以救療。元豐中復饑，民皆負稅，令滿，代者已至，轉運使苛留，使督逋負，縲繫盈庭。公佐出粟，代輸之。弟公寬、公望，並敦行誼。《兩浙名賢錄》。

聞人堯民，字伯封。淳熙六年，赴楚州錄曹，母春秋高，不肯去鄉里，囑其弟舜民侍養，而獨之官。積俸遺母，爲盜所竊。禱于北斗神，盜就擒。點閱原券，纔失其二。人以爲孝感。《夷堅志》。

元

陸壽一，宋樞密副使旃吉八世孫。明經學，著《孝經傳》二卷。隱居梅花莊，方道叡薦，官之,不就。從祖居仁卒,鬻產以佐其喪。年九十餘卒。曾孫宗仁由舉人爲通判,歲饑,賑活二千餘户。建先祠于梅花莊,置義田以贍族之困乏者。吳《志》。

過宗一,蚤喪父,獨與母居。張士誠陷姑蘇,略地至海上,宗一負母逃,與寇遇,欲殺之,以身蔽母,中數創。乃舍去,傭以給食。母卒,不克葬,寢苫服衰,語輒泣下。《清江文集》。

沈嗣昌,字原懋。一名壽康,居豐山之陽。早喪母,事父竭力孝養。父亡,搆廬墓側,匍匐以泣者六年。南臺論薦,官之,不就。洪武初,知縣王文表其村曰孝隱。趙《圖記》。

陳寶生,字彥廉。父思恭,娶妻生子寶乙;思恭商泉州,繼娶莊氏,生寶生。思恭浮海死,莊誓死不嫁,訪寶乙在海鹽,遺錢贍之。寶生既長,自泉徙崑山,築春草堂以奉母,迎寶乙歸,事之謹。寶乙死,撫育其孤。工詩畫,與黃公望交最善。公望拉之觀濤,至東城,忽涕泣不與俱,曰:"陽侯,吾父仇也。"公望哀之,爲著《仇海賦》以記之。《海鹽圖經》。參《檇李詩繫》。

劉儆,字敬先。博學善詩文,娶瞽婦,終身相敬如賓。門人蕭孚貧,卹賚且周之粟。友人沈德常死,鬻產葬之。祀鄉賢。《海鹽縣志》。

明

劉鳳,字景儀。先世學正恂從汴寓海鹽陶涇,元末舉家爲賊所戕。曾孫用方垂髫,身受十八刀,不死,後生三子,長即鳳也。鳳倜儻好奇略,明初海寧衛官軍調往沈家門海洋防倭,多遭風溺死。鳳建議奏改爲陸守,有九里三砦之設。又夏稅額少納者,苦其零星,改於秋糧中併輸,亦自鳳始。以子泰貴贈官。《兩浙名賢錄》。

潘允濟,邑捍海塘雜用土石,易崩。洪武三年海溢,淪田畝。允濟走闕下,請築塘專用石,上遣宋署丞如法監築,邑賴以安。《海鹽圖經》。

崔永,字彥齡。七歲喪父,母韓更適里人桑慎。慎爲御史,坐事謫海南,攜韓從軍。永長,思母不置,徒走走海南[1],誓不見母不還。行次瓊州得焉。會慎歿,力求歸母。有司以配屬無放還例,不許。走京師,號泣請于朝,許之。歸舟至江右,遭風覆舟,永入水負母,母得活。永感疾死江西,省臣茹大素以聞,詔賜祭葬,給驛舟歸其母。永往返海南,無停足者四歲,廣、海間皆稱崔孝子。海鹽徐《志》。參《廣東通志》。

胡寬,字景灝。父繼海,爲社學師。寬少孤,博涉經史,亦爲社學師。好說古今事,勸迪鄉人,鄉人化之。時邑城民居稀,授書止寬父子。每五鼓開學堂,懸一燈高竿,諸童子望之爲候,抱書至,至今相傳爲趨蚤學。王文禄《衛志》。

夏安,字世康。爲人慷慨,負義氣,篤倫理。孫瑞[2],號西莊。幼喪父,事母王孝。母患痼疾,醫不能療,割股以愈。愛遺腹弟璠,終身無間,撫、按旌其孝友。董穀撰《傳》。

陸達,定之子。永樂時薦授博士,兄弟同居數十年,未嘗析箸。庭有紫荆一本,數幹,時人呼其里爲"祥里"。吳《志》。

陸宗秀,字坦菴。陸正曾孫。永樂初,徵召不仕。歲饑,傾粟麥賑濟,詔旌其門曰"尚義"。子珪,字廷玉。嘗代輸一邑之賦。景泰時連年饑疫,珪與弟瓛、瑜、瑾各散給穀、麥,凡萬餘斛,敕授迪功郎。《海鹽縣志》。

章暉,字景文。嘗赴試入郡,途遇鮮鯉,冒雨買歸,烹奉父食,然後去。父或怒,伏地受杖,俟怒解始起。後膺貢,遙授鎮江衛幕。《海鹽縣志》。

王儀,字汝儀。自稱古鐵生。親歿,廬墓。妻亡,不再娶。以子託兄,無私蓄。嘗爲《君子小人圖》,題詠于上以警世。《海鹽縣志》。

陸平者,世居邑西麓,富甲一里。洪熙改元,暨正統壬戌、景泰乙亥,歲大饑,前後入粟五千餘石、麥八百斛賑濟。詔旌爲“義民”,表其宅,宴之光祿,授散官歸。《海鹽縣志》。

莫藏,字用行。性孝,母臥病三歲,不起;父發疽,瀕死,皆割股療之。博涉書史,善篆隸行楷,間作墨花,清潤可愛。所著有《佩觿稿》《詠史詩》《素軒稿》《五音字書辨訛》。海鹽陳《志》。參《書畫譜》、厲鶚《東城雜記》。

王紀,字宗憲。由歲貢任滁州吏目。嘗奏捐州之冗稅。又請罷海鹽民兵,海鹽人德之。祀鄉賢。

陸鮮,字一拙。十二齡補諸生。尚俠。倭寇犯海鹽,傾家召鄉勇,朝夕防禦,眾藉以安。郡中屢經水患,鮮捨地爲義冢,殮瘞浮屍。郡守梁材高其義,勒石紀之。以上吳《志》。

陸源,字本深。成化壬辰,歲大饑,鄰婦相率攜幼稺入廚下,遂救廚中每日多作數十人食,以待來者,鄰左右數十家竟日不舉火。逋租佃戶入市貿易,紀綱奪之。責令還之,曰:“以布易粟,家中必枵腹待餐,忍奪之耶?”有持《宣公族譜》來,曰:“海溢,失譜久矣。不敢妄冒。”《兩浙名賢錄》。

鄔質,父性侈好客,質竭力養志;好馬,即畜良騎,每出必隨馬後。子魯亦純孝,甘貧落魄。居父喪,哀思成瘠。夢中無夕不侍父側,醒必涕泣,因號夢椿云。海鹽仇《志》。

仇必達、必顯,海寧衛右所人。與兄武昂、季弟必侃友愛,不析爨。必顯嘗路遇暴屍,勸必達買棺瘞之。自此遂施棺及絮襖濟寒,又沿塘鑿井五十以濟渴。王文祿《衛志》。參李旻《尚義記》。

顧昂,字文顯。成化中嘗爲新泰典史。昂家澉浦,數上疏請鎮海事宜,皆報可:一請澉城東南地爲河,載土築黃家浜塘捍海;一請豁澉所公佔城池軍營田地稅糧;一請以城濠空地、海上新漲沙地爲牧馬場,毋令鎮軍縱牧踐壞民田;一請免所軍運艘,減馬軍舊額百匹爲六十匹,免遠漕及孳牧等苦,至今賴之。《嘉禾獻徵錄》。

顧薇,字子芳。母李歿,水漿不入口者三日,刻木肖像,事如生母。棺在堂,鄰火將延及,薇伏棺大慟,火忽反。繼母盛不善視薇,薇事之如李,卒化爲慈。劉《志》。

胡彭述,字信甫。幼喪父,事母仇極孝。每問母父貌若何,居官幾年,輒失聲慟哭。室三楹,中奉母身。及妻劉居左,夜寢,未嘗闔右扉,曰:“吾何忍自隔阿母耶?”好藏書,有《好古堂書目》。《海鹽圖經》。

葉春華,海寧衛軍,事母至孝。朝出暮返,晴樵雨漁,市以供母。母性暴多怒,酒肉稍不善,必令別置而叱使跪以待食,不命之起,雖達旦不敢起。縣令聞之,旌其門。《猶及編》。

孫浩,正德時爲蒲城丞,倡修義塾。其裔肯堂以選貢爲鄱陽訓導,捐俸以惠諸生,纂修《邑乘》。吳《志》。

陸良,號仰雲。父病,百計求治。母蔡寒月病痰,思食西瓜,良徧走得之,疾愈。後復病,割股以療。友愛其弟甚摯。有徐覽、張煥,秉性純孝,並以刲肱愈母疾,縣令皆旌之。馮皋謨《傳》。參袁《志》。

朱文才,字尚卿。澉鎮布衣。慷慨多智略,嘗甃用里壩閘,興水利,築文星臺於白苧漾中,釀金首事,人或不應,必傾囊成之。

胡杖，字敬之。澉人。性純孝，父性侈而嗜音，杖極甘旨，竭力致賓朋以奉之。後家日落，不能致，乃自學曲娛父。夜與父同寢，以腋暖父足。如是者十餘年。父沒，鬻室以葬，寓其婿徐氏以死。以上《海鹽圖經》。

許聞至，字長聖。性孝友。倭寇海上，時從父自城歸，遇賊，跣足負父行數十里得免。居喪，哀毀骨立。爲弟任役事，破家。浙撫招見之，不往。沒，祀鄉賢。袁《志》。

錢蓑，字懋登。琦少子。貢爲於潛訓導，長厚好行義，嘗收葬門下士何生，買妾贈老友程琦，生子潛，諸生。何龍坐獄，蓑知其冤，饋橐饘焉，斷獄者聞而愧謝，立釋之。輯所見聞爲《厚語》行世。《海鹽圖經》。

徐藻，字子潔，司訓緝子。諸生，痛父被倭驚病歿，具奏召集鄉兵滅賊雪父冤，得旨許其招募，賜名忠孝軍。乍浦沈莊之戰，藻在行間，有功，不受賞而歸。《嘉禾徵獻錄》。

董謙，字德元。仲真五世孫。兒時父笞之，跪而受責，捧杖而泣。迨長，定省中禮節。居喪哀，感行路，苫廬旁木枝生連理，家有廢井，甘泉湧出。每哭，慈烏繞舍，啼與哭聲相應。弘治中詔賜天下孝子冠帶，謙與焉。《海鹽續圖經》。

吳芸，字時美。尚俠好義。子霈，善承父志。霈子之英，舉人，爲蕭縣令。歲祲，粜粥濟人。又設藥局療病者，人頌其德。祀鄉賢。《海鹽圖經》。參吳《志》。

王槐，字南喬，撫教幼弟成立。嘗著《尚書闡幽》。居虎溪，人稱“虎溪先生”。《海鹽續圖經》。

徐灝，字汝器。父璹，病疝甚危，操藥以進，鬚髮盡白。嘉靖中，倭蹂內地，挈家避山林中。倭騰山而上，衆驚悸無措。一倭忽從山麓招呼，各掉臂去，得免，僉謂純孝所致。子應奎，字星魯。父病，隆冬思食瓜，泣禱于圃，瓜纍纍臥槁葉下，食之而愈。人名爲孝瓜云。袁《志》。參《海鹽圖經》。

祖彭年，字賢卿。諸生。性慷慨，遇事敢言，嘗白罷首區坊廂名役。嘗夢人書醉字授之，因號醉翁，竟以酉年卒。以子重奕貴贈如官。《海鹽圖經》。

劉世坊，字敬止。炌次子，事父母曲盡孝敬。性忼慨，嘗置田三百畝以膳族戚之無依者。子祖錫，少孤，割股以愈母疾。由選貢爲江西府判，數月乞侍養歸。吳《志》。參《海鹽圖經》。

陳馬兒者，乍浦軍也。嘉靖丙午，倭犯金家灣，指揮方泰射中一倭，追之，墜馬而傷，馬兒扶泰上馬，與敖鎮直前搏，戰甚力。援絶，馬兒走至山半，自擲下，足陷石窞中被殺，泰爲文祭而瘞之。時同戰者有倪軏、倪輔、李唆住、凌義一、林岳並效勇，而凌、林二人亦戰死。二倪及敖中所人，敖後死于矮婆橋之戰。《海鹽圖經》。

鮑宣、鮑惠、胡士澄、茅堂，並以勇力聞。嘉靖癸丑四月二日，倭船泊演武場海岸。衞帥率兵禦之，宣手抱一倭與俱死，士澄以火藥焚其船，亦與酋八大王者俱燼。餘倭走矮婆橋，堂追之，手梟一倭，與惠及敖鎮血戰良久，伏發，咸死。惠喪元，身挺立若赴敵狀。時戰死者十八人，名姓多失紀。時同里有訓導孫肯堂已宦歸，倭掠邑西郊，突入肯堂室，執之將加刃焉，僕以身蔽主請代死，倭兩舍之。《海鹽圖經》。參《浙江通志》。

周至德，字岸登。諸生。性行醇愨，嘗拾遺金于道，竢其人至，歸之。吳《志》。

彭紹賢，字孔嘉。以世職歷參將。性孝友，祖業悉讓從父。卒，祀鄉賢。著《擊壺編》。子宗礪，痛母因產亡，生辰必素服流涕。讓世爵于弟，卒。袁《志》。參吳《志》。

顧冀，字子期。父患瞽，相而事之不離側。撫兄之孤子有恩。舉嘉靖鄉試。子槃，亦舉順天鄉試。天性孝友,讀父書,未嘗不流涕。母性嚴急,稍不當意,必長跪,色霽乃敢起。弟早卒,恤其嫠。劉《志》。參《海鹽圖經》。

　　錢與映,字淵甫。薇子。嘉靖甲子舉人。通濂洛之學,自奉極澹泊,獨好義施,嘗置田贍族,修橋堰,便行旅。歲戊子大疫,延苕醫凌氏施鍼灸,全活者衆。撫其弟端映,嚴而有恩,弟亦恭而退讓,世並美之。子陞,孫潤徵、瑞徵另有傳。《海鹽圖經》。參袁《志》。

　　張中孚,幼師董毅,習舉子業。毅衰落時,從步四十里問候不已。友人鍾思孟死,醵金爲殮。晚年窘,恌而歿。《海鹽縣志》。

　　沈鸞者,訓導孫肯堂僕也。嘉靖癸酉倭掠邑西郊,突入肯堂室,將加刃焉。鸞以身蔽主請代,倭義之,兩舍。《海鹽縣志》。

　　葉芳葐,字友興。句塍里人。萬曆丁巳,母顧疾篤,刲肱投劑,知縣何公楔綽[2]旌之曰“孝念篤真”。《海鹽縣志》。

　　李延嗣,年十六母范病篤,割股療母。萬曆間,縣令杜士全、知府龔勉並給匾旌其廬。《海鹽縣志》。

　　鄭忠材,字孝標。刑部履準子。弟恕材,以序承祧叔履洵,忠材仍以遺產均析,白首友愛,無間言。《海鹽縣志》。

　　陸舒,字平度。少爲諸生。姿貌瓌偉,慕古烈士風,客鄖撫蔣允儀幕府。值張獻忠躪楚,鄖列城多陷,檻車徵允儀,舒感知己,仗劍從。諸將力戰破賊,列城盡復,允儀得末減,坐流戍。後撫欲上其功,脫身遁。歸家益貧,意氣激昂,中所不可,王公不能致。善畫,蒼潤森秀,得叔明、大癡筆意。《海鹽縣志》。

　　徐起,字沖漢。庠生。割肱療父洪恩疾,邑宰旌其門曰純孝。《海鹽縣志》。

　　王衷,字本誠。持已嚴毅,張寧與之交,壽以金,不受。備書積數百金,悉捐以建順寧橋。子阡,字汝直。有巧思,嘗爲救火法及築捍海塘式。又製一輿,加牛背乘之,曰“犢舟”。人慕其達,多有從之遊者。吳《志》。參《海鹽圖經》。

　　朱元弼,字良叔。諸生。父用中,性嚴正。元弼安貧力學,事繼母竭力奉養。弟不善治生,乃賣己宅代償逋,自寄友人舍以居。所著有《士林密約》《敬道會編》《禮記通註》《猶及編》。學者稱達隱先生。《嘉禾獻徵錄》。

　　曹禎,仁五世孫。孝弟力田。嘉靖甲辰,倭寇石墩[3],禎與弟袟集衆擊之,村里賴以保全。鄭茂《靖海記略》。參袁《記》。

　　張亨,家半路亭。嘉靖甲辰,官兵與倭戰孟家堰[4],死者數千人。亨斂殘胔,盡瘞之。又收甲仗數百上之官,太守劉愨義而旌之。

　　沈藻,字元明。隆慶戊辰進士。守泰州,以廉潔聞。忤要路,歸。貧無以給,教授生徒,佐二人甘旨。父性卞急,稍不懌,必泣跪。一日,郡守龔勉過,候藻,久之不出,值父怒,跪不敢起也。龔知之,深歎其孝。以子宏遇貴,贈官。祀鄉賢。以上《浙江通志》。

　　賀南儒,隆慶辛未進士。爲閩縣令,以勤勞致疾卒。子萬春,走數千里迎其喪歸。萬曆時爲鴻臚丞,數月,即以侍養告歸。母有瞽疾,萬春妻趙日以舌舐之,復明。吳《志》。

　　周紹宗,字岐陽。本姓馬,少失恃。事生母、繼母如一。繼母病久,體不能屈伸,楚不可禁。紹宗負之行,盤旋室中,日數百回,病遂瘳。一日偶出,心動急歸。生母瞽,帷中失火,不能出。

紹宗從烈焰中負之,火頓熄。《浙江通志》。

朱正學,字中甫。兩中副榜,不仕。敬養後母,事兄如父,撫育孤姪。置義田以贍族,貧不能葬者葬之。子豫順,明濂洛之學;泰禎,官福建道御史,祀鄉賢。《海鹽續圖經》。參吳《志》。

王廷俊,字海若。萬曆甲午舉人。授高郵州,愛民禮賢,寒畯沐其惠。居鄉樂施予,修官塘,濬城河,賑饑,置義田。著有《讀易解》。子蘇,字元冶。諸生。早歲喪婦,不復娶。嘗救難婦。周急,給槥助葬。著《史漢通鑑纂要》等書。《海鹽續圖經》。

吳大良,字春庵。貢生。除夕有鄰行竊,匿轎中,天寒發顫有聲。大良蹟知之,給銀米,令務生理,感泣而去。伊《志》。

湯秉廉,字惟潔。家貧,耕田鬻鹽,以養父母。父年七十餘,病篤,醫藥罔效,割股療之。湯立賢《傳》。

沈弘逵,藻長子。藻病目,逵以舌舐之,日復明。異母弟弘鍵生三日,藻歿。弘逵與妻陸慈護倍至,嘗還金折券,兩臺、郡邑並旌孝義。子廷銘,諸生。工詩畫篆籀,有《靜遠堂集》。《海鹽圖經》。

錢陞,字紫芝。與暎子。萬曆戊午舉人,博學好義,置義田以贍族,建義莊以勸學,改造文昌橋,至今為便。著有《西乘庵稿》。袁《志》。參《海鹽續圖經》。

徐廷泰,字宙知。諸生。父洪錫,得癇疾,泣禱于神,遇道人,授以方,飲之病。良已八歲[5]。喪母,忌日祭必哭,事繼母盡孝養。家貧,好購書,箋釋性理、大學衍義、陽明諸書。《浙江通志》。

褚明祥,字瑞良。母王氏疽發背,刲左髀一臠,羹以進,母病起。後復病,刲右髀和藥,病又起。母歿,肖父母貌事之,終身孺慕。張煥,字堯章。七齡,父病目,刲股以療。張調元,天啟舉人,孝事繼母,值怒,跽以求歡。《海鹽續圖經》。參吳《志》。

鍾祖保,字念之。祖述,字君明。皆梁孫。祖保,性直敢言。少為諸生,遇大造,條列積弊數端,上邑令。令以“破家縣令”語愓之,曰:“生聞‘樂只君子,民之父母’而已。”令有慚色。祖述孝友純篤,嘗割地葬宗人十餘柩。祖保博學能詩,晚坐臥一樓,植竹數千竿。十餘年不見客。《海鹽續圖經》。參《檇李詩繫》。

鍾士傑,字俊人。父患背疽,焚香禱天,剜左肮得痊。親族欲為請旌,力辭止之。

程原洛,字理源。父遠任桂平,留原洛事祖。祖病,衣不解帶者數十日。割股和藥以進,病瘳。

王榜,字瑞郊。曾祖端,籍河間。正統間為海鹽令,卒。二子珵、璧不能歸,遂居海鹽。榜多厚德。萬曆九年,邑令核田畝之不均者,舉榜督丈量,吏胥不能上下其手。邑人德之。以上《海鹽續圖經》。

黃耀如,字淵明。父雲梯,有至行。讓產恤嫠,宗黨稱之。耀如少孤,能承父志,食貧砥行,撫兄子如子。崇禎壬午登賢書,絕意進取。著《闈理編》《澹逸齋詩》。《海鹽續圖經》。

鍾鴻穎,字海槎。舉人。為上海縣令,有平寇功,卒于官。從弟顆,字盟若。童時跪吮父疽,以孝聞。袁《志》。

費仕,字仰泰。割股療母疾,讓產于叔。嘗三還遺金,兩拒奔女。卒,祀鄉賢。《海鹽續圖經》。

張源思,字睿衷。進士。少孤力學,事母盡孝,與兄源成、弟源長友愛無間。嘗伏闕陳情,詔旌其母。《海鹽圖經》。

吳晉畫,字接侯。崇禎丙子舉人。性孝友,病中不廢溫清,爲文浩瀚,有水流雲行之致。詩學長吉,書得晉人法。子曰夔,字汝典。幼從張履祥學,弱冠蔚然爲儒宗。從叔早卒,撫其孤,恩誼倍至。工詩書,有《物表亭集》。《海鹽續圖經》。參《澉浦詩話》。

陸源初,家貧,傭書,後力耕致富。好行其德,多義施。外孫王文祿嘗作《古民傳》志其遺事。袁《志》。

馮裔昌,字羽純。天啓丁卯舉人。家素封。乙酉之亂,奸民焚裔昌宅,掠其藏。後有按院某與裔昌同年,或勸鳴倡亂者治其罪,裔昌不可聞者,嘆其不可及。《陰行錄》。

朱匡維,字廬峰。父疾,謹侍湯藥,不避寒暑。母歿,茹素哀痛。晚益好行善事。著《皇極義》,闡先儒未發之旨。《海鹽續圖經》。

李琡,字仲素。孝友好義。歲祲,首發粟賑貸,貧不能葬者葬之,鰥寡不獲養者養之。舉鄉飲賓。袁《志》。

朱正誼,字思梅。歲貢生。捐產爲祭田,三舉鄉飲。子泰復,善養親志,遇事敢言,海塘圮,以正誼所輯《歷代塘志》上之,當事依議舉行。民運白糧,例點富户充解,率破家。正誼曾創官收官解法,泰復白諸巡按御史,疏聞于朝,著爲令。甲申三月,京師陷,泰復北向痛哭,自刎死。世稱孝節先生。《海鹽圖經》。參《朱氏家譜》。

劉鼎銘,字叔子。始祖某有功高廟時,世襲百户。正統間調守澉浦所,遂世居澉。明末國事大壞,鼎銘擬戰守策數十條,欲走京師上陳,而明已亡。聞信,痛哭狂走。乙酉八月,竟死于城外。其弟鼎鍾、鼎銓皆死。《海鹽圖經[6]》。

周行,字子行。立品孤介,能詩畫,家貧,恥干謁,爲吳貞肅所重。盤桓京邸,見時不可爲,以歸隱諷,不從。迨貞肅殉難,與祝孝廉淵親爲含殮,經營旅櫬,間關南歸。晚年僑居吳門。臨卒,告其友曰:"必葬吾於要離冢旁。"《海鹽續圖經》。

吳麟世,父中倬,甲申殉節死。麟世遇忌日必流涕。事嫠母,曲盡孝養。有《澹園詩草》一卷。

張大成,字殿倫。世居逍恬,刲肱療父母病,得瘥。

吳鳳來,字鳴岐。澉浦人。海寇竊發,父爲盜所得。鳳來號泣徧訪,有告以所在,候寇盡出,負父逃歸。兵疑其通盜,下父于獄。鳳來奔救哭訴,卒免于難。以上伊《志》。

蔣正開,字端伯。庠生。天性孝友,嘗割股療母病。歲祲,輒糶粟賑濟。百家堰年久傾圮,捐資修築。平生讀書談道,宋儒理學暨諸子百家,律曆方技,靡不綜貫。兩舉鄉飲大賓。于《志》。

湯承憲,字懲予。博洽多聞。療母疾,嘗割股。親戚故舊急難相援,片言解紛,不居德色。均田、均役兩舉並上議,佐其成。

趙士俊,字望之。萬曆間,隨父其孝兩次簽北運白糧,初以米虧揭京債,繼戀前累多備米,官反呵其科斂故浮於數。父抗辨,觸官怒,捶交下。士俊時甫束髮,忽抱父,指臂幾折,暈絕不放,官乃動容,稱孝子,始得免。于《志》。

曹觀,字鑒長。至性孝友,事父母,每膳必親視烹調。親疾,廢寢食。居喪哀毀,三年如一日。兄弟之間自相師友,怡怡如也。與人交久而能敬,人有急,每周恤之,無倦色。于《志》。

王元仁,字靜安。性孝友。父有六子,元仁居長。貧,俱未娶。父臨終,囑仁以撫育婚配,仁受命，勤苦蓄積，次第爲諸弟畢婚。已年逾五十，竟不娶，後以弟子世崧承祧云。于《志》。

嚴鉉，字履三。庠生。事父母，寢食省視必躬。母衰邁，艱於步履，出入扶持，勿辭勞瘁。遇親疾，輒籲天求代。親殁，哀毀成疾，不半載卒。于《志》。

黃廷贊，字右丞。少孤。家貧。母張氏年二十七守節，廷贊事之惟謹。凡盥櫛、匕箸以及厠牏，必身自供瀡。母年九十餘，廷贊亦老且白首，出入起居，廷贊必親自扶持，每呼即至，笑樂如嬰兒，遠近皆稱黃孝子。于《志》。

錢志高，字洪溪。父疾篤，祈身代，刲肱進。奉嗣叔後，房産悉以讓弟。歲饑，出米賑救，不取官價。舉鄉飲賓。于《志》。

崔天睨，字白芝。性孝友。析箸時，父以長子襲世職，憐其幼而欲微厚之，天睨固請均分。偶市其産，得數少，遂焚故券，不欲留此啟釁也。于《志》。

沈鳳翅，字瑞華。稟資端重，至性孝友。弟鳳翯早夭，留遺腹子翅，撫之如子。兄鳳翹早亡，姪年俱幼，翅以養以教，使之成立。舉鄉飲賓。于《志》。

許麟，字悦仁。幼年隨父赴試，父爲耿逆逃兵所虜，麟牽衣號泣，哭聲震塔。汛兵聞而救之。父患瘧痢，侍奉湯藥，躬自洗滌。又嘗刲肱以療母疾。著《學庸解》及《録生集》，并梓《喪宜五禁》及《雜誡》以箴世。于《志》。

蔡廉，母嘗怒，持杖撻之。廉曰：“母止，待兒伏。”遂伏地受杖，杖已，徐起，拜曰：“母弗怒，累母矣。”于《志》。

蘇瑞，字鳳臺。幼孤，事母至孝。母患瞽，瑞禱於神，母目得明。享年九十有四。于《志》。

陳士澄，字鑑公。讀書通大義。父母没，以遺産讓弟，獨任喪葬。弟有瘋疾，爲勢家所誘，至訟兄於官。終憐弟病，不介意。後弟貧，收養之，終其身。于《志》。

徐埏，字瀛表。父遠出，音問不通者二十年。埏尋親，抵江南荆州而病，默禱于神，願減己算，祈與父遇。病愈，入蜀謁下方伯，始知父客廣西。旋抵廣西，始遇父，遂迎父偕歸。而徐孝子之名以震。于《志》。

王廷傑，字海澄。由貢爲兩淮鹽分使，疏陳鹽法，切中利弊。居家喜爲善，族黨無力葬娶者，捐金以助。子大任，貢生。著《雲漢堂集》。

鄭煒，字若父。祖滌，父維楨，皆諸生。煒端方，不苟取予。嘗以忠孝廉耻訓及門，老舉賓筵。孫宣、亮，相繼登甲乙科，人以爲世德之報。時先後舉飲賓者，有崔玉、崔鑑、周幾、周諫采、沈廷鎡。玉爲賦長，遇歉歲，必散粟以賑鄉黨，遠近橋梁前後修建七十有二所。鑑好吟咏，善持公道，與人甚和厚，義有不可，必嚴以析之。幾與諫采兄弟也，皆好讀書，樂施予，設藥局以濟人。疾病死而無歸者，殯之。兄弟終身未嘗分爨。廷鎡醇謹恬退，與物無競，事親孝，兄弟敦睦，無間言。歲凶，鬻田賑饑，當道給額旌之。《海鹽續圖經》。

馮吉、詹道、張卿，皆彭太僕期生僕。太僕殉難章江，三人俱不屈，自刎死。

沈年，澉浦吳氏僕。乙酉，兵破澉浦，其母死于兵。年終身蔬食，言及輒泣下。《海鹽續圖經》。

【校注】

　　[1]按：天啟《海鹽縣圖經》卷十四《人物篇》“崔永”條作“遂徒步走海南求之”。光緒《海鹽縣志》卷十八《人物傳·孝義》“崔永”條作“徒步走海南”。“徒走”當爲“徒步”之誤。

[2]楔綽：光緒《海鹽縣志》卷十八《人物傳·孝義》"葉芳菶"條作"綽楔"，是。綽楔，古時樹於正門兩旁，用以表彰孝義的木柱。

[3]按：天啟《海鹽縣圖經》卷十四《人物篇》"曹禎"條："嘉靖甲寅五月戊申，倭奴自石墩轉掠大康橋，至禎所居。"光緒《海鹽縣志》卷十八《人物傳·孝義》"曹禎"條亦如此。嘉靖甲寅，即嘉靖三十三年（1554）。"甲辰"疑是"甲寅"之誤。

[4]按：天啟《海鹽縣圖經》卷十四《人物篇》"張亨"條："嘉靖甲寅夏，官兵與倭戰於孟家堰。"光緒《海鹽縣志》卷十八《人物傳·孝義》"張亨"條亦如此。故"甲辰"是"甲寅"之誤。

[5]按：上文未交代"（徐）良"其人，疑"良"前有脫文"子"。

[6]按：光緒《海鹽縣志》卷十八《人物傳·孝義》"劉鼎銘"條作《海鹽續圖經》。且《海鹽縣圖經》修于明天啟二年（1622），刊于四年（1624）（洪煥椿《浙江方志考》卷三），不可能記載明亡以後的事。故疑"《海鹽圖經》"是"海鹽縣續圖經"之誤。

國　朝

盛旦，字幾臣。世居嘉興新豐鄉。父泰交，布衣，倜儻，生七子，各授一經。旦居長，才名冠諸弟。弱冠居父喪，哀毀骨立。奉母沈備極色養，友愛諸弟，教孤甥徐全，卒成名士。明末大盜四起，旦倡率兄弟宗人為防禦，盜至，指揮佃丁健兒與格鬬，椎沈其舟。盜之，得脫者無幾，相戒不敢犯。弟九鼎先儁。旦以甲午舉浙榜，出譚希閔之門。希閔知湖州，坐罣累伏法。旦經紀其喪，送歸里，人咸義之。授東陽教諭，未赴，丁母憂。起補蕭山教諭，倡修學宮。郡邑檄修《邑志》，以蕭、嵊二《邑志》屬旦，書未成，以勞致病。卒，門人私諡曰文恭先生。《海鹽縣志》。

錢萬實，字鶴洲。六齡喪父，哀慕如成人。母楊病，輒籲天請代。母卒享大年。明季辛巳、壬午洊饑，萬實罄家，貨鬻器物，煑粥以賑，全活者多。一孺子奉母命，持布易米，失布，啼於路，萬實貸米與之。并助友人羅某殮其母。陰德甚夥。後二子之熹、紹隆，俱成進士。享年八十有六，受給諫封。《海鹽縣志》。

費萬程，字雲其。幼失怙。依母自立，母疾篤，刲肱以進，得復甦。順治辛卯登賢書，壬辰會試中副貢。初秉鐸剡城，補任潀水。甲寅春陞國子博士，衡文校課，大司成沈荃深器重之。《海鹽縣志》。

查大焜，字伯符。事父母孝，性抗直，遇有不平，身為排解。與人交，無城府，窮疾無告者，多方周恤之。《浙江通志》。

徐乾貞，字御六。貢生。昌治子。乾貞弟蒙貞早卒，群推乾貞子承祧。先是，蒙貞有妾生子，育于外，人鮮知者。乾貞詗得之，亟招之歸。吳《志》。

黃觀祖，字沖寰。孝友篤行，隱德自腴，築萬竹樓於管葛山。順治間，舉賓筵。童松門私諡為安白先生。《海鹽縣志》。

朱舜，字佩芳。諸生。與姪汝珩纂《先儒精義》，成《傳心錄》四卷。子鼎元，國學生。母瞽，舐之復明。喪偶不再娶，輯《傳心錄續編》。《海鹽續圖》。

蔡維祺，七歲喪母，號慟如成人。事繼母金尤謹。父病亟，割肱授劑。袁《志》。

王尚志，庠生。事母祝盡色養。創建宗祠，周邮親族。《海鹽縣志》。

趙至德，字心如。士俊子。生有至性，晨夕不離父母。年十六父疾，危甚，割肱以進，病亦旋愈。子廷玖，年十三父亡，顛仆號慟如成人。

朱衮，字砥中。諸生。幼失怙。母疾，露禱請代，居喪哀毀。置祭田以贍族。歲乙卯，飢民載道，兩臺下令助賑，袞首出貲以應。己未秋旱，捐穀倡賑。卒，祀鄉賢。袞友貢生徐彪，曾與袞及顧爾澄同修明《啟禎實錄》。彪爲人端方，事親盡孝。彪孫梃，萬里尋親，孝德尤著云。以上《海鹽續圖經》。

許全泰，原名翰，字周翰。弱冠爲諸生，棄去。隱居村落，好義，忼慨無倦色。尤善事後母。吳《志》。

徐有麟，好施濟。明季旱荒，捨米賑貧。順治七年，歲又大饑，買米散給。舉鄉飲賓。于《志》。

崔玉潔，字在郊。孝子永之裔。父歿，事母盡孝。創宗祠，置祭田，撫兄弟遺孤，咸使成立。吳《志》。

俞京相，字君調。嘗緣弟累破家，後更周恤之。三間寨塘崩，率先捐貲，採石修築。遇善事，施濟無倦色。伊《志》。

陳武毅，字倜分。遇善事，慷慨必爲。撫從兄遺孤，捐金置外祖沈墓田。助鄰里婚喪無力者。歲荒旱，出粟捐金賑濟。邑令彙詳，請旌，力辭，止之。

劉維棟，字伯隆。泫子。諸生。事親孝謹。鼎革時，散家廩數百石，捐金贖難民之被掠者。邑有利弊，有司咸諮其條畫云。以上《海鹽續圖經》。

徐宗稑，字孝若。邑諸生。明季庚寅、辛巳，歲大祲，旱蝗[1]，斗米百錢，力請當事減價平糶，躬爲士大夫倡，傾困不惜。康熙庚戌、辛亥，歲又荒，捐濟亦如之。于《志》。

朱稷，字或賓。母錢有賢行，病，久醫不能療，或賓刃股進，竟不起。《楊園聞見錄》。

徐豫貞，字德宣。天性孝友，家門雍睦。晚年肆力於詩文。著有《滄浮子詩集》《逃庵稿》諸書。

王之曾，字懷曾。世居沈蕩，讀書以明倫爲重，性忼慨好施濟。舉鄉飲大賓。

顧惟贄，號質文。州同知。少英敏，喜讀書，敦倫睦族，里黨稱之。

徐儲元，字翰飛。選貢生。廷試授通判。讀書樂道，以孝友律身。著有《詩集》。子始亭，字東崖。以選貢爲遂安訓導。課士有法，遇貧生，尤竭力周之。

張源長，字德孺。少孤，事母孝。處兄弟間，終身友愛。有姊早寡，迎養數十年，敬禮不衰。以上吳《志》。

彭孫繩，字子羽。長宜子。工詩，與從兄孫貽友人童祉董倡和。乙酉避兵豐山，扶母沈潛匿，復出求父，遂遇害。著有《問業居詩文集》。

周士彬，字宗雅。性好義。一日自杭歸，見婦人攜二孩泣于途，問之，百戶某眷屬，因陣亡流落。士彬招之歸，盡具服用，送還里。後貧甚。子孟昭、仲昭，備力奉彬三十餘年，無倦色。

平章，字天衢。鼎革之際，道多餓莩。捐貲收殮，深埋于山麓老鶴衕。子望，字茂功。里有開荒墩者，將棄骨殖于水，望亦爲收掩之。

周維垣，字斯璜。世居海昌。祖守道，以弟宗彝殉國難，遷于海鹽。維垣兄弟四人，誼學相尚。母錢病篤，醫藥罔效。維垣刲肱以進，病旋瘳。

郭介，字蓉皋。母病，刲肱，和藥以進。

徐硯榮，晬喪父，事母養志。弱冠婦亡，以已有子，不復娶。

支如璧，字玉泉。天性孝友，分產悉讓于弟，撫育族子無依者。捐貲修學宮，直指杜果舉賢良，下檄旌奬。以上《海鹽續圖經》。

錢福徵，字厚庵。篤實敦行。庶妹適于方，夫死，無子。家貧，養之終身，遣嫁其孤女。每出，必攜良藥濟人。鄉鄰貧乏者，歲周之，於親戚故舊，尤加意焉。《楊園見聞録》。

劉燾，字容大。幼孤，事母克盡色養。獨力營先世葬，捐助祭田。族中逋賦，每代償之。雍正甲辰秋，海溢，負母據高阜，他無所顧。于《志》。

錢綸光，字廉江。瑞徵子。性至孝。工文詞。家貧，藉修脯以養。瑞徵官西安教諭，綸光歲一省視。著《寒江歸棹詩》，慕思淒惋動人。以子陳群貴，贈如其官。吴《志》。

鄭應生，字時可。父母喪，哀痛踰禮。伯兄貧而早世，奉養嫠嫂數十年無間。代償亡友積逋累百金。卒，祀鄉賢。吴《志》。

王汝諧，諸生。以役事與里書張某熟，張女殊色，已許字。張借官僕銀，以女爲抵，僕利其色，不往索，逾三年，計子母應若干金，張不能償，欲奪女爲妾。汝諧適過其門，見張夫婦相持哭，詢其故，汝諧計子母，悉代爲償。《信徵録》。

朱廷采，字子鮑。諸生。父歿，慟哭幾絶。負土成墳，廬墓三年。家貧，奉母甘旨無缺。母没，復廬墓三年。乾隆元年，奉旌建坊崇祀。

陸士清，字兼山。年十二，補諸生。性孝友。勇於爲義，康熙二十年大造糧册，分别民官，徭役不均，士清首白當事正之。舉己酉鄉試，以父母年高，絶意仕進，教授終於家。

沈廷鑣，字爾振。諸生。孝友嗜學，礪名節，重然諾。遇困窮者，竭力以濟。著有《文章宗範》。以上《海鹽續圖經》。

朱銓，字衡三。康熙辛卯舉人。以母年少苦節垂七十年，不忍遠離，遂絶意進取。于《志》。

李國泰，字凝之。少不事生産，所遺負郭田百畝，悉分給諸弟，與同里陸子國、童百旃稱莫逆交。嘗抵郡，聞哭聲，問之知累官事，將賣妻以償。出橐金贈之。

有何大賢者，家僅中人，而性仁厚，有貧鬻身于人者，遇主母嚴酷，將離異其夫婦。爲捐金贖身，使之完聚。康熙四十三年旱，大賢年逾七十，力率子弟捐金，雇工濬諸溝渠，以資灌溉。《海鹽續圖經》。

張學賢，字漢侯。性至孝，嘗禱神，願減己算療親疾，果瘳。咸徵孝感。康熙六十年，學使馬豫給額旌之。子穹選，字仕雲。增廣生。醇謹孝友，有父風。待庶母弟三人友愛甚篤。業師朱某亡，家屬無依，穹選以舌耕贍養終身。又憫里人沈某病瘋，欲賣其妻，倡義日給米薪，夫婦賴以完聚。《海鹽縣志》。

畢國瑞，字宸表。幼失怙，事母至孝，奉寡嫂盡禮。由成均考授翰林院孔目。康熙己亥，制府檄修澉城，條陳利弊，公私稱便。邑吏苛索窑户運磚甓費，無以應，將鬻女償，國瑞設法潛禁，仍不令窑户覺。初，環澉城壖多樹桑，將悉芟夷，備馳道，國瑞以蠶桑民命所關，脱有急需，馳道旦晚可辦耳，奈何無故先絶窮民衣食之源乎！力阻，事得寢。他如築捍海土塘、修學廨、捐賑、施棺，諸利益事，皆踴躍爲助。人服其義。《海鹽縣志》。

楊荃，字卓伊。居父母喪，哀毁骨立，三年不食鹽酪。事其兄兆蘭如父。事無鉅細，必諮問而後行。《浙江通志》。

方開基，字德肇。歙人。隨父商于浙，遂家澉浦。母死，廬墓三年。後病篤，其子震旭割肱以療，世稱父子純孝。

吳時敏,字昆怡。性至孝,母郁病篤,醫藥罔效,刲肱以進,得瘳。踰年又病,復刲肱,幾絕。

沈德臨,字湘瀾。入太學。母病,百藥無效,割肱投劑,病遂愈。越三載,母又病篤,仍以既刲之肱復刲餘肉,和藥以進。子曾樟,亦以孝聞。

葉有聲,字向生。澂人。母患危疾,有聲刲肱進之。母卒,號踊不輟,終身蔬食。以羸病卒。《海鹽縣志》。

何澄,字滄洲。庠生。父梯,早歿。事母盡孝。晚年築舍墓旁,講學著書。郡縣聞其名,三舉鄉飲。崇祀鄉賢。子全,字原萬。庠生。應聘修《一統志》。著《理學薪傳集》。《海鹽縣志》。

朱王泰,字寅瞻。諸生。兩世未葬,獨割己產葬之。嚴茂才,五世同居。敖彩雲,敦朴好善,五世一堂。以上《海鹽續圖經》。

朱允昌,隱居樂善。子本,諸生。事親盡孝,族黨貧者,其婚喪皆身任之。

俞嗣榮,字位思。諸生。壯年喪耦,不娶。置義田以贍族。著有《自鏡錄》。

陳堯勳,字怡生。倜儻有大節。好施與,敦族誼,以醇謹稱。以上吳《志》。

郁檜,家貧。訓蒙以養母。有吳姓逋糧,將鬻女,檜以穀代納,女得免。《海鹽續圖經》。

賀偉觀,字毅如。性孝友剛直,凡遇地方利弊,不憚慷慨直陳。辛丑年,編審里役,條列十二,首議均田均丁,邑中利賴。康熙元年,星使巡歷沿海,偉觀獨詳畫疆界,鹽邑得免播遷。于《志》。

朱宏謨,字奕範。康熙戊子舉人。公車至淮上,夜聞鄰人哭甚哀。詢之,因失官物,欲自縊。謨傾囊中金贈之,扁舟返里,終不復出。于《志》。

顧錫純,字繡千。幼穎悟,性嗜讀書。弱冠補弟子員,度量豁如,常以濟人爲念。康熙四十六年夏大旱,河涸,獨捐資開西門河,使北水得以南流,初無德色。至其哀老憐貧,憫孤恤寡,未可枚舉。于《志》。

許雄,字熊飛。事親先意承志。家貧,甘旨無缺。母病,籲天求代。母歿,哀毀骨立,廬墓三年。雍正十二年,具題奉旌。《浙江通志》。

李商玉,澂浦人。篤行純孝。父母死于兵,覓遺骸不得,繪圖作邱墓,以志深痛,歲時懸以泣祭。刻苦積金,捐修澂城,從郭達郊,以便行者。里人名之曰報恩街。《海鹽續圖經》。參吳晞淵《傳》。

劉瑞陽,秦駐山人。嘗拾遺金,坐俟酒肆中,久不至,因囑酒家而去。明日其人號泣來,詢之,乃鬻女以償租逋者,亟歸之。《陰行錄》。

陳廷倫,字維翰。給諫所學元孫。母患疾,醫藥勿效,割股肉以奉,疾痊。後母卒,倫以哀毀亡。

張國臣,隊長也。守沈蕩。康熙十三年,寒山賊劫沈蕩鎮,先一日,賊遺國臣書,啗以利,令弗出擊。國臣徧告居民,嚴備器械以待。明晨賊舟蟻集,國臣率汛兵張敬山、馬百勝、張子雲等奮勇格鬬,手刃數賊,力盡被殺。汛卒三人亦同死。里人陳世琦爲立祠于里社廟西以祀之。

姜悅周,常川壩人。父母疾,輒廢寢食,奉湯藥。嘗就典史于官署,念母辭職歸,官憐其孝,給“百行首全”額旌之。

打筶陳某,巫也。父早世,事母至孝,爲人迎神,必攜酒肉供母,而與妻子食糠草,遇朔望則衣冠而拜。陸大生,負販人也。其父衣食不給,逐之于外,業販鹽,隨所得,供父,風雨寒暑無間。又有胡憲令字曙光者,父病,醫藥罔效,禱天刲肱,既而母病危篤,再刲肱以進,皆得瘳。

黃正氣,字浩生。慕范文正義田,欲立未果。子金蘭,孫謙、升、泰,先後置田一百六十畝,成先志云。

朱維新,字康侯。諸生。性鯁直,澉城舊設新河,中壩蓄濠水,灌田萬畝。有豪民紿縣令,開壩決水,濠涸,田盡荒。維新偕畢蕃昌、吳孝貽訟于官數年,事得直,始奉檄如舊制。彭孫遹紀其事。後人設主祀于壩之普濟庵。

潘稷,字尺衡。孝廉兆新子,勇于爲義。邑無育嬰堂,稷號召創率,毀其家成之。甲辰潮溢,邑人偕紳耆集議防海策,稷奔走風塵中凡六十日,以勞卒。

徐志榮,字士升。從子士瑤幼孤,族有欲毀其家者,志榮力爲卵翼,家得完。士瑤樂善好施,族里貧不能舉火者,給以錢米。暑月造蚊帳,死無棺者予之棺,他如新關帝祠,買石甃築沈蕩煤矢堰,皆可紀者。

徐信卿,蘆青里人。有王某售屋于張,將拆矣,王闔室大慟。信卿適往見,惻然,止之,割腴田八畝償張直,王得安居。

尤奇計,字濟公。邑城朝聖橋圮,獨力重建。又有歸望山者,重建通元西潭橋,其妻擔酒食,工匠風雨不輟。同時有王公升與兄賓宰,助貲建沈蕩橋,橋成,名曰永慶。以上《海鹽續圖經》。

黃鈗,字宗彝。庠生。歲除入城,拾金珠約值百金,即於途次默坐以俟。旋有人倉皇至,問所失,言悉符,遂還之。康熙二十年事。于《志》。

俞承吾,少負膂力,尚氣節。父母死,貧不能營葬。其外兄吳子九助之,承吾感吳德,思報吳。會某與吳有隙,潛持鐵椎欲殺吳。承吾知之,挺身赴鬪,傷脅死。吳爲立祠,置祭田祀之。郁秉樞《俞義士傳》。

顧錫綸,字晉三。貢生。性至孝,好義樂善。歲饑,請折漕以裕民食。潮溢,議築斷塘新堤,以固土塘,至今賴之。

李璜,字鴻舒。諸生。嘗捐金贖孤女,修清風、大麻涇等橋。著有《小窗偶録》《佳聞手編》,多長者言。王厚坤,字載宏。諸生。嘗出貲收葬遺骸。著有《蚓吟集》。

朱淑大,字羽青。太學生。遇儉歲,煮粥賑饑,施棺掩骼,不令人知。卒,祀鄉賢。以上《海鹽續圖經》。

殷紹遠,字義庵。慷慨好施。康熙三十二年旱,紹遠親之當事捐貲,濬河溉田千餘。吳《志》。

阮朝棟,字佩韓。諸生。事所後父母,孝養倍至。工詩文,著有《秀野堂集》。《海鹽續圖經》。

吳龍輔,字楚材。諸生。少孤貧。兄病,授徒養母,具甘旨,與妻食粗糲。兄卒,養寡嫂及遺孤三人,生平不欺闇室,時以孝弟勉學者。嘗與從兄玉成,倡議興復孫家堰水利,一方賴之。著有《函齋集》。玉成,字功懋。諸生。《澉浦詩話》。

吳有榆,字蒼培。儀洛子。至性懇摯,事父不違,年逾六十,依依如孩提。幼失母,諱日必流涕。著有《居易居詩文集》。伊《志》。

宋悦高,農人也。父彩奇。母徐病垂死,醫者術窮,悦高跪哭乞藥,醫者曰:"汝之肝腸,誠欲救母,我則何能?"悦高誤解,即往先墓哭禱畢,舉刀剖胸割取肝,暈絶,有頃甦,創口自閉,解纏股斜幅裹胸歸,以肝煑湯進,母沈痾旋起。悦高卧創旬餘而愈,家人不知也。後偕鄰人戽水,有見其瘢痕者,詰之始知其故。鄰以聞于縣,申其事,上官給"烏哺天真"額揭之閭。張庚《記宋孝子事》。

鄭濴,字觀瀾。曉七世孫。家貧,業賈。有杭商攜千金授濴,囑積絲。未買,而商已病歸,三年不至。濴攜原金至杭訪之,則商已先卒,妻、子不知有授金事。濴出千金還之,封識如故。伊《志》。

周建中,農人。事親至孝。母寢疾,割股煎湯以進,疾得痊。父母歿,寢苫凷者一年。既葬,每日必省其墓。母素畏雷,遇雷雨必披蓑立于墓側。伊《志》。

朱尚儉,澉浦南湖人。天性仁孝。父病疫,醫藥罔效,割股煮藥以進。父嗜西瓜,尚儉求瓜種佳者,種以奉之。及父卒,耘瓜而泣。是年瓜瓤盡白如雪,而味更甘美,呼爲"朱家雪瓤瓜"。伊《志》。

蔣功巍,字夔哉。善肘後術,活人頗多。盛夏施藥濟鄉里。有董某者,傭其家,既聘而貧不能娶,母家欲別嫁其女,以白金索庚帖,功巍令還其金,復與金治具,以全其婚。以子泰來貴贈官。伊《志》。

黃海山者,天性至孝。母袁病篤,率兄弟五人日夜籲天請代,自刲肱奉母。既而父君瑞病,亦刲肱以療。

徐德瑜,字不瑕。增生。事母馬孝,每日必親自供奉,甘旨畢備。集古今嘉言行爲一編,曰《含真録》。伊《志》。

蕭世絃,字東昂。太學生。少讀《義田記》,心慕之。乾隆壬午,倡同志捐修璵城橋,築官塘數十丈。倡修尚胥橋、朝聖橋及孟家堰橋。結老人會,按月散給錢米,以贍窮乏。伊《志》。

徐文錦,字魯元。性好施予。捐貲助建璵城橋。捐田助育嬰堂,親族貧者,周給不懈。晚捐田三百餘畝,請于當事創設蔚文書院。邑令旌之。伊《志》。

任永治,字邦懷。尚義好施,置義田、義塾,資族之讀書乏膏火者。歲祲,出粟賑濟。舉鄉飲賓。曾、元繞膝,五世一堂,年九十二卒。伊《志》。

馮德徵,字紹京。性慷慨,好施予。白苎橋圮,德徵召匠計之,需費四百金,獨任之。其尚義樂善類如此。伊《志》。

康萬春,諸生。三歲喪父。事節母張盡孝,母疾篤,祝天割股作糜進,飲之,疾旋瘳。伊《志》。

何原彪,字廷光。生四歲,母徐死,鞠于繼母賀,極盡孝養。置祖墓祀田,修合族宗譜,凡建橋梁,修學宮,諸善舉皆率先捐輸,爲紳耆倡。伊《志》。

張元熠,字漢濱。厚重能文。無子。有住屋二區,水田百餘畝,盡捐入觀成書院,以資貧士膏火,士林義之。伊《志》。

湯允熾,業賈不求多積,惟以娛親爲樂。鄰室火,力負其親以出,他無所顧。父歿,每遇雷雨,必著屐持蓋,往省墓,歷數十年如一日。于《志》。

李士錡,字景韓。太學生。少失怙,獨居殯所者三年。遭母喪,亦如之。撫幼弟,友愛倍至。他如建宗祠,置義田,歲饑出粟賑濟,鄉黨至今猶稱之。性喜書畫,著有《書畫記》。于《志》。

沈蘭,字香國。性端謹,家貧,下帷攻苦,未嘗干人以私。早喪偶,弟蓮亦早賦悼亡。兄弟二人,風雨連床,友愛之情,久而愈篤。于《志》。

陳連鰲,字柱滄。性孝,遇人急,雖窘迫必彌縫濟之。家人化其行,雍睦無間言。于《志》。

任廷楷,字樹芳。性孝。鄰室火,母危不能出。廷楷冒火進,負母走。燼木突下,傷足仆地。赴救者急從背解母。時廷楷已暈絶,牢不釋手,因共抱扶,至一樹下。良久始甦,股已糜爛。于《志》。

馬緒,字鑒操。太學生。父早卒,事母色養兼至。及母没,營墓廬,旬日間必一再往省,依依如孺子慕。著有《抱樸居詩稿》,採入《兩浙輶軒續録》。于《志》。

朱世標,諸生。性孝友。少孤。母老病,侍湯藥每夜必起,寒暑無間。居喪,痛絶復甦。于《志》。

張默,字聲雷。諸生。事親以孝聞。母病,籲天願以身代。及母没,哀毁成疾,不數月亦卒。于《志》。

陳石英,字子敬。乾隆戊申舉人,性孝友。工詩古文,兼通字學、韻學、算學。于《志》。

陸用浩,字玉泉。邑庠生。性孝友,品端方。母病,用浩患疽甚劇,力疾侍湯藥,晝夜不倦。兄弟雍睦無間言。晚年失明,祭掃必親往。與後生言,必以孝弟爲勗。著有《玉泉詩録》。于《志》。

吳蓀伯,字右箴。父宦粵,命留侍大母,曲盡誠敬。年四十二遭父喪,哀慕如孺子,水漿不入口七日,遂卒於苫次。于《志》。

朱宗城,字翼君。嘉慶辛酉舉人。居喪哀毁備至,遂致疾。及病篤,深以窀穸未營爲己罪,遺命以素服殮。著有《沁園詩草》。于《志》。

李應占,字南人。敦孝友,尚志節。嘉慶二十四年,詔旌孝行。道光元年,舉孝廉方正。詩詞書畫,俱翛然拔俗。著有《小方壺仙館詩鈔》。于《志》。

陳基昌,字訒庵。嘉慶戊午舉人。敦孝友,事繼母極謹。扶植諸弟,未嘗以異母岐視之。于《志》。

朱星煒,貢生。侍親疾,衣不解帶。居喪,水漿不入口者七日。道光元年,以孝行旌。于《志》。

祝汝成,字道閑。性孝友。宗族及戚友中有貧不能葬者,輒毅然任其事。于《志》。

朱昇,字應亨。與堂弟城友愛最篤。後城病故,昇遠館他處,聞訃奔歸,大慟致疾,越十四日亦卒。于《志》。

朱昌佐,字衡府。諸生。性孝友,敦品立行,每勸宗族公置祭產,爲敦本計。于《志》。

胡若琴,字南珍。性孝友。母嬰痼疾,敬養罔懈。晚年出己產以贍諸生。年八十六卒。于《志》。

俞肇榮,字九峰。性孝友。父病,刲肱以進。弟早亡,膳寡教孤,極敦手足誼。于《志》。

何廷樑,字宏道。性誠厚,里黨有貧困者,輒調恤之。事親尤孝,嘗築杉阿館以娱親志。嘉慶九年,舉鄉飲賓。于《志》。

俞廷銛,字玉墀。事親極孝,有族兄老而失子,時周之。且爲葬其上下六喪。于《志》。

馬國偉,字愚庵。性孝友,與弟用俊晨夕聯吟。庭有棠棣連枝之瑞,一時名公鉅卿咸贈以詩。著有《愚庵詩稿》。于《志》。

朱以權,字生廷。貢生。事親孝。父病篤,刲肱以進,獲痊。于《志》。

吳元棟,字良材。家貧,父久客不歸,母日夜憂疑,遂辭母往尋。負木版鐫年貌于上,所經過處,輒以印本貼之,冀有指示者。後至楓涇,知已葬武廟後,遂措金付守廟人,使護其冢,痛哭招魂以歸。于《志》。

　　吳端，邑庠生。父病劇，醫罔效，刲肱以進。于《志》。

　　馮振揚，至性過人。父某没於山西，振揚行乞尋骸骨歸葬。壽八十餘卒。于《志》。

　　任鋒、彭福壽、姚士楷，皆家貧至孝，嘗刲肱療親疾，閭里稱之。于《志》。

　　朱埏之，素性孝友。父殁，每哭嘔血升餘。母患肺疾，痰嗽不能出口，輒以舌運之。與弟方增友愛甚篤。數十年如一日。于《志》。

　　黃振玉，字健君。事繼母以孝稱。負笈他鄉，聞母病，徒步歸，侍湯藥晝夜不倦。哀毀骨立[2]，旬餘亦卒。易簣之日，猶諄諄以孝友勉諸弟。于《志》。

　　黃仙根，字亞圩。乾隆庚子副貢，績學多才。尤好施濟，郡邑修學宫，葺書院以及潛湟、掩骼諸善舉，無不預。晚年設義、祭等田，刊刻規約，斟酌盡善。著有《銀花藤館詩集》。于《志》。

　　祝乾錫，字磊人。諸生。性慈惠，親族有告貸者，周之，不責券。硯田所入，悉以分給匱乏。于《志》。

　　姚玉墀，字崑圃。乾隆丙午舉人，官天台教諭。精岐黃術，貧不能藥者，徒步往診，兼助之劑，即參、苓所弗惜。于《志》。

　　陶維善，字芾堂。敦本好義，廣施藥材以濟疾苦。恤嫠恤寒諸善舉，皆出貲以贊成之。于《志》。

　　郁文彬，字廷相。慕義樂施，歲饑竭力蠲賑。橋、廟有傾圮者，輒出資修之。戚友借貸，臨終悉焚其券。于《志》。

　　趙乾行，樂善好施。捐山五畝以爲義冢。遇荒歉，出粟平糶。舉鄉飲賓。五世同堂，壽至九十一歲。子周彪、光裕，並有父風。于《志》。

　　馮鳳威，字如三。貢生。處事明決，嘗值秋霖不止，颶風迅發，海水漫溢，力請當事修築防禦。時或疫癘流行，必延醫製藥，徧施貧乏。弟承佺，字南三。諸生。甲辰海溢，陳創修之策。有餘姚民流入鹽邑者，給口分得還，死者施槥櫝以殮。人高其義。于《志》。

　　張國正，字南州。少孤貧。以不得事親故，茹素終身。一日，黎明於途中拾遺金二十兩，徘徊不去，俟其人至，悉與之，無德色。舉鄉飲賓。于《志》。

　　吳本佺，字典簧。嘉慶庚申舉人。讀書明大義。歲祲，倡議蠲濟，活人無算。于《志》。

　　徐紹鎬，附貢生。敦族誼，凡族中墳墓、糧賦，其子孫無力完納者，悉與弟紹京代輸之。或以緩急告，必量爲周恤，無吝色。于《志》。

　　盧元熙，字鑑清。樂善好施。嘗出資開潛澉河支浜九百餘丈，鋪澉城北門外石道，遠近賴之。于《志》。

　　張治，字鈞衡。樂善好施。道光元年，詔旌義行。于《志》。

　　朱承陛，字香海。貢生。董修學校，勸捐施賑，閭里重焉。于《志》。

　　張晉，字錫蕃。性倜儻，勇於爲善好施，不責報。有士某以非罪論死，力營救之。後將幣謝，拒弗納。于《志》。

　　朱用堪，字崑嶺。樂施予，每倡義釀金，以濟族之不克婚葬者。于《志》。

　　楊與圻，字五生。諸生。好收藏圖書法物，遇人急難，傾囊拯濟，勿少吝。歲祲，有欲遷棺槨以鬻地者，償其值而存之。于《志》。

顧友忠,字會海。逋翁後裔,周急濟困,樂善不倦。于《志》。

陸廷冠,字遇川。家僅小康,樂善好施。求之無弗應,家遂中落。後舉鄉飲賓。于《志》。

趙養浩,字廣元。善岐黃術,招之輒赴,不計酬謝。事寡嫂如母,撫孤姪如子。臨卒,以自置己產均分與姪,里中咸稱之。于《志》。

張學曾,字庠郊。諸生。敦本尚義,創立義田,文亦有奇氣。于《志》。

錢同文,字養真。精岐黃術,遇危篤疾,投劑立愈。貧者不能具葠附,每出笥中蓄入咬咀不以告。有荷擔販鹽者,家無斗粟,鹽爲捕所奪,嘔血數升,匍匐求治。同文潛以白金雜藥中。啟函得金,以爲誤也,持還之。同文曰:“吾安得有金? 即遺汝,必明告矣。”其人得金,飲藥立愈。其陰行善多類此。壽七十餘乃終。于《志》。

曹恒亶,字誠夫。親喪後,忌日必閉闉泣慕。雖年七十,未許子弟稱觴。延師竹圃,嚴課諸子,雖除夕不廢。竹圃忽長新籜,枝長丈餘,因號曰瑞筠。有妹適許,寡,挈其孤,教如己子,即明經琦也。子辰容,另有傳。《海鹽縣志》。

康二老,樸實如村農。設酒肆於市,數十年無疾言忤色。母生時,常畏雷,母歿,每雷聲作,無論晝夜,必冒雨詣墓,雨霽乃歸,不遺一次。年八十餘,健步如少壯人。《蕉窗閒話》。

楊德保,兄弟三人。德居幼,洒掃使令,不辭勞苦,群稱之爲呆德保。父耄年目痛,漸失明,德保日夕舐之,淚淋漓不爲穢,不半年目復明。《蕉窗閒話》。

劉祖錫,字子福。少孤。事母頃孝,割股愈母疾。游南雍,執經焦竑之門。有志用世,考究朝野典故,謁選光祿寺丞,遷江右府判。乞養歸,依棲丙舍,以孺慕終其身。《海鹽縣志》補纂明人。

畢璿,字舜元。府庠生。母病危篤,親滌溺器,割股愈母疾。丁內艱,哀毀盡禮。《海鹽縣志》。

孫漢章,住邑西,鞔鼓爲業。母王氏病痢,割股煎湯,孝感即愈。壽至八十一而終。《海鹽縣志》。

朱爾鄴,字子長。泰禎子。純孝篤行,舉明經。當泰禎按滇,留家侍大父母,備極色養。捐祭田,建祠墓,茸梁施槨,善舉甚多。歲乙巳,舉賓筵。生平曾入水不濡者三,厚德之徵也。所著有《曲臺約旨》《葦讀齋初問》。《海鹽縣志》。

楊清,字既陶。甫離褓襁,母吳見背。事後母朱曲盡禮儀。失怙,哀毀。補弟子員。學使者谷應泰薦舉,稱曰:“門內無間言,公庭能杜跡。洵推貞養君子。”《海鹽縣志》。

周幾,字逸如。太學生。與弟文學諫采字仁如,共敦友愛,不分爨。每延醫設局濟人病,遇屍無歸厝者,與以地,因此家益貧。廣授生徒,講學于郡城,束修散給煢獨。郡守王師夔聞而高之,與交最善。詣鹽時信宿其家,顏其堂曰“最樂兄弟”。皆爲飲賓。《海鹽縣志》。

葛叟,農人也。性誠實。鄰居歙商囊千金歸,雇叟操舟,囑令善藏之。路遇流兵,攫其餘金,驅商登岸,而使叟馳至吳門。旋得脫歸,悉以藏金還商,商感酬金不受,時人義之。徐滄浮爲作《表義行》詩。《海鹽縣志》。

朱澐,字价維。邑諸生。至性過人,幼聞祖父言甲申死事諸臣事,忽墮淚失聲,人以此奇之。及長,孝友端方,濟貧急難。念兩從父貧,分業贍之。尤邃心程朱子書。所著有《性理管見》《小學便蒙》若干卷。《海鹽縣志》。

王維綱,字振庵。庠生。性孝友。父會,字藎思。游庠,早逝。易簀時,以父老不能逮養爲恨。維綱事祖鶴齡與母以孝聞。撫弟，養寡妹，人無間言。《海鹽縣志》。

祝晟，字野先。嘗拾遺金，訪還故主。往游南山，道旁拾珠帽，默坐以俟。果有老嫗泣覓，問之，實係抱幼主失去者，還之。即於是年得子，人謂爲善之報。《海鹽縣志》。

蔣樹臣，幼孤，無室。兄嫂不能事母，備工，獨養侍奉，必謀甘旨。因父歿于凶年，終身不茹葷。《海鹽縣志》。

許以德，字拱辰。先世籍海昌，以德贅于東塘陳霖山家。霖山歿，囑撫二孤。送死養生，訓孤成立。拓故業而歸之。《海鹽縣志》。

陳其經，字叔倫。幼失怙。善事母張，母病，嘗刲股以進。《海鹽縣志》。

朱台光，字鴻章。父患手足瘓，台光左右扶持，躬進飲食，捧溺器朝夕不離。十餘年如一日。《海鹽縣志》。

陳德林，父客死江西，德林年十六，走千里尋骨歸葬，里人爲繪《負骸圖》。《海鹽縣志》。

李恒安，小墅里人。父病篤，醫謂飲人血或可挽回，恒安焚香祝天，斷指瀝血以進，父病稍愈。《海鹽縣志》。

吾元圻，字硯尹。邑庠生。沈文節殉難，凶耗至，遺孤髫齔，咸憚遠行。元圻毅然自任，偕文節舊僕袁咸跋涉數千里，訪悉遺骨藏梧州荒寺，得負以歸。趙衡銓《書元圻〈粵中紀行詩〉後》云：“慷慨敦交道，收骸萬里還。烽烟群盜路，瘴癘百蠻天。俠骨超千古，忠魂鑒九泉。奚囊餘好句，贏得共流傳。”《海鹽縣志》。

朱九一，字少儒。庠生。咸豐辛酉縣城破，九一從容作《絕命詞》五首題學壁，有“不須更作身家計，此後妻孥任自謀”之句。繫頸闌干，將自盡，被賊解脫，仍斷食死。《海鹽縣志》。

沈掌大，澉浦人。辛酉二月，賊陷縣城，旋築壘璵城鎮，按戶搜括，民憤甚。掌大倡義號召聚衆萬餘，並乞澉浦汛官兵爲前鋒。五月十三日，把總陳長瑞率衆前進，行抵勾塍橋，遇賊船，開礮擊其魁，餘賊梟水逸。俄賊援至，戕長瑞。赴澉大掠，並索起義諸人。掌大謂：“吾不出，必累衆。”從容就執，過酒肆飲，神色自若。抵璵城，賊究問黨與，掌大曰：“倡義惟我，何多問爲？”遂被害，年六十一歲。助掌大鳴鑼集衆者，有庠生張鏡、坊保郁老五。事敗，張鏡自縊，郁老五亦被害。《海鹽縣志》。

朱嘉玉，字子信。毓文子。國學生。沈掌大義兵潰後，時海寧屯重兵，嘉玉乞師不應，痛哭歸。十二月賊陷澉城，虜其兄嘉幹暨兄嘉穀子福詵、福潛。玉以幹多病，追之，願以身代。賊釋嘉幹，脅玉及福詵、福潛行。至浦東，會官兵攻之急，賊夜遁，福詵、福潛乘間得脫。嘉玉性倔强，卒被戕。參《縣志》纂。

顧桂餘，農人。咸豐辛酉冬，賊犯澉浦，隨父走避，倉猝相失。疑父陷賊中，突圍視之，賊脅行，遂赴水死。《海鹽縣志》。

王乾元，字確庵。監生。年已耄，匪擾，居鄉誓不蓄髮。同治二年冬，海寧賊猝至，髮短被執。乾元罵賊不屈，身被數創死。《海鹽縣志》。

【校注】

［1］按：光緒《海鹽縣志》卷十八《人物傳·孝義》“徐宗釋”條：“明季庚辰、辛巳，歲大祲，旱蝗。”明季庚辰、辛巳，即明崇禎十三年（1640）、十四年（1641）。本《志》卷三十五《祥異》：“崇禎十三年，大水。七

月,旱蝗。十四年六月二十九日,飛蝗滿天,食禾殆盡。”“庚寅”疑是“庚辰”之誤。

　　[2]哀毀骨立:疑“哀”前脱“母卒”二字。

文　苑

宋

　　魯之茂,字伯秀,號雪村。祖可簡,有《蘭亭會妙》卷。之茂跋其尾,稱“兒時侍先祖龍舒府君,坐膝上觀此,今已七十年,不覺感愴”云。之茂善畫梅竹,寧宗朝仕爲郎。《蘭亭續考》。參《畫史會要》。

　　魯應龍,字子謙。宋末布衣。著《閒窗括異志》,足副藝苑談資。《海鹽圖經》。參《檇李詩繫》。

元

　　沈縠,字仲實。開朗好讀書。後至元間官餘干同知。《樂郊私語》。

明

　　唐貞,字士幹。爲東莞丞。時從楊鐵崖講學。韓履祥贈士幹詩,有“宦遊踰嶺海,聲價動京華”之句。《海鹽圖經》。

　　朱孟德,字維新。寓籍陝西寧夏衛。中永樂戊戌進士,任廣東興寧知縣,有題《出獵圖寄西溪李季衡》詩。《檇李詩繫》。

　　陸贊,字德潤。宣德間,以詩文名,兼善篆隸。爲人嚴毅莊重,以禮法自持。嘗病世俗湮于佛老而喪不成禮,著《居喪撮要》。鄉人私諡貞一。時有楊復生,字繼先,亦工詩。居尚胥里。《檇李詩繫》。參《海鹽圖經》。

　　陸德裕,字孟含。宣德丙午舉人。通《周禮》,以經學教授。著有《禮翼》四卷。

　　陸鯤,字斯溟。諸生。家貧,好購異書,入其室,繞榻皆書。人稱敏齋先生。以上吳《志》。

　　張翥,字九皋。教二子寬、寧,皆仕於朝。與鄉老結社賦詩,有香山洛下之風。時有丁銛,字公銳,號靜庵。張綱,字用常,號巢居。張宏,字景容。沈寧,字致遠,號楳泉。見《武原集》。又劉玒,字公縝。有《西林集》。滕鸞,字儀朝。有《翠厓集》。《檇李詩繫》。參《静志居詩話》。

　　陳善,字敬佐。爲詩古文詞,立就,不屬草。求之者,非其人雖重幣不作。天順間,以貢爲崇陽訓導。年餘即歸,高卧不出。孫詢,工詩畫,聞於時。《海鹽圖經》。參吳《志》。

　　崔端,字惟正。世襲指揮使。器識不群,嘗從都督徐恭征鄧、葉二寇,擒其渠魁。精騎射。兼工詩翰。《檇李詩繫》。

　　劉傑,字季俊。通律吕、書數,長于詩文。成化改元,徵修《英宗實録》,嘗合族屬爲同春會,以合本宗子孫,遵行勿失。弟常,字世經。諸生。嘗輯海鹽邑詩曰《武原集》。《海鹽圖經》。參《嘉禾徵獻録》《檇李詩繫》。

　　董穀,字碩甫。澐子。由舉人爲漢陽令,所至廉靜不苟。告歸,四壁蕭然,惟攜書自怡。當晝炊烟未舉,吟咏自若。後遊王陽明之門。著《性論》一篇,其悟後筆也。著有《豢龍四存前後集》《澉水志》。《浙江通志》。

王洪,字宗範。陽明入室弟子。陽明子正億,從洪受書。倪高發,字武霄。以居敬窮理教學者,選泰順訓導,不赴。吳《志》。參《海鹽續圖經》。

徐晟,字公允。博學,與朱祚齊名。參政王衡按部至,聞其名,延爲上客。著有《左氏摘事》《燕石存稿》。

祖晟,字廷昭。性至孝。能詩,出語秀拔。嘉靖中,以貢爲宿州學正,歸,杜門三十年。卒。有《東歸稿》。

張嘉秀,字文英。嘉靖己丑進士。饒州教授,擢南刑部郎,謫知霸州,未艾,懸車。六齡能詩,雲間錢鶴灘遊海上,器重之,挾遊錢塘,登張都閫山亭,援筆賦長歌立就,有神童之目。《海鹽縣志》。

湯紹祖,字公孟。善爲駢麗之文。訂《定續文選》三十二卷行世。讀書恐爲人溷,嘗置一舫,聚書其中,泊于寂寞處讀之,薄暮鼓棹歸,以爲常。著有《清遠堂集》。以上《嘉禾徵獻錄》。

賀簡,字朝重。苦志篤學,手一編不釋。舉賢書,授恩平令。卒。袁《志》。

徐定夫,字士安。詩以風骨勝,有《次韻王文祿見懷》之作,爲名流所賞。著《蛩吟集》。《海鹽圖經》。參《靜志居詩話》。

劉銳,字蓄之。以世胄襲海寧衛指揮,涖事嚴毅,人莫敢犯。學問淹洽,與瀛洲諸老賡和。有《春臺集》。《橋李詩繫》。參《靜志居詩話》。

錢端暎,字弢父。諸生。言行端謹,事兄與暎極恭。嘗應鄉試,發策非所問,題詩省舍而出。同邑姚士粦序其集,作《儒隱先生傳》。《嘉禾徵獻錄》。參吳《志》。

王文祿,字世廉。父佐,諸生。喜聲樂,精騎射。文祿少舉鄉薦,廉峻不以私干人。遇不平,叱罵不避權貴。性嗜書,遇有異書,輒傾囊購之,得必手校。縹緗萬軸,貯一樓。俄失火,大呼曰:“但力救書者賞,他不必也。”著有《藝草》《邱陵學山》《邑文獻志》。《浙江通志》。參《嘉禾徵獻錄》。

彭暉,字日華。嘉靖初爲河南學諭。家貧,力學。工詩古文辭。弟暄,亦以博學聞。教授邑中,遊其門者多良士。袁《志》。

采九德,字常吉。由選貢爲教授。嘉靖倭變時,著《東寇紀略》二卷。子士英,字茂含。讀書有志節。著《海寧衛乘》十卷。《嘉禾徵獻錄》。

劉世教,字少彝。伉爽,不屑屑谿刻自苦,於書無所不窺。慕義,急人難。萬曆壬子舉北闈,選授閩清令。事悉治辦,病卒。世教詩極秀出,文仿六朝,兼工行草尺牘。有集十二卷。《浙江通志》。

沈祐,字天用。居海寧硤石山,號紫石山人。官王府典膳。家有園亭之勝。工詩,好交遊。與孫一元、僧明秀賡倡。有《淳朴園稿》。《橋李詩繫》。

陳楫,字濟之,號來山。嘉隆間文學,工詩。見《皇明詩統》。《橋李詩繫》。

李璋,字政虹。以明經終。閉戶著書。著《嗜泉詩存》二卷。《海寧州志》。

沃饒,字文裕。幼孤,事母孝。堅志苦學,應貢,授華容司訓。尚書劉東山謂人曰:“此真庠師也。”《海鹽圖經》。

吳宗漢,字守忠。好學不倦。著有《逸心道人吟稿》。《海鹽圖經》。參《橋李詩繫》。

呂元善,字季可。以監生歷山東藩司理問。嘗修《東省通志》,更創《聖門》一志,自四氏、七十二子,漢、唐、宋諸儒宗系,祠祀林墓,無不考據明確。後以襄賑勞劇卒。《海鹽圖經》。

張奇齡,字符九。萬曆癸卯舉人,時年未及冠。十上公車不第。開講席于西湖、苕霅間,學者稱太白先生。嘗訓及門曰:"與爲贋經術,不若爲真詞章。與爲贋理學,不若爲真訓詁。"著有《鐵庵存笥集》《識大編》《問業紀事》諸書。以子惟赤貴贈官,祀鄉賢。《浙江通志》。

劉學顏,字少愚。諸生。邑中浚新河,正學宮門,徙泮池,築文星臺,皆學顏建議。馮臯謨記其事。《海鹽續圖經》。

陳許廷,字靈茂。陳際秦、楊廷樞、張溥,皆與定交。以薦授兵部司務,歸。博物洽聞,尤悉掌故。嘗辨杜遵道亳州檄文,明祖不奉小明王,馬治木弑本雅失理,非阿台所弑,足訂通紀諸書之訛[1]。所著有《蘇庵集》《周易注傳演林》《左傳典略》《漢書雋》《洪永紀事本末》《李義山詩箋》。兄昌期,字孟起。弱冠補諸生。嗜左、屈、班、馬之文,才思煥發,有不可一世之槩。嘗作《快賦》以自適其志。惜蚤卒。兄昌懋,另有《傳》。《浙江通志》。參《海鹽續圖經》。

姚士粦,字叔祥。與胡震亨同學,以奧博相尚,蒐羅秦漢以來遺文,撰《祕册彙函跋尾》,各爲考據,具有原委。馮夢禎爲南祭酒,較刻南北諸史,多出其手。有集四卷。吕兆禧,字錫侯,年十二能文章。買書萬餘卷,與士粦繙誦矻矻,丙夜不休。早卒。著《筆記》一卷。《海鹽續圖經》。參新纂。

鍾夏,字時叔。以太學生授貴溪丞,未三月歸。嘗客白下,名士畢集。咏虞美人花,一時避席。有《劍津集》。《檇李詩繫》。

崔嘉祥,字道徵。孝友力學,六經子史皆手自抄寫,垂老不倦。談經濟甚晰。有《雜著》一卷,載萬曆初年時事評議,可採。《海鹽圖經》。

朱載黄,字穀修。清修力學,與物無競。晚棄諸生,村居不出。吳《志》。

彭宗因,字季親。諸生。後棄去,與高僧耆宿結社賦詩,有《瘖歌室稿》。同時有徐穎,字渭友。諸生。初逃於禪,後入茅山爲道士,出遊燕、趙間。好談兵,以姚榮靖、徐鴻客自許,兵後不知所終。有《仛州集》。劉兌,字西成。布衣。亦工詩。有《秕廬稿》。《靜志居詩話》。參《檇李詩繫》。

曹名卿,字肖泉。諸生。八歲即能詩。陳詹事見其文,歎曰:"神施鬼設,間見層出,不謂孟郊而後有斯異才。"膺貢,爲鴻臚寺丞。著有《蟬餘集》。吳《志》。

楊盛春,字涇泓。力學,尤精音律。天啓三年,邑令樊公維城祀先師廟,用樂設六佾舞,延與同事。黃鍾十二律,考訂無差。于《志》。

陳昌懋,字仲修。給事所學次子,由諸生入國學,與董思白、馮開之齊名。天啓辛酉,中南省副貢,充首恩,例得入仕版。昌懋卒不就,爲園城東,曰樊圃,構湧月臺,俯眺大海,日與故人登覽觴詠。慷慨好義,故友沈貧不能葬,爲營窆穸。遇歉歲,首倡捐貲賑濟,周急孤寡無依。年六十四卒。所著《環玉山房集》。康熙四十一年,入祀鄉賢。《海鹽縣志》。

錢千秋,字真長。天啓辛酉舉人。博學工文詞,自負不可一世。以牽連被逮,知縣樊維城重其才,力爲解脱。甲申被辟爲歸德府推官,監軍河上,棄官歸。著有《青崖集》。《海鹽續圖經》。參《靜志居詩話》。

朱學章,字稺韜。諸生。崇禎間草萬言書,將上之,會陳啓新以上書授給事中,所言爲士類笑,遂不上。甲申,賊陷京師,遯跡以卒。里黨私謚節隱先生。袁《志》。參《復社姓氏録》。

　　胡夏客，字宣子。震亨子。諸生。博綜古今，凡七略九流，無不瀏覽。好模周籀秦篆，雖竹書漆簡，邠敦膚彝，一見輒辨其年月。著有《谷水集》。《檇李詩繫》。

　　徐濟貞，字湄械。諸生。從治子。爲文雄奇自喜，與弟復貞字琯朗有"二難"之稱。著《澹安自娛集》《霞蔚軒詩稿》。嘗集海鹽先輩詩，曰《海谷遺風集》。《海鹽續圖經》。參《檇李詩繫》。

　　何閬客，字閬仙。諸生。父所蘊、母胡同夕夢短而髯者，以五色繭投懷，旦而生子，因名。著《梅花詩百咏》《紀寧草》《燕舞堂集》。徐仲選，字華海。太學生。有《鶴友詩稿》。《海鹽續圖經》。參《檇李詩繫》。

　　顧文輝，字射墟。崇禎癸酉舉人。負奇不屑屑章句，嘗取古今理亂及名臣言行，采輯成一家言。有負官租者將鬻其妻，爲代償，其厚德如此。

　　徐永平，字子奇。爲文疏宕有奇氣。天啟末，崔魏造點將録，竄永平名，幾及禍。以上《海鹽續圖經》。

　　李麟友，字振公。儻募不羈。父殉難後，棄舉子業，絕意仕途。與同里王介人、周青士、沈山子諸人日相倡和。其詩慷慨奔放，不屑剪裁字句，每一篇出，交口傳誦。有《布衣存稿》。于《志》。

　　陸廷鴻，字羽儀。博聞多識，晚歲偕李天植、彭孫貽諸人遯蹟，著書以終。吳《志》。

【校注】
　　[1] 按：雍正《浙江通志》卷一七九《人物六·文苑一》："陳許廷，字靈茂。海鹽人。陳際泰、楊廷樞、張采、張溥，咸與定交。以薦授兵部司務，移疾歸。博物洽聞，尤悉掌故。嘗辨杜遵道亳州檄文，明祖不奉小明王，元馬哈木弒本雅失理，非阿台所弒，足訂通紀諸書之訛。"《明史》卷三二七《外國八·韃靼》："越二年，本雅失里爲瓦剌馬哈木所殺。"故"陳際秦"疑是"陳際泰"之誤，"馬治木"則當作"馬哈木"。

國　朝

　　金英，字劍耿。篤學力行。順治初年，甄拔恩貢，授東陽學博，後陞感恩縣令，告歸。家徒四壁，仍設教自安。僻處鹽之茶園里，常與吳蕃昌、彭孫通、朱嘉徵、童申祉、范驤講學海昌，稱鄉祭酒者十餘年。有《從吾亭詩文集》。《海鹽縣志》。

　　徐昌治，字覲周。由恩貢生考授通判，不就。兄從治被圍於萊，匹馬走山東乞師，列狀訴督師劉宇烈撓怯必誤封疆，宇烈卒被逮，萊城獲全。就試南省，登癸酉榜，以父老，不上公車。著有《四書旨》《周易旨》《通鑑燦》《昭代芳模》。《海鹽縣志》。

　　何其仁，字元長。莊敬好學，《四子五經》自爲纂釋。書宗顏魯公，兼善寫蘭。由貢生知崖州，力行善政。歸田，不入城中。祀鄉賢。《海鹽續圖經》。

　　錢采，字介亭。副貢。讀書以涵養性情變化氣質爲法，築小樓於壺溪。顏曰"清心"。楹帖書"平生所學爲何事，後世有人知此心"。手纂濂洛關閩之言，參互考訂，名《性理提綱》。

　　朱觀賓，字道庵。善史才，撰及闕編，詳載《勝國遺事》，簡嚴得中。順治己丑，以巡按趙公薦，充貢，纂修《明史》。詩文磊落有奇氣，與胡震亨、吳蕃昌、彭孫貽諸人結社倡和。著有《秋蛩音》《竹隱》《江淮紀遊》等集。《海鹽縣志》。

　　馬維騊，字空凡。貢生。歷任衢州教授，所至修學宮，立學則，士風一變。著《惜餘軒集》《詮易緒言》等刻。《海鹽續圖經》。

童申祉,字百旃。博綜典故,詩文數千言立就。以明經授臨安教諭。所著《百一編》二百餘卷,與彭孫貽合纂志稿若干卷。吳《志》。參《海鹽圖經》。

錢爾復,字仍始。明太常寺卿錢薇四世孫。諸生。以足病不應鄉試,力學通群籍,爲文雄才健思,有獨立霞表之概。性孝友,竭力事親。晚年築小圃,顏曰“半完”。學者稱“半完先生”。《海鹽續圖經》。

徐根,字虞風,花溪里人。諸生。從陳梓游,得聞楊園遺風,志行修飭。子皆諸生,確守遺訓。所著有《四書集説》《楊園年譜附録》諸書。新纂。

朱景蕭,字子于。以選貢任常山學博,未幾歸里。尚義好施,歲饑,流民徧野,景蕭倡捐米百餘石賑濟,他邑皆被。饑民盜劫,海鹽獨無恙。平日攜琴書自娛,既老猶勤,著作無虛日。有詩文集。吳《志》。參《海鹽續圖經》。

鄭亮,字雪堂。康熙丙辰進士。善詩文。著有文集。祀鄉賢。

顧宏,字藥庵。整飭不苟訾笑。由歲貢授太平教諭,以嚴毅化諸弟子,累遷崖州知州。

朱正標,字介子。諸生。性誠樸,言動必準禮法。家無儋石,介然自持。以上吳《志》。

王槐,字卜臣。貢生。能詩文。著《嘉樹堂詩集》,朱彝尊曰:“芝亭書癖與余同。讀《嘉樹集》,正如秋水明霞,澄泓鮮潔,知陶洗之功至矣。”

張尹諧,字古匏。貢生。任太平訓導。遭耿逆之變,閩兵蹂躪,尹諧棄官歸。日以著書自娛。有《嶺南》《平泉》等集。

祝壽祊與弟翼芳,皆諸生。兄弟自相師友。翼芳著《憤樂詩稿》,壽祊著《吐鳳樓詩文集》。

徐景穆,字臣颺。庚午舉人,長於詩。著《蓬廬詩》《柘塘游稿》等集。曹宏勳,字君選。少孤。篤志不苟狥俗。著《澹庵集》《自率居詩稿》。吳麟德,字元聞。諸生。著有《纕蕙集》。

馮昌臨,字與肩。由歲貢授桐廬學官。居鄉好施與,倡捐修文廟,建文星閣。著《易學參説》《日省編》。以上《海鹽續圖經》。

錢鴻,字羽可。築室宋湖,好行陰德。有《撫松居集》。吳麐士,字宏度。世居澉川,匿影湖上,頹然窮老。有“吾本蓮峰老布衣,與世不合長掩扉”之句。著有《斷冰集》。

陳光繹,字緯度。諸生。許庭子。少爲張西銘所知。上巳流觴,與王處卿聯席,摘論史漢數則,王遂以女字之,女亦能賦。光繹讀書敏異,天官、地理,靡不究心,尤精壬乙之學。其詩名《調鍾集》。同時,徐啟芳,字梅生。有《竹塢集》。沈牲,字天生。有《瘦山草》。

徐拔慧,字子開。從治孫。諸生。有《師嚴堂遺稿》。徐晨全,字孝績。著《三禮考》一百卷,《刈園稿》六十卷。

張之楚,字幼青。貢生。幼即工詩,吳梅村贈句云:“愛君詩似謝宣城。”有《歸雁齋集》。

胡申之,字令修。副貢。以病目廢。性嗜書,先世遺稿刊布不遺餘力。有《復庵心在録》。以上《檇李詩繫》。

吳麟祥,字稚先。有《吟住詩稿》。從弟麟趾,字綠巢。有《學稼軒稿》。從姪坤釜,字季雄。有《安雅堂集》。麟祥嘗與弟麟瑞及余鵬舉適園詩社。鵬有《浴鶴亭》《樂志園》等集。同時有朱惷,字常伯。諸生。工詩畫。有《鹿巖集》。朱絲,字以陶。有《雪芽詩稿》。

吳爲龍,字汝納。博綜群籍。尤好讀史,人以史事問,無不洞悉。元本康熙戊午,當事欲薦舉鴻博,力辭不赴。著《諸史拾遺》《再續澉水志》《樹萱軒詩文集》。子朝銓,字同衡。入成均,考授同知。詩宗香山、劍南。有《已晚亭詩集》二十八卷。從子正心,字心存。以舉人授常州同知。有《蘭友集》。以上《澉浦詩話》。

朱鼎鋐,字楚深。貢生。家貧力學,嘗從師走千里,著《農巖詩集》《雜著》若干卷。以子佩蓮貴贈官。

陳訐,字言揚。歲貢生。初任寧海訓導,遷溫州教授。課士有法。刻《宋十五家詩》《杜詩》《自訂詩集》《勾股述》《勾股引蒙》諸書及《海塘議》。歸田,增置祭產,以贍族之貧乏者。以子世倕貴,贈如其官。

吳晱淵,字元復。工詩文。不屑舉子業,體究濂洛諸書,造詣深粹。兼涉醫術,著《續名醫類案》。從弟景晳,字孔與。博覽多著作,有《韻類經緯》二百卷。

祝尹臣,字景和。舉人。潛心經學,《周易》性理尤研究入微。著《屏山心錄》。董上容,字呂音。以舉人授諸暨教諭,廣置學舍,集諸生講誦。嘗作《良知辨》,與姚江異旨。

彭浩曾,字慎齋。敦行不怠,學使王蘭生保舉賢良方正,力辭之。從游者有經師人師之目。

顧夢輔,字紫垣。貢生。淹博古今。著《五經異同》等書。顧元碩,字仲若。諸生。薦賢良方正,不赴。

蔡觀光,字子瞻。諸生。工詩,能文章。著《一翠軒》《巢雲閣》等稿。

姚生華,字元升。鍵戶讀書,手纂《五經講意》《春秋史傳》若干卷。

周勉,字中崍。諸生。見古書輒購得之,儲藏甚富。有《求志堂集》《毅庵筆記》。

蕭奇中,字對一。諸生。乙酉鼎革,邑多草竊。奇中與周參戎力保全城。著《蕭瀟集》《魅喜篇》《北游》諸草、《八棄堂詩餘》及《大梁文集》。

王大任,字古愚。貢生。著《雪溪堂集》《聽水齋稿》。子臣林,諸生。同父補輯伯祖廷俊所輯《易解》行世。以上《海鹽續圖經》。

畢宏述,字既明。能詩。精篆隸,得古人筆意。王吏部澍極為推重。著有《六書通》《念園詩草》。《海鹽續圖經》。參《再續澉水志》。

朱光启,字青巖。以學問重于時。遇佳山水,流連詠歌不忍去。著《懿戒堂詩選》。

周福柱,改名國祚,字白民。往來南北,所至搜剔名勝,輒記以詩。著《淡水軒詩集》。

楊鼎,字鼐臣。諸生。邑乘自胡孝轅後,彭羿仁、童百旃續之,至康熙十一年止。鼎復益以十年。胡《志》至《續圖經》,六十年中典章人物半取給焉。以上《海鹽續圖經》。

石廷猷,字襄綸。康熙壬辰歲貢。性耿介,不苟取予。後受人侮,積不平,愬諸邑,令李鍵見其名狀,歎曰:“是邑所稱積學篤行石某者。”遣吏止其對簿,而懲侮者令詣門謝過。廷猷樂訓迪後進,未嘗計其修脯,以故成就者甚衆。《海鹽縣志》。

郁運復,字言三。康熙癸巳舉人。嘗作《檇李郡賦》數萬言。錢鎬,字澗迴。諸生。少負雋才,尤長于詩。著《廢我山房詩集》。朱毓牲,字素安。諸生。有《石筍山房集》。

王澐,字子雲。諸生。肆力于詩,著《薇水亭詩稿》。陳疏,字綸扉。諸生。自訂詩爲《三宜軒集》。鄭勷,字翼衮。諸生。詩文不入俗尚。著《翼慶堂集》。

許得受,字漢杓。諸生。學有根柢。著《纔是編詩》《豈匏文集》《豈匏雜著》。朱宏楲,字琢庵。貢生。寒暑讀書一室,積稿盈架。著有《史辨》《漍塘詩存》《夜雨對牀集》。富禧,字凝齋。少遊成均。著《蜚英樓集》。

顧元芳,字庸求。諸生。著有《秋畹齋草》《一經亭集》。以上《海鹽續圖經》。

顧民珩,字楚玉。賦性馴雅,遇顯耀聲援不樂顧。晚年手纂《尚書通解》《醫方綱目》等集。于《志》。

吳遠,字宏道。諸生。詩文爾雅,兼工書法。有《見滄詩集》。吳毓璞,字冠崍。諸生。深于經術,各有纂錄。知府袁國梓聘修《府志》,舉鄉飲,不赴。姚德音,字靜遠。諸生。纂《續圖經》,訪求山川形勢,最爲詳晰。《海鹽續圖經》。

陳世佶,字士常。康熙癸巳舉人。藏書萬卷,丹黃殆遍,得善本必手錄一過。著《種書田稿》一卷。又輯《杜詩注》《經說纂錄》若干卷。伊《志》。

吳儀洛,字遵程。諸生。力學砥行,私淑張履祥,嘗歷遊楚、粵、燕、趙,徵文考獻,不遺餘力。留四明,讀范氏藏書,所寓目者,輒能暗寫。中年欲以良醫濟世,博覽岐黃家言,遂精其術。所著《成方切用》《傷寒分經》,闡明仲景,發西昌喻氏所未發,采入《四庫全書》。又著《春秋傳義》《周易註》《本草從新》等書。伊《志》。

沈炎文,字載廬。雍正己酉舉人。年十二,《六經》《三史》皆成誦。著《耕煙詩稿》《片雲詞》。伊《志》。

吳元音,字律安。貢生。少從盛遠學詩,後棄去。一意講求實學,精研先儒經傳,老而彌篤,顏其齋曰"求放居"。喪不延僧道。與學者言必以躬行爲主。著《四書辨》四十卷,學使雷鋐爲之序。子自成,諸生。著《拙存集》《經義》若干卷,《兆漁堂文集》二卷。從子始泰,貢生。著《書畫考》《古今名賢傳》。伊《志》。

張雲鶴,字紫田。一字抱山。性高尚,不慕榮仕。不娶,出入以琴自隨,心有所得,輒鼓之。兼工書畫,尤邃於詩。著《抱山詩鈔》四卷。邑令舒瞻爲《序》而梓以行世。伊《志》。

許球,字鳴虞。雍正癸卯舉人。事親以孝聞,與弟琼友善。論文必軌於理。授徒於文廟後楹數十年,執經者不遠千里而來。尤精研宋儒書,所丹黃本,學者奉爲準的。于《志》。

戴廷錦,字絅庵。貢生。精研《左傳》《戴記》,剖晰疑義數千條。弟子高醇,字漢舒,貢生,皆得其傳。醇著有《南唐書補註》。伊《志》。

崔京錄,號拙存。落拓好義,有鬻女以償官逋者,惻然以己產抵其逋。力學不遇,著《蒙齋詩稿》《雜錄》等書。子學淇、學泗,友愛相師友,皆舉于鄉。學泗卒,學淇撫遺孤應榴,教養倍至。晚年一意著作,有古文六卷,詩八卷,《讀易偶得》三卷。伊《志》。

鄭柄衡,字參三。副貢。著《筠亭詩文存》。彭廷揩,字象書。諸生。幼孤,母劉教育成立。以教授養母盡孝。著《晴江小草》。伊《志》。

朱崧,字高村。諸生。落拓不治生產,雖晨炊不舉,而嘯歌自若。有《江峰詩文集》。伊《志》。

董德潤,字慎知。張諤,字廷一。皆績學攻苦,老於場屋。德潤於乾隆癸卯賜舉人。諤于己酉詔賜舉人,庚戌會試,恩給檢討銜。年八十七卒。伊《志》。

吳正樂,字夔典。乾隆戊午舉人。博通古今,嘗分纂《續圖經》,徵文考獻,與有力焉。于《志》。

吾定保,字爰立。早歲能詩,長遊成均。殫心杜、韓諸家,探源別流,自出機杼。晚年格律逾精,有《築巖詩鈔》,以孫祖望貴贈官。伊《志》。

朱權,字仲謀。少遊成均,負不羈才。精篆刻、音律之學。尤工詩。族人灑亭、標樹相頡頏。没後,刻有《三朱子詩》。三人俱篤學孝友,爲里黨推重。灑亭,名謨烈,雍正癸卯舉人。標樹,名丕基。乾隆丁卯舉人。伊《志》。

錢元昆,字少伯。貢生。工詩文篆隸。著《適廬詩稿》。張載華,字佩兼。貢生,藏書數萬卷。遇一善本,必手自鈔録。刻有《初白庵詩評》。伊《志》。

陳琇,字少典。庠生。梁繼孫,少有志行,能詩文,慷慨仗義。戚友有不能婚喪者,咸賴以成禮。代親某完欽贓數百金,捐産出其罪。家貧,而詩愈工。《海鹽縣志》。

顧元碩,字仲若。少與兄元聞等皆有名,士類稱"顧氏三元"。薊遼巡撫陳祖苞奏薦賢良方正,可任知縣,被徵不應。《海鹽縣志》。

朱琰,字桐川。乾隆丙戌進士。家貧,爲母負米百里外。以歲貢應京兆試,聯捷,需次歸里。覃精藝苑,鑒別金石縑素。授直隸阜平令,爲政廉慎。及卒,旅櫬蕭然。著有《笠亭詩集》。伊《志》。

夏鑾,字槐雲。乾隆癸酉選貢。嘉禾八子詩,鑾居其一。有《磊軒詩存》。時同學陸以謙,字太冲,長詩古文。著《太冲集》。伊《志》。

李常吉,字桐江。以進士知湖北麗川、貴州天柱兩縣,稱廉明。後以事落職,游幕粵西,負米養母。著《傳巖詩文集》。伊《志》。

陳樽,字姐行。進士。歷任博白縣,居官十餘年,卒。貧幾不能歸櫬。著有《酌翁詩稿》。伊《志》。

蔣泰來,字天麟。進士,授吏部考功司主事。少貧困,勵志績學。通籍後,遭母喪,與季弟廬墓三年。著有《寅谷詩稿》。伊《志》。

朱鴻緒,字學閭。以進士授台州府教授,課士勤而有法,多所成就。以疾歸。著《小滄洲集》《金臺集》《鴛湖集》《章安集》諸稿。伊《志》。

吾祖望,字渭徵。乾隆戊戌進士,歷官戶部郎中。精《九章算法》,爲戶曹倚重。尋罷歸。著《春秋繁露註》《方言考略》《捫蝨軒詩文集》。伊《志》。

陳濤,字秀巖。耽吟詠。任西隆州同知。時上官過境,仍事推敲,失迎迓,因罷官。有《問渠詩草》。《海鹽縣志》。

朱丕基,字標樹。乾隆丁卯舉人,博通經學。嘗纂《三禮解》,能以經注經。與修邑志。辨吳越分界,東江故道,皆有根據。性和介,公車至京,有託上書達官者,下第,仍以原函南歸。詩宗三唐,有《標樹詩鈔》。《海鹽縣志》。

吳熙,字太冲。乾隆丁酉舉人。少失怙恃,事繼母至孝。勤於汲古,以作者自命。著有《春星草堂詩稿》。伊《志》。

張燕昌,字文魚。以優貢薦孝廉方正,天性肫摯,力學好古。凡秦漢以來金石,搜羅甚富。著有《金石契》若干卷。于《志》。

陸鼎金,字耳堂。學極淵博。乾隆丁酉領鄉薦。著有《易學續》,蓋繼當湖陸奎勳陸堂《易學》之後云。于《志》。

吳東發,字侃叔。歲貢生。與兄以敬潛心經學,尤邃於《尚書》。兼通金石文字,凡商周秦漢之文,靡弗考究。所著有《群經字考》《讀書筆記》《書序鏡》《尚書後案質疑》《經韻六書述》

《石鼓文讀》《商周文拾遺》《鐘鼎款識釋文》《尊道堂詩文集[1]》。于《志》。

李鳳藻,字學撣。附貢生。其先世名璋者,著有《嗜泉詩存》二卷,附錄一卷,舊刻已佚。鳳藻爲重刊之,并輯和章及小傳、墓誌銘附於後,得採入欽定《四庫全書》。著有《有舟遺稿》。于《志》。

孫映煜,字黼齋。歲貢生。肆力於詩古文詞,著作甚富。晚年編輯舊稿,得若干卷,邑令張宗軾爲之《序》以行世。于《志》。

朱光暄,字蓉湖。由歲貢官於潛訓導,多方訓練,不數年而士風丕變。著有《真珠船》四卷,《健初詩稿》六卷,《復惠堂稿》二卷。于《志》。

陳熙,字靖之。副貢。深於詩學。著有《春臺詩存》四卷。于《志》。

胡光龍,字雲川。乾隆丁酉舉人。工詩文,好書畫,兼通天文地理之學,尤精音律。阮相國視學浙中,時以學官春秋釋奠,宜用古樂,延光龍考訂焉。于《志》。

朱景杭,字羹梅。貢生。朱佩蓮侍講總纂幸浙盛典,名下士參考校者四十九人,景杭與焉。于《志》。

任宗延,字秋湄。乾隆己亥舉人。力學敦行,官寧海訓導。課諸生文行並勖,尤喜表彰潛德,屢膺卓薦,不赴。著有《授經草堂詩文稿》。于《志》。

陸以誠,字和仲。乾隆丁酉拔貢,與兄以謙齊名。官新昌學博。著有《毛詩草木鳥獸本旨》十三卷,《廣李西涯擬古樂府》二卷,《讀水經註詩》《詠史小樂府》《和仲詩集》。于《志》。

吾點,字子與。户部郎中祖望子。乾隆甲寅舉人。嘉慶辛酉大挑知縣,改授開化訓導。課士績學,秉鐸十年。藏書萬餘卷,皆手自丹黃。所註《杜樊川詩文集》,考訂極精。晚築舍於泊櫓山西,絶跡城市,人罕識其面。《海鹽縣志》。

賀光祚,字小雅。少孤力學,肆力於經史之學。年十六領順天鄉薦,報罷歸,遠近爭負笈從之。著有《小雅文鈔》。于《志》。

李聿求,字五峰。諸生。少好學,不事章句,閉户研經。親歿,布衣終身。著《夏小正註》《後漢書儒林傳補》《桑志》等書行世。于《志》。

張宗栻,字敬貽。以副貢授瑞安教諭,歷官粵東徐聞縣知縣。以經術文飾吏治。著有《南垞文稿》。弟宗松,字楚良。國子生。孝友力學,刻李璧《王荆公詩註》行世。宗櫛,字詠川。宗梀,字汝棟。皆國子生。性喜藏書。工文翰,兄弟相師友。宗櫛著《詞林紀事》二十二卷,宗梀彙刻《漁洋詩話》十卷。伊《志》。

朱篆,字人龍。舉人。授松陽訓導,遷太平。家故貧,以抗直罷歸,日與諸生方士高唱和。有《澹遠堂集》。士高,字翼庭。有《竹村集》。士高弟士奇,字諤庭。有《桐溪集》。同里陳元城,字景陽。舉人。有《錦江集》。嘗客秦淮,賦《焦烈婦詩》,爲時所稱。

吳連稔,字雨潤。幼病,棄舉子業。善植桑,著《栽桑訣》一卷。工詩,有《棟園集》。陳阿寶,字石鏨。自幼習賈,後從連稔學詩,出其上。弱冠卒,里人爲刻《石鏨詩草》行世。以上《澂浦詩話》。

徐蘭佩,號香畹。諸生。少即工詩,晚歲困頓潦倒,不廢吟咏,而詩益精。著《水陽詩鈔》。伊《志》。

許師謙,一名應潮,字蠡階。諸生。豪爽負氣節,博通經史。文筆浩瀚,詩法選體。著有

《挹青樓稿》。伊《志》。

周一鳴，字翼昌。貢生。好搜集前代鄉先生著述，手自繕寫，凡二十五卷，題曰《鹽邑藝林》。又著《圖經參考》初、二編，《勿齋詩文集》六卷。伊《志》。

朱廷珪，字孟彝。邑諸生。篤於天性，薄利祿。晚年結社，賦詩唱和無虛日。所著有《蘖亭吟稿》，其詩疏朗如其人。于《志》。

張修羽，字羽皇。諸生。英敏力學，與從兄給諫惟赤，文章意氣相得益彰。著有《最舊廬詩集》。于《志》。

朱殿颺，字雲師。貢生。性孝，能文，尤善於詩。有《斯覺堂集》。于《志》。

顧閎，字硯莊。庠生。力學嗜古，尤耽吟詠。晚著《看雲草堂詩稿》。子萱，幼穎異，年十七卒。有《貽堂詩稿》一卷。于《志》。

陳學英，字東藩。諸生。文思敏贍，書法古宕遒勁，直追二王。所著有《易經闡微》《禮經全編》。于《志》。

吳晉，字黃玉。庠生。天性耿介，資秉聰穎，家貧力學，工詩古文，尤精書法，一時碑文、匾額皆出其手。于《志》。

鄭毅，字雲占。嗜學工詩。所著有《四書解》《尚書集說》《史論綱鑑》《標題策要》《歷朝世系考》并詩稿。于《志》。

張大齡，字如岡。性孝友。爲人淳厚質樸，喜讀書，擅詩古文。有《西園詩稿》八卷，《懷真自言》四卷，《杜詩選註》十卷。又旁通岐黃術，著《醫學辨譌》十卷。于《志》。

沈讓徵，字不爭。府庠生。以廣文終。著有《天游居稿》《香霞館文集》。于《志》。

俞嘉猷，字襄成。少勤學，嗜吟咏。晚歲，闢城西小圃，灌花栽竹，與二三逸老拈韻賦詩無虛日，自號怡園老人。以齒德飲於鄉。著有《鶴庵》《鷗池》諸什。于《志》。

黃運亨，字品咸。乾隆己亥副貢，任永康教諭。讀書目數行下，天文地理，諸子百家，無不考究。啟迪後學，諄諄不倦。著有《麟趾堂集》。于《志》。

陳石麟，字寶摩。乾隆癸卯舉人。官山陰教諭，敦品力學，課士循循有法。引疾歸，惟閉戶課子弟。著有《小信天巢詩鈔》十八卷、《文集》四卷。于《志》。

朱筠，字達叔。歲貢生。博極群書，凡天文、地理、星命之學，無不洞悉微奧，兼通勾股。晚又究心岐黃，治疾輒效。于《志》。

李泉，字秋水。應乾隆五十一年南巡召試，由拔貢官昌化教諭，分纂《昌邑志》。歸里後，杜門著書。不以片牘干當事。著有《稽古緒餘》十卷，《廉讓居詩文鈔》。于《志》。

祝懋昭，字可大。諸生。博覽經史，工詩。著有《花溪詩鈔》。于《志》。

朱瑞椿，字春山。乾隆癸丑進士。授霞浦令，改嚴州教授。博學能文，尤工古今體詩。朝鮮使臣金履度見其《楊花詩》四首，謂突過前人名作，手錄攜去。著有《春山詩存》四卷行世。弟瑞榕，乾隆乙卯舉人。官江山訓導，亦工詩。著有《倚雲軒詩鈔》。于《志》。

吳應和，字子安。敦行力學，善詩古文詞，並精音韻之學。所選《何大復菁華錄》及《浙西六家詩鈔》，評論精當。著有《榕園詞韻》《榕園吟稿》及《文鈔》。于《志》。

吳修，字子文。善詩文，精賞鑒，所刻有《江海連珠》《青霞館帖》《國朝名人尺牘》。所著有《尺牘小傳》廿四卷，《論畫絕句》百首，《思亭近稿》《湖山吟嘯集》《居易小草》《吉祥居稿》。于《志》。

周蘭枝，字萊峰。嘉慶戊午舉人。工詩文。授徒雲間，從游者皆知名士。著有《杏花春雨樓詩稿》《萊峰駢體文》。于《志》。

陳人藩，字繡公。拔貢生。品行端方，尤明心性之學。慨呂氏謂“心性是禪學”，嘗力辨之，以紫陽正説駁呂氏偏僻，著《援朱正呂》一書。于《志》。

徐養惠，字愛僑。貢生。耄而好學。家貧，訓徒自給，遊其門者，輒獲雋以去。著有《四書參解》，輯有《文選逸珠》。于《志》。

曹維岳，字魚山。嘉慶辛酉舉人。品學兼優。官泰順教諭，與修《常州郡志》。著有《積石山房詩稿》。于《志》。

畢星海，字崑圃。宏述孫。歲貢生。善屬文，兼工篆隸。著有《六書通摭遺》。于《志》。

馮鈞，字赤葵。歲貢生。工吟咏，善書畫。著有《秦溪》《賈湖》《吳趨》諸詩稿。于《志》。

董喆熊，字渭漁。歲貢生。邃于史書，論列古今得失，洞澈源流，嘗仿漢魏體著《樂府三百首》。于《志》。

陳敬祉，嘉慶癸酉舉人。由謄録議叙知縣。幼穎悟，工詩古文詞，尤究心經史之學。凡歷朝地輿沿革、官制異同，均能歷歷言之，瞭如指掌。未及補官而卒。于《志》。

郁景清，字晴川。嘉慶癸酉舉人。家貧好學，引掖後進，尤敦古道。時稱忠厚長者。于《志》。

鄭伯壎，字雲颿。嘉慶丙子舉人。官鎮海教諭，以詩文名。著有《北遊》《寒氈》《甬東》諸詩稿。于《志》。

高亮功，字汝欽。歲貢生。少以詩古文自負，後專究經史之學，博綜宏覽，折衷至當。有《五經問答》《曉村詩詞》諸稿。于《志》。

陳履亨，字春蕚。嘉慶丙子舉人。少力學其詩，和平沖淡，五言更勝。老于校官。著有《挹翠樓詩草》。兄震省，字健齋。亦以詩名。著有《意釣山房詩鈔》。于《志》。

崔德華，字蓮舫。庠生。居邑之徐塔村，少讀書硤川丹井僧房。潛心理學，私淑張楊園，補輯其年譜，採録未刻諸書，多姚、陳兩家所未備。著有《秋聲山館詩鈔》。《海鹽縣志》。

崔以學，字蒼雨。擅長詩古文，學有根柢。嘗病嘉定錢大昕《疑年録》、同邑吳修《續疑年録》兩書多遺漏，著《正續疑年録質疑》。硤川蔣氏爲刻《桐石山房詩》一卷。《海鹽縣志》。

王純，字中園。邑增生。研究經史，尤好義舉。嘉慶甲戌遇旱災，純率里中籌賑，作《救荒借箸略》二卷。己卯復旱，請於平湖令開橫橋堰，引泖水灌田，作《橫橋堰水利紀》二卷。晚益肆力詩古文詞，著《二南訓女解》四卷、《中園吟稿》。弟綱，字秦望。庠生。亦敦品力學。著有《觀鄉記》四卷，《秦望詩稿》。《海鹽縣志》。

吳士旦，號託園。諸生。善繪事，風格在石湖、誠齋間。年八十餘，尤能小楷。後目盲，乞書，爲濡毫授之，持其手於紙上，量長短闊狹，則走筆瞑書，益飛舞有致。胡昌基《檇李詩繫續》。

楊之淳，字鐵巖。庠生。少孤力學，吳燈巖、徐不瑕咸器重之。與王南浦、朱肇楠有“三高士”之目。同上。

周彦曾，號美齋。諸生。精繪事，尤工墨蘭，善楷法，兼草隸。六壬、地理亦通曉。有《鐵珊吟草》。《兩浙名畫記》。

王勤，字銘庵。歲貢生。立品端方，文富根柢。請業者多成名。支清彦、任沛霖，皆高弟也。殁後，子孫貧，不能讀書。兩婿皆孝廉，一周夒宇，一陳景高。今景高子方瀛，爲刻其遺稿行世。《海鹽縣志》。

殷瑞梅，字納夫。輅，字敬輿。並庠生。山子山，字四雍。世居甪里山陰，耕讀相兼，庭訓不稍假借。瑞梅登賢書，選遂昌教諭。輅，天資敏悟，善腹稿。父命日薙草以飼羊，每命題後，輅即荷蕢往來山麓間，及歸，則一藝已成，伸紙疾書。領鄉薦，崖岸甚峻，屢上春官，座師外不謁一人。捷南宮後，或諷以稍通聲氣，館選可得也。輅謝曰："人貴自立，得失固有命耳。"既而廷試下第，卒於京師。《海鹽縣志》。

顧履成，字蘭似。邑諸生。世居黃鶴山莊，捐棄俗學，讀四部書，經疑史奧，往往發前人所未發。中年游京師，寓大司空王引之第，見聞益廣。手刊逢翁《華陽集》，刻意搜羅補遺，增原刻十之二三，著有《姓氏源流考》。《海鹽縣志》。

崔應榴，字秋谷。邑增生。補學宮弟子，累試高等。生平究心經史子集，老而彌篤。嘉慶間，分纂郡志。工詩古文詞。著有《吾亦盧稿》，採入《皇清經解》中。又有《詩文集》《殷水遺聞》《橫山紀略》《歲時藻玉》《廣孝編》《廣慈編》等書。子熙日，郡廩生，亦有文名。《海鹽縣志》。

胡文蔚，字茂栽。歲貢生。工詩文，兼擅書法。築小圃，讀書其中，顏曰"穰園"，學者稱爲"穰園先生"。與吳東發、張燕昌輩深相結契。嘗建宗祠，置田供饗祀，並給族之讀書應試者。著有《書屏近語》《備荒失政》《穰園詩稿》。《海鹽縣志》。

朱葵之，字粟珊。嘉慶癸酉拔貢，戊寅副貢。早歲博通載籍，以經術授徒。善屬文，尤工詩賦，自漢魏以下，靡不融會貫通。殿撰朱昌頤乃其門人，與同登拔萃榜，士林傳爲佳話。歷任黃巖訓導、武康教諭，大府薦舉卓異。丁父憂。服闋，授景寧教諭，倡議重建學宮。在任七年，教士有法，卒於官。著《妙吉祥室文鈔》二卷，《詩鈔》二十二卷，《詞鈔》一卷，《雜著》一卷。《海鹽縣志》。

方溶，字蓉浦。世居澉浦。歲貢生。潛心經學，熟悉輿圖，所著《禹貢分箋》一書，考覈精確。又著有《澉水新志》十二卷。授於潛訓導，未之官，卒。《海鹽縣志》。

張開福，字石瓞。邑庠生。徵士燕昌子。好金石之學，鑒別鼎彝碑版，能識古文奇字，尤工詩。客陝西，歸，自號太華歸雲叟。與二三老友飲酒賦詩，無外慕焉。《海鹽縣志》。

陳其泰，字琴齋。父咸慶，學問賅博，經史子集以及勾股算法，靡不淹貫。嘉慶庚申，膺鄉薦，任睢寧令。酷暑督河工，勞瘁卒於官。其泰以廩貢就教職，監紫陽書院事。道光己亥領鄉薦，歷署雲和、長興訓導。巡撫劉韻珂延入幕府，值海疆用兵，與參謀議，頗倚重之。事平，將列剡章，堅以母老辭。著有《桐華鳳閣詩文稿》《鴻雪詞》。《海鹽縣志》。

吳世培，字棠園。道光辛巳副貢。由武英殿校錄議敍，授福建西河驗挈大使，革除陋規，調蓮河場大使，以年老解組歸。與里人朱毓文、方溶、楊逢南及其兄世堂等，爲九老登高會，每歲重九日一舉。白髮婆娑，繪園紀事，九人迭爲賓主。粵匪起，相繼謝世，無一罹兵禍者，人以爲異。《海鹽縣志》。

楊逢南，字子鶴。性豪放，好吟詩。早喪妻，不娶，子亦卒，年八十孑然一老，吟詠益富。有句云："病借詩書爲藥石，老栽花柳作妻孥。"聞者傷之。著有《香禪詩草》。

孫寅亮，字月鉏。邑廩生。暑夜讀書，置足甕中以避蚊。試輒冠軍，游其門者，皆破壁去。學士顏宗儀，其尤著也。業師王慎殁後，貧無以葬，寅亮首出資，並約同門醵金爲營窀穸，鄉里義之。《海鹽縣志》。

　　陳景高,字雲山。先世由閩之同安遷鹽。景高少孤,家貧,母倪氏教之讀。弱冠游郡庠,爲文援筆立就。學使史評奇其才,舉道光丁酉拔萃科,癸卯登賢書。三上春官不第,年未四十卒,士論惜之。著有《緑蕉館詩鈔》。《海鹽縣志》。

　　顧德齡,字幼梅。道光己亥舉人。清介絶俗,在京遇宴會,有歌童輒避席去。兄爕綸,字磊亭。邑庠生。著有《不秋草堂詩稿》。《海鹽縣志》。

　　馬玉堂,字笏齋。道光辛巳副貢。性耽書籍,杜門讐校,未嘗謁官府。上元朱緒曾令嘉興,時聞玉堂至郡城,就訪於書肆,劇談竟日,人兩賢之。著有《讀書敏求續記》《十國春秋補傳》。《海鹽縣志》。

　　胡敬釗,字素園。邑增生。事母沈氏盡孝。生平覃精性理,出入儒釋,究心高忠憲、李二曲、湯文正之書。所著《感應篇述》,采集諸家,坿以己意。卒之年,作《辭世俚言》云:“年過七十,不爲不老。老死牖下,俗緣粗了。自悔蹉跎,過時學道。索諸遺經,得其頭腦。獨認本真,真我非渺。人之心量,極其浩浩。私欲紛焉,藐然自小。損之又損,超於物表。心地囂囂,性天皥皥。世事無端,何足計較。吾將去之,還於大造。俚言贈别,修道須早。”有詩稿十餘卷。《海鹽縣志》。

　　吴鳳前,字昔巢。道光戊子舉人。考取宗學教習,乙未大挑,用教職。甲辰授富陽訓導,整頓書院,修葺學宫。俸滿膺保薦,以親老乞養歸里。奉母避寇亂。母没,哀毁卒。《海鹽縣志》。

　　徐克熊,字耳山。恩貢生。耄而好學,性情恬退。著有《禹貢註疏》《儀禮註疏》《抱秀軒詩稿》《卻掃山房文集》。咸豐辛酉,縣城陷,遇賊被戕,年七十有五。《海鹽縣志》。

　　董世慶,字雲軒。歲貢生。天性孤高,皓首窮經。心貌皆古,出門未嘗不冠帶,世人咸以迂闊目之。無與議婚者,以故終身不娶。年近八旬,值粤寇至,衣冠端坐,被害。《海鹽縣志》。

　　陸世勳,字建堂。咸豐戊午舉人。自幼苦志讀書,遊庠食餼,與同里顔宗儀、富世鄭、朱慶松、徐用儀輩訂文字交。先後皆獲雋。世勳一試禮闈報罷,回里,旋值寇亂,避兵鄉間,憂憤填胸,惟祈速死。同治元年賊至,仰藥死。《海鹽縣志》。

　　朱慶時,字輔齋。弟慶松,字怡齋。兄弟友愛,閉户讀書,不與户外事。慶時工詩書,通勾股術。慶松爲文務清高,不喜時尚。先後登賢書,既再試春官不第。同留都門,鋭志切摩,卒不遇,歸里,值寇亂,流離抑鬱,相繼卒。《海鹽縣志》。

【校注】

　　[1] 按:《清史列傳》卷六十八《儒林傳下一》:“吴東發,字侃叔。浙江海鹽人……著有《群經字考》十卷……又有《讀經筆記》《書序鏡》《尚書後案質疑》《經韻六書述》《史記龜筴傳解》《西銘釋文》《商周文拾遺》《鐘鼎款識釋》《金石文跋尾續》。詩文奇古,有《澉浦詩話》《遵道堂詩文稿》。”本《志》卷八十《經籍一》亦作“讀經筆記”。故疑“讀書筆記”當作“讀經筆記”,“尊道堂詩文集”當作“遵道堂詩文稿”。

隱　逸

齊

　　顧歡,字景怡。六歲時,父使驅雀田中,歡因作《黄雀賦》,不復顧雀食稻。貧無所受業,竊聽鄰人讀書，悉記不遺。傳吳興邵元之經學，開館受徒，嘗百餘人。母喪，水漿不入口者七日。太祖踐阼，迎歡。稱山谷臣顧歡。表曰：“道德，綱也；物勢，目也。湯、武得勢，師道則祚延；秦、項忽道，任勢則身戮。願稽古百王，斟酌時用，則率土之賜。臣志盡幽深，無與榮勢，請即辭。”帝賜麈尾、素琴。有《文義》三十卷[1]。《齊書·傳》。

【校注】

[1] 按：《南齊書》卷五四《顧歡傳》：“世祖詔歡諸子撰歡《文議》三十卷。”《南史》卷七五《顧歡傳》：“武帝詔歡子撰文議三十卷。”故“文義”疑是“文議”之誤，且《文議》爲顧歡諸子而非顧歡撰。

宋

許棐，號梅屋。隱居秦溪。築小莊於溪北，儲書數千卷，丹黃不休。室中於三楹下分四隔，中垂一簾，對懸白、蘇二像事之。植梅屋之四檐。著有《梅屋稿》《獻醜集》《樵談》《春融小綴[1]》。王文禄《傳》。

常誐孫，字宜卿。同之孫。累辟不就。所著有《天閑雜著》《櫟齋筆記》《雲溪藁[2]》。門人稱雪溪先生。趙《圖記》。

常棠，字召仲。同曾孫。值宋季，閉關不求聞達。篤學，善屬文，繞庭植竹數十竿，以屬操。自號竹窗。《海鹽文獻志》。

陸能仁，宋咸淳進士。以兵亂與族父霆龍隱居靈溪，今其地有陸高士墓。平湖朱《志》。

陸正，字行正。博學篤行，兼通律呂、象數。以家世宋臣，矢不仕元。侍御程文海薦之，不起。後與劉因同徵，俱不赴，隱居陳山教授。其學以慎獨存心爲要。著有《正學編》《樂律考》《七經補註》。袁《志》。參平湖《志》。

【校注】

[1] 按：厲鶚《宋詩紀事》卷六五：“許棐字忱夫。海鹽人。嘉熙中，隱居秦溪。於水南種梅數十枝，自號梅屋。有《梅屋詩稿》《融春小綴》。”《全宋文》第 333 册收許棐《融春小綴序》。《春融小綴》疑是《融春小綴》之誤。

[2] 按：趙文華《嘉興府圖記》卷十五《人文六》：“常誐孫，字直卿。累辟不就。所著有《天閑雜著》《櫟齋筆記》《雪溪稿》。門人稱‘雪溪先生’。”天啓《海鹽縣圖經》卷十二《人物篇》：“常誐孫，字宜卿。同之孫。累辟不就。門人稱爲雪溪先生。所著有《雪溪稿》《天閑雜著》《櫟齋筆記》諸書。”光緒《海鹽縣志》卷十九《人物傳·隱逸》“常誐孫”條亦如此。“雲溪藁”當作“雪溪稿”。

元

陸子榮，生元至治元年。世居海鹽。得先儒理學之傳，不樂仕進，教授生徒。所著有《樂庵類稿》。明初嚴講學聚徒之禁，徙居當湖鎮，隱焉。子敬，字直齋。亦以理學著聞。號漸逵居士。平湖朱《志》。

趙友聞，字心古。宋太宗十三世孫。元至大間，隱居新倉鎮。學古養高，多識好義，有聲於時。郡邑以提舉薦，辭不就。明洪武四年，特旌善良，給户帖曰友一。平湖程《志》。參朱《志》。

明

陳子才,五經六藝,諸子百家,無不通貫。尤善丹青,不輕爲人下筆。元末隱居不仕。洪武初,下詔以人才徵,弗就。年四十,歲旦日,忽命童子折梅花一枝侍於側,自繪其像,形神宛然,閣筆端坐而逝。《兩浙名賢錄》。

朱朴,字元素。體癯而修,音聲琅琅,力穡具餐。郡大夫鄭白泉懇致之,以疾辭[1],曰:"吾氓也,焉可與尊官抗禮。吾無能益若治,吾休矣。"有《西村集》,許杞山序而刻之。胡顏,字希仁,與朴交。委棄世故,存詩七十餘篇。《海鹽文獻志》。參袁《志》。

陳鑑,字用明。性高抗,卑舉業,日馳駿馬,蹴踘擊劍,已復棄去。曰:"大丈夫不力學,何甘伏人下?"棄勿就,閉門讀書數年,學遂成,至老口不輟吟咏。劚琢性靈,金鏗波激,無浮音滯響。有《勾溪集》二卷。王文祿《傳》。

張澤民,景泰、天順間人。嘗理小舟,具琴書茶竈,遇清絶處,橫琴自鼓。偶折梅一枝,貯瓶內,命童子捧之。訪天寧,瓪僧童失手碎瓶。徐顧曰:"興已盡矣。"即返。有問月樓,時與李孟濬、陸順德輩觴咏其上。袁《志》。

董澐,字復宗。遠祖鎮,通經術,值元亂,隱於海寧泉山。澐慷慨慕義,嘗割私産讓兄,還友人所質田。初攻詩,與沈周、孫一元遊,放浪山水間。聞王陽明講學,瓢笠渡江從之。陽明序其事云:"道人今年已七十,往來湖山之間,去住蕭然,不知有家室。其子穀賢而孝,謂道人老矣,出輒長跪請留。道人笑曰:爾之愛我以姑息,我方友天下善士,與古聖賢爲徒,天地且逆旅,奚必一畝之宮而後我舍耶?"有《從吾道人詩稿》。袁《志》。參《靜志居詩話》。

錢薦,字懋穀。讀書賦詩,與屠長卿、沈嘉則諸人遊。王伯稠、胡孺子、姚士粦,恒經歲主其家[2]。待貧交極敬愛,宜興俞安期嘗歲暮乞酒米,傾所有予之。袁《志》。

陳梁,字則梁。給事中所學少子。少遊學京師,與魏大中定交,大中被逮,裏糧從之,預爲經理其後事。大中死,賕無所償,子學洢且就獄。梁爲乞貸知交輸納,海内誦義。故弁濮陽崇信三歲孤女流落揚州,贖歸,撫育擇配。梁好讀異書,索異解。晚歲隱居,僧服茹葷,治生壙于郭外,結屋三楹覆之,語其友曰:"此亳社遺意也。"題其柱云:"此佛自來耽米汁,至今孤冢有梅花。"《浙江通志》。參《靜志居詩話》。

彭宗礪,字君山。昭毅將軍紹賢次子。母鄭孿生宗礪,以産亡,宗礪雖老,每生辰,素服流涕,終身不受子姓之祝。兄宗孟,登甲第,世爵應及宗礪,讓於弟宗周。侍父優游山水間。工詩古文詞,與胡震亨、劉世教相友善。以病遂工岐黃術,療疾多奇效。年六十五卒,私諡節懿先生。《海鹽縣志》。

鄭宏,字休仲。與弟寶字景元友愛。子弟有失,互加懲責不爲嫌。休仲有聲庠序間,乙酉後絶意進取。棄文字業,不見富貴人,雖故人仕宦勿與通。鄉居自治蔬圃,擔荷灌溉。出遇雨,短衣徒跣,不以爲恥。《海鹽縣志》。

祝鐙,字鳴宇。倜儻有智識。天啟間魏璫專政,遂棄章句,絶仕進,凡知交繫官於朝者,爲之陳利害,明去就,勸歸林壑,不累黨錮。教子孫以讀書明理,忠信篤實爲詒謀。《海鹽縣志》。

嚴建,字孟侯。父大立,諸生。有善行。建力學游庠,崇禎己巳除夕,夢庭植大旗,上書旌表孝友,庚午竟登賢書。清操自勵,甲申後隱居不出,日以詩文自娛。所著有《敦倫廣錄》《徵行錄》《北游草》。《海鹽縣志》。

【校注】

　　[1]按：天啟《海鹽縣圖經》卷十四《人物篇·文苑》"朱朴"條："郡太守徐白泉公聞其名，欲禮致之，竟鑿道遁。"光緒《海鹽縣志》卷十八《人物傳·隱逸》"朱朴"條："郡太守徐白泉公聞其名，欲禮致之，以疾辭。"聯繫下文"吾氓也，焉可與尊官抗禮。吾無能益若治"句，疑"郡大夫鄭白泉"當是"郡太守徐白泉"之誤。

　　[2]按：天啟《海鹽縣圖經》卷十四《人物篇·文苑》"錢薦"條："金華吳孺子、吳下王伯稠、同邑姚士粦，恆經歲主其家。"

國　朝

　　吾道行，字凝臺。宋處士貞白先生衍後裔。祖籍開化，隱居胥溪里。孝友端方，樂善好施，訓子一經相傳。君揖克承父志，名滿黌序。康熙壬子鄉賢。《海鹽縣志》。

　　許稷，字召南。篤學工詩。六丈夫子，世其家學。次子璵，字楚山。醇謹朴茂，善琴，工畫墨牡丹。《海鹽縣志》。

　　吳天瑞，字聖宇。性喜琴書山水，隨父其昌由新安遷新市，與歙川畢氏有舊契，往來間見甪里堰風氣古樸，山水秀逸，遂家焉。不求聞達，以仁厚教子孫。《海鹽縣志》。

　　范希仁，字文若。性質古，不事舉業。工於詩，賦詠一市樓，積書數千卷，盡出手錄，惜無嗣。著述散失，徐滄浮贈詩所謂"郭西有布衣，市隱寄茆廛"者也。《海鹽縣志》。

　　馬世榮，字煥如。居俯浦里，好與方外遊。或共乘小舟，瀲入太湖中。天水相際，陳村酒蔬豆，吟嘯不輟。著《俯浦詩鈔》。《海鹽縣志》。

　　張炎，字淡玉。嘗賣餅平湖之清溪，日肩爐釜，行吟村落間，得句就村夫子索筆硯書之。餅爲兒童攘竊一空，弗顧也。有詠白菊句云"老圃月三徑，曉霜秋一籬。"《海鹽縣志》。

　　朱石鐘，字月江。庠生。幼好讀史，留心經濟，深自韜晦。隱於堪輿家，占天文，多奇中，爲人相地，得乘生氣法。喜遊山，春秋佳日，半在九十九峰間。道光己酉，江浙大水，作《濬三江議》，大旨在疏導太湖入洳之路，爲時所稱。《海鹽縣志》。

藝　術

宋

　　趙孟淳，字子貞。孟堅弟。繼秀安僖王後，自號竹所。墨竹可觀。

　　周堯敏，字禹卿。號學山。畫竹宗文湖州。

　　王鼎，字德新。好寫竹，學丁子卿，深悟筆意。子泰之，號竹趣。亦能紹父業。以上《圖繪寶鑑》。

明

　　陳景初，善繪事，與錢塘戴文進同時得名。孫鳳，尤善白描。《海鹽圖經》。

　　唐宗祚，善傳神。景泰間，從脫綱征金華賊。綱戰歿，祚繪像如生，一軍見之皆泣。吳《志》。

　　朱端，字克正。海鹽衞後所人。少貧甚，業樵漁，嘗偕乍浦所人曾和入山。端于沙上手畫，作山林人物狀。遇一異人，問曰："汝欲作畫耶？吾授汝筆。"和亦乞得之。後于正德間並以畫士直仁智殿。端授指揮俸,賜一樵國書,遂號一樵。畫宗馬遠,山石水口效呂紀。《浙江通志》。參《九山志》。

趙麟書,工畫。正德間直仁智殿。授錦衣衛副千戶俸。于《志》。

張紀,字文正。工士女,衣摺矮鬐,與唐伯虎相上下,而面麗肉色淺染,三停用積粉法。三停謂額鼻頦,此古法也,今畫家不知矣。《見只編》。

陳璣,字天器。初授業陳景初,後游錢塘故家,多戴進名跡,由此入悟,所繪山石雲樹,自成一家,其寫照則面部鉤染,坐法衣紋,皆後來所不及。《浙江通志》。

王儀,字汝儀。自稱古鐵生,畫法吳偉、夏㫤,詩法陶、孟,字法懷素。《海鹽圖經》。

唐愈,字子俞,號丹泉。畫宗郭熙,皴法麻皮蟹爪,可雜宋元。《畫髓元詮》。

韓履祥,澉浦人。讀書能詩,尤精于醫,切脈斷人死生,隔歲輒中。洪武初,選爲御醫,四世孫本亦精其業。《海鹽文獻志》。

陸朝,世醫。其先有名麟者,景泰間衛軍征沙寇,以醫術療從行將士有功,授醫官。子孫世習其業。朝尤深于《內經》《本草》,切脈洞見病源,決死生不爽。同時有嚴漢,名亞於朝。至今稱良醫者,必曰陸紹泉、嚴陵坡,蓋兩人別號也。《浙江通志》。

張暉,中所人。能醫治傷寒。子翰繼其業,感寒疾者藥一服而愈。時號張一帖。

姚能,字懋良。善談論,能詩,精於醫理。著《傷寒家秘心法》《小兒正蒙》《藥性辨疑》諸書。以上《海鹽圖經》。

賀岳,字汝瞻。初因母病,盡購方書誦之,且從四方國手遊,遂精其術。病者圭勺霑口,即奏功。所著《明醫會要》《醫經大旨》《診脈家寶》《藥性準繩》諸書。

王慷者,前所人。生有神力,嘗以指觸穿壁,指無傷。與人較藝寺廊,脫衣挾柱礎壓之,始就搏。駕漕艘入都,遇劫,慷佯執爨不顧,第取一大竹用脇夾破之爲薪,而劫者盡斂手去。有徒豪倫欲盡其藝,俟慷飯,持鐵叉刺之,慷手飯甌底當叉鋒,即以二筋貫倫鼻,其捷如此。《海鹽縣志》。

嚴泰,字克安。善琴操。指法取音兼劉、徐二家之長。後得古鐵笛,乃元楊鐵厓收藏物。構齋疊石,幽居鳴琴,時吹鐵笛,聲應空碧,因自號爲"鐵龍"。後有張毅,亦善鼓琴。《海鹽縣志》。

胡日章,澉所人。少學祿命術,遇異人海上,授之訣,因益精。每作絕句,判人一生,事無不驗。與人言必依於孝友忠信,蓋有道而隱於術者。年九十餘卒。以上《浙江通志》。

吳麟振,字達生。以儒士應試,補博士弟子員。後棄章句,益肆其力於書。常遊金陵,董宗伯其昌見其書,歎莫能及。于《志》。

國　朝

嚴岳,字止峰。諸生。能詩,善書,寫竹得與可筆意。從姪尊,字客子。善楷書隸篆,工鐵筆。兄子訏,字學川。畫得張遠傳,人物秀逸超妙,時稱"嚴氏三絕"。

楊惟聰,字海石。工畫魚。李玥,字友璞。工花鳥樹石。

朱逢吉,字谷懷。諸生。寄蹟蕭寺,泊然如浮屠。工畫,不輕爲人作,墨筆師石田,設色近衡山。吳回春,字凝仲。幼即能畫,不由師,習山水花鳥,下筆自具幽致。弱冠得瘵疾,日作畫不輟,病革,呼筆硯,倚枕作蘭一本,擲筆而逝。詩有《復庵草》。《澉浦詩話》。

盛賜禄,幼遊蘭溪,遇方士,授岐黄術。賣藥城市,貧者不責償。捐修璵城橋,佐友人完婚娶。年八十五,盡以家財分散親族而卒。

許璞,字雯來。精醫,屢著奇效。有《補輯名醫類案》行世。以上《海鹽續圖經》。

吳國梅,字調五。畫宗北苑,皴法稠密,善用積墨。嘗居京師,拂旅壁作畫,董文恪邦達見之,大加賞異,延爲上賓。

徐視三,字元岳。家貧,學鍼灸濟人。兼工詩、畫、篆刻。著有《經脈圖曜》《本草補遺》《格物輯略》諸書。伊《志》。

史天錫、陸島、顧槤、朱誠之,楷法師晉唐。徐來復,與子韞善摹東坡。鄭以寧,精行草。子溶亦能書。李纘祖、董國光、張大觀,皆工篆隸。大觀兼精六法。伊《志》。

顔嗣榮,工白描人物。嚴奎寶善畫貓。富灝,工花鳥山水,著《畫中詩》數卷。伊《志》。

嚴秉彝,字季常。庠生。精岐黄術,爲人端方好義。有族人思賣墓木,償金保之。姪慵,字野臣。喜吟咏。工行草書,至老不倦。叔姪並善琴操,時號“二琴仙壽”。皆八十餘卒。于《志》。

黃謨,字啟人。諸生。著有《鄉黨考略》一卷。善琴棋。晚年工寫山水,宗北苑巨然。專事水墨,有以設色請者,對曰:“墨中未嘗無色也。”兼擅花卉、翎毛、草蟲。《畔硯田齋筆記》。

顧禧,字紹曾。諸生。爲人瀟灑出塵,工書,尤善丹青,能作尋丈大幅,筆意如其人。于《志》。

祝詒燕,字翼如。幼工詩,偶閱《人子須知》,因益取《靈素》諸書涉獵之,遂精醫理。著有《治肝三法》《傷寒易如》《葉案心法》[1]等書,及《翼如詩集》。于《志》。

韓芬,字正蒼。素業儒,以母老多病,遂改習醫,治疾輒瘥,且不責報。年六十卒。于《志》。

張慎,字謹臣。諸生。能詩,善畫,尤工書法。有石刻《蘭亭》《樂毅論》十三行臨本行世。于《志》。

繆鵬,字南漵。拔貢生。少不事生產,以詩酒自娱。工行書,筆意沈著。或醉後縱筆,更有超然拔俗之致。于《志》。

陳克明,字南叔。布衣。性高潔,好吟咏。山水士女,無不精妙。入京師,爲尚書劉文恭器重,留榻十餘年。後卒於閩幕。于《志》。

何鏊,字君調。諸生。手纂《醫論方書》《四書題解》十二卷。于《志》。

陳敬被,字蘭九。工書畫,書學趙文敏,畫學董、米二家,俱得其妙。官直隸布政司經歷。于《志》。

俞玫,字丙齋。弱冠工書畫,寸縑尺幅,人争購之。著有《緑天樓詩文》八卷。于《志》。

吳汝然,字晉卿。諸生。能詩善書,寫山水極工緻,摹文衡山、仇十洲,咄咄逼真。于《志》。

潘友瑾,字穆齋。太學士。工行楷,兼擅擘窠大字,出入於蘇、米間。著有《欹枕憶遊草》。于《志》。

曾鯨,字波臣。善寫影,雖一幅有數十人者,行坐顧盼,皆相浹洽,開闔門庭,前無古人。兼善花鳥。于《志》。

李玥,字友樸,號樸亭。工花鳥樹石,從平湖胡湄游,鈎勒點染,兼得林吕之傳,後游吳門,摹惲壽平筆意。尤工寫生。《海鹽縣志》。

周保光,字友光。善繪事。康熙二十八年十月,聖祖南巡,在阜林獻《觀潮百老圖》。三十八年三月,恭迎杉青閘,敬繪《聖駕南巡百官朝賀圖》進呈,蒙恩叠賜銀兩,兼有入京候旨之命。

至都門，未幾病卒。《海鹽縣志》。

萬育和，精青烏子術。爲人相墓，其持論與俗師異。謂出忠臣孝子者爲上，出文人學士者爲中，出富貴者爲下。著有《形家五要補編》，海昌查慎行爲之序。《海鹽縣志》。

許栽，字培之。國學生。精醫，辨《傷寒分經》，得仲景遺法。每有患證，他人束手，治之輒愈。著有《古今名方摘要歌》《勞倦病傷論》《醫案賞奇》《痢症述》《金匱述》等書。兼工詩，有《高陽山人詩稿》。《海鹽縣志》。

李修易，字乾齋。邑庠生。畫得王時敏神髓。遊歷京師，齊魯燕趙，名山攬勝，畫益進。黃燮清集諸名士於倚晴樓，修易亦與唱和。《海鹽縣志》。

張辛，字受之。少從嘉興張解元廷濟受金石之學，鐵筆古勁。道光丁未游京師，時松筠庵住持僧明基創立諫草堂，謀以楊忠愍諫馬市、劾嚴嵩兩疏章勒石嵌壁間，而楮墨黴毀，塗乙混淆，見者束手。辛鉤刻入神，工畢，病卒。道州何太史紹基撰《傳》勒石，附嵌廓壁。《海鹽縣志》。

楊方燨，字復春。國子生。工山水、人物、花鳥，性閑静，每風日晴和，窗明几净，染翰不輟。晚年精奕。子埰，號樵谷，又號竹虚子。諸生。山水善皴法，能作尋丈大幅，筆老氣蒼，每海舶至，輒購其畫以去。有《四知堂詩稿》。《耕硯田齋筆記》。

張芳潢，字客園。自稱養空居士。國子生。善畫蘭蕙，書法歐、褚，慕黄老術。同時張綸，號練峰，諸生。有神童名。善畫。《兩浙名畫記》。

張謙，字地山，號雲槎。性格高逸，隱於黃冠。山水法董巨然。詩筆淡遠。《萍踪閒記》。

劉中理，字蟾客。山水師董惲，用筆蕭然遠俗。有《山居清嘯草》。《耕硯田齋筆記》。

沈起鯨，字庚生。官吳縣主簿。山水得北苑、房山神髓，亦兼二米之妙。《耕硯田齋筆記》。

夏正，字時寅。善鑒別，能書畫。友於兄。子霏，字海潤。工畫梅，善篆隸，能詩。《海鹽圖經》。

富灝，號禮橋。山水學梅花菴主，花草仿白陽山人，能摹十洲人物。《墨香居畫識》。

陸鳴謙，字南村。其弟出家乍浦懷橘菴，鳴謙寓菴終其身。善畫山水林木，古趣盎然。歿後，人爭購之。《乍浦志續纂》。

陳明賜，號雪盦。布衣。赤貧，無立錐地，嘗主聞川計芬家。善鐵筆，篆籀隸古，力追秦漢。或臨摹金農、陳鴻壽一派，無不神似。性疏懶，求其墨者必俟奇窘，斯援筆立就，得潤資，不隔宿，罄囊乃止。衣敝履穿，勿顧也。題跋亦簡潔高古。新纂。

富生，號香吏。諸生。秉性疏野，嘗敝衣跣足，登涉山水，中歲匿跡峰泖間。好蓄異書，精壬道星運形家言。憫人乏嗣，輒爲相宅，先示方位改作法，更宗西術，推算星命，復測量日影，按吉宿所臨，揆時日躔度定牀户，澄思殫慮，術驗乃已。遠近神之，呼爲赤脚仙。《倚晴樓詩小序》。

【校注】

[1] 葉案心法：光緒《海鹽縣志》卷十九《藝術》"祝詒燕"條作"醫案心法"。

流　寓

漢

施延，字君予[1]。沛國蘄人。少明《五經》，旁通星官風角。家貧，常賃作由拳半路亭，食其力以養母，人不識也。山陰馮敷爲吳郡督郵，過亭，延持帚往，敷望而知其賢者，下車謝之，推食解衣，與之錢，不受。順帝初徵拜侍中，位至太尉。謝承《後漢書》。

【校注】

[1] 按：范曄《後漢書》卷四十六《陳忠傳》：“書御，有詔拜有道高第士沛國施延爲侍中，延後位至太尉”句，唐李賢引謝承《後漢書》曰：“延，字君子，蘄縣人也。”又，范曄《後漢書》卷六《順帝紀》：“（陽嘉二年）八月己巳，大鴻臚沛國施延爲太尉。”李賢注：“延，字君子，蘄縣人也。”天啟《海鹽縣圖經》卷十四《人物篇·流寓》亦曰：“施延，字君子。”疑“君予”或是“君子”之誤。

晉

何準字幼道。穆章后父。弱冠知名，兄充驃騎，使仕。對曰：“第五之名，何減驃騎？”後充居宰輔，權傾一時，而準散帶衡門，不與外事，徵拜散騎郎，不赴。升平初追封金紫光禄大夫，晉興侯。子惔以非父志，表辭不受。準，本廬江灊人，寓居於海鹽烏夜村。有其墓。海鹽徐《志》。

宋

趙善禮，字敬叔。太宗八世孫。父不玚，監嘉興海鹽稅。善禮隨侍，遂寓居焉。仕爲承信郎，增秩承節郎，有古儒風。海鹽仇《志》。

陸啟禎，象山先生裔。宋末任海上巡司，寓海鹽之當湖鎮。元既滅宋，江南大亂，道梗不能歸，遂家焉。子二：聞韶、聞車，傳八世綸，九世琳，十世山龕，皆有名稱。至十一世萬垓，舉隆慶進士，仕福寧知州。啟禎墓在當湖鎮，宣德五年，分平湖縣，建縣治，墓遷於縣之西北隅。垓居仍宋末遺址，陸山撰《傳》。海鹽徐《志》。

董健，汴人。仕至武功大夫。扈從南渡，家於海鹽之澉浦。其後曰仲真者，遷海寧之錢山。澉浦世隸軍籍，其子源當往戍，弟澐請代之，遂復家海鹽。于《志》。

常同，字子正。臨邛人。御史安民之子也。登政和進士第。首論朋黨之禍，及補禁旅事，除殿中侍御史。諫罷吕頤浩再相，劾張浚喪師失地，與辛炳在臺同好惡，上皆重之。秦檜與金講和，同持守備之説，忤檜意，乞郡，知湖州，頌賢明。屢空無家，寄居邑西郊天寧僧舍十年，自號虛閒居士。卒，贈少師，諡忠毅。二子：袾、袊，皆典郡有聲。《海鹽縣志》。

元

李衎，字仲賓。汴人。大德中舉賢良方正，授嘉興路總管府同知。時勢豪多涸湖爲田，民病旱潦，衎請設澗西都監營田司，剗去湖壩諸田。陞平江路水軍都督、萬户府副都萬户。嗣見元政日非，隱居海鹽之苞溪。歿，即葬焉。子孫占籍多聞人。伊《志》。

何鑄，字聲之。父基，宋理學名儒。鑄於元大德間遷居海鹽鳳凰山麓，世業耕讀。至正壬午，劉誠意題其孫貴四之堂額曰“遺安”。伊《志》。

王濟，宣威將軍，前南寧州安撫使，寓居澉川。至元丁丑，澉鎮招討王瑢假軍權，決壞永安湖爲田，民業多槁。濟聞之朝廷，命行省親勘，還潴爲湖，澉民德之。《海鹽圖經》。

姚桐壽，字樂年。桐廬人。博學多才識，元末爲餘干教授。與僚友海鹽人沈穀善，結姻盟，穀死,桐壽攜子就婚。值世亂,因寓居,嘗撰《樂郊私語》一卷。《海鹽圖經》。

徐樞,字叔拱。其先宋濮陽太守熙,遇異人授以《扁鵲神鏡經》,遂以醫名世。父號神翁,元海鹽州醫學教授。樞少傳其術,兼學詩於楊維楨。洪武乙亥,薦爲秦府良醫,後召爲太醫院御醫。有《足庵集》行世。《華亭志》。

陸德方,字顯叔。華亭人。至正壬午登賢書,授般陽路學正。未幾,群雄蜂起,挂冠歸。時元平章河南沈焵,避亂鹽之甘泉鄉。德方傭書其家,與談今古,知素績學,遂妻以女。洪武初以逋臣薦,不赴。梅園楊氏並其後人。《海鹽縣志》。

朱順,字文禧。婺源人。元貞間任嘉興路主簿,卒於官。子孫遂家海鹽之聞琴橋側。族姓繁衍,巍科相繼。于《志》。

明

劉儼,字敬先。其先汴人,父廣文君貞宦海鹽,名籍[1]。早歲遊庠,厭場屋,遂棄不事。友人沈德常死無所歸,鬻田葬之。娶妻雙瞽,終身愛敬如賓。嘗以澉之水利謁張給事寧,條陳詳切。詩豪邁,不以刻鏤爲工。董雲撰《傳》。

李大才,字怡春。蘭溪人。薄遊海上,遂與彭紹賢、沈孝徵諸公交,因家海鹽。工岐黃術,厚施不責報。市大火,鄰居三面皆燼,大才屋獨無恙,人謂厚德之報。

范明望,字拙庵。錢塘人。少爲諸生,投筆中武科鄉會試,歷任至寧紹參將。乙酉攜家隱居海鹽僻園,談及世事,慷慨多大計,晚年托蹟僧寮。以上袁《志》。

陳時,字九若。餘姚人。遊學至海鹽,遂寓不歸。嗜古金石刻,書學顏、柳,筆意遒勁,北兵入,見其書帙盈兩袖,笑爲腐儒,釋不殺。時拍其肩,大呼曰:"上天好生。"兵怒,遂遇害。詩文有《藥塢集》。《海鹽續圖經》。參《檇李詩繫》。

邱上儀,字維正。武進人。武進士。歷官南贛總兵,見時事不可爲,謝病不仕,軍民感其恩,立石衛署門外,曰"天下第一清廉真正好官參府邱公去思碑"。鼎革後,隱居海鹽邵灣山,卒。袁《志》。

許相卿,字台仲。本海寧靈泉里人。以鹽邑紫雲村山水爲勝,卜居村南茶磨山,遂占籍焉。正德中舉孝廉,從陽明子講學。又與關中孫一元、吳下文徵明詩筒往來。後登進士,授兵科給事中。嘗上疏論罪閹張銳、張忠內降貴死非法,張欽義子襲緹騎秩爲濫恩,著敢諫聲在廷。張璁、桂萼、夏言並契交。性慕棲逸,僅三載引疾歸。舊遊仕者勸之出,故以農圃桑麻攪其談。爲索京師故人書,曰:"有詢我者,君第言厭世去矣。"夏言之再出也,過郡城,就商進止,相卿不答,第曰:"吾惜李長源受觀察判官耳。"素持介節,官諫院時無方帕之納。垂老入山,海昌令樹表邑城中,往謝,則五鼓伺開入,向縣門再拜,徑去。倭入紫雲村,趨避傷足,家於舟,鹽令鄭茂致書邀入城,亦不就。蓋超然塵垺外焉。所著有《革朝志》《貽謀四則》及《文集》十二卷。子御史聞造,另有傳。《海鹽縣志》。

查志文,字鳴周。海寧人。守廬郡無爲州,晉秩本郡丞。買山海鹽之古杏爲園,且爲墓葬焉。志文佩丞印,司江防,江行,風覆舟。扳舷流數十里,不沒,印亦宛在。廬人傳以爲異。《海鹽縣志》。

吳孺子,字少君,別號元鐵。蘭溪人。工詩。性孤僻,好採壽藤、瘦株、曲瓢,爲几杖、槃孟[2]、樽壺、罍洗之屬,摩挲光澤,客稍諦視,輒嗔爲俗塵所觸。王弇州爲作《破瓢歌》。寓鹽邑天寧禪房及錢戀穀家最久,各有詩。《海鹽縣志》。

　　金九成,字伯韶。幼警敏,善屬文。九歲題詩郡齋,爲郡守龔勉所器重。萬曆丙子舉於鄉,隱武原之望虞山。著《史論》《史辨》各三十卷。又別爲《元史考誤》四十卷。詩有《懷春小草》《借竹軒稿》《望虞山人全集》。子壽明,亦有名。著《麗情雜錄》《雲堂初稿》《續稿》。《海鹽縣志》。

　　祝以真,字佑徵。世爲龍山望族。嘉靖間遊南雍。中萬曆戊午應天舉人。天啟間就教嵩縣,陞南豐令。裁馬户,抑勢豪。考滿,歸,卜築邵灣山,倡明理學。乙酉聞南都亡,痛哭不食,卒。《海鹽縣志》。

　　吳普誠,前明隱士。遨游海上,無識普誠者。其《泛舟》詩云:“扁艇泛湖津,葛天上世民。忘機人莫識,鷗鳥偏相親”事詳《芸牕雜録》。《海鹽縣志》。

　　吳文冕,字從周。休寧人。杭府庠生。遷澉川,與吳麟瑞昆季稱莫逆。以文章節義相尚,甲申後遂杜門不出,日事著述。有《四書不夜篇》二十卷,《周易燃犀》五卷。兼留心堪輿、岐黃修養之術,著《三才滙璧》四卷,《醫學指南》十卷,《元科秘要》四卷,《經驗良方》十二卷,《幼幼心法》二卷,《元修最上乘》二卷,皆手自鈔録。晚年自號白岳逸民、真如子。《海鹽縣志》。

【校注】
　　[1] 按:天啟《海鹽縣圖經》卷十四《人物篇·流寓》:“劉儆,字敬先。其先真定人,父廣文君貞宦於鹽,遂占籍居澉川。”光緒《海鹽縣志》卷十九《人物傳·流寓》亦如此。疑“汴”是“真定”之誤,“名籍”是“占籍”之誤。
　　[2] 按:光緒《海鹽縣志》卷十九《人物傳·流寓》“吳孺子”條作“槃盂”,是。

國　朝

　　黃谷,字松石。原名袍,字彤雲。雲南世襲百户。藺鳥之亂,以策干巡按朱泰禎,奇之,留幕下。後攜至海鹽,遂不歸,其子萬里迎之,不顧。善畫人物,人以絹素乞畫,不輕落筆。醉以斗酒,輒揮翰如風雨。門人張遠,定海人。初從曾鯨學寫真,無不逼肖,筆意遠出沈韶、謝彬上。從谷家海鹽,谷依遠以歿。遠子德師,畫亦工。

　　巴有楨,號福之。族著休寧,遊澗西,至武原家焉。子應奎,康熙副車,授守備,隨征八閩,恢復漳、泉等郡邑,加都司。父子合葬澉浦茶磨山側小山。以上《海鹽續圖經》。

　　楊斌,字乘六。海寧人,寄籍海鹽。少孤,至性過人。事母吳備極孝養。乙酉被兵,邑人空城走吳,老病不能行,兵至,將加刃。斌號呼請死,願舍母,兵感其孝,俱獲免。讀書博識,爲文操筆立就。以忠孝大節教子雍建。卒,祀海寧鄉賢。袁《志》。

　　王宏,字大宜。達州人。父琮,天啟進士。任汝寧司理,後晉湖廣中丞。值寇難,殉節。崇祀忠烈。大宜遭父變,遊浙,僑寓武原。康熙壬子,回籍中式。

　　畢蕃昌,字子兹。父佩,由歙遷海鹽。時濬澉川新河中壩,毅然其事,澉民德之,與創開新河俞騰蛟並祀壩旁。

　　吳保和,字子忠。由蕭山遷海鹽。時百步橋、糜蕩廟橋皆圮,行者病焉。保和獨任修築,里人感德,更名百步亭,爲福田庵。以上《海鹽續圖經》。

　　董潮,字曉滄,常州人,贅壻海鹽陳氏。入浙闈中式,入都以《紅豆詩》得名,京師號紅豆詩人。癸未成進士,授庶常。著有《東亭集》。伊《志》。

倪爲穀,字龍田。海寧廩生,寄居海鹽。擅著述,工書畫。著有《五經句讀》《音義考》《生庵讀史録》《唐宋詩摘錦》。于《志》。

金澍,字具瞻。太學生。海寧人。業醫,尤精幼科,以醫來鹽,遂家焉。性慈恕,未嘗以責報怠視。貧家兒遇危證,輒終夜不寐。家人竊聽之,但聞繙書聲,以是治得十全。年六十九卒。著有《本草分劑》。于《志》。

許光祚,字靈長。關西人。工八法,宗褚河南筆意,其小楷尤精。寓海鹽。真蹟流傳,人咸寶之。于《志》。

李玉如,字能白。錢塘廩生,寓居武原。與其徒馬駿讀書資聖寺之半竹閣,合刻《僧廬集》。其《抱瑟草堂詩集》採入《輶軒續録》。于《志》。

胥庭,字道生。江西南昌人。兄以穀官嘉巡道,身後貧無歸,庭遂家海上,買地種蔬,環堵不蔽風雨。晚斷肉食,持居士服。先知死期,以遺稿屬故人張給諫曰《自怡集》。《海鹽縣志》。

胡山,字海岳。蘭谿人。明諸生,鼎革後棄家,去陽羨,遷硤石,繼又寓居海鹽。賣藥自給,得錢輒賞酒吟詩。有《寓廬草》。《海鹽縣志》。

張敏行,字其言。本籍吳門,以醫術行於鹽,兼善風鑑命理。建香隱庵以居,没即葬焉。《海鹽縣志》。

嘉興府志卷五十八

列傳〔九〕

平湖縣

兩廡先儒

國　朝

　　陸隴其,初名龍其。按《陸氏靖獻支譜》:初名世穮。字稼書。居泖上。世有隱德,幼讀書,躬行實踐,以聖賢爲己任。年四十一登康熙庚戌進士。乙卯授江南嘉定知縣,嘉定爲瀕海大邑,號稱難治。俗尚奢侈,民多積逋,令率坐是落職。隴其至,嘆曰:"民不輸賦,大率以貧也。其所以貧,風俗爲之也。譬如少年以遊冶傷其元氣,力不能服勞。爲父兄者禁其遊冶,則元氣自復,不禁而予以飲食,抑末矣。今且不爲飲食而又督過之,則官與民俱病,固其所耳。"故其爲治,一以鋤豪強,抑胥吏,禁侈靡,變風俗爲主。大賈汪氏者,素橫行邑中,其僕奪賣薪者妻,汪匿僕。急捕治之,以妻還賣薪者,而重懲其僕。汪大恐,令所識探意,隴其曰:"人無不可自新,苟爲善即善矣。若平日所爲吾知之,毋犯我,自新未晚。"汪感懼,卒爲善士。市少年十百爲朋,以拳勇爭豪,鄉黨畏苦之。隴其廉得其名,不即捕,遇有控者,責而械諸門,時時勸諭之,視其情色果悔,則釋。不匝月,其黨悉解散。民有告其子不孝者,即涕泣自訟曰:"我德薄,無以化汝,令汝父子至此。"委曲曉諭,踰時,其父泣,其子亦汪然出涕。已而察其深悔,乃慰遣之,并不與杖。大場鎮有兄貸,貸于弟,不應,輒昇弟貲以去。弟賄巡檢,以盜報。則怒曰:"是可以爲盜乎?"訊之,乃其弟婦翁所爲,痛懲之。因呼其弟曰:"彼兄也,乃聽婦翁謂兄盜,不悌也。"笞之。又呼其兄曰:"汝爲長,不自思謀生之策,而貸弟,弟不應而徑取之,陷汝弟不悌,是汝不友也。"亦笞之。咸感服而退。宦家子有罪,延其父至堂上而責之曰:"我與爾父朋友也,爾猶子也。子弟而不肖,不可以不責。"竟杖之。邑胥役以千計,惟輸解上官,乃遣役,絕不令至民間。民亦信其愛己,不待役至,賦稅先期畢集。未幾,胥役易業自去者過半,其存者亦相率告哀曰:"某等知公清慎,豈敢有所覬。但工食已裁革,無所得。食業受役不可脫,脫亦莫肯代。惟公哀之。"隴其惻然曰:"若亦我民也,然無術救汝,無已令汝曹得更代,如何?"皆歡然曰:"如是則生矣。"乃悉爲農、賈以自給,當直則來于是,廨有存者。期年政成。丙辰冬,福建按察使員缺,上命九卿會推天下賢能愛民之官,將不次擢用。尚書魏象樞舉隴其,而是時江蘇巡撫慕天顏方以隴其儒術迂疏,非肆應才,具疏入告,部議引才力不及例降級調用。嘉民大駭,罷市,日號軍門,天顏不自安。爲具疏請復,而部議又引諱盜例落職。先是,民張與汪以小隙訐訟,汪遇盜被傷歸,謂其弟曰:"張遣殺我其弟。"遂以讐殺控。隴其疑小隙無殺理,而察張亦非殺人者,因以是盜是讐,未敢遽定報。尋獲盜七人,讞上部議,以隴其初詞涉諱匿引例罷斥。人謂隴其:"盍辨諸?"隴其曰:"邑有盜,長史固宜有罪,且夜半殺人于路,果讐亦盜也。而我不能斷議,黜不枉,奚辨爲?"

嘉民益大駭。去之日，九鄉二十都民夜半群呼入邑，填滿街衢，哭聲震天地。及入邸舍，男婦萬餘，環泣不去者終夜。次日，四郊各刻木爲位，旬日間，村各立祠，旌幢鼓吹，爭迎位于其中。既歸，行李蕭然，惟書數卷及其妻織具而已。故民謠曰：“陸公歸舟何所裝，圖書數卷機一張。”戊午，詔舉博學鴻辭之士，郡人工部主事吳源起薦入都。會左都御史魏象樞疏論前部議之非，上心韙之。未幾以憂歸。服闋，象樞復上疏薦，奉旨復職。癸亥，補靈壽知縣。既之官，視其邑，逼近畿輔，多徭役，地磽瘠，水旱頻仍，俗強悍善鬥，少訟而輕生。嘆曰：“民富而後可以教輕生之習。禁令尤嚴，然未盡絕者，民貧而不知義也。嘉定可使富而不及爲，靈邑又非嘉定比，奈何？”力言于上官，非大恤民力不可。時派運灰車，靈邑以五輛，視他邑獨多，前令董子祁爭之不得，民以病告。隴其首以爲請，至以去就爭，乃得更代。邑又北負太行，南濱滹沱，多不毛之土。順治、康熙間，兩奉詔盡蠲其徵。後言者復申隱地處分例，有司畏罪，稍稍首報，由是倚山瀕河之地間可耕穫者相戒不敢墾。隴其下令民墾，謂朝廷決不與爾民爭此毫末之利。地方官苟非大貪惡，決不勒爾起科，以貽爾無窮之害。民乃漸有闢者，終任七年，竟無一畝首報。邑額丁萬五千有奇，前令編審，率增丁逃亡，死絕不除，而攤派包賠日甚。隴其謂如是是驅之逃也，因以實額報，且曰：“裕國之道，惟在恤民。逃亡日少，則國課日增。若目前形勢，恐難就筋疲力盡之民責其無缺額也。”庚午歲大饑，奉詔發粟賑民，裹糧驅馳山谷間，審其衆寡老弱，躬自徧給。及去，民懷其德，如在嘉定時。初，江南總督于成龍卒，上臨朝，問九卿：“今天下清操如于成龍者有幾人？”九卿頓首，以七人對，隴其與焉。上又嘗問：“兵部侍郎李光地曰：‘今天下亦有留心性命之學者乎？’”對曰：“臣所知者，有山東布政使衛既齊、靈壽知縣陸隴其。臣曾見隴其所著書皆有本之學。”上又問：“隴其居官何如？”對曰：“清廉愛民，屢經大臣薦舉。”至是，左都御史陳廷敬復薦，有詔行取，來京，擢四川道御史。遂上疏言畿輔民情。《畿輔民情疏》：“臣本外吏，荷蒙皇上拔置臺班，苟有一得之愚，皆當次第敷陳，以仰佐聖治之萬一。顧臣官畿輔久，知畿輔之民情，敢先爲皇上陳之。畿輔邊山一帶土瘠民貧，異於他方，荒多熟少，自昔而然。加以康熙十二年以後軍興緊急，雜派繁多，民困滋甚。豐年僅可支持，一遇水旱，流離萬狀。幸數年以來，皇上加意撫綏，禁止私派，不恤蠲賑，鳩鵠之民得苟延殘喘。然以言乎家給人足，則尚未也。臣觀自古豐亨之治，皆非一日而成。唐虞之世，其初亦不免黎民阻饑。堯舜兢兢業業，積久而後烝民乃粒。漢自高、惠而後，多方休養，至於文、景，然後天下殷富。唐之太宗日夜講求治道，至貞觀之末，然後民食充足。今天下平定猶未久也，而又疊遭水旱，故皇上之勤恤民隱，而百姓猶未免於艱難。無怪其然矣。求其殷富，亦無他道，惟在皇上常持此勤恤之心期之，以積久而勿責效於旦夕，恩已厚而不嫌其更厚，心已周而不厭其更周，則家給人足之盛，庶乎可望矣。至于目前所當議者，臣見上年畿輔荒旱，實異尋常。其被災各州縣內雖有未被災之處，亦不過稍有升合之穫，差勝於被災者耳。初奉上諭，將二十八年及二十九年上半年錢糧盡行蠲免，已經撫臣出示曉諭，後因部議分別被災，州縣中有不被災地畝，不準緊蠲，百姓甚苦。撫臣不得已題請秋後帶徵，地方得以粗安。然雖今歲秋收稍稔，既徵其新，又徵其舊，臣恐非積貧之民所能堪也。雖曰豐年所入幾何，穀價又賤，其值無幾；私債之迫索者，衣服之典當者，已去其大半，仰事俯育，仍憂不足，又可責其兼完新舊之糧乎！若非皇上曲加垂恤，臣恐有司惟知考成之是急，不顧民力之難勝甚，非皇上蠲免之初意。此臣所目擊地方情形，不敢不爲皇上陳之。”疏入，上呼隴其近前，曰：“陸隴其奏章是自作否？”對曰：“疏出臣手，不敢假人。”上稱善久之。尋奉詔盡行蠲免。時湖廣總督某爲湖南巡撫于養志奏請奪情，隴其上疏論之。《論奪情疏》：“臣辦事衙門，聞九卿科道會議湖南巡撫于養志在任守制一事。臣以資淺不在會議之例，不知所議若何。及詢問與議諸臣，謂議之時，昌言其不可者固有其人，而依回不斷者比比而是。臣竊怪之，此明白顯易之事，有何可疑？而依回若是。夫治天下之不可不以孝，易明也。在任守制之非所以教孝，易明也。天下正當承平之時，湖南又非用兵之地，無籍於在任守制，易明也。皇上以孝治天下，在廷諸臣沐浴於皇上孝治之中久矣，何難一言以直斷其不可耶？且臣不知議者以于養志爲何如人。如其非賢者耶，則固不當使之在任守制矣；如其誠賢者耶，則必不肯安心於在任守制矣。在督臣代爲題請，或從愛惜人才起見，然臣以爲使之解任全孝，正所以深愛惜之。況皇上一日所行，天下萬世奉爲法程者也，若使一撫臣因督臣之題請而留，將來督撫之丁憂者，皆將援此爲例，其不思僥倖奪情者鮮矣。名教自此而弛，綱常自此而壞，此端一開，關係天下實非淺鮮。至湖南一省之人，是則是傚，不復知有父母，又無足論矣。竊以爲督臣所請無容議可也。臣不知九卿作何啟奏，理應靜聽皇上定奪，但恐衆論參差兩端易淆，敢從名教綱常起見，少效芻蕘。”詔報可。辛未夏旱，應詔陳言，部議革職，奉天安置。上心知其無他，特宥之。是年冬，試俸滿，改調歸。又一年而卒，年六十。有三四方人士聞者，莫不傷悼。嘉定之民綫經相弔，哭于清廉書院中。及至葬，門人會葬者皆伴墓三宿而去。隴其學本朱子，以居敬窮理爲要。嘗與睢州湯斌書，略曰：“孔孟之道，至朱子而大明。《四書》經傳，凡經考定者，悉如化工造物，學者但患其不行，不患其不明，但當求入其堂奧，不當又自闢門户。自陽明王氏目爲影響支離，倡立新説，盡變其成法，援儒入墨，以僞亂真，天下靡然響應，棄規矩而師心自用，比之清談禍晉，非刻論也。今之學者必尊朱子而黜陽明，然後是非明，而學術一，人心可正，風俗可淳也。”又嘗曰：“南方有一黄藜洲，北方有一孫夏峰，皆當世君子。然夏峰作《理學宗傳》，混朱、陸、陽明爲一藜洲學案，亦尊蕺山太過。”其論學類如此。嘗跋張武承《王學質疑》，自以闢姚江之學比于孟子闢楊墨，于有明諸儒獨心契薛敬軒、胡敬齋、羅整庵、陳清瀾爲學術正宗。晚年設教東洞庭山，學者從遊日益衆。著有《讀禮志疑》六卷，《四書講義》，《困勉錄》三十七卷，《讀朱隨筆》四卷，《三魚堂賸言》十二卷，《松陽抄存》二卷，《三魚堂文集》十二卷，《外集》六卷，《附錄》二卷。以上入《四庫全書》。《松陽講義》十二卷，《問學錄》四卷，《禮編》四卷，《戰國策去毒》二卷，《靈壽縣志》十一卷，《衛濱日抄》《先正一隅集》。生平坐必端，行必莊，語必徐以簡，燕居齋如，不苟訾笑，天性孝友。父標錫歿時，隴其方應召都門，訃至，徒跣奔喪歸，孺慕哀泣，日夕席地卧。期年乃以土坯墊四隅而寢其上。所制喪服皆遵朱子家禮，性謙謹和厚，善氣迎人，告戒僮僕亦煦煦若子弟。及辨學術是非邪正，論民生休戚，政事得失，又侃侃絕少依回云。隴其既卒之三年春，有提督江南學政之命，大學士王熙以病歿對，上曰：“何故不奏？”對曰：“七品以下官，向無奏病歿例。”上嗟嘆良久曰：“本朝如此人，不可多得矣。”雍正丙午，詔從祀孔子廟庭，位列先儒蔡清之次。乾隆丙辰，予諡清獻，追贈内閣學士，兼禮部侍郎。本傳。雍正二年甲辰三月初一日，皇上臨雍諭：禮部等衙門及國學諸生治天下之要，以崇師重道，廣勵學宫爲先務。朕親詣太學釋奠先師禮畢，進諸生於彝倫堂講經論學，凡以明道術，崇化源，非徒飾圜橋之觀聽也。惟孔子道高德厚，萬世奉爲師表，其附享廟庭諸賢，皆有羽翼聖經，扶持名教之功。然歷朝進退不一，而賢儒代不乏人，或有先罷而今宜復，有舊缺而今宜增，其崇祀崇聖祠者，周、程、朱、蔡外，或有可升而附者，並先賢先儒之後，孰當增置五經博士，以昭崇報，均關大典。九卿、翰林、國子監、詹事科道會同詳考，定議以聞。禮部等議：周、漢、唐、宋、元、明外，本朝應增入從祀者一人。國家右文興教，凡務本力行之士，沐聖人之化，淬屬於天人性命之學者，實繁有徒，其彰彰在耳目者，當以平湖陸隴其爲最。隴其自幼以斯道爲己任，精研程朱之學，兩任邑令，務以德化民，入官西臺奏章，必抒誠悃。平生端方孝友，笑言不苟，著作如林，能發前人所未發，絲毫不詭於正，足稱昭代醇儒，允宜陪祀俎豆者也。疏上，奉上諭：先儒崇祀文廟，關係學術人心，典至重也。宜增必詳加考證，折衷盡善，庶使萬世遵守，永無懸擬。爾等所議雖皆有功經學，然戴聖、何休，未爲純儒。鄭衆、盧植、服虔、范寧，謹守一家言，轉相傳述，視鄭康成之純質深通，似乎有間。至若唐之陸贄，宋之韓琦，事君以誠，立身以正，勳業昭垂史册，自是千古名臣。然於孔孟心傳,果有授受而能表彰羽翼乎! 其他諸儒是否允協,以及宰予、冉有增置博士之處,著再公同確議,務期至當不易,具奏。禮部等復議,上宜復者六人:林放、蘧瑗、秦冉、顔何、鄭康成、范寧。宜增祀者二十人:縣亶、牧皮、樂正子、公都子、萬章、公孫丑、諸葛亮、尹焞、魏了翁、黄幹、陳淳、何基、王柏、趙復、金履祥、許謙、陳澔、羅欽順、蔡清、陸隴其。宜入崇聖祠者一人:張迪。宜增置博士者四人:冉雍、冉伯牛、子張、有若。奉旨:朕念先賢先儒,扶持名教,羽翼聖經,有關學術人心,爰命九卿詳議。今諸臣參考周詳,評論公正,甚合朕心。著依議行,於四年正月從祀。乾隆二年,賜謚清獻。

列　傳

明

沈琮,字公禮。正統壬戌進士。授南武庫主事,兼車駕、職方、武選三司。遷守夔州,改重慶,皆以父母喪不赴。再補廣州,興學校,正風俗,勸農,弭盗,爲他郡最。值葉盛爲巡撫,言無不聽。及盛移任,琮即以病乞歸。家居奉先事長,教子弟有儀範,鄉人化之。著有《石窗》《東宇》等藁。弟肆,字公貴,號青璧。景泰辛未進士,累官山東道監察御史。著有《橋門》《柏臺》等藁,《程朱語類》。父母喪,琮、肆廬墓六年,日啜粥。有白鶴時來棲止,詔旌其門。琮先世本烏程人,元末有文俊者徙家海鹽之清溪,琮其裔也。宣德四年析隸平湖縣。《徵獻録》。參柳《志》。

馬暶一作璇,字季明。少時薛瑄見而奇之,曰:“神韻雋遠,必爲一代偉人。”以進士任行人,歷使晉、周、楚、蜀諸藩,出使琉球,餽遺無所受,中山王爲立郤金亭。擢御史,疏奏亟建儲,謹災異,飭武備,防水旱,上嘉納之,書其名於御屏。父昇,見《孝義》。兄子昆,見下。《徵獻録》。參平湖程《志》。

沈榮,字元節。以進士授工部主事,知潮州。以鹽税入公帑,省正供,歷延平、臨江,所至不畏強禦,莊杲稱爲清沈。陞貴州參政,糧運軍餉,裁制有方,乞養歸。著有《熙貝集》。孫垔,進士,歷知山陽、鹽城縣;垣,見下。《徵獻録》。參《分省人物考》《江西志》。

倪輔,字良弼。以進士授吏部主事,遷郎中,改禮部,陞湖廣參政。治峒傜以恩信,卒,官民哀之,如失父母。

許盛,字昌世。以進士授刑部主事,歷員外郎,擢四川按察僉事。蜀府莊户侵民山田,獄久不決,盛勘實置法。丁憂,起補分巡川北道僉事,儀隴寇亂,誅其首,餘黨悉平。改川西,上流、羅泉諸井鹵丁慎所司徵不如令,塞其井。盛至,帖然復業。轉雲南副使,民有鬻銅者,讐家誣以盜礦,獄具,瘐死已半。盛辯,釋之,民尸祝焉。以上《浙江通志》。參《徵獻録》。

俞迪,字允吉。以貢任廣東都司斷事。性耿直,指揮王江失機,監司惡指揮于某,欲并坐之。以屬迪,迪不可,乃止。某潛以千金餽,卻之。迨歸,某輓轄至,含泣拜曰:“不敢忘大德,願以弱息奉箕帚。”迪曰:“以妻次孫可。”某益感,結婚而去。《分省人物考》。

陸綸,恩貢生。知夾江縣,以廉稱。署中器用出自里甲鋪户,給還之。羡餘一無所取。丁艱歸,築舍墓旁,居之。平湖程《志》。

周衢,字士亨。景泰庚午舉人,授膠州學正。以禮率人,諸生有衣食不給、無力喪葬者,出俸助之。罷歸,肆力經史,根柢性命之學。所著詩文力追古人。《分省人物考》。參《徵獻録》。

陸錝,字克潛。由貢生授程鄉知縣。縣届山海,多盜,議者皆以捕盜爲急。錝謂與民未有恩信,何遽勞民。乃新學舍,以禮義勵諸生。問民疾苦,晝夜不息。期年始團練義勇,間出剿斬,獲常至千百,盜相約無犯。俗搆訟以賂勝,錝絶私謁,訟自息。丁母憂,歸,號泣攀轅者數千人,行至常山,哀毀致疾,卒。囊無一錢,逆旅主人徐文育爲之棺殮,程鄉人設位巷哭,立祠祀。錝性至孝,父珪患癰,吮之而愈。母畏雷,雷輒晝夜侍。累贈副都御史。子淞,孫杰,別見。兄子溥,字文博。諸生。以貲授上海縣丞。調豐城,督運,夜過采石,舟漏,跪禱曰:“舟中一錢非法,願葬江魚腹。”禱畢,漏止。天明視之,有三魚裹水草塞漏。尋以亢直罷官,歸。《兩浙名賢録》。參《徵獻録》《鄉賢實録》。

過璘,字太璞。少喪父,年十九猶市販。一旦棄去,力學成進士。授工部主事。出督呂梁洪河道,復分司濟寧閘,大爲三原王恕所知。改刑部主事,有以妖言誣人至死,連及數十家,璘勘,出之。陞江西按察司副使,豐城李民泰陷平民兄弟三人爲盜,繫獄十年,得其情,釋之。坐民泰,尋致仕歸。《分省人物考》。參平湖朱《志》。

屠勳,字元勳。以進士授工部主事,遷刑部郎中。京師無賴子李勝,令人誘其主李福盜鑄。而己首之。福坐戍邊,籍其産歸勝。勳覆勘,得實,以其罪罪勝。值大旱,因建言陰陽不和,由於刑獄不清,輦轂之下,尚須平反,況在外省,請遣部臣郵刑獄,從之。累陞右副都御史,巡撫順天、永平諸路邊備。上言近畿供應浩穰,宛、大二縣庫夫、壇役廝夫、羊水瓜户,役動數千,而計丁養馬,與各縣等尤困,乞加存撫。又奏密雲孤懸戍壘,難援;潮河川積石漫衍,難守。黄花鎮先帝陵園宜護,乞分薊州、密雲、建昌,連設三屯,烽火相應,于潮河川作周城虎落,具躪石,布蒺藜,鑿坑窖,而于内垛石爲城,增置黄花鎮營堡,禁中使索供銀魚,罷麻峪采礦。又奏移操營于熊兒峪,移關于水峪,使兵得水草,又便耕稼。歲省卒戍、公私金錢不貲。遷刑部侍郎。壽寧侯張鶴齡與民訟田,勳曰:“母后族與細民争尺土,非國體。”歸田于民。正德元年,上郊祀、籍田、幸學三事,請講真德秀《大學衍義》爲正心之要。時上年少,務嬉遊,卒有劉瑾、江彬之亂。人服其先見。進尚書。劉瑾用事,乞奏請必先關白。勳曰:“若是,是無朝廷矣。”瑾銜之。引疾求去,加太子太保,致仕。卒,賜祭葬,謚康僖。著有《東湖遺稿》。子應塤、應坤、應埈,俱進士。應塤,湖廣提刑副使;應坤,雲南參政;應埈,見《秀水列傳》。《浙江通志》。參《徵獻録》。

沈珪,字廷瑞。以舉人授延平府推官,改安慶,有清望。上官至,不敢責供張。子鑰,黄梅教諭。孫一卿,宗人府儀賓,尚荆王崇明郡主。《徵獻録》。參平湖張《志》。

屠熙,字元明。以舉人授武昌府推官,有盜久弗決,俱年未三十。熙曰:“此獄越十八年矣,盜時年纔十二三。”審,出之。陞江西建昌府同知,益府中人籍,民貲户派,借銀責重息,諭以利害,遂戢。改南直太平知府。卒。子奎,字文奎。御史,巡視江西,翦戢宸濠黨與,復累疏其不軌。終江西參政;垚,別見。《徵獻録》。參平湖程《志》。

陸愈,字抑之。以進士知江都縣。躬歷窮僻鄉里,詢民疾苦。瀕江田已盡爲洪波,稅額不除,淤沙可耕,率爲豪右佔,馬多領牧于無丁産者,悉爲節約均賦。歲凶,民多鬻子女于江南,捐俸并公餘錢,贖還幾百人。每新穀未登,輒發舊廩以接民食,巡撫李某籍所部羨銀十數萬,將上之,特請留以活窮民。又教民開渠建閘,備旱澇,奏置巡檢司,爲縣控制。召拜御史,巡按四川,鋤豪强,發諸姦伏。上自藩邸,下及羗酋,咸凜凜莫敢縱。大修成都郡學,創養濟院於營昌[1],出成案之不能生者,亡慮百十。以盛暑按部得疾,卒。《徵獻録》。參《分省人物考》。

馬昆,字克昌。以進士知永新縣。峒傜入境肆掠,禽其首,平之。隣縣民搆訟二十年不決,以屬昆,片言折服。縣有商稅,令易粟實常平倉。擢山東道御史,出按兩淮鹽課,酌其贏羨以賑饑。值河溢,以餘鹽易價充築堤費,淮人立祠尸祝。遷雲南副使,進本省參政,卒官。《徵獻錄》。參平湖程《志》。

馮俊,字世英。以舉人任館陶縣教諭。人罕知學,俊爲句授字解,捐俸資給之,遂有以科名顯者。擢知獲嘉縣,大璫張永征安化,所過騷然,俊言民力不任供億,永斂容謝。調遂平,遂平故無城,有賊寇,俊匿母妻山中,而身率丁壯畫地而守。人皆感奮,殊死守,賊不敢犯。事平,乞歸。祀名宦。贈山東參政。《分省人物考》。參《徵獻錄》。

陸淞,字文東。進士。授禮部主事,歷郎中。時藩國多踰制請乞,淞格不行。倭使宋素卿賄奄人劉瑾,求數入貢。淞上疏言非中國利,且素卿本寧波人,潛通外島,以邀中國,請誅之。瑾怒,中淞他事下獄。瑾敗,遷光祿少卿,歷南鴻臚卿,上疏陳九事,極愷切。尋陞南光祿卿,致仕。卒,賜祭葬。淞接人甚温,及臨事毅然不可奪。自奉儉約,好周恤故舊。宴客,酒七行,即徹。有《東濱集》。累贈刑部尚書。子杰、杲,並有傳。《徵獻錄》。參吳《志》。

曹瓊,字玉夫。以進士授御史,貴戚有投千金乞置讐家于辟,正色卻之。尚書劉大夏論人才,謂諫臣中如曹瓊當大用,無何卒。子乾,六歲,孝宗時以神童舉試宮中,賞賚優渥。元,舉人。《徵獻錄》。參平湖程《志》。

施震,字亨甫。以進士知固始縣。行取,補太僕寺丞,出守石阡。俗皆誅茆爲屋,令儲水備火。忤劉瑾,乞歸。《浙江通志》。

沈煉,字剛夫。以進士歷任江西參議,所至豪右屏息,墨吏輒自引去。值寇警,煉以文臣飭武事,身赴險難,卒撲滅之。子圻,字子京。以進士除江西道御史。以忤當道,降高郵州判。陞休寧縣,歷陞貴州參政。投劾歸。《徵獻錄》。參吳《志》。

屠喬,字文治。以進士授常州府推官,擢雲南道御史,巡按廣西。歲饑,設法糴運,增價招商,多所全活。招降諸傜寇,賜金幣。世廟入繼大統,議考興獻皇,喬六上疏力爭。轉山東副使,致政歸,杜門不入城市三十六年。劉《志》。

沈圻,字子京。正德辛未進士。除御史,以直忤當道,謫高郵州判。陞休寧知縣,矢心冰蘗,歷固原兵備,發巡按之奸,陞貴州參政,歸。父子俱官藩、臬,產不及中人。于《志》。

潘鷗,字惟遠。以舉人授肇慶府通判,有清操。不滿考,自劾罷歸。貧甚,授徒爲活,學者稱東淵先生。同時李蕚,字剛甫,亦以理學自命,不苟取與。以爲聖人可學而至。嘗作《克念圖說》。司業沈懋孝爲作《兩介士傳》。《徵獻錄》。參《槜李詩繫》。

孫璽,字朝信。以進士除興化知縣,豪徐恩以貲爲本縣千户,與其宗人交賂權貴,橫行無忌。璽至,廉得奸狀,先懲其宗人。翼日,百姓以恩殺人攫財告,鞫實,併其宗人皆抵死。大水傷稼,上官不爲請,即自奏聞,詔許減田租之半。轉揚州府同知,寧庶人攻安慶,璽守儀真,捕殺儀賓之爲賊諜者。陞山東按察司僉事,奉敕丈皇莊草場,凡中官貴戚所漁奪者悉還民。調雲南參議,麗江土官爭金沙江相讐殺,璽會勘,土官賂同勘者,因以賂璽,不能動,卒奉約束如故。移巡大同兵備,吉囊入寇,斬首多敍贊畫功,賜金。罷歸,以子植贈刑部尚書。植有傳。平湖顧《志》。參唐順之撰《墓志》《徵獻錄》。

陸琳,字文珮。以舉人授清河知縣。歲祲,撫濟全活數萬。俗不諳紡織,乃教之爲車機。

有兄弟訟，久不決，琳諭以義，感泣相讓。擢廣東道御史，巡按四川。都指揮劉永昌倚武定侯郭勛權勢，與蜀府訐奏。按實，致永昌罪。補河南道，論罷中貴姻亞墨吏。繼劾權黨邊將張麟怙勢不法事，不報。出守江西撫州府，尋乞歸。著有《蘭臺疏稿》《忠弼堂稿》《巡川條例》《賑荒事宜》。子山、寅、宓。

姚參榜姓張，字應辰。以舉人授上饒教諭，擢知宜春縣。出穀賑饑，興利除害。又請減茶貢費十之九。寧庶人之變，王守仁檄參應援，事平，調桐廬。尋擢工部郎中，乞歸。子筐，別見。簣、笈並舉于鄉。孫體信，進士，官參政。以上《分省人物考》。

趙漢，字鴻逵。以進士授建昌推官。錄重囚必察其冤，不拘成案。擢南戶科給事中，改兵科。中官崔文亂政，尚書林俊劾之，被旨詰責。漢因發文不法狀，請行譴，不納。已，哭爭大禮，論列張璁、桂萼所奏十謬，詔繫獄廷杖。歷吏科給事中，以疾去。起故官，遷工科都給事中。疏言：“内閣桂萼、翟鑾稱病三月，未嘗以曠職辭。張璁久專政權，亦未聞引賢共濟。乞諭萼、鑾亟去，簡用兩京大臣及家居耆舊。”復被詰責。尋出爲陝西參政，告歸。久之，以故官起山西，不數月復致仕。著有《漸齋集》。《明史·劉世揚傳》。參《兩浙名賢錄》《徵獻錄》。

林桂，字天芳。以進士授刑曹，執法忤權貴，下御史獄。世宗入繼，詔拔淹滯，超授禮部郎中。子雨，別見。《徵獻錄》。參《分省人物考》。

陸杰，字元望。以進士授兵部主事，轉員外、郎中。武宗南巡，與黃鞏、陸鎮伏闕極諫，廷杖。陞湖廣參議。歷陞陝西廊延副使，榆林告急，上遣總兵某往援，至則屯兵綏德不進。杰率屬下梁、張諸將，擊退之。遷廣東左布政使。安南不庭，毛伯温督討，杰偵得安南陰事，謂：“可讋服，不煩用兵。”伯温以聞，安南王莫登庸果上表請罪。遷僉都御史，巡撫湖廣。世宗奉章聖太后梓宮南祔，供應浩繁，杰處分若素定，民以不擾。督山陵工，請乞留正供爲費，又乞捐所過郡縣租稅，俱報可。修復江漢長隄二千餘里，即本官進工部侍郎，轉副都。平鎮溪苗亂，又討平邵陽妖賊。爲大璫廖斌誣奏，致仕。久之，御史王應銓疏薦以原職召還工部，卒，贈尚書。子光弼，蔭授都督府都事，孝友，能文章。曾孫鼇。《兩浙名賢錄》。參《徵獻錄》。

劉玘，字延璧。以舉人知五河縣。歲大饑，設法賑濟，全活數千人。復即家運粟，補其不足。務端俗尚，興教化。先是，縣令姜某有循績，民爲之謠曰：“前姜後劉，吾民以休。”擢刑部主事，卒。祀名宦。《分省人物考》。參《徵獻錄》。

陸槐，舉人。知萬年縣，民有兄弟相訟，置不理，久之，召與語，爲説棠棣之詩，及“脊令在原”，曰“鳥亦有兄弟，況於人乎”。兄弟感悟，訟遂解。祀名宦。平湖程《志》。

陸鼇，字子任。九歲，淹貫名理。人稱“小象山”。以舉人授臨江府通判，時江盜橫甚，鼇單騎諭降之。而巡撫吳某意主剿，鼇爭之不可，曰：“殺人媚人，鼇不爲也。”吳悟，乃止。督糧使者至，索金不與，怒甚。及察其實貧，歎服慚謝去。署新淦，大旱，徒步禱於蒙山，刻期雨至。遷南康同知，累贈江西巡撫、右僉都御史。《徵獻錄》。參平湖程《志》。

姚筐，字希實。以舉人授廣信府推官，城玉山，置戍分水、溫陵等處，弭礦徒山賊。遷守宿州，招撫流亡，給牛種，墾田四千頃。贖鬻子女幾千人，捐宿逋二萬五千，立社倉備荒，教民機杼，資衣食，累陞貴州僉事，乞休。卒，贈太常寺卿。吳《志》。參平湖朱《志》。

孫校，字右文。進士。初授工部主事，出督荆南關稅，革羨餘，轉兵部武選司郎中。孤行己意，忤嚴嵩，謫廣東市舶司。歷陞四川副使，出淹繫，撫豪酋，興農講武，平徭役，暇則肩輿問風俗,禮賢訓士,以疾歸。

馮汝弼,字惟良。以進士授行人,遷工科給事中,巡視光禄及盔甲廠,劾巨璫張時等乾没,又劾冢宰汪鋐怙寵不法,鋐罷,汝弼謫潛山縣丞,轉知常熟縣。築葉蕩等閘,立法均田,減耗數萬。調餘干,覈清倉粟備荒,巡鹽役,爲盜捕,按之如法。遷知太倉州,劇盜聚江海間,前守不能詰,設方略禽之。歲祲,部使者出督逋稅,既去,置弗徵。陞揚州府同知,未之官,以前逋稅論調,遂乞休。值倭警,請督撫城平湖,首輸,爲衆倡,又築漢塘五十四里,土石橋、堰四十餘所,歲葺之。縣災,賑米數百石。瘞殍,立義冢。戚族貧不能婚喪者,代舉之。卒,縣人請特祠祀,累贈山東參政。有《補備遺録》《紀建文時事》《祐山集》十六卷。以上《徵獻録》。參平湖程《志》。

俞咨伯,字禮卿。以進士授工部營繕主事,歷屯田郎中。時貴戚武定侯郭勛專橫,咨伯執法不少狥。出知永州府,歲饑,請賑。尤加意學校[2],諸生邱有嵒貧不能婚,爲捐俸娶婦,卒登第。遷河南副使,提學山西。《徵獻録》。參吳《志》。

王梅,字時魁。以進士改庶吉士,除刑部主事。建昌侯張延齡得罪下獄,主事沈椿以貴戚不令入重獄。及梅受事,世廟聞之,大怒,先後主事二十二人皆下獄,議杖,梅謫滁州判官。梅能詩,有《柘河遺稿》。《馮祐山集》。參《徵獻録》。

趙伊,字子衡。漢子。以進士授刑部主事,蒞事精敏,胥吏不得竄刀筆。陞南兵部職方司郎中。巡江指揮縛大盜至,具言夜所以格鬪,被創後乃禽獲狀,伊勞之退,徐執盜,訊乃知良民爲賈者,抗官兵之真盜已逸去矣。召所居什伍相保者問之,言皆合,遂釋。轉武選司。時有要路故人,夜持兩甕金以贈,云得自某,冀有所請,伊斥之。中山王後徐某以傳奉官錦衣,法不得襲,附巨璫,曲得上旨,伊爭不納,乞還。久之,起車駕司,置郵關符禁嚴,貴巨皆痛嫉,遂出爲廣西按察副使,乞終養歸。再三召,卒不起。伊初刻意詩文,後聞性命之説,遂求見諸躬行,不以論説爲事。著有《序芳園稿》。子三:邦秩,字元敘。以進士授海門知縣,均賦減戍,築昌四堤,開鹽運河,以勞卒官,士民祠祀。邦程,字元憲。蘇州府訓導,遷連城教諭。邦棪,字元美。舉人。任江西南安府推官,多平反。權關南贛,溢額四千餘金,佐公帑。以母老乞歸。邦秩子琮,字伯裕。舉人。署高陽教諭。著《葩經約説》十卷。劉《志》。參《徵獻録》。

陸山,字子周。以貢選臨清州判,遷知茌平縣,以水患逋賦,力請奏免,調夏津,入爲光禄署正,歸。著《孝經正義》《太極直解》。子萬源,字天澄。以鄉貢授光禄署正。父病,請以身代。居喪,廬墓。周恤親族婚葬。五舉鄉飲。孫太柱,字平治。太學生。《徵獻録》。參平湖程《志》。

陸炳,字文明。武進士。祖墀,以軍籍隸錦衣衛。父松,襲職,選儀衛司典仗。世宗繼統,松以從龍,累官後府都督僉事。松卒,炳襲,署指揮使。護駕次衛輝,行宮夜火,炳入烈焰,負世宗出,自是愛幸。又以緝捕功,累擢都督同知。炳驟貴。仇鸞得寵,陵嚴嵩上,獨憚炳。炳結其所親愛,得鸞陰私。及鸞病亟,炳盡發其不軌狀,鸞憂懼死。加少保兼太子太傅。尋劾中官李彬,與其黨杜泰三人論斬,籍其貲。加太保兼少傅,掌錦衣如故。炳頗結權要,然周於善類,亦無所吝。帝數起大獄,炳多所保全,折節士大夫,未嘗搆陷一人,以故朝士多稱之者。卒,贈忠誠伯,謚武惠。襲指揮僉事。後言官追論,奪爵。尋録其孫逵,仍錦衣千户世襲。《明史》本傳,參吳《志》。

沈垣,字子完。以進士授大理寺評事,歷寺正,録囚廣西,出冤濫甚多。諸土司饋遺,悉拒之。長官固以請,乃取一膠槌,懸之平樂公廨中,粤人至今謂之懸槌館焉。補惠州知府,事至,立判錢穀出入，上官不得撓其權。獲和平劇盜李鑑，又條郡中利弊數十事，上制府。卒番禺官舍。祀名宦。子維鏡，字西野。諸生。鬻產搆書。著有《霏玉漫吟》《徵獻錄》。參平湖程《志》。

孫植，字斯立。以進士授刑部主事。中官潘珍從子怙勢為奸利，都指揮揚起昕乾沒慈慶諸宮費，悉正其罪。終養歸。起補兵部，歷光祿少卿。祠官祝釐費多不經，植為簿正，歲省大官[3]數十萬，巨璫耿清目之為鐵人。尋擢右僉都御史，出督河道。時三殿工興，漕渠久旱，大木漕艘不前，河流且北徙，眾議歲增淺夫，植以民疲已極，力止之。轉刑部侍郎，值邊警，京師敕守崇文門。時孫某守外城，以調兵不至，劾本兵楊博，植知博素習邊事，止其疏，而亟遣騎趨發兵。轉右都御史，訊巨閹王采、邢保、張進朝等盡法，不少貸。三乞休，不許。魏國公徐鵬舉無適子，幼子邦寧詭稱其母鄭為繼適請封，復賄助教鄭如瑾萬金，謀奪爵。事下南法司，植謂當嗣庶長，魏國溺愛宜罰，鄭氏詭封追奪，如瑾削籍。時高拱再起，修隙，遷怒於植。給事中王楨遂希拱意誣劾，以訊報不詳，奪職。未幾，起工部尚書，辭不赴。卒，賜祭葬。贈太子太保，諡簡肅。子成泰，見下。

陳善道，字敬夫。以舉人知德安縣，繕城備流寇。諸豪惡為奸者，悉以法繩之。通判廬州，掌錢穀出納，羨餘悉以歸庫。轉松江同知，乞休。布衣蔬食如故。孫泰來，見下。

陸杲，字元晉。以進士授刑部主事，出為漕運理刑，與漕臣忤。會漕臣罷，亦去官。陸氏自唐宣公後為巨族，杲倡族置田八百畝屬景賢祠，歲收其入以周族人，曰族田。又置田五十畝屬世德祠，界宗子供祭祀，曰祭田。設塾，集里族子弟，置田二百畝以給稍廩，曰學田。宗族日繁，更徭不支，置田三百畝分贍之，曰役田。嘉靖中，島夷內寇，捐貲佐築城，一縣賴之。累贈刑部尚書。子光祖、光祚，見下，光宅，見《孝義》。以上《浙江通志》。參《徵獻錄》。

姜學夔，字一臣。以進士授龍泉知縣，調平谷，多惠政。召入為御史，忤劉瑾，謫南都察院經歷，出為湖廣兵備僉事。瑾中以他事，罰米百石，遂乞休。屬吏贈遺，無所受。歸設義塾，講明知行合一之理。置義田，以賑鄉黨，宗族稱其賢。《徵獻錄》。參《姜氏族譜》。

曹禾，字世嘉。父渭，以掾為驛丞。禾以進士知鄱陽縣，入為工科給事中，奏請蠲浙直被倭郡縣田租，從之。進工科都給事中，尋坐累外謫，遷松江府推官。歷知韶州府。孫徵庸，別見。《徵獻錄》。

俞乾，字一清。幼稱神童，性至孝。居喪，廬墓三年。以進士授刑部主事，勢豪犯重辟者，夤緣中貴人賄請，拒之。嚴嵩傾夏言論死，乾適監刑西市，憤鬱仆地，移時始甦，遂乞歸。眾憐其貧，賻之，悉不受。楊繼盛贈以詩。抵家二日卒[4]。《浙江通志》。參吳《志》。

陸光祖，字與繩。年十七，與父杲同舉於鄉。以進士知濬縣，秋潦傷稼，撫臣以非時不報，光祖力爭得蠲租。縣大俠多通盜，光祖悉錄為義兵，度其魁李以平必畔，將入觀，授計縣尉，已果肆掠，遂擒之。有富民誣陷重辟，相沿數十年，以其富莫肯為之白，光祖察其枉，立出之。又清內鄉王佔田還民；封邱王私販，下其奴於獄。行取入都，緹帥炳於光祖為宗人，欲引居言路，辭，引為吏部，復辭。補禮部祠祭司主事，改吏部文選，守法不狥，忤中貴，爭毀之，落職。起祠祭郎，轉儀制。守陵中人張方進甘露，知縣吳府上方藥，皆抑不進。內閣徐階以嚴訥為吏部，遷光祖驗封郎中，改文選，擢海瑞為言官，登進者碩幾盡。又破格擢王化等九人。御史孫丕揚劾光祖專擅，翌日遇丕揚於朝，揖之曰：“公所論極荷相成，但黜陟不由獨斷，引嫌狥私，何所底止？”丕揚沉思，謝曰：“吾過矣。”即日自劾。光祖卒削籍，楊一清還吏部。起南太僕少卿，晉南大理寺正卿。外艱。服闋,以故官起陞工部侍郎,病歸。旋起南兵部侍郎,改吏部。初與内閣張居正善,及居正柄用自恣,乃乞歸。再起南刑部尚書,改吏部,論巨璫張鯨不法狀。又舉許孚遠、顧憲成等二十二人以風吏治。既以推用饒伸、萬國欽忤旨,乞休,不許。會推閣臣,廷臣首光祖名。詔報曰:"卿向有疏,復會推舊制,今卿果居首。"光祖方懷去志,尋乞歸。卒,贈太子太保。謚莊簡。光祖少有大志,嘗書"以天下爲己任"於座右,接人一以至公,無藏怒宿怨。卒之夕,海上星隕如斗,擊地有聲。子基忠,字伯貞。以廕授兵部司務,遷刑部郎中,治指揮鄭光耀獄妖書事起,中禍於禮部郭正域,人皆引避,基忠獨周旋狴犴間。基恕,字澹園。以廕任工部郎中。基志,字季高。詹事府主簿,創惠宗祠,益置田贍族。《明史》。參《徵獻録》《檇李詩繫》。　案《徵獻録》:"光祖以薦饒伸、萬國欽忤旨,乞歸。"而《史》於此事則云乞休,不許。後因薦王時槐、王樵等,給事中喬允劾之,乃力求去。此當以《史》爲正。其他與《史》小異,及《史》所不載者,悉采入備考。

韓弼,字汝良。以進士知豐城縣,陞南昌知府。值景藩就國,以羨餘供應,民得不擾。袁州散平[5]千餘人,懷異圖詭稱投充入伍,弼力排群議,卻之。萍鄉流賊剽掠近境,夜衒枚躡之,就禽。轉布政使參政,罷歸。子子祁,見下。《分省人物考》。參《徵獻録》。

曹光,字原實。以進士授中書舍人,遷福建道御史。嚴嵩柄國,光以諫開馬市廷杖,謫湖廣都事,陞南禮部郎中。歷福建運使,所至以清惠著。歸,杜門著書,人罕得見。子繹祖,見《孝義》。吳《志》。參平湖朱《志》。

陸光祚,字與培。光祖弟,以進士授兵部主事。中貴戚畹、奴隸竄籍者,盡汰去。邊烽起,輒匹馬馳矢石中籌畫。尋補禮部,歷三司。隆慶間,三疏請皇太子出閣講讀。詔取光禄銀十萬,抗疏止之。慮宗禄不支,請限服制,開生業,嚴法禁。又以謚法錫典過濫,奏爲條例。肅懷王無後,族人越序乞嗣,固爭不與。南陵王絶,周王覬獲遺貨,疏請補宗室禄。忤柄臣,出爲湖廣副使,督學陝西。光祚爲人亮直篤厚。所生母卒,故事無去官持服者,光祚以請不俟報可而行。事兄如父。買妾知爲故家女,厚遺遣還。有《淹庵遺稿[6]》。劉《志》。參《徵獻録》。

陳九疇,字天錫。以舉人署昌平州學正,遷知平鄉縣,值水災,賑濟有方。移保定府通判,有清名。轉知上石,地多土司,撫剿互用,帖然感服。以老乞歸。

馮敏功,字元卿。以禮部郎參議江西,弭南豐兵變,陞徐州副使。河決睢寧數百里,敏功晝夜并作,工且就,風雨彌旬,水復齧邳州城,解衣囊沙捍之,吏民感激,争效力,所治築凡二百八十里。遷山東參政,抗議洳口、膠河不可開,忤柄臣,自引歸。起,督漕于淮。邵伯、寶應、高郵三湖相連爲巨浸,漕舟每患漂没,因議濬内河運之。敏功晝督濬,夜閲訊牒,又馳督漕舟,自徐濟,七晝夜,昏絶。已,稍蘇,復出治事。病革,叩家事,張目不答。適同事羅某至,謂曰:"内河於國計甚利,但逼於湖,湖善潰,堤薄,必别築護堤,不即數百里魚鼈矣。"命子伯禮曰:"吾死有賻,歸之官,以佐堤。"乃瞑。敏功性孝友,父嘗卒遭盜,冒鋒刃出之。愛弟敏效甚篤。敦恤里閈,鄉人祠之,贈太僕卿。以上《徵獻録》。

俞南金,字國良。以進士授刑部主事,出張仁、沈清伯于獄。守常德,水災,捐俸瘞骸。固築隄防,民以全活。榮藩欲廣莊田,遺千金不受。稔知饒明德冤,忤權貴出之。再守馬湖,傜夷叛,單車諭降。調思南府,致仕。孫喬桂,字元芳。進士。知潛山縣,出沉獄,除巨猾,捐俸建石梁,創義冡,以病歸。《徵獻録》。參平湖朱《志》。

張大忠,字國禎。以進士授刑部主事,守廬州,除合肥巨奸,剿平英、霍山寇。歲旱,出粟賑濟,遷陝西副使。屢遷本省布政司,藩邸多踰制,奪民間女爲妾,繫禁之。改雲南,乞養歸。從兄大雅,字心宇,舉人。授海門知縣。著有《易卦緯論》《四書衍義》。《徵獻錄》。

陸萬鍾,字天與。諸生。好孫吳兵法,會倭入寇,萬鍾出禦,多禽獲。倭攻桐鄉,設方略卻之。事聞,授泰安州判,歷陞潞安州同知。平湖程《志》。

馬千乘,字國良。兒時母疾,禱天請以身代。以進士知分宜縣,陞南兵部主事,歷廣東僉事。會兵討平羅旁山盜,賜金幣。陞四川參議,乞歸。十餘年,起湖廣參政、廣東按察使。黎叛,入海諭降,皆曰:“此昔平羅旁使君也。”羅拜乞降。海南曠地數萬畝,墾爲田,賦額以紓。廉州珠禁甚峻,劉直指欲弛予民,千乘曰:“民難與賊爭利,而賦累無已。”力持不可。歸,不復出。《浙江通志》。參《徵獻錄》。

陸萬垓,字天溥。以進士授福寧知州。有倭寇,當事議增賦,力爲節縮,歲省金六千有奇。歷刑部員外、郎中,守梧州,招撫叛夷數萬,置東安、西寧二縣。會滇緬大訌,遷雲南兵巡副使,躬冒矢石,下隴川,禽岳罕,收反卒。尋以僉都御史巡撫江西,去煩苛,絕餽遺。築圩千頃,創社倉法。兩值大祲,全活無算。母老,五乞歸不得。聞訃,以哀死。贈右副都御史。著《知非小鑑》十卷。《徵獻錄》。參福建、廣西、江西《通志》。

孫從龍,字化光。以進士授行人,轉刑部郎中,以慎刑稱。陞九江道,乞歸。杜門課子,蔬食布袍,終身不厭。吳《志》。

陸志孝,字仁卿。以進士授廬州推官,入爲刑部主事。乞南,改吏部,歷郎中。丁憂,起,復入爲刑部主事。出知九江府,補衡州,歷高州,調延平府,歸。著有《寓黃集》。袁《志》。參《徵獻錄》。

楊府,字見山。舉人。任滄州知州,移寧州,有惠政。後里居,力助築城禦倭。析縣後,利弊因革,均資經畫。著有《經書講言》《醫學搜精》。吳《志》。

倪壯猷,字華芳。以舉人授宜興教諭,陞江浦知縣。請復置東葛驛,以甦役困。江行多患飄没,開新河五十里,涉者便之。陞南刑部主事,歷貴州僉事。紅苗反,上剿撫機宜,築思南、鎮遠諸城,添設平頭、印江兩營守備兵,尋禽苗首。上《救銅八議》,陞雲南兵備副使。黔國莊田私徵,爲民害,請下郡縣代徵,著爲令。置養馬指揮秦乙清于法,黔國不敢撓。討隴川都安民,禽營虎狸揚阿者。所在祠祀。有《救浦救銅平隴合集》。《徵獻錄》。參袁《志》。

洪焱,字惟進。以進士知陳州,嘗輯《治略三十八事》奏,停解京俵馬三百餘匹。又議減河北歲派驛費,治稱最。終吏部郎中。有《來鶴軒稿》。《徵獻錄》。參平湖朱《志》。

李燫,諸生。好任郵排解,所至輒殖千金,隨手散去。由貢官潁州州判,以廉能調滁州河工,告績,乞歸。會知縣劉士瑗丈田,人莫敢議,燫與抗論,士瑗怒,燫不爲動。卒從之。平湖朱《志》。

韓子祁,字心堯。以舉人爲贛州府推官,教民植木棉,習紡織。上官以意入人罪,子祁不從,左遷蘇州通判[7],移道州知州,有《醢雞集》。《徵獻錄》。參《橋李詩繫》。

孫成泰,字允交。以進士知道州,州市販者例輸稅于官,革之。陞蘇州同知,興水利,督楊林、奚浦諸役,入爲刑部員外。尋出知邵武府。首崇文教,歲饑,先賑後請,全活甚衆。以忤上官,乞歸。起知大名府,府有公田,供守令以下支給,成泰捐之學宮。擢分巡道副使。復以忤撫臣歸。平湖程《志》。參《福建通志》。

馬應圖，字心易。以進士授行人，陞禮部郎中。以疏救趙用賢，劾科道孫愈賢、齊世臣等朋比阿狗，妨賢者路，并及首輔。上怒，降大同典史，移知封邱縣，尋復刑部主事，引疾歸。應圖在官廉潔，不苟取一介。居家，日釜炊常不給。嘗爲鄰人白當事，直其訟，贈以米，受之，既而見有金置米中，并其米還之。事繼母孝。聘妻有痼疾，或勸別娶，不聽。後贈光禄少卿。平湖程《志》。參《分省人物考》。

陳泰來，字伯符。以進士授順天教授，進國子博士。執政與言路相水火，上書規之，坐是五年不調。郎中馬應圖上疏譏切執政，又力詆給事中齊世臣等忤旨，謫典史。給事中王致祥等希執政意，復連章劾應圖，且言疏奏出泰來手。應圖既貶，不問，泰來引疾歸。起禮部主事，進員外。疏請建儲，不報。會大學士王錫爵赴闕，旋有詔，暫虛儲位，並封三王，泰來上疏力爭，且面折錫爵于朝。旁觀悚慄，卒寢封議。尋以疏救趙南星，謫饒平典史，卒。後三十六年，追理建言國本諸臣，贈光禄少卿[8]。著有《員嶠集》。《明史‧于孔兼傳》。參《檇李詩繫》。

馬維銘，字新甫。以進士知南直隸太平縣，攤畝稅以輕正額，又請豁黃山虛糧。入爲兵部職方司主事。督山海關，剔諸冒濫，上之，著爲令。有《史纂》《羼提編》。《徵獻錄》。

陸長庚，字元白。以進士知廣德州，核汰田賦浮額，又奏免緞價及煤山採貢，課農桑，濬渠建倉，繕學宮，置田以給諸生之貧者。陞刑部員外郎。勘巨璫邢尚智獄。分巡下湖南道，調廣西桂平道，猺首韋扶仲出没荔浦大殺掠，時用兵三萬五千，費餉十三萬，長庚請留兵三千守荔浦城，餘盡撤去。賊懈，長庚密遣副使童元震夜至白馬沖，襲獲其妻女，扶仲出追，佯卻，又追，墮伏中，力戰脱去，則荔浦兵已扼其歸路，遂禽之。播酋楊應龍反，遷湖廣按察使，提兵扼水陸。應龍平，遷江西左布政使。請捐南昌府門稅，改折京絹。又以大水請弛長河魚禁，甦民困。值宗禄不給，宗屬千餘人噪於衢，長庚出存積羨金二十五萬補之。陞應天府尹，司庫進羨累萬，卻之，移貯藩庫。判還徐鼎彝被奪蘆洲二萬畝，豪強屏息。遷南通政，請禁私鑄，忤時貴，乞還。所至祠祝。卒，賜祭葬。著有陰符經、參同契《疏》，《體仁編》。子啟鱗，字開雍。諸生。孫濬、睿，別見。《徵獻錄》。參江南、江西《通志》。

戈用泰，字來陽。以進士知淶水縣，稅重民困，歲又饑，悉心撫字。會有採礦之役，以身扞民，罔所避忌。入爲南刑部郎中，乞休終養。著有《適適軒集》。《浙江通志》。參《分省人物考》《徵獻錄》。

陳九韶，字宗舜。以進士任刑部主事，出知廣信府。會中人潘相開礦擾民，繪圖陳疏，得寢。民立祠祀。終湖廣參政。《徵獻錄》。

馬明瑞，字道楨。父汝賢，舉人。有《印湖集》。明瑞以舉人就上虞縣教諭，遷景州知州，有惠政。以艱歸。起補德州，築堤防備，預荒政。陞工部員外。廣寧失守，督造軍器有勞。論罷歸。從子啟賢，諸生。平湖朱《志》。

陸錫恩，字伯承。以進士知萬安縣。時礦稅起，有以回青石膏利啖中人者，錫恩械之，以計令點者發土，皆砂礫，遂罷。縣設戍，備賊。守弁牟削，衆譁，縛弁。錫恩單騎馳問狀，下弁于獄。杖倡亂者，一軍帖然。陞刑部主事。尋乞歸。卒，贈刑部員外。有《雙鳬草》《傳書堂集》。子澄原，別見。平湖程《志》。參朱《志》。

馮伯原，字起寰。以拔貢授上林苑丞，陞鬱林知州，有惠政。忤當道，歸。吳《志》。

施時垚，字念同。少極貧，有志節。以舉人就太倉州學正，陞儀真知縣。鹽販爲奸盜，鋤其魁,閭里肅清。擢武昌府同知,力辭歸。平湖朱《志》。

金汝礪,字啟心。以進士知福安縣,有清節。遷南工部主事,出督龍江關稅,還理屯務,裁板坊腳價數千金。中人怒之,不爲動。江南水潦,淮東亢旱,條上救荒事宜,因著《荒政錄》。出知真定府,罷歸。汝礪性至孝,父疾,禱于天,乞以身代。以母慈,居官不施鞭扑。《徵獻錄》。

趙維寰,字無聲。以舉人署海寧教諭。陞南國子監丞,與上官不相得,欲挂冠去,上官謝之,乃解。擢刑部主事,疏劾撫寧侯朱國弼不法,轉郎中。與刑部尚書甄淑訐奏,坐是奪職。杜門著書以終。維寰,宋宗室與詔後,曾祖彰,諸生。有隱德,嘗入太學,吏部某故與彰善,欲爲延譽,謂可即得官。彰謝之,不試而歸。平湖朱《志》。

金汝諧,字啟宸。以進士知婺源縣,擢御史。章數十上,不顧忌諱。援劉光復、劉文炳,參吳道南、李三才及織造御馬諸監,尤人所不敢言。著有《理學訓》《歷代名宦芳躅》。《徵獻錄》。參吳《志》。

過庭訓,字爾韜。以進士知江陵縣,勘楚藩佔淤田數萬畝,歸諸民。遇大政疑獄,集紳士詢之,或親造其門。陞雲南道御史,管理屯田,福王以備邊子粒改作莊田,抗疏爭之。出,清馬牧,劾橫璫邢洪、高寀等,因疏請撤稅監。又請起廢如鄒元標、趙南星等。出,賑山東,招流民,廣粥廠,弭饑民亂。又請截留漕米四十萬石備賑。梃擊事起,疏請篤慈孝,以釋亂萌。又以廷臣持門户相攻,極陳其弊,略曰:"諸臣章奏,是非公私一檢發可立辦,惟因一概留中,混無區別,醖釀至此。"連疏不報。丁憂起,尋引疾歸。後陞順天府丞,未任,卒。庭訓講濂洛之學,南都從祀程子祠。著有《聖學嫡派》《性理翼明》《分省人物考》。《徵獻錄》。參《湖廣通志》。

劉廷元,字方瀛。以進士知南海縣。縣濱海,田少賦繁,請覈實以蘇民困。擢陝西道御史,疏請東宮講學,遣福王之國,并劾福府莊田踰額非制。又劾盧受、高寀等不法狀。歷兵部尚書。從弟文元,貢生。任袁州府通判。平湖朱《志》。

姚士慎,字岱芝。以進士入翰林,改吏科給事中。疏諫開礦,忤旨,謫福州府經歷。尋調順天府丞,進左通政,魏忠賢擅權,謝病歸。崇禎初,起大理寺少卿,論救給事中惠世揚出獄,奉敕推勘奸黨,以六案定罪,遷南太常卿。疏陳宏聖學,核邊才,培元氣,凡五事,上嘉納之。晉南刑部尚書,致仕。卒,予廕,賜祭。《徵獻錄》。參平湖朱《志》。

胡士相,字端甫。以進士知弋陽縣,陳利病十事。陞刑部主事,丁憂。起補工部,治張秋河道,清復水櫃,疏源滌流,爲治河功最。白蓮賊起,嚴城守,禽其渠魁。守湖西,寢奸民開礦,止眾建魏忠賢祠。請蠲袁州積逋,建義倉,興學校,陞廣西按察。丁母憂歸,卒。《徵獻錄》。參《江西志》。

施鳳來,字羽王。先世徙自湖州。父應塤,見《孝義》。鳳來由編修起南司業,累陞禮部侍郎,晉中極大學士。乞歸,賜銀幣,廕一子尚寶丞。子日升,字叔允。以廕補內閣中書,冊封長沙王,卻贈金,有《使楚吟》《燕河漫錄》等集。孫鋐,字公遠。以貢任義烏訓導,補平陽,乞養歸。平湖朱《志》。

陸鍵,字實甫。萬垓子。以進士授建昌府推官,署南城縣事。均糧役,郵馬牧,清理漕運,議置盱江書院。于南昌集旁近三郡諸生,肄業給田養之。行取俟命,輯《累朝名臣奏牘》。尋卒。著有尚書、四書《傳翼》。《徵獻錄》。參《江西志》。

徐調元,字相之。以進士知南陵縣。值大水,度地勢,築圩壩。歲饑,捐俸施粥,全活萬計。

乞改紹興府教授,入爲國子監博士。歷刑部郎中,知廣信府,道卒。《徵獻錄》。參平湖朱《志》。

馬德灃,字澹真。以進士就寧國府教授,陞刑部郎中。梃擊事起,與王之寀議合,忤旨。慈慶宮引見,御史劉光復以陞呼觸上怒,欲置重辟。德灃據律改奏對失序,宜薄譴,復忤旨。降山東鹽運司運判,道卒。子嘉柱,詣闕訟父冤,得贈太常寺少卿。嘉柱廕,授光祿。嘉柱,字擎臣,歷刑部員外,疏糾御史踰冬至日刑。孫紹曾,見下。《徵獻錄》。

曹孔榮,字豫仁。父大有。諸生。孔榮以貢知天長縣,會洊饑,竭力賑濟。立輸穀、墾田諸法。月朔望進諸生講學。丁憂。起補雞澤縣,革俗訐訟。縣無《志》,創修之。平湖程《志》。

劉希夔,字虞章。以貢授連江知縣,調齊東,招輯流亡,給牛種勸耕。平湖朱《志》。

周翼明,字季醇。乍浦所軍舍,以武進士授昌國把總。賈舶失途至,同事欲誣以盜。翼明持不可,遂被讒,歸。歸二年,起,署金盤,歷臨觀,倭犯溫州,翼明入大洋,抵莫山逐之。討建州,領浙兵,爲都督劉綖先鋒,由寬甸深入,破牛毛、馬家、深河、古火、狐狸十五寨,至橫壤,兵潰戰死。賜祭葬,贈都督僉事。建慰忠祠,蔭乍浦所百戶,世襲。《明史·劉綖傳》。參《徵獻錄》。

康承爵,字德徵。以軍舍寄學,中武進士,授衛鎮撫歷神機營遊擊,清勾羽林軍籍,勳戚不敢妄干。時魏璫用事,力求外補,出守廣東,破惠州山寇葉文林、海寇劉香等。調廣西參將,又平龍山賊胡扶記。崇禎初,分守台、金、嚴副總兵,破海寇張宏銘于大陳山。又破之于韭山,加都督僉事,改分守貴州等處。未至,國破,微服歸。乙酉,南都陷。七月二十三日,承爵於平湖西門外死之。《徵獻錄》。參袁《志》。

案《海寧衛志》:康泳,本嵩縣人。洪武四年,以從征功補乍浦所百戶,泳卒,子弼嗣。弼卒,子寧嗣。寧卒,子輔嗣。輔卒,子綏嗣。綏有勇略。嘉靖十三年,倭攻乍浦,至砂腰,戰于白馬廟,陣歿。子汝暘、汝昇以綏死事,並襲。承爵,爲綏孫。《九山志》作綏曾孫,誤。

沈萃楨,字君聚。與弟杞楨同舉于鄉。萃楨以進士授工部主事,出督荆州,關稅盡革諸小稅名目,以羨金築堤禦水。歷兵部郎中,出守蘇州。舊派福府白糧,詔令協濟,五年七運未已,竟革不供。歲祲,饑民肆掠,杖斃首事三人乃止。陞福建副使,紅夷入寇,身冒矢石,出奇兵撓之。五越月就降,轉本省參政。以親老乞歸,爲御史曹欽程劾罷。初,欽程令吳江,贓私狼藉,萃楨按之如法。至是附璫勢報復,給事中張國維白其事。起湖廣參政,不赴。再補福建按察使,時海盜叵測,撫臣屢經諭降,首鼠觀望。聞萃楨至,乃相率降。尋陞湖廣右布政使。歸,卒。子日昆,字以白,舉人;日晃,字以大,諸生。孫嶙,太學生。《浙江通志》。參《徵獻錄》。

馬鳴霆,字國聲。以進士知閩縣,字民如子。因杖輔臣葉向高家奴坐累,改紹興府教授。尋知邵武府,調河南副使,治河有成績。闖賊圍信陽,鳴霆治火器拒守。賊退,遷山東參政。擢陞尚寶司正卿,乞歸。袁《志》。

陸懋功,字紀常。以舉人授南工部主事,出知保寧府。是時獻賊已熾,州縣多被陷,懋功繕治城守,增設梁山關敵臺,有捍禦功。以杖殺悍卒觸撫臣怒,罷歸。

毛湛,字修之。應銓子。以舉人就婺源教諭,介然自守。陞南京監丞,歷刑部郎中。奏獄平允,邸舍蕭然若寒士。卒官。以上《徵獻錄》。

陸府修,字採禹。以舉人教諭諸暨,創修學宮,擢松江府通判。署府事,剔除漕弊,禁革耗羨。陳繼儒爲撰《碑記》。著有《詩文集》《苧蘿志》。吳《志》。

陸之祺,字筠修。以進士授工部主事,視學江西,拔黎元寬、羅萬藻、楊廷麟、陳際泰等。晉福建按察使,入覲陳禦寇方略甚悉。轉河南道,塞荆隆決口,著《河道備考》。引疾歸。起補陝西左布政,轉山西布政。以父瑞銓年老乞養歸。里居四十年,周邮族黨,無德色。有《滋樹軒集》。平湖朱《志》。

陸懷玉,字石含。以進士授工部主事。晉郎中,董三殿。工竣,例擢京秩。因不調魏忠賢,出守鎮江。廉静嚴明,郡大治。轉鹽法參政,商民戴德,建祠尸祝。陞山東按察使,出死罪數十人。尋擢福建右布政,謝病歸。子祚蕃,見下。平湖朱《志》。

陸從諭,字耳宣。幼即研究性理之學。以進士授國子監博士,歷工部郎中。無子。卒,貧幾無以殮。弟從誥,字具評。舉人,學業醇至,爲人師法。平湖程《志》。參平湖朱《志》。

徐在中,字楚石。以進士歷任工部郎中,忤巨璫,革職。崇禎初,以原官起,出知廣州府。治通番,首犯不貸。犯爲朝貴私人,銜之,中以他事,置之法。子錦,貢生,贈靈川知縣。孫吳治,舉人,官大理府同知。吳《志》。

沈君楨,字用缶。以舉人署瑞安教諭,捐俸新文廟。海寇劉香之亂,畫策上巡石某,用其言平之。遷知奉新縣,以法繩宗室。觀察使吳某欲籍故都御史帥某家產充餉,君楨以帥名御史,無子,爲其家人註誤,力爭得免。調德安,革郵傳供應,罷歸。《徵獻錄》。參袁《志》。

孫裔蕃,字臨鵠。以進士授工部主事,出督蕪湖鈔關。會璫燄張甚,關差例有餽,不與通。幾被譴告歸,商民像祀之。崇禎初,薦起兩淮運使,不赴。袁《志》。

薛振猷,字爾嘉。以進士授撫州推官,治獄明敏。他郡有不能理者,御史輒委之。父喪歸,以毀卒。撫民立祠祀之。弟仲猷,字爾順,諸生,里中稱長者。《徵獻錄》。

沈樟,字元美。少穎悟絕倫。弱冠補諸生,試輒高等。屢困鄉試,入太學,選蘇州經歷,不赴,歸。結茅數椽,日事吟咏。喜長嘯竹下,自號竹隱。平湖程《志》。

陸鰲,字味道。以進士授刑部主事,尋出守肇慶府,清市舶,抑豪強。陞副使,佐制府破海寇劉香。連傜叛,鰲攝巡南韶,密移師搗其巢,傜懼,乞降。歷湖廣按察使,乞終養歸。後流寇四起,有建議于夏鎮添設巡撫,以鰲爲之,會病不起。著有《寶綸堂集》。吳《志》。

陸澄原,字嗣端。以進士授工部主事。崇禎改元,魏忠賢燄猶熾,奏疏皆稱廠臣。澄原首斥其名,劾之。兼糾兵部尚書崔呈秀奪情,降旨薄責,于是廷臣相踵彈射。轉員外,遷大理寺副。疏參袁崇煥,莊烈帝嘉其敢言,降密旨令再奏。遷兵部職方員外,提調武試騎射,不中式,例閒住,忌者中以考工法落職。甲申南臺建,弟濬原爲澄原訟冤下獄,後論者直之乃出。濬原,字嗣哲;季弟深原,字嗣長,並諸生,國破不復出。《徵獻錄》。　案:郡、縣舊《志》皆云:思宗登極,澄原首劾魏忠賢。《徵獻錄》則云:疏參戶部尚書崔呈秀奪情。考澄原應詔陳言一疏,實崔、魏並劾,今正之。

陸錫明,字幼興。以進士授工部主事,出知常州府,丁憂。起補徽州。時璫勢羅織,民苦重役,思爲亂,錫明盡心力撫定之。遷提督江西學政副使。以母老乞歸。錫明少穎異,父基原手授經史,訓以忠孝大節。廷對時或諷令諂魏忠賢,正色謝之。杭州孤山有遠祖宣公祠,豪右改爲書院。錫明與兄鰲、從子澄原合疏請復。《徵獻錄》。參平湖朱《志》。

郭紹儀,字汾仲。孝子球孫。天啟乙丑登進士。廷對日,魏璫私人賣珠者諷令一謁可得狀頭,笑卻之。授當塗知縣,行取湖廣道御史。時緹騎四出繹騷,上疏極論,禍幾不測。巡視屯田,上條議十二,則格不行。乞歸。著有《康濟譜》《三續養生論》。《徵獻錄》。參《柘上遺詩》。

楊六府,字浩生。崇禎時,福建布政使陸懷玉以賢良薦,授陵水知縣,勸農重學。黎人吳春盤據大坡,挾居民爲亂,設方略禽獲。巡撫又特疏薦,以"真儒"目之。尋病乞歸,後入名宦祠。平湖王《志》。

屠象美,字幼繩。以進士授行人,對策稱旨,改翰林院檢討、東宮講讀。疏薦倪元璐、李邦華等三十七人。尋罷歸。乙酉五月,糾衆守郡城。城破,爲亂兵所害。《徵獻録》。

馬鳴雷,字國威。靖江訓導。值亂歸。乙酉七月,命家人悉避去。城陷,獨坐於堂,遇害。《檇李詩繫》。

陸又機,字衡如。以貢知日照縣,民貧,竭力撫字。有徭役則計畝均出,富豪毋得免。乞歸,父老遮道,皆涕泣。著有《尚書集解》《龍溪龍湖語録》。子上瀾,別見。平湖朱《志》。

秦宏忠,字恕先。以貢授紹興府訓導,遷知通道縣。苗獠偵富室新塋,發棺攫其首,要贖。宏忠嚴禁人贖,患遂絶。山僻士貧,每試,鄰縣以賂竄籍,宏忠在事,人不敢干以私。苗稅十年一徵,縣令統兵往,苗苦擾。宏忠攜一僕開誠勸諭,苗皆感激,旬日而畢。歸,卒于道。《徵獻録》。

陸燦,字振玉。崇禎甲戌進士。授濟南府推官,釋殊死重囚七人、輕罪數十人。監生宋玉鉉兄弟坐盜久繫,屢叩登聞,不得白。燦廉知真盜在厰獄,請覆鞫,釋之。戊寅十二月,大兵破居庸關南下,山東大震,巡撫顔繼祖率師次德州,城中兵已調發過半,文臣相與嬰城固守。明年正月,城陷,燦死之。妻孫氏、妾王氏及子凡同死者三十七人。國朝乾隆四十一年,追謚節愍。平湖朱《志》。參《鈍翁類稿》《勝朝殉節諸臣録》。

陸清原,字嗣白。光祚曾孫。以進士授增城知縣。鄰縣山險多盜,清原先揭示禍福,一日單騎抵賊巢,賊震懾,請命按籍散遣。壬午召對,陳時政十事,上嘉納之。擢雲南道御史,浙江白糧北運累民,疏請官解,報可。又條上安攘七議,出按福建道。經淮安,疏言史可法兵單,根本重地,恐不支,請援師,悉留淮上,聽可法調用,不報。巡按福建,行部至漳,漳故多山寇,清原廉得奸細在城者,絶其内應,募壯士七百人,從間道破之,禽其渠魁。甲申燕京不守,清原捐貲,備甲仗,募兵三千,請身討賊。疏再上,爲馬士英所格。乙酉復命,中途聞金陵陷,慟曰:"某不獲從倪、范諸臣殉先帝者,以奉簡書在外也。今已矣,天下事無可爲。清原故閩吏,當還,求死所耳。"乃間道入閩,從唐王,授都御史。上疏言:"閩越脣齒,宜亟餉越。"即命清原度嶺犒師。遇馬士英,面責之。士英怒,遣部將趙體元進見,猝起拔刀斫清原,墮三指,幽禁舟中。大兵渡錢塘,士英先一日遁,兵潰。營弁沈起龍、毛有僭强清原起,清原曰:"越亡,閩必不守,去將安之?"遂赴江死,年四十有二。國朝乾隆四十一年,追謚忠節。子若禾,字元祚。諸生。痛哭覓父遺骸,哀慟動行路。《明史綱目三編》。參《徵獻録》、平湖朱《志》。

陸士鉉,字古雪。八歲能詩。性至孝。母喪,水漿不入口。以歲貢生授訓導,甲申聞變,大慟,絶粒死。國朝乾隆四十一年,入忠義祠。《勝朝殉節諸臣録》。

馬嘉植,字培原。進士。授武進知縣,縣賦繁重,糧長害尤劇。議變爲圖收,任輕而役均。漕兑軍丁多耗外邀索,痛抑之,至露刃鼓噪不爲動。陞吏科給事中,尋督江西、福建餉。馬士英嫉其亢直,外補廣東道,即謝事歸。葺圃于湖湄,曰"東皋"。後祝髮村居,自號鐵雪道人,苦節十數年,卒。子輝曾,字學山,有《三湘燕趙遊草》。《江南通志》。參《檇李詩繫》。

倪長圩,字伯屏。崇禎丙子鄉試第一,旋第進士。授蘇州推官,抑豪强,鋤奸猾,與太守陳洪謐恩威互濟,士民立雙清書院祀之。署嘉定知縣,有惠政,民爲建報德祠。轉兵部主事,甲申落職。後補武選司主事,乞休。乙酉聚土兵爲守禦計,未幾縣城破,乃薙髮爲僧,入奉化山中。

《江南通志》。參《徵獻録》。

金和，字燮之。進士。父德普，福建通判。和初授溧陽知縣，漕兑有遼米、練米、襄米諸名，倡爲合兑法，民便之。調山陽縣，多水患，舊例修河費解京口，遇河決，詳支，多濡滯。和請添設山清廳同知，專司出納，乃得隨決築。平湖朱《志》。

錢士馨，字穉農。貢生。少讀書化城庵，研究經史，遇異義，輒録於册。崇禎壬午，遊南雍。尋入燕，公卿爭延爲上客，士馨厭薄之人目爲狂生。賊犯京師，中允李明睿密請南遷。士馨語之曰："賊盡得關陝，晝夜行四五百里，若繞出畿南以抗，警蹕，公將何辭以謝天下？"又曰："不如死守以待勤王之兵，而遣太子南行，以繫人望。"李難之。京城陷，士馨匿跡樵採。已，復往來河朔間，交其豪傑。曾偕五人走慶陽，薄暮五虎躍出，士馨曰："不盡殺，何以見諸君勇？"乃人發一矢，當者立斃。一少年中虎額，入尺許，虎入林莽中，追割其舌以還。投旅店呼酒，晏樂舉杯，屬少年曰："發矢不中要害，請受罰。"後奔走無所成以死。生平工古文詞，兼精書畫。著有《古文易》《周禮説》《周禮答疑》《冬官補亡》《儀禮説》《禮記申惑》《王制》《月令》《緇衣》《中庸》等《説》《春秋志禮》《續越絶書》。《浙江通志》。參《檇李詩繫》。

沈中柱，字石臣。口吃不能言，熟于《左》《國》《史》《漢》，爲文縱横闓闢，數千言立就。以進士授江西吉水縣知縣。時大江左右歲祲，中柱請減租蠲税，格不行。復鄒元標所創書院。黄道周以言事下獄，力救之。罷歸。明亡，爲僧，名行燃，號無净。搆懷木庵，奉父隱其中。著有《懷木庵稿》《問道録》。弟中琛，字獻臣。從劉宗周、黄道周遊，有《抱一軒稿》。平湖張《志》。參《明詩綜》。

【校注】

　　［1］營昌：光緒《平湖縣志》卷十五《人物·列傳一》"陸愈"條作"榮昌"，是。

　　［2］按：查康熙《永州府志》卷六《秩官下·知府》，無俞咨伯其人。萬曆《嘉興府志》卷十九《鄉賢二·平湖縣》"俞咨伯"條："出守泉州。值歲饑，疏請賑，活者甚衆。尤加意學校……"乾隆《泉州府志》卷三十《名宦二》："俞咨伯，字禮卿，號蒲山。……嘉靖十九年來守泉。……"知"永州府"當作"泉州府"。

　　［3］大官：萬曆《嘉興府志》卷十九《鄉賢二·平湖縣》"孫植"條作"大宫"，是。

　　［4］按：萬曆《嘉興府志》卷十九《鄉賢二·平湖縣》"俞乾"條、盛楓《嘉禾徵獻録》卷十"俞乾"條均作"抵家五月卒"。朱國禎《湧潼小品》卷九"夏貴溪"條："（夏）貴溪死時，監刑者主事俞乾，驚而仆地，移時乃蘇。具疏乞歸……抵家五月卒。俞，平湖人，嘉靖甲辰進士。"

　　［5］散平：《嘉禾徵獻録》卷二八"韓弼傳"作"散卒"，是。

　　［6］淹庵遺稿：光緒《平湖縣志》卷十五《人物·列傳一》"陸光祚"條作"湛庵遺稿"。本《志》卷八十一《藝文》亦作陸光祚《湛庵遺稿》。

　　［7］按：光緒《平湖縣志》卷十五《人物·列傳一》"韓子祁"條作"左遷興國知縣。歲儉，發倉賑饑，繼以捐俸。歷陞南直蘇州府同知"。故原文因删節不當，以致語意相反。因通判官品高於推官，不能稱左遷。

　　［8］按：《明史》卷二三一《于孔兼傳》附陳泰來："忤旨，謫大同典史……久之，起禮部主事，進員外郎。疏請建儲，不報。逾年遂卒，年三十六。天啟中，孔兼、泰來俱贈光禄少卿。"光緒《平湖縣志》卷十五《人物·列傳一》"陳泰來"條："趙南星坐京察削籍，泰來疏救，帝積前恨，謫饒平典史。踰年遂卒，年三十六。天啟中，贈光禄少卿。"故"卒後三十六年"當作"卒年三十六，後"。

國　朝

陸濬睿，字以愚。明兵部侍郎長庚孫。以舉人授宣府推官，出死囚三人。按悍弁徐洪志擅斃平民罪,忤撫軍,投劾歸。以子菜累贈內閣學士兼禮部侍郎[1]。子世楷、菜,並見下。平湖朱《志》。

施洪烈,字仲芳。以貢授欽州知州。時粵疆未定,流寓五羊城,授徒不給[2],以詩見重藩邸。一日張宴,群吏紛集。王曰:"今日非宴下吏,宴詩人施欽州也。"署程鄉,除里長供應費,修復七賢書院。既抵欽,招輯流亡,榜軍中所掠子女姓氏於衢,俾眷屬領歸。壤接交趾,山海寇交訌,綏輯帖然。尋陞松江府同知,守正不阿,忤上官,罷歸。有《粵遊》《觀海》《天中》諸集。洪烈少時嘗鬻田數十畝,贐故友妻、子還里。父傑,子大義,並有長者目。平湖朱《志》。參《檇李詩繫》。

陸世楷,字英一。長庚曾孫。以拔貢授平陽府通判。姜瓖亂,圍平陽,固守百日,旋誘降其魁,釋其黨。大饑,人相食,爲粥濟之。遷登州同知,海寇猝至,設守具,督舟師逐退之。有嫠婦夜被盜殺,鄰里坐其子婦有所私致殺姑。察其冤,禱于神,卒得殺人者。陞南雄知府,時百粵初平,平南、靖南兩藩王並駐廣州,羽檄屬道,部將一日箠死七人。世楷馳見帥,正其罪。平藩侍衛入山發民鑿礦,世楷往詰曰:"王役民,不使太守知,詐也。"縛送王,王不敢問。有僧倚藩勢爲虐,杖斃之。以艱歸。送者遮道,立祠祀。起補思州,大旱,斗米二千錢,停徵稅,民感,輸者過半。病,乞歸。著有《越吟》《晉吟》《齊吟》《種玉亭詞》《踞勝臺詞》《思州府志》。子奎勳,見下。《浙江通志》。參《曝書亭集》。

馬紹曾,字觀揚。明太常少卿德灃孫。以進士授翰林院編修。主考江南,徐元文、汪琬、秦松齡、莫大勳等,皆出其門。轉山西岢嵐道副使,陞福建督糧道參政。時閩方用兵,徵調如織,兼攝水陸、驛傳、鹽法諸司,總督李率泰以爲能。擢河南按察使,累陞都察院右副都御史,晉戶部右侍郎。平湖朱《志》。

鄭龍光,字兩爲。《廣東名宦冊》作輻生。以進士守南雄,嘗履畝省荒,過五羊嶺,有虎負嵎,衆莫敢進。龍光曰:"昔劉昆爲治,虎北渡河,是虎獨不知太守以勸農至哉!"驅之,虎遁去。以二僕隨,客投謁,無所拒,然清峻,莫敢干以私。盜踞黃石寨肆掠,會兵剿之。劾逐墨吏十數員。擢西寧副使。《浙江通志》。參平湖朱《志》。

倪籥元,字府一。以進士知蘄水縣,捐俸代償積逋。不善事上官,尋罷歸。從兄聖生,杭州府教授。有金某、繆某受李自成偽職,三學諸生憤,遂訴之。當事命察三學人姓名。聖生不報,挂冠歸。平湖朱《志》。

陸光旭,字鶴田。以進士授保定知縣,值大水,光旭築堤捍之,民呼陸公堤。歲饑,捐俸賑濟,署中食或不給。擢陝西道御史,奏請免霸州、文安、保定三州縣荒地錢糧。略曰:"自順治十年間,渾河南注,從霸州城根達東洮,渾波所過,三處之地皆成水府。臣初任保定縣,嘗艤舟從保定至霸州,見浩渺無涯,荻蒲連渚。三州縣困苦窮民每環聚而泣訴曰:'此即在昔桑麻衣食之畎畝也,此即於今歲徵季納之錢糧也,此即十年來賣妻鬻子賠累無窮之谿壑也。'臣目擊其狀,不爲呼籲請命,非所以仰承皇上軫恤煢黎至意。"時議罷巡方,光旭復上疏言:"臣計今大小諸臣內之所不便者惟言官,外之所不便者惟巡方,有言官而大奸大惡得以上聞,有巡方而污吏貪官不時參處。而諸臣必欲去之,當必有故。如以人有不肖也,則當去其人,何以去其官;如以法有未善也,則當更其法,何以廢其事?"奏入,章皇帝優容之,尋遷分守冀南道,獄無冤繫。聞保定水復決,遣使齎金給窮民,保人立祠祀之。乞養歸。起補江安糧儲道。著有《屈亭遺稿》。《畿輔通志》。參平湖朱《志》。

沈菜，字子佩。以進士授西平知縣。歲大歉，民多流亡。菜設法招徠，給牛種，諭以歲豐取償，免其息，墾荒地數百頃，又許以布粟代稅，即束麻擔草，亦計值納之。歲募河夫多逋逃，乃按貧戶之逋稅者充役，民喜得食。且以工價完逋，率爭先赴工。以勞瘁卒官，士民建祠祀之。著有《柏亭稿》《西平縣志》。子季友，見《文苑》。平湖朱《志》。參《橋李詩繫》。

楊萬基，字御青。以貢任縉雲訓導，釐定孔子廟廡祭品，復朱子祠田。署雲和教諭，整飭士習，卒官。平湖張《志》。

陸標錫，一名元，字叔因。性寬和，生平未嘗有疾言遽色，與人交，坦直無城府，見義勇爲。族女有蒙難者，斂貲贖之。順治間，士子沿明季舊習，互相標榜。標錫嘗述海鹽吳忠節麟徵語，訓其子隴其曰：「居官不入黨，秀才不入社，便有一半身分。」又嘗云：「貪與酷皆居官大戒，然貪而酷人皆知惡之，若自恃廉謹而刻以繩人，人慕其風節，競相倣傚，禍不可言矣。」居嘗教子弟必令篤實務本。子卒成大儒。贈靈壽知縣。平湖朱《志》。參《三魚堂集》。

陸洽原，字嗣開。以拔貢授汶川知縣，汶故羌番錯處，復遭張獻忠殘殺，民盡逃亡，洽原招徠勸耕，省徭息訟。丁艱歸。著有《話山集》。吳《志》。

陸楙，字林士。以貢授盧龍知縣，莊旗人例不得用笞杖，乃削木梃梃之。兵弁有強買者，輒捕治，咸肅然帖服。官署蕭瑟如禪寮。以戇直忤上官，被劾。即步行出署，行李惟來時敝篋書籍而已。楙於經史無弗究，詩文峻潔，性狷謹，即卑幼之喪，未嘗或忽，終身無疾言遽色。著有《鵠亭集》行世。《畿輔通志》。參《橋李詩繫》《受中錄》。

陸瑤林，字以攻。以進士授金谿知縣，慈惠尚德化。丞陳某逋公帑繫獄，代償得脫，又爲貧民償積逋。乞養歸。著有《聽松軒詩集》。

邵延齡，字大年。以進士除內閣中書。逆藩吳三桂反，西南用兵，同官某當隨征，延齡以其母老請代。參畫軍事多中，爲靖逆侯張勇陳平蜀方略，勇悉資之。終刑部郎中。著有《耐軒稿》。以上吳《志》。

倪思恂，字宏方。由貢任金溪丞，耿逆遣僞將圍金溪，躬率民兵捍禦，仗劍先驅，死之，祀名宦。平湖高《志》。

楊爆，字葵齋。以進士知清豐縣。時征蜀兵駐郊外，爆營芻茭絕不累民。有孕婦驟死，莫得致死者，爆齋宿城隍廟，夢兩月在天，一婦抱嬰兒哭。訪拘李閏月者，一訊伏罪。入爲御史。疏陳祀事之重，糾陪祀九卿，又請廣正途遴選。以母老乞歸。吳《志》。

倪淳，字東岩。舉人。持身甚嚴，不苟言笑。制藝一準先民。平湖張《志》。

陸菜，原名世枋，字義山。長庚曾孫。進士，舉鴻博，授翰林院編修。主福建鄉試，直南書房，出《五臺金蓮花》，限韻賦詩，立奏稱旨。尋召翰詹八十九人，試以《豐澤園賦》《理學真僞論》，上親擢第一，遂由宮贊陞內閣學士，兼禮部侍郎。長至奏勾決，出矜疑二十餘人。乞休。著有《雅坪文稿》十卷，《詩稿》四十卷。《浙江通志》。參《毛西河文集》。

沈宏勳，字又召。以進士知吳堡縣，請緩徵、輕徭、均役，勸農課士，勞，卒官。趙光緒，字襄孫。以進士知寶雞縣，在任八年，囹圄時空。行取，道卒。倪淑則，字貽孫，貢生。王素行，字繪先，諸生。金廷煌，字旭昌，諸生。陳榮樟，字楚材，諸生，以曾孫嗣龍贈編修。曹宗柱，字星佑，諸生。皆陸清獻弟子。淑則從學最久，受《小學》《近思錄》等書，恪守躬行。廷煌、榮樟、宗柱皆以孝友稱。素行，家極貧，讀書道院，日惟啜粥，隆冬猶擁葛衣。志節堅定，闇然爲己，譔《清獻年譜》。宗柱參訂三魚堂諸書,與清獻子宸徵、金山李鋐重輯《年譜》,後吴光酉復加編次,知府吴永芳梓行。宸徵,字直方。監生。其兄定徵,字儼若,有志操。清獻嘗謂其漸知聖賢門路,早卒。吴《志》。參平湖張《志》、王《志》。

高士奇,字澹人。由諸生入太學,以書法稱旨,注翰林,授詹事府録事。歷陞少詹,歸里。尋召赴史局。又以養母假歸,晉詹事。復即家拜禮部侍郎兼學士。士奇性耽書,凡祕府典籍,悉資討論。才情敏妙,侍對詩文,應聲立就。縣有馮氏舊圃,搆江邨草堂居焉。事母至孝,居鄉謙和。妻殁,終身不畜姬妾。卒,謚文恪。著《左傳紀事本末》《松亭紀行》《扈從西巡日録》《江村銷夏録》《編珠補遺》等書外,詩文雜著二十餘種,凡一百六十餘卷。子輿、軒。輿,見下。《浙江通志》。參平湖高《志》。

陸祚蕃,字武園。以進士授翰林院庶吉士,陞雲南道御史。時議蘇州設駐防滿兵,祚蕃上疏,略曰:"無事之地多設一兵,則要地之兵力分,而又爲之移節往來,使士卒有奔命之苦,地方有供應之繁,則不特兵分而餉亦絀。省一無益之兵,即省一必需之餉;省一處無益之餉,即可養一處有益之兵。"奏入,詔報可。尋又上歲終核實疏,遷登萊參議,察冤獄,翦豪強,止開礦,補貴州糧驛參政。值安順兵變,單騎定之。著有《淳意齋草》《粤西偶記》。子鼎揆,户部員外。吴《志》。

談允誠,字孚上。以進士授内閣中書,出守鎮江。地當南北孔道,兵民雜處,允誠律以至公,姦豪屏跡。嚴絶苞苴,風節矯然。子紹芳,舉人。《浙江通志》。參平湖高《志》。

曹志周,字微之。以進士授南江縣。課農桑,勤開墾。又設義學,日與諸生相切劘。終工部主事。

陸烱,字石年。幼孤,事祖母暨母孝。叔貧,有幼子寄養他氏,攜歸撫之。年六十成進士。知太谷縣,陞御史。巡城,内監騎馬入公署指稱銜貴戚,諭烱械之,奏請置重典。以上吴《志》。

邵鳳起,字蒼馭。以舉人授歙縣知縣。有以謀財致殺控者,訊之,莫得埋尸處。翼日,以公事過南山下,見鴉數萬飛鳴,團集不去,隨於其處掘得尸,遂伏法。再補廣東增城,兼攝順德,治行一如在歙縣。張《志》。

沈岾,字撫辰。以舉人任鎮海教諭,捐俸修舉學宫。子之鉽,以舉人授羅次知縣,便宜出倉粟賑饑,全活無算。卒官。吴《志》。參平湖張《志》。

沈崐,字玉山。以進士知徐溝縣。有貧民投牒,以子客死,欲嫁其婦,婦至涕泣,願終守。崐給俸,令勿嫁。越三日,客者歸。内陞户部員外。著有《味菜山房集》《禾畇詩餘》。吴《志》。

馬焕曾,字學海。以貢選湖北布政司經歷。楚督標裁兵,兵據城亂,逼死重臣。焕曾乘賊兵出行汲微服遁,晝夜徒跣抵上蔡,飛羽轉報,復奔河南巡撫,痛哭乞師,得及期會剿。陞南安知州。平湖高《志》。

馮千英,字序皇。以進士授荔蒲知縣。洞傜肆掠,入重險諭降之,悉歸。所掠子女請立堡,捐山田,募土著耕守。禁俗私復讐。丁憂,起補太康。河溢,憐民遠役,即工所傭築。葺先賢陳子禽、高子羔祠,貯《五經》、子史、性理等書,令諸生肄業,親爲講解。卒官。平湖高《志》。

屠肇臨,字臨宜。以貢任太平教諭,力端士習,尋乞歸,授徒以古誼,接引後進。病亟,戒子孫治喪不用浮屠。平湖張《志》。

高輿,字巽亭。以進士改翰林院庶吉士,授編修。奉命即家校刊《佩文齋咏物詩選》及《淵鑑類函》。書成,補原官。尋奉旨纂《駢字類編》,未竣,卒。輿慎重謙和,不立崖岸,好施與,戚友待以舉火者甚衆。著有《谷蘭齋集》。子嵩,别見。孫澍,字説霖。諸生。官鹽大使,署陝西靖邊知縣。修棧道,建養老書院,卒官。從子衡,字南岫。以續成《駢字類編》,補行人,擢刑部主事,出爲福建糧儲道,以清勤著。吴《志》。參平湖張《志》。

胡紹安,字國期。以進士授武清知縣。捐俸,鬻己田,償供應,免紅剥船變價諸累。雪冤獄,修學宫。卒官,祀名宦。

馬焻,字怡齋。父嘉棟,字楚臣,諸生。焻以進士授邱縣知縣,歲饑,勸賑寬徵。行取,不赴。著有《古今文集》。以上平湖高《志》。

盧生甫,字仲山。父開顯,字備人。生甫以進士知山東定陶縣,值軍需供應,纖毫不以累民。尋擢知州,内陞刑部郎中。出知遵義府,民有兄弟争産者,訟數十年。生甫曰:"吾兄弟雖有産,誰與其?"繼之以泣。民感動相讓。著有《孝經注》《讀律質疑》《東湖乘》《受中編》。

顧麒錫,字作三。父天健,績學攻苦,著《四書一貫講義》。麒錫以舉人除當塗知縣,緩賦,恤民困,善析疑獄。同榜舉人胡馬璂,字近顔。知高明縣,興學校,勤撫綏,持法不畏强禦。卒官。友人張可大爲扶櫬歸。以上平湖張《志》。

金南鍈,字夏聲。諸生。嘗校刻沈季友《檇李詩繫》行世,朱檢討彝尊稱爲時賢所難。以貢授工部屯田員外,監督南新、中南兩倉。高安朱軾以清慎薦,陞刑部郎中,出爲陝西驛傳道。以直忤上官,尋告歸。孫樹屏,字玠堂。以監生任衛輝知府。河決,編竹筏渡民,設粥廠以賑。罷歸,起補保定府通判。卒官。

施宗遠,字廷樞。幼孤,育于祖母楊。以舉人知湖廣羅田縣,縣多盜,設法禽其魁,餘黨斂迹。暇輒進諸生論文藝,詢民利病。乞休,士民祖送數百里外。

鍾彝,字尚殷。以舉人授黄安知縣,治民不用鞭扑。絶苞苴,剔姦蠹。歸,仍授徒自給。有《賓實叢書》《蘿村雜誌》《夷白堂詩稿》《粤西漫遊集》。以上平湖高《志》。參張《志》。

陸奎勳,字聚緱。好學博覽,工文辭,侍從父閣學棻於京師[3],名噪公卿間。年五十八始舉於鄉,成進士,授翰林院檢討。大學士白潢欲特薦,固辭,尋乞休。爲人寬厚,不爲峻削之行。文辭如其人,好接引後進。於里中結洛如詩社,一時風雅振起。著有《陸堂易學》《詩學》《今文尚書説》《春秋義存》《戴禮緒言》《魯詩補亡》《陸堂集》。所纂輯《江西通志》《浙通志》。平湖高《志》。參《蘭玉堂集》。

陸綸,字懷雅。奎勳次子。以舉人授内閣中書,出爲梧州同知。巡撫金鉷延修《廣西通志》,欲以博學鴻詞薦,固辭。擢永州知府,值苗警,大軍屯武岡,水陸供應不絶,善爲裁酌,以寬民力。丁艱。起補梧州,俗以壻爲子,寡婦多贅夫於家,往往争産搆訟,綸反覆啟其廉耻,俗漸革。霪雨壞民居,捐俸爲葺茅蔽之,字民慈愛多類此。民稱爲"佛子"。著有《允齋詩集》。子誌,字心之。嘗捐貲贖宗祠,官福建清流鐵石磯巡檢。卒官,貧幾不能歸櫬。

楊翊時,字木臣。少孤,依兄標讀書。以舉人除兩淮斜角場大使,遷四會縣知縣。俗奢矯,以節儉吏民化之。年老,改鎮海縣教諭。

馮巨欽,原名鈿,字愚堂。千英子。以舉人除南部知縣,縣多嘓嚕子,好鬬訟,爲民害。巨欽威德並施,乃戢。修學宫,創義塾,上官重其廉能,委署保寧鹽茶同知。卒官。以上平湖張《志》。

張鍾秀,字鴻漸。以進士授孝感知縣,首重文教,朔望集諸生課學,尋罷職。總督邁柱令輯

《湖廣省志》,稱精核。復襄陽知縣,署知府。未幾卒,著有《過耳集詩稿》。平湖高《志》。

陸培,字翼風。以進士授東流知縣。水災,請緩徵,撫郵周至。山溪捕魚者夜斃于石,莫得凶首。培招眾予食,察左手食者目動,一訊即服。署貴池,釐剔胥役侵蠹,嚴捕盜法。俸入,分餽故鄉貧戚。罷歸,貧甚,僦屋以居。工詩詞。仁和杭世駿、錢塘厲鶚皆相推重。著有《白焦詞》四卷。子錫周,字魯東。舉人。

陸汝欽,字恪庭。以進士授湘潭知縣。巨豪為暴,廉其實,置之法。改溫州府教授,以憂歸。饔飧不繼,杜門課子晏如。

沈廷陛,字廉叔。以舉人除奉化縣教諭,陞綿竹知縣,改納谿。歷有清操。中年喪偶,不娶。敝帷木榻,官舍如僧寮。著有《硯還齋詩存》。

林鑣,字御驤。以舉人除福建鹽課大使,補海澄知縣。俗桀悍,鑣撫馭有方。創儒山書院,以振士風。改青田教諭,勤於造士。鄰縣有好學者,亦招致之。卒官。

吳嗣爵,字尊一。其先錢塘人,祖之錡遷平湖。嗣爵以進士授禮部主事,改吏部,累陞淮揚河道。洪澤湖決,總督高晉議開天然壩,嗣爵曰:"於減漲誠便,然如下河郡縣百萬生靈何?"持不可,遷淮徐河道。徐州黃水大溜,直逼徐家莊,居民倉皇謀竄,時大風雨,嗣爵躬率吏鳩工堵築,撤蓋端坐堤上,當其衝,屬吏惶懼,勸退不顧,逾時溜勢仍歸中泓,若神助然。擢河東總河,調南河。徧閱江淮及海口,加築臨黃縷堤,疏濬雲梯關舊口,治清口東西壩高堰,奏移建頭架於第五木龍下,以護新灘,使黃水直逼陶莊清水,抵惠濟祠後。未幾清黃盛漲,徐州城得免潰決。嗣爵復於傅家窪導入唐家灣,疾殺其勢,二日平。一夕風雨暴作,黃水泛濫,嗣爵急集船濟民,登高阜給蘆簾棲止,開倉賑郵,晝夜出入泥潦間,遂病肺。嗣爵治河久,全河形勢瞭若指掌,而臨事審幾明決,不為浮議所奪,故屢施奏績。轉吏部右侍郎,尋告歸,卒。

張鈞,字廣朋。幼好學,夜燃燈帳中讀書,帳盡黑。以進士分發江南,補金山知縣,移清河。歲饑,設賑。躬親巡視蝗災,亟撲捕,禱于神,一夕驟雨,驅蝗入海,歲以有秋。病乞歸。

賈三登,字庸野。少孤。家貧,以吏員授安徽涇江巡檢。民有訟,開誠勸化,未嘗行杖。衛軍與民訟蘆地,勘實,歸諸民。請立社倉,添防汛,省徭役。凡有益於民,條之上官無所忌。乞歸,民泣送數十里,祠于狄梁公廟廡。歸里後,親知不能婚葬者,常典衣佽助。

翁維正,字寧文。幼醇篤,研究性理、語類諸書,以歲貢除長興訓導。日坐明倫堂,與諸生論學。學田為豪右佔,請上官復之,以贍寒士。

許時杰,字德超。三歲孤。母朱撫之成進士,授福建邵武縣知縣。請免虛糧,整理樵川書院,捐建拿口橋,捍禦黃源虎患。卒官。

屈學洙,字東萊。由監生仕至雲南大理府通判。初入滇,道經黃平州,值苗警,從者皆股慄,學洙單騎馳至署,整飭備禦。尋以解糧染瘴,卒江寧旅次。祀名宦。以上平湖張《志》。

袁珂,字雪巖。其先華亭人,祖國梓,官嘉興府知府。父勳,遷平湖。珂以貢生由正黃旗教習授河南儀封知縣。儀濱大河,歲派夫挑築,珂力陳得免,建議鑿井灌田,詳明漕項免徵本色。署睢州,斷治縣豪殺人二獄,時以為神。引見,條奏兩河利弊甚悉。陞陝州知州,濬河溉田。逾年免歸,民遮道泣送。其後河南饑,刑部侍郎王士俊奉詔發粟,命珂專司賑事,兼墾光山縣荒地數萬畝。授兵部員外,歷刑部,多所平反。擢山東兗州府知府,改陞工部郎中。乞休,道卒。弟頊,字衷翼。工詩善書,官裕州知州。嗣子鑄,由監生選授衡陽知縣。平湖高《志》。參平湖張《志》。

程本敏,字秀山。以貢授梧州通判[4],歷署興業知縣、象州知州,攝守梧州。民苦浮糧,丈地清之。擢宣化府同知,杜苞苴,戢姦宄。西陲用兵,以辦軍需,紀功。乞歸養。

李青,字仿蓮。以進士授普寧知縣,歷陽江、樂城。勸農興學,設留養局,賑粥撫綏流民,以勞卒官。

胡涵,字太初。以舉人授內閣中書,出爲廣平府同知,改河西務。地爲南北水驛衝衢,調劑無缺。暇賦詩自娛,貧不顧。卒官。

馮廣譽,字叔颺。以進士除容縣知縣。甫至,有袖金謁者,卻之。每夜躬自巡邏,遇宦家子挾妓博者,懲治不少貸。建書院,以興文教。年老,改處州教授。修學宮,勤講課。歸,貧甚,未嘗一干有司。

錢大經,字虞惇。父許淳,布衣,授徒以給。大經攻苦力學,乾隆丁丑以進士選翰林院庶吉士。散館,授編修。卒官。以上平湖張《志》。

顧天挺,字松來。以進士知滎陽縣,釐別豪強侵佔,以均田賦。歲饑,捐賑軍役,不以擾民。內陞中書,乞養歸。時從陸清獻講學,校刊《學蔀通辨》,清獻稱其有衛道功。伊《志》。

袁安,字石庵。以進士知興化縣,署荊溪。有程氏奴自殺其子,誣其主,讞成繫獄。安至,察其冤,置奴于法。尋以病歸。祀名宦。伊《志》。

徐鴻昇,字鳳苞。以進士授寧鄉知縣。縣豪賂結官長,爲民害。鴻昇至,豪以千金饋,拒之。後廉得其殺人狀,伏誅。益陽水災,往勘,撫恤周至。會逸囚落職。生平耿介自守,家居四十年,不謁官府。伊《志》。

陳朗,字太暉。以進士授刑部主事,陞郎中。出守撫州,俗好私謁,朗悉謝卻。接僚佐和易,不拘禮節。及鞫事,侃侃與上官爭,不少假。葺興魯書院,以學行矜飭,士習一變。丁憂歸。卒。著有《青柯館詩鈔》。伊《志》。

陳循古,字邃堂。乾隆丁酉舉人,朗子。任直隸文安縣知縣,伉直有父風。上官器其材,欲援引之。循古恥干進托,故辭。居官清介,卒後家無餘資,同人釀金爲助,方得歸葬。

屈橋年,字若倉。附貢生。究心先儒書,敦內行。嘗面斥人過,華士畏服。居喪,悉遵家禮,不用浮屠法,人咸稱之。于《志》。

沈初,字景初。明江西參政煉之後,以召試授內閣中書,成進士,授編修。累陞禮部侍郎,調吏部,遷左都御史,授軍機大臣,改兵部尚書,兼署吏部,復改戶部,賜紫禁城騎馬。一主鄉試,五任學政,一知貢舉,一充會試副總裁,歷三通館實錄館副總裁。卒官,賜祭葬。諡文恪。初本生父發,別見。嗣母陸,初事之孝。家事至老不敢專。少工文辭,同郡錢陳群、長洲沈德潛皆以大器期之。既通籍內廷,事兩朝三十餘年。著有《御覽集》《蘭韻堂詩文集》。伊《志》。

陳嗣龍,字劭園。垂髫後授書,過目不忘。年二十三以第三名進士授翰林院編修,累官至都察院左副都御史。性鯁直敢言,遇權貴人,無所撓屈。三充順天分校官,五主鄉試,一任學政,一爲會試副總裁,得人最盛。尋以言事左遷,歿後復四品銜。于《志》。

全璠,字慕藺。監生。以供事議敘選潮陽縣招寧巡檢。乾隆甲辰,有聚衆械鬥者,璠聞報即單騎馳往,開誠勸諭,懲其爲首者,衆遂斂戢。丁憂。服闋,揀發東河,署頓莊閘官,啟閉蓄洩,悉協機宜。漕艘過汛,挽送無滯。陞夏津縣主簿,卒于官。于《志》。

沈廷虹,字南羲。由監生選授安徽寧國府照磨,會廬山異教以滋事拒捕,臬司李世傑檄廷灯按問。廷灯馳往,先諭以大義,衆皆帖息不敢動,乃擒治其魁。世傑深器重之,調署岳山縣。興水利,除强暴,數月而民情説服。尋陳情歸,養父没,遂不復出。年八十舉鄉飲大賓。卒年九十有二。于《志》。

楊馥孫,字芬若。以諸生充四庫館校録,嘗攝湖北宜都縣知縣。邑舊多派累,爲裁減幾盡。民有號東山三虎者,人久患苦之,捕得,論如律。調鳳翔,佐理福公軍事有功。旋告歸,不復出。馥孫好宋元明諸儒書,手録至數百卷云。于《志》。

胡德炘,字宿午。乾隆丙子舉人,選授上虞縣教諭,勤于課士,舉報優行皆寒畯。于《志》。

王鳳鳴,字協岐。以舉人授景寧教諭,循循善誘,士咸愛之。于《志》。

周用錫,字晉園。乾隆乙卯副榜,歷署兩淮板浦豐利場鹽大使。時鹽務弊端百出,用錫先後署事,釐清積弊。邃于經學。著有《尚書證義》。于《志》。

陸紹曾,字貫亭。乾隆乙丑進士,除静遠知縣[5]。潔已愛民,徵辦金川軍需,閭閻無擾。俸入不繼,每取給于家。性質樸,告歸。于《志》。

施峻,字翼垣。乾隆壬申舉人。歷署直隸靈壽、南樂、龍門等縣,補肥鄉知縣。汰陋規,減雜徭,恤煢獨,民咸德之。性慈祥,不輕用刑。或有干以私者,必正色拒之。病假旋里,尋起,署新樂,復任肥鄉。以逸囚落職。去官日,行李外圖書兩簏而已。于《志》。

何永溱,字元培。庠生。由四庫館謄録議敍州同,分發甘肅,歷署縣丞、通判,補寧夏府靈州州同。地當番回雜處,俗尚凶頑,號稱難治。永溱諭以理義,民皆嚮化。嘉慶元年歲歉收,散給口糧。積勞成疾,因解組歸。于《志》。

施天苞,字應午。乾隆甲午舉人。歷任海寧、諸暨教職。性純孝,宗黨之近者婚娶、喪葬,皆身任之。在官屢有修建。于《志》。

張儀盛,官福建興化府通判,明決寬惠,有政聲。善鞫獄,多平反。興化木蘭坡瀕于海,海水漫溢,淹及田廬。儀盛稟請修築,躬任其勞。築堤若干丈,民田賴以無患。興化饑,白上官,力請採買平糶,多所全濟云。于《志》。

何世榮,字振威。嘉慶戊辰舉人,歷任青田、富陽教職。嘗捐俸修學。歲飢,奉檄辦賑,親自查給,使貧户得沾實惠。尋卒于任。于《志》。

孫元,字敬夫。乾隆丙午舉人。性恬淡,任壽昌教諭,學問操守,爲士林矜式。于《志》。

吳璥,字式如,號崧圃。侍郎嗣爵子。乾隆戊戌進士,由翰林散館授編修,擢侍講學士。戊申充陝甘正考官,擢安徽學政,改授河南開歸陳許道,累升布政使,賞戴花翎。時值楚、陝教匪滋事,會辦防務軍需,實心任事。嘉慶己未,遂授東河河督。尋調江南河督,以堵閉邵家壩大工告藏,晉太子少保銜,入爲兵部右侍郎。調督倉場,丙寅復督東河,入爲刑部尚書,賜紫禁城騎馬。己巳復授江南河督,左遷光禄寺卿。擢吏部右侍郎,尋奉命閱視江南洪澤河情形。適常州府屬靖江縣江漲齧堤,城垣危甚,議亟築碎石堤,臨江捍禦,居民賴以安堵。甲戌再督東河,東省運道淤塞,倡議疏濬韓莊之微山湖,由八閘下注江,漕艘便之。入爲兵部尚書,調刑部,充經筵講官。庚辰授吏部尚書,協辦大學士,復署東河河督。道光辛巳,以疾告歸。璥未顯時,侍父任所,已熟悉水道形勢。比受特達之知,亦治河爲最多。時黃河屢經漫溢,各工敝壞已極,修防宣洩,動協機宜。伏秋大汛,親駐河干,督率搶護,靡不化險爲平。去任後,每遇要工,輒銜命相度,刻期蕆事。御詩嘉獎,賞賚優渥。子元凱,自有傳;公謹,從一品蔭生,官廣西鬱林州知州。

新纂。

朱爲弼,字右甫,號茶堂。祖英,父鴻猷,有傳。爲弼幼失怙恃,事祖母高以孝聞。通經學。尤嗜金石,爲儀徵阮元所器重。舉嘉慶乙丑進士,由兵部主事歷員外郎。道光辛巳,授河南道監察御史。疏言江西閩浙連界,多封禁山,流民潛匿,請嚴禁,杜奸匪滋事。轉掌京畿道,值畿輔被水,疏請撫邮,升禮科給事中。時順天各屬捕務廢弛,江蘇、山東劫掠多案,疏請整頓緝捕。稽查海運倉,以侍郎和桂、張映漢覆奏豆石黴變情形不實,疏劾之,鞫實論罪如律。復疏言江蘇省海口壅塞,浙江上游受害,請乘水潦未降,疏濬劉河、吳淞、太湖。授順天府府丞,升府尹,累擢至兵部右侍郎,授倉場侍郎,尋總督,條奏漕運章程十條,因病開缺。卒年七十。爲弼在諫垣,疏凡二十餘上,侃直不阿。服官内外三十餘年,不喜躐進,以勤慎廉潔受知。殁後,家無餘貲,士夫重之,請入祀鄉賢祠,旨允之。著有《茶聲館詩文集》《續纂積古齋鐘鼎彝器款識》《吉金文釋》《鉬經堂集古印證》等書。弟爲霖,字雨甫。以諸生官江西,另有傳。子善旂,字建卿,舉人,國子監助教;善驥,字子良,舉人,官福建順昌等縣知縣,署海防同知,所至均有政績。新纂。

沈學詩,字涵之,號筠垞。廩貢生。好學工書,屢試不第。會楚蜀軍興,握槧從戎,蜀帥勒宮保奇其才,羅致幕下,事定敘勞,遂由什邡尉、梁山丞遷慶符令,以丁母憂歸。服闋,起知温江縣,調成都縣。所至催科不擾,讞獄得情,豪猾屏息。庚辰、辛巳間,攝敘永同知,大吏以廉卓薦於朝,超遷,行有日矣,又以父憂去。喪畢,廬墓以居。蔣相國攸銛時帥直隸,郵書强之起。甲申冬,除奉天海城縣,縣濱海地僻,民不興學,爰立義塾,給膏火,拔王衷亮於童試,飲食教誨,卒成進士,民始競勸。軍屯田增租議起,再三力爭,事得寢。公退之暇,手不釋卷。在遼三載,兼攝奉天治中,新民同知,蓋平、廣寧知縣,以勞瘁卒于官。《沈氏家乘纂》。

李浩,字紹揚,號養齋。拔貢生。歷任常山、武康訓導,旋補桐廬教諭。桐邑有鄧生者,因王某謀命逃匿,波及其家。浩察其無辜,偵知逸犯在烏龍嶺,密率家丁數人捕獲焉。上官奇其才,保舉知縣。嚴子陵釣臺久圮,巡撫阮文達欲鼎新之,瀕江俯瞰,築堵頗艱,浩奉檄承辦,并爲修謝皋羽墓,上游益以幹練重之。未幾,卒於任。著有《停雲閣集》八卷。新纂。

楊于高,字振巖,號蘋香。嘉慶庚申舉人,己巳成進士。歸班,選授四川彭水知縣,除暴安良,盜賊屏息。嘗患士風不振,重建摩雲書院,延師訓誨之。道光辛巳,分校鄉闈,旋赴部引見,遂乞歸。于高長身玉立,下筆千言立就。著有《蘋香詩鈔》《退筆山館文鈔》。新纂。

朱壬林,原名霞,字禮卿,號小雲。家貧力學,嘉慶庚申舉於鄉,辛未以第一人成進士。授庶常,散館籤分工部主事。道光壬午,充雲南副考官,歷員外郎、郎中。戊子擢山西道監察御史。時運道淤阻,疏請籌濬徒陽運河,轉掌京畿道,旋署給事中。疏言三江兩湖等處均被偏災,正供缺額,請於陝西、河南、山東量爲採買,以實京倉。壬辰擢永平府知府,升清河道。值西舶至天津,與協戎向榮商略防務策,戰守協機宜,會兵撤不果行。旋署直隸按察使,以憂歸。嘗慨吾湖先達遺文散佚,爰與邑中顧廣譽、葉廉鍔、賈敦艮、陸潨輩搜羅商榷,得文百餘家,錄五百餘首,編曰《當湖文繫》,經燹幸存。家居之日,讀邸抄,凡關係時事者必手鈔錄。適東南告急,國是縈懷,聞捷則喜,聞警則憂。林下水邊,不忘魏闕。自奉儉約,而戚族待以舉火者數十家。丁巳重遊泮宮,適長子壽熊亦登賢書,晚年雖鳳目覩擷芹,先後名第相符,邑人傳爲美談焉。年八十卒。著有《小雲廬詩稿删存》五卷,《晚學文稿》八卷,《當湖朋舊遺詩》十卷,《當湖文繫》二十四卷,俱刊行。新纂。

陸堯松,字少廬。嘉慶戊午舉人,辛未成進士。由庶吉士散館授刑部主事。道光乙酉充貴州副考官。尋擢兵科給事中,時刑部核議外省立決題稿,祇交書吏呈閱,司官雖署名,不復上堂畫諾。堯松上疏請復舊章,以重民命,時論是之。尋乞病歸。新纂。

韓維墉,字配貢,號桐上[6]。拔貢生。嘉慶丁卯舉順天鄉試,甲戌成進士。以咸安宮學教習選湖北穀城知縣,旋署天門,調黃陂。所至有惠政,升武昌府通判。歷充乙酉、戊子、壬辰、甲午等科鄉試同考官。在黃陂時,適大水,設粥廠賑濟,民活者萬計。生平博學,精賞鑒,家有金罍山房,金石書畫收藏甚富,人比諸項氏天籟閣。著有《金罍山房詩藁》四卷。《金罍山房詩序》。參《龍湫嗣音集》。

徐士芬,字誦清,號辛庵。夢熊子。舉嘉慶戊寅鄉試第一,明年成進士。由庶吉士授編修。道光年,兩充江南鄉試正副考官,一充順天鄉試副考官,癸未充會試同考官,甲辰充會試副總裁,擢廣東學政、順天學政,歷中允、侍講庶子,充日講起居注官,入直上書房。尋晉秩至户部右侍郎,兼管錢法堂事務。因病告歸。士芬幼失怙恃,刻苦自勵,通籍後在工部久,於圜法多所整飭。尤究心畿輔水利,嘗於直廬隙地試植水稻有效,會天津因洋務增兵,遂上疏請舉行屯政,開墾水田,雖以兵撤不果行,時論韙之。凡校士者七,方正嚴毅,弊竇肅清。既歸里,倡修節孝祠。並重建萬程橋,未竣工而卒。入祀鄉賢祠。所著有《漱芳閣詩文集》。弟士蘭,字香畹。庠生。官福建沙縣、連城縣知縣,有惠政。子元錫,字伯蕃,江蘇補用道;瀛錫,字仲萊,兩淮候補運判;申錫,另有傳。新纂。

陸炯,字戒三,號籭村。郡廩生。嘉慶甲子登賢書,庚辰成進士。由庶吉士散館,選湖北公安知縣。仕至武黃同知。任縣令時,有某宦豪橫,每遇巨案,匿首於家,上官束手無策。炯一日過市,適某糾衆行,得輿夫暗點,喝役擒,莫應急,親率二丁,擎回訊禁,一邑稱快。興建書院,獎勵士林,分校鄉闈,尤稱得士。服闋後,選四川綿竹縣知縣,淡於榮利,旋解組歸。淹貫經史,於六書尤精邃。著有《音義叶通》《説文類編》。新纂。

陸沅,字冠湘,號芷江。父錫麒,優貢生。沅生而穎異,十歲徧誦《十三經》及《史》《漢》《文選》。舉嘉慶辛酉鄉試,年僅十有七。庚辰成進士,由庶吉士改雲南禄豐縣知縣,調順寧。丁父憂。服除,授河南寧陵縣,寧陵地當孔道,凡解餉解犯,採辦硝磺,所需車馬、夫役均輸自民間。沅至,悉捐廉官僱。是時銀價騰貴,州縣徵解錢糧苦賠累,鄰邑輒籌增益,沅獨持不可,曰:"此加賦也,民即勉應,於心安乎!"調署內黃。內黃爲通省糧艘開兑之區,酌定辦漕章程,稽察覈實,旗丁肅然。尋回原任,以疾請假,囊橐蕭然。未及歸,卒。新纂。

奚澄,字印川,號蘭巖。少孤貧,攻苦力學。副貢生。嘉慶辛酉舉人,道光壬午進士。以知縣分發直隸,值正定等府、州大水,委勘放賑,觸暑,單車不辭勞瘁。補新城知縣。村人有抱病遠歸,至夜刀傷暴卒。澄素精岐黃,知爲扣頸傷寒,痛極自刃,絕不累及無辜,民皆稱之。後以罣誤去。旋選廣東平遠縣,卒以直道忤上官。臨行,父老攀轅一如去新城時。澄生平經學,與同邑丁泰並稱。著有《十三經註疏彙考》一百二十卷。學使羅文俊賞爲有用之書,攜歸擬録副本焉。新纂。

徐應照,字鑑堂,號秋曉。道光癸未進士,以知縣籤發廣東,攝陽江,授高明,署南海,補番禺。番禺繁劇與南海等,前令虧帑萬,力任之。值委勘東莞民爭溝械鬥案,巡撫派營弁率兵從,輒先弁馳往。至則民聞應照來，釋械聽斷，遂開水溝，溝有船焉，兩造曲直分，訟遂息。粵東海汊遼濶，潮來沙漲，豪富佔墾數年，即請升科，恒至爭奪釀案，應照力陳不可，論者韙之。番禺城外有被劫者，營弁擒交數盜，見有火烙滿身，鞫之不實。翌日銜參上臺，以巨盜已獲賀，應照堅不承，至拂憲意，辭出。越三日，卒獲真盜。報最，升佛山同知。因親老告歸，家居不與户外事。而歲荒糶賑，水潦疏瀹，以及修城垣、建碕矼，無不首先倡輸，雖數千金不吝，鄉人德之。新纂。

倪承弼，原名樹德，字蓉齋，號蒼溪。嘉慶辛酉舉人。道光丙戌大挑知縣，分發直隸，操守廉潔，精於讞獄。總督那彥成委拏天津白糧幫滋事水手，力獲要犯十七名，餘黨解散。丁母憂。服除，補西寧縣，調懷來、蔚州，富室劉廷璽少孤力學，乃祖舉人某，耳聾病廢，其叔覬產，捏控誣璽忤逆，適委承弼覆讞，廉得其實，力爲昭雪，並嚴坐誣告者。廷璽尋入邑庠，遠近稱頌。調東安，修葺書院，整頓捕務。尋忤上官，罷職。卒以孫寶瑝官累贈至資政大夫。承弼官直隸，久於畿輔，水利尤所洞悉，嘗刊《圖説》一册，有裨吏治。同治丁卯，入祀鄉賢。新纂。

李泰墉，號石渠。嘉慶丁卯舉人。道光丙戌大挑知縣，分發江西，署崇義篆。邑爲江省邊境，士不知四聲，公餘切爲講解，始知韻語。署吉水，調彭澤，補餘干。癸巳夏，餘干大水，乘暑往勘，吏請少息。泰墉曰："邑宰親民之官，民被災，宰憚暑可乎?"不數日，中暑卒。新纂。

時樞，字慎子，號秋鶴。廩貢生，選授餘杭訓導。力學通經，嘗以漢儒毛氏亨有功詩教，上書大府，奏請從祀，格於吏議。同治二年，奉旨以毛亨從祀，足徵樞持論在先，非無卓見。事親孝，母病目久，乃研究岐黃，通其奧，治之，卒復明。居喪時祭，均遵古禮。其秉鐸餘杭，捐葺黌宮，倡建苕南書院，刊《洞霄宮提舉題名記》，得黃忠端公遺像，勒石洞霄宮。後閩人刻《忠端集》，即用石本摹勒卷首。精音律，學中樂器次第修整，教弟子肄習焉。著有《禹貢述詁》四卷，《詩經説志》十四卷。《曝書日記》。參《蹄涔集》。

錢福昌，原名攀龍，字超衢，號辰田。祖亮子。舉道光戊子鄉試，明年成進士，臚唱榜眼。辛卯充江西副考官，擢廣西學政。丁父憂。服除，授江西道監察御史。轉掌貴州道，擢河南學政。按試各屬，約束書吏、傔從，稽察綦嚴。教官月課，飭解到院，以憑核實。試竣，集文行兼優者調省月試，士習丕振，掇巍科者相繼。先是，己亥秋，福昌方試歸德，奉廷寄飭查衛輝府汲縣邪教，福昌扃試如常，而密令弟祐昌與子鎮奎爲商人裝，廉得實。旨嘉獎，特擢內閣侍讀學士。任滿歸省，以母老不復出。新纂。

張金鏞，原名敦瞿，字良甫，號海門。拔貢生。道光戊子順天舉人，辛丑成進士。庶常散館，授編修。丙午暨咸豐壬子，兩充順天鄉試同考官，乙卯充山西鄉試正考官，旋擢湖南學政。丁巳陞翰林院侍講。以母憂歸，遂卒。金鏞早擅文譽，京朝耆碩交口推重。道咸間，王文恪、杜文正皆金鏞座主，絕不私謁。居館職十三年不遷，敝車羸馬自得也。爲文博儷斧藻，晚益陗宕，詩好深湛思，尤深於詞。歷持文柄，執法森嚴。試沅州日，表黔烈女楊投水處，移牒郡守，爲雪其冤，犯者斯得，手爲文以紀之，其維持名教如此。著有《躬厚堂詩集》《絳跗山館詞》。新纂。

吳若準，字子萊，號次平。父元甽，列《孝友傳》。若準由户部額外員外舉道光辛丑進士，實授河南司員外郎，擢江南道監察御史。婁縣知縣因信任漕胥，催徵不善，毆斃民命，幾及百人，時議翻以聚衆滋事定讞。若準抗疏，歷詆其妄，奸吏得以伏法。咸豐癸丑擢禮科給事中，尋升內閣侍讀學士，加三品頂戴。故事，請旨簡放學政，未預考差者例不列名。至是特擢若準江西學政，蓋異數也。在任升太僕寺卿，卒。新纂。

何紹瑾，字蓮友，號藹卿。少穎悟，道光乙未舉於鄉，辛丑成進士。授吏部主事，爲尚書恩桂所器重，訪以時事，直言無隱。壬寅西人搆兵，座主參贊大臣文蔚督辦浙東軍務，奏請從事，陳十策，皆戰守之要。有沮之者，不果行。尋丁父憂。歸葬畢，結廬墓旁，督課諸子。服闋，京洛故人致書勸駕，終不復出。辛酉粵匪陷平湖，以憂憤卒。所著有《毛詩辨韻》四卷，《三江考》一卷，《經史輯要》四卷，《兩浙輿地形勢說》二卷。新纂。

徐麟原，名應麟。太學生。援例除順天宛平縣齊家庄巡檢。地窮僻，人不知學。麟葺古寺爲義學，分寺田以贍膏火，民始修文。壬寅調武清縣河西務巡檢。時永定河尾閭數爲邑患，力請大府濬河，增築鳳河隄，延袤數十里。戊申霪雨爲災，佐令勸捐設廠，煮粥以賑。庚戌陞豐潤主簿。咸豐癸丑，粵逆擾天津，距縣甚近，邀紳議募得二萬餘人，晝訓練，夜巡警，城賴以完。旋丁母憂歸。著《春暉堂文集》。新纂。

卜葆紛，字尹甫，號達庵。廩生。試輒冠其曹。中道光丁酉副車，己亥領鄉薦，庚子成進士。以知縣發四川，甲辰題補大邑。邑北界西藏，號稱難治。甫下車，即講行保甲，令民家置器械以備非常。復約鄰封互相搜捕，因獲巨匪二十餘人，悉置之法，盜風用戢。乙巳以勞瘁卒於任，邑人思之，祠於靜志山之平雲亭。亭故祀范鎮、陸游，而以葆紛配焉。葆紛未達時，修脯所入，供家人食指外，能周戚畹緩急，與弟葆鈞同居，無間言，里人稱之。新纂。

姚彎均，字琴如，號柳隱。道光己亥舉人，選授天台教諭。天台山多田少，民恒病饑，爰議建社倉，積穀至萬五千石，建嬰局，創書院，修學宮。同治丙寅，臨海張建垣抗糧一案株連甚多，彎均權臨學篆，無幸得釋。陞湖州府學教授，廉介不異在天台時。年七十七卒於官。《行述纂》。

方坰，字思藏。嘉慶丙子舉人。始工詩，出入于唐宋諸大家間。中年篤志程朱之書，毅然行之。雖貧病交迫，不顧也。攝武義訓導，非其義一介不取，爲教恪遵《小學》《近思錄》，反覆曉解，士子翕然信從。執經問業者滿于庠序，邑中耆老以爲百年來所僅見云。連丁內外艱，寢苫枕凷，悉準禮經。服闋後，選授錢唐訓導，未抵任，卒。年四十有三。著有《生齋自知錄》《生齋日識》《讀易日識》與《詩文集》諸書。子金彪，諸生，亦好學，早卒。著有《寅甫日識》。于《志》。

顧廣譽，字豫康，號訪溪。咸豐壬子優貢生。撫臣應詔薦舉孝廉方正，以疾辭，不赴。廣譽少即有志正學，言動不苟。居父母喪，盡哀盡禮，一遵古制。與同里方坰爲道義交。坰卒於省邸，廣譽奔護其喪，復爲釀金刻其遺書。晚益肆力於古，自漢唐以來儒先疏義，并宋、元、明諸儒，暨張楊園、陸清獻各遺書，博觀約取，反己自得，而精力尤萃於《毛詩》。家貧，課徒自給四十餘年。晚主講上海龍門書院，嘗謂“教術不可不慎，若師道不嚴，他日登之仕籍，必無可觀”。故其誨人也，尤以正心術爲先。卒，祀鄉賢。著有《悔過齋文集》《學詩詳說》《四禮權疑》《鄉黨圖考補正》等書。新纂。

黃鵬飛，字健凌，號曉嵐。道光甲午舉人，咸豐庚申，賊擾平湖。鵬飛糾鄉子弟保聚海濱，勢不能拒，散衆家居，叱咤欲自盡。一日他出不歸，蹤跡之數日，里人來告知，獨居空室中，絕粒求死。子福增趨視之，適氣絕。事聞，恤贈雲騎尉世職。新纂。

朱善張，字子弓，號山泉。贛縣知縣爲霖子。少孤貧。道光壬寅，海疆不靖，以附生倡團練，衛鄉里，敍南河通判。題補桃源，尋加知府銜。咸豐甲寅，以平徐、海各屬捻匪功，賞花翎。尋以道員用，加鹽運使銜。捻首張濼踞長淮鹽道爲梗，善張乘夜破之，焚賊船三十餘艘。復以馳剿天長粵匪功,賞"庫木勒濟特依巴圖魯"勇號。尋署淮揚道,移駐揚州。時揚已三遭蹂躪,己未賊首陳玉成復率悍黨數十萬來犯,誓以死守,卒保危城。尋得真除,加二品頂戴。捻匪陷清江,善張諭民堅壁清野,賊困而竄,得復其城,移駐之,兼辦徐州糧臺。會僧邸剿捻匪苗沛霖於蒙城,善張由間道輸饟以濟,苗逆平,徐境獲安。甲子秋督兵赴沛,剿辦奮匪,以病卒於軍,賜祭葬,贈右都御史銜。廕一子之榛,知州,祀名宦。新纂。

徐申錫,字叔成,號勉如。士芬子。道光丙午順天舉人,丁未庶吉士,丙辰授編修。己未充順天鄉試同考官,丙寅大考二等,擢詹事府右春坊右贊善,轉左。丁卯京畿亢旱,上積穀、練兵、汰官一疏,積穀議準施行。嗣因史館議敘開缺,以知府用,遂南旋。新纂。

謝棠照,字春生,號琴石。拔貢生。授禮部主事,累擢員外郎、郎中。同治甲子記名以御史用,旋授廣西思恩府知府。適逆賊孫仁廣聚黨盤踞南寧府屬之山澤,巡撫張凱嵩統師進剿,餉糈支絀,奏委籌餉,粵東得以協濟,賞戴花翎。丁卯履思恩任,郡遭兵燹,招徠復業,建義學,課農桑,清詞訟。屬邑上林有逆團李耀林者,私設釐卡,劫殺民命,擒斬之。復獲馬亮、何源海等,皆陷城巨慝,置諸法。戊辰逆匪王沆虓糾眾竄入武緣縣境,督眾討平之。己巳調桂林,壬申擢右江道,旋署按察使,賞加二品銜。《行述纂》。

倪寶璜,字渭生,號載軒。道光己酉順天舉人。咸豐癸丑以知縣揀發江蘇,甲寅署川沙廳同知,邑甫經殘破,捐貲修城,並練義旅。有高金毛者乘間嘯聚東鄉,擒斬之,民懾伏。丁巳署武進知縣,兼署常州府督糧通判,核減漕價,民感動,爭先輸納,遂保升同知。尋晉知府。壬戌總辦常州團練,以擒獲通州教匪盛廣大等賞戴花翎。甲子充江南鄉試內收掌,會同考官鄧澤培病,寶璜代閱試卷,得吳大澂等十七人,皆稱學士。後歷保至道員、布政使銜。《行述纂》。

【校注】

[1] 按:光緒《平湖縣志》卷十六《人物·列傳二》"陸濬睿"條作"後以子茶累贈內閣學士兼禮部侍郎"。本《志》卷四十九《選舉·封贈》:"陸濬睿茶父。贈內閣學士,兼禮部侍郎。"本卷下文亦有"子世楷、茶"。故疑"菜"是"茶"之誤。

[2] 授徒不給:按光緒《平湖縣志》卷十六《人物·列傳二》"施洪烈"條作"教徒龍灘以自給"。故疑"不"是"自"之誤。

[3] 菜:光緒《平湖縣志》卷十六《人物·列傳二》"陸奎勳"條作"茶",是。

[4] 按:光緒《平湖縣志》卷十六《人物·列傳二》:"程本毓,字秀山。"同治《梧州府志》卷十二《職官·通判》:"程本毓,平湖監生,康熙五十八年任。"故"程本敏"是"程本毓"之誤。

[5] 按:光緒《平湖縣志》卷十六《人物·列傳二》"陸紹曾"條作"除山西靜樂知縣"。靜樂縣,隋大業四年(608)改汾源縣置,爲樓煩郡治,治所即今山西靜樂縣。清屬忻州。靜遠縣,遼置,爲益州治。治所在今吉林農安縣東北金塔鄉東北西小城子古城。後廢。故疑"靜遠知縣"是"靜樂知縣"之誤。

[6] 按:光緒《平湖縣志》卷十六《人物·列傳二》:"韓維鏞,字配賈,號銅上,又號銅士。"《明清進士題名碑録索引》亦作"韓維鏞"。墉,當作"鏞"。

嘉興府志卷五十九

列傳〔十〕

平湖縣

孝 義

明

陸宗秀,宋樞密副使旋吉九世孫。有至行。與弟宗達、宗俊友愛甚篤。永樂甲辰,應賢良詔,與陳繼等二十三人徵至京師。會仁宗御極,引見便殿,宗秀方巾布袍,舉止中度,上異之,問曰:"如何則天下太平?"宗秀頓首對曰:"皇帝親賢納善,大臣秉公持正,自然太平。"上悅,曰:"好言語。"留京師月餘,以疾辭,賜銀幣還。正統五年,歲大祲,出粟麥二千九百餘石助賑。賜敕褒美,表其門曰"尚義"。子珪,見後。《分省人物考》。

沈昊,字孟璋。性孝友,奉諸母比於所生。撫異母弟妹無間,同母有弟孟暄以誣被逮,昊挺身代行,械至淮上,會淮撫素重昊,奏釋之,同逮者皆賴以免。吳《志》。

孫佐、鍾鳴遠、潘璧,正統五年饑,佐等與陸宗秀各出穀、麥二千石助賑,朝廷勞以羊酒,旌爲"義民",復其家三年。劉《志》。

陸平平湖程《志》作國平,字國平。好施與,處事有斷,里有訟者,爭就質以解。洪熙改元,歲大饑,民食草木,平出粟作粥食,餓者多全活。正統壬戌至景泰乙亥,屢饑,前後捐粟五千餘石,麥八百斛,佐有司賑濟。同時有陸平世、陸祥者,亦以輸粟助賑,詔並授散官,旌其門曰"義民"。《兩浙名賢錄》。參《海鹽圖經》、吳《志》。

江濟,字伯與。宋丞相文忠萬里之裔。正統五年,敕各省府州縣置預備倉民,能出粟佐官者旌其義,復其家。濟傾家得粟二千一百五十餘石輸官,璽書褒獎,表其門曰"尚義"。平湖朱《志》。 案:江濟又見嘉興何《志》。

陸珪,字廷玉。嘗代輸一邑賦,以寬民力。景泰六年,饑疫,珪與弟瑜、瑾共出穀五千餘斛賑之,詔授珪迪功郎,兄弟四人皆賜宴光祿。珪以德義信於鄉,鄉人有不平事皆就質,不至官府。珪嘗與沈昊共建學宮,落成日,知縣羅榮釃酒祝之曰:"願兩家世世科第不絕。"果如所祝。《兩浙名賢錄》。參《徵獻錄》。

案:共建學宮事,《徵獻錄》作沈珍與陸宗秀。宗秀,珪之父;珍,昊之父。未詳孰是。

沈渭,字可閒。父昊與弟昇友愛,昇遺二子琮、珒,從師不惜貲,貲罄,渭出己貲治奩具,嫁諸姑暨妹,無嫡庶,皆先父意爲之。以子榮封工部主事,琮、珒、榮,俱見《列傳》。平湖朱《志》。

馬昇,博綜典籍,有經世志,聞靖難兵起,遂隱居,以父遺田宅讓諸弟,別築一椽於溪南,號溪南老隱。著《溪南集》。子暐、曤,曤見《列傳》。平湖程《志》。

屠機,字汝敬。歲饑,兩輸粟賑濟,例得仕者階服,辭弗受。嘗雪夜過淞江,聞葦澤間有呻吟聲。視之，見一人手足被縛。命舟人負至舟，解縛易衣，以火温之，久始蘇，知爲句容商人，被盜劫者。留居踰月，辭去。尋以百金酬，不納。以子勳贈刑部尚書，勳見《列傳》。柳《志》。

沈變，字泰夫。天順時人。父標以資豪閭里，獲罪，論死。變徒步走闕下訟冤，拘囹圄者八年，疏七上，乃得請馳歸。甫至吳門，計明日獄且决。號泣祝天，忽大風起，一夕抵武林，標得減死，流嶺表，後赦還。《徵獻録》。參平湖朱《志》。

曹校，字世儒。以貢授光禄寺丞。性至孝，篤宗誼。子光，有《傳》。燁，進士，任知縣。平湖高《志》。

俞瓛，字廷貴。有行誼。弘治間，知縣熊卓引與計事，民輒稱神明。或幹以私，遂謝勿與通。里人諺曰：“郭東俞生，當春握冰。”《明詩綜》。

沈溱，字惠水。先世自武康僑居東泖，至溱徙石莊。爲人倜儻，有才，重然諾，喜賓客。明正德間爲文思院大使，以事忤劉瑾，被杖下獄，欲置之死。有韓松鄰者，與溱善。時同郡項忠、屠勳皆在朝，松鄰詣，泣白其冤，得釋。瑾恨未平，將復杖。松鄰泣請曰：“繫獄數月，再杖必死，願以身代。”溱得歸，未幾卒。平湖朱《志》。

楊陞，字敏夫。諸生。嘉靖間倭警，祖母與母倉皇避匿，陞咫尺不離。父殁，諸弟幼，陞撫教，曲盡友愛。平湖程《志》。

陸宓，字子深。御史琳子。性孝，好行善。歲祲，捐私蓄助賑。家落，質錢以施，無倦色。著有《捫心録》《運甓餘鈔》。平湖朱《志》。

俞錦，字克昌。好義。自飭從子彬貧，析産過於己子。故人金杰死，無以殯。其子坤就錦鬻田，計所需給之，焚其券，戚黨十餘家，藉以舉火。嘉靖間築縣城，知縣殷廷蘭以其居當城趾，欲廣數丈，請所值。錦曰：“城以衛民，可以一人居煩縣官費乎？”即自毀庭寢二十餘間，知府劉愍顏其門曰“義門”。平湖程《志》。

郭球，字友虞。父早喪，母陳目瞽，球以舌舐之漸明。嘉靖間，倭入寇，負母逃，中塗遇寇，寇刃其母。球以手格之，兩臂受刃，血濺衣。會縣尉率兵至，突圍出。母卒，廬墓，朝夕哀痛。有鳥數百巢其樹，人以爲孝感。天啟間，詔旌之。著有《舜鳴集》。平湖程《志》。參《橋李詩繫》。

俞永言，字戀孝。諸生。少孤。家貧，與兄敷言篤志績學，相師友。母病危，禱神，願以身代。母亡，事無大小，一稟兄。兄嫂繼殁，遺孤教學，不異己子。平湖程《志》。參平湖朱《志》。

沈思孝，諸生。家貧，竭力孝養，父患疽，吮之得愈。母瞽，昕夕籲天，目復明。平湖程《志》。

秦涇，字汝清。幼喪母，哀毀甚。服除，像事之如生。及事繼母，失愛，涇益謹，撫異母弟篤至，卒回母心。父病，平湖程《志》作繼母病。隣火及卧所，涇叩頭籲天，風返火滅。父殁，廬墓終喪，知府鄭登高以聞，未報卒。劉《志》。

張濤，字悦清。有隱德，娶婦盲，相敬如賓。蘆瀝場大使逋官帑二百金，繫郡獄，濤代償之。越人駱某好學，貧甚，以勾軍匿濤所得脱，後貴，以百金酬，不受。友人趙端嘗貸于濤，及償，攜七歲孫漢同往，濤器漢，反所償金，以佐讀書，後漢爲名臣。孫熒，見後。

曹梟，家貧，館於某家。夜有叩門者，審之，則處子也，拒不納。明晨以他故辭。弟早亡，遺一女，厚嫁之。舅氏死，周其嫠孤。

韓文，字本質。以吏員授羅浮倉官。前官逋糧，久繫獄。文歎曰：“三十金，關一家命。”盡出所攜資代償，得釋。文六十無子，南雄知府貢珀贈詩曰：“捐金不惜緣無子，垂老猶忙爲有官。

此意只教知屋漏,老天曾肯竟漫漫。"後果生子相,任通判,贈文如其官。八十餘卒。以上平湖朱《志》。

陸序,字可松。爲某所中,坐死,得雪。後某坐他法,序爲排解,某愧服。序嘗出粟米千石賑饑,授七品秩。子槐,別見。平湖朱《志》。

陸錫命,字仲敬。母元病目,吮之,復明。以貢補內閣中書。山東災,御史往賑,錫命捐穀千石佐之。御史上其事,敕建坊旌表。嘗捐田百畝贍族親友待以舉火者數十家,率稱貸爲之。以子清原贈御史。袁《志》。參平湖朱《志》。

陸鑒,字元朗。諸生。爲叔父堯俊後,家海鹽。本生父堯化、母傅,生養死葬,獨力任之。《海鹽續圖經》。

馬瑀,字朝儀。弟珣,運漕舟覆,傾家償不足,部使褚按治。瑀詣代白得免。有大猾誣知縣周某得贓萬計,瑀上書撫臣,得不坐。歲祲,民多流徙,瑀乞知府詳免是年稅,卒減其半。後贈參議。子千乘,孫維銘,曾孫德灃,俱見《列傳》。平湖程《志》。

陸垕,字載民。博學隱居。好施與,歲饑,戚黨貧者賴以舉火,至鬻產不吝。有司奏旌其義。

陸基誠,字存卿。諸生。戊子大饑,傾困以周族戚,爲粥通衢,食飢者。復設冢地,市棺,收瘞路殍。度大荒後必疫,劑藥以待,已果疫,全活甚衆。以上平湖朱《志》。

沈維錡,字震躬。諸生。有才幹。嘉靖丁巳倭警,倉卒兵不得集,督撫胡宗憲設計誘降。時倭屯沈莊,衆莫敢往,維錡請獨往說之。已,大兵至,剿之,維錡實首功。宗憲欲疏請大用,維錡固辭,但奏免沈氏十年田稅。平湖朱《志》。

孫璧,字朝瑞。以貢授吉水教諭,遷伊府教。弟璽,如嚴師,至老友愛無間。迎養寡姊五十餘年。妻父王某無子,籍其遺貲,擇其族之良者授之,以承其祀。《徵獻錄》。

林雨,字少巖。僉事桂子,值徐海亂,產中落。性好施與,鄰里藉以舉火。弟病,以產讓之。從弟無歸者,咸周之。以貢授溧水教諭,遷代府。子楚,能承父志,諸負券,悉取焚之。平湖朱《志》。

沈弘光,字子懋。諸生。侍父疾,衣不解帶者數年。痛不及事母,見手澤必泣。感里徭之弊,作《均徭議》[1]。晚悟天道元氣成于貞,人心愛德歸于正,作《愛正編》。累贈翰林院修撰。子懋孝,見《文苑》;懋嘉,字會真,著《四書說》《白巖稿》。劉《志》。

馬千里,字伯良。諸生。歲饑,請賑,全活萬計。遇人難,必力救。季父珣無嗣,迎養終其身。課弟千乘,不以家事累之。弟貴,事兄若嚴父。居恒靜坐一室,左右圖書,怡然自樂。封文林郎。子維銘,見《列傳》。平湖朱《志》。參平湖程《志》。

沈維鈞,字望洋。嘉靖間,連患旱蝗,隨父壕設糜賑饑,全活甚衆。子民範,字寅所。有醇行,不以子萃楨貴改其素。萃楨爲奸黨所搆,民範曰:"小人所憎者君子,我何憾?"萃楨,見《列傳》。平湖朱《志》。

陸珂,字子珍。族黨有貧不能婚葬者,悉周之。輯格言,晶子孫。兩舉鄉飲,不赴。子文典,字希堯。歲饑,捐貲設粥,以食流民。還遺金,讓塔基田,輸葬地,樂善不怠,一如珂。嘗手書"仁廉公勤"四箴訓其子長庚,後珂與文典皆以長庚貴,贈布政使。長庚見《列傳》。平湖程《志》。參平湖朱《志》。

陸光宅，字與中。舉人。嘗闢天心精舍，集名士，講習性。好施，賑人阨困，而自食脱粟，衣布素。臨殁，書“無極太極”四字。王龍溪曰：“與中之學，以仁爲本。”

劉麟，字子仁。力學修行，好施予，三族賴以舉火者甚衆。妾李氏父老無依，厚遺遣歸。以孫廷元贈右都御史。

胡濂，字碧源。有隱德。以孫士相贈參政。子友忠，事母孝。年九十有九，贈如父官。士相見《列傳》。以上平湖程《志》。

楊志英，諸生。母吳沉痾數載，晝夜侍奉不離側。母殁，盡哀。終歲依父寢，非再三命，不就私室。家貧，同婦食饘糜，供甘旨，束修所入，悉進父。居父喪，哀號嘔血，感動隣里。嘗遇異人，授養生術，至老益康健。一日晨起，盥櫛端坐，卒。平湖朱《志》。參平湖程《志》。

馬柯，字世望。少穎敏。父官廣州，遣吏解軍餉，舟次彭蠡，爲逆藩所掠。柯方就試，聞之即馳赴父所。會王守仁平逆藩，讞知廣州銀猶存，遂請牒訴當事不得，復走訴京師，卒得白。以貢授六合訓導，遷連山教諭，不赴。著有《諸史辨疑》。平湖程《志》。

過厚，幼喪父。事母孝，父遺產爲兄蕩費，僅有存者，厚復讓腴取瘠。從父槐無後，厚以序承其祀。所授千金分恤族之貧者。鄉人妾死被誣訟，夜遺百金乞白冤，卻之。及庭鞫，力辨得釋。著有《性理解》。子庭訓，見《列傳》。平湖朱《志》。

俞懋修，諸生。少跛，父母不愛。娶婦戈，賢。而嫂嫉妬，日搆懋修夫婦，父母遂惡之。一日父出，母錮懋修夫婦別室，不與飲食。從母姚陰出兩人，僑寓武塘，集里中兒授句讀，婦縫紉以支旦夕。顧時時念父母不置，相對泣曰：“寧死膝下，何忍離父母？”懇族人爲請于父，父稍悟，得返。母亡，嫂主家政。進饘糜，父不能堪。懋修與婦恒拮據，竊烹鮮以進。尋出爲人後，常迎養父。父益悟，欲奪兄所侵嗣產歸懋修。懋修泣，跪陳不可。亡何，父與兄嫂相繼亡。懋修營葬，以兄嫂祔焉。兄子多外侮，力庇之。兄子死，撫其孤、寡。子允昌語及父母事，輒流涕。平湖程《志》。

俞志皋，字蓋卿。母早卒，父有足疾，弟幼，志皋授徒以供朝夕。晚以進士謁選，卒于潞河蕭寺。平湖朱《志》。

陸橋，字元建。講性理之學，工詩文。族有景賢祠，創立義田，橋力爲多。著有《石居集》。平湖程《志》。

毛應銓，字元衡。幼有至性，家貧，父善病，晨起往塾，必以父藥餌絮語家人，灑淚而出。暮歸，同父卧，抑搔疴癢，衣不解帶。事母如父，束修所入，悉以與兄。母亡，廬墓三年。以舉人署安吉教諭，陞國子監學正，遷禮部司務。仕宦十年，居無一椽，至老與兄同舍。子湛，見《列傳》。《分省人物考》。

馮伯裡，字欽仲。貢生。敏效次子。萬曆丙午應天舉人。少稟至性，嘗斷指療母疾。母卒，伯裡嗣叔父敏勖，例不守制，泣曰：“伯裡何忍獵名忘母？”遂不赴舉。與兄伯禎友愛甚篤，撫孤姪如己子。著有《虛舟》《蓬門》諸稿。

時敏，字恥負。居父喪，盡哀。踴三十衰《志》作“三衰妻”，誤。喪妻，獨居四十五年。室如懸罄，或贈之金，不受。平湖程《志》。

馮伯禮，字節之。太僕卿敏功子。敏功卒，巡撫以下賻之金，伯禮遵遺命以築寶應護堤，事見《敏功傳》。與妻查事母孝，周恤貧困無所吝。後卒于燕。子洪業，字茂遠，事母能養志，母卧樓火,洪業冒烈焰負母出,顙焦。著有《易羡》《睡庵六書》《耘庵彙箋》。《浙江通志》。參平湖朱《志》。

胡士奇,字重之。弟士章,少不學,士奇設父主,跪泣責之,遂感悟。相繼舉於鄉。士奇擢國子博士、兵部司務,以詿誤謫仙遊訓導。尋卒。士章任太湖知縣,年餘即歸,割產贍嫂,迎養寡姊,撫兄子成立。《分省人物考》。參平湖朱《志》。

劉希聖,字思睿。性孝友。母病,夜不寢三越月。兄弟五人析產,獨取其下者。嘗遊白下,拾遺金于逆旅,坐候其人還之。以子廷元贈兵部尚書。弟希賢,字東溟。孝友如希聖,事繼母必躬進膳,凡事身先婢僕。

施應塤,字士和。少時代昆弟徭役,建平徭諸議。嘗路拾遺金,還其人。贅于曹,曹富無子,曹卒,應塤視含歛,哭之去,貲悉歸曹族。喜施予,不問家人生產,以子鳳來貴贈大學士。

陸長春,字景陽。長庚從兄。性孝友,以父文昭鰥居,時集高年,置酒以娛。嘗贈友人劉某金,爲其子娶婦,後其子豪于貲,長春絕口不道前事。萬曆丁亥大疫,早起見五鬼,驚語曰:"正人也,當避之。"家中竟無染者。

姚應埈,有純德。訓導定海,視諸生如子弟。子舜宣,字華樓。仙居教諭。孝友敦行,知縣王若惺敬之,數造廬訪,未嘗有私請。孫之鳳,字叔瞻。諸生。著《四書粹言》《尚書定解》。

陸文相,字春臺。諸生。父賓橋,坐累論戍,繫獄。文相七歲,見縣令出,攀輿呼救,令感其意,釋賓橋。賓橋有隱德,嘗還人遺金。孫懷玉,見《列傳》。

馬香,幼喪父母,刻苦自立。而兄老,迎養殯葬,撫從子如己子。子鳴雷、鳴霆,別有傳。以上平湖朱《志》。

陸萬達,字天相。親歿,同弟萬逵廬於墓。皆諸生。性皆好善,昆從孤寡贍之,又捐貲置產,佐族婚嫁喪葬。萬逵,字色劬。幼穎敏,善詩文。後從徐魯源遊,究心性之學。學使洪承疇亟稱爲文行兼修。明史列諸《孝友傳》。著有《文惠集》。袁《志》。參平湖程《志》。

陸燭,字時秉。諸生。父相,建昌府經歷,知宸濠將變,乞歸。燭事父孝,父病,刺指血投藥中,愈。遭喪,廬墓三年。

馬維鉉,字鼎甫。善承父志,撫姊子陸瑞徵,爲之婚娶。舉戚屬三喪。以貢授保昌訓導。卒官。贈刑部郎中。子德澧、德澍,孫嘉植。德澍,字商雨。扶父喪歸里,哀感路人。嘉植既貴,儉約如故。徒步里門,有司造謁,皆拒不納。累贈吏科給事中。德澧、嘉植見《列傳》。

陳增,字進吾。貢生。少英敏,有才名,屢試不得志,閉戶著書。學宮燬,捐貲獨建,華亭徐文貞階表其墓。

張焱,字恕齋。監生。母歿,哀毀不支。父病篤,禱於神,願減算以延。孫明昌,舉人;復昌,監生,舉鄉飲。以上平湖朱《志》。

郭日乾,字懋學。孝子球子。諸生。嘗客長安,友人陸萬境死於道,負之歸旅邸,學使蘇濬旌曰"尚義真儒"。著有《青蒲草》《元經史》《參同》諸書。以子紹儀贈御史。平湖程《志》。

陸懋學,孝友敦族誼,倡立祭田。子又機,孫上瀾,見《文苑》。平湖朱《志》。

倪承裕,湖廣參政輔曾孫。友愛兄弟,讓產,代運糧。家落,讀書不輟。著《性理箋旨》。子二:秉元,舉人,好義急公。簹元,見《列傳》。吳《志》。參平湖朱《志》。

倪維城,字北鑰。諸生。少壻於陸,與妻弟長庚相砥礪,如嚴師。蘆瀝場竈戶官吏朘削不聊生,維城與趙志奎等上書鹽使者,釐剔之。子鍾瑞見下。平湖朱《志》。

曾烈,字元承。事父至孝,待宗族有恩。嘉靖中,以貢任吳江訓導。諸生貧者,輒分俸周之。歲荒設粥,又委曲勸賑,上官甚重之。遷澧州學正。家有田六十餘畝,割其半以與兄若弟。《徵獻錄》。

陸大銳,字恒甫。巡撫萬垓長子。謙謹儉約,不與戶外事。萬垓嘗寄俸百金,越六載歸,原封如故。弟大鎁,字宏甫。官鴻臚。《選舉表》作衛經歷。年十三隨父之任,舟覆洞庭,入水救父,須臾偕出,若有神助然。當萬垓撫江右時,大鎁家居心動,亟馳省母。母果病,殆禱神請身代,得甦。生平純白,不存機械。平湖程《志》。

陸瑞銓,號宇平。諸生。父傳教,少貧,嬰患難,深自刻厲,起其家,訓子孫為善。瑞銓生而好義,值歲荒,平糴煮粥,全活甚多。族繁衍或不能舉火,捐田入宗祠,分給之。故人子無所依,輒為收養。毗陵舊族有母子漂流自鬻為傭者,為贖而歸之。子之祺,有傳。《浙江通志》。參平湖朱《志》。

陸廷揚,字西來。天啟時為中書,避亂移居海鹽半邏。姑早寡,迎養終身。友人沈位中卒,撫孤成立。吳《志》。

倪蚪,字六元。負才,重氣節。縣中徭無定律,正差雜泛,率脫豪右科貧弱,蚪釐剔之,為民請命,撫臣善所陳條議,著為令。著有《雲林集》《新安三楚記遊》。吳《志》。參平湖朱《志》。

張沖元,字完初。性誠樸。嘗至湖州,以物付質庫,及贖歸,發篋檢之,浮三百金,亟往還之。後家漸饒,歲大饑,出穀千餘石助賑,建始祖忠獻祠于蒹葭圍,置田贍族。以季子治洪贈鴻臚寺序班。長子長生,諸生。性敦厚,不屑屑計生產,逋其私者,恒置勿問,舉鄉飲。平湖高《志》。參《雅坪文集》。

葉方宸,字遇之。天啟乙酉舉人,與兄方寰樂善好施,里中稱葉氏二長者。《檇李詩繫》。

趙科,字南泉。貢生。崇禎間歲大祲,捐粟以賑,縣令旌之。平湖張《志》。

曹繹祖,字之罘。諸生。崇禎辛巳,大饑,出粟三百石以賑。子五:長穎洙,字系宣。天啟丁卯舉人,官永豐教諭。次穎泗,字仲宣。崇禎壬午舉人,鼎革後捐金贖族眾羈繫者。姪孫元家,監生,敦品行。平湖朱《志》。

俞文溢,字以忠。諸生。撫教庶母弟,有恩義。篤學自守,意所不可,輒義形于色。不妄交,以道義相切劘者,終身無間。以貢選入京師,卒。平湖張《志》。

曹伯來,早喪母,事父孝。妹繈數月,撫育遣嫁,踰于己女。兄歿,遺貲厚,無子。伯來仲子序當嗣,嫂意他屬,從之。及嗣子中落,歲具薪米,供嫂終其身。袁《志》。

曹鐘鳴,字洪聲。戚屬朱某以田質金,後請售。鐘鳴曰:"不可。子之家數口,賴此以生。"不索金而歸其券。平湖朱《志》。

陸倣孟,字泗臣。諸生。營父墓于馬鞍山,為豪所發。倣孟薙髮毀形,誓不俱生,訟之官,不直。伏闕抗疏,詔下法司勘實,置豪于法。平湖朱《志》。參平湖張《志》。

陸溶原,字嗣安。少為諸生,負經濟才。崇禎末,伯兄清原殉國難,遂無意人世,結廬父墓側,不入城市。吳《志》。

過銘盤,字伯新。廷訓子。崇禎庚午副榜,才名重公卿間。庚辰歲饑,建平糶議,貧民賴之。縣有利弊,直言無顧忌。

沈瑞鏧,字德載。性友愛,析産以腴田讓弟。由諸生入太學,不第。歸次維揚,聞弟瑞鑾死,倍道歸,慟絶,未幾卒。著有《大易廣義》。子源浹,字永叔。倜儻有氣節,遇事敢言,以子菜贈知縣。

顧之琦,諸生。父其志臥病三載,之琦侍奉湯藥,寒暑弗歸私室。父歿,哀毀不食三日。乙酉城陷,母曹年八十五,不能行,之琦守母不去,身被數創而卒。以上平湖朱《志》。

馬文治,字遠之。工詩文。遊京師三十年,葉文忠向高嘗疏薦之,不果用,歸家杜門。以賢良徵,不赴。乙酉歿于難。平湖張《志》。參《柘上遺詩》。

俞煜,字君三。崇禎丙子舉人。幼孤,善承祖父歡。弟光翰蚤卒,恤嫠字孤,無少怠。好讀書,通堪輿家言。

楊兆梧,字非棘。舉人。少孤,終身哀慕。有《師儉堂稿》。贈清豐知縣。子燝,別見。以上平湖朱《志》。

倪士顯,字慶雲。家貧,性好施,助戚族婚,代鄰人償鬻身值。友許某夫婦無子,老無所依,生養死葬之。子蚋,別見。平湖程《志》。

沈紹闓,字巽仲。歲貢生。葺宗祠,廣祭田,以事先贍族。平湖朱《志》。

胡嗣璜,字映日。從父士相平白蓮賊,嗣璜參謀畫,晚歲隱居北郊,爲野人衣冠。詩有《墨龕集》。子偉,字松侣。諸生。居父母喪,哀毀。甚友愛弟,不忍分居。嘗捐金免陳某鬻妻償債。性嗜學。輯《明裨》三十卷。吳《志》。

劉亮采,字德儼。兵部尚書廷元子,監生。廷元被京察論戍,亮采走京師訟冤,當事見阻,鬱鬱成病,卒。先是,學宮圮,亮采捐千金爲倡。

金台拱,字星侯。汝礪子。諸生。母病危,刺指血和藥得瘳。弟岳貧,代爲輸糧,終其身。以上平湖朱《志》。

朱勝忠,字守礦。全公亭廣懷里人。爲鄉里師。萬曆二十六年,母患病,奉湯藥,未嘗就寢,後嘗糞,知病殆,乃告天,割股。著有《勸孝歌》《唾餘草》。舉鄉飲賓。子順礦,躬耕奉養。天啟元年,從父往山陰白楊里省墓遇盜,以身蔽父,願代受刃,盜兩釋之。《當湖外志》。

薛仲猷,推官振猷弟。性友愛,讓遺産,捐蟟蛦澳田,作漏澤園。平湖朱《志》。

陸澐,字元宿。縣丞溥子。諸生。性豪邁,喜賓客,善論古今事,謂醫可濟人,遂通其術。子燦,爲濟南推官,迎養于署。國破,同燦闔門殉難,事見《燦傳》。後,孫隴其以衣冠葬于晝圩墓左。《三魚堂集》。

許丕祚,字芝裘。諸生。少孤力學,工文,重名節。乙酉秋,爲亂兵所害。門人李慶乙哀集所作,名《拙庵遺稿》。弟丕猷,字元震。著有《稽古類言》。《乍浦志》。參《九山續志》。

邵言,字龍橋。庠生。好施與,世居褚涇。隆慶間歲饑,平糶,全活甚衆。褚涇僻在治東,自析縣以來田瘠蕩蕪。萬曆中,獨力捐貲,開路疏水,兼濬支港。旱潦可耕,其地至今名邵家車路。鍾彝《夷白堂文集》載其事。參平湖路《志》補纂。

【校注】

[1] 均徭議:萬曆《嘉興府志》卷十九《鄉賢二·平湖縣》"沈弘光"條、光緒《平湖縣志》卷十八《人物·列傳四·行誼》"沈弘光"條均作"均平議"。

國　朝

金式玉,字藍珂。性孝,好濟人。讀書暇,輒侍父母側如嬰兒。訓導壽昌,創立義田。貧士以緩急告,必應。尋舉于鄉,集貧士,舉券焚之。成進士,即歸。教弟璞玉,朝夕相切劘。居母喪,哀毀踰月,卒。著有《律吕新書註》《三易通》《四書人物考》。璞玉,字柳城。貢生。工詩賦。季弟尚源,字梅格。諸生。式玉卒,產中落,公私所需,悉獨任之。通性理,善音律、曆數之學。平湖朱《志》。參平湖張《志》。

朱濚,字文毅。監生。二歲失怙。事母以孝,聞母有怒容,即長跪請罪。祖國孝,純厚有學行。崇禎甲申後,不與世接。高年病足,出入必親扶持。世父彤一,久厝淺土,慨然任葬事。雍正九年歲祲,倡捐賑饑。路《志》。

湯自梁,字維京。舉人。年十二,母病,割股入藥乃愈。久之,痂露。父紹祖戒之曰:"非中道也。"然心憐之。伯兄茂先遺孤在繈褓,撫之成立。從兄元纘無子,歲贍之。

劉濰恒,字滌凡。諸生。乙酉縣被兵,死者道路相枕藉,濰恒偕從子棕率僕從收瘞,至一千四百三十七人。時河畔無行舟,炎穢蒸灼,濰恒出入屍中無所忌。巡撫聞其義,欲上聞以旌,辭。以上平湖朱《志》。

沈廣,字菉洲,號輪齋。庠生。淹貫群經,尤邃《易》理。少與其兄貢士壎友愛無間,言戚族有相構者,諭以片言輒解,鄉黨尤重之。《當湖人文逸》。

陸瀹原,字嗣暢。貢生。少有文譽,兄清原殉難後,獨居蕭寺,枕席皆淚痕。年三十妻亡,不更娶。歲饑,民洶洶思亂,請于縣,勸富家減價平糶,民乃定。晚年爲臨安訓導,諸生有貧逋稅者,代納之。知縣奉檄造戰艦,多科派,瀹原與之爭,罷歸。平湖朱《志》。參吳《志》。

金赤,字如斗。市井人也。父早卒,奉母必具甘旨。有不懌,輒長跪不起,必得母歡乃起。有二女,母以字人,貧甚不能舉火,赤戒女不得于母前有怨言。平湖朱《志》。

沈心培,字存齋。諸生。家貧,授徒養親。父卜急,有室後猶時受杖。居母喪,大慟,嘔血不止,卒。平湖張《志》。

李慶乙,字秋水。少孤貧力學。入籍海鹽,後投牒,罷諸生,改名杜,字龍門。友人郭襄圖以事繫獄,慶乙周其家,中夜奔至獄左右之。郭亡命,吏捕慶乙,榜掠下獄,戒獄卒偵所與勞苦人,欲盡羅織之。慶乙裹創,僵臥不爲動。會有援者,得釋歸。歸三日,卒。給事馬培源銘其碣曰"義友李君之墓"。平湖張《志》。參《九山續志》。

倪鍾瑞,字青翟。舉人。性溫厚有度。嘗有人夜匿其家,家人駭逐。鍾瑞曰:"無庸。"徐詢之,知爲追呼所迫,遂代之納,且厚贈之。鄰群兒盜園筍,見之曰:"可徑取,毋驚惶也。"衆議開河,鍾瑞捐資,獨濬之。平湖朱《志》。參《西畇筆譚》。

張甫,字伯宣。諸生。讀書不求仕進。輯《族譜》,建宗祠,置祭田,爲族倡。生平樂善好施,壽九十,無疾而卒。子兆治,字枚璧。亦諸生。工詩,有《粵遊槁》。《浙江通志》。參《檇李詩繫》。

陸本,字天全。諸生。父肇淳,久病,本扶掖抑搔,不離左右。父歿,竭哀。奉母,得其歡心。撫幼弟妹成立。以長子光旭封御史。次子光曜,貢生,官景寧教諭。光旭有傳。平湖朱《志》。

嚴岂,字次良。少能文。連江知縣劉希夔奇其才,以女字之。父客死,遺產悉讓諸昆。奉母盡孝,以子思位贈檢討。平湖張《志》。

　　張著,字形先。諸生。少英敏,負大志。甲申後,棄舉子業,避蹟甬東,王季重、秦汝翼、譚元孩皆尊重之。爲人和易好善,哀窮賑乏不倦。子二:周鼎,字耳黃,康熙乙卯舉人;家漢,見《文苑》。

　　胡右寅,字伯時。少孤。有至性。母有不豫色,長跪移晷,至老不少衰。

　　徐昱,字耘中。諸生。父振歷,以好施致貧。昱勤苦孝養,父病,籲天割股。及歿,哀毀幾死。母患癘,晝夜侍,躬滌垢穢。一日走延醫,墮水中,聞神呼孝子,即出水。負土築墳,十指俱裂。撫兄子踰于己子。年七十餘,無病端坐逝。以上平湖朱《志》。

　　沈之鋐,字鈞奏。父貢生起雷,卒于徐溝。訃至,大慟,踊身欲飛,竟入水,救起,遂病癡。父柩歸,病少間。泣曰:“母在,未從父地下。”母病,不解帶者七十日。母亡,號哭,失聲仆地。血淚殷衣,左目失明,曰:“吾得侍父母矣。”勺水不入口,旬日卒。吳《志》。

　　屈希平,字又原。諸生。父卒,喪葬盡禮,廬墓三年。母卒,亦如之。周恤族黨,水旱出粟賑濟。冬月,施襦。死不殮者,施槥。事聞,奉旌。平湖朱《志》。

　　陸瀟原,明江西提學副使錫明嗣子。事嗣母吳、本生母沈,備極孝養。孫輝吉,字兆枚。諸生。亦以孝友稱。吳《志》。

　　陸若采,字亮虞。都御史清原子。痛父殉節,終身不與宴會。從祖某負人債,無以償,采割己產代償。平湖朱《志》。

　　周心峻,字介于。居圓泖濱,敦厚好善,鄉里皆稱長者。平湖朱《志》。

　　沈中秀,字穎生。崇禎庚辰歲饑,有佃將鬻婦償其租,止之,令弗償。舉鄉飲。

　　吳光室,字季宣。宋進士俯後。從孫宗道僅三齡,撫之成婚。乃返其橐。好製藥,施病者。又集古人格言,刊《修福正詮》一書,陳繼儒爲之序。

　　陸徵誠,字心葵。少孤,事母克盡心力。家極貧,非義,一介不取。不苟言笑,雖盛暑不去冠幘。手輯《先正格言》若干卷。以上平湖朱《志》。

　　王棣,字既昌。監生。少喪母,呼搶號泣。父病,躬親湯藥,衣不解帶者彌月,日禱神前,願以身代。及歿,哀毀幾死,盡力殯葬,廬墓三載。善事繼母,母愛之如己出。與弟稼不析爨。事聞,奉旌。

　　張友德,字淡中。貢生。事親色愛靡間。親卒,哀毀骨立,廬墓三載,有木成連理。每遇諱日,號泣。仲兄出嗣,以本生產業讓之子姓貧乏者,曰:“是我先人所遺也。”周之[1]。以子逢年贈知府。以上《浙江通志》。

　　許默,字鳴一。諸生。妻亡,買妾,妾入門背泣。詢知已嫁,因夫負債鬻之。遂呼其人攜歸,不索金。默與趙璜皆工詩。邵延齡爲刊《當湖兩山人稿》。平湖張《志》。

　　顧明傑,字越萬。諸生。割股療母病。事兄恭。詩有《漁山子集》。祖可達,父大宗,皆以孝友稱。

　　沈日芳,字元贊。諸生。幼喪父,事母晨夕不離左右。

　　金燈,鄉黨稱善人。子京望,字達庵。太學生。首捐貲,葺文廟。獨建石梁二。有友無力營葬,割產贈之。以上平湖朱《志》。

　　陸圻,字近虞。諸生。年十五喪父母,率弟四人力學,皆成諸生。從父士炎歿于京師,從母滯山左,圻扶柩,奉從母歸。死葬生養,爲諸從弟婚,而己不娶。吳《志》。

胡光銓，字以鈃。監生。幼喪父母，哀毀如成人。既葬，旦則歸侍祖母，晚奔宿墓下，彌月不間。捐祭田爲合族倡。從父卒，遺子女，悉心教養。其產歲入，爲置田，既婚嫁，並所羨籍授之。子紹高，見下；紹安，別有傳。

楊林，字漢林。嘗建東湖木橋七所。又濬城河，自東水門至馬家灣。縣有匠班錢糧，遺累其子孫。康熙丁丑，林請之上官，將全浙所科徵者悉併入條鞭。華亭大司農王日藻採入《編年遺事》，題其塋旁小庵曰“餘慶”。以上平湖高《志》。

張崝，字如岡。諸生。九歲居父喪，晝夜號泣。母歿，擗踊投地，絕而復甦。族黨以緩急告，傾橐應之。歲祲，出米數百石，設粥以賑。復施藥療疫，全活無算。《浙江通志》。

盧聖瞻，字上史。貢生。督學許豸獎其孝友。平湖張《志》。

顧人龍，字雲馭。父患疽，吮之而愈。弟在縲絏，破產營救，得釋。以貢訓導太平，教士有程。年九十舉鄉飲。子涵，字眉峰。諸生。亦孝友。吳《志》。

曹鳴灼，字臻筊。貢生。爲人重本行，見善惟恐不及。與陸清獻交最契。年九十舉鄉飲。子宗柱，孫煥謀，諸生。歲饑，棄產捐賑，亦能讀清獻書。學使王國棟以賢良方正薦，以母老不赴。平湖高《志》。參平湖張《志》。

沈嶠，字松亭。九歲，祖貴楨垂歿，戒之曰：“我遭族黨毀，不得葬父旁，汝識之。”嶠日夜冀成祖志，族鑒其誠，卒得祔葬。每掃墓，悲哭不已。家極貧，歲祲，凍餓，一介不取。與宗人璜相砥厲，教其子黼熊“先器識，後文藝”。吳《志》。

吳光遠，字邇修。敦孝弟，嗜古文詞，早卒。弟廷遠，字覲宣。撫育其孤。吳《志》。參平湖高《志》。

何元璜，字嶽高。幼喪母，事父及繼母，得其歡。父歿，孝養祖母，敦行以古人自期。治喪不用浮屠。平湖張《志》。

程伯鑈，字遷于。家貧，負米供親。父歿，哀毀喘息，幾不續。母喪，一如之。兄被寇掠，訪求之，止存一子，相持慟哭，救之歸。庶弟二人，遭兵流離，亦親往覓歸，皆爲成婚。事庶母如母。後家漸饒，周恤族黨不倦。《浙江通志》。參吳《志》。

屈希完，字天若。諸生。少孤。孝母，友愛弟。營父祖葬，死冰雪中，復甦。子朝陞，孫應麟，皆諸生。吳《志》。

陸其燧，字晚春。貢生。仲弟早卒，撫其孤，以宅讓之。人以緩急告者，必應。潘紫翰卒，無嗣，其燧爲之葬，並舉其家未舉喪。歲饑，施粥報本塔院，全活甚衆。以仲子鳳岐贈州同知。鳳岐，字武山。好施予，捐社穀六百石。以子鉞贈知府。《浙江通志》。參平湖張《志》。

陸光曙，字東白。事母孝。與弟異居，母或至弟所，早晚定省，風雨無間。讀書竟日，危坐無惰容。行于市，未嘗傍睨。偶登舟，即發篋，諷誦不輟。姚之揆，字東衡。好學，飭躬制義，爲世模楷。與光曙皆數奇不偶，並以諸生、老學者稱“二東先生”。平湖高《志》。參平湖張《志》。

倪兆嘉，字允康。早喪父母，竭力喪葬。姊貧，爲其子婚娶。戚黨緩急告，必應，或負三百餘金，不責償。子觀光、載光、用光。觀光，見下。

馬汝夒，字虞言。邑庠生。幼失怙，事母至孝。乾隆壬午秋，母大病，焚疏籲天，徹夜拜禱，閱兩月不倦。母病竟愈，卒享大耋。撫幼弟，友愛甚篤。《當湖人文逸》。

屈天成，字培齋。監生。候選州同知。歲大饑，出穀千石平糶，爲粥于路，以食餓者。病則與之藥,全活甚眾。嘗與兄大成共置義冢,歲施棺若干。自縣治至新倉鎮,建石樑十有八所。學宮圮,獨葺之。復捐田,儲爲歲修。察族之貧困者,按節周恤。以子樹榮贈刑部員外郎。以上平湖張《志》。

馮洪復,諸生。宗族咸稱其孝友。姪願,字君可,有品行,舉鄉飲。吳《志》。

胡紹高,字聞衣。武清知縣紹安弟。紹安卒于官,傾資産助完官帑。撫兄子讀書成立。紹高以進士任貴築知縣,革除苛派。丁外艱歸。又遭母喪,廬墓涕泣,尋卒。平湖高《志》。

馮洪行,字士用。幼喪父母,哀毀骨立,祭祀克誠,事長兄如父。

顧蛟,字飛淵。事親先意承志。兄弟四人析産,獨取瘠者。嘗于舟中拾遺金,中路覺之,反棹還其主。

周日芳,字蘭生。監生。好義,有膽識。康熙初奉檄丈量,條議弓口照舊。又陳白糧改折之弊。以上吳《志》。

陶有生,字西音。諸生。孝友好施,設粥賑饑。舉鄉飲。子傑,能繼父志。平湖張《志》。

馮耀昌,字周贊。諸生。篤友愛,凡喪葬大事,獨以身任。吳《志》。

戈定,字長發。諸生。好任恤。親族無告者,膳之;死無歸者,殯之。夏帳冬衣,推解不吝。于戈溪北置義冢。

楊大琮,字紹春。幼喪母。繼母臥病久,籲天願以身代。卒,一慟幾絕,遂得疾。鄰火,家人悉竄,大琮撫棺號泣,誓俱焚,火及屋旋息。以上平湖張《志》。

孫培嘉,字孚吉。諸生。遊太學。崑山徐乾學器之。事本生父、嗣父,皆得其歡,喪葬盡禮。不欲私嗣産,以周親黨貧乏。吳《志》。

趙廷莱,字我師。諸生。少孤。孝事母。友愛姊弟。工文章,通音律、騎射。平湖張《志》。

馮焴,字瑞駢。諸生。性肫篤,曲盡孝道。與人接,謙抑自下,無世俗好。妻早卒,不再娶。

陸斌,字柴庵。考授縣尹,孝謹誠篤。撫幼弟如子。著有《廉湖散稿》。

陸士煊,字碉三。幼有至性,痛母早歿,終身不赴讌會。初作詩,愛孟東野,既棄去,肆力經學。有《大易輯注》《三禮疑義》《月令辨》諸書。以上吳《志》。

徐銘,字常吉。以諸生入成均。父病,籲天請代。及卒,哀不欲生。以母在,強起,廬墓終身。事兄如父。後喪母,哀毀卒。子宗泰,精醫施藥。平湖張《志》。

馬燝曾,字用光。以貢授開化訓導。事親曲盡孝養。弟燡曾貧病,燝曾友愛篤至。子佐堯,字靜先。以副榜教諭龍泉,課諸生,放白鹿洞遺法。父母卒,年已七十,哀啼如嬰兒。捐田修築祖塋,創祭祀規約。

倪亮采,字道躬。諸生。父洵徵,以應鄉試卒于途。亮采年十二,號泣扶柩,見者垂涕。事母盡孝。祖鑒,諸生。喜周急,亮采克承其志,捐金息族黨爭産,助不能婚者,撫從子,與己子均分田宅。子廷鳳,諸生。孫藻垣,舉人。

倪喆林,字幼貞。監生。父淑則,受業同里陸清獻。喆林篤學勵行,校訂清獻《大全》《小學》諸書,鏤板行世。東湖水勢湍急,陸楊橋爲西南要衝,捐資千餘金,改建石樑,行者賴之。

張長明,字朗辰。諸生。設義塾,訓其鄉之子弟,建石樑以便病涉者。歲饑,煮粥濟人,賑活二千餘户。以上平湖高《志》。

沈瑜,字倬宸。諸生。家不饒而濟人困不倦。知縣董天眷倡議育嬰,經制未備,歲所收遺嬰,就育于蘇州。瑜偕朱弓錫、周維翰、過鼇首捐以勸,瑜復擘畫置田二百畝。後張逢年以育嬰地窄,創建堂宇,又捐產以備不足。弓錫,字彤一。維翰,字翼皇。監生。鼇,字奕昭。諸生。逢年,字炳文。監生。候選知府。著有《懷永堂詩存》。平湖高《志》。參平湖張《志》。

陸嫌昌,字赤城。事父先意承志。親族貧者,不待告,周之。晚以貢授松陽訓導,未就,卒。吳《志》。

陸名世,字松友。諸生。年三十婦歿,屏婢媵,終身不再娶。子瑩,字端明。諸生。早喪母,慟不欲生。事父怡怡色養,數十年如一日。孫養正,字聖修。諸生。年十九倡戒淫會,偕同志于月朔設冊書名,注明無犯,焚神前,歷久不怠。平湖高《志》。

馮壇,字稺登。康熙丁酉舉人。少孤。事母至孝。家貧,授徒供甘旨。持身狷謹,足蹟不至公府。平湖張《志》。

王瑞林,負販養親。母病,割股以療。父病,復將割股,或謂“年邁,非割股可救。曷嘗糞?糞苦則生。”乃嘗之,甘,慟哭。親歿,適歲祲,倪進士見龍憐而助之。後倪作令,詿誤,徵及家屬,瑞林代訊,或誚之,曰:“吾以報葬親大德,雖死不怨。”繫獄數載,乃得歸。年八十餘卒。

楊豫源,字升恒。巨源,字以潮。皆諸生。豫源剖胘療母疾。中年喪耦,不再娶。巨源營葬父母及世父,盡禮。故人陸聖修早卒,教養其孤成立。程白川卒京邸,分束修恤其家。巨源子敬直,字義方。居父喪,哀毀卒。

沈源湟,字殿榮。鍾蕃子。少失恃,事父至孝。兄喪耦,資兄續娶者再。恤戚族嫠孤。子嘉梅,字裕芳。監生。父傷足,每扶抱如廁,後患中風,扶掖起臥不怠。葺橋梁,掩骼,倡平糴,償逋糧,助兩世未葬者。子廷缸,登仕版,諄諄以清勤愛民爲訓。

韓廷芳,字遇宸。諸生。初成婚,母以婦有宿疾,欲爲置妾,廷芳勸止之,終身不貳色。好獎人善,人有過必規,遇橫逆不校。歲饑,謁縣令陳民疾苦,得緩徵。晚偕楊之淳、馮朝棟等舉同善會,孤寡廢疾賴之。

馮朝棟,字覲王。諸生。析產後兄不給,割產贍之。與同里馬啟後歲瘞無主棺骸。又爲放生會,束修所入,悉惠貧乏,屢空不慍。

張漢年,字蒼亭。監生。候選通判。負才尚義。海寧築塘,將於乍浦採石,漢年謁參將柳進忠曰:“乍浦九山,不但保障一縣,實嘉興之扞衛,石不可去。”進忠爲白巡撫,事得已。

馬煊曾,字又昕。幼孤,哀毀逾成人。長勤學砥行。兄焽,入北闈無資,鬻田以助。焽領順天鄉薦,成進士。煊曾授徒自給。子邃堂,字子深。有操尚,事親愉愉色養。父子年皆九十。孫恒錫,見《文苑》。

馮錡,字爾調。父堦候,選州同知,卒大同幕。錡奔訃,一慟幾絕,三日勺水不入口,雲中稱馮孝子。扶櫬歸,徒步走數千里,遇崎嶇必號泣扶挽,夜露宿柩旁。既歸葬,一慟而絕。事聞,奉旌。

徐鈺,字寶籙。舉人。兄弟八人,友愛無間。年五十領鄉薦,讀書期心得實踐。人有急,周之無德色。有鬻女者,詢知家世,焚券,令攜歸。以子鴻昇贈知縣。

楊紹裘,字翼王。性孝友。持躬端毅,寡言笑,不苟取與。淹貫經史,遵宋儒。著有《易義管窺》《性理闡義》。

朱鑠,讀書砥行,以孝友稱。子汝謐,克承父志。有從子營父葬不得,以己所卜吉地予之。

年八十舉鄉飲。孫子和，字介堂。舉人。居父喪，哀毁卒。

顧遐齡，字元嵩。監生。歲饑，傾囊助賑，嘗拾遺金，俟其人還之。

周璣，字在庭。性好善，嘗有偷兒入其室，見之，以貧苦告。遺之錢，其人慚感，改行。子錫龍，見下。

屠楷，字幹園。幼孤。母有不豫，即長跪作嬰兒態，母歡乃已。撫諸弟妹，拮據婚嫁。

馮承烈，字孝移。諸生。孝友，好施與，謹言慎行。日書所作事于册，曰《質心集》，朔旦即神前焚之。終身布衣疏食，授徒講學不倦。著有《左氏論説》《周禮論説》若干篇。

孫文海，字叔沛。監生。弟觀海，早卒。撫其孤，設家塾，教戚黨之無力從師者。

陳統源，字見山。力學砥行。歲祲，周恤窮民。戚友盧生甫卒于官，爲經紀其喪葬。以孫嗣龍贈翰林侍讀。

陳永祺，字體仁。諸生。性寬厚，喜怒不形。授徒先器識，戒浮佻，好陳説前輩懿行，亹亹忘倦，聽者每爲興起。以孫朗贈撫州知府。以上平湖張《志》。

馬拱垣，字翼乾。諸生。親歿，終身茹素。戚族以緩急告，無弗應。嗜學。著有《尚書集粹》。平湖高《志》。

徐凝，字鞏藩。監生。父卒，肖像，事之如生。藏書數千卷，至耄研究弗輟。歲祲，設粥賑饑。倡捐葺學宫。子上法，字乾庵。舉人。以孫維垣贈福寧知府。平湖張《志》。

沈修齡，字遐庵。諸生。工詩古文辭。家故饒，以好施予，至饘粥不給，恬然安之。平湖高《志》。

朱兆鵬，字萊峰。貢生。孝友好義，治喪不用浮屠。與人交，禮讓不衰。中年妻歿，不再娶。故交程白川卒于京邸，歸其櫬，撫其孤成立。家貧，取與必嚴。手訂先儒格言數十卷。子堯佐，字襄哉。諸生。居貧守介。

馮堪，字景曾。監生。幼孤，母患風疾十餘年，侍奉衣不解帶，無問寒暑。母歿，喪祭盡哀敬。遇侮不校。族之貧者，周恤不怠。子四：長錕，别見；次鐈，諸生。事父孝養備至。

屈大成，字集齋。貢生。候選州同知。少孤。事母孝。家素封，崇儉約。尊師尚友，門無雜賓。及接人甚和，雖童稚微賤，未嘗有傲忽。與弟天成行義相助，至老不懈。以子學海封大理評事。

沈發，字慎齋。諸生。父元洲，字宗環。能詩工書，早卒，發生纔十月。及長，母親授章句，每讀父書，輒相對涕泣。母歿，屏酒肉三年。家貧，盡鬻婦奩産葬三世。及諸父戚黨告急，雖空乏，必應。自奉儉約，不苟取。以子初封禮部侍郎。

馬鏜，字應旗。舉人。居父喪，哀毁骨立。後北上，卒旅次。弟鏞，竭力歸櫬營葬。事寡嫂甚謹，撫從子女婚嫁如己出。食貧勵志，終其身。

陸載周，字存六。父奇勳，爲叔父霈勳後，遺産爲族人侵蝕。載周拮據營葬曾祖以下及本生父母，迎養生母，爲諸從子女治婚嫁，宗婣貧困無告者，竭力佽助。交遊以緩急告，應之無吝色。

周錫龍，字覲揚。以舉人授穀城知縣，調襄陽，罷歸。貧如故，竭力奉親。親歿，哀毁，卒于喪次。

沈鼎，字王才。少孤，事母不離左右。母卒，寢枕苫凷，三年不櫛沐，襲溼氣成瘡，髮半脱落。生平好周恤貧困,事從父觳甚謹,貧割產以養。

張應壽,字玉溪。諸生。後伯父,事所後母,定省無間。復遠祖墓域。賑族之貧者。

沈壎,字辛公。貢生。居喪哀毀,拮據營葬四世。撫孤姪成立。妻早卒,不再娶。弟廣,字菉洲。諸生。事繼祖母、繼母竭力承歡。授徒以道義相勗。族黨有所爭,每就質以解。

陸鏞,字宮聲。諸生。孝友篤實,接人和,不見慍色。與韓廷芳、馮朝棟等創舉同善會。

沈廷牧,字岳儕。諸生。幼孤,事母至孝。家貧,刻苦營葬兩世,又葬外父母。持身正直,族黨咸敬畏。先世祭田幾廢,力爭得不墜。以上平湖朱《志》。

王允猷,字二嘉。諸生。好讀書。家本富,被海寇劫掠,食不繼,誦讀自若。性方嚴,不苟言笑,里黨咸敬憚之。《當湖人文逸》。

倪覲光,字又文。孝友睦族。與人接,盎然如春。以拔貢除於潛教諭,薰陶砥礪,士習為一變。

陳鼎鎔,字幼陶。諸生。習醫濟人,族有遺孤無所依,割宅與居,撫教成立。

鄭時乘,字起田。監生。生平不苟然諾,好施與。里有同善會,賑恤不足,輒捐給之。嘗倣袁了凡遺意,設功過格以自檢,學使者王杰以“敦行不怠”表旌其廬。

何大齡,字鼎揆。候選州同知。砥行好施,捐置祭田,宗族無力讀書及不能婚葬者,皆助之。嘗買林某田,後某親歿,無厝地,焚券還其田。歲暮輒躬至閭巷,察貧者,投以銀錢。又遍給獄囚衣食。嗣子巽、廷璜,孫濬,皆能承其志。大齡歿,廷璜哀毀二旬,卒。

陳嘉績,字丕文。監生。父客死,嘉績竭力扶櫬歸營葬,不以謀兄弟。母患疽,吮之得愈。伯兄早世,撫其女,為之嫁。弟嘉德以友負債二千金坐累繫獄,嘉績鬻己產納之。嘉德歿,又撫其孤。

胡沆,字兩瞻。諸生。幼喪父母,育于舅氏。及長,授徒為活。痛不及事親,遇時祭,必哀泣。兄本徵歿,拮據營葬,養寡嫂,撫其孤,治婚嫁。宗族貧不能自存者,收養之。生平篤行不怠,作《省身箴》自警。卒年八十五。

金昌緒,字蔭臺。由監生任福建布政使都事。清操自勵,或至午炊不繼。喜為詩。好施與,遇貧士輒解囊以贈。

丁廷鑒,字浩如。諸生。幼從祖母居魏塘陳氏,有婢夜奔,拒之。攻苦力學,為文章磊落,有奇氣。後歸里,極貧,一介不苟取。

鮑振宗,字玉齋。諸生。孝義。能文章。歲大祲,謁縣令,條陳便民事,經理育嬰堂,剔除侵蠹,得普實惠。

黃密,字公謹。乍浦人。窮經,守禮法。嘗歎近世三年喪,無復有行其實者。早喪父母,逢諱日必素衣冠,涕泣終日。妻歿,被服飲食,一遵杖期制,人迃之,不顧。乍浦五方雜處,習尚浮誇,密獨矜飭,矯厲末俗。

潘宗敬,字誠孚。諸生。幼孤,善事母。家貧,客他方,寤寐中時呼母,淚痕漬枕席。墓田失守,傾家產贖歸。為師營葬兩喪。

劉遐齡,字伯朝。少孤。母馮口授章句,教以行善。遐齡識之不忘,倡議捐復宗祠,恤孤寡。有鬻婢者,詢知舊族,焚券歸之。

張廷誦,字穆如。諸生。博通經史,屢困場屋,屏居課子。崇實行,師嚴錫光卒,遺孫金緵無所歸，收養教誨，成諸生，爲婚娶，割宅與居。金綏卒，復恤其嫠。病革，猶囑子若孫善視之。子宗濂，諸生。

何廷鏽，字東江。貢生。性孝友，通達事理。里人陸培知東流縣，以廷鏽人品薦，引見，命往陝西試用，以親老辭。

屈維銘，字竹書。監生。刲肱愈父疾。施燦，字履元。諸生。父母病，刲肱和藥以進，俱瘳。

孫國桂，字顏卓。監生。好施與。有以緩急告者，必竭力以應，家以是中落，無所慍。

孫柏曾，字永清。諸生。事所嗣父、本生父孝，待群從兄弟友愛，性剛毅，不隨俗。病革，戒家人勿用浮屠。製絮衣百領，惠無衣者。以上平湖張《志》。

顧祖履，字乃成。讀書尚實學，設家塾以教子姓，葬族之不能葬者。中年鰥，不更娶。三舉鄉飲，以子天挺贈文林郎。天挺，別見。伊《志》。

卜源，字蒼文。諸生。原籍秀水。父寅中生子三，伯、季皆不善治生產，父嘗以爲憂。父卒，既葬，源悉以田廬讓兄弟，奉母曹遷平湖，授徒奉養，曲盡孝道。雍正六年，詔舉孝友。盧生甫欲以源薦，力辭。一日，無疾卒。伊《志》。

許焜，字培風。諸生。與從父梁同捐義田贍族。歲祲，煮粥賑饑，又建青蓮社倉，倡捐粟備荒，衣帳槥櫝，施無虛日。伊《志》。

張世昌，字振西。監生。八歲喪母，盡哀。與弟世仁友愛，事繼母孝。母病，鄰火及寢，世昌冒火負母出。母尋卒，世昌方病臥，一慟幾絕。自是朝夕侍父側，父病，衣不解帶四閱月。父病癒，世昌卒。事聞，奉旌。伊《志》。

馬永清，張斗坊民。天性純孝，家貧，賣菽乳養母，惟所欲。母卒，哀毀骨立，朝夕奠，勸侑如生時，繼以孺子泣。及葬，露宿原野，不避雨雪。里人稱馬孝子。伊《志》。

錢大登，字惠寰。乾隆癸酉舉人。事親孝，律己以恭，雖盛暑不去衣冠。家貧，授徒未嘗一干有司。晚選淳安教諭，以疾不赴。戈宏地，字厚齋。監生。性孝友。兄宏圻、宏載，並早卒。遺子女，撫之成立、嫁娶，又收育寡姊遺孤。歲祲，大登與宏地捐賑，知府李星耀[2]給額表其閭。伊《志》。

沈炳，字彪堂。候選按察司經歷。早喪母，無兄弟。父臥病，侍奉歷三十年不怠。有鄰女既字，夫遠客，母食不給，欲改字，周之全其節。戚屬某屋圮，與之屋，死爲之殯，又舉親族八棺。歲饑，倡賑。建石橋三。伊《志》。

邵淶，字玉方。布衣。性孝友。澹泊寡營，尤邃涵養。卑幼有不率訓者，惟引喻之，使自愧，里黨重之。于《志》。

屈世楣，字彤軒。學洙子。貢生。候補主事。少孤，事祖大成，能得其歡心。撫從子如己子。宗黨貧者，月給以米，死則喪葬之。倡捐，葺學宮，建瀛洲書院及育嬰堂、同善會。以子爲鼎贈刑部郎中。伊《志》。

王鑑，字硯畬。耒陽縣典史。乾隆六十年，辰州苗亂，鑑以督糧勞卒。嘉慶元年，賜祭葬。伊《志》。

陸光濂，字景周。監生。由四庫館補黎平府經歷，署黃平州事。值苗寇南籠，奉檄守安順府。地多叢箐密箐，無城寨。光濂率數十卒支拒。浹旬，賊猝至。光濂出禦，被數創，度不支，擲鎗付僕曰："我死此,盡職耳。"躍馬墜崖。死事聞,賜祭葬。襲雲騎尉三世,恩騎尉世襲。伊《志》。

金廷勳,字枚臣。由吏員補荊門州建陽司巡檢。嘉慶三年,四川教匪入建陽肆掠,廷勳率鄉勇殺二賊,賊退,追至閩家灣,中伏,力竭死。事聞,奉旨加等議恤,襲雲騎尉三世,恩騎尉世職。伊《志》。

屈樹榮,字敦吉。由貢生議敍補刑部陝西司員外郎,以病乞歸。父禹功,好善樂施。子樹榮事父孝,凡捐賑平糶,惠族恤鄰,置學田、義冢諸善事,皆克承父志云。伊《志》。

陸鴻飛,字振雲。監生。幼孤。事母徐垂三十年,孺慕不衰。弟鴻昇没,遺孤甫週晬,割己胿產養育之。乾隆乙巳夏旱,倡捐施槥,殮貧死者。平湖路《志》。

屈宏基,字開務。庠生。天性純篤,侍母病,不解帶。新安墨賈久病逆旅,舁至家,衣食之,給資以歸。賣珠嫗失珠,將赴水,出白金代償之。故人某以繼嗣不肖,持兩篋相贈,卒歸之。旋舉鄉飲大賓。子維鑒,樂善好施,有父風。平湖路《志》。

倪燿曾,字鳳超,號雲根。嚞林子。少孤,賴寡嫂馮撫育成立。馮亡,燿感嫂恩,用昌黎故事,服期以報,並以子世培後焉。至戚楊之淳貧老無子,館穀終其身。善畫蘭、鼓琴。母錢八十餘殁,方病劇,不能視,含斂哀毀,越六日亦卒。平湖路《志》。

高沆,字蘊沖。太學生。侍郎士奇曾孫。父岱喪偶,不再娶。著有《金臺小草》《瓶廬詩稿》。沆事親孝,躬親厠牏。仲兄澍殁靖邊縣任,往扶櫬,經棧道,車軸折,墮深谷,車敗羸斃,嘔血數升,卒無恙。恤兄兩孤備至。工詩善繪事。女瑛,髫年得其傳。平湖路《志》。

高賜忠,號小春。邑增生。家赤貧,筆耕供菽水,事雙親盡其歡。課幼弟成立,友愛無間言。弟賜孝,號萊堂。舉人。孝弟性成,兄殁後,撫猶子若己出。居恒踐履篤誠,均足爲邑人士矜式。新纂。

王思高,字繼先。家貧,淈跡掾吏,修飭内行。同產十人咸友愛,尤虔事伯兄。遇督責,雖老必俯聽。嗜書史,醉輒傾倒所蓄。性不諧俗,人迂之,勿顧也。時挈子大經謁陸清獻祠,端蒙養,比長,令游方坰門,講求讀書爲己之要。詒謀盡善,惜未食報遽殁。顧廣譽撰《墓誌》。

伊秋,字燿文。性至孝。嘉慶己巳,鄰有喪,焚紙錢,餘火橫飛,延及母居。於烈焰中負母登屋。鄰舍與布,縋母下,己亦攀援得免。觸鬱攸,旋病卒。《抱璞亭文集》纂。

朱紹基,居舊衙,業蘆瀝場界書。鄰朱失火,半夜聞呼聲,急披衣,至父臥所,負之出。回視火由曲突起,煙焰滿屋,未俱焚,人稱孝感。《當湖外志》。

吳元凱,字杜卿。二品蔭生,璬子。生母周氏早卒,母錢氏撫之成立。母素膽弱,雷雨之夕,輒侍側不去。母病劇,虔奉湯藥,衣不解帶者累月,坐是得咯血疾。母亡哀毀,咯血益甚,旋卒,距錢氏之殁纔十日。嘉慶十五年旌。

方樹業,字載旂。乾隆癸卯副貢,出嗣其叔父。孝事母劉氏及本生母陸氏。年十四,劉病篤,樹業禱神兩月無虛夕,病霍然愈,而樹業已兩鬢華,耳重聽矣。及卒,號慟,淚爲之枯。卒年六十三。嘉慶二十四年旌。

陸汝灝,性至孝。祖母、父母卒,值冬月營葬,積雪厚數尺,汝灝身率備人輦土,手裂出血,漬麻衣皆紅,旁人爲之感泣。嘉慶二十五年旌。

張慶盛,字嵩三。嘉慶戊午舉人。性至孝。父病,侍湯藥,不解帶,不交睫者累月。後侍母疾,母素不信醫。慶盛禱神,請以身代,首頓地,額爲之腫。居父母喪,日夜哀號,鄰里聞之皆爲流涕。後仕至深州知州。道光十四年旌。

費振麟,字西仁。增生。四齡失怙。事母孝。年已艾,晨昏隨侍,不改孺子色。生平但取脩脯供甘旨,絕不與户外事。

張鳳池,字福謙。父病,刲肱以進,遂瘳。親没,廬墓,人稱其孝。

張詠莪,字蓼天。副貢生。力學敦行。事大父及父甚謹。父卒,奉繼母,怡怡色養。母殁,時年已艾,猶孺子泣。與從弟同居,終身無間言。

張炯,字詠賢。廩生。性至孝。母没,痛哭嘔血,絕而復蘇者再。父病篤,嘗刲肱以進。友愛兩弟,終身不析箸。好讀書,寒暑鈔撮不倦。

朱勳,字汝諧。事大父及父母俱盡孝。友于厥弟,性和平,言動不苟,鄉里敬之。

陸朱雲,字雲駿。夢求子。事父母孝。自幼能先意承志。爲里黨所稱。父疾革時,刲其臂,和藥以進。創過深,數月亦殁。年二十四。

周師曾,事母孝。母病,割股和藥以進,母竟不起。越二年,師曾亦卒。

徐天貴,生有至性。父爲水師營百長,嘉慶初巡哨出洋,遇蔡匪黨,傷刃而亡。天貴因求入營,從帥巡緝,遂得父骸骨歸。事母至孝。母殁後,不數年亦死。

張光獻,字雲標。天性孝友。鄉人不戒于火,延及光獻居,急掖其病父出。火勢彌熾,復從烈燄中翼祖母俱出,然已傷于火,遂得咯血證。嗣因母病,不解衣帶者三十餘日,疾愈劇。母卒,一慟而絕,年僅三十七歲。

黃欽阿,字鳳威。廩生。以能文名。性至孝。事繼母能得其歡心,幼患瘍,跛其左足。終身不娶。著有《端溪硯史》。

張人標,字琴堂。附貢生。博學能文。少孤。事母孝。兄殁,撫孤成立。周恤貧窮,無倦色。兼通時務,當事俱信重之。著有《香草齋集》。

袁步先,字東嶠。嘉慶戊午舉人。署甘肅金縣纔四十日,丁母憂。以哀毀卒。著有《循陔草》。弟路先,甲子副貢,事母孝。有《日香居吟草》。

陳大來,字南英。性廉直。有金某業氊,負人錢五萬,方欲自經,大來救之,詢其故,代爲籌償。兄没,撫姪,倍致其愛。卒年九十一。

胡大業,字廓園。有奴幼自鬻,長思去,大業即還其券。歲祲,來依,仍善遇之,復給貲使歸謀生理。邑有善事,如經理育嬰堂、濬城河,皆任其勞。子光庭,字匡莪。早失母,恒背父啜泣。父没,朝夕哭無時。宋某貧甚,將鬻妻,力阻之,令備于家。其好施類如此。

張可大,字敬安。附貢生。博學能文。父執胡馬瑝宰高明,卒官。無子。出貲託人扶櫬旋里,並爲營葬。司同善會事,清釐積弊。

戈宏地,字厚齋。性孝友。好施予。歲大祲,出貲賑饑,爲巨室倡。其他任恤之事,無不盡力,里黨咸稱長厚云。

許昌城,字鶴群。樂善不倦。歲饑,嘗捐米數十石,分給鄰里貧户,且爲煮粥賑饑。又嘗捐田葬族黨之貧者,里人咸德之。

倪之槐,字中黃。庠生。沈潛好學,尤樂于爲善。嘗偕族人共建橋梁。又設立渡船,遠近賴之。

陶宗楊，字光欽。例貢生。好義樂施。主育嬰堂事，時歲歉嬰多，堂無餘畜，宗楊盡心經理，越三載，捐貲至四百五十餘緡，全活無算。

張誠，字斯立。爲人慷慨好義，戚族以緩急告，無不應者。又以當湖書院缺經費，捐田一百七十餘畝，爲諸生膏火資。卒，年止二十。

鮑東璿，字秉謙。諸生。振宗子。勇于爲善。經理育嬰堂，克盡心力。又嘗偕同事十人舉行永安會，收葬士族之貧不克葬者，東璿總其事，永安局之設自此始。子念祖，字師前。亦諸生。著有《音學入門》。

黃鳳，字停雲。樂善好施，嘗集同志修文廟，復放生湖，創永安局，以賑貧乏。建普濟堂以養老，設思源書塾以課貧家子弟。計前後捐貲不下萬金。鳳自著有《當湖五事紀略》。道光三年，欽褒尚義。

盛翰文，字建章。性好施，遇歲歉踴躍赴義，嘗偕同人立廣仁堂，購隙地七十畝有奇，爲義冢。又分局于全公坊，施槥濟乏。復募捐義會五千金，爲經久計。此其善舉之尤著者。

徐夢熊，字漢雲。廩生。先世以醫聞。夢熊傳其學，貧者就診，每助藥餌費。性疏財，任善舉不遺餘力。母性畏雷，嘗授徒某家，每雷雨，輒歸侍左右。工詩文。著有《漱芳閣遺稿》。以上皆本《志》。

陸雲駿，七歲喪母，哀毀如成人。父出外，恒枵腹以俟。父病，刲臂進，得瘳。嘗力疾手書《孝經》十八章以見志。卒，年僅二十四。武康徐熊飛爲作《傳》。《漱芳閣集》纂。

周三，酒徒，爲市中任負腳夫。兄弟各戀妻子，不顧養老母。三隻身力役供給，奉母外，餘錢付酒家買醉，歌呼以博母歡。晨昏必定省，雖儒者不及。母歿，尋醉死。《當湖外志》。

朱士坊，字嘉言。精岐黃術。性至孝。嘉慶壬戌正月，鄰不戒於火，雙親俱酣眠，急負父從樓窗躍下，復於烈燄中負母由傍戶出，俱無恙。火亦旋熄。兒時定姻梅氏，越一載，氏歿，誓不復娶。咸豐年題旌。《木雞書屋文》纂。

周克敏，字慎行。監生。建宗祠，置祀田。道光癸未、己酉，邑兩遭水，捐貲助賑。衣藥掩埋，靡善不爲。《木雞書屋文》纂。

陳佩蓮，號雲溪。輕財好義。道光壬寅，乍浦陷，毀家紓難，兼辦善後事宜。議敘知府，賞戴藍翎。己酉水災，倡捐賑濟，平湖萬程橋將圮，侍郎徐士芬議修未成而卒，續募竣工。新纂。

何晉松，字茂承。國學生。爲季父爾明後。事母吳暨嗣母葉，周旋色養，無纖毫異。幼習業乍川藥肆，父方適客授，病目，必晨省，舐以舌，始歸供厥職。比長，服賈雲間，同業袁某臨歿寄孥，雖避寇，必挈以俱。少失學，唯四子書童習能記憶，終身虔誦之。崇尚節義，尤天性少成。顧廣譽《悔過齋文集》。

袁景炘，字昱初。少孤。習賈於禾，遂家焉。兄金燧幕遊江西，客死。挈兄子丙昇扶櫬歸，獨任喪葬，並以夙受嗣產田宅畀之，自甘貧窶，不以介懷。自粵匪陷郡城，闔門死之。同治四年，得旌如例。新纂。

汪惠卿，佚其名。兄弟四人，獨惠卿善事其後母。咸豐辛酉秋，兄弟奉母避賊沙灘。賊至，母曰：「四子同死無益，急避之。」惠卿使弟董挈妻妹去，「我冢子，義當養母，生死共之。」八月被擄，賊以重聽縱之歸，仍侍母側。明日往田間拾菽供母食，至晚不歸，往視之，右肩下多槍瘢，褻衣有七孔焉。母至今猶藏之云。新纂。

陸武曾，好賭博，剛不爲人下。邑城陷，土寇蜂起。世家子某集團防鄉里，招武曾共事。後衆潰，武曾走海濱，世家子爲僞官所得，作書招武曾，紿以再集團練。武曾歸，知爲所賣，匿不出。已蹤跡得之，世家子以降慫恿，武曾怒曰："官人可降，我陸武曾不能屈也。"乃殺於新倉東市。其友吳某竊屍瘞焉。新纂。

李五觀，佚其名。率百夫戰賊於新倉。既敗，五觀與其友殿，爲賊縛去，支解之。鎮人賴五觀一戰，遏賊勢，得盡逃死。死者五觀與友，僅兩人焉。新纂。

錢燿，字霞生。監生。工花卉，求畫者盈門。咸豐庚申七月十五日城陷，賊至其家，迫之降，不從。以槍刺其胸，立死。妻高氏大罵賊，賊斫之，越三日死。從女大寶亦斫死。明日賊又至，燿嫂俞氏及從子寶瑚、寶瑚妻朱氏、從孫女三大寶，皆赴水死。從孫大觀生纔七月，俞氏抱之赴水，浮而不沈。賊去，猶呱呱泣，人取而哺之，卒以無乳死。燿嫂丁氏挈婢阿彩走，賊執之，丁被數刃，月餘死。賊欲汙阿彩，阿彩奮拳擊賊，賊大怒，磔之。一門之中，十人殉節。平邑忠義，當首推錢氏焉。事聞，恤贈雲騎尉世職。新纂。

黃鎔，字子鶴，歲貢生。咸豐庚申，賊至索金，鎔譎云："在樓上。"賊釋之，鎔即躍入河，賊以篙攢之，卒。新纂。

周家溱，號雲樵。歲貢生。潔身自好，後學秭式。同治壬戌，避地南牛場，有友某來訪，言論間已爲賊黨所惑，家溱面折之。是夏死於獨山之麓，妻及二子俱餓死。恤贈雲騎尉世職。新纂。

鄭之橋，字隅齋。邑廩生。內介外和，嘗著《課餘》《自省》二卷。咸豐辛酉，遇賊全公亭，脅降不屈。賊怒，割其耳，月餘死。恤贈雲騎尉世職。新纂。

戴巒，字湘帆。監生。生子五人。咸豐辛酉，賊踞新倉，一子已前死，三子死於賊，次子庠生寅清復被擄。巒孑然一身，飢寒交迫，或勸往賊卡，巒怒曰："我甘餓死，決不依賊爲活也。"時僞官某，其鄰也，招之，掉首不顧，後竟餓死。新纂。

張憲瑾，號蘭畦。監生。同治壬戌秋，周圩踞賊遁，憲瑾曰："望官軍來。"俄聞槍聲，以爲官軍也。喜極出視，則賊已至前。執而索金，旋斫之死。子桂星，年十二，哀毀如成人。不數日卒。新纂。

徐某，以縫衣爲業。事母孝，母病，危甚，刲臂肉進，病立愈。閱數年又病，復如之。庚申城陷，負母自賊中出，崎嶇兵間。方賊至，時積財兩甕，以一甕給兄，兄賴以濟。同治元年餓死。新纂。

王予馨，刑房吏也。不取一非義錢，恂恂如儒者。居湫隘，雖炎暑，深居扃戶，不至門前納涼。陸清獻令嘉定，招入幕，此掾吏中傑出者。《當湖外志》。

徐鼎基，字燮齋。號梅伯。佛山同知應照長子。性孝謹，能自刻苦。幼隨父任，處事即如成人。援例捐同知，以父年高不仕。粵逆平，襄辦善後，任勞怨，業素豐，遭兵劫後不惜毀家，於捐修文廟諸舉，獨能率弟姪輩爲之倡，顧持大體，以勞瘁卒。年五十八。新纂。

【校注】

[1] 周之：雍正《浙江通志》卷一八三《人物七·孝義》作"閭里稱之"，是。

[2] 按：按光緒《平湖縣志》卷十八《人物·列傳四·行誼》"戈宏地"條："知府李星曜旌之曰惠周桑

梓。”本《志》卷三十六《職官一·知府》：“乾隆二十年　李星曜。銅山貢生署。”“李星耀”是“李星曜”之誤。

文　苑

明

陳昌，字穎昌。景泰間諸生。與同里沈琮兄弟善。工詩，有《菊莊集》。才思藻麗，長於七言。沈季友云：“郡自清江巽隱後，風雅衰落，四陳三李之餘，無聞焉。至正統、天順間始盛，如菊莊外，嘉興有姚穀庵，海鹽有張方洲，嘉善有周桐邨，皆卓然成家。惜《菊莊集》不傳，僅于《橋李英華》見如干首，已足俯視流輩。”平湖朱《志》。參《橋李詩繫》《明詩綜》。

李璧，字少白。諸生。有文名。與茅見、倉瓚輩有“雲居十才子”之目，後以事下獄。茅力出之，遺文無傳。平湖朱《志》。

馮敏效，字忠卿。給事汝弼子。貢生。少善屬文，七舉不第，杜門著述。工詞賦筆劄。嘗渡江中流，被風，舟幾覆，賦詩自若。著《小有亭集》三十卷。子伯禎，字正伯。有《青陽集》。平湖朱《志》。

洪世基，字爾濟。舉人。少穎悟。六歲能文。日閉戶讀書，無他嗜，不謁官長，未嘗向人言貧。陸基仁，字元卿。監生。師事袁了凡，篤學不慕榮利。著有《易元》《尚書傳鉢》《詩說纂元》《禮記道竅》《春秋刪補胡傳》《史記寶鏡》諸書。平湖程《志》。參平湖張《志》。

沈懋孝，字幼真。母俞姙七月而生，瘠甚，膚清可見五内。三歲母卒，繼母張愛之如己出。以進士授編修，遷南司業，中蜚語謫歸。授徒爲活，擁書萬卷，寒暑不輟，爲文伸紙疾書，不假思索。論者謂其文神超骨秀，如秋濤曉月。詩不拘繩尺，以雅正爲宗。著《露滴軒稿》《石林賈草》《水雲編》。子瑞鍾，字德培。爲文古奧，以貢知陝西雒川縣。著有《周易廣簽》《四書贛》。《浙江通志》。參平湖程《志》《橋李詩繫》。

孫宏祖，字令宏。監生。尚書植孫。少負軼才，與陸澄原、趙韓、陸啟泫、馮洪業諸生結詩社。爲人兀臬，不爲世所可，文詞多感慨，幽艷獨韻，自比於怨姬思婦。著有《樸語》《影語》等刻。子愚公，亦能詩，有《惜誦集》。平湖朱《志》。參《柘上遺詩》。

懷所學，字敏卿。萬曆己卯舉人。日扃户讀書，精訓詁，淡於名利。平湖程《志》。

鮑應選，字太麓。湖州長興人。博學，治《春秋》，執經問業者甚衆。萬曆間館於縣馮氏，因家焉。以貢任松陽、山陽訓導。子季方、之高、之元，皆有文名；學者稱“春秋三鮑”。平湖朱《志》。

姚世靖，字子清。幼孤。事母孝。爲華亭諸生。受學陳海士，崇禎後息意仕進，隱居教子。詩秀逸。有《翠樾軒稿》。平湖朱《志》。參《柘上遺詩》。

俞懋敬，字元禮。有《漱石集》十二卷。弟懋相，字元簡。有稿曰《酣語》。同族允懷，字懷茲。諸生。受知張天如、楊維斗，有聲婁東。《詩文集》二十卷，《南渡野記》《閒齋志林》《東湖記聞》《玉鈞小史》。子來章，字孟公。善詩。爲當湖七子之一[1]。《徵獻錄》。參平湖朱《志》。

王建中，字維新。進士。累官參議。乞歸，日夜誦讀，老而益篤。著述甚富，散佚不傳。平湖朱《志》。

王路，字仲遵。善蒔花，居龍湫萬松臺，輯《花史左編》二十四卷，雲間陳繼儒爲作《序》。又嘗輯古今安貧士爲一編，曰《冰蘗薈》。弟端，字正始。能文，工詩畫。中年棄舉子業，學劍，習兵家言,著《車戰圖》及《城守要略》諸書。明季走南都,以策上當事,不見用,後竟如其言。疾革,命以明處士表墓。有《雲外集》。子連,字蘭爲。諸生。能詩。《九山志》。

曹徵庸,字遠生。以進士歷刑部郎中,出守汾州。性好潔,掃地焚香,避俗若浼,每攜樸被,葛巾芒屩,自肆山水間。詩有《冰雪軒稿》,清疏曠逸,多出塵之想。弟隨,字是誰。以諸生入成均。與孫令宏、毛修之齊名。有《壹是山房集》。《徵獻錄》。

馮元鑑,字三羐。以舉人授合肥教諭。陞涪州知州,乞歸。結廬雙溪濱,有《雙溪詩草》。平湖朱《志》。

宋咸,初名斌。字二完,後字爾恒,別號覺非。讀書陳山,著《易說》。有《金陵遊草》。陸錫禮,字中黃。學《易》與咸齊名,有《讀易微言》。同時有倪端,字惺孩。時一中,字聖傳。皆入李天植忘機社。天植謂咸爲勝友,錫禮等爲益友。端父醇,字中白。名著金沙文社。晚年詩一歸淡遠。有《海濱野老集》。平湖朱《志》。參《柘上遺詩》。

沈瀚,字則新。家貧,隨父讀書邨塾,刻苦工文,屢試不遇,遂棄舉業。肆力經史,授徒海鹽,與胡震亨、姚士粦交。著《讀書醒》《學庸蒙筏》《尚書印》。平湖朱《志》。

陸啟浤,字叔度。貢生。博覽經史,不事章句,好論古今成敗及邊塞事,纚纚不窮。客燕京,傾橐遊宴。詩宗少陵,然酒酣擊盌,興會所至,累牘連篇,亦復不拘格律。有《賁趾山房集》百卷,《讀史》四十卷,《經世譜》八卷,《太元測》一卷,《射訣》一卷。《檇李詩繫》。參《明詩綜》。

趙韓,字退之。初名京翰,字右翰。刑部郎中維寰子。以貲入成均。與四方才士交。詩雄雋兀傲,刊落恒蹊。晚自號欖生。著《欖言》《蔗言》。《徵獻錄》。參《檇李詩繫》。

吳佐,字懶雲。少穎異,舉止不凡。工書善吟。以舉人授岳州通判,未幾乞歸。平湖程《志》。

孫曾楠,字讓生。諸生。尚書植曾孫。結廬秋涇,人稱鐵庵先生。雲間陳繼儒以家藏楊廉夫鐵冠、鐵笛爲壽,曰:「冠貯竹葉酒,笛作梅花弄,此庵大不俗矣。」偕妻黃月輝吟詠其中。著《梅間草》《竹裏吟》《學陶集》。《浙江通志》。參《徵獻錄》。

陸上瀾,字芳洲。舉人。少有神童之目。性沖和。從弟私鬻其宅,置不問。國破後不出。博極群書,年七十餘,猶手一編弗輟。著有《白雪談柄》。《九山志》。參《蜃園遺文》。

沈樾,字元懋。戈思齊,字子賢。林中英,字儲聲。皆布衣,工詩。思齊有《垂裕堂集》。

馬萬方,字退卿。嘗爲其父上書,幾中璫禍。著有《納庵草》。馬嘉松,字曼生。有《花鏡雋聲》《北遊瑣言》《東湖著》等集。萬方子辰御,有《絳雪亭集》。以上《檇李詩繫》。

【校注】

[1] 按:光緒《平湖縣志》卷十七《人物·列傳三·文苑》"陸上瀾"條:"所著《詩文集》二十卷,《閒齋志林》四卷,《湖邑記聞》《玉鉤小史》諸書,皆未刻。子來章,字孟公。工詩。爲當湖七子之一。"本卷下文"陸墊"條:"與趙佃、陸荄、沈皥日、陸世栻、陸來章、沈隆峴稱'當湖七子'"。可見"子來章",是陸上瀾之子,此段文字蓋錯植於"俞允懷"名下。

國　朝

馬廣軫,字飛生。靖江訓導鳴雷子。幼警敏,讀書過目成誦。爲文數千言立就,善談論。凡理學性命之微及古今成敗得失,疏通條貫,聽者忘倦。著有《四書讀》《詩文集》。門人私諡端敏先生。《柘上遺詩》。

孫之琮，字元襄。諸生。自杭州徙居鸚鵡湖。著《詩論》及《輿地山川圖》。子眉光，字季羿。諸生。工詩文。平湖高《志》。

馮秉恭，字子近。諸生。性兀傲，不諧俗。晚居北郊，集法書古器，好與劍客酒人遊。或醉臥水草間，與牧豎爲伍。著有《蒿齋集》。《柘上遺詩》。

陳國政，字憲生。讀書元珠寺，婁東張溥雅重之。順治庚子歲貢，于舍南構三非圃，栽花蒔竹，嘯詠其中。二十年不入城市。著有《陳子古業》二卷，《詩集》三卷。《檇李詩繫》。

沈皞日，字融谷。以貢授來賓知縣，遷知辰州，歷有治績，卒官。工詞。爲浙西六家之一。有《燕楚遊草》《柘西精舍詞》。吳《志》。

于有恒，字聖初。精《易》學。天啟間以貢授四川南溪主簿。子琳，字貞珉。諸生。少任俠，喜擊劍談兵，兼通堪輿、醫卜諸術。書畫俱臻逸品。以父好《易》，究心譔述。著有《廣變》《象告》《學古編》《香祖庵集》。《柘上遺詩》。

柯宏祚，字魯山。九歲補諸生。甲申後草笠布衣，遊燕南、江北，與方外、畸人遊。著有《九山草堂集》。吳《志》。參平湖張《志》。

朱之鑑，字孟昭。諸生。性散誕。遭亂，避蹟雙涇、虞山間。歸，禿頂緇衣，授徒爲活。與馮秉恭、周宏起善。著有《北牕存稿》。《九山續志》。

周宏起，字雲蚪。以貢生授青田訓導。幼魯鈍，潛心力學，後遂通貫。著有《易經集義》《望古堂集》。又有《四書集義》，陸清獻爲作序，謂其排斥姚江，有功考亭。平湖高《志》。參《乍浦志》。

沈日星，字明阿。諸生。與弟不負，俱以能詩名。少從父宦江右，黎元寬器重之。遊金陵，與吳偉業、姜埰諸人爲社友。著有《蘭石齋詩草》。不負，字集九。性孝友。初與兄析居，越旬日必艤舟往問，乃復謀同居。著有《老雲齋集》《村居詩》《哦石齋稿》。日星子旬，字南城。有《野意齋詩集》。不負、旬並諸生。平湖高《志》。

陸墊，字我謀。諸生。爲人和而直，朋友有過，面斥不少貸。好吟詠，不問家人生產。著作散佚，所刻有《曠庵集》，與趙佃、陸棻、沈皞日、陸世栻、陸來章、沈隆峴稱“當湖七子”。吳《志》。參《檇李詩繫》。

郭襄圖，字皋旭。貢生。明御史紹儀子。工詩。性偶儻，好交遊。乙酉泛舟入海，期年歸。一日殺仇于市，下獄，賴友人李慶乙得脫。嘗與沈季友同緝《柘上遺詩》。著有《更生集》。兄雍圖，順治辛卯舉人，以父年老不赴公車。外孫鍾機，字石城。諸生。博學工文。學使姜櫆謂才冠浙士。機弟柲、椡，事兄恭，俱早卒。平湖朱《志》。參吳《志》《檇李詩繫》。

姚宏度，字宗裝。以貢授中書。詩文超俊，兼工書畫。著有《一山房吟稿》《書畫參》。吳《志》。

趙佃，字天來。諸生。淹貫經史百家，詩格近中唐，性狷介，疾惡不少假，不喜飲酒。遇四方士，燕會端坐，竟席不妄發一言。有聘至粵東者，抵其署即返，語人曰：“我欲一啖荔枝耳，寧能作人幕下客耶？”晚獨居一室，不與世接。病革，索筆書所見示子，類有道者。著有《度嶺言》《紅豆詞》《資真集》。平湖朱《志》。參平湖張《志》。

陸焕元，字闇仲。夜讀書往往達旦。以舉人授廣東昌化知縣。甫到官，卒。吳《志》。

陸瑋林，字右韋。以貢入成均。知安肅縣，有惠政。著有《拈嘯軒偶存》《北征》《松下》《歸田》諸稿。平湖高《志》。

沈崍,字涵中。貢生。博極群書,耽吟詠。著有《長水雜詩》行世。_{平湖高《志》。}

鮑駿,字聲來。諸生。學于長洲汪琬,琬稱其詩近劉、錢。施閏章、王士禎、葉方藹、田雯、潘耒皆引以爲友。以博學鴻詞薦,丁憂,不試。晚邀遊名山,有《武夷》《天台》諸題詠。祖父遠,工書,得二王楷法。駿工草書。_{平湖朱《志》。參平湖高《志》。}

牟江歷,字西崑。好學,深于《易》。與同里范光寅、舒原、馬鐸、應旃皆以博洽推重於時。_{平湖高《志》。}

陸世來,字上扶。諸生。僑居嘉善,以能詩名。與朱彝尊、譚吉璁、沈岸登往來贈答。築匡山讀書處于永安鄉麥陝里以終。著有《陶軒集》《梓園詩詞稿》《戊子詩稿》《紀行草》。_{伊《志》。}

錢起隆,字買山。諸生。工詩,與閣學陸葇、中書葉舒崇稱"柘湖三俊"。_{平湖張《志》。}

張家漢,字漢中。貢生。讀書穎敏,爲文章浩瀚,有大蘇筆勢。著有《詒安堂文集》。族弟萒,字星若。工詩。_{吳《志》。參平湖張《志》。}

李登,字安道。舉人。讀書明性命之學。弟瑤枝,字耕煙。雲栽,字文海。皆能文,時稱三鳳。_{吳《志》。}

陸攀,字威愢。貢生。清獻父行,清獻館倪氏,校閱《大全》諸書,攀與參訂。詩法蘇、梅,工書,善鼓琴,通岐黃家言。著有《易義韻譜》《四書尊聞錄》《宜雅堂集》。_{平湖張《志》。參《檇李詩繫》。}

李碧,幼孤。能文,與先輩趙無聲、陸嗣端、馮兼山友。爲人亢爽,不苟然諾。著有《鴻儀堂集》。陸谷,字嬾漁。有《夜鴻鳴集》。趙璜,字道闇。有《兒鈔集》。馮元白,字匏憨。諸生。有《則鳴賸稿》。沈峻,字華九。有《梣花草》。張宗信,字以純。有《素閣吟》。沈乘,字洪綽。有《匏落集》。詩筆皆有韻致。_{伊《志》。}

陸士煒,字昭文。與弟士琰並有文名。著有《蕉侶遺草》。沈眴,字叔輪。家世豪盛,折節讀書。爲諸生,不遇,棄去。庭列雙松,日哦詩其下,非高僧韻士不納。著有《金庭草》。張璠,字峒一。海門知縣。孫大雅,受學張侗初,才氣豪邁。有《載石舫集》。_{伊《志》。}

陸之瀚,字水立,自號白鶴山人。與同里錢士馨、施洪烈、族人睿、濬明、上瀾相唱和。晚年食或不繼,泊如也。著有《鶴山草堂集》。濬明,字以昱。博綜六籍,有《東園稿》。_{伊《志》。}

戴茂隆,字蘿軒。監生。博覽,工詩賦,舉博學宏詞。《鶴徵錄》。

張廷璿,字義傳,號未堂。庠生。讀書過目成誦,年十七喪父,事母孝謹。母多病,博覽方書,親奉湯藥。尤研性理,搜羅陸清獻公著作,刊刻流傳。乾隆甲子,知縣高國楹聘修邑乘,任分纂,撰《清獻傳略》一篇,稱爲詳略得宜。《當湖人文逸》傳。

呂迪,字迓康。增廣生。讀書刻苦,早謝舉業,取《左氏內外傳》分類纂之,系國系人,自爲首尾,一如《通鑑紀事本末》之例,末附論說。書成,凡三十二卷,名曰《左國類纂》,藏於家。性純孝,硯田所入,必具甘旨。父老病,雖館於外,間日必歸視湯藥。《當湖人文逸》傳。

沈季友,字客子。西平知縣萊子。康熙丁卯副榜。幼受知檢討毛奇齡,長遊太學,才名爲一時推重。歸,杜門著書,搜討文獻,建宗祠,撰族譜。請祀李天植、馬嘉禎。捐資贖閩人之鬻于旗者。著《學古堂集》《迴紅集》。輯《賦格》《柘上遺詩》《檇李詩繫》行世。《浙江通志》。參平湖高《志》。

張孚吉,字初缶。諸生。爲文古奧,後棄去。精研心性之學。持躬端整,儕輩皆莊事之。

微言密義,不輕以示人。

施湛,字露巖。大學士鳳來曾孫。少敏悟。年十三補弟子員。工詩。早卒。有《草堂初稿》。以上平湖朱《志》。

陸嗣源,字若谷。諸生。敦倫砥行。工制藝,屢薦不售。著《據梧詩鈔》《撫松文集》。吳《志》。

姚大楨,字亘山。諸生。少穎悟。善屬文。不慕榮利。有《枕書樓詩餘》《百花詩》《梅花百詠》。邵喦,字白崖。監生。有《白崖詩集》《德藏寺志》。吳《志》。

楊九雲,字廣庵。諸生。幼孤,事母孝。積學能文。著有《遜業堂集》《四書心解》。平湖張《志》。

俞曾模,字存三。諸生。家貧,授徒,一時名雋多出其門。著有《五經講解》《諸子粹言》《周禮纂註》。《浙江通志》。

沈岸登,字覃九。布衣。性恬淡,耽泉石,屢空晏如。侍郎高士奇慕其人,延爲子師。未嘗一語干士奇,士奇敬憚之。工詩詞。間作山水、蘭石,淡遠絕塵。書法二王,亦工鐵筆。著有《黑蝶齋詩詞》《春秋紀異》。吳《志》。

胡慶豫,字雝來。貢生。學問淵博,性醇謹,嘗緝《四禮尊義》,以檢身教家。少工詩。客江西,與毘陵邵子湘、洪都彭元敘相倡酬。由京師入蜀、入秦,歸而詩益工。著《東坪詩集》。弟觀,字次咸。康熙辛酉順天舉人。丁父艱,哀毀卒。恒、啟貞、復,並諸生。恒,字晉三,通《春秋》;啟貞,字震初,究《易》《禮》,能詩,客死豫章;復,字見亭,書學北海、山谷。時稱胡氏五俊。平湖張《志》。

周儒,字宋傳。貢生。幼慧,耽經史,有《交翠軒集》。子夔,字鄰皋。貢生;學海,字紫迴。諸生。皆以能文世其家。張重芳,能詩。有《晚聞草》。子培元,字江亭。監生。好書,購宋元本,積千卷,寢食其中。有《吟香詩草》。平湖張《志》。參平湖高《志》。

俞嶔奇,字丹嶼。好讀異書,工詩,精篆隸。歷遊四方,與諸名士交,所學益邃。有《荻雪莊詩》《西畍筆談》《衡素齋印譜》。陸時杰,字耳瑩。諸生。少不羈,長始折節讀書。工詩文,求者接踵,應之忘倦。論史事如指掌,有《廣輿要覽》《百歲考》等書。平湖高《志》。

潘應奎,字星伯。諸生。負才不偶。工詩,蕭澹似韋左司,刻苦近孟東野。洛如社中推爲翹楚。平湖張《志》。

陸大復,字松澗。貢生。著有《明人世說》《春雨山房集》。平湖高《志》。

于東遷,字堯瞻。諸生。工詩詞。弟東咏,字暘谷。康熙庚子副榜,讀書寒暑不輟。著述甚富。有《錦璿閣詩稿》。姚甡,字生生。自金山徙平湖。有《修竹廬稿》。子廷瓚,字述湘,有《懶迂稿》《鵝水吟》《耄學集》。平湖高《志》。

陸競烈,字懶真。諸生。有文名。再試不售,遂棄制舉。肆力于詩,幽秀高潔,于洛如社中別樹一幟。晚忽薙髮,結廬墓傍,自稱栽松道人。著有《停雲檻影集》。

孫均,諸生。少負博雅名,文章書畫,時稱“三絕”。

周理,字建庸。監生。本姓李,嘗遊京師,不遇,歸。授徒講學。著有《頤貞集》。

沈昌祚,字御帆。諸生。負才名,受學毛奇齡,詩賦得六朝遺意。以上吳《志》。

葉之淇,字右水。監生。候選州同知。少負異才,從閣學陸菜遊。著有《寒碧齋集》《黃山遊草》。弟之溶,字立亭。學使李清植以人品端方薦,乙卯徵鴻博。著有《小石林集》《列國考》。平湖高《志》。參平湖張《志》。

陸載紀,字抱青。檢討奎勳子。貢生。幼好學,至老不倦。寢食坐臥,不離書籍,遇未見者,即手錄。母病,不脫冠帶者兩月。母歿,哀毀卒。從兄載崑,字伯璣。諸生。年十三能詩,嘗集里中士結洛如詩社,歷二載得詩數千首。檢討朱彝尊爲汰六卷,序刻之。平湖張《志》。

劉錫勇,字硯芬。博學多識。詩文不屬草,自中繩尺。著有《待廬集》。韓載錦,字貽孫。有《寶墨齋詩鈔》。沈燮,字御季。工詩。歷遊金閶、白門、江右、湖北、黔南,詩益閎肆。有《蓉湖詩鈔》。唐起鳳,字羽豐。舉人。有《九峰詩草》。平湖高《志》。參平湖張《志》。

朱景濂,字雙穎。父炳,以孝義稱。景濂爲詩文,於鄉先生各師所長,不專守一家。性卞急,中年與黃正色遊,涵養一歸和平。續修李天植《九山志》。正色,字肇修。諸生。踐履篤實,好養生家言。平湖張《志》。

陸天錫,字畏蒼。乾隆戊午舉人。幼孤,母林授章句,長以能文名。母歿,哀毀得心疾。奉部截取知縣,不能赴,旋卒。生平交友,以道義相切劘。詩筆雄健,書得晉人意致。著有《古香閣詩集》。從弟祖錫,字念劬。拔貢生。薦舉博學鴻詞,有《松鮮集》。平湖張《志》。參平湖高《志》。

陸其璋,字琢良。諸生。孝友醇謹。究心經學。著有《周易講意》。平湖高《志》。

褚王庭,字扶九。博學工文。以貢授孝豐訓導,不赴。子如幾,字陟三。諸生。幼治《毛詩》,晚注《易》,旁搜博採,晨夕不輟。

張奕樞,字袯西。監生。父崝歿,有弟七人。奕樞延師課之,皆成立。相友愛,皆以文行稱於時。奕樞三試順天不售,歷遊秦、粵、晉、楚,學問益廣。著有《芳莊紀遊》《月在軒集》。弟應璿,另有傳。子鳳攲,諸生,有《泌香居稿》。以上平湖張《志》。

陸鍾英,字舒霞。乾隆辛酉舉人。沈潛經史,工詩古文辭。兄汝欽罷官,歿,遺孤寡,鍾英養撫之。

高嵩,字三臺。編修興子。監生。由武英殿行走議敘州同知,補山陽管河縣丞。工書法。姊壻張文敏照嘗令署其款,人莫能辨。詩得三唐遺意,曾于任所賦《落葉詩》三十首,爲時傳誦。乞休歸。著有《簡靜齋集》《詩鈔》。

馮重華,字文彪。舉人。性坦直,不隨人是非。人有善,輒稱道不置。有《南屏稿》。同時張日焜老于文,爲諸生師。子在霄,攻苦績學。父歿,教弟鍾秀成進士。

張雲錦,字龍威。監生。工詩文,舉博學宏詞。著《蘭玉堂集》及弄珠樓、佑聖宮、德藏寺諸《志》。

馬恒錫,字久庭。諸生。詩筆峻潔,不襲前人一字。人品高逸,恥標榜。有《古直廬集》。

馮錕,字含輝。拔貢生。嗜學工文,屢薦不售。從遊者輒掇巍科以去。晚授仙居縣教諭,講課不輟。甫三月卒,歸櫬時諸生感泣,有徒步送百里外者。以上平湖張《志》。

張景陽,字開三。拔貢生。少孤。隨諸兄讀書,晝夜不輟,文辭根柢經術,不汲汲榮進。杜門著述,搜討文獻。著《當湖人文逸》若干卷。詩有《小鳴齋集》十二卷。伊《志》。

馬咸,字澤山。布衣。能詩,善書畫,兼精篆籀。寄宿獨山精舍,夜讀書往往達旦。貴官以金帛聘,不往。客金陵,遇故人子,貧甚,賣畫以助。渡湘水見覆舟者,傾囊營救。畫得郭恕先遺法。著有《台岳遊草》《怡廬集》《六法品彙》《鏡古錄》。伊《志》。

沈廷燦，字瞻雲。副貢。讀書能文，負氣節。善草隸，詩有《僅存稿》《鼠餘集》。伊《志》。

陸璜，字玉田。廩生。好讀書，尤邃于《易》。家無擔石，非義不苟取。勗子弟以善道。著有《昨非録》。于《志》。

張誥，字士周。監生。尚氣節，好義舉。與人交，胸無城府。人有過，輒面斥之，咸稱長者。著有《耜洲詩鈔》十卷。于《志》。

馮士模，字冠雲。歲貢生。性方直。書法擅一時。于《志》。

沈上垣，字映梧。諸生。沖淡。杜門卻掃，著書自娛。于《志》。

錢祖亮，原名慎，字惟寅。嘉慶時舉人。攻苦力學。工楷法。于《志》。

陸錫智，字若愚。嘉慶甲戌進士，銓選嚴州府學教授。任滿，例得保舉，遽歸。以詩文自娛，多沈博絶麗之作。家徒四壁，竟自忘其貧云。于《志》。

朱鍾，字應黃。布衣。居乍浦北郭，食貧勵節。酷好吟詠。道光元年，郡縣保舉山林隱逸，力辭。居常衡門雙掩，樵蘇不給，親故或以錢米相濟，苟非其人，不受也。著有《古白山房詩》。于《志》。

陸子鑨，字非池。諸生。博涉經史，兼精青囊、青烏家術。書法古勁。性鯁直。邑有善舉，輒竭誠贊襄。曰：“吾無力，藉以自盡其心耳。”弟超曾，字東海。恩貢生。性耿介，不妄取。有王某者，延課其孫，有成效，王欲割田贈之，堅不受。銓選孝豐縣教諭，卒于官。于《志》。

蔣元，字大始。諸生。自少潛心理學。家貧，授徒，手抄儒先書，積卷盈帙。遇有詆毀程朱者，力斥之。著有《古文載道編》《救荒補編》《叢桂堂詩文集》。于《志》。

胡霽雲，字叔玠。增廣生。苦志力學。于洛如吟社中詩最渾雅，兼工篆法。所鐫印章得漢人遺意。著有《瓦鳴集》。于《志》。

孫始然，字肇明。早孤，事母孝。讀書過目成誦。率三弟閉戶窮經，寒暑不輟。著有《研巢詩存》。于《志》。

宋景矞，字介郿。歲貢生。博覽墳籍，勤于撰述。乾隆四十四年，延修《邑志》，五旬脱藁，復作糾繆二卷。嘗選刻《龍湫》等書。著有《乍浦志》《桑阿吟屋藁》。劉暄，字漢漁。庠生。有雋才。早卒。著有《燃藜閣詩草》。于《志》。

陸烜，字秋陽。庠生。廢産購書，銳意著述。兼通岐黃家言。性嗜山水，嘗遊四明、天台，北涉江淮，所至以醫自給。著有《書義》《梅谷詩文集》。于《志》。

屈宗到，字芟香。乾隆丁酉舉人。幼有神童之目，年十三爲庠生。工詞賦及楷法。沉默寡言，篤于孝友。卒年僅三十九。弟宗建，字楚材。乾隆丙午舉人。研精經術，爲文有法度，其才蓋與兄相埒云。于《志》。

王錫圭，字翰周。乾隆甲寅舉人。家貧力學，讀書恒至丙夜。著有《禹貢地理考證》。于《志》。

鍾衛，字箴抑。廩生。刻苦勵學，讀書恒至夜半。居一市樓，終日危坐，爲詩文，鉥目劌心，往往多未經人道語。著有《小市樓詩集》。弟晉，字士升。貢生。善詩文，尤精經學。少與兄衛齊名。性孝友，行狷潔。家無擔石，泊如也。著有《周易象義》《觀通春秋》《往例質疑》《詩文集》諸書。于《志》。

賈朝琮，字公桓。乾隆辛卯副貢。學問淹通，留心經世之略。平生足跡半天下，故于河渠形勝諸説,尤能得其精確。教子弟務爲實學,期于有用。晚居竹溪,自號竹溪漁父,栽花種竹,以著撰自娛。有《嘯軒偶筆》《詩集》。次子敦臨,原名漢,字卓人,號蘭皋。道光壬午舉人。早卒。著有《守約齋稿》[2]。于《志》。

徐光燦,字鳳輝。諸生。少好遊,嘗歷赤城、華頂諸勝。中年患咯血,習養生家言,遂棄舉業,隱居清溪。工詩善書,尤精琴理。有《霹靂引》一曲,乃北平韓畕所傳于李延昰者。光燦得之,爲時獨步。重游泮宮,荷金帛之賜。年九十五乃卒。著有《山影樓詩存》《琴譜》。姪孫軾,字雲尉。諸生。性兀臬,善爲詩。著有《鐵匏樓詩》。于《志》。

張誠,字希和。乾隆丁酉舉人。内行肫篤,矜名節。重氣誼,勇于爲善,人所難,必以躬赴。嘗倡舉瘞骼會,瘞枯骨一萬六千有奇。嘗爲五嶽之遊,西陟峨嵋,北窮醫無間,足跡半天下。洞綜群籍,工詩古文辭,同時諸名宿交推重之。著有《嬰山小園詩文集》。子湘任,字宗輅。嘉慶己卯舉人。事親孝。誠善著書,而晚年落寞寡歡,湘任能日爲詩文以娛親。鄉舉後,以奉母故,不赴禮闈者數年。事親黨有加禮,與人交必信。博學能文。嘉慶十六年,恭應西巡召試,取充文穎館謄録。著有《抱樸亭詩文集》。于《志》。

張論,字春農。增貢生。候選訓導。性純孝,年十七遭父喪,三年不離苫次。母在堂,終身不遠遊。吳菘圃相國雅重之,欲爲援例納粟,以母老辭。與屈何焕明經交厚,花晨月夕,對局手談,何焕卒,作《廢弈圖》以見意。有知人鑑,朱椒堂漕督未遇時,早以大器目之。著有《春農草堂文集》《於斯軒詩存》。新纂。

胡昌基,字星禄。副貢生。力學工詩文,牖啟後學甚衆。嘗輯嘉郡康熙後百餘年詩,以續沈季友《槜李詩繫》,遺聞軼事,綴述頗多。著有《石瀨山房詩文集》。長子金題,字品佳。廩生。才力富健,工詩詞。著有《桐華館詩》《金屑詞》。次子金勝,字東井。諸生。才亞于兄。著有《聽秋室詩》《笛家詞》。于《志》。

陳謨,字汝師。貢生。父兄年皆逾邁,事之能得歡心。性偶儻,遇不平事,輒持論侃侃。家貧,以授徒爲業。博極群書,工古文辭。著有《拙修文稿》《讀左偶摘》《讀史偶摘》等書。子璞,字國器。少聞謨教,有志經濟,閉户著書,有《時務臆説》行世。于《志》。

徐志鼎,字調元。年三十猶困童子試。乾隆甲午,發憤入太學,聯捷成進士。乙巳謁選,得南溪令,期年以盜案落職。旋主東川書院,課士務實學,蜀人愛之。五十五年,入都祝釐,恩復原銜。留蜀幾十年,始攜家歸。性孝友。爲詩出入唐宋,晚歲專學昌黎。著有《吉雲草堂詩集》《紅亭日記》。于《志》。

孫熊,字襄益。乾隆甲辰召試行在,以歲貢候銓訓導,歷署開化、龍游、奉化教諭。捐資重修文廟,修補祭、樂二器。創立育嬰堂,並助貧士之不能鄉試者。諸生感激,去任時至繪《攀轅圖》,題詠成集。爲文出入經史,兼好吟詠。著有《越中吟》《編柳居詩存》等集。于《志》。

徐夢熊,字漢雲。諸生。性孝友。年十五授徒供菽水。生平好義舉,精於醫,全活無算。嗜古文辭,無體不攻。書法出米、蔡間。著有《漱芳閣稿》。以子士芬貴贈朝議大夫。于《志》。

邵澍,字作霖。有才略。乾隆五十年荒旱,無業之徒乘勢攘劫,澍請于邑令,遣健役分曹巡壓。又效李崇村置一鼓法,晝夜警備,一鄉賴以無事。長于詩,兼精醫術。著有《修竹廬詩》三卷,《成方輯要》四卷。族弟澂,字靜瀾。亦工詩。著有《方滋集》。弟源,著有《花間草堂詩》一卷,《紅柳詞》一卷。于《志》。

蔣殿，原名濟，字叔蒩。乾隆甲寅舉人。工詩書。遊嶺南、楚北間。著有《敝帚集》《江行雜詠》。弟澐，字秋舫。嘉慶戊辰，恭應天津召試，欽取二等。是年中順天鄉試，官湖北通城縣知縣，勤于蒞事。罷官後僑寓楚中，以課徒自給。著有《春煦秋陰館集》。于《志》。

張躍鱗，字振之。乾隆乙卯舉人。一應禮部試，歸而養親，不復出。從祖景陽嘗輯《當湖人文逸》，各附小傳，躍鱗續之，邑中抱才不遇之士賴以略存梗概。又助修《縣志》，搜討之力居多。著有《撝庵詩稿》。于《志》。

孫熹，字曰桑。篤志經籍，嘗病宋儒言詩者盡廢序説，置古義不講，因著《毛詩説》三十卷，又有《周易虞義》《補春秋公羊説》等書，發明漢學。姪堂，嘉慶辛酉舉人。亦精經學，嘗集漢魏二十一家《易》注，儀徵阮公元稱其精核云。于《志》。

鄒璟，字元培。諸生。援例授職州同。性穎敏，工詩文。爲人通曉世事，乍浦向有《九山志》，體例未備，璟發所藏省、府、州、縣志及故實之散見他書者，纂《乍浦備志》一書于海濱，文獻頗爲賅洽。著有《南園雜識》《乍浦竹枝詞》。于《志》。

陸坊，字禮約。烜子，嘉慶戊辰舉人，銓授永康縣訓導，學問通博，尤長于詩。官況蕭然，仍以授徒講學爲事。著有《草心亭詩》。于《志》。

沈正楷，字登雲。嘉慶癸酉舉人。勤學，博通史事，爲文才思橫溢。丙戌大挑知縣，分發廣西，署河池州，尋病卒。于《志》。

許河，字右清。副貢生。性和易，敦孝友，篤好漢儒之學。自許、鄭以下，靡不探討，手自鈔錄者不下三四十種。著有《袁文後案》《乍浦續志》諸書。于《志》。

陸錫諿，字明諧。廩生。性耿介，博學能文。深于漢儒之書。著有《詩經考證》。于《志》。

辜典韶，字夔珍。生平篤學不倦，博覽群書。著有《篆隸備考》《荻林詩草》《芸閣文集》。又精于六書，日本嘗求其字刊石者，有《普濟庵廟碑》《咸寧公所碑陰文》一篇。于《志》。

戈志熙，字虞三。庠生。少穎悟，年十七《題鬱輪袍傳後》詩，見賞鄉先輩，長益躭吟詠，有宋人風格。其行文不肯一字拾人牙慧。居北溪，鍵戶著書，踰艾，齎志以歿。著有《海東酒徒外集》《管窺草》。平湖路《志》。

朱維謹，字臨軒，號蓼浦。庠生。耽吟詠，嘗之蘇州謁沈尚書德潛，閽人見其貌寢，弗與通，方爭辨間，適德潛出，見之問姓氏，曰：“詩人也。”揖之上座。生平寶愛一木瘦，出入與俱，人因呼爲木瘦居士。著有《東湖志》，《東田集》四卷，《慎齋集》六卷。平湖路《志》。

費世鑑，字損廬。廩膳生。遜志力學，博覽群書。大興朱文正校士禾中，世鑑與同邑黃欽阿、屈橋如均列高等，時費患耳聾，屈患背僂，黃患足跛，文正顧而歎曰：“天之困阨斯人也。”世鑑歲科校冠軍者再。中年後絕意進取，以課徒終。惜其著作已佚。新纂。

路德成，字升階，號蘭江。邑庠生。性樸實，與里中陳謨、蔣元爲素心交，皆以文學名。平時覃精《三禮》，於《儀禮》致功猶力，朝釁夕考，寒暑無間。《乍浦備志》。

葉莊，字守箴，號竹莊。童時賦《新月》詩，爲族祖之溶所賞，後因病廢制舉業，專事韻語，入洛如續社，晚年梓其詠物詩爲《籬邊石畔吟》及《古今體詩》二卷，以布衣終。平湖路《志》。

屈何炯，字公望，號芥舟。橋年子。工書法。性方嚴，不爲勢屈。其祖墓在吳興，勢家侵其埏道，何炯偕族弟、歲貢生爲彞訟之大府，勢家啖以重利，不爲動，有司乃斷歸屈氏。嘗監當湖書院，出家藏張楊園、陸清獻全集並儲於院，俾後進知有程朱正學。院南橋圮，易而新之。新纂。

徐應潮,字渭陽,號夢春。襟懷坦直,居西郭矮屋數間,座上客常滿。學使山陽汪文端公奇其文,俾食餼。後有某氏者,故皁隸也,府縣錄送其子姓,將與考,應潮持不畫諾。某學使婉言諭之,卒不畫。尤通五行、堪輿、岐黃家言。新纂。

陸樹蘭,字敏潊,號西廍。邑庠生。家貧力學,擅六法,精篆刻,尤嗜爲詩。與徐熊飛、楊于高、袁路先相唱和。兄歿,事寡嫂惟謹。兩弟先卒,哭之慟。著有《抱月軒詩鈔》。《當湖朋舊遺詩彙鈔》纂。

陳珍,字禾獻,號愧莊。謨子。邑諸生。弱冠即從事經濟之學,不求速化,三年大比,足跡罕至。好讀《陸忠宣公集》,又耽常熟顧氏《方輿紀要》一書,手錄至數十册,既落落無所遇,乃終身爲童子師。著有《從吾好齋古文稿》。新纂。

毛猷,字誦葭,號柿莊。歲貢生。博通典籍。著書授徒,竹籬茅舍,誦聲隱隱出百步外。時金、平、華、婁四邑裹糧從遊者接踵,悉心講畫,時時以行誼相勖。年六十餘,猶重施靈韄,雪鈔露纂,時字字作蠅頭細楷。著有《引書海錯》《廣編珠》《左國聯珠》《七柿軒隨筆》《詹詹錄》《紅柿村居詩鈔》等集。新纂。

黃金臺,字鶴樓。歲貢生。綺歲才名噪甚,嘗從武康徐熊飛遊,與之上下其議論,故所作詩文皆有法度。文體宗徐、庾,而兼通百家。江南北士夫之有著撰者,弁首文,金臺手筆居多。好交遊,繪《扁舟訪友圖》,名流題詠。咸豐丁巳,臨川李聯琇廷尉督學江蘇,延入幕。爰徧歷江淮諸郡,登焦山與諸名士宴集,振衣千仞,俯臨大江,作文以紀壯遊。生平廉潔自守,剛腸嫉惡,雖面刺人過失不諱,遇流俗,不妄交一言,而後進有片長,輒樂爲延譽。辛酉平湖再陷,憂憤成疾卒。刊有《木雞書屋駢文集》三十卷,《詩集》六卷,《左國閒吟》一卷。又有《今文愜盛藻集》未刊。新纂。

施汝懋,字桐生,號笙六。父鍔,字蓮峰。歲貢生。著《十三經註疏彙纂》,煅於兵燹。汝懋由廪膳生中道光辛卯副車,己亥領鄉薦,四上春官不第,絶意進取。秉性純孝,居喪哭泣,目幾盲。晚年就金方伯以誠之聘,僑寓京江,以文字就正者門墻更盛,終以是遘心疾卒。著《周易集解辨》。新纂。

林壽椿,字雪巖。廪膳生。窮究經史,工詩古文辭,爲武康徐熊飛高弟,與陸鎔齊名。晚年隱居東溪。著有《菊泉山館詩文集》八卷。新纂。

陳錦,字蘆雪,號板橋。恩貢生。性豪邁不羈。工詩,與黃金臺、莊敬齊名,時稱“蘆川三異人”。晚年崎嶇兵間,以耿介不苟餓死。著有《蘭芳堂詩鈔》。新纂。

王均,字平治,號夢閣。歲貢生。負儁才,善屬文。生平勤搜文獻,見鄉先哲遺集,積鈔至三百餘家,爲《柘上遺詩續編》。秉性恬雅,勇於爲善,嘗獨力建東湖濱石樑,邑人德之。著有《暢真機室詩稿》。新纂。

徐金泰,字步巖,號吟槐。穎悟,工文。舉道光甲辰鄉榜。事親孝,兄弟同居無間言。性慷慨,有戚某某假千金皆弗能償,還其券。己酉大水,傾困賑里中。晚年修宗譜,置祀田,邑人稱之。著有《國語約編》《公穀約編》《棣雨閒談》等集。新纂。

徐金誥,字登陛,號逸帆。邑庠生。年甫壯,即廢舉子業,專心學古文。清俊拔俗,尤長於論事。晚歲家益貧,以醫自給。著有《春暉堂集》已刊。《春暉堂文集序》。

丁泰,字禮安,號卯橋。舉嘉慶丁卯鄉試,丁丑成進士。經藝沈博絶麗,尤爲試官擊賞。官中書,清謹自持。文守理法宗歸胡,駢體亦沈酣經籍。詩不多作,出語真摯。尤篤嗜經學,言通經必自《小學》始,《小學》以《爾雅》《説文》爲宗,二書明而群經可不煩言而解。瘠弱多疾,雖藥爐在側,卷籍未嘗釋手。著有《菽廬劄記》一卷,《僽菽廬詩集》四卷。新纂。

顧邦杰,號蓉坪。邑廩生。性沖和,雖接卑幼,未嘗嚴峻,與王廉訪大經、黃明經金臺相友善,樽酒論文,老而彌篤。學詩於武康徐熊飛,工爲五言體。仲夷綿邈,深得王、孟、韋、柳家法,刊有《橫山草堂詩集》。新纂。

陸潢,字孔愉,號松坪。郡廩生。性廉直,嘗面斥人過不諱。一介不與取,布衣徒步自得也。粵匪平後,確訪忠義、節烈,輯爲一編,使後來修志者有所採擇。卒後,教諭山陰嚴嘉榮輓以聯云:“氣數難延仁者壽,性情猶見古之矜。”可以知其概矣。新纂。

沈筠,字實甫,號浪仙。食貧,嗜學。以母教遂研索典籍,自六經三傳、莊屈馬班而下,莫不漁獵菁英,以發抒文藻。詩名傳至日本。晚歲敦重名教,凡忠義、節烈事,及耆舊詩文,殫心採輯,今賴以存者,皆筠力也。有《乳水流芳録》一卷,《瑤池冰雪編》一卷,《壬寅乍浦殉難録》一卷,《龍湫嗣音集》十二卷,《守經堂詩集》十六卷已梓。《蜻蛉洲外史》十二卷,《日本紀略》一卷,《海上文徵》八卷,《滄海遺珠編》二十四卷,《守經堂困學録》八卷未梓。新纂。

朱錫山,字魯東,自號雀橋布衣。少失怙,讀四子書畢,舍經而鋤,力田以養母。年三十五復理舊業,爲童子師。暇輒吟詩,得力於武康徐熊飛。著有《朱布衣詩鈔》。《朱布衣傳》纂。

賈敦復,字蘅石。季弟敦艮,字芝房[3]。副貢。朝琼子。均以文行稱。元和朱綬謂敦復詩清靈深湛,敦艮詩尤深蘊有致,爲古文宗法震川,修潔自喜,各類其爲人。敦艮與顧徵士廣譽交,以道義相切劘,性和而介,與人言有刺謬,即默然背其面。後皆以諸生終。敦復著有《知止堂詩集》。敦艮著有《餐霞僽館詩文集》。新纂。

朱爲霖,字雨甫。爲弼弟。附生。氣岸不凡,讀書觀大略,從陽湖孫星衍、婁縣陳廷慶講,學益進。試屢不利,乃貲爲丞,署南昌縣丞,條上巡撫程公含章數千言,陳所疑四事,辨儒吏尤精慎。巡撫批答優獎,旋權贛縣事,懲庫吏之蠹民者。比受代,以疾卒。著有《似山堂詩》二卷,《樂府》一卷,《遺文》一卷。季弟爲燮,字理堂。附生。與嘉善郭麐、錢塘陳鴻壽倡和,皆推重其詩清婉芊緜,有金風亭長風味。著有《傳石齋詩集》。新纂。

錢炳奎,字肇祥,號蔚也。同治丁卯舉人。好讀宋人性理書,遊同里顧廣譽之門,業益進。性剛直,東湖舊屬陸清獻祠兵燹後湖濱新淤,漸爲民佔。炳奎力陳當道,卒收淤歸祠,又與諸生時元勳、監生戈爲鵬講明文廟丁祭禮樂,圜橋觀聽,一時稱盛。惜中年卒。新纂。

屈傳銜,字冰卿。家貧教授,手評口講,積久則輟業竟日,邀友手談或博簺酒戰,以怡暢其神,閱夕乃勤懇如故。道光戊午膺鄉薦,仍守硯田,不預戶外事。光緒丙子成進士,以知縣分發陝西,忽遘疾,歿於差次,惜之。新纂。

【校注】

[1] 按:光緒《平湖縣志》卷十七《人物·列傳三·文苑》“張奕樞”條:“次弟在璣,字鳳攽,增生,屢試不售,刻有《沁香居時文》。”故疑“鳳攽”是張奕樞次弟,非其子,且“沁香居”是“沁香居”之誤。

[2] 按:光緒《平湖縣志》卷十七《人物·列傳三·文苑》“賈朝琼”條:“子敦臨、敦復、敦艮。……敦復原名漢,字卓人,號蘭皋。道光壬午舉人。累上春官不第。於都中旅寓。著有《守約齋遺詩》。”本《志》卷四十七《選舉四·舉人》:“(道光二年壬午秋八月鄉試)賈漢朝琼子。”故疑“次子敦臨”是“次子敦復”之誤。

[3] 按：光緒《平湖縣志》卷十七《人物·列傳三·文苑》"賈朝琮"條，謂賈敦復"字卓人"，賈敦艮"字博如，號芝房"。

隱　逸

明

沈維鏞，字宣卿。十歲工詩文，二十領鄉薦。試禮部，戚屬趙文華、陸炳交爲之地，維鏞知之，即託病歸，終身不北上。又屬吏部授以官，亦不就。肆志湖山詩酒間，朋輩言偶涉利祿，去之若浼。平湖張《志》。

陸光宙，字與常。幼孤，遭家難，匿車中，遁蹟京師。年十六補順天弟子員，聞母訃，南還。隱居郊園，與宋旭、璩之璞輩結文酒之社。年八十有六，夢一道士持陶靖節小像索題，諦視之，即己也。援筆題詩其上，翼日遂逝。著有《鋤餘集》。子公鏐，字芳淑。有志行，學者稱蒿庵先生。《檇李詩繫》。參《明詩綜》、吳《志》。

李天植，字因仲。崇禎癸酉舉人。易名確，字潛夫。明亡，偕婦遁居龍湫山。長吏、守帥聞其名，訪之，輒踰垣避。家極貧，無子，手製棕鞵，劈竹爲器以易粟。粟往往不繼，或遺之，弗受也。寧都魏禧至海上，造其廬。耳聾，出粉板，令禧書所交遊及出處，乃顧。禧泣，遺之錢，五反。禧自謝非盜蹠物，然後受。禧遺書曹侍郎溶、周青士篔曰："潛夫古之難衣食者，然設將以禮敬，亦有可受之道。"植終堅拒之，尋以餓死。鄉人私謚介節，祀鄉賢。同時有鄭嬰垣者，亦乍浦人，窮老無妻孥，孤介絕俗，至凍死雪中，與天植爲莫逆交云。著有《蜃園集》《九山志》《隱林列傳》《表忠録》《灌園録》諸書。嗣子燿，字明也，號果庵。性愛山水，有遍遊五嶽之志。從子爲光，字宛星，號蔗邨。諸生。天植死，燿亦繼死。遺稿散軼，爲光搜輯編次之。著《九山續志》。《浙江通志》。參《魏叔子文集》《檇李詩繫》。

馬嘉楨，字允和。嘉植弟。崇禎己卯舉人。居家有至行，明亡不復出，爲頭陀，更名宏任，號宗顏。工書畫。所作詩文，臨卒悉令焚之。弟嘉相，讀書不應試。《徵獻録》。參平湖朱《志》。

過銘篔，字叔寅。御史庭訓子。年十九，中萬曆戊午副榜，庚午下第，黃道周以有司失人爲恨。乙酉避兵紫梅山，值歲薦，不就。尚書陳名夏以書、幣迎，卻之。杜門讀書，歲時不給，無所慍。年八十六卒。著有《性道筌》《蠹魚稿》。子澤廣，諸生。平湖朱《志》。

楊九垓，字孚九。諸生。有才節。好讀史，論天下形勢如指掌。所交皆四方賢豪。崇禎季年感時事，欲詣闕上書，母以爲無益于國，止之。馬、阮擅權，入孝陵慟哭。中酒，輒謾罵，無所顧忌。工書畫，求者不可得。或醉之酒，則揮灑，不惜家貧。無子。年八十卒。平湖張《志》。參《檇李詩繫》。

姚世勳，字元仲。天啟甲子舉人，甲申後隱居讀《易》，賣卜邨寺。著有《易賸講義》。平湖朱《志》。

國　朝

陸夢求，字配衡。諸生。家東湖濱沙浪，茅屋臨溪，資浣濯，通往來。鄰業漁，讀書暇，相與敲鈎結網。興到乘舟，登弄珠樓，或十杉亭，見人衆即鼓枻去。酒半醺，檢手蒔花草，領生意，聞作吟詠語,皆野趣。隨筆作書,不摹帖,非晉非唐,脫然塵壒之外。《當湖外志》。

藝　術

明

陸鑾,字克和。七歲能詩,廣州知府沈琮見而奇之,以其弟御史玨女妻焉。成化間,以善書徵,授鴻臚寺序班。平湖朱《志》。

曾和,乍浦所人。正德間與朱端並以畫士直仁智殿。二人少貧甚,業樵漁。端嘗入山,遇一異人,授以筆。和亦跪乞,遂各授一筆,忽不見。後兩人用筆隨意,皆殊絕。《九山志》。

孫官,字德懋。嘉靖時人。能爲古文辭,楷法遒勁,大字雄俊,有神采。林鳳華,字子夏,號丹壺居士。萬曆時人,精楷法,在右軍、大令間。《書畫譜》。

陸金,字雲峰。自華亭徙平湖。子道光,字明暘,精兒科,洞達物理,不拘成法,多奇驗;道充,字賓暘,諸生,亦精醫,有《陸氏金鏡錄》。道光子從諭,道充子詰,別見。唐守元,字吾春。璜溪人。贅于陸,遂傳其業。袁化祝氏兒患痘,遍身血迸,無罅。守元搗藥塗其身,復摻藥裀褥上,捲兒倒豎,家人駭之。曰:"此名蛇殼痘,氣必用逆,乃得殼。"已,果皮膚解裂,如蛇蛻然。新帶顧氏兒痘,後目瞽。守元曰:"惜遲數日,不得即效。當先開一目,三年後乃俱復明。"果驗。著有《醫鑑》《醫林繩墨》《後金鏡錄》。吳悅,字三峰。少讀書明敏,遭危疾,遂請醫,徵爲太醫院使,全活甚眾。熹宗三賜金幣。平湖程《志》。

張軫,字漢聚。精痘科,率以意爲治,多奇驗。得錢輒以資戚族之貧者。袁《志》。

陳蕭,正、嘉間人。讀書好古,善鼓琴。陸堯化,字和鄉。以羸疾放懷山水。善琴。著《琵琶行》《白頭吟》《蘭亭》《秋興》《答蘇武書》,凡百餘譜。

徐同亨,字介如。性沈靜。工書,不輕作,傳者絕少。俞恩煥,字二酉。諸生。負才尚俠。工書,董文敏其昌欲致之,不赴。有《五如逸稿》。

馬德澄,字若水。童年膂力絕人,善騎射,精書畫篆刻,自號雪林山人。有《摩尼集》。

國　朝

過澤充,字涵輝。府丞庭訓孫。能詩,工書。行草師右軍、大令,楷法得顏平原神骨。詩有《棠溪倡和集》。以上平湖朱《志》。

沈信,字驚濤。諸生。好擊劍。工草書。甲申後棄舉子業,築舍城南,顏曰借園。有《借園詩草》。

胡湄,字飛濤。諸生。檇李項氏藏書畫最富,湄以戚屬得縱觀。摹倣點渲,蟲魚花鳥有生致。性耿介,貴人以金帛乞畫,多拒之。孫璞,字振齋。亦能畫。以上吳《志》。

戈守智,字達夫。諸生。工書。嘗游邗江、漢陽,遇碑碣,輒手自摹拓。著《漢谿書法通解》八卷。伊《志》。

黃賞侯,乾隆時新廟里農家子。日至羅灣廟,攫酬神餕餘供醉飽,僧苦之,禱神求殴,夢神告曰:"彼天醫星也,迎接不暇,奚敢驅!"至新倉長壽庵,見漿紗女,繞後,猝抱腰,女怒其嬲也,將殴之,黃曰:"爾心胞痘即發,必驚以洩之,否不治。我留宿俟。"頃之,果見點。後以負租繫府獄,適太守幼子痘危,有薦之診者,命急取牛糞煨灰,裹兒夜臥其中,明旦黑皆變紅色。治他痘,神效類如是。《當湖外史》。

陸宙种,字步衡,號漁六。家世顯貴,不樂仕進。善畫金碧山水,花鳥近陳白陽,兼工人物。嘗館松江張文敏公照家,其戚也,每畫照,輒爲題詞,人稱雙絕。平湖路《志》。

陸二龍,字伯驤。合北苑石門而化之,煙雲瀹然,意在筆墨之外。陸錦雯,字淳高,號杏村居士。山水師張鳴謙,有出藍之譽。詩文修潔,不樂仕進。陸烜,字子章,號梅谷,又號巢雪。畫潔,詩工。有《梅谷集》。《圖繪寶鑑》《續兩浙名畫記》。

戴陞,字六陛,號松垞。山水蒼古。幕遊四十年,足跡半天下。年近七旬,寄跡吳門,求者頗衆。《墨香居畫識》。

丁琳,號甘山。妙繪事及行楷。少承父志,述三易,生平好接異人,天文、地理以至馬、杜二氏之學,無不精通。有《香草庵草》。《兩浙名畫記》。

張培,字抱一,自號畫禪。或作徐大玿。善山水,有文譽。無子。以醫顯。疾革,取書畫古玩,並罄囊中金,散諸良友,翛然而逝。《縣志》。

張坦,字青蘿。得雲間沈士元法,有《豳風》《桃源》諸圖,珍於時。子篆,工花鳥。《縣志》。

楊泰基,字瞻岳,號海農。布衣。善指畫,山水宗馬遠。《縣志》。

高汾,字晉原。工設色花卉。高沅,號秋艇。花卉直逼惲格。有《浣花居吟草》。《墨香居畫識》《兩浙名畫記》。

徐日嚴,字慎齋。以醫行世,窮鄉僻壤,足跡恒徧,不以寒暑間。其有貧甚者,輒解囊以供藥餌。

何清,字茗庵。性和厚,束身名教,樂善好施。工于繪事,爲秀水張庚高弟。乞畫者非其人不與也。

張世求,字繼周。監生。一應鄉試,報罷,遂棄舉子業,專心六法。善山水,宗法元人。

方樹本,字根遂。監生。平生重然諾,所交多名下士。善鼓琴,蓄書畫甚富。並工於詩。著有《詠花軒詩稿》。其弟樹勳,字漁山。亦工書,尤善畫蘭。

張廷章,字文江。庠生。操行方嚴,爲醫,活人無算。手評醫書數十種,有《救偏瑣言》評本行世。子師敬,字懷九,庠生;師厚,字欽渠,監生,俱以幼科傳。師英,字書凰,歲貢生,以方脈著,亦皆名重一時。參平湖路《志》。

戈朝榮,字瑞齋。庠生。精岐黃術。尤長于幼科,群醫所不能療者,治之立效。子恩,字少懷。武生,亦精幼科。博綜古今治法,而能參其變。著有《育嬰常語》。

顧榮,字希曾。諸生。性沈默,治金瘡科甚驗。有被刃傷而垂斃者,醫之多得活。

夏鼎,字禹金。諸生。精壬遁之術,有客過訪,輒預知其姓氏,百不失一。

潘晨暉,字舜明。善畫山水、花鳥、人物,落筆生動,得天然意趣,品在胡飛濤、顧松仙之間。

葉恒,字亘峰。工山水,得文、沈、董、王家法。性坦率,不善治生,往來吳越間,賣畫以自給,一水一石,人爭寶之。以上皆自《志》。

陸東山,以字行。精於弈,當湖自“三張”没,弈道中衰。嘉慶中,東山崛起,幾無與争白者。比歸,隱西郭外。楓涇費春山來對壘,且猶不得志而去。俞鉽《蹛涔集》。

王範,字誠之,號南村。太學生。博通《史》《漢》,善擘窠書,狂草有綠天庵僧之致。花草蟲魚，絕似宋元人小品。中年後好鼓琴，與海東徐光燦交，指法益精。北平韓畕所傳於李延昰者，有《霹靂引》一曲，先後造就，爲時所稱。新纂。

陳啟雲，世業醫。嘉靖時倭寇內犯，泊舟於乍，謀深入，多病疫者。其酋索醫，得啟雲。始至，不肯診治。臨以兵，則曰："若毋深入，我爲療治。"酋許諾。要之誓，而處之方，俾煎數十鍋，病者牛飲之，不數劑，病皆已。酋大喜，揚帆去。《乍浦備志》纂。

宋景洛，字紹程。精卜筮、星命、奇門、六壬，熟《九章法》及西洋度算。年四十餘盲於目，冥思頓悟，益得其深。所著有《九章集成》，四五十萬言，罕有能讀之者。晚年境益窮，以餓死。陳謨有詩哭之云："貧憐馬磨牛衣甚，術較唐都洛下精。"《乍浦備志》。

周保極，字彝範，號晴川。工指頭畫，能作山水花鳥，尤善畫蟬。劉琴梓，號松聲。善畫雞。均家乍川，晚境皆貧，藉畫直自給。《乍浦備志》。

吳元臣，字召勳，號墨冶。鐵筆蒼勁，作《印譜》二卷，宋景關爲之序。《九峰文鈔》。

許汝敬，字迪安，號篋庵。鼓琴吟詩，兼工花卉，得陳白陽風趣。家黃山麓，搆小園。秋時蒔菊百餘本，對花寫照，無一筆涉畫史習，人以"許菊"稱之。著有《菊洞天詩詞草》。新纂。

陸修潔，字子廉，號篠坡。工詩文，善鐵筆。畫山水，師石谷。子亦能花卉。家藏有陸清獻墨跡，因名其堂曰"寶文"，以誌仰止名賢之意。有《寶文堂詩文集》。新纂。

流　寓

明

葉紹袁，字仲韶。南直吳江人。天啟乙丑進士，歷任工部，旋去官。乙酉後，避兵平湖，居馮氏耘廬。著有《椆塵集》。子燮，字星期。寄籍嘉善。成進士，知寶應縣。有《己畦詩文集》。平湖朱《志》。參吳《志》。

李延昰，字辰山。初名彥貞，字我生。南直上海人，寓平湖之佑聖宮。少負逸才，以經世自命。不得志，乃學醫於季父士材。有延之治疾者，雖遠必往。疾愈，不責報。或酬以金，即購書。坐臥一樓，蕭然物表。晚年黃冠草履，自稱道者。疾革，適秀水朱彝尊至，乃出所著《南吳舊話錄》暨《放鷴亭集》，並以所儲書二千五百卷畀焉。瘞東湖濱。有《藥品化義》《醫學口訣》《脈訣彙辨》《痘疹全書》行世。《曝書亭集》。

柏古，字斯民。江南華亭人。寓居平湖，工詩詞、書法。性散誕不羈，嘗出，見耕牛，揖之曰："是不素餐者。"或塗脂粉爲婦人裝，曰："非此不諧俗。"人呼爲柏癡。晚徧訪匡廬、天都、林屋諸勝，歸平湖，卒。有《雪耘詩集》。子立本，字哈山。年未冠，畫理精妙，與父偕隱，泊如也。亦能詩。張《志》附新纂。

國　朝

萬六吉，字新孺。江西南城人。落落不與俗合，甲申後棄家，遨遊山谷間，無定蹟。後寓當湖，館于化城庵。卒，殯庵後。吳《志》。

韓畕，字經正。順天大興人。性孤潔。工詩。善鼓琴，能作《霹靂引》，爲世絕調，不授人，人亦不能學，以故無傳者。畕終身不娶，遍遊諸關塞，嘗僑居越中，後寓當湖。有《天樵集》。平湖朱《志》。

葉舒崇，字元禮。江南吳縣人[1]，寄籍平湖。年十二補弟子員。成進士，選中書舍人。戊午舉博學鴻詞，未試卒。有《謝齋詞》二卷。吳《志》。

翁嵩年，字康飴。仁和人。以進士授户部主事，督學廣東。瓊州在海外，學使者檄生童附試雷州，嵩年曰：“豈可以一人易千萬人命乎？”竟渡海，後著爲令。既歸，卜居東湖，得沈氏園，顏曰“村南煙舍”。每花晨月夕，與湖中詩老觴詠其中。有《村南煙舍詩》《天香書屋稿》。《浙江通志》。參《小石林文外》。

王廷燦，字孝先。錢塘人。舉人。歷崇明、吳縣知縣。歸，貧甚。挈家居當湖陸氏園，與翁嵩年賦詩娛老。有《似齋詩存》。子延年，字介眉。舉人。官翰林院侍讀。有《東湖移居詩》。平湖高《志》。

黃厚燧，字復光。諸生。松江人。隨兄徙乍浦。工書，有魏晉人風格。著《禹貢尋原》。又有《書權》《書穀》等篇，發明六書。《乍浦志》。

鄧夢蛟，閩人。遷居平湖乍浦，遂入籍。性剛正，喜施與。立永興綱爲議事所，周濟孤寡，助客死之家屬扶櫬經費。凡諸善舉，無不樂於倡始。于《志》。

余鵬年，榜名鵬飛，字伯扶，號蕊幢。懷寧人。舉順天鄉試。詩筆清健劖刻，一洗纖頓之習。李廣芸宰平湖，延主當湖書院，攜家來住院三載，訓迪得士心，士亦多所成就。其教人，始小學，而徐及經史百家，學問賅洽。嘗疏一瓠字，至千餘言，他文類如此。後訪舊揚州，卒。所著有《夢賸詩屋詩》七卷，《牡丹譜》一卷。

吳鵬，字雄飛。以籍本浙東，號鑑湖。讀書不屑爲章句之學。嘗自西蜀徧遊秦晉、燕趙、齊魯間，無所遇而歸。奉其母，居平湖之清溪。喜爲詩，雄駿之氣，直逼盛唐。晚年遷居乍浦，自稱城西種菜翁。與徐熊飛、伊朸、朱鍾相友善，每多唱和。卒年七十有四。著有《鑑湖詩藁》。《乍浦備志》。

陳文藻，字愚泉。海寧人。少孤。流寓乍川，業櫛工以養母。弱冠嗜學，喜爲詩，得伊朸指授，詩益工，何司馬太青甚重之。然性傲岸，卒以貧死。著有《鏡池樓詩稿》八卷，已梓。

【校注】

[1] 按：光緒《平湖縣志》卷十八《人物·列傳四·流寓》：“葉舒崇，字元禮。江南吳江人。”朱彝尊《高陽臺並序》：“吳江葉元禮，少日過流虹橋。有女子在樓上，見而慕之，竟至病死。”（《曝書亭集》卷二十四）“吳縣”疑是“吳江”之誤。

嘉興府志卷六十

列傳〔十一〕

石門縣

宋

沈晦，字元用。其先錢塘人。翰林學士遘之孫。徙居邑市中，漕司首選。宣和初，舉進士第一，除校書，遷著作佐郎。金人攻汴，從肅王樞出質，後得還，遂爲給事中。高宗即位，改集英殿修撰，知筠州。二年，除中書舍人，不果。召出，知平江[1]。乞以建康、太平、池、鄂、鎮江五郡兵連衡守江，與韓世忠犄角，敵必不敢渡。募敢戰士練習，期年京口可成強藩。趙鼎稱其激昂，與世忠左，不用。尋提舉洞霄宮，起爲廣西經略，兼知靜江府。先是，南州蠻酋莫公晟歸朝，遁去，旁結諸洞蠻，歲出爲邊患。晦選老將羅統戍邊，招誘諸蠻，諭以威信，詣府請降，治績著聞。進徽猷閣直學士。召赴行在，除知衢州，改鄆州[2]，提舉太平興國宮，卒。至元《志》。參柳《志》、崇德洪《志》。

莫琮，字叔方。本仁和人。大觀中，三舍法行，琮以貢入京師，復兩預薦書，屢陞優舍。建炎初，避地是邑，因家焉。晚以特科歷四明、三山幕官，內行端飭，質直近古。子五人，元忠、若晦、似之、若沖、若拙，俱進士。時比"燕山五寶"。至元《志》。參柳《志》。

莫元忠，字子直。乾道壬辰進士，主歷陽簿，丞懷寧，改知義烏縣。歲歉，捐俸賑民。通判德安府，兩攝郡事。跡捕強寇，寘首惡于法，民賴以安。郡罷兵火後，學校陊廢，元忠摶浮費新之。守景陵，以教養爲先。邑庠庖廥淡薄，設官田爲養士費，士民德之。文溫雅有古致。柳《志》。參崇德洪《志》。

莫若晦，字子明。舉進士，宰滁之清流。歷江東帥幕、平江判，除守宜春。始至，承積蠹，每事撙節，盡蠲四邑宿逋數萬緡，以寬民力。朞年郡計稍紓，新黌舍，括閒田，葺貢闈，築城堞，修浮橋，百廢具舉，役不告勞。郡罷火，亟捐公帑賑貸。擢工部郎中，繼奉祠。除知徽州，改嚴州。有虎患，若晦修刑政，示恩信于民，虎患頓息。會大潦，百方拯救，全活甚衆。轉湖廣南庾提舉，除知毘陵，不赴。終于家。崇德洪《志》。

莫若沖，字子謙。淳熙乙未進士。授湖之安吉尉，調毘陵教官，改知安吉縣，以平允稱。補知吳江，撫字尤有聲。歷閩漕元幕，除登聞檢院司農簿，輪奏對，宜預蓄人才，足財用，練軍旅。蓋用事者將開邊，故寓規戒之意。遷知岳州，始至，即辨疑獄稱神明。屬州荐饑，群盜蜂起，若沖督捕，寘其首惡，時發廩賑之，境內帖然。知全州，峒寇披猖，漕司檄解軍糧，州處湘源，壤高易涸，客舟畏裝糧不至，遂發官帑造舟搬運，率先諸郡。明年靖江暴水，民賴以濟。除大理丞，尋勾外，除知永州，不赴。奉祠歸。有《語溪集》行世。柳《志》。參趙《圖記》。

趙汝能，字公舉。系出濮邸。登紹興進士，知泰之海陵。歲歉民饑，嘯聚爲亂，人情洶洶。

汝能曰：“是非巡尉可辦。”即部勒弓手土兵，束裝跨鞍，嚴號令，設方略，直前當之，擒捕百餘人，其黨潰散，罪渠魁，餘悉末減。連倅舒、蘄，諸司多以滯訟委之。剖析簡明，稱平允。知鬱林州，首興學校，士風丕變。郡曩爲巨寇根穴，掠數州，金寶聚焉，官軍迫之，盡藏于沼，僚吏或獻發沼之策。汝能頷之，曰：“鍾離意以爲如何？”暨歸，行李如始至。調守全州，歷浙西沿海議幕官、朝請大夫。詩文清醇有體，自號雲谷道人。柳《志》。

莫扴，字慶叔。龍興間登進士第[3]，主撫州金谿簿，歷舒州録參，知興國軍大冶縣，通判鄖州。朝士薦，補內職，扴性恬退，請郡，得守臨河，旋匄祠歸，自號知足居士。病革，自誌其墓。子澤，紹興進士，仕至刑部尚書。至元《志》。參柳《志》。

徐浚，字明道。力學能文。紹興甲戌進士，任德清尉，繼分教永嘉，講貫經旨，厭服士心。改知烏程縣，通判廬州，俱有惠政。子逢、遠，皆進士。逢，字吉甫，初任邵武戶曹，監司辛棄疾按行，問郡利病，應答如響，辟爲檢法。改知武康，通判隆興，知常德府，一以教化爲本，群羌畏服，不復侵擾。

徐綱，字晞顏。在太學時，柄國政者主和議，綱率同志疏上六事，有決策親征及諸誤國姦臣之語，皆諸大臣所不敢言者，人爲危之。乾道中第進士，歷漢陽教官、淮西總幕，更令江陰，旱饑，流移四集，綱條畫利害，請臺郡發廩，分場便糶。入除提轄文思院。先是，綱著《史論》百篇及邊防兵政十六事匭進，沮於不樂者。至是發藁，益以樵歌八事載進，給舍合詞稱賞。又以不事私請，寢不報。力匄祠，添倅湖州、淮東議幕，尋奉祠歸。綱存心誠敬，以清苦勵操，雅志泉石，吟咏適情，自號桐鄉居士。因名所著詩集。子龜年、逢年，皆進士。以上柳《志》。

徐龜年，字朋老。案：至元《志》作翔甫。弱冠登淳熙丁未進士，知江寧縣，專務德化。歲饑甚，制帥黃文昌委以荒政，龜年躬先阡陌，家賑人給，全活者衆。嘉定間知肇慶府，陛辭，論君德之要在剛明，上悦。治郡清凈，除監察御史。抗疏言，別邪正，慎名器。因病求去，除直華文閣，知溫州，改徽州，力請祠，歸。優遊吟咏，有《澹軒文集》十卷。至元《志》。參柳《志》。

江珪，字伯持。本嚴陵人。父邈，吏部侍郎，紹興中奉祠，寓橋李。珪與弟璆、璧尋居語溪。以父恩知六合縣，字凋瘵，有恩。通判瓊州，撫御群黎，安静無擾，移知梧州。夏潦，江暴漲，民廬漂蕩，珪拯溺賑饑，所活甚衆。長子乙祖自棘丞出守天台，奉祠，歸嚴陵。諸子居語溪。

江璆，字鳴玉。風度凝遠，屢計偕不第。紹興間與金議和未堅，人難其行，慨然充使而往，顯仁后回鑾，録功補左階，歷縣有聲。除大理司直，出知饒州，妖人孫牧左道惑衆，繩之以法，被旨褒嘉。除直祕閣，提點諸路坑冶鑄錢。凡地產登耗，冶鑄利病，悉究源委，盡掃積弊。改知辰州，移守漢東、武溪，所至以循良稱。以上柳《志》。

蔡開，字子明。淳熙辛丑進士。宰德清，值軍興征調，縣爲不擾。遷太博，添倅平江，旋知邵武。郡山多田少，歲入不足支歲出，例輸官租一石帶糶四斗，官求贏，民益困。開俾民自用概糶價，視時低昂，白于朝，爲定式，盡杜增收之害。未幾，除武昌漕司，時有點軍營田議，屬開區畫，一日而畢，盡革冒名之弊。鉤考在軍營田隸于上，歲得穀數十萬斛，田則許汰，兵佃爲己業，軍皆感悦。改漕江西，屬郡旱歉，捐漕計以濟，所活不勝計。卒于官。有《畏齋集》十卷。子諲，司農寺簿。崇德洪《志》。

蔡闈，字子正。博通諸經，入太學，以直諒有聲，號太學御史。舉進士，除教海陵，諸名公合詞薦之。嘉定三年，除太學正，遷博士，同知高郵軍，威惠兼著。會兄開卒，力匄祠。歸，治葬，踰歲入丞太常,兼兵部郎。未幾除監察御史,彈擊不避仇怨,首論今日之弊,無如郡縣衰歙,以困民生;將帥掊剋,以虧兵力。又乞風屬士大夫,以義命爲主,則爵禄不足以累心,且欲收用善類以強本朝。除太常少卿,旋奉祠歸。繼知常德,持江東憲節,聲績愈聞。寧宗嗣服,召拜國子祭酒,卒于官。子謨,知瑞州;譽,知高郵。柳《志》。參崇德洪《志》。

徐逢年,字耕老。弱冠舉胄監,登開禧進士,分教江陰。嚴課試,風屬士習,賞識郡庠蔣重珍、趙發,後成進士。時逢年守官京局,皆執門生禮,時論多之。改知於潛縣,以親嫌去官。知宣城,添倅信州。歲饑,請弛遏糴禁,民賴以蘇。旋勾祠,歸。

陳之經,字仲綸。開禧乙丑進士。分教德安,值邊事戒嚴,萃士友講兵機,習射蓺。丙寅冬,寇自襄、隨入,守貳以戍兵單弱,俾奉檄求援,與武士三人縋城而出,寇追幾及,至鄂渚泣告宣司遣孫鐸二千人駐陽臺,弗進。之經倍道星馳達行在,所瀝懇得兵符,調江池、孟思齊等,往會諸軍力戰,寇兵屢到,遁去。宣司就辟充屬,陳攻守得失、軍政繆戾數十事,時論韙之。以上柳《志》。

陳之綱,字仲宏。與弟之純、之經各擅一經,入太學,登淳熙進士。慶元初,令泰之海陵。政先惠愛,聽訟明敏,民頌廉平。縣有捍海堰,綿亘數十里,天聖間范文正公任西溪鹽監日所築,至是隄址頹闕,潮汐衝突,浸害農畝。之綱請于郡修治,弗憚寒暑,躬董其役,視昔堅壯,民賴之。改知仁和縣,卒。崇德洪《志》。

陳之純,字仲誠。舉鄉書,登進士乙科。紹興間,詔求直言,進《資時樸議》二十篇,一時韙其忠讜。邑令奚士達延致師席,講說考校,學者幸私淑之。任江東漕屬,當路交剡其才,改知臨安縣。首崇風化,催科聽訟,悉有成規,不擾而治。柳《志》。

錢文,字文叔。吳越王裔。紹興中,試詞賦兼經,入太學。乾道乙丑進士,尉當塗。捕私販茶十數輩,法當請諸朝以進秩,力辭,不願爲己功,乞寬其罪,二千石奇之。令青田,以最聞。知萬載縣,威惠並著,人稱神明。入淮西機幕,趙忠定雅知之,力薦于上。會忠定去國,除知循州。首興學校,愷悌宜民。卒,年六十五。爲人色温氣和,廉而好義。居不蔽風雨,田不給饘粥。歿,祀鄉賢。崇德洪《志》。

陸埈,字子高。高郵人。建炎初,與兄塤徙崇德。登紹熙元年進士,教滁陽,入浙漕幕。歷祕書郎,倅和州,議散武定軍,諸州皆安堵。攝守濠州,時寇猖獗,埈開示大信,以收人心。散卒聞埈至,受廛者數千,乃悉簡爲勁兵。改知和州,養士屬俗,修囷倉,浚河湟,坐免歸。年饑,與同志爲粥,食饑民萬餘人。卒年六十二。漫塘劉宰誌其墓。有《益齋集》。《檇李詩繫》。參《兩浙名賢録》。

方誠,字尚敬。崇寧進士,官祕書監丞。從建安南渡,家于崇德。子似,朝奉大夫。孫篤,提刑,並以文學、經濟著聞于時。吳《志》。

陳舜舉,字元凱。紹熙癸丑進士,令海門。開禧間,有寇警,集民兵校藝合法。嘉定丙子,知潯州,首興學宮,重教養,清靜化民,民以無擾。旁郡峒寇竊發,稱舜舉爲清太守,戒勿犯境。邦人德之,祠于學宮。改知宜州,時蠻民梗化,聞風皆乞降,宜民祠祝如潯。除藤州守,垂赴而卒。柳《志》。

沈木,字子謙。第進士。宰石城,汀寇猖獗,諜知邑豪熊子開等爲寇鄉導,巡尉司妄指同姓者捕之。木察其非是,破械與約使捕子開等,邑境遂安。守真定[4],民有以田多賦少告訐其仇者,木謂東西無經界,冒占者衆,不可勝詰,亟懲遣之。經制司議籍民所占官田爲屯,可以富國,委州根括,株連六七百家。木曰:"此事行,則變生矣。"亟以前牘上之,事遂寢,邊民大悦。劉《志》。

輔廣,字漢卿。其先慶源人。父逵,流寓崇德,生廣。少讀周、程諸書,默契于心。從東萊呂祖謙遊,益大奮發。東萊没,執弟子禮于朱文公門,深愛重之。慶元初,僞禁興,學者解散,廣獨不爲動。既别書問,講學不絶。嘉定更化,用事者始以衛道薦廣入仕,力辭,止食祠禄。上書政府甚剴切。後二十年,真西山謂其所論,是非成敗,無一語不驗。歸隱語溪,以著書爲己任。有《易》《書》《詩》《春秋》《禮記》註釋,《大學》《論語》《孟子》《中庸》問答,《通鑑説》《師訓編》《日新録》《雜著稿》藏于家。扁其堂曰"傳貽",蓋傳之先儒,以貽後學也。邑大夫爲建傳貽書院。子大章,舉進士。至元《志》。參柳《志》、崇德洪《志》。

趙汝愚,字子直。漢王元佐後。祖不求,父善應,本餘干人,自開封避地崇德,生汝愚于洲錢。乾道丙戌廷對第一,歷給事中,封駁無所避。權吏部侍郎,論斥知閣王抃。以集英殿帥福建,陛辭,言:"吴氏四世專蜀兵,非國家之利,請以漸抑之。"進直學士。知成都府,諸羌爲邊患,汝愚以計分其勢。孝宗謂其文武才,召還。光宗受禪,爲吏部尚書。光宗疾,不朝重華宫,往復規諫,上悟,詣北内。尋知樞密院事。孝宗崩,憲聖太后垂簾,汝愚率同列再拜奏:"上疾未能執喪,臣等乞立皇子嘉王爲太子,以繫人心。"憲聖稱善,乃命寧宗嗣位,汝愚爲右丞相。韓侂胄出入宫掖用事,欲逐汝愚,誣以謀危社稷。汝愚出浙江亭待罪,以大學士提舉洞霄宫。國子祭酒李祥言:"去歲國遭大戚,中外洶洶,軍民皆將爲亂,兩宫隔絶,國喪無主。汝愚不避殞身滅族之禍,翊陛下以登九五,勳勞著于社稷,精忠貫于天地,乃卒受黯黜而去,天下後世其謂之何?"博士楊簡亦以爲言。李沐劾祥、簡,罷之。太府丞吕祖儉亦上書訴汝愚之忠,詔祖儉朋比罔上,送韶州安置。太學生楊宏中等伏闕言:"當國家多難,汝愚位樞府,本兵柄,指揮操縱,何向不可,不以此時爲利,今上下安恬,乃獨有異志乎?"書上,悉送五百里外羈管。侂胄忌汝愚益深,謂不重貶,人言不已。責寧遠軍節度副使,永州安置。汝愚怡然就道,至衡州病作,爲守臣錢鍪所窘,暴薨,天下聞而冤之。汝愚學務有用,所著詩文十五卷、《太祖實録舉要》若干卷、《類宋朝諸臣奏議》三百卷。侂胄誅,復元官,賜謚忠定,贈太師,追封沂國公。理宗詔配享寧宗廟,追封福王,進封周王。子九人,長崇憲,字履常,淳熙進士,知靖江府,有惠政。《宋史》本傳,參柳《志》。

陳炳,字宜之。乾道中主崇德簿。改令上虞縣,有西溪湖瀦水,利及三鄉,中廢爲田。紹興初,張參政綱帥越,嘗浚湖,刻石爲記。歲久,豪右復據。夏大旱,民持綱所刻石請復湖,豪右撓阻之。炳奮曰:"令寧以罪謫去,必不忍畏避强禦,委棄三鄉民命也。"卒浚復之。百姓歌曰:"前復湖,張參政;後復湖,陳縣令。與我衣食全我命。"歲登,借官錢廣糴以爲先備,荒則勸分賑散,全活甚衆。侍從交薦,提轄文思院。卒于官。有《退庵文集》十五卷。趙《圖記》。

陳塏,字子爽。歷京湖制置使,知德安、隆興等府,遷大理卿。以政最,詔特轉秩。塏奏乞以廉恥名義轉移世道,砥礪士大夫。又言從官倣古入侍,出藩制爲諸路憲漕,假之使名以别庶官,竟以言罷。未幾,進集英殿修撰。知太平州,請蠲放諸郡災傷。加户部侍郎、淮東總領,尋領江淮茶鹽,發公帑代三縣輸折絲帛錢五十餘萬,作浮淮書堂以教淮士,其功尤偉。終端明殿學士,謚清毅。塏喜薦士,屢歷巖節,軍民愛戴。有《讀鑑隨筆》《可齋瓶稿》。子鑄,寶慶間進士,官都承旨。至元《志》。參柳《志》。

　　張琥，字子嚴。汝昌孫。嘉定進士，授於潛尉，有聲。繼宰鹽官、仁和，寬平簡易，以教養爲先，歷權吏部郎，守台州，再守饒州，所至多惠政。終朝議大夫、崇德開國男。至元《志》。參崇德洪《志》。

　　陸德興，字載之。由童子科舉嘉定進士。有文名，教授春官，敕賜田三千頃，歷兩浙知貢舉，官吏部尚書。卒，贈嘉興縣開國侯。弟文興，通經史，仕至按察司判官。宋亡，隱居不仕。《大清一統志》。參至元《志》。

　　衛富益，華亭衛淇裔，識見高遠，不爲章句之學。嘗負笈往從金履祥學，深探《易》理。金卒，復受業于許白雲。白雲重其器識，以友處之。聞宋亡于崖山，日夜悲泣，設壇祭文天祥、陸秀夫、張世傑，詞極哀慘，遂決意不仕。隱居教授，創白社書院于石人涇，會布衣友，賦詩講道，縉紳不得就列。至大間，有司欲薦，聞不就，隱湖之金蓋山。著《四書考證》《性理集義》《易經集説》《讀史纂要》《耕讀怡情》等録，絶口不言世務，不履城市。遘疾，取所著書集，悉焚之。曰："吾志晦蹟，焉用名世。"卒年九十六，門人私謚曰"正節先生"。《浙江通志》。

【校注】

　　[1] 按：《建炎以來繫年要録》卷七八、《宋史》卷三七八《沈晦傳》、乾隆《鎮江府志》卷二三《職官・刺守》、光緒《石門縣志》卷八《寓賢列傳》"沈晦"條皆謂沈晦"紹興四年，出知鎮江府"。而查同治《蘇州府志・職官表》，無沈晦名。故"知平江"當是"知鎮江"之誤。

　　[2] 按：《宋史》卷三七八《沈晦傳》《宋元學案》卷二七《和靖學案》、光緒《石門縣志》卷八《寓賢列傳》"沈晦"條俱作"除知衢州，改潭州"。而查萬曆《兗州府志・鄆城知縣》，無沈晦名。故"知鄆州"當是"知潭州"之誤。

　　[3] 按：按至元《嘉禾志》卷十五《宋登科題名》："隆興元年木待問榜　莫扑。"卷十三《人物・崇德縣》："宋莫扑，字慶叔。世居是邑之青鎮。孝宗隆興間登進士第。"知"龍興"當是"隆興"之誤。

　　[4] 按：光緒《石門縣志》卷八《政績列傳》"沈木"條、李之亮《宋兩湖大郡守臣易替考・鄆州》"嘉熙二年戊戌（1238）沈木"下俱作"守鄆"。真定，當時不在南宋統轄版圖内，"守鄆"是。

元

　　張伯淳，字師道。與内弟趙孟頫人品相望。九歲舉童子科，以父琥授淮陰尉、揚州司户參軍，尋舉咸淳進士。監臨安衛都税院，擢觀察推官，除太學録。至元中，世祖遣程文海訪求江南人才，伯淳與孟頫並被薦。明年入見，世祖問冗官風憲，鹽筴楮帛，皆當時大議，對悉稱旨。授翰林院直學士，詔命皆出其手。同修國史，改慶元路總管府治中，拜侍讀學士。卒，謚文穆。有《養蒙文集》十卷，虞集爲之序。《元史》本傳。

　　俞鎮，字伯貞。幼承父天民訓講朱輔之學，長受業于鄧文原，通《五經》，尤精于《易》。爲文本經義，延祐間鄉舉第一，由華亭教授，歷典湖廣、江西、江浙文衡，官至建德路知事。以文學顯於世，得其指授者，悉爲聞人。嘗榜齋居曰"學易"，門人稱"學易先生"。著《修詞稿》二十二卷行世。弟鈞，領鄉舉，主龍游簿。《浙江通志》。參袁《志》。

　　張采，字景亮。伯淳子。河東宣慰副使，持正守法，剖決疑獄，稱神明。歷吴江知州。弟杲，字景正。京學録，軌範肅然，士風振起。子炯，字元明，武康縣丞。築渠堰，禦水患，民賴其功。終湖州知府。炳，字元暉，烏程縣丞，稱循良。柳《志》。參袁《志》、吴《志》。

沈兼善,字達卿。至正間任昌化縣主簿。涖事明敏,參政董搏霄敗蘄黃寇於昱嶺關,兼善多協贊焉。及寇平,撫綏有道,民深德之。《浙江通志》。

明

鮑恂,字仲孚。元至正中以薦授溫州路學正,尋召入翰林,不就。洪武四年初,科舉取士,召爲同考官。試,已辭去。十五年禮部主事劉庸舉恂明經老儒,達於治體,可備顧問。召至京師,時年八十餘。上命爲文華殿大學士,輔導東宮。恂固辭,上諭之曰:"以卿年高,故授此職。不久當從卿志。"恂復固辭。翊日放歸。恂受《易》于臨川吳澄,得其所傳。著《易傳大義》及《西溪漫稿》行世。學者稱西溪先生。《明史》。參《分省人物考》。

方良,洪武初應召入京,太祖問治安策,條對累數千言,悉稱旨意。除太和縣令,釐正風俗,賑恤窮民,以治行聞。內擢,不赴。卒。吳《志》。

富好禮,洪武初以鄉貢爲順慶府同知,創街衢,置坊巷,戶口田糧,悉賴經理。遷知保寧府,不赴,歸。嘉興湯《志》。參《嘉禾徵獻錄》。

朱逢吉,字以貞。洪武中以賢才薦知寧津縣,有德政,擢湖廣按察司僉事。入爲大理寺丞。永樂間,與修《高廟實錄》,陞僉都御史,卒。逢吉清介,囊無遺錢。長于文學。著有《牧民心鑑》《童子習》及《文集》四卷。《嘉禾徵獻錄》。

貝瓊,字廷琚。性坦率,篤志好學。博通經史百家言,師同邑黃次山、會稽楊廉夫。元季隱居,教授生徒甚衆。年四十八始領鄉薦,張士誠屢辟不就。洪武初舉明經,詔預修《元史》。壬子出校浙江鄉試。史成,受賜,歸。六年以儒士舉,除國子助教。瓊嘗慨古樂不作,爲《大韶賦》以見志。宋濂爲司業,建議立四學,並祀舜、禹、湯、文爲先聖。太祖既絀其説,瓊復爲《釋奠解》駁之,識者多是瓊議。九年改官中都國子監,教勳臣子弟。瓊學行素優,將校武臣皆知禮重。十一年致仕,卒。著有《清江集》四十卷。子五,翺、翻、翔以人才舉,世其家學。《明史》。參《嘉禾徵獻錄》。

程本立,字原道。少有大志,讀書不事章句。聞金華朱克修得考亭之傳于許謙,往從之遊。洪武初舉明經、秀才,除秦府引禮舍人,補周府禮官,進長史。從王入覲,被累,謫雲南馬龍他郎甸長官司吏目。留家大梁,從一僕赴任。會所部爲逆,本立單騎入,諭順逆利害,衆感悦歸附。是冬復變,西平侯沐英、布政司張紞,屬本立行縣典兵事,且撫且禦。本立不避艱險,山行野宿,自楚雄、姚安抵大理、永昌、鶴慶、麗江,往來綏輯,軍民以安。三十一年,奏計入京,徵入翰林,預修《太祖實錄》,遷右僉都御史。建文三年坐失陪祀,改江西按察副使。未行,聞靖難兵入京,自縊死。所著有《巽隱集》。福王時贈太常卿,謚忠介。乾隆四十二年,賜謚節愍。《欽定勝朝殉節諸臣録》。參《大清一統志》《明史》本傳。

方旭,洪武時薦授長汀知縣,鋤梗噓弱,吏民悦服。歲饑,窮民嘯聚劫掠,御史議發兵征剿。旭力爭止之,開倉賑給,諭以大義,衆遂引散。居官六載,民愛之如父母,旋以疾免。歸,父老涕泣遮道送之。吳《志》。

鄭楚瞻,洪武中由學行薦,歷官都察院右副都御史,以持重稱。崇德靳《志》。

徐奇,字仲偉。洪武己卯舉人。永樂初拜監察御史,執法不避權勢,時有國府不法,奇察以聞。陞交趾按察副使,改陝西,懲姦豪,決疑獄,民頌神明,引疾歸。後西陲患盜復起,爲陝西副使,尋轉參政,秦民莫不愛戴。致仕歸,卒。崇德靳《志》。參《嘉禾徵獻錄》。

馬繼祖,字紹先。洪武癸酉舉人。授巴縣教諭。永樂初上封事,稱旨,遷知巴縣,改全椒,未赴,以賢能被徵。巴民疏請留之,不獲。尋擢睢州通判,寬鹽禁,恤郵丁,尤有惠于民。告歸,卒。劉《志》。參崇德靳《志》。

姚文,字敏學。永樂乙未進士。選庶吉士,改禮部主事。營建北京,采木川蜀,差蒞馬湖府,措置有方略,調行在户曹。凡天下漕運米粟,及内郡所輸糧草,悉屬督運,請託不行。宣德中罷調六曹官,獨留文。主文選事九年,陞稽勳郎中。時朝廷重郡守之選,以兵部侍郎柴車薦,出知慶遠府。俍僮雜處,文待以恩信,修建山谷書院、懷遠橋,民爭趨役。移守袁州,嚴威廉正,民不敢欺。復先賢遺蹟,橋梁、壇壝靡廢不舉。將代,百姓詣闕請留,詔賜以三品服俸,仍聽守袁。卒于官。父老皆會哭于庭,如喪父母。文刻勵操行,歷中外幾四十年,一介不妄取。在户曹時,有饋生魚而去者,文歸,亟追還之,不及,乃懸諸壁,以待其腐。柳《志》。參《嘉禾徵獻錄》。

蔡新,字日新。永樂癸卯舉人,以報父仇繫獄。十三年,其僕阿小訴于朝,得釋。除知慈利縣,地雜俍苗,難治,新以威信服之。境有虎患,新禱于城隍,往捕,一夕虎遁去。改臨淄,有豪猾郭智、張勝、于翱者結黨撓政,新寘之法。吏民頌之。劉《志》。參《嘉禾徵獻錄》。

陳禮,字文則。洪武己卯舉人。永樂初入太學,上考,授户科給事中。交趾犯順,奉命征之,縛渠魁,平其餘黨。奏凱還,道卒。子謨,于萬里外親負骨歸。正統中,以鄉貢知福安縣,遷刑部主事。

陸竑,字廣文。父榮祖,避居石門鎮。竑少負氣節,好騎射,習孫吳兵法。洪武初舉于鄉,爲百户,累進指揮僉事,後官至懷遠將軍。弟端,字正文,剛毅沈勇,洪武間輸運京師,溺于江,尸逆流而還,容色不變,鄉人立祠祀之。

孫敬叔,一作敬冲,歲貢生。永樂中,知修武縣。邑以豪強兼并,訐訟不休。敬叔勸農弭訟,民戴之。薦授景州同知,地近輦轂,頗爲中人所擾。敬叔一意裁抑,人皆憚其嚴正。以上《嘉禾徵獻錄》。

沈貴,字廷臣。永樂庚子舉人。宣德間知汝州,作陂堰溉田,民享其利。訐訟者,理諭之,雖豪猾服其仁信。居官一介不苟。考滿當遷,汝人乞留,復任十有二年。汝州人士稱爲琴鶴先生,卒于官。立祠祀焉。《浙江通志》。參《嘉禾徵獻錄》。

吕聲,字廷和。景泰甲戌進士,知進賢縣。至即咨民隱,規利弊,興學校,整風俗。任滿,民相率請于朝,復任十有三載。冰蘗之操,終始一致。以治行陞太僕寺丞,上馬政五事,見採納。引疾歸。《浙江通志》。參劉《志》、崇德洪《志》。

勞玭,字汝明。成化丙戌進士,任户科給事中。立朝侃侃,遇事不顧忌諱。嘗以直諫忤旨,被責不少挫。卒于家。劉《志》。參袁《志》。

潘蕃,字廷芳。成化二年進士,授刑部主事,歷員外、郎中。沁源王與州官互訐,持不解,朝命下蕃涖事。蕃廉知左右撥置王狀,因列其罪,置之死。雲南鎮守太監錢能攫金蠻部,危動邊鄙,由指揮盧安輩釀釁,蕃往,正盧安輩以法。歸,請并治錢能,士論壯之。已而出守安慶,改鄖陽。鄖陽初創,界接陝、洛,流民歸者如市。蕃因撫以土著,遂稱善郡。歷晉右副都御史,撫四川,申飭軍政,倖功生事者悉治之。常單車行視松茂,夷人莫敢輕出。陞右都御史,總督兩廣,節制特嚴,一號令出,即大將不敢喘息。方面而下,稍違約束,必召軍正治以法,不少貸。黎寇符南蛇等衆號數萬,蕃親統兵迎擊,大破之,蠻氛以息。思恩知府岑濬叛,蕃籌其所居道里遠近,分六哨以進,濬遂伏誅。豐湖十三村傜寇及惠州古三仔、唐大鬢等阻兵肆亂,蕃督率部兵掩擊,殲其渠魁,餘黨灰滅。在廣五年,屢大戰伐,前後斬賊無算。正德改元,召拜南刑部尚書。時逆瑾稔橫,蕃堅求去,命乘驛歸。年七十九卒。嘉靖年賜祭葬。《檇李往哲初編》。

姚鵬,字鳴南。弘治壬戌進士。授龍溪知縣,有豪猾橫行,鵬至即按以法,百姓安枕。歲饑,捐賑活民。擢工部主事,榷稅蕪湖,羨餘不染。歷員外、郎中。巡視河道,督理有功,商民咸利。出守韶州,釐革積弊,老吏悚息。時廣寇高快、馬長、朱白毛者嘯聚數千人,鵬往平之。又岑猛據險作亂,莫敢攖其鋒。鵬深入其巢,圖其形勢而出,佐王文成守仁進兵除剿。陞山東布政使,勤王事,卒。劉《志》。參袁《志》。

魏楷,字良模。正德庚午領歲薦,知順昌縣。質直勤慎,冰蘗自持,有《民懷集》。

勞樟,字奇材。正德庚午舉人。授萬年知縣,勸農講學,剔蠹綏良,調羅田。南陽盜發,築城死守,有保障功。後補新淦,以按豪猾被誣下獄,尋得白。陞贛州同知,奉命督木,卒于道。羅人思之,祀名宦。以上崇德舊《志》。

張璵,字叔美。正德丁丑進士。授南刑部主事,中途辭以疾,祖母督之行。璵執法剛介,竟以直道忤權貴,遂致仕。家居三十餘年,所居不蔽風雨,薄田僅供饘粥。著有《南溪集》。子堯臣,有學行,以鄉貢爲太平府教授。武臣,國子生,太常寺引禮舍人。劉《志》。參《嘉禾徵獻錄》。

張文憲,字廷鑑。曾祖光顯,洪武間充肅府護衛。文憲七歲工八法,以神童薦于朝。孝宗召試"乾坤"二大字,稱旨。令讀書翰林,給餼廩,一時名公呼爲小友。嘉靖癸未成進士,終工部尚書。端凝詳慎,正直不阿,侍經筵,國史玉牒諸綸綍,多出其手。服官四十年,囊無餘積,晏如也。弟姪同居,不減公藝風。年八十七,卒,遣官諭祭,有司治塋域,又刻其《汲山文集》。子汝賢,進士。《浙江通志》。

周崑,字孟登。嘉靖癸未進士,授玉山令。有妻殺夫,獄不能決。崑庭訊之,忽一羊突入,長鳴者三。崑于兩傍觀者縛三人,鞫之立服。士人爲賦《靈羊》詩。一少年挾豔婦從喪,崑見其不哀,廉得其與主妾姦狀,寘之法。調進賢,邑有盜魁,蹤蹟詭祕,崑僞爲出遊,抵鄉捕得,數其罪,杖殺之,人稱神明。召拜吏科給事,擢刑科都諫,上書論兵,皆可施用。巡視京營,諸勳戚畏避莫敢犯。時都御史劉源清、御史馮恩、行人薛侃相繼下獄,崑獨正言申救。都督袁繼勳臨敵不力戰,劾之。尋罷歸。卒,年五十八。子幹,仕至郡倅。《嘉禾徵獻錄》。參《豫章書》。

呂燧,字人文。國子生。嘉靖中授靖州同知。律己嚴毅,州所屬五開衞有六謹,苗人胡國瑞等號稱款頭,驕橫難馭,以計擒其尤者一人,戮之幽。本衞守備據黎平府以叛,燧單騎往諭以禍福,不戰而服。事聞,有旨獎勞賜金。以疾致仕,歸,卒。《嘉禾徵獻錄》。

沈宏,字惟遠。嘉靖乙未進士。初授刑部主事,歷武選郎中,陞廣西副使。時洞傜剽亂,勒兵深入,有斬馘功,賜白金文綺。尋擢廣東按察使。性謙和質實,雖貴顯,一如寒士。劉《志》。參袁《志》。

郭鼎,字文新。父皜,徙家崇德。鼎以高資充太學生,上考,授雲南府推官,負清望,多平反疑獄,遷福建鹽運司運副,亦著風節。乞休,卒。

余田,字舜耕。嘉靖庚戌進士,授禮部主事,釐弊明法,有能聲。歷本部員外郎,出爲四川右參議。時征山賊黃忠，督餉有功。

吕煥，字堯文。嘉靖中以太學生授廣東靈山縣丞，採珠合浦，以部署敏捷，陞贛州府經歷，署寧都、石城、龍南三縣，有異政。遷保定知縣，縣有馬價若干，煥以民貧不征。御史按郡檄解，煥召父老謂之曰：“馬價甚迫，吾不忍追呼，能供則供之，不能，吾挂冠去矣。”父老感泣，一日畢納。明旦，御史案籍無缺額，特薦卓異第一。縣無城郭，適寇闖郊關，勢莫能禦。煥立營死守，寇竟去，隨議築城。尋判辰州，有靖苗功，賜白金。進山西行太僕寺丞，以親老乞休。以上《嘉禾徵獻錄》。

吕炯，字心文，號雅山。嘉靖乙卯舉人。萬曆初，知泰興縣。有議改運道，由常州經泰興而出楊子橋者，工役之費不貲，炯力持不可，事遂寢。不兩月，即投劾歸，士民尸祝之。炯性純厚，無親疏遠近，有求者必周之。卒至貧乏，終不悔也。博學無所不通。著有《道德經解》《山林漫言》《藝苑日錄》《素心居集》。王司寇世貞銘其墓。《嘉禾徵獻錄》。參石門鄺《志》。

郭子直，字舜舉，號汾源。鼎子。十六始學《易》，補諸生。隆慶初貢入北雍，辛未成進士。官祠曹，坐事謫懷仁尉，檄主雲中書院，拔馮宗伯琦於童子中。量移尉氏知縣，分校文武闈，稱得人。再起爲南兵部郎，出督廣東學政，攝南韶道僉事。時虔寇黨復嘯聚，子直撫得盜魁，平之，論功賜金。轉山西冀寧道參議。調福建按察使副使，同安縣民訛言日本長史申文將入寇，民洶洶奔避。子直爲畫民守計，事甫定，以事被謫。歸，招里中文士，爲爻山詩社。著有《二京》《三浙》《中林》諸集行世。《嘉禾徵獻錄》。

李華春，字仲實。其先溫陵人。隆慶辛未進士。知安仁縣，政聲藉甚。有鳥晝夜鳴於庭樹，踪跡之，獲謀死二屍于水，獄成，而鳴止，人稱神君。城中火，下車再拜，風反火滅。改南城，以勞瘁。著有《牧吏放衙集》。袁《志》。參崇德靳《志》。

陸楷，字子正。萬曆癸酉舉人，知豐潤縣，巡撫塞達大加器重。時巡撫李材在繫，遣子典往受經焉。遷蘇州府同知，以勞瘁卒。楷行誼端愨，遇事不依違，所至有循良聲，惜不究于用。袁《志》。參石門鄺《志》。

趙巖，字維石。其先吳人，少隨父聰賈于崇德，因家焉。萬曆壬戌進士[1]，授九江府推官。時有宗藩橫行郡內，巖繩之以法，一時豪右聞風避蹟。召爲侍御史，督通三輔，山東西關河五省以彈糾忤時，謫判武定州。歷江西屯田僉事，卒于官。王奉常世懋銘其墓。吳《志》。參《嘉禾徵獻錄》。

陸典，字仰峰。楷子。受學于李見羅，日究濂洛關閩之傳。萬曆辛丑成進士，知江西贛縣，調豐城，所至勞心撫字。暇則與諸生講學，孜孜不休，改山東定陶知縣，入爲刑部主事。恤刑畿輔，多所平反。有司循故事，以路賄相遺者，概卻不受。出知潮州府，民戴之以爲昌黎復生。轉惠潮副使，未幾引疾歸，卒。典勤慎清介，動循規矱，其論格物歸仁之理，多前賢所未發。不究其用，人爭惜之。石門鄺《志》。參《嘉禾徵獻錄》。

尤拔俊，萬曆甲午舉人。知安仁縣，土本瘠，隘當水陸之衝，民苦于役，俊即爲量減停徵，務爲休息。邑少科目，乃拓城于泮宮之南，建一門曰“雲錦”，以延山川之秀，自後科名始盛。入覲，過湖口縣，見榷稅爲民害，即抗疏乞罷之。事雖不行，一時以爲快論。《嘉禾徵獻錄》。

吳中台，字稺文。郡子。萬曆壬子舉人，授龍游教諭。時泮宮頹廢，中台傾資重建，科第日盛。遷知建平縣，俗好訟，最黠者有罣煞之名，中台按捕之，遂息。邑人爲撰《鳳凰臺紀事》。以勞卒于官。著有《寄軒集》《飛隱草》。石門鄺《志》。

勞永嘉，字金粟。萬曆辛丑進士，知蕪湖縣。有稅璫爲害，永嘉力爲禁戢，不得逞，以才優調當塗，擢刑部郎。屬讞挺擊一案，善爲調停，改補虞衡司郎中。典戎器，釐剔弊政，省縣官金錢十餘萬，器反勝囊時。出守福州，福州爲時執政鄉，永嘉清慎方嚴，不敢干以私，調貴州參議，苗獠不靖，親率文武將吏，拔寨三十，開縣一，以功遷登萊分巡副使，汰冗兵，賑饑民，撫字備至。擢本省按察使，會賊陷新城，人情洶洶，即檄州縣繕城郭，備器械，衆志以固，賊覘知有備，不敢犯。寇平，論保障功，轉本省布政使。時兵火逃亡，徵餉急，不能應，永嘉調治有方，餉賴以濟。陞東萊巡撫，以老疾不赴，歸。歲饑，代輸邑人漕粟幾千石，衆共德之。年六十四卒。《嘉禾徵獻錄》。參石門鄺《志》。

沈大德，字光野。萬曆戊子舉人，知南靖縣。時值寇至，且三經水患，民苦蕩析。大德靖輯整頓，卒成寧宇。禮儒士，約吏胥，興利剔弊，得上考賜金，擢南都司城。以不逢迎被察改外，歸。歲祲，屢倡蠲賑，贖驛宰之子，剖族人之冤，有德于鄉。南靖士民建生祠。崇祀名宦。石門鄺《志》。

費彥芳，字爾英。萬曆癸卯舉人，知隆德縣。崇禎癸酉，海賊入平涼界，破靜寧州，來攻隆德，直薄土城。彥芳倉猝爲守禦計，城無兵，乃斷一指瀝血爲書，乞救于分守固原參政陸夢龍。夢龍星夜率兵援，遇賊于綏德城下，全軍皆歿，夢龍死之，賊遂破隆德。彥芳封印北面再拜，欲自縊。賊掩至，被執，罵不絕口，賊剮殺之。詔贈靜寧州知州，廕一子入監。國朝乾隆四十二年，賜諡烈愍。《諸臣欽定勝朝殉節錄》。參《嘉禾徵獻錄》。

吳之屏，字澹生，號諤齋。少力學。從武林黃汝亨遊，深究性理之學，研精經史，爲文氣格疏古。天啟壬戌進士，授建昌新城知縣。清賦稅，免夫役，民感惠愛。調南城縣，發奸摘伏，不畏強禦。益藩府校侵百姓，持之不少貨。丁卯分校得羅萬藻、黎元寬，稱知人。遷禮部郎，崇禎改元，諸大禮疏悉出其手。出爲福建糧道，改督學，斥浮濫，絕請託，務羅異才。轉廣東驛傳道，未任，部民乞留，值歲饑，多方捐賑，民賴以全。擢巡撫，歸。卒，祀鄉賢。石門鄺《志》。參《嘉禾徵獻錄》。

費洵，萬曆癸酉舉人。授岳州府推官，頗平反諸冤獄，以是忤上官，罷歸。《嘉禾徵獻錄》。

呂元學，字澹津。萬曆庚子舉人。知繁昌縣，介特自守，除豪右，與民休息，數年解組歸。惠鰥寡，恤貧乏，歲凶，邑人免于饑寒者無算。晚年寄情泉石，絕蹟朝市，孝友忠貞，不忝正獻家風。石門鄺《志》。

吳爾壎，字介子。案：舊《浙江通志》作介之。之屏子。崇禎癸未進士，授庶吉士。時闖賊警逼，大學士范景文薦爾壎，召對德政殿，問守禦之策。爾壎請遣間使于西邊土司李、魯、祁三姓，假之重職，使起兵牽制賊鋒以待援兵。未及行，京師破，爾壎與孝廉祝淵間道南歸，見督帥史可法于揚州，誓從討賊。因與淵訣，拔佩刀，斷一指，令歸遺父母，賊仇未雪，誓不還矣。可法乃令爾壎招撫河南諸土寨，擒剿自成僞署官吏。聞維揚被圍，遂還見可法，相對痛哭。城陷，可法死，爾壎與監紀主事何剛同死之。棺寄寺中，遭燬，僅祝淵所攜一指，家人葬于塋。爾壎嘗輯史傳死節諸人，各係以贊，名曰《仁書》，藏于家。《嘉禾徵獻錄》。

曹廣，字遠思。與兄序稱“二難”。弱冠登崇禎庚辰進士，授汀州推官，能清冤獄。在官五載，一介不擾于民，調漳州。漳浦黃道周慎許可，獨心折廣，作《文治論》贈之。擢刑部主事，以母老辭歸。倡修學宮,周恤貧乏,嘗舉故人葬,并爲其子納婦。巡撫李某重其行,時問起居,而廣未嘗干以私。吳《志》。參石門鄉《志》。

朱得祚,字峨武。博學善屬文,崇禎丁丑進士。知寧德縣,下車除賦稅羨餘,清兼并,抑豪右。俗刁善訟,每憤争,輒服毒草。祚嚴禁之,終其任無犯者。邑有支提寺,明初吕尚書捐田五百畝,吕後凋落,子孫從僧乞佃租,稍後每掠辱之,繫其孫于黑室中。祚廉得其實,立正以典。將遷,以黨事左謫常州府經歷,署蘇州同知。有宦族女爲洞庭僧所污,羞忿自經死,祚執而杖殺之。量移泰寧,縣吏連枝者曾鳩殺其前官,祚至擒之,一訊而服。擢刑部主事,調禮部員外郎,致仕歸。《嘉禾徵獻録》。

吳夢白,字可黃。中台子,敦氣節,不隨時俗取舍。崇禎癸未進士,除吳縣令。縣爲往來孔道,夢白極意撫綏,節省夫役驛馬諸費,民咸便之。國破,挂冠歸里。吳《志》。參《嘉禾徵獻録》。

顧朱,字自公。崇禎癸未進士。倪元璐、劉宗周深器重之。甲申謁選,授行人。清餉兩浙,南都潰,志堅殉國,無去意。明年,越城復潰,獨行至海門,無舟可渡,乃還乾鯼,從間道歸。當路者争欲起之,不應。家居貧甚,泊如也。鄉薦出李向中門,李殉義洲山,家屬流離,率先與同門士經紀其喪,迎歸,撫恤十餘年,送之歸楚。生平鋭意《六經》,尤喜《春秋》。著有《詩》《書》《易》解,《春秋本義》,《石璘詩集》。吳《志》。參石門鄉《志》。

吳尚倫,字敍庵。貢生。性孝友。善屬文。雅度汪洋,人以橫逆加之,未嘗與較。家非素封,每能焚券市義,爲人所難。任永寧州同知,勤撫字,州人至今頌其德。

沈國,字九如。天啓乙丑會試副榜,授湯溪教諭。陞湖廣寧鄉知縣,剔弊除奸,恤民禮士,徵賦不擾,斷獄無冤,頌聲交作。丁艱,起補川北蒼溪,西屬要衝,屢經兵燹,竭心撫字之,上官交薦,遷重慶同知。流賊攻城,多方防禦,京都陷,乃棄官歸。

【校注】

[1] 按:萬曆無壬戌年。本《志》卷四十五《選舉二·進士》:(嘉靖四十一年壬戌)"趙巖僉事。"知"萬曆"是"嘉靖"之誤。

國　朝

鍾鼎,字梅城。崇禎丁丑進士,知涇縣。順治初歷陞太平府,兵殘之後,調劑獲安。遷廣東按察使,詳詢民冤,委曲開釋,粤人有生全之感。晉兵部侍郎,卒于官。鼎待人以恕,撫民以慈,天性和厚,坦懷真摯,爲文亦不事鉤棘,如其爲人。以上石門鄉《志》。

朱輔,字伯揆。博學善屬文,三中副車。順治戊子,以薦授推官,改知壺關縣。歲旱,發倉賑濟,疏南北兩池水利,興學校,修邑乘,民永賴之。奏最,遷簡州知州,卒于途。崇祀名宦。著有《從政録》《紉蘭集》。袁《志》。參吳《志》、石門鄉《志》。

勞大與,字會三。順治辛卯鄉舉,任永嘉教諭。學問淵邃,嘗應聘爲福建房考官,旋補海寧教諭。卒年八十一。于《志》。

陳之烈,字澹如。以副貢授青田教諭,改嘉定縣丞,平恕愛民,民呼"陳父"。遷同安知縣,以年老辭歸,與知交賦詩飲酒以自適。

張行生,字道母。順治間貢生,考選通判,改授中牟縣丞。河決,晝夜修築,上官廉其勤敏,薦陞淮安海防。歲旱,賑濟。蘆場竈户有糧賦不均者,履畝丈實,隱佔一清。擢淮安知府,郡當孔道,往來使者如織,兼漕艘蝟集,民貧健訟,最稱難治。行生緩刑恤役,清慎自持,所轄州縣每巡行省視,以積勞成疾,卒于官。以上石門鄺《志》。

朱霞,字石年。輔子。順治乙未進士,任汀州推官。自持嚴峻,人莫敢干以私。早歲遊劉宗周之門,講論甚契,故所學多實行。邑有興革,輒條之當事,侃侃不回。弟雯,字霄三。康熙甲辰進士,初授孝感知縣。陞江寧同知,擢山東督學,轉濟東道。篤於同氣,兄歿,撫其姪如子。爲人敦厚和平,布衣舊交,不改平素。吳《志》。

鍾朗,字玉行。父景音,慷慨好施,力行善事。朗,順治己亥進士。授翰林,改工部主事,出視江南蘆政。蘆故奸猾弊藪,強弱輸賦不等,積逋至二十萬,時方遣使者督令清丈,朗偕使者按籍履畝,查出豪富侵佔,胥吏飛灑等弊,陳請豁免貧户積欠數萬。兩歷刑部郎中、陝西提學道,嚴絕苞苴,振興文教。陞布政司參議,致仕。《浙江通志》。

勞之辨,字書升。康熙甲辰進士。由庶吉士改部郎,主江南試,督學山左,以總憲魏果敏公薦,補貴州糧驛道,量移嶺南,旋内擢。歷官至副都御史,竭誠獻替,知無不言。戊子歲,外洋運米江浙,市價騰踴,疏請暫嚴海禁,價得漸平。又各省截漕,恐太倉額缺,時議以半銀半米給兵糧。京師億萬户,賴兵餘米以養,若給半銀,兵固缺糧,民更無米,疏請照舊給發,人咸賴之。每奏事,未嘗示人,人亦罔知。被議罷斥,尋復原官,卒于家。吳《志》。

吳震方,字右弨。康熙丙辰進士[1],由庶吉士改御史。京師多無賴,糾黨爭鬭,震方嚴禁之。鯁直敢諫,以參關弊罷官。有《放膽詩》《晚樹樓詩稿》行世。《浙江通志》。參吳《志》。

鍾璜,字佩遠。康熙丙辰進士。由中書陞刑部主事,擢禮部郎中。廉介勤敏,以勞瘁卒。吳《志》。

金之植,字卓人。康熙丁巳舉人。授杭州府教授,補河南尉氏縣。縣當孔道,驛騎不絕。植捐俸買騾,以供往來,革里遞幫貼之累。地近窪下,疏通康溝、太溝、賈魯河,達淮泗,而積潦之困免,民便之。平居樂易,臨事明察,能決獄。嘗有盜斃孤客水際,司讞捕,同舟將坐。之植力爭,免無辜者鳳陽徐姓兄弟二人。于《志》。

吳寶林,字存齋。之振子。由貢任河津令。甲申旱,不待請,即停徵貸粟,禱烈日中,不終日澍雨沾足,歲大稔。遷嵩明知州,有弟兄五人爭産,訟不休。寶林共羈一室,俾天良感悟,不數日,果愧悔相讓。陞奉天府治中,以親老歸省,卒于家。今祀鄉賢祠。于《志》。

吳涵,字容大。康熙壬戌進士,授編修。歷副都御史,疏請禁止湖南加派,安插四川流民,陞工部侍郎。理寶源局,時以鑄錢故採買廢銅,銅商趨利,吏得爲奸。涵設籤,聽商自掣,商人稱便。轉刑部,審察蒲臺命案、粵東提鎮失機,皆稱旨。進吏部侍郎,兼翰林掌院學士。遇銓選,一月前預列應選應補姓名次序,揭於通衢,吏不得上下其手。又念舉人揀選,或至終身不得一官,疏請單月兼選,著爲令。尋陞左都御史,仍兼掌院。以病歸,卒,賜祭葬。《大清一統志》。參《浙江通志》。

田朝鼎,字象山。讀書穎悟。康熙甲午登賢書,歷宰長寧、江油、冕寧、涪州、遂寧等縣,所至有廉能聲。遂寧育嬰堂久廢,捐俸重建。纂修《邑志》,悉出己資。卒于任。

曹坤柄,字景厚。康熙三十九年訓導湖州武康學。甫任,即作規語六條,名曰"相見贈交箋"，取古人贈人以言之義。歲科補弟子員，例餽修脯，坤柄謂師道之衰實由此，謝卻之。病目欲歸，多士懇切挽留。<small>湖州府武、康縣《志》，劉《志》。</small>

吳關杰，字見山。涵子。康熙丙戌進士。由翰林出知兗州府，時沂州、濟寧一帶尚未分析，所屬二十七州縣新太守涖任，各有餽遺，不下數萬金，關杰盡卻之。府中掛名書役舊有三千餘人，皆橫行鄉里，索詐多端。甫下車，即爲裁汰，酌留數十名以供驅使，一切夫馬官自爲雇備，禁止吏胥加派。歲饑，督率各屬，實心撫邮。間有賣子女者，爲分俸贖還。內擢鴻臚寺少卿。以病歸，年七十六卒。<small>于《志》。</small>

吳大成，字焦庵。賓林子。任蕭縣知縣，愛民禮士，政聲蔚然。徐屬有調夫役河之例，民以棄家遠役爲苦，屢投牒，願出雇工錢，募就近人充役，上官格于成例，不許。大成力爭得請，由是豐、沛、碭、蕭四邑均蒙其利。康熙六十年，開胡家樓引河；雍正五年，開碭山縣茅成舖引河，皆晝夜在工所督率夫役開濬，并捐資創修，俾迅速竣工，民甚德之。蕭邑冰雹橫亙三十里，田廬損壞，捐銀賑粥者三月。吳門任蘭枝官吏部，以大成視官如家，力行保舉。由京倉監督歷大西諸倉，諸弊盡剔，勾稽出入，井井有條，倉場諸大臣俱極器重，方將上計，以母病乞歸。<small>于《志》。</small>

陳鑣，字卯君。性好學，雍正丙午舉人，授內閣中書，歷任廣西崇善、興業知縣，升歸順、寧明知州。任寧明，有趙生與同庠生周德出遊，趙死于盜，趙妻訟周殺夫，已誣服。鑣涖任，察其冤，果獲盜，實諸法，周冤乃白。升雲南府知府，署迤東道，疏濬金沙江，化瘠土爲膏腴。鎮撫猓夷，不煩一兵，士民感頌，立有專祠。以終養請告歸，年六十八卒。<small>于《志》。</small>

沈天璣，字星杓。雍正己酉由拔貢領鄉薦，歷任滎澤、新野、臨漳知縣，所至有循聲。<small>伊《志》。</small>

陳錕，字厚嚴。雍正壬子舉人。歷任臨朐、金鄉、東平、泰安等州縣，所至有政聲。在商河任最久，邑爲黃河故道，有徒駭、馬頰，并土河三道，久經淤廢。又有七十二窪，水潦之時，民皆畊種，一經大雨，則湮沒無存。錕相度地勢，多濬溝渠，俾七十二窪之水引入三河。復將三河深濬，以備蓄水，自此無淫潦之患。後以卓薦，陞廣西梧州知州，未及赴任而卒。<small>于《志》。</small>

田朝泰，字隣哉。初任湖南武障巡檢，調永順之王邨。王邨故施溶土司境，撫綏盡善，四境帖然。其在婁底購竹木，創官署，絲毫不以累民。告歸，年八十三卒。

葉棠，字香國。乾隆辛未進士。授工部主事，歷員外，擢寧武守，剗革陋規殆盡。未半載，以憂去。補兗州守，值秋霪，金鄉、魚臺、汶上一帶黃水匯流，民田、廬舍淹没，棠晝夜防禦，悉心賑恤，嘗謂濟寧水無所歸，當疏牛頭湖下流以洩之。前守從觀察之議築堤湖中，以止漫溢，功未竣而去，糜民財盈萬。棠任事後，急止之。不數月而已築之堤盡没于水。棠乃濬河下流以殺其勢。又微山湖潴水濟運亦洩，兗之金、嘉、魚、濟，因湖底淤高，遇秋汛，民田被淹，乃相度情形，詳請河帥、豫撫奏明，設立滾水閘，水與閘平，濟運已足而地亦免水淹矣。歸田後，杜門謝客，年七十四卒。

田尹衡，字樂莘。乾隆癸酉領鄉薦，考授中書舍人。歷湖北荊州府同知，權知施南府事，均有惠政。後攝福州守，因公罣誤。旋值臺匪滋事，經理一切善後事宜，以軍功優敘，給銜歸。

蔡履元，字萬資。幼嗜學。乾隆癸未進士。由戶部主事陞湖廣道御史，居官二十載，以勤慎稱善，書有《資敬堂帖》行世。

馬俊良，字兼三。幼穎悟，九歲能詩。乾隆辛巳進士。掌教粵東西及山左右、江西、浙東，所至以經學造士，中甲乙榜者數十人。性慷慨好施，在粵時遇姪女壻吳某流落無依，給資俾營生計，未幾吳死，遺孤三歲，俊良攜至書院撫養，課讀以至成立。有《嵊山詩鈔》及《龍威祕書》諸刻行世。

吳震起，字省吾。父曰爟，增廣生，有至行，嘗葬族人十三椁，并捐田以供祭祀。震起明敏力學。乾隆辛卯進士。歷刑部郎中，日覽積案，纖悉靡遺，不數月而塵牘一空。以上伊《志》。

周彪，字于宣，號介山。諸生。讀書以明理爲務，文行卓犖，士林矜式。歿後，與歷代名賢並祀西湖先覺堂。于《志》。

鄭柟，號粲石。登乾隆辛卯進士。授吏部考功司主事，遷國子監丞，授大名府通判。署漳河同知，性寬和接物，以誠聽訟，未嘗妄攝一人。

周右民，任廣西馬平縣典史。境南多虎，行人裹足。右民捐俸造茆屋數十間，列于要隘，置備農具、口糧，令配到軍流等人開墾荒田，土人來投者日衆。經年，遂成村落，從此虎患絕。里人感其德，立祠以祀，名其地曰周公村。

陳萬青，字遠山。乾隆辛丑以第二人及第。少敏悟，讀書十行並下，未冠即入泮食餼，由選拔登京兆榜，成進士。入詞垣，歷侍讀，嘗奉敕寫《孝經》。屢典江西、山東、廣東鄉試，視學陝甘，卒于官。以上伊《志》。

勞幼溥，字溥哉。歲貢生。性孝友。好讀書，晚年潛心濂洛關閩之學。著有《惕號齋四書》《豁然集》《默樞詩集》。于《志》。

陳萬全，字軼群。乾隆甲辰進士。由編修歷陞兵部侍郎。幼好讀書，與兄萬青同學。兄以天資勝，弟以學力勝，爲文守先輩法脈，官翰林時，命在尚書房行走，前後分校禮闈者二，出典河南、江南鄉試，得士稱極盛。後以病乞歸，年五十六卒。平居敦樸儉約，雖躋貴顯，不改儒素本色。訓族中子弟，必以禮義爲先。于《志》。

陳溰，字畹青。乾隆甲辰進士。出知鞏昌府，以任儀制司失察事改祁州知州，轉深州、易州，升廣東運同。未涖任，緣事罷職。牧祁州時，歲屢不登，賑撫招集，民無轉徙。工詩善畫。著有《被褐集》《二分明月集》《曇花集》《隴雲集》《竿木集》。于《志》。

吳文照，號香竺。乾隆戊申舉人。由教習任新興令，愛民如子。凡有益事，輒舉之。時苦鹽運，有議開天堂等處地方瀦水以轉運，民大不便。文照力請罷之。壩塘村爲新興要地，積匪拒捕傷役，大憲命帶兵圍之。文照以煙户數千，會營必至玉石俱焚，單騎往緝，果擒其魁，全免其衆。移香山，以獲盜功擢知州，任惠州同知。生平工詩，善書。著有《在山草堂集》行世。于《志》。

胡枚，字友鄒，號梁園。宋安定公二十七世孫。生質異敏，幼年好學，出應縣府試，即冠一軍，補諸生。食廩餼，充選拔，成乾隆乙卯進士。受知于朱相國珪、寶總憲光鼐。初官中書，旋遷主政，直入樞庭，分校禮闈，閱卷不苟，得羅琦等二十二士，皆一時才望。及視學黔陽，尤實心校士。歲值選拔，得品學兼優王玥等七十三人，稱極盛焉。當時黎平苗人藉爭學額之名，擾害平民，迺移知撫軍會剿，復剴切開導，奏定額數，漢苗均分，苗境從此肅清。任滿，擢員外郎，即陞郎中，記名御史，時年五十七歲。以忠勤積勞成疾，遂卒於官。居官二十餘年，妻孥終令在家事親，未嘗一日挈以自奉。初伯兄叔弟俱病瘵，禱醫備至。歿後有《鴒鴒志感》一卷，詞意甚慘。又請貤封伯兄，其孝友又如此。著有《古文時藝》《詩賦》及《歷代史評》，均刊行世。于《志》。

　　吳于宣，字浚明。乾隆丁未進士。授知縣，歷陞刑部郎中。才識英敏，通達吏治。事無大小，綜覈靡遺。官邑令時，以能聲著山左。內擢刑曹，每遇欽差大員往各省審案，必奏請于宣偕往。如湖南、湖北、山西、陝西、山東諸案，于宣悉心研鞫，平反頗多，定案後入奏俱稱旨。俸滿授揚州守，護理常鎮通道篆。時洪湖水漲，揚屬大半被淹，運河堤工蟄塌，于宣購料積土，督率防護，并籌辦賑恤，冒暑奔馳，以勞瘁致疾，卒于官。善書法，嘗典福建鄉試，所拔皆知名士。于《志》。

　　許瀚，字紫瀾。乾隆己酉拔貢，出知江都、甘泉、阜寧、山陽諸縣，政尚寬和，搏擊豪猾，仍不貸。淮有豪家女，幼許字生員鄭榜，既長，豪知鄭貧，欲背約，鄭訟之官。適瀚至，豪懼，炫以重賂，瀚佯諾。及庭鞫時，即以賂歸鄭，而判令成婚，遠近快之。丙午，兩淮大飢，瀚既上請緩徵，借給籽糧，復捐廉，率紳士施粥給米，病者爲之醫藥，民瀕死而甦者數千人。以積勞成疾，卒于官。生平工詩文，尤精書法。有《留真書屋文》二卷，《詩》一卷，《書法集要》一卷。于《志》。

　　蔡德淳，字樸園。嘉慶壬戌進士，任山東齊東知縣。性慈而勤，無不結之訟，長於斷獄，不妄刑求。鋤豪右，杜訟棍，裁陋規，除布稅。尤重士習，修葺學宮，清釐義學、公田，以資膏火。旋以親老引疾歸。于《志》。

　　沈煜，字辰令。由鄉舉任餘姚教諭，實心訓士，多所造就。常應聘江南房考官。現祀餘姚名宦。于《志》。

　　金標，字次表。性穎異，孝友力學。以副貢生任舞陽令，除重耗，墾荒土，以報最稱，陞蒙化郡丞。時逆氛未殄，大兵猶駐建川，標捧檄籌畫輪輓，制府嘉其能，擢青州守。青瀕海亢悍，標善撫之。兩署按察司副使，分巡青、登、萊三郡。母病，告歸。于《志》。

　　吳曾貫，號潤蓴。由優貢成嘉慶丁丑進士。始任陝西盩厔縣，實行保甲法。道光壬午，秋雨傷穀，捐廉賑之。調渭南，有孝義鎮民兄弟爭產，訟十餘年。親至其門，委曲開導，皆感泣，復爲兄弟如初。攝寧陝同知，以疾假歸。年七十六卒。著有《補硯齋詩集》《仕津要言》《渭南河渠考》等書。于《志》。

　　葉淮，字倬雲。由未入流分發陝西，旋因張格爾滋事，派往肅州哈密，管理糧臺，接運軍器。以軍功超升略陽縣丞。邑有黑河，民病於涉，盛漲時多溺死者，淮爲捐設義渡，從此利濟。復教民鹽，植桑樹四十餘萬株，民勤鹽事。署略陽知縣，捐廉平鳥道羊腸數十里，以通行旅，士民感頌。升平利知縣，卒於官。終任不名一錢，宦橐如洗。于《志》。

　　胡細，字書漁，號蔬畦。贈君鳴球之遺腹子，賴母沈宜人苦節撫育成立，官至光祿寺署正，爲母請旌。一生善承母志，周恤困窮，厚待戚友。居官矢公矢慎，年四十五歲會京師饑饉，奉旨平糶，日夜襄辦，積勞成疾，遂歿於官，朝野惜之。于《志》。

　　鍾城，字斗南。天姿超邁，年十三游頖。以拔貢選授湖南澧州州判，洞庭內湖多水患，城築土牛，植楊枝以固堤身，瀕湖之民多賴以安。因老乞歸。生平好善，偕同邑諸人爲惜字會，創崇文堂。于《志》。

　　陳萬森，字毅堂。援例授通判，署安慶江防同知。盜賊竊發，緝拿，卒不得，致疑於外來軍流徒犯，乃夜扃鑰，晝釋之，任謀食，盜卒少止。補太平府督糧通判，杜絕苞苴，旂丁歛迹。省垣書院膏火田租積欠千餘石，與諸佃約蠲陳征新，佃感悅。隨署府篆，質庫王某以涉訟潛獻五千金爲壽，怒斥之。仍廉知其冤，力爲昭雪。署滁州，有油坊傭工病死，仇家誣以故殺，不爲所惑。

署泗州,泗處下流,每秋漲,例請賑恤,然實虛册報銷也。上陳其狀,中丞某笑爲迂,因答曰:"某年老,止一子,不願侵賑以隱愿貽子孫。"戇言觸怒,將撫拾他事劾之,會中丞以艱去,事乃解。方伯德公稱爲好男子。道光三年,江南大水,溺屍蔽江下,爲捐俸埋之。有太守姚某氣燄張甚,欲邀致之,卒不往。後姚緣事發遣,無相顧者,餽遺獨厚。卒年七十六。潞河白尚書鎔銘其墓曰:"君之守,絶一塵;君之惠,益如春。"非虛語也。兄棨,號洛如,效力四庫館,議敘布政司經歷,分發直隸。聞父喪,馳歸。哀毀,鬚髮猝白。服除,補河間府經歷,值大旱,婉諷郡守破成例,開倉撫恤,有長孺風。著《爲政須知》若干卷。新纂。

楊廷采,字堯眉。博聞强識,精于史學,酷嗜《資治通鑑》,評註殆遍,一千三百六十餘年之事了然于心,脱然於口。喜爲文,老而益力。年五十三領鄉薦,任嚴州府學訓導,與諸生講貫,娓娓不倦,年八十卒于官。于《志》。

吳爲鼎,字士衡。由豫工例官灤州吏目,捕蝗著績,列荐剡。時州牧被糾下獄,眷屬困于灤陽,出厚貲送歸。里有友人緣事擬重辟,以家書并千金付爲鼎,囑召其子至,以五百貽子,五百酬爲鼎。子來,則悉授之。子以父命固請,爲鼎曰:"吾不忍因友禍而取財也。"卒不受。于《志》。

史復心,號葵陽。性誠愨,不苟言笑,好學,至老彌篤。年逾六十,始登嘉慶丁卯科賢書。獎勵後進,不遺餘力。遊門牆者,靡不斧削成材。卒年九十。著有《晚香堂稿》。于《志》。

陳琬,字瑤圃。遊幕山東定陶縣。嘉慶十八年東匪作亂,琬被執,罵賊不屈,爲賊所害。事聞,嘉慶二十一年奉旨,入祀忠義孝弟祠。于《志》。

陳鳳,字汎均。年十五隨父琬客定陶。嘉慶十八年,東匪作亂,鳳見父被戕慘死,呼號痛詈,亦同時被難。事聞,嘉慶二十一年奉旨嘉其忠孝,準與其父琬並入忠義孝弟祠。于《志》。

馬珮愉,字玉如。貢生。少穎悟,博涉經史,善詩古文。淡于仕進,性寬和,生平無疾言遽色。家居敦行植品,以載籍自娛。年八十二卒。著有《芝田吟草》。于《志》。

陳鑑淳,萬全子。隨父寓京師,肆力于古文。時與諸前輩討論而學益邃,後歸里,愈自刻厲,青氈自守,無貴介氣。于《志》。

陳鰲,字冠山。充實錄館謄錄,以鹽大使發福建,歷官泩洲前江下里、惠安石馬場大使。升同安縣知縣,署光澤縣事。才識優裕,其理鹺也,裁掣費,清滯銷,恤灶惠商而課無不最;其治縣也,平獄訟,興教化,勤民勸學而事無不舉。民爲立生祠於烏石山。以養親歸,先意承志。有異母妹二人,厚待如同胞,孝友敦睦,鄉無間言。緣事罷職,宦橐蕭然。以不能如范文正創立義莊爲恨,迨其元由校官擢縣令,歷宰煩劇,建立義莊,收租瞻族,克成先志云。新纂。

蔡恩孚,廩貢生。候選訓導。晚歲娛詩。著有《半桐室吟稿》。平生樂善好施,咸豐中團防出力,加國子監學正銜。同治三年,以孝廉方正徵,辭不就。新纂。

馬鳳梧,字不語。以運判需次兩淮。道光辛丑,英夷犯江南,將抵金陵,揚州震恐,鳳梧謁運使,昌言於庭曰:"公爲大吏,脱賊至,當死節。"一座大驚,會事解,衆服其膽識。咸豐三年,江寧破,揚、鎮隨陷,鳳梧書絶命詞置硯匣下,投水死。《忠義録》。

陸匄,逸其名。賣藥爲生,衣服藍縷如匄,因以匄呼之。咸豐庚申,邑城陷,匄與西鄉民團,賊至屈家浜,匄厲聲曰:"吾誓死于此矣。"持械直前,斃數賊,賊闔之,升屋擲瓦擊賊,罵不絶口,中鎗死。新纂。

【校注】

[1] 按：《明清進士題名碑録索引》：“吳震方，浙江仁和人。清康熙十八年二甲一名進士。”光緒《石門縣志》卷七《選舉·進士》：“（清康熙）吳震方己未科二甲一名。”卷八《政績列傳》：“吳震方，字右弨，康熙己未二甲第一名進士。由翰林改陝西道監察御史。京師無賴糾党争鬪，震方嚴禁之。鯁直敢諫，以參關弊，罷歸家居，著述爲事。”康熙己未，即康熙十八年（1679）。“丙辰”當是“己未”之誤。

孝　義

宋

陸塤，字子應。其先高郵人。建炎避地，始居崇德。父承議光彌，以長者稱。塤醇厚出于天性，事繼母孝。從叔唐老不及仕而卒，叔母趙無依，迎養敬事，二十年如一日。與弟祕書埈同居，友愛甚篤。弟先没，念之不忘，扁墓庵曰“懷”，取孔懷之義。程内翰珌爲《記》。柳《志》。

趙不求，號守一道人。宋漢王元佐五世孫。建炎間，與其子善應避地邑之洲錢，遂卜居焉。孫汝愚生于寺橋南之民舍。汝愚貴，贈不求太師申國公。

趙善應，字彦遠。工詩翰，集文士結社，流離感慨，見諸篇什。性純孝，嘗刺血和藥愈母疾。母畏雷，雷輒走護之。寒夜歸，恐擊門驚母，露坐達旦。家貧，諸弟未製衣，不敢製。一瓜果，必相待共嘗之。母喪，哀毁骨立。父病肺終，諸肺不以膳母。官江西兵馬都監，每四方水旱警報，輒不食，同官燕會，曰：“此豈樂飲時耶？”收故人孤女爲己子，葬同僚死不克葬者。煮藥療病，施食賑饑，所居夏不去草，冬不破壞，懼傷蟲蟄。陳俊卿題其墓曰“篤行”。

張汝昌，字士隆。官迪功郎，懿行推重鄉邦，尤善庭訓。子四，孫十一，曾孫伯淳輩，皆以儒術顯。時張子修卜築石門，汝昌品望相埒，稱“東西二張”。

范瑄，字伯瑋。好讀書，遍求古先文集，摘取有關世風者，名《勤省録》。平生古朴，守禮燕居，不褻服，烈暑亦不解衣。家法嚴整，友愛二弟彌篤。卒年八十三。以上崇德靳《志》。

王琮，字伯玉。紹興間進士第，以孝友稱。官至左司。至元《志》。

蔡材，僑遊人。倅平江。貧不能歸，借居語溪，因占籍焉。子熙，令孝感。嘗辨寇獄受誣者七人，時稱廉平。熙没于官，其子閎、開、闓、闡，以同居共誓，雖貴顯，終亡私槖。扁堂曰“怡世”，以孝友推其門。崇德靳《志》。

吳三五，淳祐癸卯春，父疾苦于痢，藥禱弗愈，乃割股和粥以進。父食而甘之，痢遂止。詔旌其門。

潘十三，割股和粥，以療母疾。有司欲陳其事以旌之，力辭曰：“事母，我分内事也。初何心求知於人？”人尤重之。

錢四十二，母有疾，湯藥弗愈。每夜禱于天，幸延母年。病日以篤，遂煮粥，割股而投諸中，母甘其味，翌日遂愈。詔旌，異之。

范圭舊《志》作巡檢范奎，事親，貧無以供甘旨，必力致之。母遘疾，藥久弗愈，割股和粥，母食，覺味異，不數日而體健。詔旌其門。

施二，事母病，久不解帶。巫醫屢易，罔效。乃夜焚香籲天，願減己算以益母壽。又密割股肉，和米粥食之，母遂愈，詔旌其門。以上柳《志》。

陳嗣宗,字奉先。歲饑,賑粟千石,恩賜冠帶。有孫曰綱,字秉倫,散穀濟貧,恩賜義官,鄉里德之,肖象夂山。伊《志》。

元

濮鑑,字明之。大德丁未,浙西大水,民苦饑,鑑出粟三千石以食饑者,所活甚衆。有司上其事,給授富陽稅務官,擢淮安路屯田打捕同知提舉。劉《志》。

吳英,皇慶初,即縣東南運河左周廣千畝[1],搆屋六十楹,延師集友,與鄉閭子弟共學,名曰延陵義塾,中塑聖賢像。乃撥田五頃,供春秋祀事及師生廩餼之費。旌爲義門。崇德靳《志》。

程德剛,字克柔。本立父。通法律,負才氣。元將路成兵過阜林,暴掠,德剛爲陳利害,兵將俱戢。欲奏官之,疾辭,結茅張蕩旁,植高柳,自號柳莊。吳《志》。

譚景文,豪俠好義。元季盜起,景文召募鄉兵,屯于石門鎮之接待寺。又令長子顯一分屯于候長橋東西,守望互相應援,群盜不敢窺伺,一方藉以安堵。後設主接待寺,歲時祀之。伊《志》。

【校注】
[1] 按:光緒《石門縣志》卷八《孝友列傳》作"周廣十畝",恐是。

明

費敬,字行簡。大理寺副,凡疑獄必詳讞,以求其生,兩考餘,平反計活三十餘人。時薛瑄爲少卿,甚推重之。嘗過玉河橋,屬吏江昇坐罪,貧不能贖,以兒鬻市中,三日無售者,將赴水死。敬留其子,出金爲償之。後昇役滿歸,仍還其子,縉紳咸重焉。平居,每以貪得爲戒。致政歸,屏絶人事,勤于課子,作家規四十餘條。

費諫,字藎臣。幼孤,母屢遭危疾,苦心湯藥。母喪,廬墓三年,號泣不輟。洪令異額表其門。以上崇德靳《志》。

周文忠,字德茂。性孝友,兄遭寇掠,躬急其難。母胡氏疾甚,多方救藥弗效,乃籲天,潛割股,和藥以進,母疾隨愈。其他賑饑、施棺、修橋、鑿井,尤多義舉。孫塤,建百歲堂以奉之,卒年百有三歲。劉《志》。

寶卿,字良佐。性至孝。父病足,艱步履,卿每負荷之。母病痺,口吸湯藥以進。父母各享年九十,人謂孝感云。郡城圮,倡義修築,倭至,賴以無恐。世廟時,採天下孝義,詔旌其門。有《孝義集》行世。以子文照貴贈官。文照,孝義如其父,居官廉勤,敕旌忠孝。崇德靳《志》。

吳鑑,字石泉。慷慨有大節,遇宗黨貧困,嘗傾囊與之,鄉里咸稱其義行。吳《志》。

俞榮,成化間人。歲祲,出粟助官,不願冠帶。水潦,作義社相周。若建橋、鑿井,率爲衆倡。卒年九十四。有《樓筠詩集》。于《志》。

沈鼎,字廷用。幼鞠于姑,姑之夫張連賦,沒于燕,鼎鬻産代輸,力卻昆弟六人之割産。自居黃墩,授句讀爲活。生平敦睦尚義,年七十五卒。以子宏貴贈官。

朱甫,字子美。雅勵志操,以貢領教涇、歙,矩度自律,賞拔皆國士。子道亨,字惟貞。司訓諸暨,溫和周慎,有父風。道亨子用光,字思觀。穎秀絶倫,試輒高等。丙子舉浙試第一,與顧憲成、魏允中齊名,稱三解元。用光拓落不拘小謹,而友愛彌篤,惜早卒。

沈曰諾,字納言。性孝友。侍父疾,衣不解帶,喪葬不以煩伯仲,既有資其佔僎。從父曦司訓茶陵,攝家政,出己資廣其產。寡嫂姪婦,割田贍焉。好施,豁達有度。歲祲,代輸糧三百斛,焚其券。臨卒,語婦楊義方課子,楊克終其志,以母範見推士紳。子大德,令南靖,並受敕贈。

胡其久,字懋敬。績學敦行,舉于鄉。沈毅能任事,傳貽書院址廢,力請復之。因輯《宗輔錄》行世。為龍巖令,多惠政。

沈枝,字實卿。與兄校、枚相友愛。四歲《孝經》《小學》成誦,比長,廩于庠,毅然理學自任,及門從遊者師範嶽嶽,道義外無旁語。宗程朱學,所著有《旦晝錄》。校,字夏卿,歷歸德教授,所至得士心。生平周慎,纂集極博。有《道學源》《伊蔚子》《祭魚類纂》等書。枚,字吉卿,尤稱質行。

朱紀,字朝憲。性醇朴,幼孤,事母孝。遺產悉讓諸弟,有不類,涕泣感動。貧而好施,如焚鬻妻券,蠲賣兒值,稱高誼。許司馬孚遠、李中丞材倡明道學,命子有光往師事焉。李贈詩有"知君完太璞,修己任天真"之句。邑令重其齒德,屢造請,為鄉飲祭酒。復以醇謹遺風表其閭。

胡其友,諸生。事父母至孝,年六十餘孺慕不衰。家貧,一介不苟取。有以厚鍰託者,而人莫知之,其人死,還其子,封識依然。晚年裒集經史,採有關倫教者,集一編曰《人鏡》舉鄉飲。年七十六卒。袁《志》。

吳來臣,字曰俞。俊慧有才思,標格自整。試輒冠諸生,為蘇學使潛所賞識,評其文曰"清流赴壑,處處襲人",僉謂其人品亦相似。舉賢書,數與計偕冠一榜。至性孝友,割基址之半與異母弟來覲同居。居母喪,以哀毀過禮,卒。來覲,字觀明,與兄備極驩愛。訓諸子孫,皆有立。

周幹,崑子,字質甫。由恩貢副守臨清,判大名。所至清操皭然,擒獲大盜,咸稱幹濟。生平醇謹誠篤,事兄如父,捐產贍庶嫂,又讓其貲于妹壻,矢志不負先人,皆人所難及者。以上崇德靳《志》。

張國魁,字士元。幼孤,有同宗求為嗣,未幾即從臾其置側室。後生子,脫歸,不受其產。生平狷潔,尤篤于倫義。石門酈《志》。

勞王政,字二奇。庠生。好學,不求章句,手錄《大全》諸書數十卷,朝夕尋繹。事母孝,事兄恭,言信行果,接人無貴賤,皆敬禮之。訓飭子孫,繩以規矩。卒年七十二。孫倣允,潁上令。袁《志》。

吳爾簠,字子虎。之屏次子,爾壔弟。年十四,渡江謁倪元璐,一見嘆異,曰:"子江夏黃童也。"兄壔以殉難聞,簠痛之,病日益深。復奉母嫂間關至閩。母疾,簠刲肱和藥。母死,哀號不欲生。在喪三年,未嘗見齒,終身不茹葷血。所著有《歸雲樓集》。無子,以兄子震方嗣。

勞永存,字存之。崇禎辰、巳間荐饑,代邑人輸漕千石,所全活者萬家。子倣允,舉人。以上吳《志》。

姚旭,字景陽。自湖州徙石門。喜施予,於昆弟尤篤。或不能守故產,垂盡,輒割產與之。又盡,則又與,人皆推為長者。官高郵州判,時年已五十四,一日行小隄上,會風起湖中,覆船,人多溺死者,召水工救之,其出水生者給之襦,斂流屍,葬之城北原上。所獲篙櫓、器械、錢布以萬數,令溺水者各自認其物而歸之,其無主者悉以犒水工。是時全活以貲還者幾百人,葬者倍之,道路皆咨嗟感涕。以不善結納上官罷去。《徵獻錄》。

曹以成,字圓水。太學生。年十二,即代父部署家政。有少年以殺人誣中表,詞連以成父。以成奮袖往白,令動容,爲之剖理。性行高邁,嘗捐金爲故人出死罪。

吳中允,字養素。郡子。幼失母,砥礪志操,敦篤友誼。兄弟中有欲分財析產者,輒推與之。家徒壁立,奉養未嘗少缺。精醫術,濟人,凡貧富咸親視診,病痊,不責其酬。

楊應科,字兩懷,以親早世,志有懷二人之意。性孝友,有從弟病疫,親知,戒勿往視,科曰:"如手足何?"喪葬祖父叔弟外,復置田西郊,取租以供烝衎。有姊適馮氏,食貧,延至家,衣食二十餘載。里閒無依者,周之不責報。兩舉鄉賓。享年八十六。季子光賓,年八十四,猶篤學勵行,宛有父風。賓于庠。

吳尚賢,字泰初。生三月失恃,與兄復初相晨夕。及髫,業儒,以數奇淪落。性孝友,聞五世祖母張與未字祖姑苦節未旌,乃陳情撫按,坊表之。事兄必恭,比閭有傷角弓者,恐爲所知。子之吉與姪之曾咸相友愛,至今同居,因扁其室曰"世同堂",遵父訓也。尚賢居恒以義自任,崇禎間歲大祲,爲之倡賑米五百石,全活無筭。

郁世盛,字瑞亭。性寬裕。父宗周,好善樂義。盛能繼其志,凡一切橋梁、道路、衣棺、湯藥之類,靡弗殫力爲之。至于建宗祠,置祭產,敬祖敦族,尤加厚焉。宗周年七十,撫按行獎。而世盛年八十四,郡邑迎致賓筵,世傳其濟美。子起麟,辛酉亞魁。

何兆麟,字行可。諸生。賦性端簡,恒以古人自絜。侍親未嘗有倦容。好學不怠,訓子如教董,迄于有成。授徒百餘人,皆如坐光霽月中。縣令龔立本舉德行,按院蕭以"正學獨峙"獎之。

沈行道,字玉華。庠生。性至孝。二十喪母,哀悼幾毀。慕程朱之學,時靳令修輔氏書院,行道以慶源得考亭正宗,撤所居廳宇助之。令念其貧,強與之值,即以濟舅氏。生平不嗜榮進,環堵蕭然,晏如也。年七十餘終。

鍾景音,字飛卿。諸生。幼而岐嶷,束髮即從名師遊,試輒高等。性孝友。事父母必如禮。與人煦煦和易,有忿爭者以片言釋之。宗黨中或貧或孤,必爲之鞠育安全。歲儉,設法賑給,全活者甚衆。年八十有三,因子朗貴封奉政大夫。以上石門鄺《志》。

姚斌,字仲符。庠生。生六歲而孤,事節母梁以孝聞。前母兄繼周相勗甚嚴,斌事之如父。父遺厚貲,悉讓之。性淳厚,居恒喜怒不形,里中爭角者,得斌片言以解,時人比之陳太邱。好讀書,築"即山居",購書其中,寒暑一編勿輟。著有《易衍》《春秋辯義》諸書,以子琅貴贈奉政大夫。《浙江通志》。

田國本,字舜莊。幼孤而貧。年十三即能治生養母,後以材能主陽江簿,飭躬潔。已攝邑事,繕學濬河,諸廢具舉,以勞績陞陸涼經歷。年老不赴,歸。任白糧解首,代同事者償上供千百。性孝友,每爲昆弟營產,絕不責償。兄早卒,喪葬一如父母,撫孤姪同於己生。教子及孫有聲膠序者九人。年八十餘卒。

錢士璧,字完白。吳越王之裔孫也。年十二補邑弟子員,閉戶著書,絕蹟公室。歲祲,代里人輸漕二百石。年八旬,屢致賓筵,堅辭不赴。

鍾天奇,字虎臣。幼敏異。父爲援例,不屑就,奮志讀書,拔冠弟子員。尋以數奇究心岐黃,手輯《祕義》數十卷。尤深京房之學,事多前知。生平喜靜謐,足未嘗涉市巷。接人無貴賤,必敬禮之。性孝友,早失怙,日夜哀慕。不置家產,與妹均受,妹貧,又爲諸甥營婚嫁,迎養外父母,必致誠愨。子璜,登賢書;璋、瑄等,俱諸生。

　　許可立,字三溪。樸誠端愨,雖業賈而慷慨好義。長子汝選,次汝揚,俱遊黌序,克承父志,力行善事。如葺芹宮、築塘路諸事,不惜重資,勇于倡首。三黨不能自給者,付以職業,令得所。父子三人皆與郡邑賓筵。汝揚子用光,舉于鄉。

　　馬增能,字玉堂。父瑞圖,諸生,家貧,舌耕。增能棄儒習賈,竭力以供甘旨。後家稍盈,力行尚義。宗族戚友,貧無倚者,賙之;死無棺者,與之。凡善事,無不爭先協力。早年艱于嗣,中,舉一子鉉,遊庠,行誼粹白,學業過人,年二十五死。撫疏族一子爲後,亦以二十五歲死。三世爲善,而卒無後。韓令文鋒禮請賓筵。年七十九卒。

　　方文炤,字敬源。其先歙人,卜居石門。性真率,雅尚古道,然諾不欺,慷慨樂施,親故貧困者往往待之舉火。凡除道成梁一應利濟事,樂任捐資。舉鄉賓,辭弗赴。壽七十二。子國圻,太學生。孫周士,庠生,貢,任崇信縣,清惠有政聲;殷士,耆年入泮,人謂積善之餘慶云。

　　許天贈,字懋勳。幼喪父,媚母遘疾,侍藥不交睫者彌月。籲天告代,刲肱煎湯以進,母疾乃瘳。踰年母又疾,復割股,幾絕。居廬時未嘗一見喜容。生平畦讀之餘,不預他事。至其焚父遺逋券,歲祲爲粥于路,以食饑民,尤德之彰著者。

　　祝守道,字三封。業儒,性孝友。父母生事死葬,不分任弟兄。年八十歲時薦饗,猶感慕鳴咽。善讀史,評論皆出人意表。持身敬恕,燕閒必飭,橫逆不校,尤樂施予,雖婦稚無不聞其長厚名。著有《瑤琚永鑑集》,皆立身處世格言。以上石門鄺《志》。

　　方崍,字曦仲。正統壬戌歲大饑,輸粟三千,助漕濟貧。建坊旌表,敕授八品官。

　　田方賜,字永年。邑諸生,以孝友聞於鄉里。執親喪,足不踰戶。兄蚤世,撫孤姪成立。手輯《功過格註》四卷。以上吳《志》。

　　沈思忠,字東泉。幼失怙,事母孝。慷慨好施,人有緩急即應,或不能償,輒焚其券。夏施茶,冬施湯,以濟行者。道旁棄棺,輒收埋之,積二十餘年不倦。亭監失火,獨力重建,整理淨潔,繫囚得所。子寧,進士,翰林李振裕爲之《傳》。袁《志》。

　　吳尚思,字斯可。諸生。明季大祲,出家粟千石,賑活饑民。

　　陳吉,字公久。閉戶窮經,五世同爨。父歿,事叔如父,撫弟如子。明季饑饉,吉發粟賑恤,鄉里賴之。以上吳《志》。

　　陳光聖,字繡寓。少習儒,父文龍爲仇陷,瀕死,光聖以身代之,卒免于難。凡父所欲,必竭力備具。居父喪,屏室疏食,事媚母惟謹。性豪爽,不吝施予。募新學宮,修城隍廟及督理城工,皆不辭勞勩。

　　沈士嘉,字克繩。性篤友愛,事節母色養兼至。力學久,因出任鹹臺,委使祗畏公勤。性復恬退,閩大吏檄署建寧郡丞,士嘉以親老力辭。自甘貧約,然施惠未嘗少恡。至喪葬懿親,捐修學序,其市義又人所難云。

　　葉養蒙,字懋聖。其先三衢人,徙居石門。業計然術。居家孝友,然諾必踐,性厚重,未嘗見喜慍之色,雖臨臧獲,必和氣以之。好施予,凡橋梁、井路必飭,湯藥、饘粥必施,無不汲汲恐後。以上石門鄺《志》。

　　吳夢寅,字弁玉。生而穎悟,日覽萬言。崇禎壬午,浙西大祲,漕不及額,夢寅設法勸輸,得米八千餘石,以補一邑無徵之數。癸未,以歲歉蠲免糧、銀,而奉敕者多飽胥腹,夢寅竭力爭之,民乃得沾實惠。以子涵貴贈通議大夫。《浙江通志》。

許汝選,字青臣。諸生。生而端重,舉止有常度。讀書不務章句,縱譚古今,一一能中理竅。爲人樂易,與子言孝,與弟言弟,直欲以身爲導。郡邑嘉其行,三舉蜡賓。

朱有觀,字少巖,監利令有光弟也。性孝友。親疾,衣不解帶,侍奉湯藥,晝夜無間。兄遘外侮,傾身相助。家非素封,親族孤寡無依者,輒勉爲賑給。地方善事,倡率勸輸。龔令立本給以冠帶,表其閭曰"醇德維風"。訓子奎祥,以能文稱,兼能承父善行。尤工篆法,集古今金石諸刻爲印藪,藏于家。

吳來聘,字賓明,孝廉來臣弟,以篤行稱。母疾,親嘗湯藥,侍異母弟姪,慈愛倍至。萬曆戊申大饑,傾橐廣賑,學宮圮,捐資修葺,撫按表其閭曰"尚義"。乏嗣,兄子公亮爲後。亮生鐸,鐸子履中,克紹箕裘不替。

顧文昌,字明寰。以子朱封徵仕郎。性闊達,多大略。好施與,周人急,濟人危,不問室之有無,事之難易。少時因父病,任家政,每憾未得畢力于學,故訓諸子尤切。聞賢師友名,必勉使從遊,脯資肴核,務竭其力。子五:大綸、大紱、朱、大紳、大綺,俱有聲庠序。朱以科名文章顯,卒年七十。

吳宸,號環泉。幼敦古處,叔心溪愛之,撫爲子。心溪卒,遺二妾,宸事之惟謹。性慷慨好施。萬曆戊申水災,宸出粟賑之。又捐數百斛,以資黌序,家廩遂罄。舉鄉飲,賜冠帶。壽八十三卒。

吳銳,字用常。豁達有大度。善治生,雄于貲,遇歲祲,必施積粟以賑貧困。鄉里有子母券以百計,一日悉召其人,面焚之。每事輒讓人,惟以詩酒自娛。仲子來臣,舉人。及見元孫,壽八十九。

吳來貢,號觀瀾。幼木訥,事父朝夕惟謹。及病,割股以療。受業師貧無以葬,來貢厚殯之。助其子孫親故,有急推產與之,至割己膏腴之半。性嚴直,矩度端肅。子弟侍立,終日不敢妄發一言。兄弟之間,從無一語諧謔。

吳沛然,字襟溪。邑庠生。至性孝友,無媿古人。曾割千緡之產,爲邑人代輸官課。歲饑,設糜以賑,全活者甚衆。爲矇瞽償金,未嘗責報。訓子孫皆以仁義爲身範,鄉里遠近咸推其篤誼云。

吳之經,字薪如。尚倫第五子。崇禎間待詔中書。爲人孝友睦婣,焚券蠲負,歲祲,輸粟代漕,里閭德之。絕志仕籍,惟庭訓七子,咸克紹家聲焉。以上石門鄺《志》。

國 朝

勞倣融,諸生。明崇禎壬午,浙西大祲,斗米至白金四錢,漕不及額,倣融率弟括倉庾得米八千餘石,俱輸之官,補無徵之數。修葺學宮,興築橋梁、道路,必勉力拮据,爲里黨倡。壽八十餘卒,祀鄉賢。《浙江通志》。

顧大綺,字非紈。行人朱弟父遺命善撫姊子,終身待之如所生。有稱貸千餘金,度不能償,悉以券付火。牆圮,適壓死鄰婦,居民大呼曰:"此天數,不得擾害顧公。"

吳震衛,字廷發。貢士。父爾壎殉難,震衛尚幼,號慟欲絕,以母在,復勉强進食。孝養五十年。補授行人,即退休,參正宋元諸儒之説,撮其尤者,名《讀史要録》。以上吳《志》。

許汝揚,字俞臣。性孝友。隣家失火,汝揚母柩在堂,號泣不忍去。火息,柩獨無恙。事聞,旌表。

夏文華,字茂榮。性質直。事親篤愛,與人交必信,見枯骨,輒瘞之。庚戌霪雨,民大饑,捐資三百金,煮糜賑給,邑人賴焉。督撫特疏題獎。以上袁《志》。

吳惟楷,字敬直。事母色養,終身不遠游。試輒冠軍。以明經老。著有《群言明辨録》。

吳渭,字湜王。涵兄。姊子幼孤,撫於家,延師訓課。姪業未成,挈歸就學,病則一夜十餘起。宗黨有志者,皆令就塾,更飲食之。子永權,舉人;永槐,庠生。

周一新,字銘初。樂善好施,爲里黨所重。明末友人爲兵所執,一新涕泣曰:"念吾友有母,願罄吾家所有易之。"兵爲所動,舍去。

朱天麟,字韞斯。諸生。敦本尚實,特立獨行,性耿直,遇越禮者,誚讓不避。事親孝,遭父喪,飦粥不食,哀毀骨立。妻談氏失姑歡,天麟曰:"我斷不以婦故而負疚于母也。"遂出之。家貧,舌耕佐膳。值歲祲,自啖糟糠,必求甘旨,手調以進。母所欲,曲意承之。年七旬如孺子慕。母年九十餘卒,天麟哀毀如喪父。三年之內,衰絰不去身,廬墓悲慟以没。人稱其孝云。

陸士蓂,字佩蘅。幼有至性,執親喪,盡禮。從兄早卒,迎養寡嫂歷四十年。鄰人將鬻妻償逋,捐資償之,使得完聚。

姚琦,庠生。幼失怙。母范苦節,琦孝事惟謹。伯祖姚鵬,弘治進士,無後,墓没于荒草,幾毀,琦百計訪實,春秋祀之。族祖姚文,乙未科進士,有子式微,墓鬻他姓。琦以產贖回,俾永其祀。

朱學游,字榮生。性孝友。樂善好施,弟没,爲之營窆㱡。年八十,未嘗一至公庭。

曹純允,字天士。太學生。賦質樸誠。弟殁,撫姪如己出。性慷慨,樂行善事,鄉黨奉爲典型。

蔡賓,字于王。鄉飲賓起麟仲子。性孝友,樂善好施。婦翁孫子洛,無嗣,喪葬以身任之。又擇其族之貧而賢者,使奉享祀。子嵩年,舉人。以上吳《志》。

周鍾岳,早年喪父,擗踊長號。逢祭辰,必思所嗜以薦。事母,跬步不離。母疾,醫藥罔效,禱天號泣,願減己歲益母壽,如是七晝夜,病漸愈。後十年,母故,依墓三載。雍正四年旌。《浙江通志》。

周洪源,世居玉溪鎮南。以膂力聞。康熙間,兄漢源以避寇出遊,久無音耗。洪源單騎訪之,道經含山蕩,遇盜,持棍奮擊,斃十餘人,衆皆駭,散入山左。又逢盜,洪源復擊退。左髀受創。嗣遍歷諸郡,備嘗艱苦。一日,登州海上,見灘畔搯蘆者,貌似兄。大呼兄名,遂相持大慟。漢源時爲人傭作,乃謝主人而歸。族人義之,繪其事爲巨障,歲時懸中堂,羅拜焉。

田錫祚,字豐占。行醇謹,薦舉方正。嘗捐本學義田,置祖墓祀產,修《家乘》,續郡邑《志》。陳興革州里利弊十有四事。有《自怡集》。

吳景春,字隱溪。性公直,閭里聚訟,輒以一言平之。尤好行善,享年八十九,給冠帶卒。

吳公勳,字子猷。舉鄉飲賓。天性孝友,族有貧不能嫁娶者,必助成之。從子幼失怙,公勳撫之三年,共臥一榻。門設質肆,親族告急,必倍其直。五十後連舉五子,壽八十八。

陸充,字季達。慷慨好施,嘗獨力創橋宅左,以濟行人。歲饑,出粟三百斛,以周隣里。

沈國士,字函白。歲歉,代蠲漕八百石。

夏子本，字守亭。有孝行，尚氣節。客山左，與石氏交最深，石遭家難，連及子本。子本挺身獨任之。石故雄于資，與約苟能脫禍，當析産之半予之。子本備受箠楚，瀕死，卒不以一言牽石。及事雪，石請如約。子本毅然作色，力卻之。石德甚，爲建生祠于家廟之左，歲時祀之。子本工醫，善畫，嫺武藝。年八十餘，歸老于家。

姚維忠，幼痛父遠出，思慕無已。年三十母卒，既殯，乃走數千里匄食覓父，逾五載，遇於天台。父適病，扶持歸，里人以爲神祐云。

田正茂，字序百。廩生。性孝友。家極貧，父母歿，正茂尚幼，廬墓傍，晨夕省視十年。長兄亡，事嫂如母。爲姪娶婦，以館穀養贍之，底于成立。平生剛正不阿，好施慕義。邑中頌其德望焉。

倪文楷，字起韓。玉溪鎮人。端方嚴毅，不苟笑言。幼孤，事嬬母垂四十年。凡飲食定省，疾病醫藥，無不躬親之。母没，擗踊號泣，隣里感動。有《讀禮吟》一册。年八十餘卒。

勞可學，字庶公。諸生。性孝友。太倉王中丞以金聘之，謝曰：“筆墨縱可易千金，定省不可離一日。”其安貧如此。雍正初，舉賢良方正。以年老辭，不赴。年八十以壽終。

吳克諧，字夔庵。洲泉鎮人。父鳳苞，長者，家屢空。母飭諸子服田。克諧幼旦從兄操作，罷歸，即力學。繼客游，備筆墨，南康謝啓昆交莫逆，數與俱。後歸，築室南泉之上，儲書蒔花，偃仰以樂。素性豪邁，膽智絶人。自粵涉海，遇颶風，坦無怖。又單騎冒風雪，盡十晝夜，走三千里以趨友之急。啓昆守維揚時，因事逮獄，諧方憂居，聞難，馳赴畫策，事得白。人尤義之。程同文《密齋文集》、新纂。

朱翼世，庠生。營葬三代，并捐己田以供祭祀。一友質以田，慨然給其值，焚其券。乾隆辛未歲歉，倡義捐米平糶，大吏表其閭。

朱紱，字祐宸。太學生。色養承歡，樂善好施。乾隆丙子歲祲，首先平糶鄉里，賴以全活。

錢廷璋，字星巖。附貢生。天性純孝。父貢九卒，璋纔弱冠，擗踊呼號，幾不欲生。母晚年多病，璋奉湯藥，跬步弗離。母没，廬墓三年。日夕攀號，人皆以孝義稱之。

孫兆麒，字雍時。太學生。性孝友。四世一堂，鄉黨謂有太邱之風。

馬如忠，農民，年十七，父德昌病久，家貧，無以供醫藥，乃割右肱以進，病亦旋瘳。

胡心陶，字禮耕。嗜書好善。鄉里匱乏者賙給之，終身不懈。嘗欲捐置學田爲試卷費而未果。子源，字澄懷。承父志，捐田百畝，刊規條于石。以上伊《志》。

金瀛超，字友唐。增生。幼孤，事母莫氏孝，自塾歸，朝夕不離側。母七旬後，雙目失明，扶持搔抑，至老彌篤。後母年九十三卒，哀號欲絶。時瀛超年七旬，孫曾繞膝，意終不釋。不二年病卒，臨危猶呼其母而哭，人皆稱爲純孝。于《志》。

沈慶增，字德孚。鳳輝子。家貧力學。父終，撫弟讀書成立。爲人剛直，常面折人過，而人無懟之者。于《志》。

勞嗣興，字鉅文。邑庠生。至性過人，執親喪終，三年茹蔬，不飲酒食肉。生平課徒自給，規行矩步，人以師行推之。于《志》。

施嵩，字少峰。敦孝友。父歿數十年，撫遺物猶淒然淚下。與弟鍾成相友愛。性好施，工詩善畫，嘗施予不給，賣畫以濟之。著有《少峰詩鈔》等集刊行。于《志》。

朱昆，字秀岩。少孤。勤學，無力購書，多假于親故家。事繼母孝，與弟嵩終身不析箸。生平篤于氣誼，肯爲人任勞怨。著有《玉溪臥聞》《玉溪漁唱》等書。于《志》。

胡翼唐，太學生。廷對子。性儉約，一生敝衣蔬食，至扶危濟困，不惜傾囊出之。族有三世未葬者，積槥十四，謀于翼唐，即與金使葬。大宗獨子逾四十未婚，代擇貧女以配，得子，游庠。乾隆辛酉鄉闈，族姪家瑞艱費不赴，翼唐給賚使行。榜發獲雋，喜逾己得。生平所爲類如此。于《志》。

吳汝諧，字健行。豪傑好義，凡遇鄉里有善舉，恒率先恐後。乾隆乙巳大旱，洲錢水涸，田禾立就枯槁。汝諧持論開河，酌給工食，遠近踴躍，水道頓通。是歲各村皆饑，而洲錢竟得豐稔，鄉人德之。于《志》。

徐璋達，字懷珍。邑廩生。少孤，事母至孝。善讀書，工詩文。性慷慨耿直，凡解紛排難，周急濟貧，無不竭盡心力。于《志》。

胡翰，字衣縞。幼穎敏，年十四游泮，篤于倫誼，慷慨好施，鄰里多賴以餬口者。于《志》。

蔡守正，字咸宜。和厚樂善，周濟貧乏，不使人知。耽書史，工楷法。子其芳、其芬、其英、其蘭、其夔，皆以孝友聞。于《志》。

孫之儀，字端士。性誠篤，喜施與。嘗至鄉間，涼亭中見一女，遺衣包去，旁人欲取之，不許，同坐以待。未幾女涕泣而來，遂舉以相授。其家感激酬謝，不受。問姓名，亦不告。于《志》。

董夢貞，字思初。善治生，慷慨好義。凡濟人利物，皆勤苦所積。捐田十二畝，立慕義戶冊，貯兩稅所餘，以行善事。于《志》。

周延熙，字載明。天性忼爽，見義必爲。乾隆乙巳歲大祲，輸粟賑濟，爲紳士倡。邑向未有育嬰堂，首捐重貲于南門外，創建屋宇，置立田畝。客漢陽時，有同里某亦挾貲商于楚，猝病，邀至邸舍，親爲量水稱藥。既歿，親視含殮，槖遺金，扶櫬送歸其家。晚年赴山左收舊債事畢，僑寓濟南，見鄉人幕游而流落者甚衆，即出囊金分給之，竟徒手歸。子士達、士端、士標、士英、士華，皆慷慨好義，有父風。于《志》。

陳其表，字卓人。性行醇厚。與濮院鎮沈某善，沈病篤，子幼，無兄弟可託。以銀六千兩密寄其表，時人莫有知者。後沈子成立，其表交還原銀，封識依然。沈子若得諸意外，由此經紀，竟以財雄于鄉。于《志》。

夏燮廷，玉溪鎮人。樂于爲善。自戚族以至鄰好，凡婚嫁、喪葬無力取辦者，槩爲經理，即傾囊無吝色。援焚溺之舟，假以衣糧；蘇路斃之匄，親授粥餌。返逋券，郵孑婦。乾隆丙子，歲歉助賑，有司以"誼敦桑梓"旌之。于《志》。

費蘅，字凝芳。例貢生。天性篤厚，質直好義，戚族貧不能葬者，恒捐貲，使營馬鬛。歲暮輒收買荒田破宅，俾窮民得爲卒歲計。子三人，朝荼、朝梓、朝桂，皆有聲庠序。

勞正需，字須生。庠生。館海寧，歲暮徒步歸，風雪懸廟中，見遺囊有物，鏗然驚曰："此性命所係也。"謹俟其人，還之。于《志》。

鄭廷珠，字映川。廩生。性孝友，績學敦行。見義必爲，邑中書院久廢，創立崇文堂。兩姊早孀，迎養終身。親族有求，雖貧必應。客姑蘇，有同寓者死，主人謀附身具，即解衣以贈，其實素未相識也。以子柟貴贈奉政大夫。于《志》。

范光裕，字衡詩。庠生。性慷慨，樂于爲善。乾隆丙子饑，鄰村賴以舉火者千家。壬午歲歉亦如之。壽踰八十。生子四人：文謨、文炳、文煥、文煒，皆有名癢序。孫調元，庠生；宸勳，副貢,俱恂恂孝謹。邑中言家範者,必稱前邱范氏。于《志》。

吳爲樑,字用予。性慈和,敦孝悌。里黨有負欠者,貧不能償,焚其券,益周恤之。親戚不能舉爨者,必朝夕濟之。于《志》。

朱鴻,字翔雲。貢生。事親孝。乙巳歲歉,首先捐米煮賑。有鬻子于市者,給值收養,迨秋成而歸之,不責償。性耽吟咏。年八十五卒,子翰,署孝豐縣教諭。于《志》。

鍾烈,字承哉。邑庠生。輕財仗義。歲歉,首率賑饑,凡修橋、路、寺院及留嬰、廣仁、施棺、恤嫠諸善事,盡心竭力,不辭勞瘁。年八十有七,無疾而終。于《志》。

葉廷標,字乘成。戚族不能自立,必代爲之計。或老而窮者,幼孤而無依者,即迎養于家,數十年如一日。有義舉,恒先解橐。邑中廣仁葬會,捐金倡始,至今遵行不替。于《志》。

勞宗保,字保之。署溫州教授,訓迪有方,士多悅服。文昌閣圮,捐俸重修。姊適徐,夫亡守節,無子,宗保迎養以終。于《志》。

蔡德瀾,字巽軒。寬厚質樸,善氣迎人。嘗與族兄德淳擬捐貲建宗祠、置義莊以贍同族,未幾卒。易簀時,囑子載孚及德淳子載樾舉行。祠成,以錢六千緡置田生息,族貧乏者,月給錢米,冬夏給衣帳。于《志》。

周金,廩生。耐奇窮,寢饋詩文。幼聯姻沈氏,迨期未娶。女病卒,守義終身。尤恥干謁。著有《小癡吟稿》。新纂。

譚封,歲貢生。經明行修。著有《衆郛考辨》四卷。好施與,嘉慶甲戌歲饑,捐粟助賑,當道欲旌其門,辭曰:"有無相濟,鄉誼也,奚足多乎!"道光癸未亦如之。選分水訓導,以疾不之任。新纂。

王煜,字臥雲。少孤。承母訓,屹然自立,有古人風。性孝,臨喪哀毀,幾滅性。乾隆壬子夏,以非罪陷縲絏,橫罹酷刑,恍惚見羽客蔽身,痛楚立釋,帖然若寐。大吏亦如有所見。得免歸,隱湖之金蓋山。新纂。

史二酉,字雲裳。家世清貧,父復心,以孝廉授徒鄉里。二酉勤儉積貲,讓祖遺產與兩姪。道光中,頻年水溢,玉溪至三塔官塘傾圮,捐貲修葺,行者德之。新纂。

張聯芬,字菡香。敦內行,宗祠、義莊,獨力建造,與邑人程如琛、鍾文升、李省南釀貲開志仁堂,以周閭里之無告者。同治甲子,邑城復,水陸屍骸相枕藉,出金瘞之。尤嚴督子弟讀書。東塘翊文祠,先輩會文處也,兵燹後重建如初。新纂。

勞書常,字晉卿。豪俠好義,咸豐庚申後,捐貲殮無主屍骸無數。時秋暑餘炎,親自督率,人尤以爲難。新纂。

許自英,諸生。遭隣火,親柩在堂,不得出,痛哭誓殉,火焰益熾,人亦無從撲救。比熄,堂竟無恙,咸神孝感。《檇李詩繫續》。

沈鳳彩,字儀甫。廩生。幼負異稟,讀書輒抉精奧。秉性孝友,家資悉讓幼弟。奉父遷居秀水之濮院,業醫爲養,時託吟詠。方薰高其誼,恒齒及之。著《葵園詩草》。同上。

文　苑

宋

莫光朝,字謙仲。淳熙間進士。知江寧縣,以撫字稱。幼雋爽不凡,長以刻勵讀書,博覽強記,屬文頃刻數百言。尤邃於《易》,不拘注疏,反覆論究,超越衆見。詩亦清麗有法。《浙江通志》。參崇德洪《志》。

莫蒙,字養正。政、宣中遊太學,以文鳴京師,時稱東南之秀。用特科拜官。晚年寄情翰墨,詩詞婉麗。有《臥駝集》十卷。《浙江通志》。參趙《圖記》。

李如箎,字季牖。少遊上庠,與紹興諸知名士皆友善,學益博,聞益廣,天文、地理、禮樂、兵機,靡不該通。晚以特科補桐鄉丞。著《東園叢說》及《樂書》行世。《浙江通志》。參袁《志》、崇德洪《志》。

王用亨,字子安。少孤。力學。事母孝。弱冠舉胄監,登淳熙第,調丹陽尉。試宏博科,與倪思爭衡,分教襄陽。以根柢之學,表率士類。嘗作《不貪》《不欺》二記,揭座右以自警。至元《志》。參袁《志》、吳《志》。《檇李詩繫》作王用亨,誤。

朱鵬飛,字行裕。受業輔漢卿。淳祐中,修《語溪志》。舉寶祐進士,教授高郵。曾孫王俱,以儒業顯。袁《志》、吳《志》。參石門鄺《志》。

張伯和,字成可。以詞名紹興間。吳舟,字大用。入太學,有詩名。陳時亨,字嘉會。吟咏多警句,《梅坡賦》見賞於許涉齋。王彥和,工詩,嘗書中貴扇云:“天邊一線征鴻没,山色淺深墨未勻。別浦漁舟待歸去,夕陽渡口兩三人。”得名。袁《志》。

元

朱炎,字心齊。世居邑之外姚村,生而秀穎。七歲能詩,十歲能文。及長,益博覽經史。襟度灑落,不樂仕進,爲士林所慕。趙《圖記》。參柳《志》。

明

吳郡,字公治。博聞強記,下筆千言。年十九舉于鄉,授洪雅知縣。改榮昌,忤中貴,罷官。嗜歌詩,西湖山水,品題幾徧。入攴山社,有《學步吟》《攴山社草》。《浙江通志》。

沈如封,字慰先。工詩,善屬文。精八法。通曉太乙、六壬、遁甲、演禽、九流家言,構樓黄墩,讀書其上。著有《見山集》《北遊稿》。舊《浙江通志》。參袁《志》。

田方生,字廣原。博覽群書,闡發諸子奥義,有聲壇坫。著《敬業堂集》。子野治,諸生。孫朝鼎,萬曆甲午舉人。吳《志》。

沈校,字夏卿。歸德教諭。著有《道學源》《伊蔚子》《祭魚類纂》《崇德縣志》。子交、袞、襄、褒,皆篤學屬行,有父風。孫紹新、紹升,克承家學。吳《志》。參石門鄺《志》。

范光宙,字霽陽。少穎異,受知於薛應旂。任上虞訓導,遷餘干教諭,甄拔單寒,識吳舜允、周夢尹於諸生,後皆成進士。乞休歸,偕邑中陸典、郭子直與相唱和。著有《詩文集》《史評》若干卷。

李太沖,字莫勝。天啟間貢生,狀貌奇古,博極群書。工顏、柳書法,與邑人沈如璋、張洪儒相友善。縣令靳詩泳修縣志,悉出其手。以上石門鄺《志》。

郁起麟,字振公。天啟辛酉舉人。學問爲時所重,四方名士翕然宗之。公車南旋,卒于途。著有《子勺詩集》。袁《志》。

曹度,字正則。諸生。通經史,旁及天文、曆數,工書法,善詩文。夏考功允彝賞識之。命其子完淳執弟子禮。度少以功業自期，遇變，遂避居村野，閉戶著書，絕意仕進。著有《帶存堂詩文集》，橫山葉燮稱其詩文高雅，絕似少陵、蔚宗云。《葉己畦文集》。

國　朝

郭演，字寅客。幼孤，承母教讀書，至夜分輒欷歔泣下，以未能顯親為恨。崇禎壬午舉人。工制藝，出陳際泰門。入國朝，授學官，歷陞工部員外郎。著《雲門集》《北征草》。石門鄺《志》。

胡明遠，字子迁，號九佽。天啟辛酉舉人。崇禎時，辟賢良，親老不赴。順治初，任開化教諭。著《壽花居詩鈔》。《檇李詩繫》。

吳潛，字餐霞。郡裔孫。卓犖負奇氣，援筆成文，尤善歌詩，書法得米南宮筆意。

李兆熊，字渭師。諸生。博學能詩文，兼工書法，有《白蘇堂稿》。

曹序，字射侯。歲貢生。幼折節為學，敦倫範禮，言笑不苟。善屬文，能闡發經義，不專治章句。

徐甘來，字五宜。歲貢生。質鈍讀書，必千遍乃熟。好學，晝夜不輟。著有《四書口義》《易經口義》。孫王咏，字神功。工古文詞。

徐鑛，字次鏐。順治辛卯舉人，制藝膾炙士林。著有《鐵庵詩文集》《東遊草》。

吳輅，字幼興。順治己亥進士。授廣西桂林府推官，多政績。分校鄉闈，稱得人。歸田後，日以著書為事。有《韓歐文啟》行世。

胡毓琦，字二韓。諸生。慧悟夙成，藻思層出。著有《即山居集》。兼精繪事；得林良、呂紀之神。以上吳《志》。

吳之振，字孟舉。以貢授中書。慷慨好施與。歲饑，捐粟賑濟，巡撫范承謨表其門。學無不通，尤銳意於詩，新不傷巧，奇不涉頗。學宋人不專一家，於聖俞、山谷最為脗合。晚謝交遊，詩益精詣，兼擅書法。有《黃葉村莊詩文集》《宋詩鈔》。子寶林，歷官治中。《浙江通志》。參《遂初堂文集》。

周元會，字際斯。國子生。娛情翰墨，留心闡揚，《詠五人墓》詩自註云：“訪諸父老，知當時共事者五人外，尚有吳時信、劉應文、丁魁、季卯孫、許成、鄒應正、戴鏞、楊芳，斃獄者二，遣戍者六，忠介後裔特揭姓氏於五人墓側。”詩亦慷慨悲歌，足以立懦廉頑。著有《冰淵集》六卷。《檇李詩繫續》。

范雲迻，字嘉績。歲貢生。書法奔放飄逸，得蘇東坡、米南宮之妙，使筆如飛，觀者駴目。同時吳之振擅書名，倩迻代之，莫辨真贗。《石瀨山房詩話》。

胡直方，字真吾。歲貢生，蘭溪教諭。輯《安定正學》《承啟錄》《就正錄》。吳《志》。

虞黃昊，字景明。康熙丙午舉人。官臨安教諭。十歲即善屬文，嘗薄柳州《乞巧》，更作《辭巧文》，識者決遠到器。五言古體，蔚然名家，見《十子詩選》。《檇李詩繫續》。

許觀光，字觀文。康熙癸酉舉人。與兄用光同舉於鄉，奮勵嗜學。著《迎素樓稿》。吳《志》。

吳煥辰，字元弢。康熙辛卯舉人。授內閣中書。生秉夙慧，工詩古文詞。著《南村詩文集》。子在新，字青田。雍正壬子領鄉薦，授臨安教諭。以讀書植品訓諸生，士風丕振。于《志》。

曹肩吾，字景略。居家孝友，以貢授杭州府學訓導，課士之暇，蒐訂遺書，手不釋卷。有《自貽集》行世。

孫爽，字子度。諸生。幼穎悟，甫就塾，輒弄筆作小詩。後從新安程孟陽遊，詩文皆得其指授，著《秋懷集》《抱膝吟》。以上吳《志》。

吳雲龍，字希淵。負奇嗜古，才氣橫溢，詩文頃刻數千言。久困場屋，齠齡以死，聞者惜之。《橋李詩繫》。

吳汶，字擊千。淹貫經史百家。修己以正，治家以嚴，里黨皆敬憚之。著有《近言集》。《張楊園見聞錄》。

曹開裕，號玉灣老人。隱居玉溪鎮之東。著《半村草堂雜綴》，凡象緯、地輿、帝后、職官、人事、災祥、物產、器用、閨閣、釋道，無不備舉，列一百四十門，今存於鎮之譚氏。伊《志》。

周之琳，字次雍。年十二游頖。博通經史，由太學三試北闈不售，歸益肆力於學，生平以訓迪後進爲己任。于《志》。

鍾基，字武青。歲貢生。孤貧力學，篤志不倦。官安吉訓導，造就諸生，創修文廟。以老乞歸。年八十三卒。于《志》。

吳宗元，字大始。績學勵行，贊修《府志》，發潛闡幽，不遺餘力。子文照，舉人。廣東香山縣知縣。著有《在山草堂詩集》。于《志》。

金鑾，字輅鳴。歲貢生。品行端愨，博學能文，善啟發後學。生平治《尚書》甚專，因馬融、鄭康成之注散失已久，爲博稽群籍，手輯成編，名曰《尚書馬鄭注抄》，可補王應麟《尚書鄭注》所未及。于《志》。

金鱗，字霈蒼。庠生。篤學，工書。性情高潔，嘗名所居樓曰"留雲"，聚書數千卷，終日瀹茗焚香，與古人相對。選唐詩二十卷，作者名下各系小傳。又摘取古人名章俊語，彙爲一編，名曰《自怡小品》，共八卷。著有《留雲樓詩稿》。于《志》。

陳世修，字勉之。海寧人，依外祖吳之振遷石門。康熙癸巳舉人，任括蒼學官。著有《因樹屋詩文集》。伊《志》。

黃士塤，字伯和。其先自休寧徙居石門。康熙癸丑進士，授編修。秦蜀平，進凱歌稱旨，有《宏雅堂集》行世。伊《志》。

鍾洪，字右常。庠生。殿撰駿聲曾祖，游幕踪跡遍歷名勝。晚年卜居武林，與吳解元世英、奚徵士岡詩酒流連，徜徉三竺六橋間，時乾隆五十年。前器尚質樸，目擊水烟巧製銅壺，物變椎輪，作歌寄慨。著有《南谿文集》《玉溪生詩集》，採入《兩浙輶軒錄》。《橋李續詩繫》。

周元隆，字耕南。之琳子。生有異稟，抄撮經義數十百家，疏通而證明之，評註《綱目通考》等書，積有成編。

周大用，字聖倩。諸生。幼極貧，無力就傅，每過書塾，聽講于門外。師覺而奇之，俾就肄習，不責報。于是發憤，遂通經術。著《四書章句解》。

田朝恒，字予吉。歲貢生。好考證字義，博洽精核。有《增訂金壺字考》行世。以上伊《志》。

沈鳳輝，字桐圃。乾隆癸卯舉人。積學工文，性廉靜，寡言語。寓京師十餘年，足不及貴人門。輯《類要偶鈔》六卷。于《志》。

葉桐封，字建屏。乾隆壬子，以年屆八旬題奏，欽賜舉人。爲文高老蒼古，得先正典型，一時名士皆從受業。精行楷書，能作擘窠大字。于《志》。

姚體仁，字石農。嘉慶癸酉拔貢。通經史，尤肆力詩古文詞。學使者聘襄校閱，足跡半天下。歸里後，以著述自娛，人服其博洽好學云。于《志》。

朱輪，號香一。力學工文，由廩貢任縉雲訓導。勤課士，善啟迪。精岐黃，延請者雖山徑紆仄，無不往。著有《筑臺集》。于《志》。

吳增，號古農。性沈靜，好讀書。尤深經術，作文有根柢。嘉慶癸酉副貢，入成均。年僅四十歿，士論惜之。于《志》。

馬珮思，號補齋。貢生。植品勵學，下筆不煩繩削。尤樂爲善，邑中增義學，修書院，皆襄贊盡力。著《叢桂軒詩文鈔》。于《志》。

顧耀，字笠岑。庠生。酷嗜曝書亭選《明詩綜》，全部背誦，不遺一家。擅古隸，神似鄭簠，自名詩集曰《逋翁詩派》。同上。

顧修，字仲歐，號菉厓。庠生。舊居橫山，遷桐鄉之烏戍。性嗜古帙，目睇手纂，所刊《讀畫齋叢書》，與《知不足齋》埒。愛友朋，若性命，有《百疊蘇韻詩》多至三百餘篇，凡登臨念舊，感物懷人，諸作悉備。論者比之《金蘭譜》云。《石瀨山房詩話》。

蔡應蕡，恩貢生。性和而介，課徒自給，從之遊庠者百有五人。年六十卒。其自輓云：“祇有率真貽後嗣，幸無蕩檢辱先人。”生平行誼可想見矣。新纂。

吳于皋，庠生。詩文俱有妙悟。境極貧，取與極嚴，嘗遇大雪，終日不舉火，有輸之粟，却曰：“翌日束修來，米可得，忍一日餓何害？”臨卒，取平生著述，投之火曰：“無貽後人口實。”新纂。

沈雲虬，諸生。父鈺，號魯帆，篤於孝友，常給膳田，以撫族孤。至雲虬文詞華美，聲儔一虁。橐筆游者二十年，後以母老歸，廐門養志。子人驥以副車筮仕中州，訓之曰：“人當閉戶讀書，宜爲良士，毋爲名士。當釋褐從政，願爲循吏，毋爲能史。”著有《味根軒詩》。新纂。

譚有洞，廩生。文有根柢，工詩，與施少峰諸老結吟社，著有《苧葉村莊詩稿》。治家嚴肅，輯《宗譜》，勒《家箴》，終洞之世，族人無敢爲非者。新纂。

胡元熙，枚子。廩貢生。候選訓導，歷署德清、諸暨、常山教諭，造士有方。著有《西湖冷齋吟草》。新纂。

蔡載鼎，廩貢生。候選訓導。精岐黃。志在活人，不名一錢。遇貧者，給以藥貲。咸豐庚申，避寇滬上，與兄恩孚相唱和，多沈欝悲壯之作。新纂。

徐容，庠生。性醇謹，居五河涇，耕餘以詠歌爲事。道光己酉，邑大水，饑民乘災滋事。知縣熊某浼學師招容往諭之，不悛。既熊以內艱去，後任至，罪容，幾下獄。學師白其由，迺免。杜門不出，銳意吟詩。著有《半舫詩存》。新纂。

蔡錫恭，增貢生。吳江縣丞。平素工六書，蒐輯晉唐以來石刻數百種，詳加考核，爲《醉經閣金石考》十二卷，待刊。新纂。

施啟人，監生。躬畊。且好讀書，精《易》理。著有《周易闡義》，太守成世瑄爲之序。善堪輿家術，貧者類不受謝云。新纂。

吳峙，邑增生。倜儻多材藝，不苟取與，不欺然諾。鄭觀察澐器重之。乾隆甲寅遊京師，旋止湖之金蓋山，不復出。其學以修靜爲宗，後生翕然從之。新纂。

蔡錫琳，增貢生。丰神瀟灑，能詩。工篆隸。嘉興張廷濟、海昌應嗣良均訂爲忘年交。購縐雲石，置天中山，築挂瓢亭，環以池塘補梅種竹，與名流哦咏其間。咸豐初，趺坐逝。新纂。

胡鈫，諸生。性清介，好學不衰，暇躭吟咏。於邑之慧庵結詩社，庵爲吳舍人黃葉村莊故

址,分箋鬭韻,不下當年種菜時。嗣以攻苦咯血卒。_{新纂。}

朱毓麟,字拂珊。邑諸生。弱冠能文,以詩古文受知李學使宗昉。性澹榮利,與兄崑相友愛,伯塤仲篪,唫詠聲弗輟于所居。叠石爲山,雜蒔花木,名小由拳山。著有《小由拳山人詩文集》。_{新纂。}

沈廷瑞,字佩陛。廩生。童時塾師授以《周禮》,鄭、賈訓詁,背誦無遺。工書,筆力遒勁。著有《十三經注疏輯要》。_{新纂。}

蔡作楫,字敷良。歲貢。窮經,治《毛詩》益力,草、木、鳥、獸諸名義箋疏訓詁,該括無遺,爲文亦遒峭警刻。_{新纂。}

周士華,字芾庭。諸生。精八法,得松雪神髓。晚游山左,諸鉅公爭幣聘之。嗣子炳鑣餼于庠,有文名。書法逼真董思翁。_{新纂。}

隱　逸

宋

張拱辰,字端明。博學工詩,不事舉子業。絶意仕進,自號全隱。卒年九十六。_{崇德斳《志》。}

徐元莫,字仲欽。少穎悟好學,紹興辛巳入太學,有文譽。登丙戌進士科,調桐城簿、繁昌尉,俱以家難不赴。歷婺州東陽尉、溫州南監場、嚴州觀察推官。性恬退,不表暴求知,棲遲宦途三十餘年,泊如也。子協,孫炎、士豪,皆以特科補官。

張子修,字德夫。父防禦使勳,開封人。建炎中,隨張魏公入蜀,生子修于簡池,受遺澤入仕,任石門酒官,遂卜築以居。雅志泉石,力勾歸故園,觴咏自適,壽八十六。_{以上柳《志》。}

沈平,字東臯。性恬退。工詩文。宰相鄭清之、吳潛皆與之游,薦於朝,欲官之,辭疾不赴。人稱爲沈處士云。_{新纂。}

葉懋,字天經。布衣。嗜學工詩文,與參知陳與義、僧洪智倡和,爲三友亭于芙蓉浦上。參知勸之仕,輒弗應。已而簡齋挂冠歸,歎曰:“乃今而知天經之弗可及也。”_{《烏青鎮志》。}

元

鄭忠,字原凱。少而孤,矻矻自立,築室于羔羊之雙林,閉户讀書,無間寒暑。與沈夢麟、黃彝相友善。從衛富益先生講《易》,一夕夢吞北斗文星,自是詩聲大著。志尚恬淡,雅好泉石。終元世,高蹈不仕。_{崇德斳《志》。}

陸容,字景遠。居殳山之北,構來青堂于兩峰間,吟諷自樂。貝瓊與之遊,爲作《來青堂記》,稱其放浪田里三十餘年,以沮溺之志自適,得喪不怵于内,榮辱不加于外。同時有桑子材、丁一鶴、董海翁、祖南今,皆佚其名。_{《清江集》。參《檇李詩繫》。}

濮允中,元至順元年徵爲兩淮鹽漕轉運司令,後謝歸,築知止堂以自樂,因號樂閒子。

濮彥仁,字仲温。至正元年,仕爲吳中典市。棄職歸,延楊鐵崖、江朝宗、宋景濂爲師,讀書桐香室。埋名不出,楊鐵崖有《記》。_{以上《濮川紀略》。}

陳堯道,字宗遠。博學通經,遭亂隱居,與楊維楨、顧瑛輩相酬倡。子四:綱、約、繹、緝,並能繼家學。_{補纂。}

明

費正,字天兆。好博覽,貧而愛客。長于詩畫,墨竹尤工。搆竹亭小園,時與墨客觴咏自娛,因號竹亭居士。嘉靖間,郡邑數以憲老禮禮之,堅辭不出。

蔡天錫,字吉夫。應歲薦,訓龍陽,出俸資以葬貧士。攝縣事三月,秋毫無染。懸金購劇盜,置之法。諭清江,有生寄食僧舍,僧懼發其陰事,酖之。天錫訴之郡,抵其罪。閱九年,典成均籍,乞歸。與吕納言希周、沈憲伯宏爲真率會。年八十六卒。長子志學,有父風。女以貞烈被旌。以上崇德靳《志》。

夏九經,字以常。刻志經典,補邑弟子員。以舌耕餬口四方。恬澹自適,足蹟不入公府。褆躬立教,惟以保全本心爲兢兢。雖食貧,一介必謹。橫逆之來,絶不與較,士林稱其惠介焉。

范君揚,字于王。邑庠生。事親色養備至,與弟君揆友敬無間。讀書梅花巖中,吟風弄月,絶足城市。以上石門廓《志》。

陸謙,字彦古。明敏好學,不慕榮利。就先塋旁搆草堂三間,顏曰"林泉一曲",日與諸名士宴飲唱和。從弟方,字彦正,性尤狷潔。有園池百畝,築室其中,居常以釣爲樂,自號江村漁樂。時稱爲"平原二隱"。

吳人望、人偉、人台,兄弟也。人望性行淳樸恬静,寡營終日,但闔戶静坐,而課子弟甚嚴。人偉疾俗如讐,其讀書處竹梧環植,飼鶴栽花,大有塵外清致。人台詩酒自娛,不慕榮利,聞世事輒掩耳。時稱"吳氏三高"。

國 朝

陸應麒,字文瑞,號夢徵。清奇好古,隱于琴,能詩。年八十。有《寄閒集》。以上伊《志》。

藝 術

宋

吳先生,居崇德市中,善易筮。日惟一課,鶉衣篛笠,扃一屋于邸,得錢,米、衣、肉共置一窟中,時爲人竊去,不問也。無錫戴士先母病攣,不能行七八年矣,百計求愈不得。士先過崇德,攜百錢訪之。吳爲揲卦,曰:"姑蘇果道人不爲勢利所誘,君純孝,往求必得如志。然其人無定居,日歷一巷,庶尋覓可見。"士先喜,持書抵蘇,僅五旬,果逢果道人,投以書,欣然至無錫,爲戴母診視,數日即能移步。母拔金釵謝之,笑曰:"且寄夫人處,他時要用,當取之。"館之歲餘,忽言曰:"我且死,幸鬻所寄釵,以辦棺窆。"明日果死,戴氏奉其教,及將窆,中已空矣,蓋異人也。《夷堅志》。

祝先生,自言關陝人。挾術游杭、秀間有年矣,人多識之。宣和庚子秋,忽賣避兵符于城市,見者嗤之。每來新市鎮,必館于所善胡生家,密謂之曰:"吾自衢、婺來,沿途水土腥,風雲氣惡,變當自彼起。"未幾青溪寇作。胡欲挈家遠避,祝止之曰:"兹乃吉地,吾來正欲避難也。"胡有親黨自崇德欲止雪川,艤舟駐飲,因叩其所之方,曰:"崇德井邑沿塘,恐不免;塘下墟落,皆無害。"已而果然。柳《志》。

郭仲敬,其先汴人,曾祖昭乾徙杭,受異人牡丹方,試輒驗,遂業醫。建炎初,仲敬以方愈高宗疾，賜姓趙，稱趙郭氏。十三傳皜能修其業甚著，居邇崇德，因占籍焉。

明

許舟，字子載。工畫山水，初學盛子昭，已倣黄子久，未五十卒。

丁先生，弘治間人。精《易》課，一湖州人問卜，曰："爾一家當病黄腫，啟竈前貯水缸，下當有物，除之病愈。"其人如言，果殺一大白蛇，而疾俱瘳。以上石門鄺《志》。

宋旭，字初暘。家石門。隆、萬間布衣，以丹青擅名于時。層巒疊嶂，邃壑深林，獨造神逸，海内競購之。年七十有八，苕上諸名流招致繪白雀寺壁，一時妙絶。《檇李詩繫》。旭山頭樹木古拙，巨幅大障，頗有氣勢。《圖繪寶鑒續纂》。

吴相，字皋崗。世居皋亭山。父殁，年甫十三，兄覬其産，相盡讓之。遂逃之語溪城中，三更時卧于彭氏肆側。彭因妻得異夢，默器之。自念無子，止一女，遂留爲贅壻。相後以醫著。伊《志》。

國　朝

譚洪川，景文族孫。世以勇著，善騎射。時土寇群起，洪結鄉勇數十人，力爲捍衛，閭里得安堵。而賊銜甚，一日偵知洪將往鄉，伏於要道，持刀突出，斷一臂死，鄉人咸痛惜之。洪川族人吉甫少遇異人，授以擊刺之法，技遂超絶。自是拳勇家有譚家十二手之傳。

袁莮，字舒雯。太學生。善詩，喜屬文。尤嗜書，早歲宗董香光，晚年出入于蘇、黄、米、蔡諸家。子福星，亦工詩，能書，精篆刻。時有"大小袁"之目。

曹鈊章，字又僊。諸生。性至孝。母亡，朝夕泣慕。學問博雅，凡岐黄、星卜諸書，俱精其術。有求醫者，悉心利濟，絶不邀利。年六十八卒。

胡炳，字丹書。官嚴州府訓導。工畫壁蟢，蠕蠕欲動，見者驚爲絶技。同時有倪振猷，字慎思。庠生。專工水墨芥菜，酒後磨墨數升，縱筆揮灑，煙苗雨甲，宛然如生。時稱爲胡蟢倪菜。又吴九鵬，字宿東。庠生。善畫水墨葡萄，其葉似破袈裟，點染有神，全倣温日觀。

費皡，字太初。山水秀潤，宗文、董。所摹秦漢印章及倣唐宋人名硯，形模款識，俱有古趣。

吴廷欽，字聖俞，號松巖。幼穎悟，工小楷，雕刻花鳥，皆精妙入神。

施懷珍，字映川。少好奕，後得祕旨于得得上人，技遂超絶。著有《餘閒居碁譜》。

沈濟遠，字宇寧。本桐鄉人，移居石門鎮四十餘年。世習醫，至濟遠，名尤著。著《女科類案》十卷。年八十二，卒。

許自宏，字卯居。邑諸生。工畫山水，竹樹秀勁，似徐文長晚年，尤好潑墨畫，元氣淋漓，獨臻神品。

方槑，字聖因。布衣。有善行，好作小詩。書摹海岳，畫梅竹、蘭菊、水仙，評者謂得趙子固筆意。有《雪屏詩存》。子薰，字蘭如。善詩，兼工填詞。尤工畫山水，宗北苑、雲林。凡人物、翎毛、花果、蟲魚，鉤貫無不精妙。然生平致力於詩，格韻高潔，人稱其畫，不屑也。著有《山静居詩詞稿》。其論書畫數種，刊入鮑氏《知不足齋叢書》。性孝，依父墓以居。孫廷瑚，嘉慶戊辰舉人，官平谷知縣。

葉子乾，字行健。邑諸生。畫宗院體，花鳥士女，生香活色，可與邊鸞、趙昌相匹。尤長白描羅漢。曾見李龍眠五百尊前本,臨摹畢肖。以上伊《志》。

陳觀山,名雲鴻。以岐黃濟人,用藥靈效,貧家酬之不受。子可補,能繼其志。舉鄉飲賓。壽九十七。于《志》。

吳鳳咮,字葵園。增廣生。善書,得晉人筆法。嗜酒,家貧不能常醉,或置酒招之,欣然就飲。見案頭紙筆精良,必乘興揮毫,人皆以此致其書。偶寫山水,著筆不多,有逸趣。于《志》。

孫濤,字樂山。增廣生。博覽群書。輯唐宋詩話,蒐采甚富。尤善形家言,辨析精微,所論立向分金法,深中窾要。于《志》。

姜之垣,字寧周。增廣生。好學能文,有《石豔詩》,膾炙人口。精士女、花鳥,喜畫馬,嘗作《八駿圖》,人謂得李伯時之神。于《志》。

曹振麟,字月琪。廩生。博通經史,尤深于《易》學,與人占,休咎多奇中。著有《知來寶鑑》。于《志》。

徐王熊,字渭占。工詞翰。尤善畫山水、花鳥。乾隆二十二年,曾繕屏幅進呈,一時名振。片縑尺幅,至今珍寶。于《志》。

陳夢熊,字宇春。庠生。世業醫。夢熊博通經典,醫名益著。子德堦,亦精醫理。于《志》。

周騰,字健飛。庠生。善詩文。尤精醫術,凡《靈樞》《玉版》《金匱》《肘後》諸書,皆手自鈔錄,筆法工雅可愛。醫名甚著,時有"病情千萬變,手到起沉疴"之譽。于《志》。

沈瀛標,字焕南。歲貢生。篤學能文,爲陳侍讀萬青高弟。尤善書,骨力遒秀,所書《學宮碑記》,咸謂得趙文敏遺意。于《志》。

陳治,字持國。天性孝友。學有根柢,不事剽竊。兼工畫山水。精岐黃術。壽八十卒。于《志》。

錢杞,號鞠隣。好學敦行,性篤實。課徒自給,不事雕飾。最長于法書。晚年直逼董文敏,臨池家重之。于《志》。

沈玉佩,字竹墅。善繪事,山水學黃大癡,花鳥學惲南田,人物出入唐、仇之間,饒有生趣。于《志》。

胡欽,字師琴。布衣,淡泊寡營。善鼓琴,佳客至,則淪茗焚香,爲操一曲,非其人,不輕彈也。尤工墨梅,有孤山春曉風景。新纂。

沈振名,字藕船。倜儻,精繪事。山水宗王麓臺,書法逼真董香光。尤工篆刻,著有《求是齋印存》。新纂。

倪驥,字學圃。善繪畫。子耘,克承家學。花草、翎毛尤工,兼得外祖方蘭坻意,撫摹融化,秀逸入神。與秀水陶錐庵山水稱雙絕。新纂。

范采成,字質行。歲貢。文卓犖豪放。通岐黃家言,于前人傷寒諸論別有會心。遇劇證,諸醫聚訟紛如,采成獨出心裁,處方立效。貧者延之,不受其酬。新纂。

蔡載福,字鹿賓。瀟灑出塵,工花鳥,集國初迄今諸畫家書,摹勒上石,并刻方蘭坻、奚鐵生兩家墨跡于後,好古之勤,一時推重。新纂。

沈宏遠,字進之。工詩。善畫。尤長墨蘭,筆致秀逸,得何其仁法。植品高潔,家徒壁立,晏如也。著《撚瓢詩草》。同上。

湯望久,字雨時。國子生。工書法。精醫理。客游粵中,晚歸,僑寓烏程,賣藥自給。著有

《無人愛稿》。同上。

　　吕律，字廩六。徙吳江，粗筆寫道、釋人物，奇崛生動。工隸書。能詩詞。有《天涯草》。
《震澤縣志》。

流　寓

宋

　　王昇，字逸老。本京師人。草聖奇偉。徽宗朝被召入御書，補右爵。高宗南渡，寓居崇德
之羔羊。時上留神翰墨，近臣有言其能者，召對賜札，以書玉音褒賞。官至正使。至元《志》。

　　陳與義，字去非。其先居京兆，自曾祖希亮始遷洛，故爲洛人。與義天資卓犖，兒時已能作
文，致名譽。嘗賦《墨梅》詩，徽宗嘉賞之。高宗南遷，遂避亂襄漢，轉湖湘，踰嶺嶠。久之，召爲
兵部員外郎。紹興元年，以徽猷閣直學士知湖州。乞間，來居青墩，築室曰南軒。七年，參知政
事。時丞相趙鼎言：“人多謂中原有可圖之勢，宜便進兵。”與義曰：“若和議可成，定賢於用兵。
萬一無成，則用兵必不免。”帝曰：“然。”明年，以疾請。復以資政殿學士知湖州，陛辭，帝勞問甚
渥，遂請間。提舉臨安洞霄宮，復來居南軒，卒。《宋史》本傳。參《烏青文獻》。

　　輔逵，慶源人。從楊和王征討，屢立奇功。南渡，家邑之西郊。紹興末，樞密葉審言視師江
上，集諸將問計。請據瓜洲，逵以爲非計，力陳萬全之策。不從。已而敗績，果如逵所料。乾道
中，任後軍統制。孝宗問屯田事宜，逵以笏就地指畫，稱旨。上欲處以邊郡，問：“卿能勝任否？”
曰：“當以家法治之。”又問：“何法？”曰：“子視軍民，愛惜財賦。”遂除知泰州。語寮案曰：“吾目
不識字，手不能書，但心能燭理，耳能聽訟耳。”郡中果大治。崇德洪《志》。參《兩浙名賢錄》。

　　顏岐，字夷仲。曲阜復聖裔。建炎中，官門下侍郎。靖康初，扈駕南渡，搆別墅于石門鎮
北。子孫留居，一姓自成村落，名曰陌巷村。《宋史》。參吳《志》。　案：顏岐祖太初，復聖四十七世孫。彭
城人。父復，字長道。元祐中，累官國子祭酒、天章閣待制。《宋史》有傳。《浙江通志》誤云：“顏復，字太初。歷官禮部
尚書。建炎南渡，家石門鎮。”與《史》不合，今據《史》删正。

　　時橪，字傳之。其先彭城大族。建炎三年，來主邑簿，因家焉。橪歷汀州通判，知和州。居
官廉正惠愛。遷峽州，不赴而卒。公有識鑒，長女既適于湖張考祥[1]，欲以次女妻邑士莫元忠。
元忠尚居約，以非偶辭。公笑曰：“莫子豈有不第耶？”遂妻之。柳《志》。

　　木楹，至元《志》作盈。字濟之。濟南人。建炎登第，授崇德令。秩滿，民不忍其去。楹亦安
之，遂卜居焉。終左朝請大夫、浙東帥司參謀官。崇德靳《志》。

　　濮鳳，字雲翔。初居廣德。官著作郎，遷駙馬都尉。高宗南渡，扈駕臨安，過崇德之梧桐
鄉。公名鳳，謂鳳棲梧桐，事有適符，故即居此。廣德家産悉讓與弟雲隱。生六子，皆貴。《濮川
記略》。

　　蔡淵齋，河南人。建炎中，扈蹕南渡，家崇德鳳鳴里萬春橋之東。子梅友，仕至防禦使。名
其堂曰同壽。梅友弟竹友子君實，嘗著《同壽祕寶方》，元大德間，活人甚衆。伊《志》。

【校注】
　　[1] 按：萬曆《嘉興府志》卷二十二《流寓》“時橪”條：“嘗擇婿得湖州張孝祥及同邑莫元忠。”知當作
張孝祥。

元

程鵬,河南人。祖玘,嘉熙間仕爲信義郎,徙于杭。鵬遷崇德梧桐鄉鳳鳴里東南之張蕩,遂定居焉。鵬即隱君克柔之大父。

錢正,字三九,系出吳越忠獻王後,侍郎昱十二世孫。五代時,居崇德。正遷于永新里,即今所稱九里松也。宣德間割崇之東偏,分建桐鄉,遷永新者遂隸焉。以上伊《志》。

周致堯,字煥文。初名棐,其先自四明徙居崇德州石門鎮。生極穎異,讀書一二過不遺。嘗爲宣公書院山長。明洪武與薦辟不就,歸隱梨林。著有《石門集》。《檇李詩繫》。

明

宋濂,字景濂,號潛溪。浙之浦江人。未遇時,曾讀書于濮川之梅花涇上,因作《濮川八景詩》。與鮑西溪友善。以上《濮川記略》。

江漢,字朝宗。本會稽人。少有文行,元末濮氏延爲塾師,留數載。洪武初,以文學召入爲翰林編修。後請老,寓居濮院。有《月下清遊集》。《徵獻録》。

馮銘,字積一。歸安大筯邨人。元末移居梧桐鄉濮院鎮。銘爲馮氏之始祖,八世孫敏仍居濮川。布政使孜析居桐鄉治西,人猶呼爲馮家河云。伊《志》。

曹宏淮,字敬堂。歙人,以貿遷爲業。萬曆初,卜居語水。和厚性生,機神內蘊。見人之急,輒傾囊相助。于《志》。

國 朝

高斗魁,字旦中,號鼓峰。鄞人。寓居語溪,工臨池,小楷類《樂毅論》《東方朔像贊》。行書逼米海岳,間追顏尚書。尤精醫理,治效如神,時以秦緩目之。所交皆當世知名士。著有《鼓峰心法》《語溪詩集》。于《志》。

嘉興府志卷六十一

〔列傳十二〕

桐鄉縣[1]

兩廡先儒

國　朝

張履祥，字考夫。父明俊，夢金仁山來謁，而履祥生，故名。幼孤，母沈諭之曰："孔子、孟子亦是兩家無父之子，只爲肯學好，便做到大聖大賢，爾勿自棄也。"稍長，讀《小學》《近思録》有得，作《願學記》。遂渡江，遊劉宗周之門。歸而益肆力程、朱之書，乃知陽明之學非是。海鹽吳謙牧、錢汝霖延之家塾，先後出《傳習録》屬評論。履祥慨然曰："東南壇坫，西北干戈，其爲亂一也。生心害政，釀成大患，實由於此。"於是洞揭其陽儒陰釋之隱，以爲炯鑒。甲申後，棄諸生，隱居楊園村舍，著書教授。居恒雖盛暑，必衣冠端坐，若對賓客。修己教人，一以居敬窮理，躬行實踐爲主。嘗云："三代以上折衷於孔、孟，三代以下折衷於程、朱。"於《朱子文集》《語類》析疑闡微，晨夕不釋手。謂元明以來，惟許魯齋、薛敬軒、胡敬齋諸書可與朱子相表裏，其他不皆醇。摘師説爲《劉子粹言》，以詔來學。論者謂履祥篤實宏遠，軼薛、胡而上之，朱子後一人而已。著有《經正録》《訓子語》《王學辨》《備忘録》《言行見聞録》《近鑑》《楊園文集》，共三十餘卷，學者稱"楊園先生"。卒後數十年，學使寧化雷鋐表其墓。嘉慶六年，縣令合肥李廷輝修楊園村舊祠，立主崇祀。十六年，巡撫蔣攸銛檄飭立主祀於青鎮分水書院。二十二年，縣令黎恂修墓及碑，教諭仁和宋咸熙立祠學宮之偏。道光四年，巡撫黃梅帥承瀛疏請入祀鄉賢祠，奉旨依議其明年立主入祠崇祀。參陳梓撰《傳》、祝洤淑《艾録序》、蘇惇元撰《年譜》。

同治九年，學臣徐樹銘會同撫臣楊昌濬奏："照浙江嘉興府桐鄉縣鄉賢張履祥，字考夫。明諸生。世居楊園村，學者稱爲楊園先生。平生學問專務居敬窮理，躬行實踐，不託空言，一以關、閩、濂、洛爲宗，著有《楊園全書》三十四卷。該先儒之友烏程凌克貞，嘗稱其'德器温粹，仰質先聖，其揆一處，洞悉無疑'。餘姚陳梓以爲該先儒純粹如敬軒，而窮研洞悉；謹飭如敬齋，而規模宏遠。海寧祝洤稱其爲學一循孔門博文約禮，敬義直方之則，以仁爲本，以修己爲務，以中庸爲歸，有以正後儒偏詖之趨而續古聖微茫之緒。蕭山朱坤亦稱其邃密似薛文清，篤實似胡敬齋。前副都御史臣雷鋐以爲接薛、胡之正脈，契濂、洛之正傳，實先陸清獻而真知允蹈者。案明儒薛瑄、胡居仁皆以抗心濂、洛從祀孔庭。國朝先儒陸隴其，亦以力崇程、朱正學，祔昌平之俎豆。該先儒張履祥，温粹從容，精密純正，光輝篤實，力正後儒偏詖之趨。晦蝕之道，賴以復旦，洵有以接薛、胡之學脈，開陸氏之先聲。而篤志程、朱，立身端直，持論醇正，見之《欽定四庫全書提要》。立身行己，無愧真儒，已荷聖明之鑒察；則古師先，一衷正學，復叨定論之褒崇。洛、閩之遺緒克承，鄒、魯之嫡傳不替，以之祔祀文廟，實足以昭聖朝崇儒重道之至教。"等因。奉旨："禮部議奏，欽此。"欽遵。十年十二月，禮部覆奏："查張履祥，字考夫，居桐鄉之楊園村。幼喪父，其母訓之成立，且諭之曰：'孔、孟亦是兩家無父兒，止爲肯學好人，便成大聖大賢，爾勿自棄也。'遂專力于孔、孟之學。及甲申後，閉戶潛修。嘗云：'三代以上折衷于孔、孟，三代以下折衷于程、朱。'所著有《經正錄》《願學記》《問目備忘錄》《初學備忘學》《規訓子語》《答問》《門人所記》《言行聞見錄》《近古錄》《近鑑》《喪祭》《雜説》《農書》等書。嘗言：'聖賢用心，要使天地間物物各得其所，學者須從此起念，方有成就。'又曰：'爲學自不欺始，不欺自親長始。'嘗訓學者：'舍稼穡，別無治生之道。能稼穡，則無求于人，而廉恥立；知稼穡艱難，則不敢妄取于人，而禮讓興。'其所言不越乎人倫日用之常，而念慮所存，恒周乎天下後世，實足與經傳相發明。臣等詳閲全書，其《經正錄》一册，蓋示人以《小學》之基而漸臻于《大學》之域。《願學記》《問目》《備忘》各書，則博學、審問、慎思、明辨、篤行之功寓焉。至《訓子語》《答問》及《門人所記》，則因材之篤也。《見聞錄》《近古錄》，知取善之宜廣，《近鑑》示遠惡之宜先。《喪祭》《雜説》示人以重本敦倫之義。至《農書》一册，尤惓惓以農桑爲急務，所爲正德、利用、厚生者，不過是也。臣等覆加詳覈，先儒張履祥祖述孔、孟，憲章程、朱，立論不尚高遠，行事頗近中庸，洵足羽翼聖經，維持名教，與僅據空言率請從祀者有間。臣等公同酌議，擬如該學政所請，準以先儒張履祥從祀文廟，其位次在東廡先儒孫奇逢之次。"等因。同日奉旨："依議，欽此。"

【校注】

[1] 按：本卷標題體例調整參卷五十《列傳一》。

列　傳

明

石朝用，以元進士仕爲廉訪使，無子。卒，葬濮院鎮西。濮鎮巨姓，至今相傳燕雷濮石云。新補纂。

楊述，字宗道。永樂癸卯領鄉薦第一，授宜興訓導，陞監利教諭。分校四川、福建鄉試，稱得人。景泰間擢遼府長史，勤於輔導，遼王書"公正"二字賜之。著有《蘭谷集》。《徵獻錄》。參袁《志》。

仲端，字惟正。六歲喪父，力學有年。中永樂九年舉人，入國子監，積分授湖廣隨州知州，恤窮達隱，民甚德之。適寇丁朝龍聚衆流劫，詣闕待罪。尋丁母憂。服除，補南直隸廣德州知州。致仕，卒。楊述稱其在官任德去刑，舉動務存大體，所至有遺愛。新補纂。

沈榮，字希仁。正統甲子舉人。歷禮部主事，改工部。左遷四川都司經歷，巡撫王浩、特疏舉之，歷陞廣東韶州知府。慈和愛民，粵之人頌其德不衰。《徵獻錄》。參吳《志》。

王濟，字伯雨，號雨舟，晚號白鐵道人。諸生。入太學，授廣西橫州判官，攝州事。悉其習俗利病，設施皆當。州故多盜，自濟至，戶可不閉。采其風俗與故鄉異者，爲一編，曰《日詢手鏡》，中多預商禦邊之策，事後人服其先見。以母老乞歸，與僉事龍霓、太白山人孫一元、尚書劉麟詩酒相徵逐，爲崇雅小社，皆一時知名士。《徵獻錄》。參吳《志》《烏青文獻》。

于恭，字克敬。貢生。景泰中任武岡州判，解餉赴都，道逢土寇，力戰死。子思遜，得凶問，一慟而絕。桐鄉徐《志》。

楊青，字士昂。遼府長史，述子。青自幼有才思，警敏過人。景泰辛未進士。桐鄉分縣，甲科自青始。由庶吉士遷禮科給事中，歷掌南京吏、禮二科事。尋召入掌刑科。陞河南僉事，奉敕總理軍民，招撫流移，多所康濟，以勞卒於官。

趙讓，字元遜。宋宗室丞相汝愚之後。成化乙未進士，授松滋知縣。愛民下士，百廢具興。擢刑部主事，歷員外郎。出知南寧府，有惠聲。子萱，字慈佩。弘治壬子舉人。官國子監助教。以上《徵獄錄》。參袁《志》。

譚鎧，字體仁。弘治甲子舉人。任泉州推官，平易近民，折疑獄若有神助。暇輒彈琴賦詩，無聲色貨利之好。歸田，纂《桐鄉縣志》。《泉州府志》。參桐鄉徐《志》。

邱嶔，字朝勝。嘉靖甲午舉人。授江陵知縣，時盜賊蜂起，白晝焚掠。嶔發兵捕之，盜莫敢入境，百姓祠祀焉。陞均州知州[1]，以不合上官意，掛冠歸。舟過張家灣，遇盜數百，將要而殺之，以舒積憤。其僕盛恩進曰："盜所欲得者，主君也。主君身膺民社，不可死非命。"恩請以身代，嶔不可。恩已服嶔冠服，效漢紀信故事。嶔得脫，乃歸其尸，禮葬之。桐鄉徐《志》。

祁鯨，字國升。嘉靖乙卯舉人。提躬修整，敦厲實行，每邑宰初蒞任，必以禮見，後則絕跡公庭，未嘗私謁。《浙江通志》。參《徵獻錄》。

王三錫，字汝命。以嘉興籍中嘉靖癸丑進士。任保定府推官，丁憂歸。居桐鄉，適倭寇數萬至，參將宗禮軍覆皁林，巡撫阮鶚移鎮邑城，賊首徐海、陳東等圍攻甚急，鶚同知縣金燕召集紳士議守禦。三錫散千金，懸賞格，募敢死士，夜出劫賊，多所斬獲。海製雲梯二座，夜牽其一於城下，焚之。其一傍北水門樓，高於城數尺。有沈鐸者，以計破之。鐸另有《傳》。時又有董皋者，城中燭盡，從間道出，取之，警禦四十餘夜，賴以支給。賊盛，爲樓櫓撞竿以撞城，城幾壞，居民朱姓者，爲緱索以挽竿，賊技窮。參《徵獻錄》《禦倭紀事》。

濮文起，字三槐。諸生。有謀略。總督胡宗憲就問所以禦倭者，因出金帛餌賊首徐海愛妾紫雲，始解圍。東屯乍浦，又令妓翠翹、碧桃蠱海乘間攻之，海溺水死，宗憲欲題用，固辭。卒，祀本邑忠義祠。《徵獻錄》。參《禦倭紀事》。

錢貢，字時雍。嘉靖壬戌進士。授新建知縣，建置學宮，調劑驛遞，僉聯稅甲里。豪有圖併他人墓地者，紿使發冢而陰搆其事於官，坐以重辟。貢廉得之，重罪豪，釋冤者。內擢工部主事，出榷蕪湖，以應稅者榜示，躬批籍，月上之，裁抑浮費。以艱歸。服闋，補工部郎中，濬漕渠，營穆陵有功，加四品服，轉刑部。袁《志》、吳《志》。參《徵獻錄》，復參《拳勺園小刻》，新補纂。

沈鐸，字東溪。嘉靖時倭寇攻城，倉卒被圍。時鐸寓邑中僧舍，揚言曰："欲退賊，何必張皇。"巡撫阮鶚聞之，奇其語，訪於鐸。鐸令戶出鑤金，募工鎔汁，視賊圍疏處彚大木以巨索，緪給雉堞外，待賊薄城，則斧斷巨索，聲震如雷。寇譁，傳城一隅摧，蟻集其下，即引鐵汁雜火藥灌灑之，寇盡殲。功成，鶚手書"退寇全城"四字榜其廬。薦於朝，授百戶，不就。隆慶間，從祀宗禮祠。新補纂。

王胤昌，字永叔。父三錫，見《武略傳》。胤昌中萬曆十九年舉人，授貴州思州推官，陞貴陽府同知。會奢寧叛，據永寧，永寧，貴陽屬也。胤昌度兵寡難拒，自誓必死，乃以印及錢糧冊遣吏，間道歸上官。亡何，賊來索印，胤昌焚香北拜，入署縊死。事聞，給祭葬。贈光祿寺卿，世襲錦衣衛千戶。新補纂。

鍾繼元，字仁卿。窮經博古，尤精於《易》。嘉靖壬戌進士，授安福知縣，擢刑部主事，陞湖廣僉事，清屯伍，整釐政，備極心力，以勞成疾，卒於家。著有《易準》《易原》《易竅》《易考》《畫前錄》《渾象析觀》諸書。《浙江通志》。參《兩浙名賢錄》。

錢守之，嘉靖時由掾吏歷仕至山東高唐州州同，所至以廉幹稱，百姓呼爲青天。新補纂。

施乾，字一元。濮院人。曾祖茂，永樂初以楊任姻黨遣戍武清衛。父容，業醫。萬曆初赦歸。乾少愿樸，不好弄。嘉靖中以歲貢授懷遠訓導，遷陵縣教諭，終濮州學正。生平慎取與，辯析名義，諸弟子翕然向化。在濮時，監司檄署平陰縣事，固辭，不獲，稱疾乃已。陵縣人服其清介，爲立碑學宮，卒祀鄉賢。《濮川志》。參劉《志》。

李樂，字彥和。青鎮人。隆慶戊辰進士。知新淦縣，初謁郡守，閽者驕蹇，杖之而後以聞。淦賦煩重，乃申請畫一，民便輸納。捐俸市穀實倉，以備賑貸。擢禮科給事中，上科場積弊疏，劾順天府府尹孫一正，乃倚張居正爲座主者，竟勿能庇。復改吏科，剛正不撓，雖一嚬一笑，不以假人。出爲福建按察司僉事，歷江西、廣西參議，所至潔己愛民，重懲墨吏。而順昌知縣王九皋以廉被訐，力爲申辨。拜尚寶卿，乞假歸。築拳勺園奉母。性儉約，朝服皆以布爲之，人以爲矯，勿顧也。居鄉留心民瘼，時以利弊告司牧，多改容受之，未嘗一語及私。直指彭應參顏其堂曰"真君子"。著有《金川紀略》《見聞雜記》《烏青志》。卒，祀鄉賢。《浙江通志》。

馮孜，字子漸。少孤力學，性孝友。隆慶戊辰進士，觀政都察院，授南直隸太倉州知州。禁奢侈，鋤豪強，絕請託。會倭警，屬邑崇明當其衝，設防守險，悉中機宜。內轉刑部員外郎，閹校憑依，把持訛法，孜秉公不爲絀。尋以郎中恤刑江西獄，多平反，覆命稱旨。擢河南按察司副使，整飭河北兵備，孜爲備芻積粟，校士練兵，晉福建布政使參議。時流賊嘯聚廣里山，負固肆劫。孜出奇設伏，盡殲之。累升湖廣左布政使，益釐剔諸積弊，以清操自勵。值修建大內，急徵材湖廣，孜瀝陳民困財絀，疏十餘上，地方始得不擾。尋以疾乞歸。著有《古今將略》行世，又有《明刑錄》《明儒錄要》。參《明史·藝文志》《徵獻錄》。新補纂。

陸塏，字允升。萬曆丙子舉人。授羅山學官，却諸生餽，貧者資助之。陞石埭知縣，痛懲里胥積弊，清節自甘。及卒，囊無餘財，祀鄉賢。劉《志》《浙江通志》。參《徵獻錄》。

陸吉，字謙六。萬曆壬午舉人，知高密縣。凶歲民逃亡過半，吉蒞任未及五年，招復流移一萬八千餘人，開墾田七千餘頃，擢昌平州。昌平地寒，令民廣植木棉，教紡織爲布，民賴以安。有守陵中官倚大璫勢擅殺人，吉再揭撫按，不省，竟撲殺之，坐是落職。璫敗，以知府召，不起。吉性與物多忤，然諒直無污狥，子孫世載其德焉。崇祀高密、昌平名宦及鄉賢祠。《徵獻錄》。參吳《志》。

沈蒸，字華東。萬曆癸未進士。授亳州知州，擢兵部郎中。出爲福州知府，歷陞應天巡撫，操江都御史。所至刑清訟簡，剔奸吏侵漁糧稅。士貧乏者，捐俸賙之。歷官三十餘年，田廬不踰中人，猶承祖父之舊業云。没，祀鄉賢。《分省人物考》。參吳《志》。

錢夢得，字國賢。貢之子。萬曆癸未進士。授鄢陵知縣，擢山西道御史。歷巡陝西、北直、廣西，按部嚴明，搜奸剔弊，人呼真御史。陞大理寺少卿。內艱。服闋，起右副都御史，巡撫河南，告歸。没，賜祭葬。子允康，貢生。雲和教諭。《分省人物考》。參《徵獻錄》。

夏爛，字汝翼。青鎮人。父儒，見《孝友傳》。爛，萬曆乙酉年進士[2]。知冀州，擒治豪猾，市粟備賑。課最，擢刑部主事，歷郎中，忤瑄意，謫貴陽府通判。巡撫郭子章喜爛至，倚爲左右手。會黎平、皮林苗倡亂,朝議黔楚會剿,爛以皮林界連楚、粵,九股苗與之脣齒,請身入九股,宣威德,使反正,乃單騎深入,曉諭酋長,夕鼾睡帳中。明日令導歷諸寨,卒感動諸寨苗,椎牛立誓,願納土受約束。凡平寨七十有四,得户二千四百有奇,歲徵糧四百餘石。皮林失援,遂破之。泰昌初,起工部郎中,榷蕪湖關税務,處膏不潤,以廉平聞。詩境高澹,有王、孟遺意。新補纂。

沈思充,號邃庵。萬曆丙戌進士。初任工部主事,轉雲南提學道。歷陞江南臬副,上疏論國本宜早定,再疏罷薪供耗費。外官論事自思充始,人皆壯之。吳《志》。參桐鄉徐《志》。

朱大雅,字元渚。萬曆己酉舉人。知祁門縣,有監生某,爲人誣訟,前令以其家饒,出之恐污己名,獄久未決。大雅至,立釋之。數日,生來謁曰:"某有佳墨數圭,欲以奉公。"受之。諸子取墨磨,視則赤金也,以白大雅。大雅召生,責之曰:"我所以出汝者,以我素廉謹,不畏人議故也。今反以相污耶?"擲還之。入爲大理評事。有權關橫征者,大雅疏效之。子萬錡,有傳。孫彝,字聲始,崇禎辛巳進士[3]。《徵獻録》。參《浙江通志》《徽州府志》。

沈雲從,字景日。父照,詳《孝義》。雲從,萬曆己酉舉人。歷裕州知州,山峻險,賦額荒十之三。雲從徧歷山谷,凡石田不毛者,繪以上聞,得除額。轉陳州,陞池州同知。殲除巨盜二十五人,所在稱循良。子錫,別見。吳《志》。參桐鄉徐《志》。

施爾志,字章甫。乾之子。萬曆壬辰進士。授太平府推官,多雪冤滯。有女囚報決,所攜兒號愴欲絶。爾志憐之,請緩決,俟兒長就法。陞刑部主事,累遷雲南左布政。是時,黔、蜀用兵滇界,其中轉輸無匱。卒於家。子博,諸生。精《易》理,詳《秀水·文苑》。《徵獻録》。

張大紳,字元修。萬曆間拔貢生。授澄邁知縣,剿捕海寇,民賴以安。遷寧州知州,九州道王季重贈詩云:"捍盜但聞樓上鼓,不貪沈盡浦中香。"又云:"堂上祇應羅鳥雀,車前原不問狐狸。"蓋有所指也。吳《志》。參《烏青文獻》。

莊有翼,字慎予。萬曆間貢生,任祁門主簿。遇有上官委訊,必委曲得其情,不輕施刑。擢楚府長史。《祁門縣志》。

濮師灼,字見湖。濮院人。少襲外家姓周氏,力能舉百鈞。萬曆中授廣東游擊,捕盜有功,進都指揮使。太倉王世貞贈詩云:"緩帶諸生談碣石,飛書一箭下扶桑。"洵實録也。新補纂。

錢允鯨,字長卿。貢之孫。天啟壬戌進士。授保寧推官,歷陞南京兵科給事中。劾周延儒、馮銓、温體仁三輔臣,權貴側目,遂罷官。温體仁敗,詔起左江道。時方用兵,持論忤督師楊嗣昌,乞歸。所至以清慎自持。《徵獻録》。參吳《志》。

陸日新,字文蘭。爲諸生時家貧,嘗拾遺金於道,俟其人還之。當歲薦,以次名齒高,讓其先貢。後授本省嚴州教諭,培植多士。去官後,崇祀嚴陵名宦祠。新補纂。

陸懋元,字生甫。日新子。天啟乙丑進士。由行人歷陞黔南道,監理軍務。時峒傜梗化,攻掠城邑,設計擒其渠魁。事聞,擢湖廣布政使參政,降補僉事,致仕歸。歷官二十餘年,家無贏資。

朱邦祈[4],字二元。天啟乙丑進士。授荆州推官,内擢禮科給事中,轉兵吏。居諫垣六載,所奏俱國家大政,有清直聲。少孤,奉母以孝聞。以上《徵獻録》。參吳《志》。

沈宏度,字公雅。天啟甲子舉人。性孝,召漆工爲父治棺,長跪禮之。母愛長孫,爲其兄子,即以腴産厚分之。時有盜,白晝劫掠,人情惴惴,宏度與孔自洙、潘之章大集里民兜剿,佐以千總楊得功,盛陳兵仗於密印寺中。賊聞,駭散,索得數十人,縛而沉諸水。賊首王秀甫脫去,賂當事金,將坐以擅殺,宏度爲戎首。後得免,卒。後十年授衡州府推官。著有《五願齋詩稿》《容餘軒詩》《畏吟小草》藏於家。《烏青文獻》。

陳素,字涵白。崇禎甲戌進士。詩文清勁有法,爲時傳誦。知直隸開州,丁憂。服闋,補南直泰州。歲旱蝗,饑饉洊至,題請截留漕糧賑恤,待麥熟收兌。有黃雲、陸舜者,素考校時所拔士也。素後以事繫獄,雲售田得百金以周其急,與同卧起圜圄中。事白,偕出。李闖陷巢、廬等處,即棄官歸,縞衣綦巾,自稱天山道人,創正心書院,嘉惠後學。康熙時卒。舜爲兩浙提學使,聞訃,號哭至哀,感行路。奉其主,祀於鄉。桐鄉徐《志》。參《今世說》。

沈方,初名士端,字彥方,更字大愚。弱冠與兄給事士茂文名相峙,依兄京邸。天啟間,璫焰熾甚,知方名,招一往見,許得美官,遂拂衣歸。中崇禎己卯副榜,授荊門州同知。流賊李自成、羅汝材合兵四十萬,從間道至白馬渡,臨江而陣。方下車數日,巡按宋一鶴知其才,檄調赴黃陂。賊左革六營,自鳳皖西上,犯黃安。會大雨,江湖泛溢,方以舟師破之。一鶴欲留方軍中,而賊決河灌汴,秦督丁啟睿師潰,川兵二萬應調過荊門,知州事者以疾去,方乃馳還攝州事,詣蜀帥勞師。汝寧陷,賊悉力攻荊門,諸城望風瓦解,方獨據城守。賊衆大至,城陷,方率民兵巷戰,力竭被執。欲降之,不屈,殺之,家口十八人同日遇害。國朝乾隆四十一年,賜諡節愍。《大清一統志》《浙江通志》《欽定勝朝殉節諸臣錄》。參《徵獻錄》《烏青文獻》。

金夢麒,字寧所。以掾吏任靈壁縣丞。官滿將去,值流寇攻城甚迫,夢麒守城,待援兩月,兵不至,城潰,死之。又鍾廷耀,字二含,亦以掾吏任廣東靈山縣丞,遇難死。《濮川紀略》。

吳重光,粗知書。好義任俠。初爲衙胥,衆剖與例錢,告以所自,擲諸地,唾曰:"此孽錢也,安所不得一碗飯,乃從地獄中覓食耶?"自是絕足不入官。崇禎甲申春,重光挈弟往鄉理鹽務,聞燕失守,棄鹽入城,問京城壞然否。衆曰:"七日矣。""皇帝奈何?"曰:"與城同壞。"遂仰天號曰:"一至此乎,小人草命遙伴皇帝死,足矣。"作數字押硯底,自縊死。桐鄉徐《志》。

沈日新,字銘齋。天資忠孝。崇禎間任南直隸采石磯巡檢,遷江西極高司巡檢。解糧南畿,路次九江,遇左良玉兵變,被劫,以刀脅從,不屈。旁一卒曰:"此義士也。"以計脱之,歸。蔬食終身,隱居不仕。新補纂。

【校注】

[1] 按:光緒《桐鄉縣志》卷十五《人物二·宦績》"邱嶔"條:"遷河南鈞州知州。"萬曆《開封府志》卷七《職官·禹州知州》:"(嘉靖)岳(邱)嶔,桐鄉人。"鈞州,明萬曆三年(1575),避神宗朱翊鈞諱,改爲禹州。又查康熙《均州志》卷二《秩官·知州》,無"邱嶔"其人。故疑"均州知州"是"鈞州知州"之誤。

[2] 按:《明清進士題名碑錄索引》:"夏爌,浙江烏程人。萬曆十四年(丙戌)二甲第19名進士。"光緒《桐鄉縣志》卷十五《人物二·宦績》"夏爌"條、民國《烏青鎮志》卷二十八《人物上》俱作"萬曆丙戌進士"。故疑"萬曆乙酉"是"萬曆丙戌"之誤。

[3] 按:光緒《桐鄉縣志》卷十五《人物二·宦績》"朱大雅"條,謂朱彝"中順治辛丑進士"。《明清進士題名碑錄索引》:"朱彝,浙江桐鄉人。順治十八年三甲第301名進士。"順治十八年是辛丑年。疑"崇禎辛巳"是"順治辛丑"之誤。

[4] 按:光緒《桐鄉縣志》卷十一《選舉表·進士》、卷十五《人物下·宦績》俱作"朱邦祁"。又本《志》卷七十八《列女·節婦·桐鄉縣上》"生員朱一豹妻張氏"條下有"子邦祁成進士"語。疑"朱邦祈"是"朱邦祁"之誤。

國　朝

沈錫，原名元錫，字仲韋。雲從子。前明崇禎癸未進士。由行人任廣東督糧道參議，時疫癘盛行，廣施醫藥。歲饑，爲粥以食餓者，全活甚衆。祀鄉賢。桐鄉徐《志》。

鄭禹銘，字惺卿。前明崇禎間貢生，由餘杭訓導爲清遠知縣。奉檄協剿連陽、石馬等峒，創造水西城垣，令民開荒土作田。陞平樂同知。《烏青文獻》。

朱萬錡，字潔湘。大雅子。前明崇禎丙子舉人。順治間任德清教諭，講程、朱之學，爲正誼社以課士，士彬彬化之。陞樂陵知縣，卒於官。著有《歸來日注》《惠風堂集》。《德清縣志》。

張貞侯，原名猴，字曾元。青鎮人。順治丙戌舉人，選昌化縣教諭，捐俸具筆研飲饌，集諸生課之，一月凡六舉，每舉必有擬作，以示程式，士風由是丕變。戊戌成進士。授安定縣知縣，有惠政。新補纂。

孔自洙，字文在，別號行湄居士。順治己丑進士。任刑部主事，擢兵部武庫司。時郡縣緝解梗化者繫獄，矜釋甚衆。出爲福建提學道。王師入閩，督撫以自洙才委理軍需，運䃟泉州，撫恤夫役，人樂爲用。陞劍南布政參議，平巨寇吳賽娘等。尋遷荆西兵備道，以襄陽達武昌，江流湍悍，築長隄二千餘里，護民田廬。《湖廣通志》。參吳《志》。

鄭蘊宏，字雨隨。順治壬辰進士。任湖廣辰州府推官[1]，招撫流移，安靖盜賊，督撫交章薦之，内陞中書科中書。吳《志》。參桐鄉徐《志》。

張超，字伯年。順治乙未進士，授江南華亭知縣。縣多逋賦，里胥輒破家。乃盡豁其零星細戶及孤寡殘疾者，而責於田多產厚之家。以罣誤歸。民尸祝之。吳《志》。參《松江府志》。

吳家騏，字晉綺。康熙乙未進士，戊戌補殿試，由庶常授編修，歷官禮部右侍郎。以黎氏案掛吏議，鐫秩歸。其官湖廣學政也，絕請託，勤校閲，任滿，籲留不獲，送行有泣下者。及擢内閣學士，兼禮部侍郎，奉使祭告女媧氏、商王湯二陵，還，因陳山西應行事宜三：一言穀價久昂，宜速行平糶；一言驛站馬匹銀兩不�，宜量照邊馬之例；一言市斗變幻不齊，宜遵照制斗畫一。又條奏州縣官宜迴避與本省隣近地方，又請提拿官員家屬，禁止株累婦女。均允行。奉命充《世宗皇帝實錄》副總裁，發凡起例，紀載詳慎，不愧良史材。新補纂。

俞之炎，字以除。順治戊戌進士。由庶吉士轉吏科給事，多所建白。典試江西，稱得士。轉廣西桂林道。大學士李霨薦其才，堪大用，隨征四川，未行，卒於家。子長策、長城。

朱彝，字聲始。順治辛丑進士。授靈璧縣知縣[2]，以廉幹聞。不事生產，蕭然環堵，讀書不輟。著《白衣山人集》。

仲宏道，字開一。順治間拔貢生。除嶧縣知縣，設徠安社，招復流移，禁科派，絕賄賂，獎節義，拔孤寒，不遺餘力。簿書之外，不廢吟咏。作《哀嶧吟》十二章，人比之元結《舂陵行》。去之日，民爭留之，勒石誌遺愛焉。著有《理嶧拙言》《子來堂稿》《桐鄉縣志》。吳《志》。參《濮川紀略》《檇李詩繫》。

周寀，字展臣。順治間歲貢生。由建德教諭陞廣東澄邁知縣，改山東諸城。以計平劇盜，多奇績。詩文自成一家。有《硯華堂集》。子元釜，衢州府學訓導。桐鄉徐《志》。

莊際盛，字茂倫，更號則庵。康熙壬戌進士。授唐山知縣。愛民禮士，構椽舍于學宮，以贍貧生。縣故多盜，申嚴約束，先後置過犯百十人於重典，餘遂遁跡。民感其惠，肖像以祀。擢吏部考功郎。尋丁外艱，歸，行橐蕭條，惟圖書數卷而已。吳《志》。

孔傳忠,字貫原。自洙孫。父毓瓚,奉化訓導。傳忠康熙進士,授山西盂縣知縣。蒞任,首廣積貯,倣行朱子社倉法,著條議八則,達之上官。逾年晉饑,境內無流離者。大旱,於烈日中徒行四十里,入藏山洞禱雨。良久,有水自石罅下,已而雨瀉如注,歲獲稔。西山虎晝攫人,傳忠爲文禱山神,約三日盡驅去,屆期果屏跡。署平定州事,歲祲,先發倉煮糜食飢,而後詳請,全活無算。時汾州奸徒希侵賑帑,報飢戶多不實,而介休尤甚。上官即檄攝其篆,昇刑具,身歷堡聚,不法者輒懲之。或豪戶閉糴,密察罰賑。時朱文端軾司賑三晉,獎傳忠賢能第一,調洪洞。洪洞富庶冠山右,舊例,縣令日用所需悉取諸民。傳忠至,盡給價,設簿記數,俾吏役無影射。縣壤接趙城,有渠出兩邑間,居民互資灌溉。趙之勢家遏之,使勿洩,遇旱,禾輒稿。乃聞之上官,即日具畚鍤,督疏濬,置鐵閘,劃其界,永禁之。擢知解州。前後歷官十年,民稱真父母。《烏青文獻》。

陳學海,字石倉。康熙丁卯舉人。任宜山知縣,撫瘠土,化悍俗。歷數年,民漸富足,知禮義。遷遼陽知州,清操益厲。吳《志》。

唐令揚,字聞崖。青鎮人。附監生。爲祭酒曹禾、司業彭定求所知,撥廣業堂肄業,尚書徐乾學亦雅重之。尋入寧紹台兵備道胡承祖幕。時江蘇獲劇盜,張廿一供稱有老營屯大蘭山。大吏檄令進剿。乃先減從偵探,至則井里熙熙,匪徒絕跡。山甿聞兵來,懼甚。及撫諭訖,皆焚香蒲伏,慶更生。巡撫嘉令揚材略,禮爲上賓。新補纂。

馮景夏,字樹臣。康熙癸酉舉人。授陝西長安知縣。王師西征準噶爾,景夏預備資糧、輿馬而達諸境,羽書使傳,雲委雨集,而蒞事聽訟,肆應如常。醴泉縣有殺人凶犯張九思寄長安獄,景夏察其冤,力請上官審出之。遷膠州知州,州濱海,南郭支河爲潮溢,築堤障之。尋以長安時賠案罷官。世宗御極,特超授廬州府知府,旋陞蘇、松、常、鎮、太督糧道,五府州糧儲甲天下,奸弊莫能究。有溫鐵匠者,善造斛,便吏浮取,訪而斃之法。老奸宿蠹盡收之,眾始大快。徵糧時,乘小舟,微服雜農民入倉廠,或突陞廳事呼召,倉中人飲食寤寐間,惴惴若景夏臨其上。造小口斛,定尺寸制度,上其議,不果行。後十餘年,各督撫會議得旨,準用其式。鑄鐵斛十,一一存部,餘頒各省,畫一改造通行,至今民稱小口斛爲馮斛。陞安徽按察使。歷都察院副都御史、刑部左侍郎。告歸。景夏工文章,善寫山水,頗自矜重,不輕作。子錦、鈐。錦,宜川縣丞,以子贈編修;鈐,有《傳》。《大清一統志》。參《畫徵錄》。

沈家鶚,字翰逸。以進士除雲夢知縣。有水患,請移漕賑濟。巨寇高玫聚眾劫掠,獲其魁,餘黨解散。旋以疾告歸。吳《志》。

俞長策,字御世,號檀溪。幼力學,醇謹寡言笑。於書無所不窺,以《五經》特賜舉人。康熙丙戌會試被放,聖祖問大學士李光地曰:“舉人俞長策會榜無名,主司之不明也。”明日總裁官俱削職,長策得一體殿試。授編修,充講官。識錢文端陳群於諸生時,妻以女,嘗語經義須貫穿融會,毋徒似應舉業者,就訓詁敷衍成文而已。典四川、陝西鄉試,卒於官。有《詩文集》六卷。弟長城,字寧世,號硯園。乙丑進士,官編修。文章簡勁修潔,朱檢討彝尊稱其近曾南豐。假歸,貧甚,杜門撰述。所著詩文及評選經傳制義,爲學者矩矱。吳《志》。參《香樹齋文集》。

施德涵,字淳如。康熙丙戌進士。知鉛山縣,捐俸建鵝湖書院。又修祝公橋,邑人頌之。合祈雨、禳虎二事,爲治鉛三善。屬海寧查慎行輯《志》,查詩云:“指點鵝湖榛莽路,講堂片席待重開。”蓋實錄也。《烏青鎮志》。

汪森,字晉賢。康熙間恩貢生。授桂林通判。桂林多人才,創義學,延名師獎勉之。歲飢,平糶不足,則捐俸以濟。時三省合剿衡、靖二州賊,森隨營監紀,偵得賊首馬奇三等竄入生苗,乃率軍倍道以進,經伶仃、雞心諸險隘,陟龍勝、鵝雛灘,圍攻于龍坪寨,賊盡匿苗峒。復密伺至三沖,誘之出戰,奇三中石死,餘黨馬之騶等皆就縛。移判太平,擢知鄭州,旋陞戶部江西司郎中,致仕。所著有《小方壺詩文集》《粵西詩載》《文載》《叢載》等書。《曝書亭集》。

沈㴻,字潞公。歲貢生。授象山訓導。象山僻在海隅,其士誠樸未諳禮法,㴻進而教之三年,病卒。諸生聚哭,奉含殮,視之猶父云。《烏青文獻》。參《檇李詩繫》。

施鈗,字階五。授雲南趙州州同。時吳逆倡亂,督撫留鈗軍中,傳檄運餉稱職。已而赴任,大兵奏凱,供應不乏。尋攝姚州,州向爲逆賊馬寶所據,百姓流亡殆盡,城內外不滿百戶,多方招徠,雜派差徭盡免之,半載後稍集至三千戶。所轄普洱,地最衝要,且崎嶇山路,往來支給尤艱,鈗晝夜奔馳不少怠,以疾歸。《烏青文獻》。

楊琯,字自崐,號栗齋。康熙五十五年,以國子生充圖書集成館分纂。雍正五年,任柏鄉知縣。居官廉正,去之日,縣人肖像祀之。遷江寧同知,卒于官。伊《志》。

屠嘉正,字時若。高祖應詔,明直隸新樂縣丞,以廉直聞。世居秀水,嘉正始籍桐鄉。雍正甲辰進士。由刑部員外郎出知廣西太平府,鄧橫蠻抗逆,官兵進剿。嘉正參贊軍務,親冒礮矢,屢出奇挫之進攻、圍、擒三策,統兵者不能用。數移書督之,遂與齟齬。歷十月,事始竣,敘功不與。思明土官黃觀珠請以五十寨歸流,土民乘機爲亂,議者欲發兵剿之,先奪觀珠職。嘉正馳啟督撫止兵,單騎往,曉以禍福,解散其衆。密購首犯,寘之法,不逾月,事遂定。改山西大同府,遷福建糧道。以母憂歸。服除,補湖北荊宜施道。江漢水利,督撫悉委統理。凡荊州、安陸、襄陽、德安四府隄工千餘里,並以時修舉。前後條議數萬言,悉中肯綮。尋擢貴州按察使,改貴東兵備道,引疾歸。著《恂齋集》《別集》共十六卷。子洪緒,字葆和。國子生。性愨實,事親得歡心,讓舊宅於諸從兄弟,人稱長者。以子仕封教諭。卒,年八十一。《大清一統志》《廣西通志》。參諸錦《絳跗閣文集》。

朱元豐,字端可。雍正甲辰舉人。保舉清查江蘇逋賦,署華亭縣。海水泛溢,漂溺民居。元豐集僚佐及諸幹吏分路救災疏積。水勢既平,乃捐俸施濟,民困始蘇。徵漕舊例,民米入倉後,欲得執照甚艱苦。元豐乃創造由單挨戶分發,納米之後即付執照,得詳請,著爲令。調金壇縣,在任七年,凡縣人姓名狀貌及人之臧否,過目不忘,聽訟以息事寧人爲本。疾,乞歸。《金壇縣志》。

李肇開,字雨蒼,號綺軒。雍正癸丑進士,授戶部主事,改知孝義縣。洞悉倉糧爲民累,力清其弊。在任無赫赫功,去後人輒思之。《孝義縣志》。

陸大德,字虛中。襁褓時受撫於舅氏王。既舅氏妾生子,大德決意歸宗。侍奉本生母,舅氏分貲與之,辭不受。以貢生授錢唐縣學訓導,一夜有少婦踰垣入,自言爲某秀才妾,嫡虐難堪,逃避至此。某生巨富也,吏胥遂獻計,謂可獲重貲。大德立召生至,令昇歸,卻其謝。大吏檄查合郡銀舖,終其事,一文不染。升南直隸鳳陽府教授。子彪,順治六年進士。由廣東韶州府知府洊擢至雷瓊糧儲道。卒,祀名宦、鄉賢兩祠。孫煒,另有《傳》。新補纂。

陸煒,字視三。諸生。雍正六年,保舉發往廣西,署懷遠縣。界接黔之黎平,苗民雜處。有都江亙數百里,苗專利販運,賈舶無敢輓而過者。煒曉諭之,悅服,商販得通。改駱容。運江河波流湍激，民素病涉，造船以濟。授灌陽，調天河。水陸多險隘，相度形勢，設郵亭，置渡筏，百姓利之。擢南寧府同知，舊例，理鹽務委役設舖，雜私鹽以鬻於民，官吏鶩此爲利藪。煒以官行私販不可，亟辭之。題陞思恩軍民府，乞歸。《烏青鎮志》。

陸費熙，字廣飀。保舉任長山知縣，夏積雨，孝婦河溢，晝夜巡視，登城防築。民田廬沒水中，無以存活，即發廩賑之，或謂須俟詳文轉者，曰："俟詳文轉，則民餓死久矣。"有勢家奸僕婦，毆僕死，廉得，置于法。被劾歸。伊《志》。

王應綵，字湘亭。雍正庚戌進士。授刑部主事，歷員外郎。任事久，諳習律例，凡重案難決者，上官悉屬之。典廣東試，擢江西道御史，督學河南。母憂。服闋，補湖廣道御史，遷禮科給事中。有《清慎堂奏稿》。伊《志》。

宋文瀾，字訥菴。監生。雍正中，援例爲福建崇安縣知縣。縣吏相比爲奸，如勻丁浮額，受賄抽免，私刪比簿，移入無徵，有收欠催，詭名首墾之類，弊竇叢出。文瀾悉釐正之。采《福建通志》。

汪廷英，字披清。父繼燥，詳《秀水·列傳》。廷英，附貢生。循例授仙遊知縣。旱災，發倉平糶。貧民攜斗升春食，并爲礱治，溢量與之。既而穀耗五百餘石，捐俸以補。旋陞興化同知，署府事。以疾歸。伊《志》。

汪筠，字珊立。廷英弟。附貢生。循例授光禄寺署正，出爲安西同知。安西今爲直隸州，時方爲府。故事，歲未登，民得借官粟，至秋完倉。時上官不許，筠力請得如例。遷永北知府，獄繫囚三百，審理兩月，釋者過半。署廣西府，寶月關路難行，捐俸平之。筠工詩，善畫，爲錢侍郎載所稱。著有《謙谷集》六卷。伊《志》。

朱沛然，字霖齋。本李氏子，幼育於朱，從其姓。乾隆丙辰五經進士，知高安縣。三年不名一錢，以病告，攀留者趾相接。瀕行，父老灑泣道左。有署其政事，徵詩歌曰《天池集》。既卒無子，家貧甚，一妾能守志以終焉。伊《志》。

陸世垛，字卿田。父炘，清遠縣知縣，廉隅峻直，以計典罷歸。授徒自給，學者宗仰。世垛中乾隆十五年舉人，由臨海縣教諭改授河南密縣。在密治行稱最。子元鉉，字冠南。乾隆丁未年進士，官禮部儀制司主事，擢員外郎。放四川雅州府知府，調署寧遠府。川陝教匪滋事，避亂者踵至，悉收納安撫之。其地産蠟蟲，負販者雲集，謂之蠟蟲會。是歲有匪徒乘間竊發，元鉉捕誅首惡，民遂帖然。後補廣東惠州府知府，惠州地濱海，土匪又熾。元鉉甫抵任，賊攻歸善縣，盤沿汛礮臺，已掠礮械去，方設法追捕。而賊又從他道至，急督兵勇，發槍弩，殪多人，賊乃遁。調高州府知府，被議，鐫秩歸。子瀚，字詞瀾。嘉慶甲子年舉人。大挑補花縣知縣，值水災，捐俸施棺木，散糗糧，設粥廠，貸秄種，民得全活。旋以老乞休，不能具歸裝，寅好貲助之，乃得歸。新補纂。

馮鈐，字咸六。乾隆丁巳進士。授吏部主事，歷刑科給事中。出爲福建學政，改貴西道，累擢湖南巡撫，調廣西。東蘭州傜人蒙蓬等與覃姓讐殺，拒捕，匿山箐。鈐率田州土司岑宜棟以兵深入村峒，峰嶺陡峻，鳥道盤空，鈐令童僕裹糧盛水駐營山頂，盡獲蒙蓬等。其無辜婦女給鹽米，釋遣之。南寧巨窩古玉璇者，自左江至潯州，結朋黨肆行竊劫。嚴飭有司購獲，境始得安。旋調安徽，尋給按察銜。罷歸，卒於家。伊《志》。

鈕汝驥，字駕仙。乾隆己未進士，官編修。幼即刻苦於學，研究經史。里中諸老宿咸詫爲異才。受知於邑宰姚述虞，姚籍順天。及官翰林，春秋祀其墓。著有《南雅堂全集》。伊《志》。

徐錦，字念祖。乾隆乙丑進士。授山東蒙陰知縣。歲祲，民疫，施藥及棺槨，煮粥食飢者。尋降調，歸。丁丑南巡迎駕，給原銜。性篤孝。母疾，割股以進。所著詩文若干卷，藏于家。伊《志》。

吳瓖，初名襄，字駕瓖。性誠篤。事母以孝聞，瀏覽經史，善屬文。尤工於詩。乾隆己卯舉人。授中書，充武英殿纂修官，歷陞內閣侍讀。清慎自矢，劉文正統勳極器重之。伊《志》。

馮浩，字養吾。乾隆戊辰科翰林，擢監察御史。壬申春充順天鄉試同考官，秋充會試同考官，丙子江南副主考。其拔士也，公慎不苟，窮日夜，力搜羅，恐不及，故得雋者多通才宿學。在詞館十年，清望資深，纂修《續文獻通考》，精加纂敘。純孝性成，侍養極盡心力。丁母艱，心疾屢發，養疴在里，四方慕其學行，多所造就。不專尚文藝，必以厚風俗、敦儒行爲諄諄，故文名清節並重一時。乾隆六十年，重赴鹿鳴宴。封鴻臚寺卿。卒年八十有三。入祀鄉賢祠，刊有《孟亭居士詩文遺稿》。于《志》。

沈啟震，字位東。乾隆庚辰舉人。己丑中正榜，由內閣中書、軍機處行走陞刑部主事、員外、山東運河兵備道，護理河督，運江南河庫道，加按察司銜。爲文瑋瑰宏麗，歷官中外，矢勤矢慎，廉潔自持。尤熟于河務，相度提禦，動合機宜。純皇帝東巡時，屢邀褒諭，以勞瘁卒于官。前居鄉時，爲烏、青兩鎮創立分水書院。著有《慎齋詩集》。于《志》。

蔡封，字桐封。乾隆辛巳進士，授四川夾江知縣。丁憂。服闋，補丹徒。程伊川祠歲久荒廢，祠旁地爲豪猾所侵，清理之，且修其祠。鄰縣有私鹽拒捕案，牽累數百人，節府檄審理，乃貧民肩挑餬口，不在禁例者。懲首惡，而釋其餘。陞遵化州，歷正定府知府。歷官二十年，清操如一日。伊《志》。

濮啟元，號玉巖。乾隆癸未進士。授來鳳知縣，調灌陽。培植多士，捐俸修葺學宮，民勒石銘其德，引疾歸。伊《志》。

趙珮，字玉亭。由太學揀發雲南通判，署大理寺通判，兼攝劍川州知州。會地震，屋宇傾圮，兵民壓死九百餘口。珮奉檄辦灾，悉心賑恤，民夷悅服。累陞開化府知府。後以病廢，卒於家。新補纂。

陸費墀，字丹叔。乾隆丙戌進士。授編修，提調四庫館。奉旨：陸費墀承辦《四庫全書》，頗能實心勤勉，且其學問亦優，著以翰林院侍讀陞用。洊陞詹事府少詹，充文淵閣直閣事，《歷代職官表》總纂官，擢禮部右侍郎。充《四庫全書》副總裁。丁母艱，歸。以前所辦書有應撤毀者，未經奏明，落職。平生閱覽博物，凡彝鼎、圖書、碑刻、縑素過目，即能鑒別，堪輿、醫藥、陰陽、方技之術，靡不通曉。著有《枝蔭閣詩集》《頤齋賦稿》《經典同文》等書。伊《志》。

汪大鏞，字鳴盛。由雲南曲靖府同知調景東，以銅廠虧帑事被謫。尋起官直隸廣平府通判，遷東路同知。值歲飢，遵化永平貧民竊海灘鹽，與營兵閧鎮將以謀變，申總督幾興大獄。大鏞往諭，分別懲治，得無事。冀州隆陽河決，前州牧擁民夫護城。鏞至，急撤夫，築堵決口，歷四晝夜，隄成。新補纂。

金樟，字匡秀。以廩貢除樂清訓導，旋聯雋成進士。授內閣中書，歷工部主事，陳尚書詵嘗謂人曰：“曹屬得金主事，吾儕主畫諾可也。”已而聞母病，乞歸。服闋，遂不復出。平生謙和樸實，如賑荒、給槥，及修學宮、立義冢諸事，悉傾貲經理，無怠心，亦無德色。家富藏書，有《文瑞樓書目》。所著《南廬詩文集》共十六卷。伊《志》。

金宏勳,字元功。樟子。附貢生。保舉發往四川,署雙流縣。縣爲川南孔道,長運打箭鑪餉米,民勞費重。宏勳請於府,得産米州縣分辦,自是雙流僅短運五百石,公私便之。旋授安岳,調巴縣,擢安徽六安知州。創書院,士風日起。以福建汀州府知府致仕。伊《志》。

金烈,字揚武。樟子。入資爲户部主事,歷遷吏部文選司郎中,擢廣東惠潮嘉道。潮之海陽東廂都隄,禦汀、漳、嘉應三府州之水,以衛海、澄諸縣,前經請帑,築防未及,蔡家園水至,輒淹。烈履勘得險狀,捐俸添築,民得奠居。惠屬之龍川、和平二縣,爲江西定安下游,商人欲便運販,謀開大渠,嗾贛南當事,議聞兩廣制府。烈往相度,謂此渠一開,則壑我龍川、和平矣。繪圖陳利害,力言不可,事得寢。調糧驛道。卒於官。伊《志》。

程尚賓,字北涯。貢生。授南昌通判,遷饒州同知,分駐景德鎮,裁省冗費,通商惠民。署瑞州、吉安、九江、贛州府事,有治聲。擢建昌知府。伊《志》。

程同文,原名拱,號春廬,晚號密齋。乾隆庚戌東巡召試,欽賜舉人。嘉慶己未進士。由兵部主事充軍機處章京,歷官員外郎、大理寺少卿、奉天府府丞、提督學政。道光三年,乞休回籍。卒于濮頭鎮舟次。著有《密齋文集》《密齋詩存》行世,又《元秘史譯》《元史譯音》《地理釋》《職方圖》等書。于《志》。

馮應榴,字星實。浩長子。幼秉庭訓,績學砥行。乾隆辛巳進士。乙酉南巡召試,欽賜内閣中書、軍機處行走。主湖北、山東鄉試,提督四川學政,累官光禄寺少卿,通政司參議,鴻臚寺卿,江西布政使,護理巡撫。敭歷中外,懋著政聲。有《註釋蘇詩》行世。于《志》。

馮集梧,號鷺庭。浩少子。乾隆辛丑進士。授編修,出典雲南鄉試,得士最盛。丁母艱回籍。主安定、雲間書院,獎勵後進,孜孜不倦。註《樊川詩集》行於世。于《志》。

徐夢麟,字振公。由夏邑典史累陞淡水同知。值林爽文亂,城陷,前同知程峻死之。夢麟速赴任,所集義勇恢復之。白石湖金包里民集黨交鬨,群聚山上,官兵疑爲賊,欲攻之。夢麟廉得其實,遣邏卒招之下山,示以恩信,數日間男婦就撫者數千人。已而傳賊兵復至,乃發兵南下。中途陷入重圍,與賊死戰,破圍出。會大將軍兵至,馳至大甲溪、結營溪口,招募義民番兵數千人,督將弁分路進剿,遣義民密結生番,資以布匹、鹽菜,使伏内山,截其衝突,殺賊黨何有志,通道六百餘里,招降數十萬人,遂擒爽文,而臺灣平。夢麟以軍功蒙賞戴花翎。擢泉州知府,署興泉永道。因署閩縣時交代未清,被議落職,歸。伊《志》。

嚴廷珏,字行之,號比玉。青鎮人。祖大烈,見《孝友傳》。父寶傳,見《義行傳》。廷珏生而潁異,以廩貢援例得雲南同知,歷權嵩峩、保山、易門、阿迷、大關、臨安、澂江各府、廳、州、縣,補授雲南府同知,陞知麗江府,調順寧府,兩督銅運入都,考最,以道員注選,卒於任。宦滇,有政聲。道光甲午官大關,值歲饑,乃不待報,發倉廩六千石以賑,而自捐價繳糧道庫。咸豐初,官順寧,土司有謀奪承襲者,暮夜餽金珠,值鉅萬,堅卻之,以應襲上。永昌爲滇膏腴,郡方奉檄之順寧,時有某制府屬私人授意,當得量移,斥弗與。坐是歷任多瘠區,至傾家以償官逋,勿悔也。生平豪飲,精詩。座客常滿,而外和内介,人不能干以私。子三,幼謹,入《忠義傳》。女三,幼澂華,入《孝女傳》。新補纂。

馮津,字綺季。鈐子。自幼好爲詩,習騎射,倜儻自喜。以布政司經歷銜署靈寶縣,調盧氏,聽訟明決。母憂。服闋,效力河工,題授東昌府下河通判,擢雲南劍川知州。伊《志》。

陸費元鑌，字小愚。侍郎墀子。官直隸天津縣知縣，設救疫局，墾荒蕪田，培植書院士子。遇有親老者、未婚者，膏火加獎。推鞫案件，不事敲扑，必得其情，獄竟無冤死者。嘉慶中衛輝大水，鄉民逃亡至天津，元鑌傾橐哺之，並躬護以歸，爲擘畫田廬、溝澮而後去，鄉民數百家並立主祀之。光緒二年，奉旨入祀直隸天津縣名宦祠。新纂。

周楨，字愚堂。諸生。拱辰七世孫。同懷五人，友愛無間。嘗赴省試，聞兄某病歿常山，即罷試，馳往載柩歸。與弟楚、弟幹尤知名。慕望溪方氏昆季同穴事，遺令合葬。楚，字萍江，幼學勵行，所著壹主於詳實，嘗纂《補帝王年表》《國朝信史年表》。嘉慶中，以例貢官常山訓導。幹，字古軒。學《易》三十年，成《易庸》一書，大旨主濂溪而不爲苟同，於宋易頗有得。所箸又有《四子書説約》《讀書管見》《顧諟録》等書。

周士烶，字敬修。以附生入資，選江西瑞金縣瑞林寨巡檢。同治三年八月，賊犯南雄，士烶團勇潰，被賊脅降，取零丁紙授士烶，屬疏入粵路程。士烶罵不執筆，賊支解之，並殺其幼子善信。士烶妻黃氏自剄。死事聞，恩恤如例。新纂。

周士烱，字鐵霞。弟士炳，字蓮史。少同學，長同試。道光庚子同舉於鄉，嗣後同官京師。士烱授内閣中書，分校方略，博綜掌故。截取得府同知，未赴卒。士炳乙巳翰林，官編修。咸豐戊午，充順天鄉試分校，卒於闈。新纂。

陸以湉，字定圃。密縣知縣。世采孫。中道光壬辰舉人，丙申進士。以知縣分發湖北，奉親抵省，甫數月，父元錞慮仕途嶮巇，時有憂色，即承志改就教職，選補台州府學教授。丁外憂。服闋，補杭州府學教授。以母老告歸，歷主分水近聖及杭州紫陽書院講席。衡文清真雅正，士皆化之。卒，祀鄉賢。新纂。

嚴謹，字叔和。雲南順寧府知府廷珏子。由縣丞投效貴州軍營，歷署清鎮縣知縣、郎岱廳同知、正安州知州，興義、思州、石阡等府知府。任清鎮時，粵匪石達開陷廣順，謀竄清鎮，謹率團勇保禦。知興義府，適石逆犯郎岱城，率衆登陴，城圍，立解。於時土匪易飛雄結苗屯踞老黃山，復選壯士夜襲，焚其糧，賊驚遁。俄調署正安州，又調署石阡府知府。賊憚謹有備，不敢犯。同治四年五月，會天大雨，賊冒雨薄城，城陷。謹巷戰，中槍死。事聞，贈太僕寺卿銜，予雲騎尉世職。謹族兄誠，隨謹陣亡，並恤蔭如例。新纂。

金鶴清，字翰皋。廣東嘉應州知州錫鬯子。道光二十五年以一甲二名及第，授編修。明年充貴州鄉試正考官。道光三十年、咸豐二年並充會試同考官，尋記名御史，入直南書房。四年卒。鶴清少貧困，嘗喬居嘉定、姑蘇，善作文，時爲人傭筆墨。既官京師，益嗜學，手點勘群書，於《晉書》尤力，詩亦工。著作見《藝文》。新纂。

陸秉樞，字眉生。道光丁未年進士。選庶吉士，授編修。歷官山東、貴州、江南諸道御史，轉給事中。巡視中西兩城，充乙未會試同考官。卒，贈光禄寺卿銜。其在諫垣也，有言内務府召民間優伶演劇者，疏劾近習藉端獻媚大臣不知匡救，語甚切至。福建邵武府城陷於賊，守將逃避，昌言請誅。中西和議成，極言夷情叵測。又疏諫京師設立夷館。又再疏諫巡幸木蘭，及請復京倉舊制，請懲餘姚奸民，請禁候銓官假稱親老告近，與議團防、獎忠節、劾貪吏諸疏，言皆切直，有古諫臣風。新纂。

陸費琮，字春帆。直隸天津縣知縣元鑌子。由副貢生充國史館謄録，議敘知縣。選授湖北麻城。丁艱。服闋，揀發直隸。其初入讞局也，會審捕役馬得山聯鉤扎傷李庚一案，刑部載入

《駁案新編》。補棄强,辦蝗灾,興文教。調清苑,值征張格爾,差兵禁絕官價名目。升易州,恭辦陵差暨成廟萬年吉地,興工支放,辦道夫價,賞給間架銀兩,嚴絕剋扣。戶婚田債案件,即令原告傳喚,被告不出,硃籤不交管押。升正定府,修防滹沱河險要,詳定讞局,結案期限。調保定府,並以幹練稱。尋擢臬司,升廣西藩司,調直隷。查勘天津所屬新城、葛沽、鹹水沽附近海河可種地,令民開墾。道光庚子,賑濟天津水灾,設粥廠,施棉衣,借給籽種,採買雜糧,活民數十萬。民追感元鑛舊德,遂播“大小青天”之頌。尋擢湖南巡撫。時耒陽縣民楊大鵬等糾衆爲亂,璪抵任,親督兵赴衡州,分據要害,杜賊傍竄,大鵬就擒。舊制,綠營兵只演弓劍刀矛,璪令兼習鳥鎗,於例操外增設月操,親自校練。各屬溢額典吏凡九百餘名,疏裁之,永杜冒充。祁陽會匪王棕獻滋事,捕誅之。湖南民傜雜處,每有匪徒結盟拜會,乃嚴行保甲法,並究出傳教之王存真、楚潮泗等,拿獲新寧傜匪雷再浩、乾州屯田痞匪石觀保。屯田類皆瘠土,各佃不敷養贍,藉此痞苗煽亂,奏請酌減,得旨豁除八千四百餘石。又疏覆部議銀錢,並重章程及禁漕務情弊,均稱旨。丁内憂歸。尋以巡撫任内案罣誤,旋奉命在籍督辦捐輸團練事宜,得優敘。未幾卒。光緒二年奉旨,父子同祀直隷名宦祠。新纂。

姚學蘇,原名學韓,字小蘇。由副貢生中道光甲辰年舉人。大挑知縣,分發四川,未到省,殉粤匪難於直隷滄州。事聞,贈知府銜,予雲騎尉世職。新纂。

曹鎮,字金坡。監生。咸豐十年,粤匪陷嘉興,鎮與同里舉人畢槐等創辦團練,禦賊於萬年橋,受重傷,昏仆於地。及晚,鄉人昇至茅舍中。越數日,卒。子桐溪、三德,均遇賊,被擄不屈,連袂躍入殺人浜而死。新纂。

沈如潮,嘉慶庚午舉人。官滄州知州,治尚清静。喜文士,不通干謁。歷事明察,書吏不敢舞文。咸豐三年九月,賊陷滄州,冠帶罵賊死,眷屬同殉難者十三人。《兵燹錄》、新纂。

金錫鬯,字秬和,號舊穀。烈孫。嘉慶辛酉拔貢,戊辰舉人。以校錄會典議叙選授廣東恩平令。尋權廣州府澳門同知,所司多大小兩西洋番舶貿易事,絶苞苴,詰姦慝。在任四年,重洋帖然。擢嘉應直隷州知州。值歲饑,輕騎編查,嚴懲剽掠,急礦常平倉穀六千石平糶。屬縣長樂獲解疊劫盜犯八人,廉得冤者,昭雪之。大府以平反巨獄入告,得旨加知府銜。旋引疾,未歸,遽卒於粤。嘉應民醵金建祠。子鶴清另有《傳》。是《傳》應改列《金鶴清傳》前,採《金氏清芬錄》補纂。

吳霈,字時濟,號東溪。青鎮人。家以力穡育鹽致富。霈爲人篤厚慷慨,見義必爲。兄弟三人,季出贅,俗於贅子析產,必視諸兄弟有差。霈請三析均之。家有塾規,延師誠敬,以故造就皆有成,至館師相與不忍去。稱貸償不如約者,聽之,毋許子弟急索逋。嘉靖丙辰,詔採天下鉅材供營建,邑令金燕知霈可任,以意諭之,霈即慨然應命。邑故無城,始築時北水門勢衝激,施工最難。霈身任之,務爲堅久。告成不踰月,而倭寇徐明山、葉麻[3]等擁衆萬餘人圍城,多方攻北水門,弗能入。在城生靈,保全無算。金燕歸功於霈,上之巡撫阮鶚,大爲加獎。他若陡門萬壽山寺爲東坡三過舊蹟,青鎮壽聖寺浮圖,皆霈首倡捐造,人咸頌之。屢舉鄉飲賓。年八十餘卒。案:霈,明人,今據李臨川《拳勺園小刻》補纂。

吳慶培,字晉康。青鎮人。寄居江蘇震澤縣北麻村。慷慨好施予,有幹濟才。咸豐庚申,粤賊陷蘇垣,遠近騷動。慶培以候選州同奉大府檄團防,捐餉督帶鄉勇,八月十八日賊隊自北麻漾進泊村橋門,自朝至暮,血戰終日,力盡被戕。由江蘇巡撫奏請,恤贈知州銜。新纂。

陸三元,字塈泉。屠甸鎮人。咸豐十年八月,賊至鎮西市。三元率團勇拒戰,手刃數賊。賊愛其驍勇,勸之降。三元怒罵曰:"死則死耳,安能供賊驅使耶?"賊拉殺之。新纂。

徐順,居屠甸鎮小馬亭子。善放火鎗。咸豐十年八月,賊犯屠甸,團勇某邀順相助,搏戰於萬年橋。順每發一鎗,輒斃數賊。賊手槍如牆而進,順中創死。新纂。

【校注】

[1]按:光緒《桐鄉縣志》卷十五《人物下·宦績》"鄭蘊宏"條、民國《烏青鎮志》卷二十八《人物上》俱作"寶慶府推官"。又道光《寶慶府志》卷十三《職官·推官》:"順治十五年戊辰　鄭蘊宏,字□□。桐鄉人。進士。有傳。"故疑"辰州府推官"是"寶慶府推官"之誤。

[2]按:光緒《桐鄉縣志》卷十五《人物下·宦績》"朱彝"條作"授山西廣靈知縣"。乾隆《廣靈縣志》卷七《秩官·知縣》亦謂朱彝,"康熙九年知縣事"。而乾隆《泗州志》卷七《秩官·靈璧知縣》、乾隆《靈璧縣志略》卷二《職官·知縣》均無朱彝其人。故疑"靈璧縣知縣"是"廣靈縣知縣"之誤。

[3]按:《明史》卷三二二《外國三·日本》:"大奸若汪直、徐海、陳東、麻葉輩素窟其中,以內地不得逞,悉逸海島爲主謀。倭聽指揮,誘之入寇。""葉麻"疑是"麻葉"之誤。

孝 義

明

濮圓齡,字侍涇。濮院人。宗淵五世孫。爲人倜儻多才,兄弟友愛,知縣胡舜元[1]表所居曰"人和坊"。卒,祀孝弟祠。新補纂。

鍾名遠,正統七年歲饑,出穀、麥一千六百七十餘石助賑。事聞,敕獎建坊。同時有王全、顏小童、王顯保,捐粟賑饑。朝廷勞以羊酒,旌爲義民。復其家三年。吳《志》。參桐鄉徐《志》。案:劉《志》作鳴遠,與孫佐、潘璧合傳,列入平湖。

濮宗淵,字魚樂。景泰中旱,宗淵發粟五百石,募役濬河,以便行舟。弘治中大旱,復捐米千餘石,自南幽河濬至運塘,水得以不涸,當道獎之。桐鄉徐《志》。參濮川舊《志》。

張鵬,字九萬。少孤。依兄鷟,不析爨。鷟倜儻負氣,坐徭役,破家卒。鵬食貧,無間言。謹事孀嫂如母。每出,懷果實歸,命妻擇佳者先以奉嫂,始終不怠。以醫寓石門鎮,嘯咏古今,陶然自適。陳刑部謨狀其行事。桐鄉徐《志》。

朱霧,字元沛。好善樂施,倡義築城,捐基立學,捨地爲冢。郡邑嘉獎,給冠帶,舉鄉飲賓。伊《志》。

徐梗,千金鄉人。嘉靖二十三年,捨田一百五畝于學宮,以濟貧士。是年荒,復出米一千石賑饑。邑令徐麟[2]獎其義。萬曆二十三年,子慜復捐貲三百金,米二十石修學。邑令陸錫功[3]亦獎之。桐鄉徐《志》。

陸明,字晴川。家素饒。嘉靖中,再經倭寇,室廬盡毀,見遺金于廁,俟其人還之。子吉,有《傳》。伊《志》。

張鯤,清風鄉人。孝友忠直,遇事正言相解,不徇人以非禮。桐鄉築城,捐資助工,邑令金燕高其義,獎之。後屢舉鄉飲。卒年八十三。袁《志》。參桐鄉徐《志》。

沈瓚,捐資三百餘,創建儒學尊經閣。

莊儒,萬曆四年,縣治廳將傾,知縣高梅議需四百金重修,儒獨力捐之。以上桐鄉徐《志》。

鍾瀚,字望之。好施與。每遇歲歉,捐米助賑。萬曆初,給冠帶,建善士坊表之。子㮚,字巽泉。考選中書,能守父訓。舉鄉飲賓。伊《志》。

寧冠,性至孝。祖母疾,醫藥弗能愈,冠割股肉以食之。朱杲,字景陽,號南松。諸生。母患心疾,杲割股救治。大吏俱表其孝行。伊《志》。

錢夢傅,字季良。夢得弟。父宦歿長安,扶櫬歸里。人謂柩在外,不宜入門。夢傅曰:"父死,不及視含殮,又不得成喪禮於敝廬,於心何忍?"遂迎入堂,哀毀盡禮。以子允鯨貴贈官。吳《志》。參桐鄉徐《志》。

陸天錫,庠生。天性至孝,惟以順悅二親爲心。父母病篤,家居侍湯藥,不應省試。後父母相繼歿,天錫日夕悲號,致疾卒。邑令表爲孝子。桐鄉徐《志》。

鍾啟明,字思梅。性孝友,讓產於其從兄。邑城圮,捐資助築。萬曆間歲荒,賣麋賑饑,全活無算。袁《志》。參桐鄉徐《志》。

錢汝追,字元同。由諸生入太學。工詩古文辭。居家孝友,歲饑發粟賑濟,里人德之。

湯日新,諸生。少有至性。父歿,廬墓側。遺資悉讓其弟,弟歿,代償積逋數百,復撫遺孤。

葉應乾,字敬川。敦行孝悌,言色不苟,爲時所重。歲饑,捐粟煮賑,又創同善會,設義冢,瘞露屍無算,學使者表其門。以上吳《志》。

邱璣,字怡竹。萬曆間歲歉,出粟賑饑,全活無算。獨建含山塔,修造本里鳳儀寺橋七十二座。廉使閔珪爲文勒石,以紀其事。伊《志》。

邱珊,字世重。正德時貢生,官福州州判。家饒於財,歲饑,盡散賑鄉里。時寇盜充斥,相戒無入邱善士門。新補纂。

諸董威,字雲芝。事親極孝養。性好義。嘗捐數十金,創新安將軍祠。與里之慕義者置田,使僧供灑掃,廟以不廢。伊《志》。

夏伯,號澄村。性寬厚。人有遺金于道,驗數還之。一日偷兒入室,獲之,乃鄰人子。密遣去,并周之,卒改行成善人。曾孫開先,字禹承,克紹祖德,以所受祖宅讓于伯兄。又捐己產,以償公堂積逋。順治辛卯,寇盜充斥,慨然以保障自任,一方賴之。伊《志》。

仲應鶴,字九霄。性至孝。萬曆末,母周氏病,割股肉爲羹以療。張昭,字允昭。年十四,父病危篤,割臂肉一臠以進,漸愈,秘不與人言。至孫曾始述其事。桐鄉徐《志》。參《烏青鎮志》。

沈祐,字天佑。早年失怙,事母不違色養。母遘疾,嘗藥滌褕,籲天身代。比執喪,哀毀盡禮,日暮不離殯側。疏食水飲,至毀瘠罔變。督學徐某獎之。兩姊早寡,子並幼,撫恤無間。孤姪繼儒、繼經方脫褓褓,教誨鞠育,逾於己子,後二姪並餼邑校。幼弟禧病八載,親視湯藥無倦色,後不起,則又存恤其家,俾弟婦邱賴以守節。《見聞雜記》。

鄭興誦,字覺初。天性至孝,語言色笑,無不曲承親意。中歲喪母,事後母無異所生。已而親故,棄產營祖父宅兆,四壁蕭然,不顧也。舉止端凝,不妄發一語,後學奉爲典型。著作多散失。《烏青文獻》。

邱雲,字季心。館穀以養親。崇禎庚辰歲凶,越三載弗稔,貧益甚。時父已歿,母尚存。雲旅食,念其母未嘗飽,每數日弟來告匱,雲竭力經營,俾得歸以養母。又捐所食之半以食弟。主人聞之,益殫飯,必辭,蓋不忍弟之不食而去,而又不欲以弟之故累人也。《言行見聞錄》。

毛文耀，性孝友。父病，籲天請代，委曲盡色養。崇禎甲戌，學道黎元寬給匾嘉獎。桐鄉徐《志》。

朱杲，字景陽。諸生。母患心疾，求醫不效，割股肉救治。

張王謨，字文甫。性孝友。八歲喪父，哀毀如成人。後喪母，再期，猶嬰嬰啜泣。兄王道早卒，待寡嫂陳氏如母，朝夕必簪履束帶以見。以上新補纂。

夏儒，字良聘，號雲泉。事父母孝，視膳嘗藥有恒度。弟妹俱幼，撫育成立。會族有恃橫阻其父葬事者，置酒會宗人，涕泣跪告，舉座泣，橫者亦感悔。居鄉不談人過，不立崖岸，間爲解紛是非，斬然不爽。客醉忘金去，封檢如故，悉返之。既以子貴受封，不輕乘軒謁郡邑。延舉鄉飲賓，輒辭之。《烏青鎮志》。

沈照，字日亭。自幼孝友，長而好施，尤潛心理學，學者奉爲師範。以子雲從貴贈奉直大夫。桐之士請于督學，祀于鄉。桐鄉徐《志》。

張明俊，號九芝。庠生，遇人吉凶，曲意周恤，不計有無。弟子家貧，不受其贄。嘗出，見故家子連賦被械，代爲之輸。袁《志》。

陳國紀，崇禎十三年捐田十一畝，作義冢。時疫癘大作，復偕朱茂曜，僧岸然、韻石遍拾尸骸，所埋不下五千云。邑令張如戴詳請免糧，以獎其義。伊《志》。

李成德，憫族貧，讓產贍之。崇禎末年饑，出粟助賑，里人感其義。吳《志》。

葉維幹，字始元。明季與兄諸生維翰並隸復社，有“雙溪二葉”之目。屢躓省闈，獨守遺經，爲士林模楷。三以鄉飲禮薦，卒不赴。《烏青鎮志》。

邱顗，字伯昆。躬耕事大父及父。父歿，資其弟三人讀書，不替家學。孝友純篤，稱於鄉。《言行見聞錄》。

錢濤，字飛雪。監生。集同學醵金葬師某。戚姚黃卒於京師，撫其孤子女，長爲婚嫁。新補纂。

濮龍錫，字九上。諸生。喪偶不再娶。讓產於兄子淶。好讀《左氏春秋》，肆力詩古文詞。歿後，貧無以殮。當事者高其義，捐俸以賵，與妻呂氏得合葬。武進士俞京爲撰《義夫傳》。知府閻若琛表其墓曰“隱君子”。新補纂。

潘仲成，字星河。陰行善事。順治丁亥，年屆九十。邑令楊晙舉鄉飲賓，問以爲治之道。答曰：“惟願民之父母無私好惡。”已耳及百歲，邑令王好仁復舉鄉飲，表其廬曰“厚德無疆”。壽一百一歲。桐鄉徐《志》。

【校注】

　　[1] 按：光緒《桐鄉縣志》卷十五《人物下·義行》“濮圓齡”條作“胡舜允”。按康熙《餘干縣志》卷八《名臣》：“胡舜允，字明祚，号元毓，西隅人。萬曆庚戌登進士。初令桐鄉。”故疑“胡舜元”是“胡舜允”之誤。

　　[2] 按：光緒《桐鄉縣志》卷十五《人物下·義行》“徐梗”條作徐行可。卷八《職官表·知縣》：“（嘉靖二十四年）徐行可湖廣江陵人，進士。”而本《志》卷四十《官師表·桐鄉知縣》無徐麟其人。疑“徐麟”是“徐行可”之誤。

　　[3] 按：光緒《桐鄉縣志》卷十五《人物下·義行》“徐嫯”條作陸枝。卷八《職官表·知縣》：“（萬曆二十四年）陸枝字培吾，南直常熟人。”而本《志》卷四十《官師表·桐鄉知縣》並無陸錫功其人。疑“陸錫功”是“陸枝”之誤。

國　朝

徐衷泓,字心水。弟沅,字生一。陳常,字時夏。皆諸生。鼎革初,群盜蠭起,劫掠村落間。三人仗義糾衆,與盜格鬥,陷入盜穴,皆遇害。盜退,三人之婦輿尸歸,刀痕滿身,聚哭,暈絕而甦,拮據殯殮,守節終身。《四貞紀略》。

鍾聲閶,字青雷。父廷耀,官靈山丞。留欽州旁城島,罹寇難死。聲閶悲痛終身,發爲詩文,多沈鬱慷慨。隱居濮院,以課徒終。楊燮《勖亭文鈔》。

沈樾,順治間父病,藥治不效,樾割股肉和藥,病愈。母患目疾,樾以舌舐目復明。邑令劉永吉書額獎之。袁《志》。參桐鄉徐《志》。

周起龍,睦族敦里。順治三年歲饑,斗米三錢。起龍捐米二百石,半價給散鄰里。從子應驊,路拾珠髻,訪還之。桐鄉徐《志》。

濮淙,字澹軒。順治初,室遇火,入煙燄中扶二親以出。耽詩,好友。有《半間樓》《浣雪居》《月巢》《蓬園》諸刻,人多購之。《檇李詩繫》。

鄒璜,字待聞。幼事母孝。能急朋友之難。順治戊子舉人。選仁和訓導,修學宮及琢玉亭,較藝其中,從遊者衆。卒,祀鄉賢。桐鄉徐《志》。

陳有仁,字振所。慷慨好義,積有善行。順治五年邑令張鳳羽、十六年郡守劉啟復給區表其閭。屢舉鄉飲賓。伊《志》。

陸費錫,字大勝。順治辛丑進士。任平原知縣,前令虧庫銀四千兩繫獄,爲稱貸補之。得釋,佐其歸。弟鋐,不得歡于繼母,錫長跪以請,母怒,不釋,弗敢起。鋐仕鹽山,歿於任。錫往歸其櫬,視姪如子,人無間言。姪濂,丁卯舉人。工詩文。吳《志》。

張嘉玲,字佩葱。執父喪,三日不食。小祥之内,疏食水飲,菜果不入口。三年之中,衰麻不去,身未嘗沐浴入内室。連遭八喪,一身任之。弟嘉瑾,字宣城。行與之同,友愛尤至。《言行見聞録》。

施國楨,庠生。敦品節。兄弟四人,至老不析箸。嘗鬻盦田,爲季弟完姻。出内資,嫁兄女。獨力葬親,不取助於兄弟。吳《志》。

朱承慶,字寧宇。事父色養兼至。垂髫喪母,每當節序薦時食,輒泫泫淚下。性好施,飢者推食,寒者解衣,遇比閭族黨之死喪患難,尤加意賑之。康熙四年,舉鄉飲賓。伊《志》。

錢枋,字爾載。庠生。工詩古文,遊京師,爲名公鉅卿傾倒。性孝友,讓產于堂弟。宗族中近支之不能葬者,葬之。

施永譽,字季璠。事父孝。明季兵亂,適父病,負匿。雖當流離時,必竭力以進甘旨。學使者鄭開極表其閭。以上吳《志》。

薛陞,康熙庚戌大水,陞偕士民計灝、孔尚宗、僧卓巖輩倡義捐輸,設法募賑,活饑民十萬有奇,府縣獎之。桐鄉徐《志》。

孔尚忠,字明凡。事父孝,待群從子姪以恩好。解紛釋難,有不能婚者助之,死者槥之。郡縣兩舉鄉飲賓。康熙九年大水,勸募賑粥,活民甚衆。巡撫范承謨行縣給帖以獎。年八十八,無疾而終。《烏青文獻》。

李尚白,成德子。康熙庚戌水災,能繼父志,捐賑鄰里。年九十。子逢源,有聲黌序。年七十舉鄉飲賓,堅辭不赴。吳《志》。

張淇彦,字粲英。青鎮人。歲貢生。授寧波府訓導,踐履篤實,以文行兼優,薦擢磁州知州。康熙九年,舉鄉飲賓。時鄰舍災,火延淇彦宅,忽返風火滅,人稱德感。新補纂。

魏雲瞻,性至孝。父疾,藥不能效,雲瞻籲天,割股以進,父尋愈。年三十七卒。范文裕,母病篤,割股以進,得愈。邑令獎之。《見聞偶記》。參袁《志》。

張景曾,字行表。父貴,自杭遷桐。性至孝。父徙邊,累往省視。及歿,步行萬里,負骨歸葬。有張孝子之目。

錢天濟,字幼南。居家友愛,姪某年近五旬,艱嗣,濟出資買妾生子。年八十,舉鄉飲賓。以上吳《志》。

李元,字明山。母殳氏病劇,元禱天,願割心肝療母。農家無利刃,再割,得肝少許。又割之,乃肺一葉。天忽開霽,耳中聞音樂聲,地下有聲如雷,目見鬼神羅列左右。瘡口不能合,遇一道者療治,竟愈。次年大旱,惟孝子一方前後得雨,倍收。康熙壬戌,巡撫李某廉得其事,旌表給衣頂。舊《浙江通志》。參吳《志》。

于道珍,字孔嘉。事親以孝聞。父病,醫莫能治,道珍剖股以療之。姪繼昭,字日常。父病篤,亦割股和藥以進,病遂霍然。伊《志》。

計穎,字質生。敦行樂善,無疾言遽色,終身不計人是非。康熙三十四年,郡邑舉鄉飲賓,復表其門曰“褆躬裕後”。《烏青鎮志》。

徐時升,字憶山。性敦厚愷悌,遇人無貴賤,一主謙下。子騰,以進士官知縣。時升布衣韋帶,抑抑如故。累舉鄉飲賓。《烏青文獻》。

李懋華,字含白。樂善好施,官塘有登瀛橋,坍毀已久。華獨力建造,人賴利涉。有司獎之。吳《志》。

施昌,字叔璠。慷慨好施,有質室廬者金以百計,其人歿,子幼,即返其券。嘗于金陵置蠣房數簣,歸,中有白金百兩,愀然曰:“彼失銀者,情何如?”亟齎往,還之。順治初,劇盜橫行,凡設立水陸關隘,不惜己資修治之。邑令何金藺舉鄉飲賓,辭不赴,贈額曰“天授神仙”。《烏青文獻》。

陳之煌,字旦明。孝于親,友于弟。弟歿,遺婦馬,力存恤之,賴以安節。舉鄉飲。郡守張照乘贈“年高德劭”額。

段文榮,字明宇。本性沈。曾祖河間縣丞,贅于杭之段氏,因姓焉。爲人和易,不立崖岸。多行善事,鄉黨稱之。康熙二十六年,邑令張承位給匾曰“餘慶流長”。以上《烏青鎮志》。

田尚志,性至孝,多隱德。康熙丙午,年逾百歲,學博郭宗儀給額曰“德壽垂芳”。伊《志》。

任時慶,字君善。父易初,自休寧遷桐鄉。性孝友。同懷六人,養生送死,皆慶獨任。兄子甫七月而孤,撫逾己出。適爲盜掠,慶曰:“我兄早世,嗣息僅存。”遂傾囊贖歸。次兄得瘋疾,醫藥不衰。子姪林立,尚未析著。吳《志》。參桐鄉徐《志》。

孫嘉麗,字爾宣。性孝友。爲築園亭以娛親,嘗刻《清夜鐘》并邵康節《孝悌》詩,以勵俗。子起鼇,爲仁和訓導。修學造士,得義方之訓居多。

張侶韓,字季友。庠生。早孤。事母至孝,撫弟妹,經營婚嫁,盡友愛之義。居鄉遇旱潦,率先救護。歲祲,設法助濟。力學未售,卒。

俞廷謨,字介山。諸生。行止端方,居家敦倫睦族,教子孫以讀書明理爲要。屢舉鄉飲介賓。以上吳《志》。

沈元楷，字君瑞。性純孝。康熙乙未冬，父亮彩患瘧疾，勢不起。楷日夕憂傷，湯藥罔效，因夜禱竈神，割股和藥以進。後元楷生三子，皆以孝謹稱。伊《志》。

唐廷黻，字嘉侯，號省齋。諸生。重孝友，嗜詩書，生平無一欺人語，遠近咸敬禮焉。康熙四十二年，舉鄉飲賓。《烏青鎮志》。

楊大中，字靜思。年十五，剜臂療母疾，母愈見創詢之，泣曰：“兒知母疾之痛，不知兒之痛也。”後父病篤，不解帶者五十餘日，籲天求代，父疾尋瘥。大中竟以憂瘁卒。王應綵《楊孝子傳》。

李元慶，篤於倫誼。嘗撫孤姪，養耄姊，恤寡妹，植孤甥，屢賑饑濟貧。康熙二十年，同知于琨、邑令何金蘭各獎以匾。二十六年，邑令張承位復以鄉飲賓禮之。《烏青文獻》。

查魏旭，字次谷。康熙癸酉副榜。榜姓魏。父繼甲，爲隆安知縣，卒於任。值吳逆之亂，道路隔絕，踰二年訃聞，魏旭號泣，即日隻身就道。跪母前訣別曰：“兒去萬里，出入兵間，得達父櫬所萬幸，能扶父櫬歸尤萬幸。否則流落瘴鄉，守死父櫬旁。母侍奉有兄弟在，勿以爲念。”遂行。及漢陽，遇賊掠，捶楚無完膚。又經全州寒水橋，失足墮河。若有掖之者，浮髮水面，遂遇救，得不死。又一夕，行永州慕古山中，時昏黑，草木叢雜，不辨徑路，聞狼嘷虎嘯聲，信足奔，屢躓屢起，僅達村舍，血淋漓滿芒屩。抵隆安，覓至櫬所，一慟殞絕，踰時始甦，顧無從作歸計。歲餘，乃嚙指血書詞，哀籲道旁，見者咸曰：“此故賢令子也。”稍得賻助，遂扶櫬崎嶇以歸。歸後疾作，臥牀不能興，凡三年得復故。後卒，命子必祔葬先塋之側。《咸齋文鈔》。

李之棟，父琮，素履醇謹，以好客，家日落。之棟能先意承志，擴復舊業。又爲闢圃蒔花，俾與故交娛息其中。舉鄉飲賓。《烏青鎮志》。

馮翊，字輔之。少爲諸生。以純行聞於閭里，事父母及所生母俱以孝稱。父歿，時幼弟緣十數齡，翊撫之。及弟歿，以己子嗣之。家不甚富，人有告急，無不應。族人有老幼不能自存者，輒周給之，無吝色。學宮久圮，倡捐修復。子景夏，官侍郎。《浙江通志》。

金士瑜，字子握。性孝友。力葬三世，創置祀產。遇事多過人之識。濟困扶危，不居其名。歲饑，出穀千石，首倡減價平糶，全活甚衆。里人感之，奉其主祀于鄉。以孫樟貴贈主事。吳《志》。

王綸，字書升。事祖嗣光、父開泰，備極孝養。與弟緯一堂雍睦，建涼亭以利行人。吳《志》。

汪文桂，初名文楨，字周士，號鷗亭。考授內閣中書。事父母孝，於三黨九族中殫力周恤。康熙戊子、己丑間旱潦，相繼設粥廠，立藥局，全活甚衆。歲丙午，被水災，首倡賑濟，以食饑民。他若葺黌宮，築城垣，修橋梁，開河道，好義捐資，一無吝色。四舉鄉飲賓。《浙江通志》。

沈允聞，字大章。康熙庚午舉人。篤於親誼。表戚陸聲遠老而無子，爲之納聘，得有嗣息。有售產救貧者，給其值，不取其產。每歲設家塾，備膏火，課親族子姪之貧而無師者。祀鄉賢祠。《鄉賢留祀册》。

孫伯耀，嘗至阜林，拾遺金一橐。坐候至暮，見一人號泣而至。問之，云是青鎮絲牙，父負客債，陷縲紲，鬻妻得銀，往縣救父，至此遺失。伯耀還之，與同至家，出資償還客債，釋其父。又贈以金，贖其妻。由是父子泣拜而去。《端素齋雅綴》。

金學汾，字崑濱。幼有器識，與群兒嬉水濱，見一兒溺，衆皆驚走，獨蹇裳救之。有負重貲者，憫其無以爲生，焚其券。有附舟歸者，中途病死，殮之，歸其喪。他若賑粥施衣，修學宮，創橋梁,善事不可枚舉。《浙江通志》。

皇甫洸,字思誠。青鎮人。少孤。母命棄舉業,治生人產。洸仍不廢讀,教幼弟汸成立。再教其遺孤。五子、二猶子,各授一經。嘗夜登門樓,匿有穿窬,審視則舊相識某也。勸諭,贈以錢,某感悔,卒改行。新補纂。

周德馨,母死,哀毀骨立。父病,手足不仁,竭力侍奉湯藥,飲膳便溺,穢瑣之事,與妻邵氏終宵數起,頃刻不離。新補纂。

程琳,字丹雲。事母以孝聞,且能推孝友之誼旁及族黨,遠及異姓親族中有貧者周之,有來告貸者助之,無稍吝色。康熙戊子、己丑間,饑殍載道,於縣治之城隍廟、青鎮之密印寺製棺施捨。三十餘年未嘗輟。捐修文廟及城隍廟,重建程忠介公祠。水旱,出粟賑濟。《浙江通志》。

宋國用,字調生。任俠尚義,一時名士皆與交。北至關塞,南遊閩粵,總戎聞其才,辟薦之,不就。歸里,圖籍自娛,年九十終。吳《志》。

鍾應聰,字順字。性寬厚,喜怒不形。人以緩急告,曲應其求。壽九十八。夫婦偕老,五世一堂。康熙丙戌,邑令劉瑄[1]書額贈之。伊《志》。

貝世瓏,字鳴玉。父鼎春,有隱德,康熙甲子,邑令何金蘭給額曰"耆年碩德"。嘗試,寓禾中,有少女暱就,踰垣避之。尋以詩酒放廢,名利澹然,鄉里推爲隱君子。《裕蓁堂叢說》。

張德固,字立方。侶韓子。雍正己酉舉人。母患目疾,德固屢以舌舐之,眼復開。一姊歸朱,夫婦早世,遺女一,撫如己出。妹亦歸朱如姊,德固撫其遺子,延師課讀,俾入庠。乾隆二十年,歲大饑,率先拯濟,賴以全活者甚多。伊《志》。

王見麟,字乾中。副貢生。景山教習期滿,以親老不赴選,或勸之仕,泣曰:"官乃重于親耶?"歲歉,率家人食糲,奉親必酒食。父疾,恒不解帶。歿時,哀毀成疾。終身不仕。伊《志》。

譚觀道,字楚卿。性孝友。父病,溺澀不通,觀道以口吮之,兩載獲愈。與弟觀德終其身不析箸。舉鄉飲賓。邑令蔡可遠給額曰"樹型鄉國"。伊《志》。

湯士陞,字指高。性至孝。父患目眚,家中落,而樂善好施。士陞曲體親志,敬供瀡瀡,推恩親鄰,數十年不懈。母唐前歿,厝淺土地,鄰某謀陰壞之。士陞踉蹌趨視,棺已半露,時值風雪,撫棺而臥,夜半雪積尺許,齒戰手足皴裂,哭不成聲。鄰某感其孝,亦悔前謀。《烏青鎮志》。

楊權,字斗衡。植品端方,舉鄉飲賓。邑令蔡可遠給"國瑞家祥"額獎之。孫紹基,字崑田。貢生。倜儻負氣,撫孤姪,爲弟婦王籲請旌典,以彰苦節。平生樂施不倦,兵巡道潘某給額曰"惠周鄉里"。馮侍御浩有《傳》。伊《志》。

于應熊,字繡王。年十五失怙,棄儒服賈。上事孀母,下撫諸弟。母死營葬,一人任之。雍正初,舉孝弟力田科,辭不就。次子文懋,歲貢生。慕洛閩之學。著有《隅言質錄》。伊《志》。

鍾梁,字來霞。庠生。三世同居。觀風整俗,使王國棟舉賢良方正,給匾獎之。子元文,孫埈均,友愛敦睦,縣給額獎。伊《志》。

周暚,字旦雯。私淑張履祥講道,一宗紫陽,樸實力行。詩不多作,梓有《緩庵詩鈔》。助張履祥後人葬,士林重之。子世堯,字欽表。稟庭訓,務實學,貢入成均。以疾不赴選。伊《志》。

尤樹德,字在田。考授州同知。好善樂輸。乾隆六年創建育嬰堂,樹德捐田百畝。十三年歲饑,出米賑之,全活無算。王方伯表其門曰"指困遺意"。同時魏承祚、金佐王,共捐田於育嬰堂,鄉里稱善人云。伊《志》。

施徐亨，少孤。母患癱瘓，侍湯藥，躬厠牏，二十年如一日。常號泣籲天，願割己算，益母壽。母死，哀毀骨立。尋病卒。伊《志》。

張仁繹，字學川。庠生。八歲喪母，盡禮如成人。家貧，事父色養備至。兄嫂早世，遺一女如己生。嫂有母沈氏，家貧無依，寄養十餘年，無倦容。伊《志》。

祁起元，字善長。自幼至孝，能曲體親意。親少不悦，即長跪終日，候霽顏乃起。十歲父卒，哭踊如成人。既葬，席薪枕塊，泣伏墓側，雖寒夜月黑，悲風蕭瑟，不忍一夕間也。尋以母患弱症，躬侍湯藥者十有三年。卒不起，哀慟淚盡，繼之以血，兩目失明。越年餘，假寐間，恍聞有人呼其名字，啟眼視之，彷彿父母在前，嗣後目漸復明，人咸歎爲至孝所感。乾隆己亥，以孝旌其門。伊《志》。

孔毓玠，字介玉。性肫篤。出嗣於叔，撫庶弟如同產。生母年逾九旬，迎養無間所。後父母寝疾，侍湯藥，數稔。歿則喪葬如禮。先世墓域有廢祀者，置祭產，率族人享祀。四世不析爨。遇歲荒，捐租以爲衆倡。舉鄉飲賓。伊《志》。

吳承乾，字以清。國子生。父啟宗，以鹽筴起家，慷慨好施予。承乾能承其志。海鹽崔孝廉學淇，篤行人也。傷弟病歿，不上公車。承乾延至家塾，事之惟謹，且邀崔之孤姪共讀，用相娛慰。承乾歿，崔哭以詩云：“十年師友誼，一別死生分。”蓋紀實也。伊《志》。

陳德星，字朗瞻。性至孝。父病劇，割股以療，與弟元星、璇星共敦友愛。伊《志》。

孫開運，字大文。志行芳潔，卜居市廛，蕭然物外，舉鄉飲賓。乾隆十九年，邑令王瑄以“熙朝碩彥”額表其門。伊《志》。

曹汝璋，字萬全。幼喪母，事父及繼母盡孝，躬耕色養。歲饑，與妻靨糠籺，留甘旨奉親。親喜飲，每夜市醇醪，奉壺觴，歌笑以博歡。父母歿，汝璋年逾六旬，啼泣猶似嬰兒。伊《志》。

汪士焌，字伯華。乾隆十三年歲歉，米昂，士焌減價平糶冬米一千石，有司上其事于巡撫，給額曰“誼篤枌榆”。伊《志》。

朱光祖，字紹庭。性孝友。好施與。宗族貧困者，輒傾囊與之。生日不舉觴，即以資補路。邑令陳虞盛重其行，舉鄉飲賓，給額曰“齒德兼隆”。伊《志》。

陳宗，字源夏。性孝友。與弟時憲終身不析爨。乾隆間，三遇歲饑，宗率先輸粟賑濟。學使竇公、郡守梁某給額優獎。伊《志》。

陳堅，字剛中。弟增，字如川。相與友恭。乾隆己丑、甲辰歲饑，首捐米助賑。增子天墉，廩貢生，署衢州府訓導。讀書好義，出資助修濮院之幽湖橋及南橫街，鄉人利之。伊《志》。

程仁善，字長人。監生。性慷慨。表戚俞進士武琛謁選入都，卒於濟寧旅次。訃至，家祇遺孤七齡，爲之經紀，歸其櫬。又資給其家，俾其孤讀書游庠。丙子歲祲，當道設粥厰以食飢者，首輸米十六石助之。舉鄉飲賓，辭不赴。伊《志》。

金鋤，字器遠。監生。年十四，大父没，號泣盡禮，期年不見齒。父垣，官刑部員外郎，鋤隨侍入都。父疾亟，夜禱，願以身代。未幾父歿，晝夜長號，水漿不入口者數日。以哀慟過情病，瀕没，呼母數聲，并云：“得侍父于地下，死亦無憾。”目乃瞑，年三十一。青浦王侍郎昶有《金孝子哀辭》。伊《志》。

張仁敷，府增生。居嘉興縣嘉會鄉。學宗濂洛，與猶子中孚析疑問難，娓娓不倦。嘗手輯《宗譜》，其遠支無可訪，虔禱宗祠。夜夢先靈指告，往詢之符所夢，遂續筆焉。著有《家箴》二十條,《輟耕吟稿》四卷。中孚,庠生。性和而介。上事繼祖母許氏,色養怡怡。晚年博求先儒著作,及名臣言行錄,輯爲《人式》《篤信》兩編,藏諸家塾。年七十餘,無疾而終。新補纂。

孫映樾,字月卿。少孤貧,鞠于祖母。以諸生入監,負雋才。將應順天鄉試,冀得禄養,而祖母訃至,日夜哭泣。時春初寒甚,襯裘褐弗御。友人或解敝羊裘使服之,堅弗受。遂發病,不數月死。工篆隸及楷法。有《得月樓詩鈔》。伊《志》。

于方,字五英。諸生。慷慨好施。乾隆丙子饑,首捐貲設粥,貧民全活無算。郡守曾某給"儒林表率"額表其門。伊《志》。

蔣紹輝,字通文。諸生。性至孝。嘗刲臂肉以療母疾,家人初無知者,比卒,殮時見其臂有瘢痕,始悉。伊《志》。

曹楠,字星巖。庠生。父母俱早殁,事繼母徐孝。泣陳苦節,得建坊旌。恤鄰里,修祠宇。年七十三,舉耆士,給冠帶。伊《志》。

周袁勳,九歲喪母,哀毀如成人。事繼母孝。有弟三人,早卒,撫姪如己出。偶拾人篋于路,追還之,不受其謝。伊《志》。

何晉揚,少時母因產後患心痛醫治弗效,晉揚割左股和粥以進,病愈。後遭父病劇,復割右股以療之。恐露刀痕,雖酷暑不袒裼者五十餘年。伊《志》。

嚴大烈,字競游。性儻而好義,烏鎮舊有社學久廢,里人沈觀察啟震創建分水書院,大烈捐金五百助備膏火,其他道路、橋梁,多樂輸焉。伊《志》。

嚴寶傳,字瑞符。大烈子。力學多聞,豪於詩酒。凡戚族、友朋有急告,罔不應。券書至盈篋,終其身不責償。尤重讀書計偕無資者,無論識與不識,咸取給焉。與同鎮三太守蔡鑾揚、陸元鉉、徐保字尤稱莫逆,並資以出仕。援例得光禄寺署正。未供職,遽卒。新補纂。

朱英,字含叔。太學生。蔚弟。父明儀,由休寧遷桐鄉。英又遷平湖。工詩文,重然諾。仲兄蜀獄事起,株累同產。英以伯兄華未有子,乃免華於難,挺身赴蜀,長繫三十有七年始釋歸。著有《史山樵唱》。子鴻猷,字仲嘉。庠生。生八歲而父搆蜀難。刻苦讀書,既入學,即入蜀省父。歸而卒。著有《雲谷書堂吟稿》《見山樓書畫錄》。平湖路《志》、新補纂。

朱文燦,字服章。年二十八妻亡,不再娶。友于兄弟,終身不析箸。喜周人急。乾隆丙子歲饑,有嘉善人抵玉溪鎮鬻妻者,券已成矣。聞之,急詣叩其故,曰:"親老家貧,租稅無所出。道遠,可飾恥耳。"即爲代償其值,并解囊以贈。越數載,其人攜妻來謝,待以客禮。將卒前一日,盡撿篋中奴僕券焚之。至今五世同居。伊《志》。

范文裕,母病篤,割股肉以進,病得愈。知縣獎之。新纂。

陸溥,字崑源。諸生。母疾,割股肉,煎湯以進,母病尋愈。館穀所入,悉以給二弟。時人咸高其義。新纂。

陳賜麟,字玉符。幼失恃,體素羸弱。父病篤,日夜泣禱,無效,割股和藥以進,乃瘳。數月,賜麟嘔血死。年二十三。邑令李廷輝給"奇行格天"額獎之。伊《志》。

孔廣平,字賦梅。乾隆辛卯舉人,以議叙授廣西臨川縣,歷署興業、北流、博白知縣,鬱林州知州。所至俱有政聲。丙午、戊申、乙卯,三爲同考官。性至孝。母病劇,嘗冀以卜安危。著有《碧崿軒初稿》《竺橋漁唱詞》《塈畫鈔存》。于《志》。

張紹貞,事嗣母盡孝。與弟千里友愛甚篤。具脩脯,令弟從師受業。弟家貧,喪偶,遺兩孤,減己餐鞠育之。復鬻己産,爲弟續娶。人咸稱其高誼云。于《志》。

張千里,號夢廬。官訓導。精醫術,中表沈嗣龍亦業醫,早卒,子幼,千里爲之治家事。積逋三千金,經理一清。教其二子,得承世業。與兄紹貞急難相扶,視兄子如己子。他如賙恤貧乏,代營喪葬,不可勝數。歷署紹興府學教諭、新城縣學訓導。己亥以疾卒於家。著有《珠村草堂》等集。其《閩游草》一卷已刊行。于《志》。

徐紹昌,字駿惠。樂善好施。乾隆五十年,浙中大旱,餓莩載道。紹昌不俟有司勸捐,即發藏粟千石賙恤,鄰里賴以安全者無算。于《志》。

倪振邦,字佐周。原籍休寧,自其祖公權始入邑籍。振邦好讀書行善,買地於玉溪鎮東,建骨塔,分男女兩冢。又捐錢穀,施棉衣,平治道路。歲行之,無倦。與弟發友愛無間言。新纂。

仲均,號樸真。性孝友。乾隆甲寅,奉母濮氏命,重建迎龍橋。嘉慶辛酉,又建梧桐、聚鳳兩橋。兄弟輯睦,終身不析箸。弟增,先卒,均撫姪如子。族有難於喪葬、嫁娶者,悉引爲己任。歲饑,捐資助賑。子璜,於嘉慶癸酉又建王母橋。于《志》。

沈邦佐,父璜病篤,邦佐年十五,伏竈前割股進,父愈。于《志》。

曹聲遠,幼貿易吳門。聞母蔣氏病篤,星夜奔馳,途遇劫賊,聲遠泣而告之故,賊義而釋之。至家,籲天請代,割股煎湯以進,母獲愈。年至九十四終。于《志》。

孔傳道,字堯年。庠生。少孤貧,舌耕養志。母病篤,割股以進。及母沒,痛極,投河遇救,得不死。事載《桐溪紀略》。于《志》。

沈基,字蒼樹。父烈揚,緣事謫戍塞外。基步從萬里,晨夕扶持。父歿戍所,泣假於人,負骨歸葬。于《志》。

孔繼源,字濟夫。母病危,籲天願代,割股和藥進,病愈。于《志》。

吳文烜,父琛,年六十始生文烜。母孔氏卒,哀號數晝夜不止。時父年已七十有八,老病荐臻,文烜割股煎湯進,卒不起。哀毀骨立,以嘔血卒,年十九。于《志》。

沈天如,貞女沈大姑恩撫子。母死,號泣數晝夜,水漿不入于口,以此致疾。卒,年三十八。于《志》。

姚振英,父世融病危,割股爲糜,食之愈。李蘭蓀,母病篤,割股療之,尋愈。數年,母病復危,又割右股以煮湯,未進而母已死。蘭蓀哀毀幾絕。蔣武章,母老病,臥樓上,一日晨出失火,武章奔歸,冒煙而入,負母授人,而身竟斃于火。夏鑑,母病篤,割股作糜以進,尋痊。吳燦,邑庠生,割股療母病,以孝聞。王之樞,父病,割股和粥,食之,愈。姚鳳儀,農家子。年二十五始攻書,旋入邑庠。事母孝,割股以愈難療之疾。蔣紹輝,廩生。割股以療母疾。魏啟倫,性至孝,母病篤,割股和藥以進,遂愈。沈登元,幼有至性,父病,衣不解帶者三月,割股煎湯以進。父歿,哀毀備至,一如成人。均于《志》。

姚卓元,字仕安。監生。性孝友,樂推解。嘉慶戊辰、甲戌間,歲洊饑,出囷粟倡捐,悉心籌畫,俾無遺漏,無虛冒。道光癸未,又以水澇賑饑,勸捐如前。更出己資,爲本區貧戶計口給錢,災黎得安。于《志》。

朱望汝,號困齋。少孤。事母孝,敦鄰睦族。道光四年、九年,俱歲歉,倡議捐施。于《志》。

潘藍田,字瑾含。附貢生。持己儉約,樂行善事。道光十二年,將安邑腴地二十餘畝,捨爲烏青義冢。于《志》。

朱明儀，字羽來。貢生。事母孝，母性嚴，稍拂意，輒長跪謝罪。家素豐，好施與，坐是家中落。然偶有所入，必分贍戚族。人以節省勸，則曰：“與其積財，何如積德。”子八人，荃，官編修。履端，由庶吉士改兵部職方司主事。丁內艱，歸，築別業於嘉興之梅里。中有古墓，其子請移之。履端曰：“死者既安其宅，庸可遷乎？”繚以短垣，聽其子孫祭埽。人以是賢之。新纂。

沈士瑜，字玉衡。性孝友，賙貧乏。舅氏有冤獄，子懦怯不能伸。士瑜爲代理，始得雪。新纂。

徐錫曾，字魯三。監生。性孝友。有隱德。訓子弟以禮法，嘗語人曰：“冀子孫賢，而不敬師傅，猶欲養身而反損其衣食也。”時以爲名言。新纂。

都元音，字太古。諸生。有文名。敦行尚義，宗族不能就學者，代出修脯造就之。有族人墓域爲豪家侵占，主家不能爭，元音爲代理，得復其舊。新纂。

陸炫，服賈養父母。與諸弟友愛，家人數十口同爨，始終無間言。新纂。

張錫齡，字茂叔。生有異稟。母楊氏，性畏雷，錫齡奉起居不稍懈。及母歿，柩方在殯，昏夜雷雨至，錫齡必跪柩前曰：“兒在，兒在。”八歲能作徑尺大字，比長，以書畫名於時。詩文尤卓絕流輩。仁和宋咸熙講學邑中，創建楊園祠堂於學宮旁，命錫齡爲諸生祭酒，主祠事。新纂。

陸費明，字子陽。生六歲而孤。年十二，即肩販爲業。上養母兄，下撫季弟，一家七口，俱賴以生。弟罶悍好博，居積俱爲所耗，并居室蕩盡，明仍怡然也。處貧窘，不重利，嘗得遺金一囊，其人尋至，即還之。比鄰張姓失一金環，痛撲婢，明恐婢不測，以己環與之。後舉鄉飲賓，不就。新纂。

陳寶奎，年十三，母病篤，廢寢食，刲股進，夜執香跪草露間，訴天願以身代，更殘不起。父促睡，偶合眼，輒驚起，籲如故，母病旋瘳。新纂。

沈寶樾，號茂庭。爐鎮人，移居青鎮。幼以孤子當室，早廢舉業。諳練世事，勇於赴義。以故長吏來者，率倚爲左右手，即親族貧乏，咸仰給焉。屢以捐餉議敘，至同知加知府銜，分發江蘇，乃淡於仕進，迄未赴補。庚申遭變，遷滬。閤族食指浩繁，盡攜偕行，雖疾病死喪，不相捨。甲子，故鄉初復，知遺民乏食，載粟歸賑。慕義者響應得米六千餘石，賑饑民七萬有奇。辦理善後，百廢具舉。素好施藥，遇歊暑瘟疫，多回生起死功。他若城鎮育嬰、留嬰各堂，捐資首倡，並籌辦神墩保嬰會、蔣橋接嬰堂、烏鎮放生河、阜林秀溪橋、樏市塔影浜義冢掩埋，均著成效。甲戌、乙亥間，鎮鄉各創內外科施醫局，核就醫冊籍，計活二萬有奇男婦。先是，言星命者決寶樾無子，中年後連舉得之，人皆謂積善之報。新纂。

朱漱芳，字飛泉。濮院鎮人。以廩貢生注選訓導，性純孝，遭祖母喪，毀瘠逾恒。父病，禱天請代。里中恤嫠、保嬰、惜字善舉，竭力贊成。咸豐十年七月，寇踞縣城，濮鎮隨陷，漱芳募團在防次，嘔血死，旌恤雲騎尉世職。新纂。

【校注】

　　[1] 按：光緒《桐鄉縣志》卷八《職官表·知縣》：“（康熙三十九年）劉鎤有傳。”卷十《名宦》：“劉鎤，字屏山。四川江津人。進士。康熙間，知縣事。歲祲，發粟賑饑。建三義書塾，以整飭士習……”本《志》卷四十《職官表·桐鄉縣·知縣》：“（康熙三十九年）劉鎤字屏山，江津進士。”《明清進士題名碑錄索引》：“劉鎤，四川江津人。康熙三十三年三甲第三十九名進士。”乾隆《江津縣志》卷十《選舉·進士》：“（康熙）劉鎤，甲戌科，任浙江桐鄉知縣。”知“劉瑄”當是“劉鎤”之誤。

文　苑

明

李蕃,字文盛。天順間,官平樂府照磨。居千金圩,在殳山之麓。貝清江避地於此,子翻、翱、翔,並有才名。村民慕之,多讀書自好。蕃工詩,有"桐花開到邑侯門"之句,至今鄉里猶傳誦之。餘若沈韶州榮希仁、范貢士庸彥常、陳吏目紀彥綱、仲貢士剛叔堅、董教諭序大倫,皆圩産也。惜著作皆淹没無聞矣。《静志居詩話》。

潘鳳梧,隆慶庚午舉人。撰《地水師》四卷,談兵家之要,自表上之。又著《治河管見》四卷。《徵獻録》。

趙桓,字庭春。少好學,能詩文。家貧,父令爲縣史,桓恥之,不得已而就。父殁,棄去,以醫自給。文士慕之,爭相延譽。有《烏青感古集》。《徵獻録》。

沈范,字東野。工詩,善鍾王書法。博涉陰陽、醫卜諸書。性孝友。多隱德,有還金事。吳《志》。

陸時雍,字昭仲。性剛,好使氣,不能俯仰于人。能文,工詩,嘗註《韓子》《揚子》《淮南子》。選古詩、唐詩,曰《詩鏡》。又論列《楚詞》,取王叔師、朱晦庵兩家註,而以己意折衷之,曰《離騷新疏》。崇禎初,詔大臣保舉巖穴異能之士,時雍與焉。然終不遇,久留京邸,館於戴太僕家。會戴以事被劾,時雍爲證,并逮之。卒於繫所。《徵獻録》。參桐鄉徐《志》。

顏統,字士鳳。讀書過目成誦。重然諾。見人過,不相容。隱論古今得失,亹亹見本末。殁後,友人張履祥輟講痛哭,徒步至其家,經紀其喪,收詩文藏之。吳《志》。參《楊園見聞録》。

陳其德,字太華。濮院人。天啟中,以歲貢生官嚴州府教授,制行不苟,鄉黨推重。所著《垂訓樸語》一卷,統論讀書處世之要。坿《紀事》數則,紀崇禎十三四年間災荒大旨,主敦行勸善。乾隆中採進,列《欽定四庫全書存目提要》。新纂。

濮煬,字抱真。諸生。自少警敏絕人。比長,肆力於詩古文詞,手不釋卷。嘗搆別墅曰水木塢,因號水木居士。新纂。

錢寅,字子虎。嘗受業劉宗周,講求理學。與張履祥善,讀書里中,吳越名宿及四方魁傑賢豪之士,日相往來,舟車輻輳,望重一時。《楊園文集》。

錢彥猷,字常卿。弱冠爲名諸生。著有《四家文鈔》《名家小論》。弟遠猷,字懿卿。著有《六如齋集》《北山寓言》。伊《志》。

國　朝

周拱辰,字孟侯。順治間貢生。擅詩古文,與陸時雍交好。詩文相當,而才情過之。著有《莊子影史》《離騷草木史》《聖雨齋詩文集》。吳《志》。參《檇李詩繫》。

張圓真,字巖貞。青鎮人。兄超,見前《列傳》。圓真少好學,與烏程凌克貞研求《易》義,寒暑不輟。張履祥講學里中,圓貞請益無虛日,其問答語載《楊園全集》中。平日過從問難者,如張嘉玲、潘之章、沈雪樵,皆一時碩彥。嘗以《烏青鎮志》殘闕,閱三年,編纂成。康熙時《欽定書畫譜》頗采其説。晚年裒集明人文集百餘家,欲論次成書,未就,殁。新纂。

茅星來，字豈宿。晚年別署鈍叟，一曰具茨山人。歸安諸生，自湖徙桐鄉。明茅坤裔孫也。性迂口吃，不喜爲世俗文。出游吳會、京師，持所業就正王汝驤、任啟運、方苞。北平黃叔琳索所爲古文讀之，特製《序》以贈數人，共推爲文章宗匠。星來讀書圓義精舍，感宋儒科舉奪志語，遂專攻古文，憲章歐曾，渾化無迹。歸安徐鳳輝選刻《國朝二十四家文》，星來與焉。撰《近思錄集注》十四卷，病葉采《集解》疏舛，參校諸本，疏通其義，於名物訓詁頗詳。參《歸安志》。

張元光，字恭默。諸生。從張履祥游，以涵養性天，躬行實踐自勵。見人疾言遽色，亦必婉諭之。賀聖武，字右文。歲貢生。候選訓導。博學，善屬文。持儒者心齋法，亦飲酒，不殺生，以鍵戶讀書爲樂。張和，字行可，諸生。好讀性理書，湛深程朱之學。待人接物，不激不隨，見者輒肅然起敬。學政訪舉優行，贈額曰“德音是茂”。施增，字京扶，諸生。爲人和厚雍睦，篤學不倦。與同里張和、賀聖武、張元光並以齒德稱長者。新纂。

曹日勉，字功敏。順治三年舉人，官直隸安州知州。去煩蠲苛，民居樂業。歸田後，散其家資於鄉里，芒鞵竹杖，徜徉山澤間，行吟以自樂，其清節推重一時。新纂。

張嘉琛，字文須。順治十八年進士，候選推官。爲人瀟灑出塵，有夷然不屑之致。其在京師寄弟書云：“志尚不可不高，鋒鋩不可太露。識見不可不曠，名心不可太遂。學問不可不廣，馳騖不可太雜。骨幹不可不樹，才氣不可太使。”時以爲名言。新纂。

姚夏，字大也。諸生。先儒張履祥弟子。敦崇實行。年五十遭親喪，終日嬰嬰作孺子泣，哀毀骨立。嘗追述其師生平事蹟，爲作《年譜》。新纂。

沈廷鈺，字文韓。諸生，後棄去。耽情詩酒，其《自序》有云：“屈原賦《離騷》，宋玉作《九辯》，幽憂既殷，悲秋特甚。余生不敏，觸物多忤。憂與時遇，病復隨之。因著《秋吟詩》以見志。”後從友人爲汗漫游。卒於京邸。《檇李詩繫》。

沈槎，字星浮。順治間，與孔自洙、張超、張方起稱“桐川四子”。三人相繼取科第，而槎獨以明經老。博涉書史，善填詞。有《補廣陵散》《續逍遙游》等劇。著有《各體詩》《咏史絕句》《填詞》四十二種。《烏青文獻》。參《檇李詩繫》。

錢汝近，字崑賚。諸生。博極群書，後棄舉子業，足跡不入城市。詩文一歸淡雅，無雕鏤痕跡。著有《文選旁訓》《輿地圖》等書。吳《志》。

錢賓王，字舜枚。貢生。居家，訓子弟以義方。吳《志》。

顏鼎受，字孝嘉。諸生。少負異質，從張履祥學，通《十三經》。九歲能詩。避盜，居郡城，縉紳爭延之，聽講者座常滿。嘗入桂陽幕，適逆藩拒命，守土官半污僞命，奉書徵爲五經博士[1]。逃入九疑山，變服爲羽士，乃止。寇平，得歸。事後母至孝。學使者以德行旌其門。著有《誦詩弋獲》《六義辨》《國風演連珠》等書。朱檢討彝尊贈詩云：“桐鄉顏氏子，才大最能詩”是也。吳《志》。參《經義考》、盛百二《柚堂續筆談》、朱應辰《清谷文集》。

朱來荣，少通經學。隱居教授，與陸文霦諸人爲講學會。著有《大全辨訛》。從子戴璜，字渭立。拔貢生。以經術聞於時。子向中，字丹宸。康熙癸巳五經進士。吳《志》。

李榮昌，字琪園。恂恂儒雅，不知有世俗機械事。海寧朱一是、范驤一見傾倒，每過輒作數日留。論文譚藝，雄辨鋒起，聞者屈服。後以貢授內閣中書。著有《易學微言》《觀成堂詩草》。《檇李詩繫》。

汪文柏，字季青。附貢生。官北城兵馬司指揮三載，爲同官牽累，改散曹，始歸。詩能抒寫性情，興到即就，與兄文桂、森暨同人酬唱，稿輒先成。餘事畫蘭，亦妙得生意。新纂。

沈機，字海鷗。居梅花涇，自號梅花逋客。工詩，硬語盤空，不肯傍人門户。著有《鸚笑軒稿》《梅涇草堂集》。從子堯咨，字山矑。諸生。少慕張履祥之學，家居以孝弟爲先。著有《晚盥集》。堯咨從子鍾泰，詩不事雕琢。秀水陳光裕選《濮川二十九家》，三人皆與焉。伊《志》。

馮嗣京，字留士。詩以宋人爲宗，而自標新格。朱太史彝尊序之。《震澤口號》云：“三疊吳謌千疊浪，亂帆如雪下蘇州。”一時傳爲佳句。屢游京師，試不售。以貢授長興訓導，著因樹屋、梓紅亭《詩草》。伊《志》。

楊煒，字赤雯。國子生。弟燮，字爾梅。諸生。皆好學能詩，爲朱彝尊、潘耒所賞識。煒著《桐鳴草》《雲竹詩集》。燮尤精醫理，著有《性理闡》《周易或問》《勴亭詩集》。伊《志》。

沈之泓，字心如。歲貢生。潛心經學，與兄之潢同受業于甬江仇兆鼇之門。世以《易》名家，至之泓，益研究衆説，發前人所未發。著《周易井觀》十二卷。伊《志》。

周瑗，字淇玉。拱辰孫。康熙丁酉舉人。學有淵源，詩古文、四六、典贍高華，一時推作手。有《集》若干卷，藏於家。伊《志》。

沈炘如，字駬襄。爲諸生，試輒冠其曹。康熙辛卯登鄉薦。家有文史園，與諸名士作詩，會於其中，極觴咏之樂。遺稿散佚，子之坦編成二卷。伊《志》。

沈中棟，字隆九。國子生。有《主敬齋論文》諸刻，詩宗范、陸。卒，年二十五。《檇李詩繫》。

陳曾祉，字心隱。少孤。博涉經史，與蔡九霞、盛宜山諸人爲忘年交。著有《心隱詩集》。新纂。

張仁浹，字觀斾。康熙五十九年舉人。薦舉經學，五經皆有述作，藏於家，與平湖陸奎勳相匹。文多短篇，卓然皆經術之言。新纂。

張師範，字司諫。歲貢生。鋭意詩古文。書法遒勁，旁及鋟刻。性跌宕，有幹濟才。佐七閩藩幕，會朱一貴等據臺灣，民人繹騷，師範調護，卒收復之，所著《平臺記》甚詳。晚年詩益工，著有《花外集》。伊《志》。

黃振運，字起伯。天資明敏，號神童。從父景倩，宦游維揚，登臨弔古之作，激昂慷慨，得少陵之遺。著有《東籬集》。伊《志》。

姚卓，字豫章。少孤貧，力學，敦名節。領雍正丙午鄉薦。三上春官不第，遂絶意進取。授徒自給，爲人外和内介。書法爲時推重。著有《秋寶堂文稿》。伊《志》。

金檀，字星軺。諸生。經史圖籍，靡不徧覽。好聚書，遇善本，雖重價不恡。或假歸手鈔，積數十年，收藏之富，甲于一邑。嘗校刊貝清江、程巽隱《詩文集》行世，所著有《文瑞樓集》《消暑偶録》。伊《志》。

王丹宸，字靖共。雍正癸卯舉人。世勤耕讀，獲雋，後益攻苦，貫穿經史，尤喜三蘇文。卒後，家零落，著述惜俱散亡。伊《志》。

潘朝棟，字宸懷。諸生。入太學。一生奔走無所遇，窮愁抑鬱，悉寄諸詩歌。著有《桐竹水莊詩》《霜月行僧集》，長洲沈德潛爲之序。伊《志》。

徐肇泰，字載庵。性孝友，撫孤姪女如己出。卓犖通徹經史，晚尤肆力於詩。著有《棣鄂集》四卷。伊《志》。

施曾錫，字泳沂。幼穎異，讀書目數行下。奉母張甚孝謹，時治酒殽，與群從燕談嬉笑以娛之。乾隆丁卯，以五經中副榜，嘗與同學背誦《文獻通考》，不遺一字。又善鑒書畫，考金石、醫卜、九流之學，無不精究。著《詩詞》三卷，《雜著》《筆記》各一卷。子福元，字履旋。甲午舉人。工詩古文詞。丙申聖駕東巡，福元進《平定兩金川詩册》，召試二等第一，《四庫全書》處行走，議敘知縣，分發江西，補福安縣[2]，未任，卒。著有《芳茵集》《東游草》。新纂。參伊《志》。

沈德荼，字樹馨。乾隆乙酉舉人。私淑張楊園，研究性命之學。仿《學蔀通辨》例，區分派別，薈萃成書。不樂仕進，隱居教授以終。伊《志》。

葉良球，字變諧。諸生。居青鎮，弱歲好游歷，肆力古文，遠法葉水心，近學魏叔子。熟明季事實，論史至不平處，鬚眉戟張。與人交，抑強扶弱，挺任勞怨。奉《左傳經世》爲指南，雖檣危馬駭不釋手。晚歸自南通州，自築壽藏，號亦客居士。唐琦《亦客居士生壙志》、新纂。

王士駿，號放翁。官武義訓導，僑居郡城秋涇橋，故自號秋涇潛夫。嘗與名士讌集清貽堂，分韻賦詩。刊有《清貽堂集》。《檇李詩繫續》、新纂。

朱方藹，字吉人。監生。工詩畫，尤工長短句。著有《小長蘆漁唱》，所與唱酬之侶，若錢塘厲鶚、長洲吳泰來、嘉定曹仁虎、上海趙文哲，皆一時名人。伊《志》。

皇甫檟，字養廷。乾隆丁酉舉人。授孝豐教諭，書無所不窺，詩法唐人。著有《勘書閣詩集》，巡撫阮公采入《輶軒錄》。葉家琬，字琛獻。檟同榜舉人。事繼母孝，能曲體其意。邃於經術，嘉善周震榮宰永清，重其學，延請禮敬，爲刊所著《養蒙術》，人爭寶之，以爲讀書法。伊《志》。

曹士勳，字名竹。濮院人。諸生。以文學著名。又善填詞，秀水朱彝尊見《滿江紅》一闋，擊節曰：“此人才，名當不在我下。”新纂。

張其是，字文韓。濮院人。工詩，風骨遒上，邑人沈堯咨亟稱之。新纂。

濮鐄，字雕宣。濮院人。乾隆間副貢生。潛心經義，論述斐然。偕金淮、濮承鈞、岳沫傳撰《濮川所聞記》。新纂。

張宏範，字倫表。濮院人。天資敏妙，善詩古文辭。偕秀水陳光裕迭主幽湖詩壇，文讌流連，極一時之盛。書學晉人，筆勢簡逸。秀水陳光裕輯《濮川詩鈔》三十五卷，收入《四庫全書》，與其選者張宏範、濮淙、沈機、楊煒、楊燮、張其是、沈堯咨、濮光孝、曹士勳、鍾梁、張宏牧、沈鍾泰，凡十二人，皆桐籍，世居濮院。新纂。

沈廷相，字在巖。濮院人。乾隆中，歲貢生。家貧嗜學，文得唐賢三昧，學政雷鋐、竇光鼐咸禮遇之。新纂。

吕坤，字方大。濮院人。工詩，嘗和秀水朱彝尊《鴛鴦湖櫂歌》原韻一百首，所徵引多未見之書。大興朱珪許爲贍聞速藻、浙江詩人之傑出者。新纂。

沈鑾，字瘦峰。諸生。嗣母江氏守貞，鑾色養倍至。築焚香小樓，母安之不踰閾。具才略，入蘇藩陳鑾、賀長齡幕。賀刊《經世文編》，搜羅與有力焉。平生奏議，均代人下筆，暮年盡焚。新纂。

鍾錫齡，字行可。濮院人。諸生。父振富，字杏村。性好碑版，藏漢唐以來石刻六百餘種，皆精善。錫齡年十三，徧誦《十三經》，并旁觀《九章》《五曹》之書，精求勾股割圓諸法。經學尤邃於《易》。與里中諸子結社吟詩，嘗謂人曰：“吳淑《事類賦》多取古籍，近人所增廣者不應泛及元明人語。”因采唐以前事，補擴若干篇。新纂。

朱蔚，字霞山。副貢生。詩宗漢魏，古文學曾子固。性凝重，不苟言笑，交友尚氣誼。存

《春明吟稿》一卷。新纂。

朱珏，字瑜仲。元豐子。諸生。幼負雋才，博覽史籍。工吟咏，尤長古體，弱冠以詩謁長洲沈德潛，極嘆賞之。著有《秋籟閣詩稿》《咏史樂府》。伊《志》。

嚴光祿，號石帆。歲貢生。續學耽吟事，病近人論詩宗宋派者格律卑弱，乃力追唐音，晚年授徒閩川。閩川能詩者都承其教，裒集《東山》《大梁》《射襄》諸集，爲《石帆詩鈔》十卷刻之。伊《志》。

蔡鑾揚，字浣霞。年七歲，誦《離騷》及唐人詩，有所得，即執筆吟弄。學政阮元奇其才，命肄業詁經精舍。嘉慶己未成進士。授禮部儀制司主事，擢員外郎，遷祠祭司郎中。出守福建延平府知府，卒於官。新纂。

蔡涵輝，字大容。乾隆間歲貢生。工文章，書法出入米、董，俗客欲求其書，堅不肯與。邑人馮浩器重之，贈額曰“文行老成”。新纂。

金德輿，字雲莊。檀從孫。七歲能詩，累試不售。援例注選部。乾隆庚子，聖駕南巡，進宋槧書籍，賜文綺，尋補刑部奉天司主事，旋乞假歸。家居較正《東觀漢記》諸書八種，名曰《史翼》，刊以行世。性尤嗜金石、彝器、書畫，著有《釀春詞》《桐華館詩鈔》。伊《志》。

朱均，字學亭。乾隆庚子舉人。著有《錦堂詩文彙録》若干卷。弟垠，字曜南。乾隆丙午舉人。著有《志墨齋詩鈔》。于《志》。

楊澐，字秀漪。乾隆己酉舉人。少負盛名，不欲以文藝自鳴，惟以植人品、敦根本爲務。著有《爾雅音準》《一經樓詩賦就正編》。手鈔各書百餘册。于《志》。

屠本仁，字任之。乾隆己酉舉人。官麗水教諭。著有《濮院志》《碧玉壺吟稿》。于《志》。

汪淮，號小海。貢生。工詩文。善書。著有《黟山記游》及《小海自定詩》。又選《浙東西詩鈔》二十卷。于《志》。

馮洽，號秋鶴。鈐子。生而穎異，立品高潔。承祖父訓，爲文尚實學。書學二王，畫亦精妙，名列張庚《畫徵録》。于《志》。

程鵬程，字南谷。邑諸生。踐履篤實，博極群書。著有《續楊園近古録》四卷，《勸誡類鈔》十二卷，《桐溪詩餘》十卷，《桐溪紀略》八卷，已刊行。于《志》。

柴維壎，廩膳生。淹貫經義。年少，能文。著有《秋水賸稿》。于《志》。

柴源，號石泉。邑諸生。書法直逼董香光，梁同書亟賞之。工吟咏，與同里孫貫中號古杉、黃焯號希谷輩並擅詩名。柴有《桐蔭草堂詩鈔》，孫有桐溪草堂等詩十四卷，黃有《六宜樓詩稿》行世。于《志》。

都青第，號杏雲。弟蓉第，號采江。俱貢生。工詩文。青第有《寫神百詠》，已刊行。于《志》。

沈世勳，號石矔。邑諸生。程綸，號葦村。貢生。皆博學工詩。沈著有《卷石山房詩鈔》，程著有《葦村詩文》等稿。于《志》。

徐畿，字宏京。增廣生。淹貫百家，尤工於詩，與老友陳古漁互相唱酬。徐有《春郊詩集》，陳著有《古漁詩鈔》。于《志》。

楊樹本，字大立。以副貢任州司馬，晉湖北鶴峰州牧。罷官歸里，文史自娛。著有《蔭軒文稿》《紀元備考》《濮院瑣志》等書。少工八法，年逾八旬，尚能揮翰。嘉慶辛未，重游泮宮。癸酉,重宴鹿鳴。于《志》。

嚴銓,字琴史。廩生。刻苦爲學,日課一文。晚乃入資以訓導候選。遇粵匪亂,寓懷於詩。筆力排奡,有昌黎風格。新纂。

金安瀾,號瀛仙。道光戊子舉人,己丑進士。授庶常,改户曹,以京員赴南河,補銅沛同知。調外,北宣防得力,卓薦,仕至松江府知府。生平著述,尤長駢體。服官茨防佐,河帥楊箋奏才驚絶艷。比至雲間,亦假儒術飾吏治。卸篆,有《自訟》詩,以未殉孤城,終屬負國爲憾。著有《怡雲廬詩文集》。新纂。

孔憲采,字雅六。廩貢生。援例以訓導註選,中年游歷秦、汴、甘、涼,挾策長征,不得志歸。晚就冷官,權篆處州、景寧正副兩齋團防,捐輸叠得優叙,復署慶元、麗水兩學。留心掌故,輯有《小桃源記略》。家烏青鎮,故鄉文獻尤復雅意,搜羅排比成編,曰《雙溪文匯》《詩匯》,其所自著曰《雙桂軒古文》《老學菴詩稿》。新纂。

鄭鳳鏘,字拙言。道光甲午舉人,甲辰大挑,授衢州開化縣教諭。俸滿,保薦知縣,堅辭之。訓士先器識,後文藝。崖岸自立,親炙者皆肅然。所居新塍鎮市集已久,掌故無稽,乃倣《府志》門目成書,凡勝蹟殘碑,有關風教者,不憚親歷郊坰,手探歸筆,且據朱彝尊歌詩註,易新城爲新塍,字從俗從宜,通今有識,題曰《瑣志》,共十四卷。新纂。

【校注】

[1] 按:朱辰應《初陽子顔鼎受傳》作"將奉書徵爲五經博士",是。此條末朱應辰"渭谷文集"中的朱應辰,當是"朱辰應"之誤。朱辰應(1723~1779),初名振成,字載坤,號清谷,秀水人。朱彝尊族曾孫,朱休成父。諸生。與其妻徐錦俱工詩古文詞,家雖赤貧,夫婦唱酬甚樂。著有《清谷文鈔》《秀水朱氏族譜》。

[2] 按:光緒《桐鄉縣志》卷十五《人物下·文苑》"施福元"條作"權安福令"。

隱　逸

明

馮其隆,案吳《志》作其龍。字景雲。庠生。少積學,工詩文,有聲黌序。嗜岐黃及諸子家言。善書法。神宗朝會學宮圮,邑令高梅屬其隆董葺,手書宣聖廟碑,筆法有唐人逸致。萬曆三十二年,上敕禮部訪求醫學明理之士,其隆應聘至京,授聖濟殿品職,拂衣賦歸,逍遥蠡水以自適。桐鄉徐《志》。參《濮川記略》。

曹文運,號沖陽。邑庠生。文行爲諸生冠。賦性高尚,安於恬退。家貧不事生産,常至朝夕不給,與弟文選怡怡一室,閉户讀書。或勸之仕,則曰:"林麓儘佳,何須朝市?"邑令蔣允議深重之。

施九澤,字敬野。有高士風。家縣治前,塵囂不染,廛市而山林者也。

國　朝

顧問,字去疑,號九野。庠生。年逾强仕,即棄儒冠,以方書活人,年八十,手校莊、郭諸書,意旨雋永。以上桐鄉徐《志》。

顏俊彦,字開眉。崇禎戊辰進士。仕廣州推官,陞工部主事。以艱歸里,適明末變亂,遂棄官不仕,放浪江湖以終。書法學東坡,蕭疏可愛。著《蓮園集》。桐鄉徐《志》。參《嘉禾徵獻録》。

顧禹卿,少讀書。不就選舉,孝友夙著。康熙丁未,邑請鄉飲,士大夫咸以詩文贈之,名《蘭言集》。桐鄉徐《志》。

藝　術

明

蔡頤[1],字孟頤。知藥性,善方脈。兼工詩文。以醫舉越府良醫,公卿多愛重之。吉水周忱巡撫江南,甚見禮遇。有《記》留其家。柳《志》。

陳謝表,號左山。始祖沂,宋高宗詔醫康后,獲效,賜宮中掌扇,以便出入禁闥,由是刻木為記。萬曆中,謝表卜居嘉興,至皁林,風阻不前,吹泊康涇,問之,則桐鄉也,因占籍縣市。醫名噪一時,為女科冠。其子孫至今猶世其家。桐鄉徐《志》。

金天衢,號希瀛。幼穎悟,日讀寸書。十四歲,患弱症,從吳門戈蘭亭、武林王紫芝診治,復得指示。萬曆間大疫,遠近就醫,應手即愈,名益著。當道交薦,授太醫院判,辭不赴。年八十九卒。著有《醫學聖階》《醫辨》《醫説》等書行世。《烏青文獻》。

梅玉,居夌山,與貝瓊善。精五行之術,其告人吉凶禍福,歷驗不爽。新纂。

孫浦,字濱江。餘姚庠生。萬曆間,流寓桐鄉,業岐黃。嘗出游,見喪車過,血從棺出,問其故,因產而死。浦以指染血,嗅曰:"速啟棺,吾能生之。"衆驚駭,欽其名,如所請。令家人以湯溫其腰、腹,少頃頓甦。自為上下拊摩,呻吟間,生一男。其家驚喜,而不知所以。浦曰:"兒已出胞,但一手誤執母腸,不能脱,非藥所能為。吾隔腹投以鍼,鍼兒虎口,痛,即縮手,所以遽生,無他術也。"取兒視之,右手虎口鍼痕存焉。母子得全。歿後,無子。葬于清河禪院之側。伊《志》。

曾鯨,字波臣。閩人,居青鎮。善丹青,寫照妙入化工。每圖一像,烘染數十層,必極匠心而後止。從游得名者甚衆。孫鑑[2],字受伯。工繪人物、花鳥,能世其業。吳《志》。參《無聲詩史》。

鄒近魯,字泗源。畫倣梅道人,以衛幕歸,陶情詩酒。《畫髓元詮》、新纂。

沈子徹,其先長興人,居青鎮。善磁壺文具,與宜興時大彬齊名。至今士大夫家有藏其手製者,價重一時。桐鄉徐《志》。

【校注】

[1]　按:光緒《桐鄉縣志》卷十五《人物下·方技》作"蔡順"。

[2]　按:光緒《桐鄉縣志》卷十五《人物下·方技》"曾鯨"條作"孫鎰"。俞劍華《美術家人名辭典》亦謂:"曾鎰,字受伯,福建莆田人,寓浙江桐鄉。鯨孫,工寫照及人物、花鳥,不愧祖風。"

國　朝

沈羽宸,長興人。居青鎮,善製紗燈,其人物、花鳥俱有飛動之勢,名震長安。徐《志》。

黃光陸,號承所。世為武原人,居青鎮。隱于醫,多奇方,不知其所從受。其視病不專切䟲,或望色聽聲,即能辨知表裏虛實。鎮當嘉、湖之交,以河為界,光陸居河東,時人稱為河東先生。嚴應肇《采芝翁傳》。

朱來鳳，字徵羽。庠生。初摹《十七帖》，後參以懷素，日寫數千字，如修蛇赴壑。兼通醫，有《醫學明辨》《植槐堂文集》。伊《志》。

胡吉士，字祥甫。以瘍醫名於時。凡疑難險證，無不應手而愈，嘉、湖士大夫家咸器重之。里中徐明經曾龍患背瘡，形如覆盂，尅期求治，云：“非用劫法不可。”取刀縱橫劃瘡，行嵌藥綫，然以火，調治一月而瘳。又一婦生乳癰，索金約指一枚，令束食指中節，復自肩敷藥及指，云：“七日指甲有清水溢出，即愈矣。”已而果然。桐鄉徐《志》。參《烏青鎮志》。

聞人杰，字瑤圃。山水法王煙客，兼精人物、花鳥。濮璜，字成章。馮鉅，字思任。皆工寫真，山水出入宋元。朱默，字靜思，善灑墨汁，成山林、水石、人物。徐樞，字斗文。張嵩，字鶴汀。茹鴻，字省齋。楊學詩，號曜南。俱善寫生，以能畫名。伊《志》。

劉恒龍，字蘭亭。幼嫻醫術，人號火藥劉，言其效之速也。從錢塘徙居濮鎮五十餘年，壽七十，無病而逝。桐鄉仲《志》。

王賢，字世瞻。業岐黃，明哳理。著有《哳貫》行世。邑令蔡可遠獎曰“哳理融通”。伊《志》。

張達齡，字嵩年。幼習儒不售，究心醫學。治疾多奇效，嘗懸壺虎林，寓鄰沈氏婦死而未殮，達齡視之，謂尸厥耳。亟以湯液灌之，應手而甦。藥金所入，輒散以濟窮困。年七十餘，貧老怡然，自題其齋柱云：“一錢罄矣還栽菊，四壁蕭然不賣琴。”可以想其概矣。伊《志》。

汪繩煐，字祖肩。工山水，得法於徐白洋。筆氣高遠，識力亦超。家富收藏，以資橅法。於所居構“一經堂”，鑿池壘石，種竹栽花，居然山林幽致，日哦詩作畫其中。《畫徵錄》。

金廷標，字士揆。父令昭，原名宏，字耕山，工畫潑墨山水。廷標花草、士女俱入能品。善取影，白描尤工。乾隆丁丑，翠華重幸江浙，繕所繪《十六阿羅漢册》以獻，詔入畫院供事。每畫輒蒙御題，時人榮之。伊《志》。

朱勇均，字灌園。諸生。精秦漢篆法。歷遊燕、齊、楚、閩、滇、黔諸省，士大夫爭購其圖章，以爲珍寶。刊《愛古堂印譜》行世。伊《志》。

沈檡，字舊士。諸生。善詩歌，工行楷篆隸，以至刻印琢硯，俱臻精妙。伊《志》。

沈允昌，字耿文。自元末以來，世以醫名。至允昌，尤精哳理，治病多奇效，望色切聲決生死，百不一爽，遠近目爲神仙。年七十二，無疾而卒。子嗣龍，得其傳。于《志》。

沈瀚，字源長，號天池。貢生。精篆刻，善繪山水。阮相國採入《定香亭集》。于《志》。

沈樸，號漁村。工繪事，于山水尤得倪黃家法。時有范逸，號湘漁，善花鳥。于《志》。

張授麟，號聽松。善畫花草、蟲魚，各極天趣。嘗於齋壁寫大小松兩株，離奇屈曲，遂顏其室曰“聽松”。書學米元章，遒勁有法。于《志》。

張宏牧，號懶髯。能詩文，工篆刻。有《圖章粉本》一册，自篆者八百方，并南宋元明前後三代墨鉤印二册，其專精如此。注《篆學津梁》一卷，《增注篆韻》二卷，詩曰《懶髯集》。于《志》。

朱尊，號小鶴。諸生。精堪輿家言。著有《地理辨正補》行世。于《志》。

程瑋，字碩孚。諸生。精八法，遒勁如米顛，而逸氣過之。新纂。

程允芳，字憲星。善雕刻圖章、硯銘。裔孫諸生沅，字秋濤。精隸篆及金石刻，有《印可》《印存》二書。新纂。

吳山，字南行。諸生。能以儒理通醫意。凡貧者不受謝，或更傾囊以助。新纂。

朱映奎，字東軒。青鎮人。具鑑古識。書畫皆宗董其昌。新纂。

楊春，字南磵。諸生。工繪事。游諸名勝，嘗作圖賦詩以紀事。著《香坡詩集》。《兩浙名畫記》。

流寓

明

龍訓，字尚伊。應天府人，從父霾寓青鎮挹秀橋。以貢授蕭山學諭，文雅修潔，士咸尊師之。《二溪編》。

戴笠，字曼公。杭州人。能詩。工篆隸。不欲以儒術顯，乃潛究《素問》諸書，懸壺濮里。崇禎中，楚蜀亂，慨然曰："此非君子避世時耶？"遂從番禺人去，不知所終。袁《志》。

張賁，字繡虎。仁和人，移居桐邑永新鄉。善屬文。尤好奇計，爲人決策運籌。崇禎末，總帥招諭閩海，舉賁爲監軍，數立功。著有《海雲集》。吴《志》。

孫台衡，餘姚人。萬曆間，授徒楊園里。時邑中蒙師多餘姚人，台衡課徒誠篤，孤寒多所成就，延請者争授館餐。後以道梗不得渡江，僦居桐鄉。卒于順治戊子。門人張履祥經紀其喪。《楊園年譜》。

程膹生，號長年。休寧人。少任俠，散萬金不顧。萬曆中隱寓梧桐鄉，以醫給食。食不給，不以告人；有餘，輒以濟人，無一金之宿。弟某，崇禎間于左帥標下爲材官。國變，流寓金陵，族人移書讓之云："爾兄年逾七十，族居無子，爾忍度外視，不以一子奉其老乎？"弟即攜二子以宗人書至白膹生惟所置。膹生曰："事固宜爾！老兄弟初相聚，忍令少兄弟即相離乎？"居數月，報書宗人，以次子某爲後，使其弟攜長子以歸。《言行見聞録》。

國朝

李塨，字剛主，一字恕谷。蠡縣人。康熙間舉人。父明性，爲北方儒者，私謚孝慤先生。塨嘗從博陵顔元遊，以躬行實踐自勵。又嘗不遠千里，問樂於蕭山毛奇齡。傳二變、四清、九聲、十二管之學，三日卒業。既來遊邑中，與邑人辨《古文尚書》真僞及《易》卦象、五行、主客之説，往復詰難，咸服博雅。新補纂。

凌克貞，字渝安，一字亡膺。本名階，甲申後更今名。烏程人。與張履祥友善，因常往來。邑中履祥舉葬親社，自錢寅歿後，以克貞爲衆賓長。踐履篤實，學者推重，稱爲巷南先生。新補纂。

鄔鳴玉，字仙佩。吴縣人。廩膳生。工詩古文詞。順治間以事累，棄家奉父徙桐鄉之顔家村。與青墩徐子粤、盛震修評詩拈韻，相友善。新補纂。

許張瑋，湖州人。弱冠，訂婚于邑之南關張氏，遂家焉。發憤下帷，登順治戊戌進士。選庶常，轉給事。吴《志》。

程朝輔，字贊皇。休寧人。五世居桐，以積善世德稱。吴《志》。

汪可鎮，字景仁。休寧人，徙於邑之梧溪。居家一敦孝友，尤喜周恤人，以緩急請，皆稱願以去。舉鄉飲賓。吴《志》。

程應魁，字麗天。休寧人。幼遇相者，決其無子，且少壽。乃敬誦《感應篇》，實力奉行。康熙戊子，寓桐鄉之青鎮。是時疫癘盛行，友人凌茂甫病于牀，夢數鬼語曰：“明日程君來，正人也。吾儕將何之？”其一曰：“盍避之某家。”又曰：“儻彼再至，奈何？不如去之。”明日程果往，茂甫躍起曰：“君來，吾病愈矣。”具以夢告，且請遍行諸病者之門。旋過旋愈，一鄉頌之如神。伊《志》。

王宗仕，字殿卿。休寧人。秉性純孝，以家計中落，棄儒業，往來濮川，權奇贏以供洗腆，遂家焉。一生敦倫重義，有獨行君子之風。以子應綵貴贈朝議大夫。伊《志》。

吳玉潤，字方劉。休寧人。經商桐邑，卜居于石人涇。乾隆壬戌，販麥百石返徽，行至小金山，適久雨，溪漲，溺水者順流而下。玉潤僱舟拯救，給以衣食，濟活無算。子襄，有《傳》。伊《志》。

鮑廷博，字以文。本歙人，以商籍生員寄居桐邑青鎮之楊樹灣。乾隆癸巳，進善本六百餘種，其《唐闕史》及《武經總要》二書，皆蒙御題。廷博即以《闕史》冠《知不足齋叢書》。嘉慶十八年，以叢書二十六集進，復奉賞，給舉人。著有《華韻軒咏物詩存》。于《志》。

蕭南金，號德齋。自歙縣從父至杭，遂家於桐之青鎮。乾隆五十年，以旱荒出金倡捐，全活甚眾。嘉慶九年，又以水潦設廠施粥。子謙，復助金以襄其事。于《志》。

舒位，號鐵雲。大興人。十歲即下筆成章，乾隆戊申舉於鄉。甲寅奉母居邑之鄉思橋，貽友書云：“比張融之居建業，彼尚多此一舟；若相如之返成都，我幷無其四壁。”沈青齋見之，即以南花橋老屋借居，居十年。九上春官不第，絕意進取。詩名噪甚。著《瓶水齋》《皋橋》《今雨》等集。《小匏庵詩話》、新纂。

黃道琰，福建人。幼嗜畫，航海來桐，愛寫山水。新纂。

劉曦，字升庵。河南人。咸豐癸丑進士。前署於潛縣事，庚申歲乞假訪醫，流寓屠甸鎮之鈕家橋。八月初二日，賊破屠甸，曦被執，不屈。賊剚刃其腹，腸出，匍匐赴水死。新纂。

嘉興府志卷六十二

列傳〔十三〕方外附

道原於黄、老，而佛始於莊、列。謹觀國朝《子史精華》一書，釋部註稱“列之視聽，不用耳目”，即佛之“圓通三摩地”；莊之“秋毫大，太山小”，即佛之“芥子須彌，閻浮棗葉”是矣。舊志云：“嘉禾多古寺刹，羽客緇流，勤修不少。”因以附列傳後。乃今觀所傳，或以詩，或以畫，雖皆文藝之流亞，不必盡符彼教之本意。要以資考證，助雅談，固無不可也。志《方外》。

嘉興縣

南北朝

張元之，嘉興人。陶隱居弟子。建武中，勑爲宗元館主。又于菌山澗上築臺以居，時有白鶴來止，遂名鶴臺。《茅山志》。

唐

僧伽大師，西域人。曾卓錫嘉禾靈光寺。見民家漁梁罾弋交午，苦諭宜別圖生計，改業者甚衆。既行化，至長安，漸露神異。或身長二三尺，或現十一面觀音相。景龍二年，中宗迎入内道場，尊爲國師。尋出居薦福寺。頂上有一穴，以絮塞之，夜去絮，香從穴出，光照滿室。先是，於泗州臨淮縣乞地建伽藍，標下掘得古香積寺銘，并金像一軀，上有普照王佛字。中宗以天后廟諱，改爲普光王寺，御書額賜之，後漆身供養寺中。《神僧傳》。

法相，姓俞氏。吳郡長水人。大曆中，於上京習毘尼道，諸部同異，無不該綜。傳法東歸，請學者如林。吳郡太守奏於開元寺置戒壇，相預臨壇之選。有異鳥棲于座側，講畢後，翻然入雲。會昌元年二月十日，告弟子清瀋、清高曰：“吾當滅矣。”累足右脇而逝，建塔于來蘇鄉之原。《高僧傳》。

元慧，平原内史陸機裔孫。髫齡穎悟，長而温潤，辭親出家空王寺受具，住嘉禾之建興。持三白法，諷誦五部曼挈羅。咸通中，隨送佛中指骨舍利，往鳳翔重真寺。慧于佛前鍊左拇指以爲供養，口誦《法華》不輟，火盡灰飛，色無撓沮，其指不踰月復生如故。未幾示寂，建塔于吳會之間，爲三白和尚。《佛祖通載》。

德誠，初參澧州藥山宏道儼禪師。儼云：“子以後上無片瓦，下無錐地。大闡吾宗，與道吾、雲巖二人爲道契。”自離藥山，乘小舟往來松江朱涇，以綸釣度日，人號船子和尚。夾山善會禪師住京口鶴林寺，道吾過之，知其所得淺，令參船子。會至朱涇見誠，大契宗旨。辭行，回顧再四。誠喚會回，立起橈曰："汝將謂別有處邪！"迺覆舟而逝。咸通十年，僧藏暉即其處建寺焉。有《撥棹歌》二十九首，呂益柔爲序而刻之。載《機緣集》。《傳燈録》。

光範，爲童子時，事靈祐。學通經紀。初居嘉興空王寺，更居靈光寺，與其徒講贊數言百流會歸之説，自吳南北郡邑緇衣咸來受法，人人自得。著《釋會章句》十五卷。《續文獻通考》。

希運，嗣法百丈，演化水西寺。唐宣宗潛龍時，依師爲沙彌。值師上殿禮佛，問曰："當何所求？"再問，師便掌。彌曰："太粗生。"師曰："這裏是甚麼所在，説粗説細？"隨後又掌。嘗行脚至天台，遇二僧，與俱行，阻大溪。師跌坐水次。二僧履水如陸，以手招之，曰："渡來。"師叱曰："這自了漢，吾早知當斫汝脛。"僧嘆曰："真大乘法器也。"言訖不見。宣宗即位，賜號斷際禪師。後開法黃蘗，法席冠天下，實爲濟宗之祖。義元，其法嗣也。國朝雍正十二年，奉勅加封正覺斷際禪師，致祭一次。舊《浙江通志》。

錢朗，字内光。南昌人。以五經登科，歷宦有清直聲，官至光禄卿。後隱居廬山，師東嶽道士徐鈞，得補腦還元服煉長生之術。唐昭宗時，彭城王錢鏐慕朗得道長年，乃迎就錢唐，師事之。開耀間，居嘉興魏塘鎮之神仙宮，年一百五十餘歲，尸解去[1]。有遺詩于壁。《神仙通鑑》。參《檇李詩繫》。

【校注】

[1] 按：開耀，唐高宗年號（681~682），離唐昭宗最早龍紀元年（889）亦有二百餘年，與"年一百五十餘歲，尸解去"不合。故疑"開耀間"有誤，抑或"開寶間（968~976）"差近。

五　代

普明，唐季人。後晉天福年間移錫嘉禾，建普明禪寺。有《牧牛十頌》，復系之以圖，明雲棲宏禪師爲之《序》。嘉興湯《志》。

文偃，嘉興人，姓張氏。幼依空王寺志澄律師出家，後抵靈樹，參如敏禪師，繼如敏開堂。後漢高祖親臨請益。文偃曰："目前無異路。"高祖大加欣賞。文偃倡道靈樹、雲門凡三十年，機緣語句，立雲門宗之始。乾德元年[1]，雄武推官阮紹莊夢雲門禪師，令上奏乞開塔，有旨韶州守臣開視，見師真身如生。乃迎赴闕供養，逾月送歸山中。謚大慈元真弘明禪師。國朝雍正十一年，勅封慈雲匡真弘明禪師。《十國春秋》。參《佛祖統紀》《浙江通志》。

皓端，姓周氏，嘉禾人。九歲，捨家入靈光精舍，師授經法，恍如宿習。於四明阿育王寺遇希覺律師，盛揚南山律。端一聽，旋有通明。武肅王錢氏召於羅漢寺演訓，復令於真身塔寺宣導。于時有台教師者，彼宗號爲第十祖。端依附之，果了一心三觀，遂撰《金光明經隨文釋》十卷。由是兩宗法要，一經路通。忠獻王賜紫衣，別署大德，號崇法焉。後誓不出門，慕遠公之不渡虎溪也。著述傳録記讚七十許卷。《高僧傳》。

【校注】

[1] 按：萬曆《嘉興府志》卷二十四《方外》"雲門文偃禪師"條："乾德三年，雄武節度阮昭莊夢師，以拂子招之。"《十國春秋》卷六十六《南漢九》："僧文偃，嘉興人。……倡道靈樹、雲門凡三十年，機緣語句，實立雲門宗之始。以中宗乾和七年四月十日卒，塔全身於方丈。後十七載，示夢阮昭莊曰：'與吾寄語秀

華宮使特進李託,奏請開塔。'"乾和七年,即公元 949 年。後十七載,若將去世當年也計在內,當是公元 965 年,即乾德三年。故疑"乾德元年"是"乾德三年"之誤。

宋

李道人,紹興初,往來秀州。或求藥,則以涕和垢膩爲丸與之,病立愈,因目爲李鼻涕。劉延仲寓秀州,道人過之,有美酒,怪不與,告曰:"今日適無酒爲禮。"道人笑曰:"何不出牀頭珍珠泉待客?"劉大笑,呼童取樽。道人曰:"但將一空瓶來。"瓶至,索紙覆之。頃時香氣外溢,座中皆醉。明日,劉有他客,啟珍珠泉,空無涓滴。一日詣劉,別曰:"後二十年某月日,當於真州相見。"至期,劉卒於真州。《續文獻通考》。

湯道亨,自號赤脚道人。宋季引一猱,云自金陵來。猱大如人,能主給使。亨夜坐,時舒光,邦人推異,爭飯之,豐薄不謝,第言分定云。施與日多,因構庵以居,名曰太古,以延竚四方雲水之客。久之,有軍士戲烹其猱食之,亨即齋咨,與所親訣別。手偈云:"八十一年饒舌,終日化緣不歇。重陽時節歸家,一路清風明月。"遂端居而化。劉《志》。

魯沐元,風格高亮,氣息深穩。宋治平中,從海南來,與人不交一言。默對終日。時有白鶴旋遶空中,學士范公鎮建來鶴軒以居之。至元初猶存,年三百餘歲。嘉興湯《志》。

遇賢,長洲林氏子。母夢吞大珠而孕,貌怪,口容雙拳。七歲沉大淵而衣不潤,遂去家,師嘉禾永安院可依,往參龍華球公,發明心印。歸居明覺院,惟事飲酒,醉則成歌警世,時號林酒仙。祥符二年,上元凌晨浴罷,就室握拳,以右舉左,張其口而化。《鐵網珊瑚》載張即之書酒仙詩一卷,于淳祐八年刻石歷陽。吳寬謂其詩意有高絕處,若寒山子之流。嘉興湯《志》。參《槜李詩繫》。

惟正,秀州人,住杭州净土院。跨黃犢出入,巾鉢悉挂角上。杭守蔣侍郎與爲方外友,每至郡庭下犢,談笑終日。有《錦溪集》。冬不擁爐,以蘆花作毯,納足其中。夏秋好玩月,盤膝大盆中,浮池上,自旋其盆,唫笑達旦。生平不談禪,曰:"徒費言語,煩萬衆爲敷演耳。"皇祐元年,泊然而逝。吳《志》。

惟湛,義烏宋氏子。父母逢異僧曰:"汝生子六人,第五者宜令出家。"後入道雙林,覃思得度。首謁神照,復往依廣智,嘗白智曰:"師所從者,我無疑焉。若圓頓絕待之旨,當須自得。"後敷講於雲間超果,大揚化道。天台一宗,振於三吳自湛始。熙寧六年三月,趺坐而逝。劉《志》。

净曇,嘉禾人。晚住錢塘之法慧。紹興丙寅夏辭歸,付院事。四衆擁際,揮扇久之,書偈曰:"這漢從來没縫罅,五十六年成話霸。今朝死去見閻王,劍樹刀山得人怕。"遂打一圓相曰:"嗄!一任諸人,鑽龜打瓦,收足而化。"《五燈會元》。

慧光若訥,字希言。初依竹庵,刻志苦學,久而嬰心病,叩大士口誦秘章。夢大士灌以靈液,癇失其疾。嘗蒙內召,講經稱旨,恩待甚隆。壽八十二,謚宗教廣慈法師。嘉興湯《志》。

净真,秀州僧。嘉熙三年,錢江岸傾,民將魚鼈。净真以偈呈安撫趙端明曰:"海沸江河水接連,民居衝蕩益憂煎。投身直入龍宮去,要止驚濤勢拍天。"遂投于海,三日而返。謂衆曰:"我在龍宮説法,龍神聽受,此塘不復崩矣。"語訖,復入于海。安撫與民感德,具述其事。聞于朝,勅賜護國真法師,立祠于杭之會靈祠。劉《志》。

净觀,住嘉興寂光庵,修净土懺法十餘年。謂弟子曰:"我後二十七日行矣。"至期,入龕端坐,命衆念佛,頃之脱去。吴《志》。

師一,號水庵。東陽人。俗姓馬,少師法雲。有異人目之曰:"僧中龍也。"後住净慈,人謂臨濟再世。投老嘉禾報恩寺,入寂,書偈云:"平生要用便用,死蛇偏解活弄。一拳打破虚空,佛祖難窺罅縫。"荼毘得五色舍利,齒拳不壞。嘉興湯《志》。

劉卜功,紹興丁卯七月,衣青衣至嘉興府治東南隱真道院,自言姓劉,居濱州。留數日去,雲堂柱間題四十三字,字畫透柱如點漆,刮墨和劑,能療人疾。乾道間,真人復來,住望吴門外畫工家,自起藥,繪其像。後爲伶人王綺所得。一夕,綺夢真人叱之曰:"汝留我在此許時如何?"綺驚寤,訪諸隱真,始知顛末,遂歸焉。徽廟時,屢詔不起。守臣奉旨寫真,真人即自題一詩於上。特授高尚處士。劉《志》。參《橋李詩繫》。

賣柑老人,端平間寓禾中,日出金柑易醉。主人怪而窺之,見鼎盛柑種之即垂實,從求其術。老人曰:"此太上養道法,不可泄也。"主人拜乞間忽萌貪心,老人已覺之,遂不肯授,辭去。明年或見老人在廬州賣枇杷。劉《志》。

文長老,佚其名。蜀眉州人,住秀州本覺寺。蘇文忠三度過訪,皆留詩。末有"三過門前老病死"之句,後人因立三過堂,勒詩於石。至元《志》。　案:至元《志》有文及翁,字時敏,號本心。宋末蜀人,來守嘉興。嘗追和東坡三過堂第一首韻。柳《志》、趙《圖記》俱誤指爲文長老詩,于是以郡守之姓名移作長老之姓名。《橋李詩繫》等書遂謂文及翁,字本心,住秀州本覺寺。即以爲文長老,誤矣。

法常,開封人。丞相薛居正之裔。初依長沙華嚴元軾,下髮,徧遊叢席。政和七年,自湖湘至萬年,謁雪巢機契,命掌牋翰。後首衆嘉禾報恩,室中唯一矮榻,餘無長物。庚子九月,語寺僧曰:"一月後,不復留此。"十月二十一日將曉,書《漁父詞》于室門,就榻收足而逝。詞曰:"此事楞嚴嘗露布。梅花雪月交光處。一笑寥寥空萬古。風甌語。迥然銀漢横天宇。蝶夢南華方栩栩。斑斑誰跨豐干虎。而今忘卻來時路。江山暮。天涯目送鴻飛去。"《續傳燈録》。

子璿,號長水法師。秀州人。初依洪敏師學《楞嚴經》,至"動靜之相[1],了然不生"有省。聞瑯琊惠覺禪師重當世,趨往。至其門,值其上堂,致問,豁然大悟。覺謂曰:"汝宗不振久矣,宜勵志扶持,以報佛恩。"璿如教,後住長水,衆幾一千,以賢首宗旨述《楞嚴經疏》十卷,夏文莊公奏于朝,號楞嚴大師。後跏趺示寂,以兩甕合之,葬于真如。後烏珠兵至,發視之,手爪繞身,復瘞之去。《佛祖通載》。參《真如寺古蹟記》。

寶安,徽州人。姓夏,深明宗旨,親運土石于精嚴寺,立五臺院。時已八十餘歲,不衣絲縷,寢臥亂草。寂後肉身不壞,闍維時,空中忽現祥雲,有鶴飛舞。《續文獻通考》。

唐介壽,號隱梅。西塘人。居于蕩岸,得異術,能役使鬼神。咸淳二年,海潮衝齧錢塘。介壽用朱符投之,江患遂卻。詔授道録,以其所居爲福源宫。劉《志》。參《名勝志》。

【校注】

[1]按:崇禎《嘉興縣志》卷十六《道釋》"長水法師子璿"條、光緒《嘉興縣志》卷三十七《外紀下》"子璿"條俱作"動靜二相"。按《碧岩録》第四十六則:"所入既寂,動靜二相,了然不生。"故知"之"是"二"之誤。

元

块圠子,姓蔣氏。嘉興人。蓬首垢面,動静不羈。元至正初,抵松江,坐太古園室。已則歷市廛狂走,人盡呼爲風子。一夕叩沈蒲團門,大叫曰:"將蒲團來,坐我。"沈異之,導詣蔬圃中,坐地。沈有所省發,遂委俗傾身,服役爲弟子。由是四方崇向爭施與,以其地爲庵。嘗有問者,曰:"《近思録》定,然後始有光明,是金丹否?"块圠子曰:"賢且去味《中庸》。"又嘗手書示沈曰:"不偏不倚立于中,不着西邊不着東。超出東西南北外,一毫頭上釣蒼龍。"一日,語沈曰:"吾乘化盡矣。"言絶而蛻。《兩浙名賢外録》。

得喜,案:嘉興湯《志》作"得嘉",誤。姓錢氏。童卯時,依興聖權公薙染。及長,登天目山,叩中峰禪師,獲玄旨歸。結庵北花園,鑿基得古碣,刻"錢喜"二字,中峰遂大書"喜見"二字匾其庵,人以"喜菩薩"稱之。至順中,遷盤龍塘,不三年遂成勝刹。及卒,緇白送葬者數千人。火後舍利晶瑩,得之者如至寶,爭分互奪。或拾片骨,取撮灰,襲藏供禱,則舍利纍纍而生,至穿劚火所以求之。劉《志》。

本誠,一作本成,又名文誠,字道原,號覺隱。嗣法於陵虚谷,與天隱、笑隱友善。世號三隱。案:吴《志》誤以"三隱"爲本誠號。至正間,住嘉興興聖、本覺二寺。姚綬作《記》,稱其善書畫,寫竹有掀簸之態。有《文集》行世。至正七年,嘉禾城西有鳥數千,營巢於地,圍八尺,崇五尺。未幾大盜弄兵海上,紅巾繼起。本誠著《鳥城誌》五百餘言。宋濂愛其文,删之,以附集中[1]。《檇李詩繫》。

智寬,字裕之,號雲海。吴郡人。元末住秀州三塔寺,築愛松軒,日哦詩其中。明洪武初,曾被召至京師。其詩散佚,不可多見。《至正庚申唱和集》。

吴彌陀,不知何許人,元季居魏塘東林庵。值海塘崩陷,有司艱于修築。彌陀一日佩戒牒詣其所,瞑坐危石,須臾風浪遂息。後歸東林,卒。火之,齒與目睛如石不化。

【校注】

[1] 按:宋濂《文憲集》卷二六《删烏城志》:"元至正七年冬,嘉禾城西有烏數千,營巢於地,圍八尺,崇五尺,晝夜弗休,類有物督迫之者。未幾,大盜弄兵海上,紅巾繼起,江淮皆繹。"故疑二"鳥"字當是"烏"之誤。

明

周元真,字元初。居嘉禾紫虚觀,從李拱瑞爲道士。拱瑞,南谷杜真人高弟也,授元真勅召鬼神之術。尋受靈寶大法於曹桂孫。郡縣請禱,輒有奇應。洪武元年,京師旱,李善長迎元真至,設留壇冶城山,硃書鐵符,投揚子江中,波濤遽興。元真夜半斗下存神窈冥,雷電達旦,明日握劍上壇,召風師霆伯誓之,俄陰雨翻盆,大風拔木。元真曰:"未也。明晨當再霑足。"至期,黑蛇蜿蜒見西方,迨午始霽。元真不獨有術,事父母至孝云。《兩浙名賢外録》。

朱艮庵,初住郡東太古院。遇異人授以黄白秘術,不以屑意。時南宫院燬于火,道衆俱散。

艮庵過之，惻然流涕，趺坐其處，不食者七晝夜。士庶感動，爲聞于有司，清隱占百餘畝，信施駢集，宮遂復興。壽九十有三，端坐而化。劉《志》。

沈道寧，字野雲。烏程人，寓居鬱秀道院。初趺坐黃龍洞，後隨四十二代天師沖虛子入龍虎山學道法。道寧不習文字，惟精于心契，故其法異于人。永樂間累召，禱雨輒應，賜三品服及"湛然純一"圖書，封至道高士。《西吳里語》。參嘉興湯《志》。

金宗周，字歸儒。正德間爲玉樞道院道士，徧游名山，歸即樓居，寒暑一裘，髮結如氈，指甲如鉤，或數日不食，或并日而食。嘗有鼻筋下垂，須臾復上。大雪時，趺坐庭中，四旁尺許，纖毫不染，人呼爲金仙，能出陽神化形。至西湖滸，遇唐太史荆川，與之化席曰："我玉樞院中人。"唐不答，偶登岸入院，見一道士坐定，身下席爲火所灼。後倭寇至，見其入定，羅拜而去。嘉靖中，作詩化去。吳《志》。參《檇李詩繫》。

沈嵩高，字嵩隱。秀州象賢鄉人。幼從蔣大方學五雷法。居清真觀，爲道士。成化間，郡大旱，知府徐霖召嵩高，用虎骨攪潭。不旋踵，大雷，雹雨霑足。霖喜，以詩謝之。又，范教諭官舍晨夕空中拋擲瓦礫。嵩高曰："此土怪也。溫元帥掌之。"書二符與之，即止。其他治病、伏邪多驗。姚御史綬爲作《傳》。劉《志》。

郁從周，字泰初。神骨俊爽，嘗闔門靜坐，時時吟咏，亦善鼓琴。登嘉靖乙酉鄉薦，再上春官不第，即棄去。瓢衲出遊，或數年一歸，省其母。嘗至南嶽，遇異人，有所指授。後遇張紫陽，授大丹訣要，乃還武林賣藥，市中人無識者。萬曆壬午春期，往建昌煉丹藥，忽云："吾丹道垂成，而塵劫已滿。吾將去矣。"遂瞑目而逝。有詩賦一卷，行于世。人稱爲雲陽先生。吳《志》。

朱棲林，受道于張復陽。善屬文，工吟咏，與考功豐南禺、上林項少岳、衲子冬谿結社城西之項園，夜坐鼓氣，作運雷聲，聲聞數里。大學士鵝湖費宏趣召，艤舟西水，聞聲尋之，得之松下。時世廟方注意玄修，費許以薦聞，棲林笑不答，費贈詩云："赴召仍迂雪水舟，塵途深媿雪盈頭。譚玄邂逅蓬瀛侶，一笑相忘對白鷗。"年八十有五而化。

嚴頭陀，武林人。與朱棲真盟契，憩止南宮二十餘年。鹽官孝廉郁雲陽嘗從問道，有得，遂棄公車事修煉。一日，郁與飲湖上，既醉，履行水面十餘丈。已而雲陽入武夷，頭陀隱句曲，每登岸步虛，有識者呼之，不應。或遙拜，則搖手大笑。授道于崔光頭，囑曰："南宮我嘗神依之，汝當居，以繼我志。"

金懶仙，別號心齋道人。復陽五代孫。精通三教理，兼得望氣之術。與太宰陸五臺居士、施靜村談禪交契，力行利濟之事。崔光頭養丹吳興山中，爲鮫水衝，漂浮海面者七日，至四明，漁舟援之登岸。懶仙望有異氣，迎歸事之，盡得嚴頭陀之道。每夜分起坐，人視其面如月輪，光照一室。雲間許侍御久病，夢呂祖示云："有懶仙可療汝疾。"物色得之，教以靜坐，疾果卻。侍御爲買田築室，留養終身。

道濟，字法舟。嘉禾張氏子。少爽拔，未嘗入鄉校，而議辯宿成。年十八，忽猛省，白父母求出家，勿許，日夜趺坐，不事生產，遂入天寧寺爲行者。後依吉庵祚禪師，偶行廊廡間，聞佛殿磬響，豁然契悟。繼謁古印、雲峰諸師，日益深奧。至長安覺王寺，受請爲第一座。後徙鹽官俱胝故院。尋徙武康雙髻禪庵。由金陵還檇李天寧寺、靈光諸刹。入湖之弁山，復自弁山歸天寧禪堂，遂終老焉。以上嘉興湯《志》。

蘊空，號寂曉。姓沈，嘉定人。祖練，爲沂水令。師幼業儒，從父培遷檇李。十九始祝髮，

與其徒築數椽郊外,名楞伽室,苦修梵行,諷覽經文。會極旨歸,嘗謂南北藏典部分重單,日就
譌舛于是,著《法藏司南》四十五卷。又謂《大般若經》有二十萬頌,世誦惟《金剛般若》一卷,餘
皆久晦藏函,更參酌晉唐著箋注五十五卷。嘗兩涉天台,一詣徑山,恒褢足杜門,未嘗踰戶限
也。一日病篤,法輩問師病體何如,答曰:"薪盡火滅,不知所苦。"遂合掌瞑逝。袁《志》。

　　性沖,號古湛,又號無幼,俗姓張。嬰時,每啼不止,唯以供具列于前,即輟。既娶,生一子。
每嘆曰:"塵勞膠固,曷得出離?"會業師方硯山指師看佛經,即留心內典。往參無趣老人,趣曰:
"吾待子久矣。"誨以教外別傳之旨,朝夕參究,有所契入。母棄世後,始剃染。欲結庵徑山,往
辭趣。趣囑曰:"子緣在水邊,今姑從汝志。"隨傳衣法,趣入滅。師住徑山三年,後終于車溪。
嘉興湯《志》。

　　正勉,字道可。嘉興人。俗姓孫,早孤。祝髮於長水廣福寺。從雲棲受具,猛肩瓢笠,走名
叢林。後結茅郡之白苧村水芝庵,讀書談道,儒典梵筴,靡不淹貫。兼工詩法。卒於天啟辛酉。
有《蕉上編》《香牙團草》《古今禪藻集》。《橫李詩繫》。參譚貞默《水芝庵稿序》。

　　圓信,字雪嶠,別號青獅翁。鄞人。俗姓朱,與天童悟禪師同爲禹門法嗣。棄家,縛茅雙髻
峰後,遷徑山千指庵,又移禾之東塔寺。詩清矯拔俗,盛遠選其作與宋林逋合刻,名《林雪集》。
又著有《語風槀》。《石瀨山房詩話》。

　　海明,號破山。蜀蹇氏子。住東塔三年,百廢具舉。張獻忠破蜀多殺人,相傳破山嘗勸賊
帥李止殺,賊帥以羊豕進曰:"和尚食此,吾當封刃。"破山遂食之。袁《志》。參《靜志居詩話》。

　　通門,字牧雲,號楞叟。吳郡張澄宇子。薙度於洞聞和尚,爲天童玉林法嗣。崇禎末,開法
梅里古南院,一時儒士咸親法會,古南遂成名刹。通門凡七主叢林,實爲臨濟龍象。工詩詞。
有《懶齋集》。《梅里詩輯》。

國　朝

文可,字通復,別號冬關老人。嘉興胡氏子。博通內外典,尤擅詩名,入少陵之室。隱居南
湖之澔初地庵。高簡絕俗,惟與文士作支許游。嘗禮南華祖塔,賦詩盈篋,遠近傳誦。秀水任
《志》。參《橫李詩繫》。

　　净範,字爲則。得法於三宜,爲人坦率,以真實爲修行。工詩文,善書法。住東塔。起造大
佛閣。吳《志》。

　　智遴,又名剖雪,字天山,號拙崖。族姓沈。甲申後,棄諸生爲僧。住梅里別溪精舍,自題
門聯云:"繞屋四圍都是水,隔林一片不多山。"王方伯庭、李徵士良年諸人多與之交。詩筒詞
版,一時傳爲盛事。既歿,即瘞骨于別溪。或指爲吉壤,毀庵而發其龕,體堅不壞,髮長數丈,手
爪繞身十餘币。遂懼而焚之,其人暴死。智遴詩格蒼老,王文簡士禛亟稱之。《梅會詩選》。

　　詮勝,字大山。嘉興人。俗姓孫,名肩。順治初,祝髮梅谿。有《甲乙詩記》。

　　大燈,字同岑。嘉興人。項襄毅裔孫。住洞庭西山,有《洞庭詩稿》。以上《兩浙詩鈔》。

　　智解,字大梅。白蓮寺僧,與周篔、屠廷楷遊。寺東偏樓曰橋鶴,三人恒相對成詩。《鹿干草
堂集》。　按《曝書亭集》,《屠東蒙詩序》以"大梅"爲"大燈",誤。

　　行筏,字懸崖。陸氏子。薙度于天童密雲和尚,爲古南通門法子。因選地于古南北百武,

築精舍,三面臨流,最爲幽勝,通門名之曰觀瀾。後住古南院數年,退老西溪之上,終焉。著有《觀瀾》《白雲》等草。《梅里詩輯》。

心印,字楔林。梅里靈源寺僧。寺爲元王學士昶故宅,殿宇崇宏,屋舍深邃。心印愛客,喜論詩,庭有老柿,號所居曰分柿山房。文士能詩者多與之遊。著有《觀樹草》。《梅里詩輯》。

超嶼,號浪山。俗姓陳。湖南監利人。少酷愛内典。喪母後,遂往潛之大佛寺祝髮,旦升禪師開示宗旨。一日閱《楞嚴經》,頓覺胸次浩然。徧走江浙,參石庵于金粟,一見投契。居歲餘,偶過長安,宿覺王寺。聞二僧論産難因緣,疑不能寐,忽瑠璃燈花一爆,乃大悟。復返金粟受印記。康熙乙亥,主普明講席。越二年,呼弟子曰:“我於某日將歸矣。”因微笑而逝。著有《語録》《延青堂集》。高興《浪山禪師塔銘》。

行彌,字芥子。住錫梅里眉庵。清修梵行,工行楷書,能詩。著有《語録》若干卷。法嗣超源,字自覺,學博李自明從弟。後住靈源寺,亦工詩。《梅里詩輯》。

行圓,姓高。原名時英,明季諸生。工書畫。康熙初歲飢,散家貲,周里黨。年五十二,忽棄家遊普陀,剃度爲僧。其子訪尋,遇于金陵天龍禪寺,勸歸,不許。一日徧告衆僧示寂,口吐白蓮數朵,後茶毘時見火光中復湧蓮不絕。子抱骨歸,築塔于藏錫庵之西。

超基,字紹昇。俗姓金,里仁鄉人,業農。一日於田間遇僧十餘人,怪其急行,問之,答曰:“我輩净相寺僧,金粟避難去。”叩以何日歸,則曰“俟汝來”。次日,寺之三角殿爲火所焚。遂有感,出家金粟,繼住净相寺。康熙戊午,歲大旱。邑令延師祈禱,刻期而雨,書“神通甘露”額獎之。尤善逐疫治病,遇有鬼祟師至,無不遁者。嘗信手拈一草根,與病人服之,立愈。雖未嘗讀書,能通釋典。著《語録》一卷。其徒隱禪,亦有戒行。後人並爲塑像寺中。

行鑑,字孤雲。姓宋,新城鎮人。初不識字義,出家于能仁寺。給樵汲役,適費隱和尚過,使參禪,忽大悟,並能詩,即付拂焉。後歷金粟、福原、黄山諸名刹。有人自武林來,遇費師,問何往,曰:“到天台。”問何獨往,曰:“孤雲就在後面。”是日孤雲對衆曰:“吾師見招,與衆別矣。”即坐化于福原寺。新纂。

名一,字雪樵。海鹽人。薙髮于新豐鎮南院。後從明中遊,歷主白蓮、漏澤方丈。兼工書畫。有《田衣詩鈔》。又輯國初以來一百七十餘家刊行,名曰《禪林詩品》。

誠非,不知其姓。太平寺行脚僧。雖盛暑,其所收之供,經月不壞。人家休咎,無不預知。日在寺中,而里人有於普陀見之者,歸而詰之,更遁去,往金粟。繼有僧蓮潔,能以三昧法治病。臨化時,兩鼻垂玉筯尺許。

密安,嘉興褚氏子。名嵩,剃染于梅會里自在院。實力焚修,積久弗懈。雅慕里中諸前輩,重其後裔有貧者,招至院,讀書其中。能詩,工繪事,不輕與人。今亦散軼無存。以上伊《志》。

静淵,原名超默,字靖菴。嘉興人。脱白於石佛寺,受息乾禪師付法,置飯僧田成頃。繼主楞嚴寺講席。又住金粟祖亭,與天岸和尚問答,頗稱警捷。投老武原隱菴,尹處士廷蘭稱莫逆交。同上。

一訥,字西能,號白犧,又號琴嘯頭陀。嘉興方氏子。少依東麓老人授天台教。晚興漏澤教寺,禾人目爲願菴和尚。同上。

一超,號納些。嘉興姚氏子。受天台宗,開法邗江天寧寺,以事引去。走京師,晚歸,退居新篁里太平寺,示寂焉。工書、墨竹。著有《歸去來詞》三十首。《石瀨山房詩話》。

大全,字雲浪。姓趙氏,改姓薛。年十四,覩雲棲遺像,決志出家。寓皋亭龍居,苦心參究,見松針墜地,廓然有省。初住嘉興之碧雲,後住湖州之東藏。性落拓,不事威儀,見解既高,於世無染。素直言魁人過。順治己亥冬,爲蜚語所中,擠狴犴,端坐,微笑而逝。年五十八。汪曰楨《南潯鎮志》。

周科耀,一名道昱,字靜涵。嘉興人。初居武康昇元觀,後住南潯廣惠宮,清靜自修,習青符五雷秘法。雍正癸丑夏,大旱,延科耀登壇禱雨立應,知府唐紹祖褒以詩并序,知縣羅愫給"爲霖潤物"扁額。手輯昇元觀事,自元人戴表元以後名士之記序題詠,都爲一集,著有《補閒吟草》四卷。汪曰楨《南潯鎮志》。

尼行剛,字祇園。處士胡日華女,嫁諸生常公振,未期而寡。中歲出家,爲石車通乘禪師弟子。師以如意付之,住梅會里伏獅院。實力焚修,講明秘典。朱檢討彝尊云:"祇園威儀醇朴,無論空門行業,即以節婦論,亦宜存其片言,以當《鳳樓新誡》。"有《語錄》若干卷。《明詩綜》。參《曝書亭集》。

智緣,字常一。嘉興荷花地蔡氏女。年十七皈依明巖爲師,十九歲披薙,住嘉興保壽院,向上勤修。南潯有萬善庵,康熙癸巳,潯上諸善女人延主方丈,駐錫數十年。汪曰楨《南潯鎮志》。

明修,嘉興寶珠庵尼。俗姓陸,年十五字於關,爲待年婦。踰歲,關殤,陸願守貞,誓不去。姑命以夫兄子爲後,已相安矣。越三年,夫兄忽欲嫁之,數以微詞諷。陸不得已,歸父母。夫兄仍興奶謀,猝昇婚輿,欲暮夜強致之。陸覺而逸,迎婚人揚炬大索,陸輒覘火光轉徙得匿以免。念姻家女有爲尼孫庵者,乃急走就之。關猶索不已,陸慷慨誓死,族人有義之者爲白其事於縣,始罷。後祝髮於寶珠庵。爲人明敏,通曉世故,有丈夫氣,不僅以貞節著也。年七十九卒。沈對薇撰《傳》。

秀水縣

明

冷謙,字啓敬。武陵人,寓春波門內。洪武初爲協律郎,郊廟樂章,多其所撰。有友貧不能自存,謙于壁間畫一門,令其友入,恣取金錢以出,而不覺遺其引。他日內庫失金,守吏持姓名迹捕之,因并執謙。謙渴求飲,拘者以瓶汲水與之。謙躍入瓶中,拘者惶急,謙曰:"無害,第持瓶至御前。"上呼謙,瓶中輒應。擊碎之,片片皆應,竟不知所在。後有人于蜀中見之。《湖廣通志》。

張大倫,號仲彝。童年入道,往來龍虎山,煉五雷法,以符水治疫多效,手録《九幽懺皇經》。書法工妙,有申時行、文震孟、陳繼儒、韓敬、徐必達、沈思孝、姚思仁、朱國祚序其首。嗣孫范含沖,號瑞川。鼓琴賦詩,亦爲世重。吳《志》。

克新,字仲銘,號雪廬。自稱江左外史。鄱陽人。宋尚書左丞余襄公九世孫。始業科舉,朝廷罷進士,乃更爲佛學,博通外典,務爲古文。元末住秀州資聖寺,與楊廉夫、顧仲瑛遊。明初,召至京,命克新等三僧往西域招諭吐番,圖其山川地形以歸。初著《南詢稿》,燬於兵,今惟《雪廬集》行世。《至正庚申倡和集》。

寂然，薙髮於錢塘老僧月江密雲。主育王、天童，多所印可，然不見聲彩，於育王掌樵爨，於天童理畚鍤，即同參莫測所爲也。晚卓錫于法華山青芝塢，結茅種松，自號由庵。所著《隱庵集》，選《燔剩集》及《散語》行世。舊《浙江通志》。

萬金，字西白，號白庵。吳郡人。早從寶積院衍道原祝髮，後入虎林，謁銘古鼎於雙徑。至正末，住持秀州天寧寺，築孤雪庵以奉母。帝師大寶法王授以圓通普濟禪師之號。洪武初，詔主天界寺，開善世院，統領釋教，集三宗名僧，建廣薦法會于鍾山，命金總持齋事五年，復敕建。會大駕臨幸，詔金闡揚第一義諦，靡不悅服。六年，舉泐公自代，以母老辭歸。有《西白語錄》《澹泊齋稿》。宋濂《白庵禪師碑銘》。參《禪林詩輯》。

方澤，字雲望，後稱東溪。族姓任，嘉善人。入精嚴寺薙染，嗣法於濟法舟。稟性穎拔，日誦萬餘言，詩偈文字下筆無碍。有《華嚴要略》《内外詩集》。

智舷，字葦如，號秋潭。瓶錫舊地在金明寺湖天海月樓東，有老梅橫窗，日吟詠其下。後移郊西之黃葉庵，村深水曲，物外蕭然。善行草書，造請滿户限。上人亦不憚煩，有求者必應。著《黃葉庵集》。以上《明詩綜·傳》。

悟進，字介庵。幼遊諸寺院，依依不忍去。弱冠習舉子業，常繙内典。一日，書偈于壁，出走見鴛湖大師，示人語曰：“道在是矣。”師往閩，即從其嗣萬如剃度。又嘗謁天童密老，間道，後受法于鴛湖，依興善居，晚住金明寺。將示寂，遍辭相識，沐浴更衣而逝。有《語錄》及《拈誦》行世。王庭《介庵禪師誌銘》。

如空，自號無趣老人。秀水人。俗姓施，未出家時留心内典。同友濟法舟參訪八年，適野翁曉禪師寓東塔寺，如空往謁，盡闢夙解，日夕趺坐，翁遂付衣鉢。居敬畏庵。萬曆己卯付法于弟子性沖曰：“明歲仲秋五六之期，吾欲遠行。子宜來。”及期，沖至，果示微疾，説偈而逝。嘉興湯《志》。參《檇李詩繫》。

通微，字萬如。秀水張氏子，年十九出家興善寺。歷參名宿，路傍叱小廝云：“看汝藏在那裏去。”不覺躍然大悟。得法于密雲老人，主曹山龍池，後住持東塔。崇禎間開法於城南如如庵。有《語錄》行世。吳《志》。參《檇李詩繫》。

心傳，號受囑。濮鎮董氏子，創建碧光庵。當明末時，有鎮將服其高潔，難民數百人賴以保全。後住持楞嚴寺。吳《志》。

炤德，字不孤。初業儒，後遇出庵老人，言下有契，乞剃度。嘗遊普陀，禮九華五臺，以蜀亂不得抵峨嵋爲恨。晚歸禾中，建默庵，閉關三十年不出。臨歿，召故人敘別，盥漱而逝。有《水邊居詩稿》《山中草》。舊《浙江通志》。參秀水任《志》。

石柱血影僧，不知名號。明末居西郭外岳武穆王廟。乙酉六月，土寇擾境，餘黨多駐廟中，掠婦女數十人繫神座前，囑僧扃門護守。寇既出，僧悉縱之，安坐以待。既歸，問：“婦女所在？”僧曰：“已縱之矣。”諸寇大怒，縛之門外坊石柱上，亂箭射死，血影深沁石裏，宛然髡頂跣足，裸身受箭狀。歷今七十餘年，殷紅若新灑石上者。吳《志》。

國　朝

高天禧，字錫純。吳江人。幼穎悟，讀《道德》《南華》，深暢厥旨。年二十八，道居城隍廟清逸山房,與屠廷楣、盛遠、項奎結香火社。其徒張愛樸亦能詩善書。

王蘅,字湘草,又號鶴巢。居靈觀道院。工詩文,善書法。其人馴雅絕俗,嘗慕湘中山水,搆軒曰吾山清響。張徵君庚繪圖,一時諸名流俱爲題詠。錢侍郎汝誠稱禾中方外無出其右者。著有《湘草詩稿》。以上伊《志》。

净心,字了蘊。智耕,字道充。智和,字純如。俱修持真實,不事文飾。初住梵受,後住幻居庵。幻居僻小,非叢林比,而杭湖間頗識其名,以三人者曾住也。吳《志》。

超述,字尊古。香嚴寺僧,臨濟高庵和尚法嗣。康熙初,親侍天童宏覺師于紹興宏化寺。四十四年,聖祖仁皇帝巡幸浙江,超述于嘉善九里灣迎駕,呈進宏覺師書偈章一幅,全錄一部,又恭頌聖駕南巡詩軸。召對移時,復詣蘇州恭送回鑾,賜午齋兩次,并命賦《香篆》詩一首,御書"香嚴寺"額以賜。《南巡恭紀錄》。

成衡,號湘南。香海寺僧。戒行精嚴,兼工書畫。後主天津海波寺方丈。康熙六十年,恭迎聖駕,恩賜"香海寺"額,并紫衣一襲,萬壽爐一座,《心經》一卷,御書金扇一柄。海寧查編修慎行嘗贈之以詩。復歸香海終焉。

明慧,字楚雲。磬山玉琳國師四世孫。住報忠寺,真實修持。雍正十一年,奉旨訪玉琳師裔明慧入都,召見,勅封悟修禪師,賜帑重建報忠,並御書"覺海寺"扁額,復命住京城萬壽寺。踰年示寂。蒙賜哈噠并諭祭一次。以上伊《志》。

演中,字大恒。後改明中,又字莢虛。桐鄉施氏子。七歲出家楞嚴寺,師祖含明教之讀儒、釋兩家書。雍正十二年,遊京師,受具皇戒。世宗憲皇帝於千僧中選留有根器者二十二人,侍講佛樓,師在其列。復于二十二人中選得四人,師又在其列。特旨住吉祥苑池南,參究禪學,賜手勅數千言,發明本地工夫,及杖鉢、如意、法帖等物。乾隆初元,許各還本籍,旋主席西湖聖因寺,移上天竺。十六年,翠華南幸,和御製七言律,并進聖駕南巡具奏頌上中下三竺,皆土人習稱,懇賜寺額。後住净慈,聖駕三次幸浙,並蒙賜紫,并御製詩一首,前此住僧所未覯。杭世駿《莢虛大師塔銘》。

僧能,字宏道。俗姓沈,少孤,披剃于精嚴雲隱房。受內典,即默有見解。及長通儒書,工文詞。武原士大夫慕其名,延主資聖方丈,受學者甚衆。歸,復隱于精嚴,後主東禪講席,得衣鉢者大雲慧順、慧倫等,俱有戒律。汪雲《宏上人傳》。

净憲,字匡雪。秀水浦氏子。開法梵受禪院,出愚庵老人門下。山水摹董巨然,五言得唐賢風調。著有《棲賢詩集》。《續檇李詩繫》,引《田衣詩話》。

海鷗,字閒若。吳江人。儒家者流,少與潘太史耒、鈕大令琇、張處士雍敬交,出家能仁寺。潛心聲律,不墮禪障。著有《卧雲詩集》。《新溪詩鈔》。

際源,字學川。秀水沈氏子。世宗憲皇帝賜紫衣,主席武康報恩寺。著有《禪餘集》。《續檇李詩繫》。

明涵,字蒼石。秀水朱氏子。得偈莂於別崖禪師,爲浮石老人四世僧。出住鳳林,遷徑山,移金粟,終於海鹽壽生寺。著《語錄》一冊。同上。

實然,字融菴,自號苎村懶夫。居長水庵,與諸宮贊錦、張徵士庚友善。錦嘗稱其詩能通禪理。著《禪餘集》。同上。

乘誠,字書田。秀水計氏子,出家嘉興德水禪院。風標清癯,好游覽。嘗北至京口,探金焦,南溯曹娥江,登天姥峰,游赤城山、清涼寺諸名勝。瓢笠所經,題詠繁富。著有《西竺軒稿》《谷水集》《天台行草》。《橋李詩繫續》。

達鑑,字可聞,號鈍隱。秀州新塍卜氏子。好讀,嗜詩畫。所居室曰雲塢。後示寂壽生寺。有《雲塢詩存》。同上。

心香,字無隱。秀水人。居吳城東月聲庵。著有《聽月詩稿》。同上。

文峰,字性恬,號笑溪。愛親文士,詩有警句,吳枚庵、陸鐵簫、沈雲巢、徐山民諸吟叟,見輒加禮。嘗自言“語言文字非本分事”,因名其集曰《未悟編》。晚主積慶寺,募修未就,得疾以逝。陶琯梓其詩,烏程孫愈愚爲之《序》。《聞湖詩續鈔》。

續昌,字永參。聞湖計氏子。少孤。貧,多兄弟,遂立願出家。依見性禪師於精嚴寺,參究釋典。後長兄如川遠賈,兄弟相繼歿,惟老母楊氏存,時以旨甘饋奉。母歿,哀毀,日誦《楞嚴》懺悔,逾年圓寂。《聞湖詩續鈔》。

陳復古,吳江化成菴道士。嘉慶戊辰,長虹橋圮,復古勸募諸巨室,里中踴躍捐助。至乙亥落成,又攜所餘楹架木於盛湖,築禦風墩,搆舍居之,曰化成庵,蛻化於此。《聞湖詩續》。

嘉善縣

明

徐福,號碧雲。以樂舞生聘,居京師數歲,以老病還山。善祈禱,凡赴齋醮,輒有報應。出所蓄,搆老君堂于玉虛觀後,嘗與雪樵道人等談論終日,蓋邃于內養者。嘉善戈《志》。

許拱盟,修真于清風涇仁濟觀。巡撫、侍郎周忱以其誠恪,每過輒艤舟問修煉之術,稱其行真道熟,爲羽流中翹楚。嘉善章《志》。

魯質,楊匯村民。每食餅糗,輒碎以飼蟻。干家窑多蚊,質往居三年,夜不設帷,裸以受噆,蚊害頓減。一日詣所,親客至,乏魚,質探袖中出魚。既而語人曰:“鶴來,我即往矣。”一日,俄有鶴翔其上,火從口出,自焚。袁《志》。

徐謙,字自牧。世居武塘。明地理,精五星,尤善吟咏,澹于世味。晚悟參同理,得導引法,顏如童,行步如飛,人稱地仙云。嘉善章《志》。

普明,字寂照。嘉興人。出家嘉善妙常庵,後居杭西山。每靜坐,蛇鼠鳥雀嬉遊于前。客至,輒納諸懷,以衣覆之。一日歸妙常,語弟子曰:“待桂枝香,我西遊也。”屆期弟子來送,明方掃地,曰:“汝不來,我幾忘矣。”遂鳴鐘集衆,作偈而化。《橋李詩繫》。

法會,胥山鄉人也。薙髮大雲寺。年十七,遊天寧,遇濟法舟策,發之,遂攜錫遊方。至陽羨,見古林禪師,教“參一歸何處”語,豁然有省。晚歸大雲。萬曆二年冬,主三陳禪會。擇日端坐,瞑目而逝。入龕五日,迎歸大雲,怡然如生。袁《志》。

如谷,字日海。初號慧空,思賢里人。初聞雲谷倡教于棲霞,潛往參焉。後遊荆山,月庭講席,名震叢林,攜鉢遊天台,走廬山,歸而閉關于景蓮精舍三年,詣臺山,不數月,安坐而逝。其後海音分其骨之半以歸,塔于荒墩庵之左。《橋李詩繫》。參袁《志》。

行峻,字崇己。歸安人。俗姓施,薙髮于邑之慈雲。入天童參密祖有契。徧歷天台諸講席,鄜爲義學,歸金粟,復參密祖。九旬得悟,受古南牧雲囑付,爲臨濟三十四世密祖。住天童首座,三年後主鎮江鶴林香,大闡法道。晚年隱居邑之祖燈庵。臨寂,示法要,自作封塔語,稱真解脫焉。

法本,字幼余。薙髮大勝寺,參學于紫柏大師。忽然有得,開講諸方,兼通宗教。隨紫柏入京,爲神宗母后供養五臺山妙德庵。及歸,賜《金字經》三卷,袈裟一襲,仍住大勝,無疾而逝。以上嘉善章《志》。

方明,號佛日。靜慧禪師,奉賢鄉人。幼讀書,了大義。父母没,投法相西生師薙染。一日念佛真切,忽擲魚子,笑曰:"不特西方可生,東方亦可生矣。"師曰:"未是汝到家處已。"隨本師參雲門得力,付斷拂一枝,自號斷拂子嗣,爲洞中三十三代。繼謁黃檗有禪師。歸,主顯聖,又主寶壽、龍門、東塔。會兵燹交搆,僧寮俱作行營,衆惶懼,師示以安心靜守,卒相戒勿犯。有《闢邪說》傳于棗林。

僧海,號宿峰。溧水薛氏子,不習文字,轉徙傭作垂三十年。見古林律師,受五戒,祝髮,遇三比邱,受《大悲咒》《普門品》《心經》,便能成誦,詣檀那會。其愛子殤于痘,氣已絶,海朗誦《大悲咒》,應聲復活。因禮請暫止大勝寺,爲建四十八願道場。慈雲寺久圮,海建堂接衆,百廢具舉。年五十五坐逝。以上伊《志》。

國　朝

許至震,字東山。得正一真人法,能驅役鬼神,所祈多有奇效。邑中錢氏有火殃降屋上,求震解禳。震爲結法壇,貯水一缸,置庭中,作法收火殃入缸內。時正隆冬,水熱,幾不可探,後遂無恙。一朱姓者,出外歸,忽得癲疾。其子乞震爲救,震命淨竈洗釜,貯水其中,仗劍作法。後其家人開視,忽見有黑魚長尺在釜內,大驚,放之水中。震頓足曰:"是怪也,吾將手劍之,奈何放去,疾殆不可治矣。"後果顛狂數月而死。兼善寫真,得虎頭之神。吳《志》。

周宗奭,字棠野。符籙道法傳自施亮生天師,授爲贊教,以"行優品潔"題其堂。兼善岐黃,祈禱治病有奇驗。亢旱,祈雨立至。徒孫盛勳,字真峰。克承師法,募葺文昌閣,晴雨祈求皆有應。爲道會司二十餘載,法教森然。嘉善楊《志》。

吳永磐,字行堅。吳江人。受教凌霄宮陳煉師。隱中作苦食力,專事內養。師功行高超,殿工未竣,磐募化告成。又建三元殿,規模宏敞。改名長春宮。嚴守清規,道風卓邁。壽八旬,復募造斗母閣,後作偈,端坐而逝。嘉善戈《志》。

婁近垣,號朗齋。少慕長生之術,隸道士籍于仁濟觀。警悟異常,自教典外,及經史百家,罔不通曉。遊龍虎山,事三華院道士周大經。經精脩煉術,嘗夜坐,視垣頂上熊熊有光,知有根器。乃授以五雷正法,及祈禳符篆丹訣之秘經。卒,遂嗣其職,爲上清宮提點。雍正中入都,會詔命禮斗垣,齋心袚慮,執事有恪。上嘉其誠,授上清宮四品,提點欽安殿住持,鑄印賜之。十一年,詔封妙正真人,賜字曰三臣,住大光明殿。乾隆初,遇覃恩,封祖父皆三品,前後賜予甚多。而垣道行益高,有所祈禱厭劾,往往著奇驗。寧郡王疾,垣書符,飲之立愈。元年旱,禱立雨。八年,復旱,奉命禱黑龍潭,赤日當午,升壇禹步畢,風雷交作,甘霖市野,禾盡起,其神異如此。性沖靜,工詩詞。年八十九,端坐而化。于文襄《婁煉師墓誌銘》。

顧膚，字元禮，晚號玉池道人。少習舉子業，志尚淡泊，出家于太平道院。研求道藏，修鍊精勤，張真人過禾，面試煞爫一論，大加獎賞，顏其室曰"五氣參霞"。禳疫驅邪，歷有神效。酷嗜咏吟，兼工八法。又能節嗇，作院中功德。年七十五示疾，手書四偈，坐化。

張聞皋，一手不仁，俗呼張捯臂。住神仙宮。符籙丹訣，傳自天師府，能驅役鬼神。雍正中大旱，衆延之禱，皋曰："必至某日乃雨，禱之無益。"強之，皋升壇作法，風雷立至。俄而杲然日出，烈如火。皋伏壇上，輒有黑雲一片，如席承日下，似蔭皋者，卒如所期而雨，有司以"惟誠斯感"額褒之。

史漢霄，字逸宗。幼禮丁遠沾爲師，秉性高潔，不涉塵事。及師入京，虔奉祖傳符篆丹訣，精勤習鍊，得呼吸風雷之旨。乾隆五十年，邑大旱，衆延請登壇祈禱，輒得甘霖。他如勅勒之術，亦屢著神驗。以上伊《志》。

明方，字石雨。武塘陳氏子，投法相薙染，閱《楞嚴》"我真文殊，無是文殊"義，通身汗下。參雲門澄得印，授以斷拂子一柄，遂號斷拂子。主寶慶，過龍門。順治戊子春示寂，弟子奉其龕丈室中。未幾山寇突至，欲燬龍門，見師龕儼然，舁出之，竭百夫力莫能舉，驚以爲神，捨去，寺賴以存。後闍維牙齒數珠不壞，頂穆五色舍利。有《雪蕉集》。舊《浙江通志》。

净挺，字俍亭。武林徐氏子。明季諸生。擅文名。後祝髮爲三宜高弟。住慈雲寺。有詩文等集。吳《志》。

本沖，字息庵。四明楊氏子。母夢老衲授橘而孕。順治丙戌，依天童宏覺剃度受具，遍參叢席。悟後復依天童授拂。主五峰寺，衲子響應，移錫般若園。後住風涇圓明禪院。康熙乙酉，聖駕南巡，特召奏對，賜改圓明爲性覺寺，復予"净域長齡"匾及對聯。丙戌秋，沐浴趺坐，自書封龕諸佛事畢，遂化去。壽八十四。袁《志》。

研疇，字綠天。俗姓沈。湖州人，披剃于雲林清隱房，精大悲懺。工詩字。與武林諸名公爲方外遊。居武塘最久，魏學渠、錢瑛極重之。相繼延于家。乙未歲，坐脫，異香滿室。吳《志》。

普常，字恒修。俗姓顧。少業耕，及壯，薙染禮懺，晝夜千餘拜。持咒起人急病。康熙丙辰冬，閉關慈雲，實行焚修。臨化，走別檀越云："某日歸山。"至期沐浴，趺坐而逝。嘉善崔《志》。

真化，字別傳。又名清梵。嘉興屠氏子。通三藏，受具足戒。主光福法席，晚退息柳洲北。屋數椽，顏曰"不退"。結净業社，間作詩畫。檀那遺襯，悉以濟窮放生。示寂時盛暑，七日顏色不變，荼毘得堅固子。嘉善戈《志》。

静暹，字幻悟，號懶堂。黃氏子。脫白于幽瀾寺，搜求教典，實修實證，或遺以絲帛，輒易粟以飯僧，不以被體也。時有靈巖退翁和尚鉗錘毒辣諸方，崇仰往參再四，針投機契，隨侍有年。將歸省，退翁以偈送之。老于東郊之默居。維摩示疾，索浴更衣，自説封龕舉火法語，趺坐而逝。邑人魏學渠銘其塔。

明毓，號喬松。海鹽沈氏子。列庠序有聲。一日與子六如同往探親，未及呼渡，猝然大風覆渡舟，無一生者。遂大悟，攜六如薙髮于金粟寺，精求律學，道行卓堅。及來慈雲方丈，景附者衆，得建大樹法堂。後圓寂，趺坐龕中，當暑蠅蚋不集，數日不壞。先是，六如參花山雲岫長老，付法歸，喬松喝曰："汝愛野鶩，厭家雞耶？速還。"後六如重至花山，雲岫已知其意。後亦領慈雲寺事。病瘖，然心體湛然，洵爲叢林法器。

月印，于梅花庵祝髮。性樸誠，不解塵事。後住楊家莊送子庵。年三十餘，目瞀，入華嚴關。募修白水塘之送子橋,遠近高其行,爭助之。清修十餘載,預示人順寂期,即于關中端坐而化。越數日,顏色如生。以上伊《志》。

元璿,字睿石,號荊山翁。太倉陳氏子。受晦山顯禪師付法,武塘魏青城慕其名,聘主東塔。著《荊山》《秀州》二集,脫禪家窠臼。先是,盛遠曾選雪嶠詩,與林處士合編,名《林雪集》。至是,復選刻荊山詩,曰《續林雪》,其爲高士推重如此。《續檇李詩繫》。

達尊,字顯相。主慈雲寺方丈,修佛閣、廊廡。工書畫。預知死日,先別知交,至期趺坐而逝。《魏塘人物志》。

德因,福善庵僧。精持戒律,不肯披薙人爲徒。壯年募修大橋數座,受錢放生,奔走風雪烈日中,不以爲苦。有嘉興人以二十金寄,屬放生者,發其書,則素未謀面也。其爲人信如此。《魏塘人物志》。

天寥,蘆墟人。姓吳氏,名鷗,五十始薙髮入西塘雁塔寺。少習縫人,曾出入靈芬館,取架上詩讀之,輒能吟咏,有性情語,頻迦昆季假借嘆賞。寥益自奮。家貧落拓,爲博徒,爲逋客,爲傭保,後乃爲僧。與頻迦、退庵諸詩人相往來。卒後郭丹叔爲銘塔,刻其詩。有《天寥遺集》二卷。新纂。

本白,字楚蘅,號漱冰。祝髮幽蘭禪院,行脚遍名山。晚歸,圓寂。啟篋,衣鉢外惟詩册。精手談,熟內典。郭頻迦與見於黃退庵齋中,謂其立若植鰭,而吐詞含氣,有無礙之才。寄虛上人從湖北四祖寺來,招往游雙峰,惜已蛻化。手錄《二竹軒詩》,竟焚,和南太息而去。參靈芬館、石瀨山房《詩話》。

道詁,俗姓陳。楓涇農家子。性戇直,聞鄰童習章句,輒厭薄之。繙梵夾,乃如素習。出家,住持福善庵。漂榆大賈持千金來,曰:“爲吾師供養。”乞誦《楞嚴》百卷,硃點爲識,問:“何用?”曰:“籍以鎮壓海舶風濤耳。”卻其金,而誦經如數。道光二十一年,謂付法弟子曰:“大海一漚,我將逝矣。”遺命茶毘。觀察陳大溶謂其卓行異凡。僧勒石爲《記》。新纂。

海鹽縣

三國吳

康僧會,赤烏間自康居國來江東,設像行道。吳人以爲妖異,以狀上聞。孫權召會,問:“佛有何靈瑞?”曰:“佛晦靈迹,遺骨舍利,應現無方。”權曰:“何在?”曰:“佛神迹感通,祈求可獲。”權曰:“若得舍利,當爲興寺。”經三七日,至誠求請,遂獲瓶中。旦呈于權,光照宮殿。權執瓶瀉于銅盤,舍利下衝,盤即破碎。權大驚異,乃立塔寺,名爲建初,改所住地名佛陁里。後遊方至金粟寺施茶,因名茶院。後立化於天禧寺,其真身一現永欣,再現金粟,奇骨瘦露,眉間時放光明,顯靈異之迹。明洪武二十年,詔移歸金陵天禧供養。《法苑珠林》。

晉

道人不知姓名,常齋一杖一箱自隨。忽詣縣,向令乞一人給使,自選取守鵝鴨小兒,形服最醜者將去。時已逼暮，道人令小兒捉杖行，但聞足下波浪。倐忽間，至一山。山上有屋，屋中有三道人，相見欣然共語。以一小甌食與小兒，狀如熟艾，食之餞止。向暝，道人欲還，屋中人作書付道人云："寄廣陵白土墎上史宗。"道人以書付小兒，比曉，便至縣。令呼小兒問，知道人先所經，并説山中人所寄書尚在衣帶，令開看，多不解，乃令人將此小兒至白土墎訪史宗。送之，宗開書，大驚曰："汝那得蓬萊道人書耶？"宗著麻衣，身多瘡疥，性調不恒，在白土墎凭墎謳唱，引絆得直，隨以布施人，棲憩無定時，或隱或顯。後遊吳會，止上虞龍山，不知所之。先，道人與山中三道人共語，謂宗謫限將滿矣。亦小兒云。陶淵明《梁慧皎記》。

南北朝

陸逸沖，字敬遊。陶隱居弟子。誠愨恬澹，志遠棲逸。齊永明中，隱居遯蹟茅山，偕逸沖于西嶺立華陽館，七年而後成，逸沖之力也。隱居嘉其勤勩，名爲棲靜處士，作《十賚文》策之。許長史碑陰手書，上清衆館弟子，亦以逸沖稱首焉。

法寵，姓馮氏，納妻半歲，捨家入邑之光興寺。後出都，徧學經論，採玄析奧，音吐蘊藉，名學罕不倒戈，號上座法師。初，都下有法願道人，善相術，謂寵年滿四十當死，惟禮懺可免，遂還海鹽光興禮懺。至四十歲暮夕，覺兩耳腫痛，彌信死促，忽聞戶外有人言曰："君死業已盡。"開戶無見，及審耳痛乃是生骨，後壽七十四歲。以上《海鹽圖經》。

慧開，姓袁氏。海鹽人。初出家，爲宣武寺寵公弟子。仍從學《阿毗曇》及《成實論》。建武中游學上京，住道林寺，歷聽藏、旻二公經論。後移住鼓城，處衆演教，咸慶新聞。同寺有曇儁者，以游學顯名，通貫衆經，兼勤禮誦。侍中王慈、司徒長史江革，並與之朋游焉。《續高僧傳》。

隋

慧因，姓干氏，晉太常寶之後，出家開善寺。又造長干辨法師，所稟學《三論窮實相》之微言，宏滿字之幽旨，辨後歸靜山林，以學徒相委受業。弟子五百餘人，踵武傳燈，傳三十載。陳僕射徐陵、尚書毛喜咸歸導首。隋仁壽三年，起禪定寺，奉爲知事上座，訓肅禪學。唐初居大莊嚴寺，預十大功德之選。嘗感冥司，召講《大品般若經》七夕，蘇云：有兩束絹爲襯遺學徒。檢箱內果得之。以貞觀元年卒于莊嚴寺，春秋八十有九。《高僧傳》。

唐

徐彎，少有道術，能收伏邪精。錢唐杜氏女患邪，彎爲作術召魅，即見丈夫著白袷葛單衣入門，彎一叱之，即成白黿。一日，與群從兄弟數人登石崎山斫春柴。日暮，彎獨不返，明旦尋覓，見彎在山上，腋挾鐮倚樹不動，或向前拖，惟有空殼。今天僊湖即彎故居也。張君房《雲笈七籤·洞仙傳》。

馬湘，字自然。鹽官人。常指溪水令逆流。食頃，指柳樹隨溪水走，指橋令斷。續有告以病者，但以杖頭指之，口吹杖頭如雷鳴，便愈。遊越州洞巖禪院，二僧慢之。湘去，二僧不能下牀,追懇乃免。卒于宣宗大中十年。東川奏湘白日上昇,勅發棺驗之,一竹杖爾。吳《志》。

良準,大中、咸通間法喜寺僧也,司空曙有《寄準上人》詩。業四分律,慧行精通,有塋葬本寺,棲鳥不止,時放瑞光。《海鹽圖經》。

慧稜,姓申屠,《海鹽圖經》作姓孫。本邑人。吐言質朴,談理入微,時人號爲“得意稜”。童齔日於通玄寺登戒,後游閩嶺,謁雪峰,頓明本性。閩主召往長樂府長慶院,號超覺大師,得度者不減一千五百衆。《高僧傳》。參《海鹽圖經》。

五　代

譚峭,字景升。國子司業洙之子。師嵩山道士十餘年,得辟穀養氣之術。周遊無所不之,夏則服烏裘,冬則綠布袍。或卧于風雪霜中經日,人謂已斃,視之,氣怵怵然。邑中有譚仙嶺,相傳是其煉藥得道處。《仙鑑》載峭詩:“線作長江扇作天,鞿鞚拋向海東邊。蓬萊原是無多地,只在譚生拄杖前。”此尤其寄蹟海嶠之證。成化間,遷善橋居人陸麒,樓懸仙翁像。一日鄰人滕晟見仙從樓窗上冉冉向東北乘雲渡海去。《筆叢》。參《海鹽圖經》。

宋

若愚,海鹽人。馬氏,賜號法鑑,學教于辨才,號稱凤成。群以南屏興教,延之不就。奉辨才杖履,間居龍井者六年。後于湖之仙潭營長堂接待,建大閣,造西方像,結道俗念佛嘗數百人。三十年中,預會者多蒙佛接之瑞。靖康丙午九月,謂其徒曰:“我夢神人告曰:‘汝同學則章得普賢行願三昧,已生净土,彼方待汝,曷可淹留?’”即命衆諷觀音經。甫畢,乃云:“聖相現前,吾其往矣。”即留偈而逝。闍維得舍利數百粒,塔於東廡。初入道,夢白衣女授七十二策,後壽果及其數。《佛祖統記》。

蔣十八居士,與其妻念二孺人,日誦《大乘經》,斷除嗜欲積四十年。同日洗漱更衣,焚香書頌而終。《海鹽圖經》。

茂實、可舒,二僧住持資聖寺。建炎間,寺燼燼爲瓦礫荆刺之墟,二僧與其師履常由一金一縷之施積累以成,凡爲錢三千一百萬有奇。視向之祇園精舍,功與齊而力倍之。《李正民集》。

竹筒和尚,鹽官人。入徑山講論禪教,後因觀爲溜,以杵通竹節有聲,豁然開悟,其徒因號爲竹筒和尚。

朱智標,鹽官人。感夢爲僧,參賢首宗教。紹興間,住常川[1]華嚴院,禱雨有應,孫尚書覿記之。卒,建塔于審山。以上趙《圖記》。

慧辯,字訥翁,賜號海月。傅氏子。剃度普照教寺中,得法于明智,智命代講,八年,遂領寺事。時蘇軾作倅,高其行,嘗爲撰《敘言》。辯容止端静,不蓄長物。有盜夜入其樓,脱贈以衣,使從支徑去。後隱草堂,將示寂,遺言:“須軾至,方可闍龕。”四日,軾果至,見其端坐如生,頂尚温,遂作三絶以弔之。劉《志》。參平湖朱《志》。

敏秀,魯氏子,賜號法雲。年十五,參慧案舊《志》作慈,誤。辯,命與首座抗論,竟爲所屈。紹聖初,主杭菩提寺、元符寺,遷孤山六一泉。樞密蔣之奇聽闡《楞嚴》大旨,欽服之。後還當湖庵居。紹興七年,寂去。後十八年,以其地爲延祥觀,遷塔闍維,貌如生。出舍利百種如菽。吳《志》。

妙普,字性空。華亭鄉人。結庵青龍之野,善吟咏。好吹鐵笛,稱鐵笛禪師。建炎初,徐明叛,經烏鎮,肆殺戮。師荷策而往,賊怒,欲斬之。師曰:"大丈夫要頭便斫去,奚怒爲?"因索筆作《自祭文》訖,大呼:"斬! 斬!"賊駭異,稽首謝過,廬舍免焚。紹興庚申冬,造大盆,穴而塞之,致書雪竇持禪師曰:"我將水葬矣。"壬戌持至,嘲曰:"拙哉! 老性空剛要餧魚鼈去,不索性去,只管向人説。師白:'待兄來,作證明耳。'"遂至海濱,盤坐盆中,順潮而下。口吟曰:"船子當年返故鄉,没蹤跡處妙難量。真風徧寄知音者,鐵笛橫吹作散場。"以笛擲空而没。後三日,于沙上趺坐如生。迎歸闍維,舍利甚多。平湖朱《志》。參《柘上遺詩》。

可觀,字宜翁,號竹庵。華亭戚氏子。十三祝髮,十六具戒,依南屏精微師。聞車溪擇卿聲振江浙,負笈從之。一日,聞舉唱般若寂寥,忽有悟入。建炎初,主嘉禾壽聖,遷當湖德藏,居閲世堂。乾道七年,丞相魏杞請主北禪,適當九日,指座云:"胸中一寸灰已冷,頭上千莖雪未消。老步只宜平地去,不知何事又登高。"復歸當湖,搆山月池、松風臺以樂餘年。無疾而逝,壽九十一。著有《楞嚴説題》《楞嚴集解補註》《蘭盆補註》《金剛通論事説》《圓覺手鑑》《山家義苑》《竹庵草録》《菊坡集》等書。柳《志》。參《佛祖通載》。　案:可觀塘在德藏寺西北隅。嘗自製《塔銘》,明嘉靖間爲築城所毀,知縣謝良弼夢一(裝)衣老僧曰:"我竹庵和尚也,以塔累公。"旦日因爲繕治,立石表之。《塔銘》自敘春秋九十一,僧臘七十八。微疾而化。《檇李詩繫》作九十九,誤。

從進,早歲聰辯,久依超果,具得其道。出主德藏,講訓有法,作《楞嚴解》,尤高妙。示寂,留龕月餘,容色不變。及從火浴,舌根不壞,若紅蓮華。《當湖宋元高僧録》。

隱峰,俗稱長爪師,葬圖澤庵西竹林下。人或啓之,見師端坐如生,十爪盤旋于腹者數圍。衆驚,急掩之,因塑師像于佛殿,祈禱輒應。平湖程《志》。參吳《志》。

【校注】

　[1] 常川:疑是"常州"之誤。孫覿是常州人,朱智標禱雨有應,或命作記。今《全宋文》孫覿名下有《智標贊》。

元

張與材,龍虎山天師三十八代孫。至元中,潮齧鹽官、海鹽兩州[1],爲患特甚。奉詔以術治水,一夕大雷電,明日見物魚首龜形,礫于水澨,潮患遂息。《元史》。　案:張與材,元至元時人。吳《志》誤以至元爲貞元,遂列于馬湘之下,今正之。

明本,號中峰。錢塘人。住持佑福禪院,即今海門寺也。聰明博覽,士大夫從游者甚衆。仁宗賜號廣惠禪師。文宗賜謚智覺。元統中,命學士揭奚斯序其《廣録》入梓。《澉水志》。

彭素雲,汝陽人。大德丁未,年十二,禮劉月淵爲師。稍長,遊武當。時張真人集雲水三千餘人于紫霄宮。素雲求執厨役汲水,苦行三年,得授棲神錬氣之旨。走青城,入武夷,陟天目,凡古仙過化處,歷覽殆遍。洪武辛酉,至當湖華亭鄉,結茆居之。一日旦起,沐浴更衣,趺坐,翛然而逝。七日,顏色如生。劉《志》。

　　清珙,字石屋。常熟温氏子。出家海鹽崇福寺。遍游天目、淮陽,遇二高僧,參悟禪旨。及庵,嘗語衆曰:"此子乃法海中透網金鱗也。"元統間,住持當湖福源禪寺,歸隱太湖[2]。至正間,詔降香幣,賜金襴衣。後示寂于湖州雲霧山,建塔焉。又因高麗國王表達,詔謚佛慈慧照禪師。有《上堂法語》《山居詩》。柳《志》。參《檇李詩繫》。

　　真諦,德藏寺僧,執樵汲役。一日,楊璉真伽率衆過寺,將往發雲間陸左丞女、朱提舉夫人墓。時楊衆百餘,各執畚鍤利器,蜂擁左右。真諦忽現神力,大怒叫呼,掣韋馱尊者所執杵,躍身丈許,亂擊之,狀如隼撇虎騰,不可抵禦。衆盡傷,諸械亦寸斷。楊以爲神,不敢問,徑去,墓竟得全。諦後行脚峨嵋,不知所終。《海鹽圖經》。

　　道隱,字仲儒,號月澗。俗姓李。工畫蘭石。師趙子固,墨竹宗王翠巖。平湖程《志》。

　　壽量,資聖寺僧。有戒行,至天目傳法於中峰大師。行脚歸,隱禪室,題曰大隱。時宣城貢師泰爲總管,以張氏陷平江,脱身易姓名爲端木氏,嘗寓寺,與量相得甚懽,因爲作《大隱記》。新纂。

【校注】

　　[1] 按:《元史》卷二〇二《釋老》:"元貞元年,弟(張)與材嗣,爲三十八代,襲掌道教。時潮醞鹽官、海鹽兩州,爲患特甚,與材以術治之。"故疑"至元"是"元貞"之誤。下文案語"吳《志》誤以至元爲貞元","貞元"蓋元貞之誤書耳。

　　[2] 按:天啟《海鹽縣圖經》卷十四《人物·仙釋》"石屋和尚清珙"條、光緒《海鹽縣志》卷十九《人物傳·仙釋》"石屋和尚清珙"條俱作"歸隱天湖"。

明

　　蘇應元,明成化間棲真觀道士也。清修勤恪,爲邑士大夫所重。雲谷朱祚作詩贈之。伊《志》。

　　梵琦,字楚石,小字曇曜。象山人。姓朱氏,出家天寧永祚寺。吳興趙文敏器之,爲請牒,得薙。詣徑山元叟端禪師諮決,不假辭色令自證。會元英宗詔令金書藏經,聞譙樓鼓聲,豁然大悟。由是徧主法席,名滿海内。晚歸天寧,築西齋退老。明興,再被詔徵説法蔣山,恩禮甚隆。洪武三年復徵入,問鬼神事,館天界寺。忽趣左右,具浴更衣,書偈而逝。奉詔歸葬,賜謚佛日普照慧辯禪師。宋濂爲撰《塔銘》。著有《楚石語録》載《明史·藝文志》,《和陶》諸詩,《北遊》《鳳山》《西齋》三集。姚廣孝謂梵琦於净業一門,至老力行不倦。雲棲宏禪師亦推爲明朝宗師第一。《海鹽圖經》。參《檇李詩繫》。

　　惟則,字天真。姓費。吳興人。夢異僧而生,因名曰僧寶。七歲棄俗出家,受業于佑福元林壽公爲師,薙染受戒。二十五歲,往匡廬參無極禪師,始得啓發玄奥,後開法於海門佑福禪院。洪武初,召天下高僧作大法會,師預是列。以足疾賜歸海上,示寂。有《冰蘗禪師語録》行世。海鹽仇《志》。

　　高林,善壽寺僧。天真惟則師也。住佑福庵,後勅賜海門禪寺。開廣故址,搆殿宇,置佛世尊像,演法,授徒天真。徒景南東濟繼之,净業益卓。《張寧集》。

　　法聚,資聖寺僧。嘗結庵澉湖荆山,芝產座下,人號玉芝和尚。後移錫武康天池示寂。聚初投偈于王陽明先生,陽明有《答人問良知》詩,即聚也。晚參夢居禪師于金陵,問:"如何不落人圈繢?"居與一掌,聚即大悟。開講天池,應機接引,與王畿、蔡汝楠等共證儒釋大同之旨。《海鹽圖經》。　案《檇李詩繫》:法聚,號月泉,嘉興人。出家海鹽資聖寺。嘉靖間,嘗結庵澉湖荆山云云。吳《志》于嘉興有月泉法聚,海鹽又有法聚,俱云問道于陽明,是誤以一人爲二人矣。

寶林和尚[1],常遊杭、嘉二郡,冬夏一衲,乞食自活,宿無恒居。平時惟念佛不絕口,人喚之,纔應答,即連聲念佛,更無雜語。後于海門寺忽若顛狂者將半月餘,僧呵曰:"爾平生實行,當與世人作眼目,何得乃爾?"珠曰:"既如是,吾行矣。"索浴畢,安然立化。《雲棲往生集》。

覺軒,靈隱書記僧。行端望重,爲覺林主寺事。毅然以興修爲己任,乃哀衆施,解橐市材,建造殿閣,規制大備。遂請于朝,賜額覺林禪寺,因舊名也。《呂學士集》。

善明,陳性。從幼持齋辭俗,居天妃行宮。時慈會將傾,明從衆請主寺,敝衣糲食,益修苦行。邅迴捐金,濟其所需,而寺遂興。後金粟寺僧惠欽復繼明而大振之。《陳善集》。

秀碧峰者,天寧寺僧。自幼即不茹葷,每日五鼓起,誦經禮佛,無間寒暑,衆中最名有戒行。嘉靖壬寅秋,忽得疾,臥牀月餘,終日酣睡,自言甚適。忽一日起,沐浴衣新衣,跏趺端坐,念阿彌陀佛數十聲,既而止,呼佛字亦數十聲,與徒衆言別而逝。越三日,神色不變,左手捻中指作字,右手仰開,指猶軟,頸骨挺然。《西園雜記》。

明秀,字雪江。出家天寧。巨目闊吻,面骨巉岩,肖枯木怪石,無一毫澤媚態。少時即好爲詩,晚年縛茆勝果山之石門郭公泉側。居久之,夜夢陳姓者揖曰:"西有月巖,請觀前生所爲詩。"旦乃求之蓁莽中,果得月巖,刻元人詩,題曰"雪江陳天瑞",與和尚號正同。因悵然若有所悟。有《雪江集》。《董穀集》。

圓悟,字密雲。荆溪人。過桐棺山頂,豁然大悟。遍參諸方,上天台,探禹穴,繼席龍池,遊匡廬之南嶽,住天台通元寺,遷海鹽金粟山廣慧寺。緇素雲集,檀施山積,大廈鴻構,食堂常萬指。上舍朱上申夢神告曰:"師乃慧受後身也。"悟出龍池,夢至一亭,下覆巨井,足食千人,有偉衣冠者進曰:"此師住處也。金粟故有千人井,蓋有前定云。"住金粟五年,入閩黃蘗。五月住鄮山阿育王寺,三月入天童,宗風遠被,王公將相下及韋布狌獠,倭蠻重譯,問法無虛日。晚居太白山,示寂化去。劉《志》。

通乘,號石車。金華朱氏子。年十七,偶閱龐居士問:"石頭不語,萬法爲侶者,是什麼人話?"大起疑情,遂往天真庵請益海藏師。至瑪瑙寺薙髮,次到龍居,忽聞隣單舉六祖云:"不思善,不思惡,正與麼時,那個是明上座本來面目?"頓然有省,迺策杖遍參江湖耆宿,益精元旨,嗣主席金粟,法化大行。其付法弟子,出自金粟者二十餘人。《金粟寺志》。

宋㻶者,案《海鹽圖經》,稱比邱尼。幼聰慧。十一歲從硤石廣福寺僧宏道出家,因無際禪師引參海門天真和尚,舉"狗子有佛性"語,言下大悟,辭歸,深得圭峰禪師之奧旨。劉《志》。

戒襄,姓李氏。永祚寺僧。從文徵仲遊,能書,兼善蘭竹。有《平野集》。

廣化,字無期。俗姓王,梅溪人。初薙染永祚寺,尋參訪四遠,挂錫郡城藕花庵,復歸本山。建古東林社,穿池種竹,以吟咏自娛。

斯學,字悅支。慈會寺僧。工詩。好行脚,南陟台雁,北至岱岳、清涼,歸築道林庵于靈祐。有《幻華集》,姚士粦爲之《序》。

文湛、永瑛、戒逸、斯德,四僧俱住永祚寺。工詩。自明初楚石倡詩教于本山,踵而起之者,遂不一其人。以上《海鹽圖經》。

如元,蕭山史氏子。入雲岫,投堅公披薙,修净。能詩,詠《山居》云:"枝上兩三聲巧鳥,窗前五七片閒雲。山翁潦倒無籌算,盡把生涯訴與人。"蕭然物外。新纂。

徐月汀,字湛虚。棲真觀道士。能詩。觀圮壞,月汀傾橐興葺,其自述有"人愚自墮移山計,天漏誰傳補石方"之句。新纂。

【校注】

[1] 按:天啟《海鹽縣圖經》卷十四《人物篇·仙釋》、光緒《海鹽縣志》卷十九《人物傳·仙釋》均作"寶珠和尚"。本條下文亦云"珠曰",故知"寶林"是"寶珠"之誤。

國　朝

張道人,歙川人。自幼出家,嘗遊天台山,從桐柏宮學道。還,復結茅于烏龍井之山嶺。冬、夏衣衲衣,寒不冠履,暑不袒露。時亢旱,道人露頂跣足,偕衆祈雨,雨即至。酬以擔石米辭,與升斗受。冬月,積雪没脛者累日,人疑其凍餒死矣,道友上山探之,見其趺坐依然。因目爲張半仙云。《海鹽續圖經》。

吾琦,號虚舟。棲真觀道士。清峭拔俗,篤志修持,嘗語人曰:"人生一小天地,固守三關,勿戕三寶,坎離交合,奠定乾坤。還吾天地之自然,養砂添汞,近在吾身,人自不悟耳。"時傳冷仙有煉五行丹法,虚舟得其旨,不炫于世,世亦無知之者。

陳紹藩,字松崖,怡雲其號也。精玄學,閉户焚修,篤志不倦。嘗撫琴,有鶴翔于庭。年八十而羽化。

賀炳,字松庵,號雲濤散人。仰慕高潔,隱于黄冠棲真道院中,常坐一小樓,日讀唐宋諸家文,手摹《黄庭經》。客有過訪者,烹茗焚香,彈琴賦詩。著有《拾古吟》《月軒存稿》《杖藜集》等詩。以上伊《志》。

道忞,字木陳。潮陽林氏子。甫冠,棄弟子員,爲天童密雲悟和尚嗣。悟示寂,遂繼席天童。順治己亥,世祖章皇帝遣官徵至京,住齋宮萬善殿,結冬開堂,勅封宏覺禪師法嗣。天岸本昇亦召對萬善殿。舊《浙江通志》。參吳《志》。

覺元,字滄曉。朱孝廉瑞岩子。自幼披剃秦溪寧海寺,得法于天台祖憲,道風高潔,士大夫樂與之遊。有《語録》行世。吳《志》。

隱然,孫氏子。年三十餘棄妻、子,薙髮于圓通庵,師事退院僧昱安。昱器之,令行脚參學。歷峨嵋、五臺,歸主太平寺席。憨嬉若狂,徒衆狎之。忽一日,歸,詣昱曰:"弟子將化去,敬來訣。"昱呵之曰:"毋誑言。"卒告化期而去。日往市,募薪得數束,高架於倉址上。至期,沐浴更衣,禮諸佛畢,拈香徐步出寺。至積薪處,趺坐其上,合掌辭衆。俄而火發,下體灼爛,猶朗誦藥師佛號不絶,額焦乃瞑。體凝然不仆,化後三日,其徒舉龕殮之。

如圭,號三六。劉氏子。入天寧寺圓通房。素呆鈍,忽路逢一道人,指其禮觀音文乞慧,夜即不寐,殿上虔禮者三年。一夕更深,見琉璃光燄,嗣後誦經過目不忘。詣雲樓蓮池大師座下受具戒,歷名山,訪耆宿。暮年隱觀音殿。

源受，字朗印。好天台教，雲遊數年，歸。云既奉佛祖，當爲佛祖竭力。崇禎戊辰年，重建千佛閣。閣左搆禪關，講演諸經，聽法甚衆。順治戊子，重建大殿，修葺古塔，廣宣上乘至理。

行日，字東明。葉孝子薆子。幼失怙，讀蓮池大師七筆勾有悟，受拂於婁江二音師，搆密庵數楹，中堂供禮大士，左側設母榻，右側誦經，焚修五十年如一日。臨終趺坐，手書偈云：“今年五十有七，幻影本來空寂。逍遥獨步西遊，了此一生消息。”有《萍遊草》《梅花百咏》《節孝集》。

超海，字四航。俗姓陸，生時啼哭不止，有老尼撫其首曰：“汝可仍入清福中，毋苦。”即不復啼。幼出家紫雲庵，以師祖雪如爲法，静攝好學。嘗咏里社古羅漢松曰：“不羨大夫褒上國，願將羅漢老塵寰。”其素志如此。後開堂杭之福嚴、龍泉等寺，最後鼎建崇福寺。會城有徐氏婦病久，夢高僧至，乃痊。因訪請海，將至，病婦已知，令家人迎扶，出戶拜謝，病隨愈。年六十六，預示期而化。後賜紫禪師，親承世宗憲皇帝明問，具言其賢。因已歿，飭其嗣僧，住揚之天寧寺。

慧融，字虛白，號枯石。本陸姓，北關外搆數椽，鋤地種菜自給。戒律精嚴，竟日危坐。給諫張公欽其道行，延請居住放庵，未幾辭去，隱于楊家浜，結茅爲棚，上無片瓦，人爭襄版築，漸成精舍。

法演，字古椿。當湖名族子。自幼多病，遊學天寧佛閣，遂受朗印法師宗教，博綜内乘，歷講壇于雲間、苕溪，後回山。疾篤，傳鉢楚洄，結趺咏偈辭世。有《樹香詩集》。以上《海鹽續圖經》。

實智，字心如。澉川祝姓子也。幼薙髮海門禪寺，後受天台萬年寺本覺禪師衣鉢，深得定慧之學。幼未讀儒書，悟後輒工吟咏，兼擅古文。晚年住持金粟方丈。著有《閒齋詩稿》。

真炯，字古燈，號遁齋，又號晦巖。仙居庵詩僧也。受法于悟進，性好遊，遍歷南北，晚居郡之龍淵寺，又退居橫山廟。同時潘稼堂、彭羨門皆與倡酬。以上伊《志》。

際一，號雪樵，又號田衣生。海鹽印氏子。母就蓐時，見老僧入戶，乃産。三歲能隨母誦藥師佛號，剃度嘉興南院，歷主白蓮、漏澤諸寺。著有《田衣詩鈔》，蒼瘦峭拔，似黄葉老人近體，兼皎然、貫休之長。彌伽居士張庚作《行腳圖》，錢塘丁處士敬身爲篆額。《石瀨山房詩話》。

再修，幼披薙靈佑寺，嘗渡海苦修白塔山。旋以裹糧不便，歸，居純一觀。誦《金剛經》，輒療人疾。坐化時，鼻垂玉筯。新纂。

萬思石，字竹樓。建閣禮斗，助修後殿，爲城隍神行宫。能精思練氣，虔修證道。新纂。

張謙，字雲槎。自幼出家城隍廟，熟精玄理，兼通儒術。工詩、畫。著有《補梅居士吟稿》。輯歷朝道家詩爲《方壺合編》。同時棲真觀羽士趙蓮，字菱洲。亦工詩，善寫梅花，秀逸有致。嘉興張廷濟題其居曰“畫梅廬”。新纂。

蔚然，工翰墨。爲明錢太常薇司祠僧。少時曾親籤石宗伯，遂得遺意。工蘭蕙。沈文節嘗讀書祠中，贈詩，賞其畫。新纂。

海岳，字中洲。京江張氏子。主席海鹽金粟寺，黄山一賦，宇内喧傳。毛西河太史嘗謂佛門無博學者，中公是賦，博極群書。得法於愚山禪師，主席黄山慈光寺最久，歷移福嚴、金粟諸名刹。詩清微縣速，不染蔬笋氣。著有《緑蘿菴詩稿》。《續檇李詩繫》。

期懷，字拙安。海鹽人。母俞氏期年而生，故名。住五磊山。著有《語録》五卷。《續檇李詩繫》。

實智，字心如，號閒齋。海鹽祝氏子。出家海門寺，主持金粟寺。初不知書，後因坐禪，心光迸露,自是遂大通内典。兼工詩。著有《閒齋集》。《續檇李詩繫》。

源瀚,字覺海,號玉峰。崑山人。海鹽天寧寺僧。天寧自前明楚石禪師後,道場荒落,覺師主持其中,鼎新功幾倍開山。乾隆辛未南巡,與金粟僧源達詣吳門觀音山迎駕,敕賜墨寶、《心經》各一卷。著有《水雲集》。《檇李詩繫》。

平湖縣

明

張復陽,名復,以字行,號南山。齊景鄉人。自言爲張果老後身。宣德中,爲朝天宫道士,妻亦感悟爲尼。後主餘杭洞霄宫。正統中,居郡城南宫一枝堂。性沉静,工修鍊。明《周易》姤復之旨,作《復陽圖》。兼善書畫。年八十餘,步履輕捷,後傳尸解去。《檇李詩繫》。參《兩浙名賢錄》。 案:張復陽,舊《志》皆作宋人。吳《志》又別分張復一人,以張復陽爲宋人,列《仙釋》中,張復爲國朝人,列《技藝》中。然《檇李詩繫》敍述甚詳,并云郡邑《志》誤入宋。省《志》採其説,編入明代。今從之。

張如忠,字思亮。母娠時,夢白鶴降生。萬曆甲戌,年十八,就學,一夕忽不見。及歸,自言爲群仙擁去,令閉目飛行,但聞雷聲,約度萬餘里。開睫履地,則清虚境矣。有一仙曰:"子五世修仙未成,今當尸解。"復令閉目沖舉,雷聲如前。但去時冷,歸時暄耳。一日,攜絳桃大如盞,復探袖,出大李如拳。届重九,忽有二金鶴在地,若飛舞狀,藏之家中,時聞鐵笛聲。一夜,里中見火光如旦,則已危坐脱去。空中聞鶴唳數聲,檢笥,失金鶴所在。平湖朱《志》。

魯志剛,字雲陽。簡肅後裔。善飲。盛暑中,或衣綿絮;遇霜雪,嘗赤體遊行。至人家索酒,言禍福,奇中。引之坐,輒倒挂椅間。或抱兩膝,旋滚地上,望之如圓毬,其疾如風。時喜倒挂大樹枝上,風吹搖曳以爲樂。又能于城上聳身上下,飛走雉堞,頃刻周四門。人皆呼爲魯癲。自言當在雲間脱殼,後至松江,路遇知府方岳貢,作醉顛狀,大呼方當横死,方怒,杖之。至橋下,洗去血痕,即坐脱。已而岳貢大拜,爲李自成所殺。越二年,平湖人有遇諸閶門外者。吳《志》。

吳守義,字印池。性好清修,嗜茶,工于煮點。主天妃宫事。善趙文敏筆法,所書《行香子》四幅甚可愛。馮夢禎書匾贈之。《九山補志》。

宗衍,字道原。吳郡人。元末居石湖寶積院。洪武初,住持德藏寺。吳下諸名士賦詩送之。著《碧山堂集》,載《明史·藝文志》。危素爲《序》。《柘上遺詩》。

雲峰,出家五臺,後至當湖迎大佛,居馬維銘園中歲餘。善講經,言行古質。有御賜千佛衣,每佛一尊,珠一粒,金彩耀日。後于武林天竺寺講經,一朝坐化。越三年,五臺舊徒移師龕北還。袁《志》。

法霶,號東池。俗姓王,初住鹽官福業院,出參天池山玉芝師者十九年。晚居福源,建法華塔于圓珠圩。臨逝,沐褥發異香,茶毗後數日,香猶未散。陸莊簡撰《塔銘》。平湖朱《志》。

心源,姓吳,名可化,字龍淵。弱冠遊庠。丙子已中式,檢原卷,爲燭仆損,置乙榜。偶赴雲樓,聽蓮池講經,名心頓冷,遂披剃,參師説法。庚戌六月十九,參拜大士畢,沐浴趺坐而化。平湖程《志》。

真可，字達觀，自號紫柏道人。俗出吳江沈氏。五歲不語，有異僧過其門，摩頂，謂曰："此兒出家，當爲人天師。"言訖不見，遂能言。年十七，宿虎邱，聞僧夜誦八十八佛名，心大悦。既剃髮，過匡山，窮相宗奧義。萬曆壬辰，陸莊簡遊五臺訪師，師遣密藏出遊，請解帶爲山門鎮。癸巳，莊簡子基志延居泖上，名其室曰爾庵。癸卯，師受誣，繫詔獄，臨寂，口授偈十餘，跏坐而瞑，藁葬西郊。後啓瘞入龕，端坐如生。荼毗雙徑，築墖于庵東北隅。陸基志撰《墖記》。著有《紫柏語録》《紫柏老人集》。載《明史·藝文志》。平湖朱《志》。參《檇李詩繫》。

大瑞，姓王。出家和州，航海至平湖，寄蹤洋瀆廟十餘年，龐率狂誕，人目爲王癡。每持鉢乞錢米，隨獲隨散，徒手言旋，鼓掌大噱。衆僧夜演法，梵唄交振，大瑞倚牀熟寐，迨衆僧偃息，則披衣躍起，獨誦貝葉文，兀坐斗室中。録《法華》《楞嚴》諸密藏，成數十帙。天啓丙寅秋，忽謂主僧曰："余腹豈久爲五穀作主人?"遂絶粒。俄而趺坐于牀，兩目西向瞪視，玉筯雙垂二尺許，膠不可斷。圓寂後，容愈光澤，焚，龕有異香。袁《志》。

雪空，初爲行脚。萬曆己未正月，至鄉民夏姓家，留齋言："今日汝家有難，可急移。"夏從之。晚火焚其廬。雪空因留寓，行堪輿術，爲主人擇地。居半年，一夕曰："我去矣。"更衣沐浴而逝。逾時復甦，曰："我誤矣，不宜死于汝家。"即起，大步至聖堂，從容謂衆曰："我今的去，即葬我堂後。"言畢，果死，衆具龕斂。舉燭者誤以油漬空股，上忽作聲曰：不小心。衆驚肅，急閉龕。今墖在聖堂田中。吳《志》。

大遂，字梵印，號筠隱。萬曆間，乍浦會濟庵僧覺成講主之法子。有《出林草》。

海旭，字竹浪。東林院僧。有《蕉林草》。以上《柘上遺詩》。

圓映，字元徹，號雪溪。嘉善西林庵僧。鋭志教理，詩句清新。崇禎間居乍浦，與李天植唱和。有《西林焚餘草》。《檇李詩繫》。

通霽，字西生，號耕霜。性孤潔好學。中年參禪，行脚諸方。善書。喜爲詩，有《斷雲草》。自閩歸，住持湯山，堂中有一聯云："到此自然淡，其餘無所親。"

行凉，字勤密。俗姓趙。繼于宋姓。至孝，事繼父能盡孝道。初歸蓮池後，禮報恩，以年老專修净土，晝夜不輟。年八十三而終。以上《九山補志》。

行海，字萬徹。性清潔，律行甚謹嚴。駐柏子庵，愛惹山北麓幽勝，舉人李天植因搆精藍，卓師錫，即以潛庵名。杜門簡出，能細書，手寫《華嚴經》八十一部，施斛食三百壇。康熙辛巳，示疾卒。平湖朱《志》。參《九山補》。

通變，號一葦，居乍浦。嘗從周翼明援遼，敗歸，遂出家天童。爲化主，誠信感人，募無不施，後棲黃泥之竹隱庵。年七十將示寂，曰："必歸我骨山中。"適湯山有一空冢欲售者，其徒雪鑑募得之，乃築墖瘞焉。《九山補志》。

國　朝

王懋德，字心一。鍊真城隍廟中，歷請禱雨必應。廟東趙姓婦爲邪所惑，作法斬之，則一溺器也。廟西民家日夕有抛瓦礫者，擒磔之，則一白蛇也。順治戊子，預告諸檀，端坐羽化，清芬滿室。吳《志》。參平湖朱《志》。

周之臣，字爾襄。邑諸生。康熙丁未，受鍊師王昆、陽戒倡，建松塵道院。壬子上元，遇黃冠絳服兩道者來迎,乃謂家人:“詰朝,予將歸閬苑矣。”作偈,遂長逝。小斂後,總帳中火光陡照如白晝。眾迫視,則見其所暗帛上,當腹簇涌三寶珠,大如鷄卵,光射三尺有奇。手足皆挺花數朵,越二日始休。顧明傑爲鐫紀其事。平湖朱《志》。

郭長彬,字去勝。母夢吕祖授桃,食之而孕。年十三,從邑廟許自修爲道士。及長,受法于穹窿山施諒生。遊句曲、龍虎諸名山,得五雷傳,歸,住松塵道院,行法屢驗。晚至京師,棲白雲道院。院爲元邱長春蜕化之所。一日,悉更衣履静息,踰日不飲食,視之則已化。豫親王親至瞻禮,爲龕以葬之,題曰“拂袖白雲”。相國張玉書題曰“長春接軌”。後弟子孫楚昂迎龕歸葬。啓之,顔色如生。吳《志》。參《受中編》。

陸微,字濟蒼。志氣高潔,不屑逐塵俗。工詩善畫,能鼓琴。入太學,試棘闈不售。再娶,無子。請于母,爲道士,受正一法。登壇行法,祈雨晴必應。治疾,或藥,或符水,俱有效。居松塵道院,晚年別作數椽于東偏,足不出門。臨没,索水盥手,焚香而逝。著有《松間道人詩集》。平湖張《志》。

道援,字汝航。福建温陵人。俗姓陳。初工舉業。年十五喪母,撫膺悲慟,遂祝髮,參博山大師。已至天台高明寺,閱台宗三大部,淹通内典,卓錫于杭之横山,足跡不出户者十五年。崇禎庚辰,當湖馬訥庵延住平山別業。次年,陸基志請駐西林,提唱宗風。順治戊戌,移供寶雲林檢藏,多校正功。後留四偈,辭世。有詩文、語録行世。平湖朱《志》。參《柘上遺詩》。

宏覺,字夢破。仁和縣人。俗姓江,少負才名,豪宕自喜。嘗獨遊郡西,樂其幽勝,遂挾琴書,挈妻子,居横山之麓,題曰“蝶庵”。後棄去,從道援剃落爲僧,隨至當湖,從雲門禮公受具,名濟斐,號日用,往來江淮。戊子冬,坐脱于佛日寺。同社諸子建塔靈隱五寺橋之西,裒其遺稿曰《蝶庵集》。《柘上遺詩》。

通奇,字林野。四川人。十歲薙染,十九南遊,徧歷講席。丁卯掩關德藏寺。一日,失足墮樓,大悟,遂破關走姑蘇,見悟和尚于清凉庵,隨入天童,人稱林古佛。後從悟至嘉興,寓黃承昊園中,受付囑。乙酉主法天童通元峰頂,衲子奔趨,塋于太白玲瓏巖。

通賢,號浮石。俗姓趙,世居武林,徙平湖。父老無子,禱神得生。年十三不茹葷,父母欲爲娶婦,遂至普陀禮紹宗禪師薙染,三月即歸省親。爲泣絶,乃育髮,日閱釋典。一日在母前講説因果,母曰:“汝既決志出家,但無遠去。”由是復剃度,受雲棲蓮池大師戒。隨湛和尚開講海鹽天寧,結刹秦山。復至嘉興東塔。後住海鹽鷹窠山養親。喪葬畢,赴東塔,請復上天童。後隨本師密雲和尚至嘉興,舉拂授之。是冬退居青蓮寺,復往報恩,終焉。以上《檇李詩繫》。

行堅,字鋤雲。婺源人。幼出家,受菩薩戒,行腳諸方,遍參知識,得旨于金粟,苦行于報恩,駐當湖普濟庵。四七前預知時,至,遂絶粒,説偈進龕,出三昧火自焚,香煙旋繞,觀者如堵。參議陸光旭勒碑湖濱,晦山顯禪師爲之序。平湖朱《志》。

性慈,字大音。湖廣長沙人。少從南嶽覺定吉禪師剃度,聽教于石城月潭、碧空二師。繼圓具于天童悟和尚,參究有年。至德藏寺,杜門閱藏者十餘年。塑大悲、文殊、普賢三香像竣,日建大懺場飯僧俗,作無遮勝會,復主報本塔院,建塔五層,置常住田。己未歲祲,設寮煮粥,全活甚多。後無疾趺坐而逝。平湖朱《志》。參吳《志》。

天息,上虞人。俗姓陳,祝髮于新帶之復庵。游謁天台牧雲,嗣法歸隱三十餘年。厭世之爲棒喝者互相標榜,遂僻居不出山。康熙丙辰六月,忽沐浴而逝。

海布，字蒼雲，監生鄒銓也。葬親畢，析家產惠族人，就性慈披剃。售所居，築墻右之長堤及石橋。性慈寂後，爲建幢，搆三楹以守之。丙寅春，往天台，過石梁，朝銅殿墻畢，還至梁巔，飛身入萬丈潭中。墻院僧堅密往攜其骨歸，瘞性慈側。

本哲，字伊阢。湖廣孝感人。薙髮後，遍歷名區，結茅黃草山，日趺坐，惟以澗水浸乾糗充饑，晨昏必飲冷泉。順治間，隨平陽宏覺禪師應召，同諸名僧入侍萬善殿，覺垂問，師大喝“上善之時”，有間答。還山後，深自韜晦，移錫當湖報本塔院。徒澹雲，請住邑南之竹溪。天童再請主席，辭不赴。西歸日，沐浴危坐，書偈擲筆而逝。以上平湖朱《志》。

宗泰，字白山，號古笠。繆氏子。年十八受具于華山三昧律師。歸，侍費隱容和尚，爲記室，專以究明大事爲念。後住徑山之高庵，自稱高庵道人。暇輒寄情吟咏，有《閱世堂稿》。時喜作顚草，繪蘭石，自饒生趣。年五十一卒。《栢上遺詩》。參《德藏寺志略》。

常岫，字蒼林，別號懦翁。又稱松阿樵者。姓鄭，其先本黃岩人。十五歲，薙髮于大千佛寺，爲法華老人之孫。性沉靜，喜讀書，所居堂前有古松數株，吟咏自得。如是三十年，徙大房山之邃園，再遷良鄉宏恩寺。慕永嘉、天台諸山水，思歸老于浙，後居籜藪園，示寂。詩沖澹，居千佛寺，有《祖華堂》《聽濤》《寒濤閣》《墨香幢》《遂清堂》等集。住大房六聘山，有《邃園》《東峰》《蘭若》等集。寓宏恩寺，有《復古堂稿》。《檇李詩繫》。

行深，字山年，自稱山道人。居邑之北郊三一庵曲水精舍。有《寄寄吟》。《檇李詩繫》。

費雲，俗姓陸。甫七齡，幾死于白刃者再，遂發願爲僧。十二薙髮于嘉邑善住庵，勵志焚修，改名行曇。嗣後行腳四方，道益進。康熙癸亥，止邑之雨花庵。一日，召集徒衆，沐浴更衣，端坐而化。《西畊筆談》。

元璟，初名通圓，字以中，後更今名。俗姓蕭。自幼祝髮化城庵，性椎魯，每夜虔禮大士像，積數年。夢見大士舒金臂，傾金瓶水灌頂門，覺而通字義。學爲詩，就正于陸孝山義山，因自號借山。又號紅椒上人。後爲天童侍者。康熙四十二年癸未春，聖祖仁皇帝南巡，有以元璟名進者，召見吳門行宮，備問法門淵源、世始末。元璟獻詩，並書擘窠大字，稱旨。御書“棲心寺”額及《砥石硯製硯說》以賜。已而，隨駕至黃壩，召登御舟，命賦《維揚雨霽》詩。秋復召見暢春園，乞還山。上命內大臣佛寶送在崇福樓止，詔曰：“留爾在京，以備顧問。善自調養，無庸苦辭。間可賦詩，以副朕懷。”晚年仍歸棲心寺。又數年圓寂，葬寺後。著有《完玉堂詩集》，載《四庫全書》。平湖張《志》。心樹，字覆千。善山水，遊京師，見知于聖祖，詔師王原祁，遂爲司農代筆。後居萬壽寺。平湖王《志》。　案：心樹爲棲心寺僧，元璟弟子。工畫，每幅自署棲心心樹。王《志》引《畫徵錄》，恐誤。

聖潛，字師林，號浮山。平湖陸氏子。母見紫衣僧入室而生。幼即茹素，旋受靈隱碩公戒。歸，住鹿苑、竹谿。歷游雲門、天童諸名山。詩筆雅潔，有《蕊香草》四卷。《續檇李詩繫》。

德術，字高遵，號栽松道人。平湖陸氏子，名競烈，號懶真。爲勝國諸生。滄桑後，棄儒冠，祝髮杭之靈隱寺。歸，結小庵於邑之南門外，名松在。作《生瘞》詩十首，同時和者甚衆。族兄清獻卒，賦《十斷》句輓之，可以見向道之篤。詩格鉥肝擢腎，語必驚人。著有《停雲檳影集》。《續檇李詩繫》。

德音，字默聞，號雪圮。屠康僖七世孫。幼禮浮山爲師，十九具足於雲林。所著《擊竹草》，多清新語。《續檇李詩繫》。

　　觀我,字成已。平湖人。居乍浦大王廟。孤吟獨往,性不諧俗。嘗學詩于潘皢庵。皢庵,洛如吟社老宿也,稱成已沈靜端雅,喜從儒者游,名流多與倡和。著有《西谿詩存》。《續檇李詩繫》。

　　源衍,字朗懷,號柏谷。平湖謝氏子。萃鳳庵僧,清羸善病,日以苦吟爲事。嘗作《當湖櫂歌》百首,水鄉舊迹,搜歷殆盡。與圓通寺僧闊堂有"春雨滑牛背,野香開豆花"之句,爲沈文恪所賞。著有《柏谷詩鈔》。《續檇李詩繫》。

石門縣

唐

　　文喜,語溪人。姓朱氏,開成間,案《浙江通志》作開平,誤。進具初習四分律,兼講《法華》。嘗往五臺山,禮文殊大士。夜投古寺,遇老僧,問南方佛法,住持衆數,師皆答。已卻問:"此間佛法如何?"住持僧曰:"凡聖同居,龍蛇混雜。"又問:"多少?"衆僧曰:"前三三,後三三。"師惘然。茶畢,令童子送出門,俄失所在,但見高林深谷而已。後參仰山,契悟命,爲典座。一日見文殊跨獅于緣蘙側,師訶曰:"文殊自文殊,文喜自文喜。"遂掌之。文殊湧空曰:"苦瓠連根苦,甜瓜徹蒂甜。修行三大劫,卻被老僧嫌。"咸通中,築室千頃山居之。光啟三年,錢武肅王請住餘杭慈光院,奏賜紫衣及無着號。光化三年,移住無着院。是冬夜半,告衆曰:"三界心盡,即是涅槃。"趺坐而化。時方丈發白光,垂樹同色,建塔靈隱之西塢。《佛祖通載》。

五　代

　　虛受,嘉禾禦兒人。納戒後,於上都習學,内外博通,傳講數本大經論,不憚宣導。廣明中,抵越大善寺,講《涅槃》《維摩》二經。因謙雅等師釋崇福疏,繁略不中,撰《義評鈔》十四卷,餘則法華百法、惟識各有,別行義章。武肅王錢氏按部至越,出謁。王素嚮風,乃加優禮,言勞再三。乾化中,於會稽開元寺度戒,命充監壇,選練吳會間。行此職者,自受始。《高僧傳》。

　　道宏,張氏子。祝髮龍興寺。初通律部,後學大乘内解,高勝人稱爲義龍。來錢林村,結庵淮海王祖祠之右。日誦《法華》,夜禪坐而已。錢武肅王造寶林寺居之,今名證聖院。崇德靳《志》。

宋

　　王衷,字秉忱。崇德人。宋時遊太學,以上書直言遭貶,後隱於杭之孤山,修西方净業。雞鳴而起,禮誦達旦,風雨寒暑,未嘗一日廢也。朝廷聞其清行,召之,不赴。賜號悟静處士。紹興五年八月十二日夙興,誦經如常,久而聲漸低,已而不聞,就視,則端坐逝矣。至元《志》。

　　智訥,邑人,案《浙江通志》引《徑山志》云:"妙空訥禪師,秀州人。"受具崇福寺。性穎悟,佛書一覽輒通。尤工書。紹興間,至靈隱寺,後住徑山。規律甚嚴,嘗執皷槌以警衆人,稱訥皷槌。一日,正升座答問間,有僧舉普化和尚話,且曰:"能作如此去否?"曰:"如何去不得。"即於座上合掌,端坐而逝。崇德靳《志》。參袁《志》。

一長老,不知其名。居崇福寺,能談未來事。忽指塔,語近寺王生曰:"煩爲守此?"王哂曰:"恐有力者負之而趨耶?"越兩日,塔自摧壞。同時有夏和者,近郊人,亦在寺。容服垢膩,嘗瞑目坐不動,人或見和,在數十里之外。長老與和獨厚,見輒握手笑談。和後坐亡于塔。崇德靳《志》。　案《浙江通志》引《東坡志林》云:"秀州本覺寺一長老,少蓋有名進士。自文字言語悟人,至今以筆研作佛事。所與游皆一時文人。"又引吳《志》"一長老能談未來事"一條:"然《志林》所云:'一長老,疑即文長老。在秀水本覺寺。'此云崇福寺一長老,自在崇德。別見靳《志》,非即一人也。今兩存之。"

法成,字枯木。崇德人。出家吳興金山廣法院。後住東京净因寺,晚復歸廣法,立化於水壺峰頂。《檇李詩繫》。

慧梵,字竺卿。石門顧氏子。受具羔羊澄寂院,持守最嚴,傳宗旨於天竺如虎子,學詩于石室陸維仲。性至孝,縛茅奉母,扁曰蓬居。居側植梅、水仙,不知數。暇日,寫二花真,亦極其妙。得筆法于梵隆茂宗也。壽八十九。有《蓬居集》。至元《志》。

妙寧,號棘庵。居崇福。性根秀徹,博覽群書。與義銛皆學詩于慧梵,格尤清婉,如姦雄窺草鵲,高潔抱枝蟬,蟹芒針刺水,鷹翼劍摩空,皆可味。名人多與之游,梵林皆近道者。柳《志》。

夌基,少入千金鄉山原,結茅修道。遇異人,授以導引之術。數年跌坐而化,面頰若栗,支體温柔如生。其徒欲收瘞之,惟有巾氅。至今號其山曰夌山,有夌仙石、桐棺冢諸蹟。崇德洪《志》。參名勝《志》。

行昭,紹興初出家密印寺,謂唐僧三果嘗静夜擊鐘,墮鬼趣者聞之,皆脱苦念。自睦寇以來,罹兵火死者衆,非萬斤之鐘,振雷霆之聲,不能警昏夢。于是募緣鑄之,三鑄不就,乃易地再鑄。萬人環繞,金將躍冶,昭誓曰:"若無成,吾委身爐中矣。"鐘果成。比鄰張氏啓户觀鑄,見金甲神長數丈,環衛鑄所。崇德洪《志》。

晉水,青鎮密印寺僧。宋慶曆間,衍《法華》寶典,天雨花至高麗,花瓣刺"晉水"二字,高麗遣僧統義天來傳宗旨,并貢花。上詔藏字寺中,起閣貯之。至今有寶花閣。崇德洪《志》。

元

僧尚,族姓浦,字希古。檇李人。七歲,母授《孝經》,一過即成誦不忘。于覺海祝髮爲沙彌,聞景巖福公住崇德之常樂,因往參焉。晝夜究《華嚴經》,福公悦其穎悟,曰:"異日樹教東南者,必尚也。"及侍福公於杭,之高麗五年,昇座説經,僉舉爲都講。領宣政院,剳住常樂,賜號慈峰妙辨大師。退處禦溪別峰蘭若。江浙行省遣使延之高麗,特授御製金襴袈裟。貝瓊《高麗宗主尚希古塔銘》。

子温,字仲言,號日觀,又號知歸子。屠甸村寂照寺僧也。善畫葡萄,枝蔓皆合草書法。性嗜酒,豪飲不羈,然楊總統飲以酒,則不一沾脣,見輒罵曰:"掘墳賊!"嘗在朱宣尉家作畫,題一詩云:"昔有朱買臣,今有朱宣尉。兩箇擔柴夫,並爲朱紫貴。"朱雖武夫,敬日觀,軒然笑曰:"我果曾賣蘆柴,和尚知我。"厚酬之。《堯山堂外紀》。

尼文鑑,字古心。姓濮氏,梧桐鄉人。先世以貲雄于鄉,十四歲即斷葷穢,禮廣福禪師爲嗣,復授記于天目中峰本公。即於濮鎮建大刹,請於朝,勅賜福壽禪寺,仍住持廣福寺。至治庚午歸福壽,坐化。吳《志》。

<h1 style="text-align:center">明</h1>

德昂,號伏庵。從親避地石門。元末遭兵,其母禹氏執節投河,其父倉卒葬之而去。未幾,父亦歿于兵。昂無依,出家義烏廣愛寺。稍長,精通內典,爲叢林耆碩。兵事方殷,虞母墓或毀,乃渡江省墓石門,修治之。會修《元史》,昂亟走京師,以其母死事告於史氏,遂得列傳。已,還石門,治墓,扁其居曰“白雲先隴”,里人表曰“貞母阡”。崇德洪《志》。

慧顯,字無極。正統間出家石門鎮順慶寺,歷任住持郡中祥符、東禪二寺。在徑山口誦《心經》坐化。桐鄉李《志》。

法亮,真定人。祝髮福嚴寺,司殿啟閉。成化癸卯六月告去,寺主不許。越旬餘,復告曰:“有二青衣見召耳。”三日前沐浴,別衆入龕。素不解文字,至期作偈。鼻中出三昧火,自焚而化,俗稱亮菩薩。崇德靳《志》。

明曠,字公朗。陸氏子。年十一歲捨身崇福寺,讀書學詩,詩日工。四方作者過禦兒,必與捉麈遊。明曠善病,築寶函樓,居其上。西南可望皋亭諸山,登臨嘯咏,泊如也。同邑郭舜舉六七輩結社及山,招明曠入焉。萬曆庚子卒。黃儀部汝亨銘其墉。著有《小品齋詩略》《紺園集》。崇德靳《志》。參《檇李詩繫》。

溥瑛,字朗潤。住崇福寺,與陳眉公、郭子直、俞丹書諸名宿倡和。有《燊花草》。伊《志》。

<h1 style="text-align:center">國　朝</h1>

通容,字費隱。年十七參湛然和尚於華林寺,繼往廬山,謁憨大師。反復縱辨,震威大喝,作偈云:“吾年二十五,氣宇吞佛祖。不過古人關,豈蹈今時路。”參天童悟和尚于吼山,問覿面相提事,凡七打,所有知見渙然冰釋。繼席黃檗,住金粟,移天童,主徑山。順治丁酉,住福嚴,凡五載。著有《法語》十四卷及《五燈嚴統》。舊《浙江通志》。

實源,字一泉。江南僧。主福嚴方丈。工詩善書,畫好作墨梅,疏枝大幹,筆意古秀。

明培,字蔭寰。住福嚴寺。康熙四十七年,蒙賜《心經》一卷。

遠聞,蘇州人。諸生。將娶,逃至玉溪庵爲僧。又居祇樹庵,忽得瘋疾,與人談禍福,無不曲中,人號癡和尚。化後,異香馥郁。里人範金爲像,稱遠聞祖師。以上伊《志》。

智幻,字在真。石門人。東墖寺僧。有“宵寒夢不侵”之句。秀水陳葵嘗稱之謂“黃葉老人”。以“秋樹落層陰”,爲陳仲醇欣賞,作一絕贈云:“黃葉菴中五字吟,曾題秋樹落層陰。于今疏閣添佳句,最愛宵寒夢不侵。”著有《疏菴詩鈔》。《續檇李詩繫》。

西印,字竺仙。崇福寺僧。性澄淡,終歲不出戶,惟吟咏鐘魚粥鼓間。其訪姚體仁拔貢云:“花自飄零減卻春,禪關幽寂此閒身。巡檐咒筍速成竹,要使清風來故人。”“攜將藤杖叩林端,如豆青梅一味酸。山下人家門巷靜,朱櫻未熟鳥銜殘。”餘作稱是。新纂。

棲真,玉溪西竺庵僧。清修自勵,雲遊金、焦兩山間,遇名師授石蟹二,名賽空青。攜歸,治目累著奇效。同治甲子後,庵敗,賸數椽,力爲修葺,經費出自藥籠中,不募檀越一文錢,而舍宇焕新。卒前一夕,以餘金囑徒孫滌塵曰:"此年來銖積寸累,將以建大王殿及純陽祠者也。汝其勉諸。"翼日,趺坐逝。滌塵亦能成其志,并世其醫云。新纂。

桐鄉縣

明

潘爛頭,前朱廟黄冠也。有道術,能呵致風雨。往來濮川,有玩月者不禮潘,潘于壁上畫月影,以片紙粘之,月遂雲翳。其人求潘去紙,月皎如故。嘗一日召天神,至則無事。神以硃筆點其頭,頭爛,故人號爲潘爛頭云。以上吴《志》。

朱涵臺,崇福宫道士。萬曆壬子,師疾,割股煎湯以進,疾遂愈。同知宋萬略題"割股痊師"額贈之。伊《志》。

宏道,字存翁,號竺隱。梧桐鄉人。案:桐鄉徐《志》誤作道宏,吴江人。元末出家密印寺,住持杭之上天竺。洪武三年被召赴京,十六年授僧録司左善世。二十四年歸老,嘗奉旨同全室具庵箋《楞嚴》等經。永樂間示寂。姚廣孝《竺隱禪師塔銘》。

若愚,字極蒙,號鐵庵。洪武間青鎮寶閣寺僧,精修苦行,洞明宗乘,嘗于静夜演説妙理,天燈群集,人咸異之。江湖禪學咸師禮焉。永樂庚辰夜,辭衆脱化。劉《志》。

聖行,號智河。菩提庵僧。初不知文義,苦參十餘年,豁然有悟。著《山宗緒言》《塵餘集》。

方擇,字覺之,號振林。薙染于密印寺。博通禪講,爲李樂、曹學佺所重,時稱竹寮和尚。詩清真。有《華嚴要略》《内外詩集》。

文貞,字蓮生,晚號夢堂。秀水精嚴寺冬溪之裔孫。從秋潭上人遊,得其詩法。工書,著有《萍庵藻影》《雜藥》。嘗取嘉郡詩僧,哀其遺稿爲《檇李禪林詩輯》,僧大持序之。以上《檇李詩繫》。

國　朝

元盛,字慰宏,自號杼山。沈氏子。嘗山行,遇虎,露坐樹下,聞樹杪若有聲曰:"此禪師也。"虎顧視跳擲而去。由是披薙,參報恩大覺國師。工詩,婁東吴偉業題其卷曰"杼山詩鉢"。有《語録》《杼山集》行世。

慶雲,紹興人。康熙五十年卓錫龍翔。貌古行高,僻静枯坐。里人逃瘧者,撫其禪牀即愈。年七十餘,偶至山門,恍然有得,書偈而逝,鼻垂玉箸數寸許。

櫹叟,字聖修,號木石道人。玉溪鎮清蓮庵僧。通内典。善寫牡丹,人争購之。性樂枯寂,凡名刹延主講席,辭不赴。年七十五,趺坐而化。以上伊《志》。

篆玉,字讓山,號嶺雲。仁和萬氏子。年十七,投净慈薙染。雍正十二年,遊京師,和碩莊親王招住海淀法界,觀心佛堂十三年。侍郎海望帶領引見,奉旨速還。會同永覺禪師超盛查加封妙圓正修智覺禪師,法派仍住萬峰。游情翰墨,善鼓琴,工行草,句法摩詰。乾隆十六年,六飛初幸江浙,制府遴選道德清高十僧迎鑾,以備顧問,師在其列。後住龍翔寺,作偈辭世。著有《話墮詩》《南屏續志》。杭世駿《嶺雲禪師塔銘》。

蓮堂,雍正間僧,不知所從來。瓢笠無常,遇破廟古佛,則棲息其中。集善緣,以修葺采塑爲事,事竟,又棄去。以餘錢市鯤鮞,誦往生咒,放諸水濱,即困而斃者,亦噞喁遊去。冬夏不履不韤,持咒外不諳內典,言多奇中,每以諧語出之,人遂目爲癡和尚。後示寂于佑聖宮。桐鄉李《志》。

明中,字大恒,號嘯巖,又號炅虛上人。桐鄉施氏子,幼薙染於嘉興楞嚴寺,出住杭州聖因寺,轉住净慈寺。乾隆丁丑,聖駕南巡幸寺,蒙賜紫衣。生平博通內外典,兼善寫生,寄意篆刻。著《炅虛詩鈔》。《續檇李詩繫》。

復顯,字夢因,號雪廬。桐鄉張氏子。出主揚州建隆寺,鐘魚佛語,吟聲滿林。師伏几手披口授,訓兩僧雛讀書臨帖,呫嗶如學究。所著《雪廬集》,沖淡婉約,氣韻在元和、長慶間。《續檇李詩繫》。

德輝,住東門外茅蓬庵。庵多竹,新筍冒上,德公每手劚,貽方處士薰。鮑淥飲時載書來,恒入座,共飯,參玉版禪,間亦評詩論畫。薰爲寫墨筍卷,流傳至今,藏於孫氏。錢儀吉《紀事稿》。

禪一,字心舟,號小顛。桐鄉人。自幼脫白南屏萬峰。萬峰爲明季遠祖元津墍法師,與董香光、黃貞父諸公結香嚴社于此。小顛承其宗風,已傳七葉。其師讓山與厲樊榭、杭堇浦交善。小顛侍側,每得句,必與推敲。性灑脫。工詩。善草書。著有《法喜集》。《續檇李詩繫》。

沈道珣,自幼受正一法簪戴於高真聖堂。道行修潔,爲衆皈仰,遂改建聖堂爲道院。宣德初,籍名太常寺,授修職佐郎,山川壇籍田祠祭署祀丞。正統間,乞老歸,卒。桐鄉李《志》。

尼德密,梧桐鄉人。夫故,即參內典,誦佛號。一日遇名僧,喝示曰:"念佛者誰,爾試參之。"密晝夜静參,一時領悟。年七十餘歲,無病坐化。踰日,鼻垂玉箸,頂放白光,觀者如堵。吳《志》。

嘉興府志卷六十三

忠 義

嘉興縣

候選國子監典籍錢繼文同妾吳氏,子獻芝、成芝《忠義錄》有《傳》。 候選翰林院待詔鮑懋卿 候選禮部鑄印局大使金銘 同知銜方維祺 陸震同子太常寺博士在璿 州同程禾 知縣沈塹 訓導胡丹桂 金學潮 張晉爕同妹壽萱、景嬡《忠義錄》有《傳》。 按照磨高金鑾同子附貢生百齡、媳殷氏、孫人彥 從九品周禹治 從九品戴玉森 從九品銜李炯齋 鍾彥槐 倪元熊 朱榮魁 金如潮 何寶和 未入流王暹同僕王榮、顧勝 附貢生倪榕 監生黃奎齡 趙渭如 杭埔 陳錦文 李本仁 金垠 蓋萬鍾 馬星菴 徐鋆 錢元均同妻楊氏 周菽原 湯士壽 周蓮君、周汝曹生員。李餤光、子篋齡《傳》。平鑑 鄒翊祚 增生謝廉 附生馮柳生《忠義錄》有《傳》。 黃福元 黃福瀛 鮑昌 江械 徐士廉 萬維翰 沈懋勳 陸有培 蔣萬春 胡逢中 吳世杰 朱昌潤 朱昌濟 張耀 張以煊 附生江鍾蘭同母呂氏,弟懋勳 倪淞同媳闕氏,孫大官,孫女大姑、二姑 陳萬林同妻鄭氏 張象成 懷潤之 戴芑豐 黃世偉 陸以照 余燾 沈廷模 沈爕榮 武生沈桐 王汝霖 從九品王江 楊之喬 翰林院待詔胡塹 縣丞沈福年同妻殷氏 候選教諭朱廷珍同妻王氏,子附生恩綬,媳程氏,從子增生恩紹,孫附生光祿、三官、四官,女孫五姑,妹汪朱氏,女甥孫汪氏,甥孫汪大官,孫二官,孫甥女孫大姑 典史吳兆蘭同妻戴氏 候選道姚丙禧 從九品于多泰 錢炯塹重出。 國子監典籍銜謝廉同子昌齡 縣丞朱澧同弟附生昌濟、昌灝,從子附生文楨 六品銜周士鈚 周士鈇 縣丞朱澧同妻沈氏 聖廟賚奏廳鄭兆乾同妻黃氏 鹽知事鄭兆升同妾陳氏、黃氏、梅氏,女德姑、葵姑 從九品銜馮高熙同母俞氏,弟廩生高勳,弟媳吳氏,姪女四寶 府知事錢寶礽同姑母丁錢氏,妻鮑氏,女魁齡 桃源主簿錢寶和同妻蔣氏,女喜齡 江蘇同里巡檢莫如鈿 從九品銜朱寶賢 朱寶善 翰林院待詔徐晟 國子監典籍銜何善純 六品銜龔鈺同女薛龔氏,曾孫丕勳 縣丞朱迺基 教諭周師濤 訓導朱世源 州吏目金梁 從九品銜俞鏞 縣丞周維洛方受書吳仁壽 訓導方受玉 按照磨陸寶珩 從九品銜郭錫安同妻王氏,子寶椿,女霞珍、蕊珍、秀珍 國子監典簿銜方惟吉 候選國子監典籍吳濤 從九品銜郭浩如 于以慎同子大官 候選翰林院孔目鮑福賢 州同莫汶 知縣沈養和 縣丞王汝鑑同嫂顧氏,子辛三 議叙從九品陳晉 程晉 趙沈榮 從九品陸遇賢 從九品高尚睦 從九品銜陳蓮應 陸鼎城 監生張永賢同媳姚氏 布政司經歷史蕙 從九品銜朱應松 薛振源,同妻郭氏 候選詹事府主簿郭鼎勛 議叙五品銜監生朱福大同妻王氏 議叙八品銜監生朱福生同妻湯氏 從九品吳舜福 國子監典籍銜錢承志 布經歷銜高鏞 布理問銜沈芬 程如珍妻陳氏 武康縣訓導朱奎 監生吳舜舉 從九品沈誠之 汪毓昶 從九品章葆辰 郁芬 吳秋泉 姚文琳 從九品銜監生吳福年 布理問朱昌熾 同妻岳氏,子培福、培恩 府經歷馬澄 議叙八品銜胡瑞金 議叙從九品朱昌澄 莊元禧

從九品銜張詠言　按經歷王汝梅　從九品銜張振福　從九品錢炯墊　國子監典籍銜生員沈敷桂同妻崔氏,兄生員對薇　從九品楊鑒　附貢生朱鎔震　錢人煐　張金誠同妾邱氏　增生吳逢甲同子佐清、佑清　增生劉光熊　附生劉與權同妻闕氏董世煒　張榮復　張師貞　武生陳耀廷　附生張葆源　生員馬攀杏　金麗生　周凝傳　監生陳兆觀同女印姑,僕姜鴻、薛二、趙二,僕婦陳氏、張氏　錢人煥　附生張保衡同庶母邱氏　廩生平鏗　監貢生朱以柏　監生何宗孟　忻耀廷　增生朱恩詔　附生姚恩桂　附貢生沈蘭枝同妻何氏　沈金階《監生》。朱柳汀子筱柳,媳俞氏　監生朱元熙　曹秉衡　張嘉穀　增生沈邦華同母曹氏、妻黃氏　附生周同文沈庚吉　鮑昌賢　鮑庚三　江械　江佑　劉葆春　監生謝煥三　監生薛振新同妻郭氏　高金鑾同子附生百齡,孫大官　周序東同妻湯氏,妹大姑,女小寶　徐守義　岳廷椿　朱又雲　陸舉　附生山其源　周鴻濤　陳汝元　任炳章　俞嗣宗同子壽百、朱其仁同妻李氏,弟其桂　附貢生錢晉吉同子誠清　監生何應龍同妻胡氏,子監生廷械,媳金氏　朱鑑　廩生姚汝芬　增生沈樹槐同子鍾元　附生陸和鈞　監生錢人煐　監生姚德耀　武生馬朝綱　沈桐　舉人沈穀成監生薛振源同妻郭氏,子樹昌　洪勳猷　曹敬思　陸昌壽　楊洪章　楊聖發　姚應溙同妻陸氏,子榕慶　倪受福　鄭如鴻　沈應溙　廩生郁榮　生員沈崇慶　錢振常　陸恩生　倪葆辰錢敬安　陳椿蔭　沈敬賢　高秀齋　張蘭　周紹基　黃培年　萬維城　葉春圃　程紳　金灝霖　陳大林　顧尚齡　朱品鼇　金世恩　陸秉儀　汪九皋　汪錦榮　黃增　王汝鑑　戴鍾俊陸珊美　高煜　高燧　宋三慶　吳體仁　王賜邕　馬如淵　盛金鑷　李永成　王桂年　陳大順　郭寶椿　汪芑亭　鄭德珩　周少泉同妻金氏,子大官、二官　王春木全家無考。　萬維貞同子大官　殳有名同妻闕氏　吳勝珮同母陳氏,子大官　嚴文華同妻錢氏,女次姑　史同孫全母倪氏　錢厚山同妻陳氏,子大官　楊鴻同媳沈氏　戴雲樵同妻徐氏　郭瀚同妻王氏,姪女月珍　汪某同妻吳氏　金在鎔同姪某　朱其欽　朱濰　朱渥良　汪程信　吳泃　朱昌灝　朱汝潮　王秉章　費大寶　石廷模　李慶榮　于熊飛　于德培　范六官　林壽徵　沈福清　吳秋波　沈阿大　吳清華　沈景泰　金有祥　張二寶　沈和貴　范廷芳　胡友和　李種玉　朱老五　汪貴寶　史致明　夏洪達　吳受澤　吳發華　徐春華　徐春木　夏有德　徐亦珊　徐大觀　朱仁　陳受祜　陳受祿　李邦偉　徐三寶　施俊　何方治　何慶寶　倪廷檯　倪駕鼇倪二官　何方　金硯香　吳士福　金喜　王玉華　王壽慶　周曰熊　吳槐　王祝山　金鎮藩金鼎鉉　姚樹滋　崔四寶　張嘉猷　蔣秋泉　李盲子　楊壽康　朱祥生　姚茂生　姚淦寶陸富生　徐餘寶　王五寶　徐發元　姚福元　周人吉　石廷華　李景山　王嘉彥　徐寶玉胡三寶　陶有福　宋證　吳二觀　馮老德　項嗣龍　邱德仁　朱士玉　徐七觀　張佩玉　趙二觀　胡百壽　唐雨亭　周承乾　蕭竹莊　陳三觀　許維高　陳關福　顧三觀　顧隆觀　顧義和　王四喜　王贊珍　王如松　謝瑞叔　江大寶　王三觀　平大觀　平六觀　姚長生　朱老奎　繆二叔　夏順叔　褚長慶　周俊藩　夏二叔　顧崧高　吳行六　李文榮　姚金寶　王鑑香　李景山　蔡福慶　魏家登　夏湘濤　吳二觀　吳三觀　陳義盟　胡六寶　徐雨春　金二觀　張德榮　周老九　張介石　陸以義　李枝長　李有仁　吳曰大　姚美　蔣作堂　沈清波　朱福　邵源　姚振山　汪世雄　周以煊　王彥興　戈雲祖　祝志文　姚貴　梅有仁　程六觀　張秀成　錢金貴　錢元堦　呂連奎　徐小俶　張梅元　王西泉　梅順觀　陸福壽　毛壽元　關八觀　吳琛江　金霄舫　戚丁方　韓周貴　韓七寶　許阿大　姜邦彥　許有耀　周

蔭楷　莫阿二　夏阿大　章葆城　洪濤　沈南初　徐老九　戈浪溪　張二觀　張仰山　曹世福　沈南村　張春波　張自南　胡阿順　徐龍叔　徐三觀　徐大觀　徐福清　徐永大　金老順　朱維綱　張阿五　劉阿五　沈福昌　王桂馨　黃梅英　俞大昌　王金龍　祝聚林　徐汝鈺　徐有升　祖進安　沈永福　鄭老發　謝敬莊　陸珠泉　羅坤同妻沈氏　馮志仁同妻邵氏　宣汝鈺同妻闕氏，媳馮氏、朱氏　朱灘同妻俞氏，子貴徵，女二姑　劉元善同子世槑、世槙，女四姑　王恒久同子四喜　周俊方同妻施氏，子女三人　張如珍同母、節婦陳氏　陳元章同妻王氏　葛遂堂同妻王氏　陸世榮同妻蔡氏　牟玉書同弟漢卿　周某同子槑棟　潘大稼　唐駿桂　何善純　王鳳榮　陸三　倪承勳同妻秋氏，子大官、二官　何善林同女二姑、三姑、四姑　沈銘同妻姚氏，嫂姚氏，姪女有姑　朱二倌　毛永林　王三福　楊和上　沈大倌　李五倌　顧老其　馮廷耀　顧大倌　顧老桂　顧勝林　毛小三　金寶全　陸文煒　牟漢卿　牟玉書　許桂倌　馬四倌同妻楊氏。　唐文德同姪孫寶勝。　唐郎卿同堂弟二倌、堂姪保生　汪理源　劉玉生　沈友棠　彭福　彭朗峰　倪炳昌　于熊飛　盛起鴻　張雲麒　李洪　倪屏山　徐永珍　徐長慶　周長嘉　周廷春　李炳恒　吳少平　徐榮春　董維琛　沈藕舲　湯靄亭　周秉玉　王如松　王賜圀　王德僖　王四喜　王福榮　沈百順　王耐菴　趙禄壽　張棻　杜瑞隆　徐受福　戴禹功　曹寶元　陸五福　陳士進　姜五福　顏應同母蕭氏，妻曹氏，女大姑　張菊人同女二姑、三姑、四姑　戴朗亭同子小寶　沈春洲同弟大觀、二觀，妹小姑　倪長齡同母鮑氏，嫂賈氏，姑母閔倪氏，妹九姑　倪承勳同妻秋氏，子大觀、二觀　周登陛同子大觀、二觀　施純熙同妻周氏　楊文洪　楊應鈞　鄭俊三同母陸氏　褚福珍　褚巧官　于多泰　賀祥興　蔣薇同妻褚氏　沈仁同妻張氏　周少淥　王茂槐　周永源　陳廷錫同妻許氏，子恩培　鄭兆巽　鄭宏恩　鄭祖恩　鄭綬恩　鄭惠恩　鄭兆井同妻黃氏，女達姑、羚姑。　鄭基富　丁文達　何朝儀　張晉　王秀章　韓士乾　殷午棣　周登墀　張兆良　蕭順之　屠仁基　沈鈺同妻杭氏，子鴻孫、二寶、三寶　周登陛同妻金氏，子曰熊、曰羆　丁春江同母闕氏，妻闕氏，子大官、二官　馬新臺同妻李氏，子大官　許友蘭　李完沅　朱品鼉　陸文銛　陸鈺慶　孔超亭　徐觀慶　陸司務　許震　于掌應　許雙喜　穆大德　張雙喜　陳關通　張九觀　馬發有　吳泩　魏八觀　孫潢　孫維賢　楊老咬　王阿弟　戚天福　王大寶　盛有高　盛萬有　馮白生　高德林　楊坤修同妻吳氏，子品三　陸善鋐同妻祝氏　王宗鉏　錢孔昭　陸師熙　姚茂生　徐餘寶　朱祥生　王三觀　蔡馬市　姚長　朱老奎　繆二荵　張大寶　王東寶　張嘉猷　江大寶　夏順荵　何秋林　何壬林　李文榮　王鑑香　蔡福慶　諸長慶　魏家登　夏湘濤　陳義門　胡六寶　唐雨亭　鄔八福　唐瑞昌　尤曉園　金少蘭　李宜庵　王通元　金步雲同妻某氏 重出。　平大觀同弟六觀　馬如淵同妻姜氏　黃仿香同母陸氏，妻某氏　吳茂年同弟茂仁、茂吉、茂春妻夏氏　何善緯同弟善糾、善榮　施繩　祖壽　胡全壽同弟全慶　何古林同從子善繹，外甥壽官　周杏寶　姜大慶　陳紹裘　張世棟　張其禎　周全寶 以上見《忠義錄》。　生員蘇善溥 錢塘人寄籍。　監生阮泰蛟　監生馬諄　監生嚴廷槐　監生徐鋆同從子受福、受祉、儀、俌、儁、倓、佐　朱立成　杜富春　尤獻麒同子馨堂　蔣國祥　毛升陞　汪德明　汪敬孚 安徽人寄籍。　錢春林　吳富生　王四　周珍寶　胡元寶　陸富生　王德琪　王德陞　王錫圀　王祝三　金廷模同妻某氏，子一　金德陞　謝瑞琛　李宗義　姚禎祥　夏福臻同弟福能　何德慶　李廷銓　姚樹滋同弟雙應、雙全　張勝華　錢文燦　李錦卿　蔣作堂同母孫氏　張嘉猷　陳周　楊壽康　張秋門　盛

兆彥　倪六　崔四寶　張德培　方寶田　殷桂生　周四喜同子一　張大寶同母錢氏。　王東寶同母金氏。　朱祥生　葉慶福　鄭銀同從子汝謹。　王鑑香母張氏、繼母屠氏。　王嘉彥　何琴齋　李文榮　王蓮塘　蔡福慶　蔡馬士　王三觀　繆二　李槐章　蕭祥生　顧得祥　戴傳山　馬六寶　周寶順　徐六菽　凌士盛同弟士鷺。　徐二觀　李景山　蕭八　夏嘉樹　沈耕山　沈桂　周珍　胡富壽同母唐氏弟明春。　張寶林　徐餘慶　胡大寶　朱奎　吳桂林　陸爾康　李柏南　吳大寶　王五　沈永福同子一。　董舜湖　張小虎、張有觀同從子巖柚。　姜桂林　王七　吳振元同弟瑞和周滿叔。　周學洙　姚長生　鄭發　周如源　許兆升同妻徐氏。　顧崧高　葉少蓮同妻某氏，子一。　江大寶以上見《梅里殉難錄》。　定番州知州許樸　監生鍾柔之同妻李氏。　詹事府主簿銜郭鼎勛　生員鮑福棠　生員鮑福潮　陸廣明同妻王氏　沈茂堂　鄭夑恩同妹德姑、葵姑、應姑、蓮姑、林姑、菊姑以上已旌。　王蘭莊　從九品王宜毅　監生鄭勳　金新祚同母費氏。　生員文如玨同妻鄭氏。　生員郭上垣　郭善昌　職監趙沈榮同妻朱氏，子二。　羅潮同妻朱氏，從子坤，姪婦沈氏，子大保。　從九品薛文瑞　陳士魁　周秉王　儒童陸寶鈺　從九品倪承勳同母鮑氏，子紹堃，女二姑。　從九品倪元熊　鍾大貫　生員倪淞同子生員廷楷。　倪瓶山　張兆良　儒童馬星臺　八品銜周光第　屠三觀　蔡五壽　周友福　趙祿壽　蔡德配　儒童湯靄亭　張保昌　邱世培　姚桂臣　嚴啟豐　王若泉徽州寄籍。　知縣計昌言　榮七官　吳七叔　周順昌　周惺巖　沈幹章　監生朱汝燝　從九品薛文瑞　從九品陸鼎顯同母屠氏，妻姚氏，子萬祥。　陸三以上採訪。　杜幼枚同妻張氏，子一

秀水縣

光祿寺署正銜龔光旭　候選鴻臚寺序班張周淮《忠義錄》有傳。　候選刑部司獄盛湧泉　布經歷周邦鎮　六品銜金猷遠同母潘氏。　湖北候補知縣杜文浩《忠義錄》有傳。　知縣陳柏同妹七姑。　聖廟金絲堂啟事俞淦同子梓。　縣丞陳照同妻汪氏。　縣丞顧沈枬同從子熊。　鹽大使沈松年　教諭殷燾同叔之伊，弟監生錫元。　八品銜王厚基《忠義錄》有傳。　朱應年　朱潮　從九品陳其耀同子寶昌，女大姑。《忠義錄》有傳。　從九品銜吳寶善　沈葆三　陳棣輝　金衍寀　吳鴻智同弟鴻德。　楊之鐈同弟應鈞，從子文浩。《忠義錄》有傳。　陳寅階同弟附生炳藻。　費允元　王廷桂　楊再華　舉人嚴炳《忠義錄》有傳。　歲貢生龔承祐　殷午棣　監生陳爔　李涵同妻何氏　陳希哲　楊炳　吳鴻遠同弟鴻陸，妻王氏，子大官　錢熙　戚豳生　沈維模　陳堂同弟埏　楊應鈞　姚世麒同妻朱氏，子文杰，媳朱氏　廩生朱榮恩同妻高氏《忠義錄》傳。　殷之伊同僕張貴　蕭同文　附生陶本鈞《忠義錄》有傳。　裴起鳴《忠義錄》有傳。　沈對薇同弟敷桂，弟婦崔氏　金鴻壇　朱聲政同子吉甫　馬景禹　文如林同妻韋氏，子世緯，女順，媳史氏，孫虎寶　盛朝欽　裴陳浚同母闕氏，妻闕氏，女三姑　周鎮同母殷氏，妻孫氏，子寶善，媳梅氏　沈磐　卜金鼎　金昌　陳炳春　沈丙戌　周崧　金衍恩　金鴻綏同母鍾氏，妻屈氏　金鴻誠　金志清　從九品戴玉森　從九品銜、生員陳超然　生員屠孫科　周邦興　何其譓　唐英　沈志和　陳士英同妻鄭氏，子大官、二官，女長姑、次姑　盛桂芬　吳錦標　潘吉人　蔡之瀚同子大官　武舉人陳步雲　馮寶三　武生李慶榮　陳鈴　沈光弼　候選教諭殷壽同僕張升　從九品銜張仁勇　候選訓導金鼎夑同弟婦胡氏，媳李氏　八品銜王廷桂　八品銜沈葆三

江蘇宜興縣丞汪仁同僕韓慶、馬升,僕婦王陳氏、吳趙氏、婢福慶、山茶　按司獄姚寶三　從九品金鴻墀　高堭　候選教諭嚴炳重出。　從九品銜陳其耀　候選郎中陳保圻　布政司理問陳子堅　候選教諭陳錫垺　候選訓導馬大魁　八品銜錢葆榮同母章氏,妻王氏,子壵、樹、封。從九品張景雲　從九品銜陳國璠　陳瑞珍　徐清翰　錢保榮　顧沈熊　候選員外郎王利棠候選光祿寺署正鍾福棠　太常寺博士銜陳錫墫　布經歷銜陳功報　縣丞馬維祺　鹽知事銜徐鴻瑞　八品銜陳錦文　從九品陳士龍　章曾鈺　范士元同妻曹氏,弟婦徐氏,子端綬。　從九品銜朱應沅　沈宗沅　陸應宗　縣丞駱武仁　縣丞銜朱模　從九品顧槙同妻周氏,弟本仁,俗生槐。　從九品銜金榜同弟樹潤,弟婦錢氏,從子義保、珊保　沈承模　柴樹春　高繼賢　高繼文　盛美華　鍾滔　布理問銜姚鴻煦　鹽經歷姚鴻燾　八品銜王潤聚　從九品銜費鴻焜從九品銜衛炳　陸湘　陸淮　高錦　沈廷珏　國子監典籍銜王萃生　五品銜監生屠錫康　六品銜監生許文煥　從九品高翰邦　李景松　從九品銜高耀　從九品馬錫田　國子監典籍銜增生王朝棟　同知銜許九成　布理問銜、監生陳烜　州同銜許九安　候選縣丞田純　候選從九品姚基　從九品銜王潤熙　候選知縣、辛亥科舉人陳令瑜　候選府經歷鄭元英　候選巡檢沈逢源　從九品吳調元　從九品銜張承全　從九品趙寶元　從九品銜朱仁端　楊朝林　魏松年同子貴生,繼妻王氏。　監生沈寶三　監生俞浩明　殷錫元　附生張誠基同嬸母章氏,弟婦莊氏,姪女織雲,媳陳氏,孫女連姑、龍姑　葉恩濂　吳煒　武生杜雲龍　監生錢嵩同妻某氏,子寶善、守善,女大姑、二姑、三姑,從子保森　廩生蔡之翰同姪丹桂　附生沈庚　楊沈逵同弟雲逵、殷逵,妻張氏。　徐龍光同妻沈氏　監生錢成坊同子大鍾　金蓉照　沈國械　附生金濤楊含章　吳梯德　歲貢生金衍緒　增生馬訒安　附生周德　戴苣豐　陸子選　監生沈原泰李春山　附生錢宜基　戴維新　沈作模　葉榮恩　李麟　陳邁曾　附貢生朱袁霖同妻馬氏監生錢富堂　顧雲樵　章源　鍾琳　項梅客同妻沈氏,子生福、生祿　李聲和同子八品銜慎齋,媳周氏,孫大官、二官,孫女小姑　李瑞和　徐本明　金垓　胡肇基同叔祖起鵷,叔父菉蔭、尚德　姚鴻銓同子崇禮,媳沈氏　沈照　卜雲鵬　周善彰　陳大成　田仁安　廩生陶謙元增生浦泰如　附生鍾廷楫同妻徐氏　周鎮　周寶鈺　周逢吉　朱忠勳同子貞邦。　楊沈逵姚汝楫　文光華同妻陶氏,子祿葆,女二姑　沈宗淵　沈祥和　嚴成琥同庶母闕氏,弟成玉,妻錢氏,子瑛、二官　舉人鍾源同妻嚴氏　附貢生姜仲鉁　監生沈柏　沈慶梧同子大官　林竹軒同妻闕氏,子蘭生　胡淦同妻盛氏,子文銘　李濂　王松泉　廩生潘大同　增生錢新疇　附生潘大有　附貢生陳鳳翶　監生戴束之同妻黃氏　徐丙濤同子監生廷槐　附生戴鈞　王光清附生李堂　武生王瑞□同妻楊氏　監生錢富堂　監生李世芳　錢椿應同妻虞氏。　廩生陳春煦　生員陸鴻秀　陳愛俊　吳朝棟　武生聞人塤　附貢生鄭張烈同妻吳氏,子乃祥　監生朱棟　盧有楨　李春山　王嘉穀　沈煊　生員姜人麟　王炳恩　李以麟　周少梧　陳梅軒　張沛然　陸漢章　陳思周　周錦濤　李恩榮　孟錦章　周巽　沈鏞　石含玉　沈正義　周元利徐守義　劉福生　張緒　王遇春　沈慶楨　鈕宗浩　徐均相　徐士廉　賈振邦　吳根山　李茂如　趙溶　方淇　朱明孚　王昌煜　張少溪　計鈞　朱汝潮　張君澡　屠仁基　陳錦洪張汝增　朱又雲　沈寶傳　張寶山　王宗楣　范葆印全家無考重出。　沈聿臻同孫慶麟　陸淦同妻楊氏,女小姑　吳松樵同妻倪氏　高籠清同妻潘氏,弟洙海,子大官,女大姑　胡錫祺同妻闕氏,子大官、二官,女大姑、二姑　孫樹增同妻王氏　朱永麟　同母姚氏　謝西山同妻李氏周步雲同妻孫氏,女大姑、二姑、三姑　衛熙同子圻　陳椒升同妻王氏,子八寶　陳小山同子若愚　姚瑞安同妻沈氏,子大官,二官,女大姑、二姑　屠裕章同妻王氏,子雙慶闕名　朱忠然同妻王氏　翟謙同妻計氏,弟婦顧氏　褚錦成同子大寶　汪爾恢同妻屠氏　呂雲端　朱權　魏履安　吳元甫　吳衛邦　王德明　陳大年　陳梅川　陳一樵　盛湧泉　李廣仁　金鳳朝　姚二官　陳配之　陳呂燕　金鴻垣　金鴻燾　金三寶　金慶寶　金六寶　李邦銓　金國瑚　邱掄桂　朱計然　王香帆　許源　周尚文　王達夫　胡崑泉　楊葆初　華厚臣　錢震揚　楊文洪　陸文孝　章勳伯　李升吉　周恒昇　陳藝寶　吳增木　吳五寶　吳承露　賈信道　陳崑泉　劉尚忠　朱元興　陸沁齋　周福臻　沈繩祖　吳明標　錢春蟾　王芳賢　倪允升　錢裕庭　湯福壽　沈壽福　李傳　沈永順　沈成和　沈宏毅　項明懷　謝載揚　施章　陸景林　張國柱　姚慎　姚文甫　蕭同倫　沈福慶　莫廣論　孫耕九　徐均相　賈梆　顧星源　趙柏川　卜星齋　李老發　史子山　鄒相泉　湯二寶　陶春和　汪三夫　蔡丹桂　周桂榮　沈景星　沈國年　沈魁秀　吳上林　童均齋　周少颿　項雅聲同妻高氏。　趙考勤同妻王氏　李大寶同祖母鄭氏　潘琴軒同妻闕氏,子大官　龔硯君同妻王氏　顧應龍同母鄭氏、妻鄭氏　鄭錫介同妻徐氏　陳蔚文同母唐氏,妻張氏,子幼官　金猷頡同妻胡氏　張嘉謨同妻闕氏,子葆珊,孫餘慶,孫女慶姑　李仁芳同子渭波　陳應洲同子引泉　張福生同母郁氏　沈錦標同妻金氏,女大姑、三姑　劉朗亭同母胡氏,妻薛氏,子大官,女大姑　丁漢卿同妻胡氏　薛繼善同妻朱氏　許槐同母沈氏　王香泉同母顧氏　吳申甫同妻魏氏　姚景山同妻柴氏　殷慶陞同妻孫氏　周澄曜同母李氏　魏履安同妻王氏　盛壽昌同妻韓氏　錢嵩壽同妻夏氏　姚杏園同妻闕氏,子大官,女大姑　何家仁同子聲同　王祥林同妻沈氏　潘筠岩同母節婦吳氏　何汝禧　項子壽　屠柳橋　朱芹泉　楊香樹　楊如忠　王福林　李春山　俞永康　徐錫　張勳　周子鳴　周子春　周祿干　王福林　朱阜生　朱貞富　朱貞壽　周徼生　孫錦椿　夏振雷　李福生　葉椿山　王聚源　王學文　王學秀　項景謙　楊鳳麟　文邦孚　沈錦標　朱建寅　何汝埔　顧謝榮　倪廷高　姚如璪同子宗三　雷鳴夏同妻闕氏　馬肇基同母闕氏,妻闕氏,子大官　羅坤同妻沈氏,子大官　羅潮同妻朱氏　高晉同弟義,妻潘氏,子瑞仁、瑞義、瑞禮　朱忠衮同嫂程氏,妻石氏,子大官,女大姑　朱世植同妻孟氏,子大官　朱大同同妻趙氏　朱大照同母戴氏,嫂張氏,姪大官,姪女二姑　萬豐同妻胡氏　萬受干同妻徐氏　馬洤元同母諸氏,妻李氏,女大姑、二姑　沈楷同妻虞氏,子炳業,女三姑　沈應樞同母周氏,弟應機,妹六姑、九姑、成姑　羅少筠同妻沈氏　施純熙同妻李氏　蔣維珍同妻褚氏　李溥同妻張氏　周生林同生母闕氏,繼母錢氏,妻李氏,子大保　范保印　杜雲山　沈曉山　卜龍慶　卜鴻慶　雷鳴夏　劉桂生　高玉卿　朱二官　徐士廉　程張驥　張程驤　錢成坫　朱謹如　朱僅如　張緒　張仁聲同子禮賓　錢善荃　陳宗傑　尤鈺　曹壽泉　曾壽泉同妻陳氏　朱善昌　張大寶　汪慶增　汪慶圻　鄭榮貞　蔣連生　金鴻垣　金猷頡　王銘　姚杏園　徐士濂　王宗楣　沈樹生　伴永祥　王得勝　金劉坤　胡開泰　王允鈺　王永琛　孔照勳　張坤揚　陳茂安　高應球　高四寶　高坤　許永福　朱茂榮　懷榮　施仲熙　沈張本同母節孝高氏,妻王氏,妻母王馮氏　馮五寶　葉少蓮同妻戴氏,女幼姑。　胡春山同子闕永　胡善明同妻倪氏,子開忠　沈銓同媳章氏、孫氏　蔡洪基同子慶壽　王濤同母趙氏,妻胡氏,子全寶　周秀山同母薛氏　陳瑞庭　葛龍　王胖　顧明　王二也　陳起壽　魯二觀　顧銘　鍾小農　夏才福　鄭石麒　盛金鑑　王大林

張三叔　蔡兄　張管　朱清華同妻趙氏，女大姑　浦均元同妻鮑氏，女大姑、二姑　周寶六同母郭氏　唐熙堯同妻徐氏，子二寶、寅寶　楊小叔同妻闕氏，子寶，弟五寶　陳古東同妻闕氏，子二寶　袁四寶同母王氏　陳學潮同妹瑞珍姑　沈元河同弟元清，妹五姑、蘭姑，嫂吴氏　張新之同母闕氏，妻沈氏，子大官，女大姑　徐敬賢同妻姚氏，子銀壽、九寶，媳沈氏、劉氏　浦少岩同繼母徐氏，生母鮑氏，子大寶　顧柳橋同妻沈氏，子大官，女大姑、戚張某　孫元同妻徐氏，子二寶，女大姑　邱大寶同妻吴氏。　李又白　姚銘　王松泉　徐錫　王福林重出。　徐薇卿　周子鳴重出。　周子春重出。　章勳　施鏞　周禄千重出。　陶俊山　方雲渠　孫錦奎　王琢章　王允升　莫尚華　張松元　錢孔昭　朱成高　來雲舫同妻張氏。　陳丕勳　王福林重出。徐守義　沈文鍾　董福生　史濟文　張兆良　賈會周　賈玉如　賈鴻春　賈思宜　吴炳南　吴雨蒼　吴肇均　戚永麟　朱成高　金滿楨　徐士恒　朱二叔　朱寶傳　曹樂舟同女三姑。曹樹齡同妻周氏　王蔭隆　張松元　朱恒仲　程紳　孫騏　劉桂生同母周氏以上見《忠義録》。八品銜張奎勳　從九品姚昌基　朱權　王達夫　八品軍功石庭玉　八品軍功衞開煜同堂兄熙以上已旌。　生員陳懋曾同妻沈氏，子迪曾　儒童范葆印同妻潘氏，子一　周坤載　孫錦榮同母葉氏，妻李氏，子寶生、桂生、有生　陶基同子三寶　何錫瓚　監生朱生瑚　鄭岐山　生員梅以韻　梅其棻　梅熊祥　褚廷鵠　廩貢趙華恩同妻龔氏，子生員雲衢，次子雲章　卜大猷　儒童施純熙同妻周氏。　張祥林同母范氏，子四寶　沈英同母宋氏，妻張氏，子壽生　監生錢保榮同母章氏，妻王氏，子三　施錢坤裕　魏貴生　鄭洪望　汪驪官同弟永瑞、永福　李寶增　汪我齡　邱幼官　徐文官　裴安桂　浦大寶　高二寶　沈錕同弟錞，姪二寶　王勇龍　陶福年　孫慶豐　趙家城同弟家堡　莫廣論　四川候補府經歷盛彬　從九品李溥以上採訪。　陳國脩　計蘭階　沈文鍾　金大城蕭山籍　把總唐克揚

嘉善縣

州同銜夏宏圻　湖北廣濟縣知縣蔡潤琛　揀選知縣陳二璋《忠義録》有傳。　候選教諭錢承陛　候選訓導錢維楨同妾方氏，從子元烈。　曹熊光　八品銜尤昌　鐃州府照磨朱蔚然　吉林伊　通河巡檢謝調梅　從九品唐大森　從九品查士瑩同妻毛氏。　錢炳照　吴應河　程圭王圻　王洪鈞　郁元熙　孫濂　范兆景　程鍾賢　孫文鳳《忠義録》有傳。　曹錫瓏同弟錫疇。倪鍇　從九品銜王采亭　葉松山　朱漁田　周鈺同妻王氏　沈漢　陳逢年　朱有岡　楊志鴻　宋鋐　陳埔　歲貢生吴春溶　監生張慶溶　許賜鎮　黄金濤　徐潮　范圻　甘茂泉　王士元　楊晉修同妻錢氏，　胡淵同妾孫氏，僕沈永祥　魏孝炯　黄三畏　徐埏圻同姪榮春。　楊鴻逵　黄鳳池同嫂沈氏，子富餘，從子婦張氏，從孫女秀　張鑅　錢礪　張枚　畢樹屏同從子少溪，從孫以壽　楊道炘　陳一章　張雲錦　徐文正　梅博淵同媳胡氏　邵錡　江以炳　鄒壽春　陸以棠　張孝煌　張錦瑞　廩生龔杞　顧熯　曹鳳輝　增生羅燦然　曹鸞聲　附生陸文鼎《忠義録》有傳。　錢惇元　程惇焕　孫維喬　孫承恩同媳闕氏　戴人宇　丁泰來同母闕氏　金雲錦　沈學泗　顧聲濤　楊維屏　錢德榮　孫德芬　謝人杰　金仁信　陳封　黄炳　章賜笏　張念榮　吴汝侗　張汝和同妻周氏，子本祥，女蕙　錢維新　陳圻同從子錫瑞　孫維喬　張憲文　陸錕　陳贊　錢方舟　武生丁寶山　傅德龍同妻查氏　陸鈞　錢維璋　禮部鑄印局大使金銘

候選訓導孫正墀，同子候選訓導鏜，廩生鏻，附生思濂，媳曹氏、陳氏、丁氏、張氏　從九品陳銓藻　候選訓導吳春溶重出。　從九品銜查榮世同妻汪氏，從子婦張氏，從孫婦褚氏　福建漳州府經歷陳宗元　主簿周士鉷　候補道李慶琛　五品銜夏澄　布經歷銜金錫常　候補知縣李鵬青　從九品王慶嵩　從九品銜程惇輝　程應楨　程世焜　從九品沈學瀾　李潮　布理問殷域爵　楊葛泉　州同銜楊静和　鹽經歷銜曹履圻　徐蔣澧　從九品程履坦　從九品程杰　程世瑩　殷鋐　徐湘　從九品銜陳達同僕邢仁發　沈瀛佐　徐莊濟　柯萬漳　山東成武縣典史程繼　同知曹爾桐　布理問銜張應卯　臨邑知縣金濤　從九品銜孫耀金　黄炳曾重出。　盛楨　楊導漳　布理問銜楊培　縣丞李賓森　從九品周端蓉　從九品銜胡榮春　朱錫紱　陸濤　鄭塏　從九品周士錦　王長庚　吳福林　從九品銜楊憲清　胡有堂　從九品銜龔興三同妻張氏。　從九銜沈琦[1]　江如珪　朱雙慶　候選教諭吳鴻庚　從九品胡曰桐　從九品楊培同子元珍　從九品銜姚景模同曾祖母徐氏，叔祖母鄒氏。　從九品黄炳曾　廣濟縣知縣蔡潤琛　六品銜龔鈺同女薛龔氏，曾孫丕勳　縣丞朱迺基　州吏目金梁　監生蘇大元　蘇文鼎　增生陳敦熯　附生徐蔣醕　廩生王庭鎔同妻閔氏，女瑛吉、琬吉。　監生楊逵鴻同姪慶祥，姪婦鄭氏，甥曹震基　曾涵　楊召棠同妻范氏　陳徐河　楊道沂　陳徐泗　楊永堂　胡其懋　欣士鈞　丁榮堂　孟傅瑚　附生張義和同妻周氏，子本祥，女蕙生　陳二蘇同妻金氏。　陸維熊　戴仁宇　顧榮　孫德棻　武舉人周鯨濤　貢生程慶椿同妻鄒氏，僕陳福　監生顧丹林　張百川　程圭　王雲濤　陳梅新　附生顧熊　程惇燾　夏廷濟重出。　裴起鳴　武生蔡家驥　廩生王庭鎔重出。　附生周國柱　陳二蘇重出。　監生徐莊洽　徐莊本　魏行溥同子武生先琛　附生先楷　附生柯萬潤　孫熙鏞重出。　鮑鼎森　鮑清棻　附生姚旋本同子廷輝　增生黄福熊　佾生王如淵　附生吳應麟　監生陳元熙　五品銜徐潮　附貢生沈汝熊　監生劉廷魁　朱德鎔　廩生孫熙鏞　附生梅如鏡　曹銘泉　張秀埜　姚介齡　附生黄福熊重出。　監生沈翊　增生孫德棻　生員夏廷濟　汪尚祥　蔣錞　陸熯同母朱氏，妻鄭氏，從子培　郭光恩　顧聲濤　姚春潮　李鈞　項德嘉　武生閔龍彰　王世鎔　生員孫棟珽同妻許氏，子金和　監生徐應祝　六品銜附生朱芾　五品銜增生顧爾栻　顧長生　錢少村　監生陸文彬　葉輔乾　陳馥堂　倪松巖　吕壽禄　戚老貞　浦九如　楊開基　錢惠均　盛鐙　盛淇　姚嘉祥　丁澍　丁沅　錢桂生　郁燮堯　姜文彩　姚丙初　王元書　淩四觀　陳老全　徐壽元　嚴秀雋　張雲堦　周應淮　王曉第　周永高　周省三　張湘舟　張韻石　沈二觀　胡秋潮　葉關通　曹天福　翁淡齋　朱廣仁　朱大裕　支錫麒　程七觀　徐天璟　徐天佩　徐鴻基　顧鐘　黄竹溪　吳安慶　周三倌　任老和　葉天錫　吳勤倌　王忠錡　顧熊　蔡家驥　王鈞泰　黄澧　楊老美　陳珠樹　陳象桂　陳宗濤　許德昌　鄭本僑　姚成發　顧小官　吳毛生　項瑞慶　計星高　計忠倌　凌義璋同母錢氏　唐聲洪同繼妻王氏，女大姑、二姑，子大官　錢栝同妻閔氏　陳星聯同妻沈氏　卞正彝同妻張氏　丁偉業同女大寶　汪正鈐同母朱氏，姊文娟、桂秋　汪光孝同婢阿大　汪大觀同母闞氏，妹二姑　程光炘同妹合寶　王濤同母顧氏　吳汝言同妻葉氏　盛老興同母顧氏　江慶祥同妻方氏　倪寶鈺　倪學洛　王雲程　錢大忠　曹人熙　程燿　陳阿大　於蓮宗　錢厚基　曹芷香　馮三叔　張大三官　錢錦忠　查世成　章福壽　王雲波　謝承烈　謝炳　王建堂　劉守乾　程四官　徐以耀　張慶增　徐老尚　房二官　沈四官　陸少白　柏宇君　費端榮　朱阿寶　丁鎰金　顧四福　孫邦墉　陸民濟　沈雲江　蘇大元　陸炳

森　丁壎　李春山同女四姑　錢勳同子二官　宋績卿同妻陳氏,子大寶　吳蘭徵同妻闞氏,子幼官　陳左泉同妻李氏,子幼官　汪士忠同妻闞氏,子大官、二官,女大姑　顧士鈞同妻查氏,媳盛氏　黃庭熊　曹敘金　卞連壽　鄒惠宗　倪學泗　倪同慶　王肅潮　姜文耀　張春波　錢錫祚　李後鋒　沈在周　張蘭生　孫昌泉　盧二官　陸振寅　江元清　張引達　沈四觀　施法　彭勝洪　彭三觀　楊松舟　楊念成　費老元　陸麻團　陳升洪　孫文銘　楊鑑　盛月波　袁彥培　陳錦榮　陳廷驊　朱緒端　陸潮湧　沈漢沖同妻周氏　錢慶餘同妻闞氏　錢蓮燭同母楊氏,弟慕賢,子梅城,孫炳照,弟媳方氏,媳王氏　許瑛同子厚生。　汪松濤同母鄔氏,妻錢氏　田效琦同妻王氏　鄒南浦同妻孫氏,女順寶　范有生同妻卜氏,子大官　金雲波同弟德慶、壽元,弟媳顧氏　王茂亭同妻魏氏,子立亭　張秋賓同妻楊氏,子三寶　吳曰夔同妻姜氏,女六姑　盧繼德同伯母張氏,姪思魁　陸永昇同妻唐氏,子桂林　錢炳奎同姪錢生,姪媳唐氏,姪孫女三姑　王仁齋同妻闞氏,子大官　錢昌壽同祖母陸氏　楊慶善　浦寶熙　盛司務　邱鑑春　王錦衡　徐兆熊　倪樂泮　沈在周　魏孝烜　孫基堂　陳馥堂同妻沈氏　俞壽南　程希賢　楊榜華同妻沈氏　曹燕祥同子桂官,姪少山　楊鑑　俞熙　陸民濟　陳廷驊　范圻　魏基鎬　陸元均　查揚同母沈氏　楊慶善　顧慶桂　江慶祥　鍾成楷　顧逵吉　錢少村　金慶森　蘇大元　郁燮堯　倪松巖　孫邦埔　顧成官　顧任官　李伍　孫世楨同妻程氏,子以燮、以燕、以蒸　金麗生　丁澍　陸丙恒　陸文彬　金勵峰　金聲和　金初峰　張汝和同子祥官　支雪祺　程五官　程七官　孫文德　張鐔　汪光李　胡秋濤　徐四觀　張五觀　沈二觀　顧鑄堂　黃竹溪　吳安慶　周三觀　謝大觀　程光炘　畢少溪　汪大觀　徐秋江　錢佩嘉　程少之　王忠錡　傅炳元　程子香　陳珠樹　陳象桂　陳宗濤　王濤同母顧氏。　吳樹言　程梅亭　馮立言　錢龍觀　李德觀　夏之松　錢錫軫　錢錫奎　錢錫基　張二倌　任阿大　周浦林　陸丹生　魏孝煜　卓雙壽　卓金世　吳琴觀　陳阿大　卓鳳林　卓冠榮　卓聖祥　卓阿大　卓榮福　沈聚隆　沈嘉壽　顧嘉元　唐鶴松　沈載興同妻朱氏　王雲菴同母黃氏　翁以杰　丁明遠　闞大官　王鑑堂　孫銘　沈梁同妻程氏,弟楸　葉德春　周壽君　張榮林　朱慶　倪福昌　方鈺　羅應奎　朱榮久　俞德林　王如淵　陸六官　王文江同弟文潮　程佩垣　陳之榛　張仁忠　孫根元同母楊氏,妻陳氏,子二倌,女三寶　吳悅來　梅春傑　許廉方　汪惟信　孫劍耕　張事豫　史熙齡　倪宗治同妻李氏以上見《忠義錄》。　朱廣　沈三倌　韓其興　謝承烈　謝炳　任洪秀　武生蔡家麒　王純齋全家無考。　程照　顧肇豫　庠生鍾濚海寧寄籍。　沈鼎鏞歸安寄籍。　葉菊隱江蘇寄籍。　趙炳南松江寄籍。　申福無錫寄籍。　錢佩江寧寄籍。以上見《楓涇小志》。　范成唐　候補道金以誠　嘉興訓導沈泳　從九品陳鏽　外委劉勝林　五品銜彭雲起　李明照　把總李永盛　千總郁召榮　趙魯德　外委蘇國恩　武生楚國珩　武生錢奉璋　鹽經歷銜徐蔣澄　生員程惇瑛　魏孝綱　孫焱　金仁培　守備閔龍鱗　外委袁文浩　州吏目唐世珍　從九品王福潮　從九品洪鈞　徐應杭　廩生顧煥　生員顧曜鈐　生員孫熙鏞　沈大倌　傅丙元　程光耀　徐四官　張鎬　沈仰卿　李大　周三官　程二官　程善之　錢佩　沈達泉　沈大官　武生傅應龍同妻某氏以上已旌。　從九品查超石　武純儒　監生唐大林　錢惠均　從九品銜顧鴻吉以上採訪。　候選從九程菊孫[2]仝繼妻王氏,長子慕淳,次子慕榮,女巧姑

【校注】

　　[1] 按：據上下文體例，"九"後脫"品"字。

　　[2] 按：據上下文體例，"九"後脫"品"字。

海鹽縣

　　左庶子沈炳垣《忠義錄》有傳。　布理問銜盛月巖　從九品鄭廷瀚　陳學泗　從九品銜王關餘　周可宗　監生吳烈　張嘉禄　朱賢能同妻張氏。　王念曾　王寶仁　孫厚和　祝齡　何文耀同母卓氏，女卓姑　呂大剑同母郭氏，妻馬氏，子元昌，女孫翡。　王熙都　沈維宗　張步雲　王秀生　王乾元　許俊民同妻何氏　附生周汝霖　張錦　陳超然　朱苐　任克勳同妻陸氏　何等超同妻沈氏　朱敬　邵維信　張蘭珍　彭功醇　朱九一　張清源同妻錢氏　潘揚清　楊士鴻　張瑋　王葆源　武生陶雲龍　潘步青　陶鵬芳　陶振海　五品銜任寶成　從九品任坤發　翰林院待詔銜沈品嘉　州同銜陸士龍　陸文海　府經歷陸人俊　縣丞陸人炳　從九品陸人鳳　國子監典籍銜吳薰　知州朱有穀　從九品銜朱寶臣　安店巡檢李修業　從九品銜陳大咸同子濟康　候選訓導朱運和　從九品孫承烈　從九品銜吳榮陞　郁似蘭　朱元輝　未入銜王餘慶　訓導銜增生陸金堚　從九品徐文蔚　從九品銜張錫慶　州同銜王寶珍　州吏目王思源　從九品王慶祥　從九品銜呂大剑　舉人陳世勳　附生趙福涵　朱英　附貢生任思成　廪貢生陸元謨　監生查南山　附生陸承宣　馬笏莊　陸晟　陸萱齡　查敬山　查伯群　朱樂山　舉人陸世勳同妻李氏。　歲貢生董世慶　徐克熊　監生莊願然　孫承烈　陸蕙芳　沈梧鳳　胡雅儒同女竹姑　增生陸基昌　附生蕭俊　張錫鏞重出。　錢寶仁重出。　徐湘　馬洛康　馬宗浩　張鏡　陸學泗同女引姑　沈永庚　王元衡　章卿雲　陸鴻　陳其炳同女二姑　陸永宣　監生朱學純　歲貢生徐克熊　監生朱嘉玉　附生王元衡　附生錢寶仁　監生葛國香　附生張錫鏞　增生許春煦　武生陶振海　監生趙有壬　張月軒　沈笏堂　方厚雲　葉玉泉　董永生　王金壽　王延生　朱子湘　附生王元泉　監生顧沛雨　張嘉霖　生員王寶璪　李廷琛　武生顧鍾英　監生李時皆同妻某氏　沈掌大　郁老五　沈貴寶　朱鈞　郭老奎　茹大　朱興隆　李依林　步蘭慶　沈華生　張德明　朱玉蓮　董瑞亨　步發生　沈永餘　趙雲山　趙豐玉　王順天　徐林昌　金愛清　盛瑞生　韓嘉生　楊勝元　劉裕春　王發邦　王勝元　王仁元　陳雲卿　沈引生　林龍生　趙琴寶　周掌寶　張福生　林章　張復生　何三　沈順寶　沈三地　吳龍　崔余福　朱大寶　崔忠清　宋金元　蔣關老　徐余老　孫和尚　陳昌齡　陸聖元　陸敬老　沈良和　沈開生　黃發生　張鑑　陸信元　沈來　陸二　徐發生　袁年　莊來生　潘鳳生　姜開元　姜關福　顧雲　李保林　孫亨　徐快生　孫加　朱元福　徐品　顧寅寶　衛月　孫石林　陸章　孫振海　湯高明　湯才生　王子榮　許增祥　徐金生　湯士榮　莊寶昌　湯福生　祝福昌　沈壽林　張發南　楊蘭生　楊三寶　李慶生　周春畬　曹瑞生　步瑞　吳桂生　黃龍元　黃鳳林　莫瑞奇　金田寶　李玉渠　鄧大　顧寅生　張金生　湯高生　潘鳳高　趙勳　陸連生　陶雨生　趙勤　沈慶寶　朱謀笙　朱梅痴　張其昌　石錦　朱懋生　步關星　林材生　金順林　徐伯慶　徐官福　周天福　向壽　孫彬　張安德　趙發生　趙叙生　趙進福　戴寬寬　張雙福　顧壽福　馬慶生　姚瑞瑞　殷鳳鳳　林載生　朱來生

胡守觀　胡發發　孫發老　宋觀福　鍾點彝　祝夢熊　趙慎寶　徐魁　陳法林　朱關生　姜
余福　姜富老　劉發元　姜揚龍　黃見見　衛品品　張寅寅　胡關元　胡春春　黃斗林　夏
武林　夏有生　宋灶老　張揚福　任包龍　宋趙林　胡嘉林　黃文元　方九齡　方愛　吳福
元　盧光藻　林三　周李壽　任生　沈李壽　陳介福　陸以恩　徐舒堂　李廷楨　姜有生
李桂生　徐保生　徐順龍　陳富寶　朱懋基　王正陽　葉玉泉　沈佩璋　麗恒山　徐寶生
何四寶　李福　朱景香　彭小雲　彭景三　姚聖寶　李聖寶　張起鳳　徐琴山　吳松橋　俞
應觀　馮榮慶　戴建　黃桂生　步長生　林永清　顧恒觀　馮觀昌　周福元　顧采采　王和
尚　顧永生　趙周林　朱景香　查有福　翁義老　唐天壽　金厚田　朱連生　朱寅　錢成茂
吳隆元　王雪齋　吳黃元　步來慶　張橋橋　張照生　楊來來　顧來生　顧祥元　顧品元
王四老　張元寶　查其林　張餘三　康慶寶　馬天天　蔣五福　李關林　曹有餘　曹林昌
王珍福　莊壽元　甘勝林　鄒叙元　吳再寶　吳德寶　徐祥龍　祝元元　祝進昌　劉永生
劉太生　屠慶餘　殷坤元　黃恒生　顧寅寅　吳考考　湯高高　吳明明　黃嘉粟　黃大來
馬升束　吳貞祥　韓亨寶　李景芳　盧蘊山　許純湘　郁鼎地　溫鏞聲　陸勝福　孫小橋
萬勝高　徐友生　鍾順元　周祥寶　鍾東昇　李敬祥　楊朱馬　顧順龍　楊瑞國　鄭永春
朱兆龍　邢義方　陳章　張國凡　顧鼎鼎　唐新　姚燕林　徐元龍　褚福林　陸司務　顧鳳
林　沈才福　胡叙生　祝有　王五寶　陳順慶　黃誠忠　徐和尚　莊小麻子　周小叙　湯有
山　林章福　張五老　朱天福　朱大寶　陳永慶　奚君祥　董雨生　黃佳元　王寶成　徐正
茂　顧元龍　步永春　陳發龍　朱大老　祝淦和　顧巧生　沈生勝　顧金生　吳德元　徐祥
龍　朱杏春　甘立成　顧祥生　沈慶元　方蘭生　王昇家　顧書田　顧子卿　趙松岩　湯祥
生　顧卯生　楊順福　沈巧林　王恕　林小四　陳國瑾　張韶福　張桂笙　王補生　王順昌
王春　周和　唐方余　潘關生　祝福臻　張斗斗　陳亨加　朱富生　沈祥生　張雲祥　朱和
方揚鳳　王家相　馮嘉言　張蓮生　張壽福　陶觀徐　周奎老　張轉龍　張瑞昌　陶祥生
袁有餘　袁惠惠　袁福南　陳周　沈順餘　朱勝才　吳迎龍　鍾四老　鍾家生　鍾珍寶　鍾
長生　張關元　彭洪觀　鍾發生　張大田　鍾龍生　孫關清　王生福　沈振揚　繆堯齋　吳
振海　吳黿清　喻永生　韓順德　黃趣棣　宋雲甫　張金龍　顧毛老　祝瑞崧　祝學裘　祝
桂馨　朱亨寶　朱才生　周汝生　姚鳳林　周才生　周昌龍　高關順　唐觀福　陸來生　孫
來生　郁葵　浦龍生　浦來生　何觀生　何祥元　姜五老　周福林　周張老　金高生　金金
奎　陳琴生　吳華生　姚五觀　朱關元　何富生　殷沈福　黃珠老　沈周龍　王萬榮　王保
元　張有福　陸高生　陸來生重出。　陸二保　潘祥福　黃有元　趙進生　趙唐唐　黃觀老
陳月老　張和尚　張趣生　張來生　范田田　吳梅生　沈羊南　舒道亨　王壽生　陳雲生
朱雲窟　沈留元　劉灶灶　顧壽昌　周觀昌　陳勝老　蔡開元　張信中　張壬元　莫六寶
張應生　黃大老　宋福元　吳桂榮　張蘭谷　張武寶　張月橋　張新新　夏向寶　夏春福
方金福　陳啞子　衛叙地　嚴牛地　沈高地　陳高　沈奎　姜五地　沈銀山　陳源清　陳玉
田　沈高老　王三元　姚發　張才生　莫漢文　莫有福　朱蓮生　王棧地　蔡關地　陳朱福
王關關　林信信　包發老　楊元元　王萃田　馮關壽　潛琴　何羊寶　黃明　張德言　馬峻
齋　張文文　姜佑其　王黃壽　史進老　袁富生　宋會福　蔡發生　李才生　朱金福　石發
生　沈年福　潘武生　周信老　張才　黃易邨　楊阿四　林大發　施年年　蔡有寶　蔡奎元

馬慶雲　黃關金　孫禮增　祝蘭慶　周掌寶　王和尚　陸和明　許永福　馮福元　許永才　步發　顧德慶　步敬元　李保生　步和尚　許景福　朱懋坤　張登元　沈效福　吳太生　蔡紀生　蔡有才　沈貴三　陳新　顧金元　周觀昌　陳武元　步觀裕　周運運　周才才　周順山　周桂山　楊正祥　湯大德　施永生　王宮福　衛關元　戈周地　姜榮昌　黃伏地　張來生　張仁林　吳壽老　張元元　王仁林　王關福　張高高　陶瑞生　黃桂生　吳雨生　張奇奇　褚轉龍　徐武元　步榮春　周運運　宋勝元　姜金龍　楊天福　史富寶　楊進老　鍾發順　姚其老　姜應生　康連方　嚴德龍　胡灶老　宋大老　吳順老　沈有生　胡掌龍　許有福　朱米和　張增老　戚龍生　蔡何福　宋友友　費連福　朱觀其　陸奎老　朱元熙　薊其生　蔡順才　周才生　薛周林　蕭祥生　顧瑞生　潘其其　宋菊生　周余福　繆天壽　徐有昌　王才老　張金老　許富　黃楊通　王向元　方法法　殳仁福　郭二老　俞三老　王發元　沈太元　李少白　俞鏞椿　陳煜　趙發老　張正老　朱和壽　張如蘭　王年福　繆坤　許來生　徐瑞昌　湯三元　顧關生　徐余余　李鳳春　李元通　朱高生　朱龍龍　干高高　陸月高　張延慶　張葵葵　袁方林　陸富年　陳富生　胡其老　朱金老　戴新光　盛才元　蔡有餘　徐松溪　阮龍龍　盧勝福　何成老　潘勝林　王大老　顧永年　王法隆　沈天林　李大椿　何喜　鍾森森　張祖陸　鍾敬三　鍾年福　李松亭　沈二福　林勝福　周大　沈福老　吳謙保　吳董　姚琴棣　孟順元　金兌分　陳鑑堂　陳大林　沈郎郎　俞壽林　俞蘭生　謝敬莊　許俊明　蕭二　馬順元　龔禹甸　王家藩　顧慶生　鍾昌昌　金永生　顧叙老　王慶祥　沈桂老　平兆珍　胡五棣　袁明生　孫年林　王有老　徐韻菽　孫和尚　曹才老　林凌老　周天老　孫關生　周開二　陳㩉珊　錢羽豐　張德　許天倫　黃法生　馬揚福　范揚林　王年福　馮仁老　黃仁老　黃餘老　戈開林　沈鳳林　王福老　彭山棣　袁年林　何桂林　張長生　趙加棣　吳順福　朱鳳山　朱進才　沈福壽　王敬生　孫瑞　王加有　朱蘇風　沈有生　沈三老　王大小老　張文華　陳子倫　許其芳　陳關福　王永芳　姚德龍　費銀壽　陸才生　趙元推　張騏德　姜永慶同妻王氏，子大觀　王金鈺同子壽生　許彩如同妻吳氏　姚發元同弟滿滿　陸配元同子奇民　徐龔龔同妻湯氏　陸配山同子富生　褚正元同妻姚氏　顧載生同妻李氏　倪勝林同妻王氏　　俞鳳生同子信餘、信全　董啟梧同妻潘氏　孫正海同弟某　潘泰亨同母湯氏　楊官鳴同子關福，媳翁氏　顧斗斗同妻郭氏　陳三老　陳聖福　陳二觀　王觀生　王小寶　徐大觀　吳駿齋　沈文深　朱寶華　張餘三　吳榮陞　趙元柏　趙馥山　馬笏莊　湯有德　楊五觀　馮榮慶　孫天喜　沈喬觀　朱秋泉　嚴增福　張有生　沈福觀　湯增福　宋武觀　湯鑑清　金厚田　陸德元　郭二南　吳長韶　吳觀生　張騏德　郁樸山　徐懷廷　趙煕齋　陳義寶　俞鴻香同姊徐俞氏，媳尤氏　陸福元同妻沈氏　王勝龍同妻朱氏　盧文澧同子環環　李天福同弟關順、進餘　歐陽含　奚長生　孫如灝　吳松喬　王貫山　郁歪頭　馮順林　高桂生　方維峰　方厚風　馮耕山　吾德咸　吾登煕　宣銘盤　王勝咸同子三保　賀其琛同妻方氏，子百福、介眉，女福姑　黃嘉利同弟嘉貞，妻沈氏，子應福、應壽，女餘姑　黃嘉亨同妻周氏，子福生，女裕姑　張某同聘妻關氏　吳海壽　沈郎郎　陳熙載　張某同聘妻翁氏　沈章泰　汪博觀　沈章大　陳其寶　朱秋泉　吳昌珺　唐襄束　陸滿老　曹凝叔　丁天福　顧蘭生　徐天淑　陳安泰　俞介壽　孫逢吉　朱佐清　周魑福　張元林　吳敬元　湯祥生　袁順甫　陳源源　陳亨亨　郭發生　郁如柏　徐德霖　馬敬齋　陳成福

周關　吾春卿　吾雲山　趙有壬　張月軒　沈笏堂　方厚雲　葉玉泉　董永生　王金壽　王延生　朱子湘　杜稼書　徐寶觀　吾閏餘　徐玉福　陳大　張清齋　楊雲山　陸富生　李福生　唐蘭生　陳雙印　任雨香　吳黃元　王應生　姚大　盛裕寶　張光照　姜永慶同子大觀　潘永慶　張延齡　朱元炳　徐厚　趙珍壽　陳賢　褚金官　顧序康　顧其華　朱庚榮　朱恒鼇　章文蔚　張錫壤　李師白　張錫琳　俞鴻香　沈文翰　吾桂生　仲觀生　查有臺　郁太和　張起鳳　徐輔卿　何觀濤　沈午橋　鄭清鏐　陳寶金　沈慶寶　陶雙印　陳鐵孚　李燮齋　孫榮桂　朱晴岩　沈文淑　馬四　徐輔廷　楊聚寶　吳拙安　吳廷蔚　張塗　沈武　汪大林　戴升如　徐俊　蔡元勳　李梅亭　朱研亭　方研山　朱益齋　楊鳳二　何福老　田餘老　葉五觀　蕭二　陳正元　朱德元　馬貴　沈文生　錢坤山　陳龍生　徐大　陳祓齋　錢雙印　陶亦亭　蔡順元　吳壽　吳竹坪　徐福林　徐玉寶　許三元　徐葆亭　孫小橋　陶聚觀　馮耕山　康珠寶　馬留東　吳九粟　徐三觀　金壬生　顧棧棧　王桂生　陳啟寶　田有寶　譚元地　金餘地　徐心和　沈彙堂　徐應坤　盧均　朱鹿門　姚徐福　余三弟　繆太老　楊才老　陳觀福　馬福淑　金福寶　衛天壽　衛大八　顧品元　李馴　盧勝　金雲老　沈掌大　楊榮春　王寅波　方荔軒　徐保採　方斁君同妻褚氏　王聚昌同妻陳氏,子大林　李應保　汪根陞　金舫舟　孫發　鄭發　蔡厚生　曹成昌　馮小觀　褚金觀　陳稀慶以上《忠義錄》。　俞桂生　朱有岡　查拱辰　附貢生林聰　查人翔　朱謙受　李廷琛　李葆元　馬濟康　胡文耀　王乾元　吳黃元　孫如灝　朱寶慶　胡沛生　徐宗德同弟宗禮　潘勝高　潘全坤　戴陳綱　朱庚榮　把總查麟　千總銜唐春田　千總銜陸人英　六品銜富埔　武生陶鵬英　劉成寶　吳佩生　郭永魁　張貞元　盧發生　顧茂昌　曹關生　金有德　褚正元　宋觀福　張才生　黃六寶　劉霄第　沈桂　陸勝元　陳賢　俞應觀　徐仁元　王勝龍　李才老　張壽福　沈順餘　湯高　黃大束　徐祥隆　楊榮春　陶文耀　王介眉　王銀海　陳關福　沈福老　張正老　何成老　袁厚生　程瑞林　顧載生　孫年林　王敬生　陸才生　陳三老　陳聖福　陳二觀　林勝福　汪傳觀　布經歷查仲誥海寧寄籍。　舉人吳昌照安徽寄籍。　查美熊海寧寄籍。　曹廷緯海寧寄籍。　程瑞林徽州寄籍。　周甫徽州寄籍。　劉桂三江蘇寄籍。　查美熊海寧寄籍。　僧山齡　正昌　觀昌　桂生　德順　道林瑞章　李柱臣　王輅以上已旌。　附貢生馬光彝　李時習　徐炳鑾　張朶雲　顧桂餘　朱方毅　朱梅生　盛餘福　沈高　查炳觀　徐裕德　周海珊　安徽寄籍。以上採訪。

平湖縣

乍浦水師把總柯介錫　邵大貴　營兵鄭大昌　陳忠發　戴成昌　沈有來　嚴懷玉　鍾得勝　沈君黿　岳應德　楊鶴皋　周興歧　許世彪　葉大年　李逢貴　顧鳳珠　嚴得勝　陸永發　袁春隆　徐遇春　楊瑞林以上皆於嘉慶年間攻海盜死,附祀府城昭忠祠。　甲兵盈魁　恒全　寔定　全盛　王得勝　王炳魁　義勇王天生　高神按　郭坪　郭玖以上道光庚子夷擾,殉難。　佐領英登佈　隆福　防禦額特赫　貴順　驍騎校伊勒哈畣　根順　該杭阿　固原城守營千總李廷貴　涼屬蔡旗堡千總張淮泗　永昌營把總王榮　莊浪營把總孫登霄　甘提前營把總馬芝榮　馬兵朱朝貴　額外外委馬成功　水師右營把總韓大榮　甲兵興柱　壽成　舒全　鱂玉　綽和

佈　都納佈　有成　德柱　愛仁圖　鏘奎　西嘣佈　全興　文奎　恒有　葉布鏗額　文強　阿克達春　瑪勒塘阿　伍勒西春　伍勒滾珠　雙順　達三圖　查克三圖　蘇恒　色明圖　瑪勒渾阿　貴慶　色呼冲額　彩貴　奎德　貴昌　奎義　全恒　伍勒西蘇　福有　索隆伍　康龍阿　安當阿　達哈蘇　巴哈蘇　果仁阿　珍慶　雙順　成山　清瑞　彤固　德忠　吉觀　觀蘭　觀明　慶豐　慶禄　慶成　西喇圖　佛勒國春　彩山　鏘元　佛明　額呼春　全慶　海禄　春貴　順成　連慶　瑞安　薩勒哈蘇　普成　經全　志松　經鏘　營成　崩森額　瑪稜阿　得克基訥　安貴　瑪尚阿　倭克基佈　札克薩納　倭克津圖　全志　成在　彩明　存志　札布尚阿　額嶺佈　圖奇春　札坤珠　春林　喜鏘　連成　連瑞　百玉　懷林　銀柱　圖瓦給納　順強　松壽巴明阿　和謙佈　喀勒蟒衣　彩靈　吉勝　德勝　存靈　銀硅　吉祥　伊基斯琿　查布尚佈　祥山　額勒白圖　塘伍圖　圖塔納　蕭滿　蘭柱　明福　瑪克談佈　額勒赫訥　額勒經佈　舒慶　佈音額　奎陞　額楞圖　強勝　存興　伊勒哈　玉鏘　能金　敷克津圖　訥青蘇　伊百　志鏘　圖瓦墨杭阿　索昌　佛勒圖春　佛勒基春　豐勝圖　猛溫圖　賽堪佈　福靈　索柱　伍春阿　波春伍　懷龍　勝同　都彌畚　波青伍　波充伍　珍福　賡銀圖　三音佈　德靈　恒貴　恒忠　連順　密斯罕　春恒　伍喇畚　德克基畚　佛印　農伊訥　貴玉　鏘玉　伍林珠　吉福　卓勒渾佈　恒玉　登雲　順鏘　存保順靈　三保　順喜　穆都嶺阿　蘇冲阿　雙鏘　百歲　豐陞圖　圖門圖　存有　東格　鐵柱　瑞鏘　百春　波崇伍　蘇鏘　順有　多鸞圖　官全　蘇恒特克心額　倫福　興保　祥慶　德銀銀一作寧。　存有　達勒杭阿　喜慶　祥山　恒山一作興山。　蘭春　愛保　薩勒斌阿　順奎　蘇冲阿　克什佈　穆克佈　順全　三音布　順雲　哲音額　壽山　瑞山　吉順　根明　勝鏘　伍勒西春　懷唐阿　彩壽　阿克東阿　經文佈　伊薩佈　順奎　邁拉遜　順玉　卓郎阿　經順　什奎　查拉蘇　珠敦　伊車訥　連順　春靈　明安圖　觀亮　德春　經恒　塘五色　伊克經圖　什圖佈　安靈　鏘明　連雙　賡音訥　連貴　傲林　倭克經佈　三音納　全奎　銀興　經奎　銀福　呼郎阿　采山　勒逢額　順玉　查勒斌阿　貴格　瑞春　多羅訥　鏘奎　色謙佈　連全　索隆伍　伊勒圖　彩玉　長德　格色佈　全安同子成祥,孫邁拉遜。　剛安　濃依佈　孝順佈　格圖鑑額　全福　間散伍勒希春　順貴　巴哈蘇　玉春　文英　雙瑞　德奎　金意按《殉難册》中陣亡有清成、揆德、碩隆烏三人,疑即慶成、奎德、索隆伍之同音異字,俟考。　太湖營兵李和　臧汝安　周瑞明　蔣維保　嘉興協標兵艾連貴　仲慶元　倪仁良　水師戰守兵邱振吉　周鶴順　潘步恩　施長春　張榮　姜萬清　魏安邦　張勝　柯春發　李華　謝聖恩　張英　鮑得才　鄭永純　鄭文明　薛才生　王文英　監生曹文昭　庠生劉棨松　民人蔣錫院　胡長春　陸聖祥　陸士貴　張諒　朱冠英　張坤發　徐元　蔡吉慶　張雙喜　張三　胡世楣　馮松　胡三官　陳某　蔣某　僧達真　壬林以上道光壬寅夷擾,殉難。　協領貴禄　德順　多仁圖　伊車佈　巴達嘣佈　祥瑞　佐領波多坤　阿林圖　恒泰　隆慶　佛爾國春　順興　吉慶　德克登額　慶玉　祥福　防禦有恒　忠安泰　嵩壽　文秀　竟成　圖瓦佈納　驍騎校榮陞　添禄喜慶　經存　禄鏘　德瑞　慶瀛　經福　榮祥　星額　喀吞　筆帖式繼禄　翼領穆鏗額以上咸豐辛酉殉粵匪難,案咸豐十一年粵匪之難,乍浦駐防兵丁及老幼婦女六千餘人閤營殉節,無從考其名氏。准乍浦副都統咨明有案。　州同銜陸錫慶　揀選知縣黃鵬飛《忠義錄》有傳。　孫鍾駿　侯選從九品李汝福同母杜氏,妻杜氏。　封勤聖　從九品銜高七襄　張德時　錢康坼同母俞氏,妻朱氏,子秉文,女珮琴。　陳勳　沈

國祥　湯景萊同子丙文。　丁伊桑　劉兆英　徐鈞沐　吳均玉　陳庭椿　史久成　張憲清同子桂辛　屈蘭舟　世襲雲騎尉陸禮卿　附貢生張鶴書同子濟美,婢桂琴　監生胡榮森　徐煥時潤同妻許氏。　孫曰燦　鄭瑶　張鴻鈞同妻計氏。　徐應煒同妻王氏　錢燿同妻高氏,女大姑。　俞淡秋　毛棠　陸錦藩　張巨琛　毛正國同妻曹氏　王晉義　周銘恩　袁香溪　高佩金同妻姚氏,媳尚氏,女大姑,僕王升　陳秉鉞　金恒有　吳效曾同妻錢氏,子元、女大寶、五寶、婢藹貞、蘭芬　顧廣模　伊佐成同母朱氏,妻蕭氏。　姚守愚　馮培同子秉鉞,孫義森　朱希灝　陸承耕　胡光煜　梅葆　張悉瑾　李邦基同妻麗氏—作鍾氏。　俞永清　曹棠　廩生黃鎔　方炳瑩　郭大鏞　增生王鍾英　張培之　王應槐　附生徐志澄　周炳　徐金宣　金振聲黃鍔同妻徐氏　陸洪吉同弟洪生　張璐同妻高氏,孫附生之升　馬元爔同妻沈氏　陳朱燿徐煥同子金鑒,媳王氏,孫大官,孫女大姑、二姑　江龍瑞同妻鮑氏,子大官,女大姑、二姑　陳維任同女大姑、二姑　吳慶中　陳丙均　張金釗　陸柱擎　林思睿　陸廷燮　陸堯章　邵鶴船同妻張氏　紀金鑑　徐汝霖　錢樹榮　邵朱霞同妻張氏,子士談,媳張氏,女大姑、二姑　高韞輝　方允升同妻張氏,妾沈氏,子大官、二官,女大姑、二姑,婢瑞蘭　鮑應煥　武生黃殿鼇《忠義錄》有傳。　陸雲標同子武生炳昌　陳應奎　馬師燧　陸光琴同妻呂氏　顧容　吳錫勳　陸茂榕　陸大鏞　八品銜朱善楹　候選鹽知事王汲　候選從九品王潛　王渭　從九品銜孫鍾同妻鄭氏,子際清、贊清、佐清　候選從九品錢燿同妻高氏,女大寶　從九品銜陳丕基　秦兆熙布經歷銜陳銓　六品銜張浩同弟淵,妹七姑,婢徐三寶　福建潯美場鹽大使時蘭　候補府經歷馮兆基同女大姑　候選縣主簿陳佩璜同僕鍾四　從九品銜崔斌照　張國寶同妻戈氏　邵大奎高應潮　金棟　沈致福　陳曰釭　甘有生同孫兆坤,女孫月珍　廖維才　高明燧同妻姚氏,女三姑、五姑,媳尚氏,僕繆宜,婢春芳　邵廷模同妻朱氏,子燮光　周鴻翯　王甲順　楊煒青同妻吳氏　朱位立　李鏡蓉　許又山　金湘卿　鄭如海　馬文照　錢廷釗　羅承君　郁載璜同妻金氏　曹少雲　李酉祿　從九品銜徐元蔚　布經歷范萱　布理問銜馮淦　州同銜楊廷淦直州判曹鎮定同女五姑　從九品銜吳炯　吳壋　鄒滄揚　陳佩琳　張慶林　張樹芬　沈壽華沈福厔　章泳慶　楊新懷　廖泰符同妻洪氏,子洪儒　陳元章同妻主氏　顧春華　時天培時元熙　過介壽同妻陸氏,子大官、二官、三官　同知銜徐欽　候選從九品陸鴻　屠五福　陳勞沛　從九品錢若璋　從九品銜姚若璋　俞文澩　潘泰清　胡榮祖同妻褚氏,子大官、二官、女大姑　沈汝彌　朱逵鴻　同知銜徐以欽同母張氏　候補縣丞余敬一　八品銜沈漱芳　從九品沈汝彌　薛錦標　俞逢治　李家駿　陸沂　施國慶同子光錫。　從九品銜陸鴻　鮑應茂徐以銘　楊湘　張德明　屈菊溪　從九品銜孫光清　從九品銜吳泰　從九品銜胡榮祖同妻褚氏　廩貢生鄭丙銓　監生黃金聲　廩生鄭之僑　張鵬圖　附生劉以焜　張開元　殷鴻文　曹炳照　俞欽載同母周氏　施汝彌　徐錦文　劉逢年　張書紳同子大官　監生孫蘭芬同妻陶氏,女大姑、二姑　孫蘭池同妻沈氏　監生馬希白同妻孫氏　附生陸燦彪　監生吳錫　增生吳廷襄同妻張氏　監生沈正陸　附生屈廷慶　張鳳珍　張鶴書　監生錢炳同妻丁氏,婢采　錢世楷同媳王氏,孫婦屈氏,孫女四姑　監生郭泰基　附生劉錫熊同妻屠氏　附生陸丙均　七品廩生陳鼇　副貢生倪承杰　歲貢生陳錦　周家榛　監生錢世楷同子婦王氏,孫子欽,孫婦屈氏,女孫四姑,曾孫女大姑　張世祥同母凌氏,妻陸氏,子士椿、亦泉、五莊,媳鄒氏、馬氏　黃國候同妻李氏　張國樑同妻石氏　馬振聲同妻孫氏,子銘鉉　黃金聲　胡紹熊　李辛祿　沃之瑜同妻魏氏,子杜,女大寶、三寶　俞玉梁同妻時氏,子世勳、世熙,女大姑　陳曰燦同弟曰煌,從子附生翰　袁鼎　俞曰修　敖芬　范星階　鄒嘉楨　張錫綸同妻陸氏　羅中林　陳榜　郭振玉同妻張氏,子鳳巢　盛培同妻袁氏　毛品蓮　金志淵　周瑞珍　梅承曾同妻干氏　王國英　曹文忠同妻陸氏,子伍倌　馮麟鳳　許相　毛文蔚同妻吳氏,子大倌　羅文沅　時芬　胡榮森　陳五湘　張文熙　湯景揚同子志仁。　張國柱　吳丙榮同妻錢氏　趙一椿　金恒有　廩生顧邦杰同妻張氏　徐汝嘉　增生馬增　林思永　林思濬　殷潤生同妻張氏,子和卿、萊觀,女五姑、七姑,媳吳氏　附生殷鴻臚　陸燦彪　王士謂　張因培　孫傳賢　何炳星　謝琛　陳兆松　陸國澄　錢錫康　王鼎奎　許煥　陳昌杰　黃鴻　馮元勳同妻吳氏,子廷瑞　俞鉞　徐光勳　馮裁　戈芳承　吳煐之　吳煐　馮琴材　馮電燧同妻計氏,子六倌　周鴻昇同妻鮑氏　許欽蘭　鮑湔　楊龍章　王慶恩　盛清瑞　俞廷標　黃師濤　馮賜昌　竇曰生　沈應輝同母陳氏　武生王殿臚同妻胡氏,子飛龍、六觀　劉榮　吳雲標同妻金氏　監生章學純　附生李廷榮　湯大謨同子大官,女大姑、二姑　監生胡榮森　附生孫傅賢　胡鴻藻　許承烈　監生倪品三　黃國侯同妻李氏,女紉錦　沈雲鶴同妻廖氏　梅誠求同妻李氏,子林杜、和羹,媳馬氏　梅承曾同妻干氏　附生奚耀宗　何維羆　鄒雲龍　李廷榮　武舉周金榜　廩貢生鄭丙銓　監生張肇森　奚潤　吳丙榮同妻錢氏　鄒嘉楨同女三姑　金玉聲　張廷珍　沈振鳴　廩生邵世琛　附生王文海　邵光燾　□金藻　吳飛熊　施汝弼　武生顧寶燮　監生周儀鳳　吳馨　戚基　邱翹桂　徐以銘　廩生顧廣心　沈春林　增生王廷桂　生員陸世燠　俞以沛　監生趙源同妻毛氏　姜鍛　周師澤同妻陳氏　張煊　張文熙　陸晉孚　李金城　石廷棟同弟廷楨子。昌和從子少岑　石源同女韻蘭　陳佩琳　楊曉溪　汪榮　廩生方寶善同妻顧氏,子益山、友山、慶林　生員徐佩瑜　陳朝械　周維寅　劉之坤　高崙源　高人俊　奚景桂　盛朝俊同妻某氏　盛某同妻某氏　盛清瑞同妻某氏,女大姑　張琅　盛國華　張金藻同弟監生慶林　湯大謨同子二官,女大姑、二姑　武生陳應魁　周國泰　高瑜　錢邦英同妻倪氏,女七姑　監生孫炳同妻顧氏　田成美　生員施汝弼　監生毛羆同母陳氏,弟照　增生袁丙昇同妻某氏,子大倌　生員徐開源　監生張江　張似春　周慶麟　陸金和　陸小和　陸掌觀　鍾森培　錢煥模　張小六　徐景福　劉載清　金毛官　莊恒如　郭五官　周維德　鄒五官　周卯官　周小五　李金官　張五官　劉德官　楊蓮心　金蓮官　周金禾　周榮官　周昌官　戈祝壽　莊懷　鍾四十　奚全觀　陸金觀　朱世培　朱福觀　徐心甫　徐培觀　周上達　俞小六　張順觀　金福大　王成元　朱元貞　劉載清　莊恒如　劉德觀　鄒五觀重出。　周小五重出。　張五觀重出。　陸金禾　陸小禾　陸掌觀重出。　張小禄　金毛觀重出。　郭五觀　徐金福　錢漢模　楊受心　朱小三　周維德　周毛觀　李金觀重出。　徐金彪　李五官　徐懸堂　周金和　周榮觀重出。　周昌觀重出。　鍾春田　鍾森和　沈大勳　陸桂　李金鏞　王廷森　張春煦　邵淇　王銘鼎　馬文新　陸杏元　郁大悌　馬鳳章　朱盤谷　孫順　沈正六　金益壽　王蘭巖　張三　馮之釗　馮錫光　胡鴻藻　陳鳳墀　馬大觀　曹關壽　馮基　張日楒　方小俶　方大觀　吳德觀　鮑宗陞　倪四觀　施汝庚　屈大昌　周雙印　戈宗漢　張金鎔　陳三觀　倪福觀　曹壽觀　程萬觀　邱三觀　陳士杰　蔣錦標　成煥章　曹春和　王金魁　陳考大　李廷燮　沈四觀　顧萬觀　金六觀　簡三佑　陶二觀　丁三觀　馮琛　陸四觀　何韻清　戴永林　王萬金　黃應谷　屠二觀　姚秉智　龔培恩　何寶經　朱賢溪　陸二　張春山　張繼忠　沈

六觀　趙毛觀　童邦賢　童永昌　朱五　姚桂林　姚連元　楊寶觀　盛五觀　史梗　沈森
姚保山　張鳳翔　李新豐　周世楷　張關通　錢那保　吳大觀　張家俊　錢二和　時鈐　魯
邦燦　鮑應茂　朱大德　高少榆　湯維明　戚福臣　王金照　張任和　陸汝域　陸武曾　陸
爲耀　戴煬　邵履貞　張萬清　陸廣林　山義度　沈桂林　張維江　童關林　童連珍　錢大
臨　黃八觀　柴財源　何五福　童大生　林二觀　高六十　童壽珍　王七福　金大傲　徐萬
觀　毛鴻　俞以湘　毛槐　張啞子　馬四　張鴻升　龔餘民　方五觀　方蘇子　張阿悌　吳
國珍同妻鄭氏　沈嘉欽同妻陸氏,子二官　陸洪同妻劉氏,子大官,女大姑　胡文淵同妻馮氏
王貴觀同妻謝氏　楊嘉貞同妻顧氏　黃叔貢同母朱氏,弟雲帆　徐鍾俊同弟鍾信　方思源同
母王氏　張秋泉同妻馬氏　張銘鑑同妻柴氏,子崑河,孫雪卿、雪漁,孫媳魯氏、曹氏,曾孫金和
施汝辛同妻呂氏　俞立亭同妻王氏。　　張仁源同妻黃氏　顧德孚　陳松橋　陸玉泉　柳財元
陳關勝　程景和　顧聖德　徐寶金　成三壽　呂源　程雨亭　徐懸堂　潘錦璠　沈榮增　俞
季英　俞恒以　陸五大　胥五壽　吳雙全　董香年　曹七觀　張馨遠　沈和觀　俞心敘　山
壽觀　沈五觀　盧萬壽　孫思正　謝漢成　徐大觀　陸有德　蔡富昌　林太時　李建榮　黃
三觀　屈長庚　胡廷揚　顧五觀　嚴張伯　湯福林　羅興觀　陸二觀　方錦榕　陶文明　陳
關德　方榮觀　鍾銘德　彭小五　費福觀　周天順　王三和　王阿文　胡品觀　廖松山　朱
隆昌　徐福觀　楊五觀　周大觀　王五德　沈龍觀　周天順重出。　　周有觀　張林壽　王二
觀　金愛觀　富八福　張大二　張正福　陸壽奇　蕭珍觀　孫介觀　方六觀　胡寶慶　陸惠
芳　馬亮彩　馬亮得　胡和福　潘金林　陳四觀　方二觀　朱二觀　金福觀　金七觀　金六
觀　金七觀　周連勝　陸二觀　顧鹹觀　方振元　沈振揚　徐和尚　芮金觀　沈五觀　朱大
春　王九大　龔同書　方二觀　方福林　陸振興　方八觀　沈關觀　沈三觀　胡大觀　周福
元　吳二觀　徐寶麒　潘文元　吳逢熙　張金福　金才觀　屠樂山　楊大觀　徐二觀　胡乾
觀　胡壽元　馮璜　陳富林　袁寶勝　沈介觀　朱龍喜　施四觀　吳餘慶　顧四觀　江鳳觀
謝三大　戈三觀　陸登瀛　李翼凌　朱遠亭　王振元　王和尚　曹建章　俞照如　王永芳
陸小八　陸和上　繆小福　芮廷榮　陸老勝　王泰源　姜瑞興　于大觀　于小大　于四和
張隆義　孫三觀　沈三和　沈果　湯大倫　沈八觀　褚老貴　平五觀　倪七菽　孫發祥　沈
大觀　李四觀　陸秀元　彭道觀　沈桂觀　李安瀾　李有源　李逢源　俞八湘　黃蕙文　顧
杏莊　吳冬觀　徐茂昌　徐海觀　馬金元　潘金觀　沈珍福　顧三觀　費全福　顧培觀　顧
秀坤　王興觀　鄭金和　陸介觀　孫二觀　張某觀　徐坤揚　唐五十　顧福觀　顧大觀　張
照觀　張三和　陸懷觀　姜秀觀　馮壽元　吳和觀　張德秀　陳元通　施二觀　譚老培　莊
毛觀　毛二觀　金金禄　張老天　某成衣　郭大觀　張三觀　奚四和　錢六觀　張松觀　顧
五觀　唐關德　施燦觀　金富雲　蔣大觀　陸五觀　方四觀　方蘭觀　金蘭榮　蔣大觀　張
福觀　俞秋山　時景裕　張懷觀　沈勝高　于金元　李三觀　趙珍觀　趙七觀　趙七觀　姚
二觀　于榮福　姚德茂　張關福　張五觀　劉珍觀　李毛觀　沈大觀　吳大觀　劉六觀　沈
唐觀　陸照觀　丁三觀　沈連觀　沈七觀　周大觀　李和觀　陸懷觀　彭三觀　彭金觀　周
悌觀　費小和　顧勝觀　杜泖生　王勝福　周勝林　李大觀　陸乙照　陸書勳　錢二觀　周
五觀　張照觀　彭二觀　陸八觀　沈福觀　朱福城　顧德和　周价安　程毛觀　李大觀　王
四觀　李德容　顧小觀　周順德　姜蓮生　陸福元　高掌觀　趙掌觀　楊正發　顧春觀　俞

世壽　周關祥　彭正觀　陳大觀　李四淑　孫大觀　謝某同妻劉氏　郭如嶽同嫂朱氏,妹琴姑,婢二人　陳永德同母彭氏。　宋勤圖同弟竹齋　郁金城同母顧氏　鍾秀卿同弟六觀、三觀張義同姪壽林　徐大保同子老蓮　陳連觀同子三元　辜錫康同妻鄒氏,子大官、二官、三官、四官　陳詠齋同妻賴氏,弟瑞齋,妹五姑　張勝林同妻關氏　成恒德同子五官　王某觀同孫女大姑　李銀觀同子四觀。　金寶經同女小姑　王四觀同子大觀　沈奇林同妻張氏　吳繼康同妻黃氏。　黃馥齋同子寶官　王四觀同妻湯氏　李濬源同妻馮氏,子德順,姪二觀　潘五觀同族人二觀　顧大寶同弟二觀。　陸希淵同妻宋氏　徐文銈同母鍾氏　黃小觀同妻闞氏,女大姑,姪女大姑　倪繩正同女全寶　唐金榮同妻彭氏,女二姑　戴七官同子大官　李四觀同弟八觀王毛觀同弟悌觀　王大觀同子秀榮　唐和觀同妻楊氏,子二觀,女大姑　方悌觀同弟年觀　金富榮同弟四觀、七觀　張五觀同子二觀、嘉和　陳雲泉同女大姑　張小悌同妻張氏,子四觀姚元觀同妻顧氏　葉大觀同妻姚氏　程松亭同子二觀　許培觀同弟六觀　唐二觀同弟婦張氏,姪媳張氏、姚氏　李大泖同弟小泖　黃保三同妻陳氏　張春觀同妻楊氏,子大觀　江法觀同妻全氏,子毛觀　張茂興同妻闞氏　陳福慶同母王氏　周天興同母張氏　張愛觀同妻沈氏劉凝遠同弟婦馬氏,姪阿悌　唐三觀同弟六觀,姪媳曹氏　唐二觀同妻俞氏,子七觀　吳灯

高培元　繆友三　胡菊菴　謝四觀　江謹安　顧謙吉　盛壽林　顧雙喜　張山觀　沈宗培金六和　陳葆琛　周三官　朱寶勝　張嘉樂　江巧林　王炳文　吳福俶　沈五官　汪其壽張春泉　方二牙　朱繼宗　王老奎　程二俶　丁勝官　錢萬選　李七官　孫祥申　沈蘭珠馬四觀　王益琴　盛悅山　金龍官　朱大和　朱瑞和　沈應龍　丁二官　張士春　吳順昌周師感　周四官　郁大官　汪六觀　吳元觀　朱大觀　韓虎觀　丁八觀　孫鶴洲　徐金圻周三官　王大觀　邵鏡清　呂錫疇　陳三官　何六官　毛福清　孫亮住　汪老棋　王珊　吳峻齋　張三悌　沈三觀　陳二悌　李阿龍　吳五福　沈雙喜　陳三喜　徐寶金　王三觀　袁蓮生　王亮寅　馬四俶　陸文泉　王永奎　方福昌　金巧大　金富林　沈大福　李照壽　曹福壽　朱二相　繆友三　胡小亭　顧阿萬　錢壽元　馬三官　黃五官　韓流海　汪六觀　曹福壽　胡銀官　金桂林　張琴軒　沈大官　王五倌　韓五觀　蔡阿虎　張三官　沈大官　吳六官　陸阿大　徐咬官　陸大官　高阿龍　高老元　葉鐵匠　何阿金　何小亭　胡鴻藻　吳尚志　邵澄　馬錦榮　徐兆榮　朱壽珍　陸士榮　包文炳　胡春陽　王瀛洲　王福　沈慶官東寶琛　方紹堂　陳關勝　徐老均　陸凌波　丁老順　陳士煥　沈小和　項德紹　馮阮雲高春帆　倪小二　盛五倌　王天喜　朱彩廷　陸四和　孫益三　陳老蒼　李老和　周老和戈廷柱　袁瑞和　過三官　胡秋亭　俞瑞興　沈二官　楊半蘇　郁振和　羅爲樑　汪六俶唐福卿　蔣五壽　呂大官　朱三官　呂源　陳鴻業　馬垣　陳三觀　陳三官　楊四官　衞文炳　阮芳壽　金志澄　朱秀官　范友三　趙笛仙　王三湘　周二官　陸八官　王漁江　陳稻村　李秀林　計玉寶　張湘舟　蔡六官　王厚基　林泰士　黃鳳星　李阿悌　潘鶴林　徐龍陸德友　平大阿悌　陳望天　平大悌　郭小禄　甘友生　翁振揚　施春淦　張曉春　褚煥王順福　金六壽　潘小甕　徐洪昌　沈壽冠　屠七觀　吳永椿　吳宗鑑　馮汝昌　吳東山王桂堂　倪小二　許德松　孫三福　胡永秀　屠福昌　曹大觀　馬世德　俞峰山　沈錦堂吳萬青　曹鏽　簡三友　殷杏元　金六叔　陸禮官　俞二觀　王大官　馮連官　王會新　朱秋霞　朱八觀　鍾王四　沈二官　許太原　錢兼之　顧人煐　王萬金　沈四官　顧維岑　陸

鳳林　浦大觀　包加壽　顧慶官　莫四福　沈祥慶　王大官　張榮生　李永茂　張祥夫　汪
嘉德　朱遠亭　錢關元　邱老晉　侯阿灣　劉躍龍　潘楚倫　馬讓　俞四觀　顧元坤　楊杏
書　李登瀛　陳德龍　徐春和　賴恩培　程宗泗　王年洲　趙星橋　馮蓉莊　顧廣模　馬少
凌　梁相隣　楊四官　孫毛俶　潘三官　陳關榮　王永祺　廖彩文　吳爾爵　陳大觀　羅六
官　孫小毛　金大官　馮鹿門　朱壽增　潘廷章　程義林　何大觀　楊二觀　方三觀　方永
佰　鍾明德　呂愛林　許泰元　查壽官　吳富元　俞裕興　陸關元　金大觀　金三品　張鳴
岐　吳元富　吳富元重出。　吳珍福　金鑑禄　孫仁龍　趙允中　平七叔　施益三　朱四觀
陳應洪　陳福生　周榮桂　屈四福　周福源　楊德勝　陸關榮　朱四佰　衛長生　金七官
顧咬官　方二官　俞五福　程義材　張順觀　方富恒　徐寶奇　沈八觀　倪振山　陸雙喜
徐小二　屠永慶　朱松林　蔡關福　陳九俶　林禹聲　戴老美　戴老壽　陳友福　吳二觀
吳蘭珍　馮樸齋　錢廷鈞　蔣壽元　周阿福　孫冰如　施汝昌　俞順叔　戴二官　張大官
汪廷揚　陸七官　周勝元　屈增福　朱二官　朱大官　楊四官　汪鳳森　陳小二　王大德
俞運官　毛泰官　毛春江　馬四官　曹大保　方五福　方大官　沈二和　黃福齋　黃玉官
黃秋泉　張寶金　沈福壽　陳富林　高四官　沈香樵　吳餘慶　倪笠亭　徐興官　胡乾官
胡壽元　黃五福　顧星魁　陸壽林　胡福觀　高四官　馬天官　朱三官　吳春官　蔡武林
張毛觀　張勝官　金四福　姜二觀　楊五觀　楊三觀　吳金元　吳慶福　關長觀　胡嘉觀
胡三觀　施二觀　平五觀　沈三喜　張大觀　倪福觀　吳四官　金龍官　張成　馬容中　胡
春山　劉敦祚　曹少逵　陳小和　王關壽　倪七觀　陸小和　邵錦林　李瑞珍　吳文魁　邵
福村　邵二官　陸三元　張美觀　李福星　孫上壽　吳一林　吳四觀　沈大官　方大官　邱
大觀　高三元　沈四官　陳老茂　陸連元　金林　蔣二官　戈維熊　劉寶俶　陳錦山　徐忠
貴　徐文彩　王永芳　戴二觀　劉嗣宗　胡老全　張正善　徐五福　李秀觀　潘琳　馮毛大
馮毛五　林有賢　沈以鋁　陳雪塘　曹二觀　繆掌林　沈汝明　朱大官　沈鳳昌　顧維岑
沈果　顧永林　張老荷　戚愛元　顧關俶　周二司　魏雙壽　李關祺　尚元魁　趙坤巖　周
德福　屈順昌　莊允中　馮二觀　王老掌　戴老祥　沈三官　沈瞎子　楊老關　宋正倫　楊
五福　胡丙煌　過怡　沈聾　陶二官　沈鈺如　俞秋橋　王三觀　倪高明　陳義　謝景齋
馬五龍　張五官　邵九官　陸雲巢　顧克昌　馮七觀　鮑懋廷　王天桂　羅興觀　汪巧林
鍾漢昌　高運祥　湯菊亭　林賞雲　朱長興　湯大倫　徐六官　謝介官　徐雙喜　陳橘泉
時景裕　嚴永　黃福鈞　翁福山　戚四福　黃桐慶　陳武珍　楊止和　葉福堂　王四福　汪
聚勳　何老添　徐金舟　王放銃　金志澄　孫大興　金同漢　王二俶　程鏡仁　倪四觀　許
承烈　張塙　吳大官　吳巧林　邵炳　戚鳳章　蔣壽昌　王仁山　陸嘉禾　朱六官　吳四官
吾乾官　計榮華　吳紹官　戈三官　葉少坡　陸汝城　奚掌德　胡茂盛　胡大海　林三福
李建榮　程位樞　沈六官　胡元掄　蔡福官　朱增福　包連慶　張奎　劉敦信　李福祥　郭
昌　林鴻生　王曉江　沈二觀　羅文瀾　李慶華　楊萬官　孫六觀　邵六官　張藝冠　杜天
生　李阿和　杜毛升　李八湘　沈阿犬　沈阿貴　吳和觀　張慶觀　張魯堂　陳五官　楊四
官　朱四官　呂春田　吳三官　白應　何二官　徐二官　楊南山　張才舜　計金官　黃金題
張三福　俞世壽　金紹祖　周漢屏　吳華珍　張福生　裴人蛟　吳政槐　徐乙舟　唐樹模
王毛觀　陳大觀　汪蘭生　馮四福　楊老天　趙琴泉　魏雙壽　毛大觀　陸九觀　張四佰

沈貴觀　葛明初　潘雙慶　俞六觀　沈金皥　陳觀潮　黃雲章　謝寶珍　潘繼祖　沈愛林　江悅琴　沈六觀　朱四和尚　林五官　陳七官　高阿福　方裕忠　陸蕉亭　潘玉林　李渭濱　陳阿悌　王四朝　王大儌　王許星　陳阿儌　王汝德　秦大有　馬瑞和　都少崑　陳三官　王四福　王祖壽　王雲亭　孫三福　王五福　高琴山　胡廷楨　沈廷炎　金毛二　鄒家二　胡三觀　姚鳳六　胡品山　錢三觀　李葉蓁　陸四官　許老虎　姚連奎　張永能　錢毛官　陸履塈　陳連慶　許少春　戈宗楠　徐學熙　陳永泉　陳老年　姚大官　沈五官　鍾達夫　謝金福　孫五福　唐三司　戴士奇　姚大觀　戈辰三　郎寶元　繆阿大　彭振環　杜輝　沈荷裳　陳雨高　陸長金　馮四和尚　俞九官　吳大德　李寶金　徐五官　孫惠祥　嚴老勇　徐順喜　徐金彪　張四官　王闕勝　方坤林　楊四官　王曉亭　馮鼎昌　鈕銘銑　馬恒炘　岳星環　都章福　張義成　杜星第　張毛和　張掌林　沈懋濤　徐汝福　沈正福　朱裕昌　馬五福　朱寶珍　朱寶和　沈聖元　馬雲和　趙壬山　殷龍　張醒石　張太湘　顧阿橋　徐八觀　高聖林　高聚順　李桂義　吳勝昌　王西堂　王大順　王家駒　胡金官　楊四官　沈壬泉　王佩珍　謝五官　李懷明　顧秋漁　王全官　程松亭　李還生　潘鎔　方錦堂　陳八官　邵月如　姚銘　李金鏞　褚維清　費大官　李海如　徐二觀　朱清和　殷阿勝　李永明　鄔聚發　俞少香　馬斯作　朱七官　陳大官　李二官　費廣興　陳三官　過上珍　顧小官　杜濟川　李三秩　費德和　張三元　李五官　李六官　陳蘭庭　蔣二官　張大官　顧和　徐亦泉　俞標同妻沈氏，子瑞生、二官　鮑蘭堂同子肖蘭　馬四觀同子三和尚　顧德昌同弟德和　陸四官同妻劉氏，子慶官，女愛姑　麗天華同妻闕氏　徐惕夫同子六官　潘大儌同妻闕氏　朱仁園同妻汪氏　盛春亭同妻陸氏，子銓　張連慶同姊顧張氏，姪五德觀　楊漪亭同妻顧氏，子五官，女四寶　張八官同妻顧氏　陳梅圃同繼妻周氏　成三壽同妻張氏　周誦先同子體元，媳陸氏，孫二荷，孫女大寶　張南嶼同妻孫氏　時景裕同妻唐氏　盛一巖同妻符氏　張阿和同妻闕氏　屈大昌同妻蔣氏，子一　陳連生同子大官　趙杏村同妻毛氏　朱玉濤同妻陸氏　施大林同妻裴氏，子文源　沃學澧同弟大觀　陳泰熙同弟婦賴氏，妹賢秀，姪和讓　朱世增同妻劉氏，女大姑　吳青巖同妻徐氏　徐天任同子昌祺　李玉堂同孫女來寶　王三官同姪二官　胡大品同子寶慶　朱爾熾同妻李氏，子聚生　徐煥章妻高氏　錢維鎬同弟維鎮　曾士奎同妻沈氏　屈長庚同姊六姑　鄭憶漁同妻馮氏　徐嘯蕉同妾邱氏，子登元　朱芝明同弟受益　吳繼康同妻黃氏　陸大官同弟四官　沈雲槎同妻闕氏　王仁溥同妻戈氏　方五官同女大寶　張秋泉同妻馬氏　吳寶珍同子照福　馬大官同弟壽福　陳阿廉同子阿大　沈龍橋同弟滿觀　王壽元同妻賈氏，妻母賈袁氏，子大觀　許順之同妻翁氏，子春和　潘祝堂同弟丕堂，子應元　張鳳翔同女一，婢一　曹永林同妻胡氏，族嫂龔氏　徐又園同妻林氏　徐石泉同姪郎亭　潘文煥同妻張氏　郭四觀同妻張氏　戴七官同子二觀　葉松樵同子應德　陳廷模同妻錢氏　俞大官同子大官、二官　周酉溪同妻王氏　陳嘉亭同妻黃氏，子六官　王吟樵同母鍾氏　錢菊林同妻周氏，子晉祥　朱秋山同妻沈氏，子小官　鄒煥波同母鍾氏，妻盧氏，弟生和，子其瓏、其琮，女愛姑、桂姑　羅爲棟同妻朱氏　徐夢熊同母王氏　陸華季同妻唐氏　沈九官同妻王氏，子大官　陳維城同妻朱氏，女四姑　俞雷增同母王氏，妻沈氏　張小九同妻顧氏，子九大、九四，女五姑　莊竹萍同妻趙氏　邵樂生同妻沈氏　邵鶴禪同妻張氏　邵穎同子光寰、光富、光寵　顧錦培同子杏園　蔡龍三同妻俞氏　陸雲樵同妻錢氏，子三觀，女大姑、二姑　金貴元同子大官　陳根

和同妻陸氏　　陸稗生同妻金氏　　劉飛熊同子培蘭　　蔡龍山同妻俞氏　　許芝山同妻陸氏,子大官,女二姑　　沈三觀同子大官、二官　　張七觀同妻倪氏　　郭少春同妻倪氏　　何大經同子六官　　朱三壽同妻關氏,子大官、二官,女三姑　　江錫周同母周氏　　張鎔同妻李氏　　潘聲立同妻沈氏,子順金　　陳毅觀　　孫慶源　　吳元富重出。　　程高鏞同妻周氏　　何韻清　　何鍾恒　　錢錫齡　　錢子卿　　郭二　　劉永山　　張牒元　　馮梧巢　　馮二　　朱少溪　　周慶齡　　張錫綸　　沈大勳同妻陳氏　　王忒親同妻顧氏　　郁文修　　陳景高　　徐文垣　　徐有方　　徐友福　　顧德孚　　程有高　　程景明　　鍾三觀　　華榮春　　張松觀　　張福壽　　趙八觀　　陳勝壬　　吳蘭增　　包正昌　　馮關元　　郭堯章　　潘規頌　　劉左泉　　林禹聲　　王承山　　沈金榮　　陸全壽　　唐六官　　邱禄□　　鄒培仁　　金漆幹　　吳增福　　沈久大　　張文釗　　李福祥　　吳逢熙　　王殿鰲　　賴洪熙　　王思觀　　王老壽　　陳榜　　張金榮　　邱松□　　□堯書　　劉寶善　　馮卓庭　　徐秀成　　何寶琯　　周富榮　　葛傳經　　張正鳳　　何寶官　　王慶源　　周寶幹　　鄒加幹　　沈在恒　　戴振治　　林樹埔　　陸成熊　　沈虎三　　朱世增同妻劉氏,女大寶　　吳青岩同妻徐氏　　高雲巖同妻孟氏　　張杰同妻梅氏　　黃裕芳同妻紀氏,子大官,姪女五姑　　吳寶增同子照福　　江晉文同妻廖氏　　周九俶同妻倪氏　　郭勝福同弟勝祥　　沈長壽同子大觀　　顧樾同妻周氏,子振鷺　　邵寸珠同妻倪氏　　潘毛三同妻趙氏,弟毛四,姪大官　　盛壽林　　曹福壽　　王勝林　　王三福　　毛鳳岐　　王銘鼎　　沈文魁　　王廷森　　王燦　　錢壽元　　王志親　　陳三倌　　平阿悌　　方永觀　　胡耀祖　　戴泰元　　沈松年　　鍾明德　　沈臨金　　沈關興同弟洪生、金福。　　胡阿順　　沈渭同子四人。　　徐文垣　　沈培增　　方裕忠　　方坤林　　鮑宗陛　　王端甫　　陸裕堃　　陸履堃　　陳稻村　　黃克昌　　陸晉陞　　高良臣　　章學純　　李四福　　盧壬橋　　金寶山　　朱大春　　楊振源　　李玉山　　王九大官　　江壽福　　楊和臧　　王四倌　　朱友橋　　陳西美　　楊振餘　　陳少村　　陳康　　張八橋　　陳應龍　　孫大有　　馬大倌　　沈中炎　　沈增炎　　沈尚和　　陸七倌　　宋三倌　　彭老引　　陸寶元　　陸老鳳　　張五倌　　劉琴泉　　唐小悌　　富春和　　吳老長　　計金壽　　何晉鏞　　張文郁　　陳和觀　　石崑山　　孫應春　　李蘭亭　　潘堯封　　潘盃堂　　陳關勝　　李四悌　　陳阿茂　　沈得勝　　王寶林　　時竹筠　　時晴江　　錢義和　　程楚賢　　陳程良　　陳蘭溪　　韓松山　　陳五束　　時鈖　　高培元　　張小六　　張毛四　　繆秀林　　繆六倌　　郎掌二　　李桂珍　　徐雲山　　楊雲山　　程位樞　　陳義　　顧二和　　戴二觀　　徐五觀　　俞六觀　　湯大倫　　支永清　　王松亭　　顧惟善　　顧德孚　　沈升圯　　時霞城　　時葵　　沈小山　　金大官　　張紹邦同妻龔氏　　金桂元同妻唐氏　　徐三喜同子阿和　　張愛林同母沈氏,妹三姑　　范小阿弟同妻鍾氏,子阿大　　邵稱珠同女七寶　　繆三倌同子五官。　　李小六同妻沈氏　　莫元珍同弟三珍　　張鳳二同母李氏,妻查氏,弟鳳三、祥官,弟婦楊氏,妹七姑,女二姑　　張掌林同弟五福、金福　　張毛荷裳同妻趙氏,子阿茂、阿九　　李雲山同妻陸氏,子三觀,女大姑、二姑　　柳才元同子二觀　　邵春旬同妻鍾氏　　汪禄年　　錢大觀　　屠茂才同弟茂生　　毛維城　　毛垣城　　毛千城　　沈大觀　　吳德勝　　汪禄年　　顧二和　　王永魁　　莊懷倌　　包正昌　　陳大俶　　顧珍福　　俞金福　　徐二倌　　俞六倌　　吳三和　　屈八倌　　陶福倌　　屠昌倌　　陸小山　　陳六大　　陳大倌　　朱毛龍　　高阿四　　王福觀　　朱秀林　　朱詠林　　徐嗣念　　林鈞春　　王四湘　　王四荷　　王九二　　王美俶　　徐哨亭同母曹氏,妻朱氏　　王君懷同妻張氏,子全貴　　胡仁倌同子阿三、四倌,姪祥倌。　　徐大興同弟八倌、五倌　　陳咬倌同妻駱氏,子二倌　　蔣瑞龍同母何氏　　王啟巖同妻袁氏　　顧二倌同子五壽以上見《忠義録》。　　張貴福　　從九品銜金振遠　　邵雲羅　　監生盛際唐　　六品銜陳寶琛　　增生盛清瑞　　生員盛朝俊　　生員盛國華　　盛培

陳其輯　盛世俊　盛元源　顧迎春　張桂　邵炳　監生郭泰基　張二官　袁景炘同妻章氏,子大詠　錢大保　徐兆溱　石三和　高鉥　施人標　屈大觀　錢大官　錢三官　徐大觀　錢大觀　蕭大觀　徐二觀　沈三寶　徐四觀　胡九觀同弟八寶。　沈金鏞同弟某　全大觀　湯二倌同弟三倌。　陸四倌　屈五倌　程龍壽　陳三倌　錢二倌　江錫周　屠雙金同弟正元。蕭四倌　陳五觀　朱芝明同弟受益　阮全觀　錢五倌　洪大倌同弟七倌。　沈二倌　林小和居八倌　高大倌　陸義和　戈凌雲　沈大倌　周培珍　吳大美同弟小美。　蕭大官　沈忠倌陸松壽同弟全壽　從九品錢耀同妻高氏,女大寶。　監生錢世楷同媳王氏,孫媳屈氏,孫女四姑　錢錫麟　錢子卿　胡耀祖　胡增義　王廷樑　庠生劉鴻勳　庠生馮元勳　陳明書海寧人,業醫。　監生朱善寶以上已旌。　上元廩生楊遷善避邑新廟里,被擄死,妻姚氏有身,手抱子投河死。張少鴻　顧金黿　李炳　朱鼎錫　李其鏞同母某氏,弟婦汪氏以上採訪。

石門縣

候補鹽運判馬鳳梧《忠義錄》有傳。　從九品銜范三畏　歲貢生蔡之楨　增貢生鍾烺　附貢生史臣直　魏仁喜　監生沈人鵠同母姚氏,子懋煐　薛黼昇　朱珩　魏受恒　姚可宗　田之瑞同妻陸氏　鍾學倫同妻沈氏,子麗賦,女貞,子婦蔡氏、吳氏、袁氏,孫毓駿、毓驤、毓駰,女孫慶、瑞、蘭,僕陳七,僕婦沈氏,婢閏勤、韻喜、巧蓮　吳學瀛　王運貫　孫江　強景昌　魏受謙　吳啟森　附生沈文林同母鄭氏　馬光祖　沈應輝　馬同儀　徐多禄同妻孫氏。　孫如淵　李文瀚同女擎珠、藏珠　張錫疇　田方新　鍾宸謨　錢慶燾　施則行　徐汝鑾　張錫疇同子壽齡。　錢元杰同妻聞氏　勞廷榮同妻張氏,子德煃,女四姑、八姑,女姪五姑,女甥許沈氏。錢新　沈陳榮　武生唐熊　張大淦　金安邦　杜雲飛　候選知縣魏承禧　候選知縣沈堃　候選教諭錢德濂　徐德謙同兄珏,女六姑、八姑,子婦蔡氏,僕鄭本,婢鄭姑　從九品銜李湉　從九品薛黼昇同子桂生　候選訓導程佑同子德明、德生　從九品銜鍾毓琳　從九品銜吳世逢　主簿包世壽　從九品凌茂松　廩生馬宣召　附生沈錫坤同妻田氏　監生姚仁煓同妻張氏　廩貢生沈榮　附生吳慶祺　吳慶年同母朱氏　監生周蘭鈿　監生張慶　沈盤　徐益齋　包世榮　史福田同妻毛氏,女蕙珍　史福成同妻吳氏　生員李文瀚　監生吳學瀛　田方秀同父藍暉附生寶曰生　蔣蘭春　費大良　沈茂源　邵方榮　姚蘭芳　姚廷和　錢大元　姚瑞高　沈元沈景榮　昌士相　章瑞高　顧順峰　顧玉英　陳樹懷　朱正福　顧文華　鍾君求　姜瑞仁呂樹洪　吳維垣　談維安　金泗　金永山　沈如山　徐福增　高載宗　王振林　褚發昌　呂玉奇　王恬瀾　王振名　許國棠　張聯階　強汝瑛　沈晉文　強鏡　沈輝　吳錦堂　劉兆能劉永發　孫芳　陳壽珍　吳嘉璣　徐茂忠　屈元清　呂萬年　屈鳳璋　屈繼周　曹圭　沈鼎興　沈槃　吳琢成　譚楚卿　鍾謙　鍾履坤　倪董高　張湘巖　張聯晉　吳禮南　方潮　朱占魁　吳爕功　楊美元　田祥昌　王德亨　王德明　沈品高　王金榮　蔡賡康　鄭芳林　周殿坤　徐錦堂　鄭殿章　屈有才　王午觀　湯大才　吳秀珍　吳一桂　沈廷榮　楊傅森　楊傅堯　蔡耀廷　范元龍　郭明章　錢效忠　周正山　胡永發　周聖佑　田岳峰　吳榮森　吳天相　田藍暉　朱延齡　查杞　馬萬安　俞光卿　王毓忠　楊玉林　張廷啟　沈秀卿　錢曉山　屈錫榮　蔡輪閑　譚守勤　李體仁　王廷貴　沈壽昌　鍾維高　蔡關通　陳會嘉　勞佑

啟　沈鳳祥　鍾秉忠　魏悅興　高秀觀　時永林　王仁安　王勝明　魯福基　查恒吉　馬升增　馬升球　陳茂松　陸振雲　倪有發　盛清榮同母殷氏　朱毓慶同妻曹氏，弟貴慶，弟婦王氏，姪大官、小官，女保芝，姪女大姑，戚王夏氏　丁汝爲同妻周氏，子一　祝瑞年同弟椿年、延年　陳其材同弟荷裳　錢文中同子大官　李甫藏同母胡氏，婢春熙　何大官同祖母陳氏　吳自金同母屠氏　沈有堂　吳文官　沈梁　費啟祥　姚鳳鳴　沈大昌　朱瑞發　錢壽發　陳開榮　余慶堂　李才官　陳聖天　陳德年　周學坤　李天山　李茂慶　李成福　常永祥　金薇坤　劉有福　陳茂才　夏大有　朱永和　李月山　鄭可忠　楊瑞年　劉永發　劉兆倫　沈福忠　俞正揚　沈壽章　方瑞雲　沈德嘉　陳繼林　費元發　陸駿發　金元龍　舒景賢　徐楚瑛　舒永德　鍾寶林　王永才　蔡永高　陳天林　沈景標　陸升發　劉永良　陸桂庭　錢鳳儀　俞壽元　周甫慶　沈有高　徐景堂　沈文林　徐景福　顧登龍　沈福源　陳景天　陳啟新　朱啟發　楊聚慶　蔡永華　楊京高　鄭祥昌　舒錦高　舒玉秀　葉鶴高　鄭大祥　沈大金　盛順福　曹虎臣　張瑞麟　朱廣發　張鶴齡　沈祥春　蔡惠高　姚廷和　沈永慶　徐百壽　沈岐山　劉仁元　劉永源　既傅林　費啟財　柴啟高　舒永春　湯慶元　魯福基　楊邦凝　高永慶　費振峰　魏順南　馬天敘　費秀林　沈大良　羅發秀　陳有珍　邵鼎發　鍾元慶　徐惠成　徐有倫　姚勝昌　吳聲揚　王景秀　錢煥　倪景榮　倪明高　徐應才　沈啟隆潘毓文　楊鶴齡　錢錦春　陳元孝　蔣成標　翟文秀　孫祥玉　胡起章　程永凝　謝維賢朱元宰　倪燕山　徐德忠　汪萬奇　汪萬林　李樹發　馬德成　沈永發　沈景春　錢懋祥呂寶成　湯寶忠　徐晉臣　徐晉彥　朱廣士　朱宏慶　陸長豐　費成章　沈榮發　朱忠昌李元祥　徐茂忠　黃禮彬　陳惠昌　章聖林　張振奇　楊鳳鳴　呂寶森　費玉林　張秀章唐士英　顧乾忠　周永發　趙永才　顧祥發　顧義康　沈廣發　祝廣明　張斗山　方國良吳昌年　王聖甫　康金生　張學良　徐廷松　葛金德　葛茂如　夏秀林　李慶成　許聖魁陳丹林　朱鼎銘　徐芝堂　沈隆慶　顧景芳　王金榮　吳大文　胡三官　沈春山　屠義方李祥雲　沈松源　范雲龍　方起濤　范世表　王繼祥　葛聖華　陸福壽　葛聖嘉　朱聚源張士良　吳長發　戚聖昌　王鼎才　王德亨　王廷貴　王毓元　王禮坤　徐松年　胡品高沈永年　胡毛三　強錦芳　孫洪慶　徐茂松　沈寶穀　呂慶雲　朱永良　顧連珍　沈祥龍陳繼龍　平德森　吳柏龍　徐閬良　胡寶桂　呂秀桂　呂月鉦　王向高　郭福良　郭世隆郭有仁　屠福坤　吳坤玉　沈仁彩　沈敘才　沈士中　朱振元　沈德林　朱守仁　朱維榮范士魁　周酉山　陳其求　陳其才　張宏昌　華中高　鍾起堂　馮學連　吳錫齡　許炳章蔡繩祖　朱永財　顧葛生　陳妙源　王時風　沈禮元　張福林　沈貴堂　何仁達　周斐然余美連　張聖奇　李四　李大官　嚴洪奇　錢仁良　錢金良　顧長春　顧廷芳　陳兆良　沈大年　朱德嘉　宋仁啟　張景天　沈漢照　朱關通　費紀高　費久山　朱茂森　詹寶連　詹武高　褚有三　章泰來　羅茂榮　費仕朝　馬大珍　錢光照　徐貴芳　徐萬芳　沈茂和　鍾蘭銓　鍾永貴　于琴官　徐建堂　沈載林　沈載成　楊景年　徐世榮　計品高　談瀛洲　吳世元　朱煥章　沈文江　費炳珍　朱壽華　褚廷經　羅元東　沈在祥　羅順章　費奇年　費士高　張珊山　費載高　諸源昌　諸奇昌　徐鳳其　蔣寶生　姚鍾越　錢大有　姚連德　倪佩濟　沈迎祥　黃安邦　呂貴堂　方緯如　朱金標　楊繼高　沈鶴廷　倪守凡　談憲成　鍾載釜　邱雲官　王乾亨　王文忠　朱景堂　曹起堂　章鶴年　倪慶源　成鳳岐　張錫蕃　平

福仁 王槐榮 錢雲標 勞達昌 王敘發 沈松林 呂國興 王家淦 姚美方 王國忠 呂
正榮 蔡耀章 舒錫桂 張家豪 姚世其 周如桓 沈貴芳 沈奇山 王春芳 范文高 祝
應魁 屠貴芳 屠金山 鍾壽春 沈慶良 吳琇珍 費國英 范世維 張佐發 費實財 盛
德風 張萬勝 朱秉彝 朱廣財 顧濟源 張士進 呂啟豪 呂啟坤 呂啟明 呂玉珍 范
應才 楊繼康 李福元 金薇孝 張鳳寶 周孔嘉 蘇士升 富鶴山 劉敘源 舒子發 舒
子茂 舒錫慶 吳天相 俞永琪 張兆廷 尤茂春 周鼎奎 范忠明 王炳金 范永春 許
載榮 李順興 顧惟友 李維章 李玉堂 王正發 楊秀南 吳敬敷 陳廷高 陳嘉豐 鮑
列忠 張明岐 李學孚 錢大勇 曹浚明 馬維新 馬福高 馬啟林 馬桂林 胡廣福 沈
八官 鍾福正 勞惠昌 陶宏春 沈福慶 屠發榮 勞瑞年 張勝千 錢士義 沈明發 王
召音 呂雲慶 姚聖魁 蔡三毛 夏天順 楊慎昌 張鳳揚 沈國慶 沈景榮 李起豪 胡
兆發 王運達 高樹春 郭世章 錢耀忠 費榮發 朱大開 富明山 周之高 舒啟民 陸
振家 顧廷魁 錢曉山 鍾慶朝 姚毛頭 沈財寶 馬錦元 周永秀 周瑞章 沈德揚 馬
桂和 強亦珍 強廣南 商應龍 商應貴 吳應官 沈邦懷 陳鼎發 陳景元 吳廷魁 吳
錦堂 曹壽貞 費國朝 呂二 費壽昌 屠方慶 周景鑾 龔桂榮 錢啟正 錢慶元 沈天
德 范元龍 唐學慶 朱永秀 許茂榮 李三 張學信 沈尚綸 呂德慶 錢聖義 陸久清
李慶祥 沈鳳梧 王啟元 蔡景星 王安邦 李國奇 邵和讓 趙雲標 姚勝魁 顧士龍
蔡瑞麟 蔡五柏 張禹高 蘇歡毛 俞五 鍾壽發 蔣慶官 嚴啟鳳 沈萬春 吳承元 褚
建良 沈祥德 錢洪發 顧奇山 呂萬金 徐大倫 姜奇周 范東陽 姜星烈 朱廣春 鍾
覲揚 范志學 沈秀豐 楊玉林 孫允忠 周田龍 朱元林 黃學岐 薄應春 王德元 王
德明 沈蘭芳 陸繼發 陸祥高 王聖華 孫惠豐 張廷樞 沈品高 張文學 成永林 強
二毛 吳福周 沈壽昌 朱順慶 顧裕昌 秦二觀 徐大觀 鍾發貴 沈文相 朱萬興 陳
四柏 郁慶元 沈魯萬 沈永昌 王毓忠 沈蘭芳 章雲高 金才榮 朱大興 呂士昌 張
錦春 張士豐 王萬義 吳玉堂 蔣瑞珍 沈廷魁 胡延齡 李兆曾 沈鳳春 沈茂功 沈
祥桂 陳榮昌 楊聖奇 周永發 朱天榮 沈永祥 葛尚武 蔡三 金廣雲 呂三 朱和讓
包阿正 梁大 梁惠榮 梁阿春 邱雲周 屠大 邱廣年 薛雲高 車有恒 沈阿順 沈大
高 屠雲祥 費五 屠福壽 陸大 屠金元 陸維海 屠二 沈九 張聖發 朱廣福 胡廷
貴 朱發齡 呂禹標 呂文魁 宋永秀 李瑞標 郭鳳天 朱維周 沈有三 李永茂 李龍
山 李長福 沈廷正 屠繼元 屠連芳 李武標 李鳳才 李福春 沈繼隆 沈文龍 屠永
凝 包法材 屠六 屠大發 商敘堂 商仁堂 李明山 李大 李正學 李正才 李瑞奇
羅振昌 楊敘山 張禮中 朱正發 朱鳳彩 朱兆榮 朱雲山 朱美春 朱天貴 王阿富
王阿才 邱寶璜 沈天祥 高大 茅二官 潘玉和 高玉田 高順彩 阮天順 郁益山 錢大
炳 邱益忠 屠阿隆 董萬榮 張正高 周錫堂 沈發祥 屠六 沈德剛 陳吉祥 沈雲松
沈文珍 陳天福 徐大良 陸永順 王有發 王福山 吳士貴 屠四 沈廷貴 史起林 沈寶
山 沈桂富 李慶堂 李裕昌 王長發 王年發 勞裴順 勞裴雲 鍾世華 陳寶三 倪國正
徐和順 宋起忠 徐見仁 徐錦祥 陸大 吳二 屠爾富 屠文龍 費鳳祥 卜大官 馬景山
湯邦年 范景山 沈廣義 陳廷魁 鍾聖榮 曹茂卿 鍾聖甫 方世謨 鍾學禮 全德龍 倪
忠福 錢正峰 郟起華 杜寶豐 陳萬福 陳彩富 沈萬春 沈茂發 沈春林 陳瑞福 胡瑞

珠　嚴三　房仰元　范永順　湯福慶　許永昌　沈廷芳　沈蘭寶　陳維揚　鍾廷發　楊貴榮
郊尚貴　蔡鳳年　蔡福春　朱瑞天　董子彩　范子良　范七　沈寶初　歸昌海　范孔章　陳益
文　沈維周　施廷元　沈祖高　朱振揚　張聖隆　沈富義　胡超才　吳八觀　沈升觀　潘廣田
呂二觀　徐二保　張德成　倪載雍　沈子成　沈福昌　周慶楷　張景林　姚尚政　郁再興　孔
鳳祥　曹聖發　汪順年　董永凝　錢永發　沈瑞和　衞慶豐　沈鳳山　徐廷高　姚龍三　張學
明　吳成發　徐景發　沈正富　曹鳴和　許明芳　朱甫堯　徐寶生　徐寶卿　姚壽高　姚二保
陸起龍　張大生　沈楚珍　王寶才　章雲程　王敬天　陸堯法　陸德明　周聖昌　俞秀高　錢
德英　蔣壽昌　陸茂慶　倪有發　祝茂春　陸鳳諳　施鶴林　邵鼎元　祝茂才　祝瑞林　祝廷
相　費永嘉　張兆安　馬廷標　呂東揚　陸瑞福　蕭貴奇　蕭世寶　梅德順　沈建揚　姚啟宗
嚴掌福　褚蘭坪　陸啟發　金履乾　蔣啟玉　王禮春　嚴禹豐　葉阿掌　沈繼芳　沈琳　錢瑞
發　顧萬年　倪茂林　張永福　王正銘　曹如山　姚金鳳　仰壽祺　趙仁芳　朱克奇　陸士豪
陳廷槐　曹世才　徐紀成　徐連三　徐士坤　金正坤　羅邦嘈　沈志昆　王朝年　吳永銘　董
振福　俞世榮　曹錫貴　徐正明　姚景昌　陸寶元　錢正年　姚正岐　張瑾珍　鍾有和　鍾啟
鳳　吳德生　茅介範　黃聚年　陳萬林　張翰良　陳錦廷　鄭繼春　唐禹錫　董茂林　徐順發
吳寶珍　陸聚財　羅有義　陸正雲　沈在明　錢福林　邱順昌　宋紹祺　沈孝豐　朱向榮　顧
鼎文　胡俊文　俞秉懷　徐福年　錢繼周　顧大昌　汪世榮　陳其龍　沈順天　張玉成　羅秀
發　費永年　朱秀良　吳寶興　蔡天林　姚嘉福　何仁芳　朱大成　陸孔發　姚允和　邱贊勳
陳士法　施阿珍　馬九皋　姚世嘉　呂楚堂　呂世豐　王省方　王秀方　潘福建　陳萬春　陳
世清　謝福田　俞秀福　曹國榮　吳萬凝　沈鳳祥　鍾自道　鍾儀春　蔡明揚　談進勳　吳大
金　呂玉魁　錢景昌　呂成德　周鼎奎　顧際昇　朱錦豐　陳楚豪　徐雲彩　王關雲　陸廷榮
徐大興　朱關忠　朱聖嘉　沈來發　周聖佑　周振山　周茂高　崔用年　王聲和　沈元標　王
樹風　王成啟　王盛隆　屠玉臺　聞鶴　胡啟忠　費聖和　陸桂芳　張福昌　朱文貴　蔡順通
朱賜福　平加福　范武高　姜顯宗　呂道全　陳瑞年　陸敘才　胡萬玉　沈廷榮　沈有松　周
如糖　陳廷璜　金秀坤　朱順年　朱汝榮　高德仁　施玉豐　朱時榮　沈世奇　張祥林　吳寶
林　鍾李加　鍾雨辰　沈景榮　朱雲龍　姚廣年　陸武祥　陸其琛　范順風　沈雲龍　倪景春
戴茂先　張甫林　李銘銓　俞德連　宋應堂　周錫齡　袁應天　鍾發財　陸有松　吳發明　沈
萬春　李大保　蔡聚坤　潘友忠　柳元熙　蔡之麟　陳如豐　何元昌　陸德芳　吳維仁　沈永
方　柳炳章　沈萬雲　沈進官　蔡樹豐　姚瑞發　夏天慎　姚君昌　陳繼芳　周如桓　周惠英
陳瑞年　沈慶三　王振林同弟振名,子恬瀾　呂玉奇同繼妻李氏　顧學慶同子大男　盛新模
同母殷氏,弟新規　邵正華同母鍾氏,弟正求。　馬天生同母徐氏　張萬英同妻史氏,子長齡
勞謙同妻陳氏,子大官,女二姑　余正德同子大男　王壽林同子大觀。　張桂榮同子五兒　蔣
繼忠同子勝林　錢仁杰同弟順年、禄年　朱永福同母張氏　張洪春同母王氏,弟洪盛　高瑞興
同子維城　倪寶珍同弟彩珍　李耀南同妻唐氏,媳胡氏　沈福昌同妻周氏　蔣貴榮同弟君榮
吳彥章　朱長材　李景春同妻楊氏　吳啟森　徐多祉同弟多福　趙萬林　鍾毓璇　蘇啟文
蘇啟明　吳義柏　沈發才　陳天林　黃元發　金元龍　舒景風　沈景林　陸進發　沈輝　沈
鶴鳴　張淮育　張秀林　張子俊　張子杏　朱赤文　朱秀書　張寶成同妻朱氏。　朱魯錕同
妻吳氏　朱廸吉同妻盧氏　何星聚同妻歸氏　沈萬興　陸四柏　鄭大高　沈四柏　陸天林

包汝齡　沈槃　吳肇森　吳榮森　陳吉松　王吉以上見《忠義錄》。　田小保　魏大官　王大寶　錢大官　盛大官　徐大官同弟二官　張大保　潘三寶　李甫臧　沈秀梅同弟秀楨、秀模、秀林　候補運判馬國棠以上已旌。

桐鄉縣

直隸滄州知州沈如潮《忠義錄》有傳。　候選布理問沈澍　六品銜顧勳同妻鄭氏，子大官。揀選知縣毛鴻逵　候選訓導朱漱芳　從九品銜柴秉禮　沈長齡　鄭繼恒　岳裴章　陳建邦　胡榛　汪世銘　歲貢生孫濤　監生劉廷選　陳綸　張仁壽　曹鎮同子桐溪三德　王春階　朱尚點　皇甫芝生　皇甫鍾英同子洪，女大姑　王達恒　姚本　朱棟　陳信同母沈氏，妻張氏，妻母張徐氏　李少蘇　附生時述之同妻葉氏　時馨　葉應逵　濮希瀛　沈庶熙　祁駿勳　吳召棠　沈伊緘　鄭鴻鑑同子大官　高毓麟　周善恒　張光裕　朱寶璜同女勝　湯兆邦　沈文銓　徐邦楨　陳懷錦　武生王魁　候選州判程元霖同媳某氏，女施程氏、沈程氏　候選教諭張士彬　候選訓導沈寶榮　沈仲嘉同母朱氏　中書科中書周善震　候選縣主薄陸費棠　候選從九品毛佩元　江西九江府知府陳鼎治同妻張氏，子從九品銜壽修，媳徐氏　從九品銜岳宏嶼　從九品銜李應祥　州同銜朱寶瑩同妻楊氏，子貴生　九品職員貝楠　候補巡檢丁方銓同妻吳氏　從九品銜劉成鈖　徐興邦　李洎　李應祥　皇甫濚　從九品銜沈嘉禄　從九品銜張祝三　監生查禮門　附生祁松濤　監生劉鑑衡　附生高玉麟　濮希澐　濮湧　監生黃錫周　附生朱寶瑩同母楊氏，弟國林，僕吳有　監生李成坊　程桂　陸雨樵　歸鈁同子以潤　歸鎬　曹魯遷同子相溪三德　潘楚傳　刁壽生　徐元英　朱右箴同表姑母吳氏，二姑妻陳氏，妹芳姑，表弟徐文瀾，表姊銀姑　王朝英同妻曹氏　陳綸　陳芳華　陸超群　生員徐鳳清　沈濟春　吳札　陳信同母沈氏，妻母張徐氏，妻張氏　歸德泰同子清標、清鳳　武生徐昌州　監生桂尚忠　葉應銓　鄭文津　曹埼　生員夏伯勛同妻朱氏　佾生曹關鎬　武生董攀龍　朱興年　邱聯陞　陸三元　徐廷楷　沈祥林　徐允怡　傅溶　姚宗墀　徐可成　馮明倫　陸費焯　鍾賢興　吳電　吳需　屈起隆　柴維宗　祁蛟騰　祁蟾明　孫如鼇　朱慶祥　陳亦新　毛藍田　胡兆祥　李竹山　曹士振　沈守惇　姚椿齡　高春波　邱萬選　章福康　王耀文　彭應根　茅載坤　吳雲同子肇鈞　朱逢慶同妻傅氏，女應珍，姪孫楚傳　金振華同妻曹氏　陸慶餘同母沈氏，嫂張氏、李氏，妻管氏，子大官，姪大官　潘慶餘同子大官　鈕廷鑑同母張氏，妻張氏，子陞榮　朱聖欽同子建中　戴渭濱同妻吳氏　徐元怡　沈維坤　方吟香　詹順發　陸香山　費順昌　于通汶　王瑞珍　石香工　錢元鼇　楊正英　謝天豪　謝隆興　張浩　鍾添奇　柳鳳元　柳聖明　陳鼎良　江德祥　時成文　許元發　許樹潮　周序倫　張雨山　張頌□　張利昇　沈維良　董良才　沈其康　朱得金　朱得方　朱兆明　胡瑞章　胡繼彬　沈樹琪　徐聲和　張珊　沈受康　張家楨　李卓山　莊有年　陳德祥　馬啟泉　鄭淡恬　殳巽雲　陸用年　陸雨樵　陸芳華　陸超群　陳美仁　徐山壽　朱慶昇　徐蘭芳　吳切　劉度　王山　徐珊　曹品　陳立山　潘元愷　張禹堂　張壽春　陸進明　沈福林　董大受　朱義　朱世　吳文魁　姚學奇　鄭中玉　徐貴林　鍾應福　鍾士元　鍾元桂　沈會文　李月元　李五觀　李天生　李應杰　李德生　李秀雲　李亦元　馬發賢　李玉山　朱雲高　朱永珍　邱榮春　邱廟榮　朱笙嘉

沈榮　　江茵　　諸少亦　　朱一飛　　陳秀堂　　陸啟賢　　張在斌　　陸承勳　　吳炳芳　　陸德齡　　江文

承　　沈義觀　　朱大奎　　吳錦雲　　吳承林　　吳如初　　吳鳳山　　鍾德元　　高架虹　　陳聘來　　張士

倫　　柴國良　　李大觀　　顧文秀　　顧文龍　　俞理中　　彭老良　　陳南榮　　陳南星　　陳金瑞　　錢元

源　　王長元　　王南山　　王和上　　張友三　　沈賜官　　沈茂亨　　陸明榮　　周應才　　徐南山　　程桂

邊尚嵩　　王春山　　楊度　　張雲樵　　沈七觀　　陳福全　　范天祥　　魏楚賢　　金恒芳　　王貴龍　　傅

五　　陸瑞明　　楊士乾　　吳應龍　　管瑞珍　　宗士魁　　宗乾魁　　宗乾坤　　陸理才　　陸秀英　　錢德

珍　　强有廷　　李敬華　　管嘉楨　　張鳳明　　張茂如　　周順奇　　宋茂連　　朱秀豐　　魏敬生　　潘文

榮　　葉松茂　　余春麟　　張錦華　　王亦倫　　張貴林　　柴玉林　　董安邦　　管珊度　　顧陛階　　陳鳳

翔　　鍾順祥　　周友山　　蘇兆松　　夏霖昌　　鍾應千　　金團桂　　董度　　胡嘉瑞　　曹子香　　沈大銘

周廷榮　　馮明倫　　沈祥麒　　沈允臧　　平學嘉　　何順福　　沈正松　　翁登榮　　蔡廷樑　　吳秀文

鍾阿二　　鍾德奎　　鍾雲鶴　　何明春　　徐阿七　　鄭佑耆　　朱鳳球　　楊士相　　朱拱辰　　祈錫康

魏萬金　　朱時來　　徐尚熊　　潘應才　　張載成　　沈美周　　張士芳　　高延齡　　黃福生　　周萬全

周勝德　　沈錦成　　沈德松　　蔣闕名　　徐正芳　　沈美福　　姚景祥　　沈之鍾　　蔣如進　　章聖榮

錢昌緒　　陳以壽　　錢福增　　王應鼉　　周潮芳　　沈佩芳　　陳贊武　　諸士田　　諸春雷　　吳邦傑

蔡進卿　　周永沛　　姚福珍　　張順發　　姚福增　　沈義和　　王忍之　　皇甫鋸　　唐進才　　王景雲

黃聖發　　謝茂宗　　沈恒松　　陸廣潮　　潘玉峰　　何順寶　　何順福　　鍾學基　　周善昌　　姚應才

沈志林　　施士高　　董友祥　　沈正高　　沈彩官　　沈正才　　高寶隆　　朱阿四　　盛文德　　盛寶順

朱有松　　潘煥文　　沈以高　　張景横　　吳渭山　　王維增　　高永嘉　　王茂春　　費聖宗　　鍾漢章

張闕名　　沈佩飀　　蔣茂松　　沈應嘉　　顧德如　　孔昭潛　　岑仲殷　　李效泉　　卞樹堂　　張漢江

錢進賢　　周士福　　姚聖鶴　　潘廣才　　張杏林　　徐啟觀　　沈文鎔　　馮玉文　　朱大邦　　高永山

徐尚臣　　高應龍　　姚玉田　　錢敦詩　　王建周　　陳秀法　　陳志春　　陳鳳珍　　陸瑞高　　陸懷奇　　吳

國林　　盧振藩　　胡一常　　沈月山　　錢輔順　　茅永順　　沈振麟　　茅闕名　　陸闕名　　陸茂春　　倪闕

名　　載朝宗　　費李忠　　沈永才　　沈萬才　　張恒峰　　彭雲衢　　彭聖珍　　彭福全　　彭阿五　　彭尚珠

彭應豐　　盧寶才　　施阿五　　朱裕生　　朱裕茂　　朱裕承　　邱啟明　　江有德　　姚寶田　　姚阿六　　費

應標　　沈德年　　彭文焕　　李雄春　　費永祥　　費肯堂　　費可發　　費福才　　費小山　　黃福齡　　楊桂

生　　錢應龍　　蔣寶連　　許闕名　　許鳳章　　許國忠　　錢以南　　施綱文　　薛世榮　　吳阿五　　顧友松

徐發才　　邱瑞春　　邱闕名　　邱守才　　高志珍　　高闕名　　高阿四　　高福生　　高德明　　周景謨　　邱

宏清　　江德章　　朱富林　　黃連城　　吳泰發　　嵇景懷　　沈龍山　　王明高　　王明玉　　孫載坤　　鄭廷

榮　　許義　　許啟發　　沈明方　　詹焕文　　詹維廷　　皇甫鑾　　何瑞泰　　錢有年　　李文光　　姚洪元

陳明楊　　周順龍　　甯守訓　　魏受明　　蔣毓祥　　王玉和　　錢四寶　　姚鳳揚　　施有才　　孫鳴盛　　姚

茂春　　柴正賢　　王永才　　倪廷春　　李阿大　　張永順　　張寶森　　沈阿大　　沈林標　　沈福元　　陳福

昌　　陳阿四　　施瑞章　　吳廷賢　　顧有松　　許承鑾　　許漢祥　　姚阿三　　姚廷相　　許廣潮　　盛鳳岐

沈天林　　陳明德　　張應美　　顧餘慶　　姚進源　　沈在山　　周永陞　　周益亭　　吳文源　　陳卓峰　　吳

叙生　　陳啟發　　陳鳳豪　　仲聖豪　　楊景文　　沈長才　　費鳳岐　　盛福階　　盛福康　　盛寶奎　　章蘭

秀　　趙五毛　　唐聖祥　　朱仁德　　姚大森　　徐明洪　　計永芳　　鈕載明　　鈕東園　　曹根堂　　潘茂蓮

孔响山　　費有信　　陳永安　　計永久　　葉可行　　朱儒魁　　聞位珍　　高永秀　　吳寶林　　楊阿五　　陳

佩元　　周大銘　　陶永順　　潘錫銘　　沈佩卿　　尤惠南　　施佩珍　　姚學叙　　錢貴興　　高守坤　　吳有

章　彭海介　戴宗翰　徐發年　謝廷奎　茅鍾　姚起發　蔣文秀　姚順福　周錫麒　邱正和　朱汝林　周舍豐　尤正舒　朱聖濱　沈佩源　葉榮春　楊阿三　沈大明　王阿二　顧德朝　姚樹松　孔憲琛　王鳳周　鄭載發　姚有良　高進材　干聖麒　沈聚才　陸永茂　吳介千　周泰豐　楊繼德　董嘉毛　沈金城　姚正才　許成蘭　梁駿發　王萬松　施會采　周發祥　計鑑朝　陸永茂　沈丹成　彭海明　沈有時　孫兆龍　顧應才　唐耀魁　周鑑豐　徐聖佩　魏以明　蔣正高　戴啟發　仲玉田　張松高　戴鈞　高啟元　許萬興　沈秀明　江如桓　江輔仁　盛佩珍　潘鼎銘　潘長春　潘萬春　許拱潮　盛聖備　周士福　沈大年　唐以豐　江阿六　江崇禄　沈雲龍　陸文高　費廷貴　曹正法　曹通嘉　許且發　諸明忠　沈嘉明　查錦雲　唐應通　吳順德　顧禮文　徐闒名　姚萬林　沈永安　徐文璜同妻尤氏，子某官　徐福生同妻曹氏　陸阿四同妻王氏　王聿懷同妻朱氏，子大官，女大姑、二姑、三姑、甥女闒大姑　周世凝同妻丁氏　戴瑞初同妻周氏，子叙金、叙榮　董慶和同女大姑　姚明學同姪阿二　莫渭生同姪錦榮　錢世琦同妻王氏　濮繼福同子廷發　潘蔭嗣同子大官、二官　張鈐同子源官　周廷梧同子大官　張金蘭同子榮生　張祥龍同長孫媳葉氏，次孫元官　陳福壽同妻顧氏，女大姑　王長生同妻范氏，子某官　金貴芳同子大官，女大姑　濮義仁同妻闒氏　張才材同妻闒氏　張闒鳳同妻歐氏　張大官同弟二官　章大春同子度官　張聖乾同女天奴，姪嘉奎　何起元同妻王氏　蔣連生同妻洪氏，子阿發，女六姑　沈永寧同妻闒氏　鈕載揚同弟二官　岳德音同妻周氏　高秀芳同子順德　姚介福同母皇甫氏，妻沈氏　周聿錕同媳李氏　李洵同妻張氏，弟二官　李楠舟同女大姑　錢廷珍同弟阿五　費秀生同母張氏　姚啟江同子才明　顧維才同養媳沈氏　沈啟高同弟順高　邱元春同子貴順　邱福元同子聚明　謝理明同妻孟氏　錢永林同妻陳氏　馮左泉同女張馮氏　鄭鈴同妻李氏　陳卓漢同子三寶　曹理祥同弟阿六　沈佩雲同媳闒氏　周德榮同妻張氏　錢四官同弟阿五　汪允文同弟允章　鍾德增同弟德仁　徐子炘同媳張氏、王氏　張廷槐同妻沈氏　魏體明同母沈氏　潘瑞玉同子錫年　嚴炳章同弟長發　金利成同妹大姑，子大官　沈聖瑞同妻蔡氏，子寶觀、五毛　魏馥堂同母申氏　趙雄城同子德增　彭敬生同母仲氏　張嘉範同母徐氏　岳某同母徐氏，妻闒氏　顧應寶同母陳氏，弟闒慶　王有祥同母姚氏，弟二官　沈立增同母蔣氏，妻王氏，子大官　馮珽　沈槃　章玉麟　皇甫準　沈鹿門　徐廷銘　周聲溢　朱毛官同妻闒氏，子一，女一　施永九　高和　姚福慶　陸四伯　施阿二　施枚臣　沈榮慶　殷德高　姚大　施啟秀　朱大　姚阿七　施大忠　殷茂生　殷阿二　邱阿昭　沈大官　劉成鉁　吳根山　沈廣大　夏相勳同妻朱氏　朱士珏同女沈朱氏　周建中　蔣駿文　周大官　周二官　劉成鈖　王聿懷同妻姜氏　何善繼　何善榮　何善純　何善緯　曹桐溪　曹三德　曹魯遷　徐順　陸三元　陸星泉同妻張氏　陸柳溪同妻管氏　畢連慶　朱櫻之　萬采奏同妻朱氏　朱逢慶　錢萬選　施進英　許大林　朱富麟　周順龍　周耀廷　蔣文秀　孔昭讀　姚宗墀　錢澤禾　強有廷　李壽康　陳樹馨　沈國柱　沈二官　何起元　張雲樵　吳文魁　吳鳳山　戎三　盧賢咏　陳德祥　陳承勳　高駕虹　王貴龍　陳福全　范天祥　楊士乾　楊士相　管瑞珍　宗士魁　宗乾坤　陸體才　錢德珍　魏楚賢　強有廷　吳應龍　李敬華　張大倌　朱二觀　朱四觀　葉松茂　董慶　董大受　畢嘉珍　畢嘉賢　歸鐏　陳美仁　徐山壽　陸塈泉　陳秀堂　朱慶昇　徐蘭芳　陸啟賢　徐德齡　陳金瑞　沈受康　沈伊域　吳如初　周林同子大官　畢鴻逵同子連慶。　張三　莊又年　何成林　徐鼎　鍾德元　陳聘來　張士倫　張貴林　柴

國良　柴玉林　張在斌　顧文秀　劉文龍　俞理中　彭孝良　王大官　張小官　馬啟泉　江文承　鄭淡恬　傅五　陸瑞明　朱大奎　張壽春　潘元愷　錢元源　吳七　劉大　王三　徐三　曹品　陳立山　沈福林　金恒芳　邊醉仙　殳巽雲　董安邦　顧陞階　余春麟　徐順　陸大觀　陸秀英　朱一飛　王弈倫　張祝之　張錦華　張錦雲　何承林　沈七觀　陸進明　鍾順祥　鍾方俊　岑仲殷　曹懷春　李起元　沈樹琪　徐雲魁　朱聚奎　高元溶　朱聖欽　鄭燦煐　周士奇　沈正芳　徐芳蘭　徐茂槐　王南亭　周聖德　嚴福全　董如樂　董世英　董天受　董大綉　沈賜塈　胡五福　胡六順　張韻桐　皇甫鳳　李澮海　張嘉猷　朱笙嘉　楊樹森　馮明倫　孫順忠　屆啟龍　顧步瀛　沈五福　孫順義　倪麟　葉鴻疇　金振華同妻曹氏　沈禮備同母楊氏，弟祗備　張祥龍同長孫媳葉氏，次孫元信　張嘉範同母徐氏，兄嘉楨，弟嘉亨　張聖乾同嫂陸氏，弟婦朱氏，女天奴，姪加奎　陳南榮同兄南星，嫂姚氏，弟婦顧氏，姪女大姑　戴瑞初同妻周氏，子聚金、聚榮、德謙、福謙　皇甫銑同妻張氏　邱某同子某　楊文藻同繼妻朱氏。　丁其年　李泰昌　祁勝祥以上見《忠義錄》。　石阡知府嚴謹　從九品嚴誠　朱大觀　吳二寶　陸星泉同弟柳溪、楚廷、雨亭，子大保。　趙二寶　朱大官　沈二官　彭大官　范二寶　顏桂林　朱大官　顧應寶同弟關慶。　顧應官　周大官同弟二官。　朱大寶以上已旌。　候選州同吳慶培

嘉興府志卷六十四

列女〔一〕

舊志謂：《列女》始於劉向，范史取其高秀，不專一操，以是爲女德紀，固矣。不知下《易》首咸恒，《堯典》欽釐降，《風詩》亂《關雎》，《天官》馭内宰，陰教固夙隆也。嘉興澤國，水澤爲節，懷清抱義，蓋不乏人矣。然壽母頌於《閟宮》，淑慎勖於燕飛，歸唁思於漕邑，蟲飛詠於齊妃。壽也，賢也，孝也，才也，蘭儀蕙問，皆閫政所關也，豈第侈彤史豔乎。志《列女》。

列女后妃公主

晉穆帝何皇后 何準女，廬江灊人。爲穆帝后。后諱法倪，以名家應選，昇平元年册爲后。元興二年崩[1]，年六十六。準子琦答問名版文云："皇帝嘉命，詔問臣名族。臣族女父母所生。先臣故光禄大夫、零婁侯禎之遺玄孫，先臣故豫州刺史、關中侯惲之曾孫，先臣安豐太守、關中侯叡之孫，先臣故散騎侍郎準之遺女。外出自先臣故尚書左丞胄之外曾孫，先臣故侍中、關内侯夷之外孫女，年十七云云。"見《晉書》。

宋《武原志》曰："《輿地志》云，海鹽縣南三里烏夜村，晉何準寓居焉。生女，後選入宫，縣南一大冢，相傳爲何后冢。" 案《晉書》："安帝元興三年七月，何后崩。八月癸酉，祔葬穆帝永平陵。邑中相傳何后陵者，或即準父子冢也。"

晉恭帝女名茂英，封海鹽公主。爲宋武帝父、滎陽王符妃，後大子立，册爲皇后。

宋文帝第四女 封海鹽公主。趙伯符子倩尚焉。見《南史·趙倫之傳》。

梁簡文帝第九女 封海鹽公主。張纘子張希尚焉。見《南史·張弘策傳》。

唐德宗妃 海鹽紫雲村女，逸其姓。

宋孝宗女 嘉國公主。初，上爲普安郡王，生莊文太子及公主。公主卒，孝宗以檇李誕生舊地，令返葬焉。墓在殳山。

明憲宗姚安妃 名妙莊。秀水人。曾祖成一，洪武初，入直粧鑾司爲内匠。成一子聰，字文聰，即妃祖也。父敬，生妃有異徵，嘗因頮面見水中羽扇夾兩旁，日月雲霞，爛然五色。長而端静。家貧緝績，躬就市易錢米，必俟市醫屏息乃行。行必中道，無旁視。幼寡，髪不盈尺。年十五，一夕髪長委地，會憲廟遣中人懷恩選淑女於江南。妃籍入宫，生第九皇子壽王祐楎，尋拜安妃。貤封父母皆故。惟敬弟玉之子福員在，貧甚，販菜於市，有司物色以聞，授錦衣衛正千户。時人語曰："誰氏子，賣青梅。朝藍縷，暮錦衣。"孝廟登極，例改百户。王以弘治四年册封壽王，在蜀之保寧，妃從之。藩後徙楚之德安府。妃尋薨，謚曰端懿。

宣宗女 嘉興公主，宣德三年八月封。

周府郡主 儀賓嚴，性善。秀水人。

江西寧府郡主 賓楊春山，正德時嘉興人。

江西樂安王府郡主 儀賓楊京，嘉靖時嘉興人。

湖廣綏寧王府郡主 儀賓屠敬中，萬曆中平湖人。

崇明郡主 荆王女，儀賓沈一卿，平湖人。

【校注】

[1] 按:《晉書》卷三十二《後妃下·穆章何皇后》:"元興三年崩,年六十六。"文末"校勘記"五:"元興三年崩。""元興",原作"永興"。《商榷》:"永興"當作"元興"。自穆帝升平元年至安帝元興三年,正四十八年。按:《安紀》《建康實錄》一〇皆在元興三年。今據改。故"元興二年"是"元興三年"之誤。

列女壽母

嘉興縣

明

常緝妻馬氏　　壽幾百歲。子麟,禮部侍郎;龍,知州。

朱璧妻倪氏　　璧以倭亂得疾死,倪守節五十餘年,壽一百有二。子東暘,例授衞參軍,以侍養不仕,亦年八十有一。邑令表其閭曰"孝義"。顏其堂曰"百歲"。

諭德屠應埈妻項氏　　姑嘗遘疾,垂殆,割股和羹以進,病遂瘳。舉五子,孟元、仲律、仲行、叔方、叔章。夫棄世,課子弗少姑息。仲律釋褐春官,令弋陽,項訓以"事上忠,臨下惠。寧拙毋巧,罔墜家聲"。叔方暨冢孫謙後先成進士。仲行子蒙,叔章子大壯,俱領鄉薦。項泣語曰:"我長汝父五年,恨汝父不同我一見也。"自幼至老,動中矩矱。子孫咸以爲式。至八旬外疾作,諸醫束手。孫大壯密割股和粥食之,得效,僉謂宜人事姑之報。九十餘卒。

胡某氏　　壽百有七歲。天啟間人。

歲貢生吳純煛妻周氏　　生嘉靖元年壬午,歿萬曆四十一年癸丑,九十二歲。歲貢生介圭母。　新補纂。

太學生吳源昇妻黃氏　　生萬曆四十二年甲寅,歿康熙四十二年癸未,年九十歲。邑庠生楠母。　新補纂。

國　朝

莊日思妻孫氏　　生而淑慧,事舅姑四世,皆得其歡心。下撫及曾玄五世。日思嘗自記云:"自來不學欺人語,生平戒取作孳錢。"其内助之相勗可知。以子鏻貴封恭人。生平常持《清静經》,清齋攝養。年九十七,自知死期,數日前預告家人,至期怡然而逝。自云:"天曹計閏已滿百齡矣。"里人乃作《百歲壽母詩》輓之。

馬乾榮妻吳氏　　年三十八夫亡,無子,止一女,撫以守節。壽至百有四歲。卜光裕《壽節暨孝女矜恤產碑記》:"曹王廟之西南約半里許,爲新十二中五莊,有田地共三畝九分,係嘉、秀兩邑紳士爲百有四歲之壽母吳氏暨壽母之孝女沈馬氏年老無藉,捐置買户,立矜恤產。其產永遠付與兩氏之戚王廷高管業,生則收息以膳,歿則爲之埋葬。餘田,廷高世子孫收息以爲春秋祭掃之費,傍人不得爭奪,廷高亦不得變賣。捐資者沈敬義、莊其順等二十餘人。始其事者嘉興馮元芬,終其事者秀水卜光裕,至捐資人名不及備載云。"馬吳氏于乾隆五十五年以壽母請旌,其女沈馬氏以三十歲守寡,紡績以養其母,故曰孝女。

張朱氏　　孝炎妻,梅里人,年一百歲。

許賢芝妻周氏　　年九十七歲,元孫福田,順天辛卯舉人。

蘇嘉茂妻沈氏　　温恭淑慎,内則克遵,四代同堂,旌年九十一。

歲貢生、永康縣訓導吳廷鑾妻陸氏　　生乾隆三年戊午,歿道光七年丁亥,年九十歲。邑庠生玉筠、汝衡,歲貢生雲翰母。　新纂。

邑庠生吳汝衡妻沈氏　　生乾隆三十二年丁亥,歿咸豐十年庚申,年九十四歲。太學生元發,邑庠生履祥緒、候選巡檢司絳母。　新纂。

朱震妻干氏　　子士馨,庠生。孫長乾,次坤,學問政績有聲於時。曾孫鼎,諸生,好周急,歲除夕,攜錢米周循巷陌,或賙貧,或代償通索租。下鄉遇婦女環泣,輒免輸,甚且取舟中他處租分給之,坐空船歸。氏期頤就養,親覲孫曾行善爲樂,後官湖南糧道。元孫鴻在抱時猶及含飴撫弄,五世同堂者七載。氏生於康熙十六年,歿於乾隆三十七年。《朱氏家乘》。

秀水縣

明

談小山妻某氏　　新塍人,年九十九。建百歲坊。

國　朝

韓成美妻許氏　　靈光坊人,韓上元之母,年一百歲。乾隆十三年建坊。

莊天御妻岳氏　　良一莊人,子海山,孫永如,俱承岳訓,克守先業,年一百一歲。乾隆三十一年建坊。

孟某妻陳氏　　年一百歲,乾隆三十三年建坊。

范某妻孔氏　　年一百一歲,部議給銀建坊,外奉旨加賞緞一疋,銀十兩。乾隆三十六年建坊。

姚聖林妻曹氏　　明四莊東列圩人,年一百一歲。部議給銀建坊,外奉旨加賞緞一疋,銀十兩。乾隆四十九年建坊。

吳洪遠妻褚氏　　集慶坊人,壽一百歲。乾隆五十六年建坊。

吳洪珍妻鈕氏　　性端重儉約,壽九十有九。齔憲額其堂曰“百齡重慶”。以子鑄貴封宜人。

陳賜桃母朱氏　　素以淑德聞,孝事舅姑,治家勤儉,年未四旬嫠居守志,壽百歲。

朱用剡妻王氏　　性幽閒,好施樂善。康熙癸亥,壽屆百歲,耳順目明。里中目爲人瑞。同知李舜有[1]以耆母門額其廬,甲子,知縣任之鼎表之曰“上壽重新”。

郭聖甫妻朱氏　　東瓜坊人,年一百歲。有孫六人,志達、志隆、志斌、志琪、志興、志宇,俱能嗣守先業。朱于乾隆五年方欲請旌而歿。

方愛雲妻朱氏　　乾隆六年,年九十一歲。知府趙給額獎之。

吳鏞妻胡氏　　乾隆四十九年生,光緒元年歿,享年九十有六。郡守許給聯云:“慈竹霜高,孫枝三鳳。　黃花秋健,女儿雙鳩。”新纂。

陸馬氏　　年百歲,嘉慶二十二年建坊。并賞緞疋、銀兩。　　以上于《志》。

張只君妻顧氏　　嫠守清貧,艱紡織,就食化成庵恤嫠會。咸豐紀元,氏值百歲,氏姪題橋,秀才紳士沈昭興等公同舉報邑宰楊轉請旌褒,即於化成庵開百歲宴,閱一年卒。　　新纂。

【校注】

[1] 按:康熙《秀水縣志》卷六《列女》“朱用剡妻王氏”條作“同知季舜有”。嘉慶《嘉興縣志》卷十九《宦績》:“季舜有,泰興人。以中書舍人授嘉興府同知。康熙十九年署嘉興縣事。徵糧禁火耗,不催比,民自樂輸。所決多疑獄,人奉爲神明。”本《志》卷四十二《名宦一》:“季舜有,揚州人。監生。康熙戊午任同知。發奸摘伏,積弊盡革,所決多疑獄,人奉爲神明。”嘉興城南湖心島煙雨樓北牆外側嵌《季公去思碑》,碑云:“公諱舜有,字闓山,江南揚州府泰興縣人。嘉興郡司馬季公清廉正直萬民去思碑。是碑也,宜建於郡署通衢。因煙雨樓係季公捐俸重建,勒石樓傍,以志不朽者。康熙己卯歲仲春穀旦,閤郡紳衿耆民薰沐建立。”故“李舜有”是“季舜有”之誤。

嘉善縣

明

孫暎妻黃氏　西塘人。年二十九夫亡,事姑孝,撫四子俱成立。神宗二十九年,黃年九十八,直指馬給匾表之。壽至一百四歲。

程志道妻懷氏　志道儒者,早世。懷茹素終身,年臻百歲。神宗時,邑侯表其閭曰"壽母"。子宏遠壽八十二,孫世有文名,年七十餘如少壯云。

國　朝

薛象高妻許氏　年二十四夫亡,無子,舅姑相繼歿。夫弟在襁褓中,氏撫之成立,婚配後以叔子爲嗣,守節六十餘年,壽九十卒。

舉人魏行淏妻沈氏　母儀共式,現年九十四歲。

署正袁啟鯤妻姚氏　榮邀翟茀,瞬荷褒榮,現年九十七歲。

朱永山妻邱氏　精神矍鑠,繞膝兒孫,里黨共稱家慶,現年九十六歲。

監生李學純妻倪氏　秉性温柔,鄉里侈爲人瑞,現年九十八歲。

江園誥妻倪氏　身世務農,坤貞得正,轉瞬期頤,國慶家祥,兩臻其盛,現年九十八歲。　以上新纂。

海鹽縣

明

指揮彭大年妻談氏　侍郎談相女,幼通經史,有識鑒。相方侍直世皇,寵貴赫奕,談操作織紝,訓其子紹賢讀書。歲大祲,竭力供堂上粒食,自取糠秕,作餅療饑。性仁愛,聞人疾痛患難,未嘗不拯救。年八十餘,猶夜觀書史,舉古忠孝節行事教孫曾輩。後紹賢每進綺繒甘旨,卻不御曰:"吾來汝家時,業安蔬布,不忍變也。"

國　朝

程文爵妻舒氏　舒生于前明崇禎乙亥,至國朝乾隆二年,壽一百三歲。欽賜"貞壽之門"四字額,給建坊銀三十兩,復加恩賜緞定銀十兩。壽至一百八歲。

朱鈞和妾孫氏　秉性謙抑,佐嫡孝事姑張氏二十三年,以子貴疊受封典。年九十五卒。

陳殿寧妻吳氏　年四十一而寡,訓長子鶒、次子鶴,俱列邑庠。壽至一百一歲。乾隆五十五年建坊。

贈通奉大夫張兆熊妻顧氏　節儉持家,寬慈裕後,年九十七。

贈朝議大夫孫繩妾朱氏　繩就養子景燨官舍,因疾歸,朱侍疾衣不解帶者三載。年九十三,無疾卒。

增廣生鄭卓然妻方氏　早年孀居,畫荻教子,年九十四。

張光妻沈氏　光家貧,遠遊,氏撫育子女成立、婚嫁。年九十五。

生員徐復培妻俞氏　紡績佐讀,親操井臼,年九十四。

吳蕎妻王氏　年百歲。

刑部司獄張玉田妻湯氏　孝養克盡婦道,里黨咸推。年九十六。

張千里妻俞氏　教子成名,里黨咸稱。年九十三。

步聖高妻沈氏　早失所天,堅貞自守,年九十二。

朱宏坦繼妻沈氏　夫早故,苦節自守,年九十七。

王國俊妻顧氏　事翁姑以賢孝聞,訓子起家,年九十三。

湖廣衛守備陳琇榮妻朱氏　年九十六。

祝鈞妻趙氏　年九十九,里稱人瑞。

任文江妻何氏　曲盡婦道,訓子成立,年九十一。

李正茂妻盧氏　年三十夫故,子甫二月,苦守清節,撫育成人,旌年九十三。

監生張萬選妻陳氏　閨訓慈明,清操貞潔,旌年九十有一。

徐廷珍繼妻陶氏　自幼純孝,適徐少寡,撫育四子成立,勤儉起家,事姑盡禮,眼見六代五世同堂。同治十一年,壽九十五卒。時子二,孫九,曾孫十二,玄孫一。道光二十九年,學使趙給匾、旗獎。　新纂。

平湖縣

明

贈參政胡濂妻沈氏　早歲夫亡,礪節不二,提攜幼子友忠,刻苦成立,友忠生子士相,沈嚴訓之。迨士相成進士,沈年已八十餘矣。瞿鑠善飯,享年百歲,里閭重其節,且羨其食厚報云。

國　朝

周士宏妻馬氏　五世同堂,年九十八。

監生姚鍾秀妻徐氏　年九十三。

徐正治妻朱氏　年九十一。

石門縣

明

陳壽母　玉溪鎮人,享年百有七歲。

國　朝

生員沈時憲妻姚氏　貢士姚湘女,生平寬和儉約,孝事舅姑,訓子凜若嚴師,年幾及百歲。

舉人胡明遠繼妻沈氏　少嫻文史,動遵禮法,夫歿,五子皆幼,沈持家勤儉,教子直方,明經;季開泰,孝廉。苦節六十年,年九十一卒。

舉人沈關敏妻勞氏　夫亡,翁姑年邁,養生送死,俱竭心力,撫姪邦基、鞏基爲嗣。邦基菁聲庠序,鞏基克守先業,里人咸服其母教。年九十二卒。

吳見心妻陳氏　早年貧苦,電勉相夫。夫歿,教子經理生業,遂致小康。子亡,家道中落,氏年力已衰,猶綜理內外,諸孫咸得完娶成業。享年百有餘歲。

周廣成妻袁氏　旌年九十九。

胡允琦妻沈氏　旌年百歲。

顧襄侯妻都氏　撫孤完節，年百有四歲。乾隆十八年建坊。

張彥臣妻陸氏　年百有三歲。乾隆三十年題奏，以"貞壽之門"旌之。

朱天祥妻徐氏　年百有四歲，乾隆間恭遇南巡，賞銀四次。

何顯明妻孫氏　旌年百有三歲。

桐鄉縣

明

鍾啟明妻歸氏　夫婦同享百歲。子應宮，諸生。孫彞及超均登鄉薦，仕進有聲。　《濮川所聞記》。

國　朝

知州陸費熙繼妻趙氏　生三子，坤、垣、墀。熙罷官後，宦橐蕭然。紡木棉以供饘粥，以小杌置一燈，命季子墀就讀書，精熟乃就寢。一布被補綻餘數十處，雜色俱備，指謂墀曰："俗或乞材于衆人製衣，曰百碎衣，以衣小兒，云得大福壽，今吾與汝共此百碎被，庶幾得大福壽乎！"年九十，墀官閣學，乞假稱壽，御賜"蘭陔慶秩"額。高宗六巡江浙，趙於五里亭迎駕。又蒙賜鑲玉如意、貂皮綾緞。壽九十有三。封一品太夫人。

周禹垂妻錢氏　年百歲。乾隆三十三年建坊。

陳禹時妻倪氏　年百歲。乾隆三十五年建坊。

王魯臣妻孫氏　年百歲。乾隆三十五年建坊。

章名山妻錢氏　年百歲。乾隆三十七年建坊。

黄用昭妻朱氏　年一百八歲。乾隆四十三年建坊。

太醫院吏目李謙光妻許氏　年百歲，嘉慶二十年題。

唐漢思妻施氏　年百有一歲。

監生周鈞妻趙氏　適周不三年，遭舅姑喪，哀毀有加。事本生舅姑，曲意順承，里黨賢之。氏嘗曰："敦行者，家之肥也；勵志者，學之基也；自奉約而廣施濟者，福之媒也。以此相夫，以此誨子，若孫其庶乎！"氏後鈞二十年卒，時嘉慶十九年，壽九十九。　新纂。

增生岳鍾英妻劉氏　候選訓導洙傳母。乾隆四十二年于歸，上侍重闈，承歡七載。下及子孫，曾玄一脈，流傳均無旁緒。既九旬之逾算，復七葉之呈祥。道光二十七年，呈請題旌，給與匾額，並綵疋銀兩。　新纂。

列女賢母

嘉興縣

唐

韋夫人　南康王女叔。適嘉興陸偘，偘爲溧陽令，卒於官。厥後其子贄成大儒，爲名相，皆夫人之教也。贄爲中書舍人時，德宗遣中使迎養夫人於京師，道置驛。及卒，皇后賻遺。又詔中官護偘喪，合葬洛陽，當世榮之。

明

監生孫宏來妻常氏 性寬仁,治家嚴肅。晚年學佛有得,忽于定中述偈以歿。有二子,訓之成立,長鍾琦,舉人;次鍾瑞,隱居學道。

錢龍珍妻高氏 子江,官江西瑞金縣。值兵亂之後,巨盜許勝可等踞險嘯聚,江興城中百姓登陴以守。其民窮無衣食者,高手自縫補,煮粥以濟之。如是者五年,晝夜辛勞,兩臂痛裂,成痼疾。追剿寇論功,江入爲部曹。越三年,即陳情終養,歸侍九載,高臂疾復作而卒,年八十有六,封太宜人。生平性端重,甘淡泊,以勤儉訓子婦,御下慈和。卒之日,內外子姪服喪者百餘人,親戚僕婢,無不感泣云。

國 朝

張世楨妻淩氏 世楨死,哭泣流血,目成瞽。周歲,孤煌痘危,持刀,祝天曰:"子死,吾無生理,願減吾算,活此子。"痘竟起。煌既長,稟承母教,食饌于庠。

陳以諧妻項氏 中丞陳葆初孫婦。以諧奮年遘疾,項內奉湯藥,外理家政,儉約嚴肅,親族稱之。以諧卒,析產,教其子周範退讓,所受獨嗇。以壽終。知府王師夔、巡鹽李紹聞,皆表旌其門。

楊冬榮妻成氏 相夫讀書,躬勤紡績。一生甘苦,復教子源裕遊庠有聲,人稱賢母。

錢文端繼妻俞氏 未笄時,外王父金翁有人倫鑒,嘗曰:"此兒適人遲,他日起居,當列首行。"戚黨中求庚帖,卜輒不吉,以是待字至二十七歲。暨文端就婚,氏即掃除一室,設前俞氏影神。謂吾姊惜不永年,設此朝夕如在迎養。姑陳氏體察色笑,後隨文端里居。兒輩節廉俸寄,歸必問所自,諭慎職守。年垂八十,以子汝誠貴封太夫人。 《錢氏行狀》。

知縣李集繼妻楊氏 性和婉,事舅姑盡孝,姑病,洗廁牏惟謹,撫前子旦華如己出,視從子輩俱有恩意。尤好善,凡族黨之貧困者,必出紡績錢周之。歿之日,有歔欷泣下者。

生員朱萬均妻孔氏 名昭蕙,號樹香。桐邑舉人、湖北襄陽縣知縣孔繼元孫女。幼嫺吟詠,隨大父之襄陽任。每經名勝,著有篇章歸朱。井臼親操,教子其鎮紗幗傳經。以餘事教楷法、韻語。其鎮馳譽翰苑,稟基慈訓爲多。著有《桐華書屋吟稿》。阮相國《輶軒錄》、麟河帥《閨秀集》俱採錄焉。以子其鎮貴,誥封太恭人。壽七十七歲。 新纂。

戶部錢儀吉妻陳氏 名爾士,字煒卿。餘杭人。幼習經史,工吟詠。儀吉登第,居京師,迎養終喪,奉匶南歸。氏獨居邸第,肅庇家政,督子保惠讀,不中程,夜分不得息,體素羸,積勞成疾,卒。歿前一時,猶令幼子讀《易》。牀下論說如平時。著有《授經偶筆》及《尺素》各篇。又有《女訓》《婦職述略》《聽松樓詩詞稿》。 節稿《序》。

庠生石紹曾室嚴氏 富陽教諭中玉母。姑沈病癱瘓,臥榻十餘年。氏奉湯藥,洗垢穢,無倦容。叔翁歿,無嗣,戚族競取財,氏獨檢《宗譜》歸。紹曾游粵久,寄書勸留側室,取劉氏歸中玉。生纔五齡,紹曾再游粵,即教玉依稟帖式寓家書請安。嗣後親師取友,悉遵慈訓。客至必從屏後窺,有欹坐戲言者,嚴斥使絕交。庚申避寇,八人共舟,課兩孫書猶不輟。村居積鬱,卒。壽七十有七。以中玉貴,敕贈太宜人。 新纂。

秀水縣

明

訓導呂嗣芳妻顧氏 名妙善。嗣芳與伯子本相繼歿于官,仲子原甫八歲。顧攜原還鄉,貧甚,煢煢苦守,課子讀書。文懿公立朝事績,得之母訓居多。封太宜人,年八十七。文懿妻徐氏,善承姑志,文懿故廉潔,享年不永,徐苦守淡泊,無異貧藜。倪岳、程敏政皆有《碑記》。

黃鶴年妻張氏 憲副黃鏴母。年二十六夫亡,哀毀欲絕,念兒八齡,強起撫之。晝令就外傳[1],夜篝燈親自課誦,稍不中程,且撻且泣。課諸孫亦然。其綜理家務,肅如官府。郡守以貞壽旌之。子鏴成進士,方聞于朝,而恭人卒。

馮坤妻夏氏　　夫亡,孝事翁姑,嫠居五十年,撫育其孫夢禎,課以詩書。夢禎成學,舉南宮第一,夏封淑人。

卜宗洛妻賀氏　　宗洛曠達,不事生產,家漸落。賀拮據以適其意,訓子嚴而有法。諸子雖顯達,有不當,必跪責之,奴婢皆兢兢奉法。以子大同貴封宜人。

宮詹黃洪憲妻沈氏　　中丞承玄、給諫承昊母。孝慈恭儉,不苟言笑。經理家事,娶婦嫁女,及娶諸孫婦,宮詹父子若不知者。事父母翁姑至孝,處妯娌至和,課子女愛勞兼備,每曰:“玉成後人,如調五味,分數不宜少過。”年七十六卒,以承玄請,賜祭葬如例。

【校注】

[1]外傳:當是“外傳”之誤。

國　朝

徐肇林妻金氏　　性至孝,母姚孺人病療,刲股者再。及卒,自斥腴田,為父母宅兆。同母弟死,撫其二女如己出。中歲而寡,長齋繡佛。以子嘉炎貴貤封。

閣學徐嘉炎妻鍾氏　　石門鍾起鳳女。性賢孝,事姑金先意承志,妯娌宗黨無閒言。嘉炎為諸生,貧,鍾怡然,絕無交謫聲。嘉炎入翰苑,鍾從官京邸,敝衣蔬食,不少變,積憊成疾,瀕革,適貤封孺人軸至,顧視一笑而瞑。子祚增、正域,俱有令名。

諸念正妻諸氏　　念正本姓盛,贅於諸,因以為姓。諸氏性至孝,母病,割股療之。事念正盡婦道。生子錦數歲,念正歿。諸為子擇師,日攜以就塾。家極貧,紡績以供修脯。錦亦刻苦力學,其立身清介,皭然不淄,皆母教也。年八十餘卒,封孺人。

贈中憲大夫屠永貞妻徐氏　　貴州按察使屠嘉正之母。徐為桐鄉望族,年十五歸屠,事嫡姑盡孝養者數十年。永貞歿,以身支門戶,教諸子嚴而有法,既仕,猶諄諄告誡。雍正七年,嘉正以刑部員外出為廣西知府,陛辭日,陳情歸省。世宗憲皇帝垂問及母年,賜貂皮香珠,封太恭人。乾隆三年,就養福建糧道署。年六十七卒。

生員嚴紹祖妻張氏　　少以賢淑稱。及適嚴,訓子嚴切。夫歿後,五子啟昆、啟元、啟麐、啟淦、啟璜,以次游庠,皆得母之訓也。

卜聯翀妻張氏　　年二十歸卜。姑雙目失明,氏孝養備至。伯姒早故,撫猶子女如己出。治家勤儉,教子有方。卒年八十七。鄉黨咸以賢孝稱之。

生員楊濟妻張氏　　年十九歸楊。事姑克孝,事夫克敬,居數年無子,勸夫納妾,後氏生子學楨;妾生子學萊、斯庚。俱在襁褓,而夫歿。自是事姑益謹,教子綦嚴,喪葬婚嫁之事,操之裕如。且能周鄰里之孤苦困乏者。後大病垂殆,長子學楨刲股以進而愈。幼子斯庚讀書入泮,鄉里咸以為賢淑之報。卒年七十。

舉人盛善持室褚氏　　名鳳鳴,字梧生。孝侍舅姑,舅性嚴重,匕箸不精潔,輒廢食。氏每先意承志,凡卹孤贍族,力能為者,行之必盡其誠。善持歿於直隸遷安縣幕。家貧子幼,親自督課,喜閱史鑑,溫公《資治》能背誦。嫺韻語,不留稿,閨門以內,禁閱彈詞媟語。尤惡佞佛,晚年與諸孫論文藝,動引經史,培植根柢。以子時霖貴,敕贈太宜人。壽七十九歲。　《行述》。

庠生沈季興室葛氏　　名永明,淮徐道濂母。濂少失怙,家貧,母以鍼黹佐饔飧。天寒,諸兒泣,無複襦,手績治之。仍方几一燈,夜課不輟。喜流覽史籍,摘嘉言懿行教子女。雖村嫗饟婢,亦苦口勸以慈孝。自濂迎養京邸,每下直,必詢所治事,燕會必問與游者何人。濂以細故呵僕從,每勸曰:“汝毋然。凡事從寬,則福自厚。”濂在秋曹,恒訓以慈祥恤刑。迨任外職,以毋營宦橐為勗,誥封太恭人。壽七十八歲。　《行略》。

計標室沈氏　　職員光炘母。標有療疾,氏百方調護。家事瑣屑,不關白,俾靜養得瘳。以無子勸納箆,乃生光炘,推解若一體。標卒,光炘未成童,田園邸舍,親為勾稽。有贏餘,輒施濟。值歲祲,飢民譁於市,毀傷室廬,群相戒毋入氏門。訓光炘嚴，惟購書籍瞻友朋，任所欲爲。壽七十六卒。　吳江沈曰富《計孺人傳》。

庠生楊錫圭室鄭氏　吳江人，十九歸於楊。孝事舅姑，歸三年寡，欲殉身，舅止之。黽勉撫遺孤。孤又夭，後以兄公之子爲子，又早世。撫孫象濟、象泰，恒舉績學勵品爲訓。兩孫皆以博習修潔聞。壽六十六，以其甥徐元燮官贈四品秩封恭人。　監利王柏心撰《墓表》。

嘉善縣

明

程德明妻邵氏　家素封，邵謹身節用。明季兵荒散財，以瞻宗族，家遂落。鬻奩具，佐夫營葬先柩。夫亡，撫教三子起鳳、起英、起雄，勵志讀書，登仕籍。

國　朝

徐永和妻計氏　年二十五夫亡，室如懸磬，撫孤臣佐成立，苦節三十餘年。臣佐事母至孝，鄰里俱呼爲徐孝子，蓋其得母教者深矣。

漢州知州朱鑒昌妻錢氏　嘉興人。太傅文端第八女，鑒昌以知縣襄辦軍營，未踰年歿。氏侍姑徐氏盡孝養，邮宗族，調姒娌，躬親操作，建新阡並營姑壽藏。後以子潮援例署直隸靈壽知縣，值水災，命捐俸糴濟，手誌戶籍，鬻釵珥助。繼知宣化縣，語潮曰：“汝外王父曾寄汝父詩，有云：‘俸薄儉常足，官卑清自尊。’宜作韋弦佩。”旋擢湖南衡州府，調長沙府，發審各廳州巨案，恒至漏沉，未輒啜，氏倚屏靜聽，自忘疲乏。壽八十有一。封太恭人。　《行述》。

庶吉士袁嵩齡妻吳氏　少嫻閨訓，知大義。適袁，雍肅備著。嵩齡歿後，以紡績佐膏火，教子汝錫力學，鄉黨稱賢母焉。　新纂。

廩生謝雍泰妻朱氏　名鈺，字雙璧。嘉興朱編修階吉女。幼通《女誡》，博學能詩。適雍泰，家貧課子，親授經書。生平好史學，於諸史異同，能斷得失，讀《全唐詩》至五千首。著有《無爲室吟稿》《十六國春秋詠》《裁紅閣駢體文》。庚申遭亂，稿置衣篋中，被寇途劫。請以簪珥贖，寇疑爲錢券，不許，遂散佚。同治壬戌，避氛雲間，館滬瀆王氏，爲女子師，染時疾歿。女兄爲嘉興張解元廷濟子婦，張序氏詩，推爲女中之高岑云。　新纂。

贈鹽知事范兆景妻王氏　名德嫻，廣西賓州知州王大均女。性賢孝，適范後，孝事翁姑。庖湢、躬祝、賓祭之儀，多方檢飭。兆景殉難，氏持教子宗文、仁基，皆有禮法。性好吟咏，有《鷗北樓詩草》。　新纂。

贈鹽運使司金銓母朱氏　名澄，字荻廬，又字聽秋。祖一蕙，當雍正時以茂才薦，入平親王軍中，歷官至直隸總督。與錢文端爲姻家。諸子兩娶於錢，故聽秋幼隨諸世母留京華，飫聞先朝掌故，尤長於詩。既歸金氏，十九而寡。教子成立，就養江南，恒戒子安貧守命，毋躁進。同事有至大官者，而甘居丞掾如故。孫曾林立，皆親教之。人比諸宣文君。年七十卒。著有《聽秋詩稿》《盟鷗集》《消寒集》。以孫安清貴誥封夫人。　新纂。

海鹽縣

宋

郭璪妻周氏　郭三益母。賢明善料事，三益初丞常熟，以瀦青龍江獲譴常平使者。周策使者必悔，已而果然。三益奉其教，官至使相。人稱周爲賢母云。案《海鹽圖經》附載：指揮嚴震母張氏，指揮崔鼎母徐氏，指揮劉銳母屈氏，並以賢能稱。

明

張耉妻丁氏　張寧母,教子甚嚴。寧以給事中使歸,臨行,出金錢與寧曰:"途中以此爲費,毋妄取,以玷官箴。"寧妻王,尤尚儉約。寧守汀州,時有同官妻私會,服飾多珍異,既去,語妾輩曰:"此婦桩飾,適彰夫醜耳。"寧女恒吉,適杭州劉舉,無子,潛買一妾,進舉。後恒吉卒,妾生子,劉乃有後焉。寧又有元孫女六姐,嫁某姓,遭戚施之辱,墜樓死,楊必恭有長歌輓之。

鄭讓妻李氏　鄭延母。朱祚云:安人以道義相夫,故夫爲善人;以詩禮晶子,故子爲名士。

二劉氏　一尚書鄭曉元配,一繼妻也。曉官郎署時,以議大禮杖闕下,大劉氏調掖獲安,後謫判和州。次劉氏爲納妾隨侍,清苦共嘗。曉每歎二婦爲患難友。妾沈氏生少卿履淳,顧氏生比部履準、上舍履洵,並有賢德。

徐昂妻王氏　名慕貞,事昂若大賓,教子慈而嚴,以子咸貴受封,猶敬戒不衰。

指揮王俊妻沈氏　教諸子曰:"自少至老,必習一藝以自養。每見紈綺子凶歲多死道路,不可不戒。"

陸氏　王文禄母。初娠,倣古胎教法。子稍長,就外塾,即脫簪飾,購書籍,資其博覽。後文禄舉于鄉,有規隱重徭者,袖金來請教,文禄謝卻之,故文禄終身不至有司言事。文禄嘗述母所語國初事,爲《龍興寺記[1]》一卷行世。

主事劉朮妻鄭氏　鄭曉姊,布政炌之母也。性端嚴儉約,朮歿時,炌方八齡,撫之成進士。時舉朮所訓清白勤民,遺軌相勖。嘗曰:"汝父在,歲歲蝗旱,公退未嘗不涕洟,廢寢食,搏顙禱天。自俸錢外,未嘗見汝父分毫取于民。汝識此大端,庶無忝爾父耳。"

布政劉炌妻錢氏　太守錢芹女,主事世埏母。性和易儉約,嘗從炌宧,歸舟次,其妹沈宜人家沈邀之飯,女從皆更裝以俟,少頃,錢慕縞入門,單率如寠婦,女從咸揜口笑,沈獨無,然自恨弗如。家居賓祭外,罕聞砧俎聲,一榻絺帳,冬夏無改。錢父舅夫子並甲科,門閥罕匹,而質素勤等,足貽世範。

刑部郎鄭履準妻沈氏　居家綜理精密,尤識大體。履準善病,艱于嗣,沈百計求宜子者以進,生二子忠材、恕材。既婚,又艱于抱孫,復令二子置妾。嫡母字庶子之恩,篤摯無如沈者,至其周郵厚德事,尤不可悉記。

舉人張奇齡妻顧氏　奇齡稱理學宗工,數上公車未第,顧慰且勞之,而以桓少君自許。季子惟赤以尚書郎擢披垣,凡所建白,一展奇齡未展之經術,皆母氏有以告誡之也。年近八旬卒。

許丕顯繼妻崔氏　性慈淑,撫前子翰與己子全臨無異。翁士奇性嚴重,崔善承志,無少忤。丕顯性亦卞急,崔每事彌縫之,臧獲莫不感其德。訓二子甚嚴,學俱有成。全臨登第,任山東昌邑知縣。

【校注】

　[1] 按:天啟《海鹽縣圖經》卷十四《人物篇·烈女》"陸氏賽金"條作"龍興慈記"。據文意,當作"龍興慈記"。

國　朝

生員彭原廣妻劉氏　事舅姑愛敬兼盡,教子女以《詩》《書》,子孫遹成進士,諸女孫婧、孫塋能詩,皆劉教之也。

知縣陳遇辰妻彭氏　名孫婧,仁孝端淑,生子元永。復爲遇辰置妾,生五子,彭撫庶子一如己子。工詩,有《盤城游草》。

給事中張惟赤妻陳氏　孝翁姑,和姒娌。事給諫,每引大義,以相勸勵。教子脂寬嚴得中。有從女弟少孤,撫育之,爲擇良配,奩具甚厚。

生員陸鑒妻徐氏　事姑甚孝,相夫訓子,俱依古訓。子泓湛聲著庠序。年逾七十卒。

駱駿奇妻厲氏　性莊稚。及笄,歸駱。敬事繼姑。踰年生子雲,教育勿少懈。雲登賢書,旋捷南宮。厲歆,然不色喜。人服其量云。

生員許得受繼妻朱氏　　事姑孝。年三十五而寡。長子安策十餘歲，朱教以修身立學爲先。

陸中杓妻俞氏　　敬事翁姑。翁姑歿，脫簪珥以佐喪紀。夫歿，遺孤皆幼，晝夜紡織，督課之後，子炟、方來，俱登賢書。

贈侍郎錢綸光妻陳氏　　名書，號南樓老人。家故貧，綸光常出遊，陳紡織以給薪水，兼工畫，善花鳥、草蟲，點綴有神韻。子陳群少時，陳口授章句大義。陳群通籍後，繪《夜紡授經圖》，高宗賜題，有"吟詩不覺鼻含辛"之句。陳群卒，上懷舊有句云："少小困場屋，賢母授之經。"蓋知其得于母教者深矣。以陳群貴，贈一品太夫人。

朱鈞和妻徐氏　　賦性淑慎，事姑四十年如一日。鈞和好行善事，氏脫簪珥助之。艱于子嗣，即爲納妾，生二子，顧復一如己出。長子肇昌領鄉薦，次子丕烈成進士，官給事中。氏疊膺封典，年七十八卒。

貢生彭浩曾妻高氏　　生有淑德，事媚姑崔盡孝。浩曾少孤，力學不治生産，高脫簪珥以佐不給。教五子三女甚嚴，子德宣、德容、德字皆遊庠有聲。年七十二卒。

生員陳巖妻倪氏　　通書史，識大義。夫故遺孤景高甫五歲，侍奉重幃。比歿，鬻田宅，營三世窀穸，自是賃居饘粥。景高繪《繡燈問字圖》誌懿訓。景高年未四十終。復撫孫方瀛讀書成名。卒年八十，以方瀛貴，贈太淑人。　　以下新縣志。

監生馮映璿妻葉氏　　夫故子殤，孝事邁姑。撫嗣孫肇曾讀書遊庠，守節三十八年。臨歿，命肇曾捐錢一千六百千存公生息，創設登瀛會，資助鄉試經費，尤爲義舉。

王褚氏　　年二十七而寡，撫子振先成立。振先欲爲母請旌，褚曰："未亡人，守節操家，分也，奚請爲？惟屋後木橋屢圮，爾父欲易以石，有志未逮，爾其成之，愈于建坊也。"橋成，名曰對坊。壽至六十九歲。

歲貢生陸之楨妻張氏　　之楨舌耕自給，氏操作佐。朝夕事舅姑，先意色養。教子有方，次子參政烈少年科第，政績著聞。贈恭人，年六十九。

嚴九峰妻張氏　　艾年乏嗣，勸納側室，越歲，生子韜而九峰病歿。未幾，家難疊起。張曰："資産不計，但存我孤。"後家漸凋落，撫育艱辛。韜長，遊庠，試高等，皆張教養力也。

平湖縣

明

沈日晸嗣母鄭氏　　夫杞楨早亡，無子。氏勵志守節，有賢者操。撫伯氏莘楨子日晸爲嗣，嫠居六十年，家政肅然。知縣朱之翰旌其閭曰"蒼柏凝秋"。

國　朝

贈朝議大夫徐夢熊妻沈氏　　侍講徐士芬母，淑慎寡言，嫻文墨，勤操作，訓子嚴切。夫歿，子幼，督課漏三下乃已。平明即促起，日以危詞儆惕。士芬登高第，擢詞垣，皆母教也。封太恭人。

監生張廷諤妻徐氏　　年二十歸廷諤，孝事姑嫜，相夫治家，具有法度。長子元叔，仕校官。爲夫兄廷讓後。次金渥、玉潤，皆名列膠庠。有妾恃寵，嘗與徐勃谿，處之泰然。妾歿後，撫其子女，不異所生。年八十八卒。

監生朱英妻高氏　　文恪公士奇曾孫女，年二十歸英。侍舅姑，疾夜不交睫。英被累繫蜀獄，子鴻猷甫八歲，氏以紡績所入課子讀書，補庠生，即遣入蜀省父。支持門戶，艱苦備嘗。子自蜀歸，旋卒。遺孤五，又教之成立。英居蜀三十七年，蒙特恩釋歸，閱四年卒。氏哀毀成疾，幾至不起。嘉慶五年，孫爲弼登賢書，官至總漕；爲均、爲霖，先後入學。人皆以爲天之報高也。年八十卒。

監生孫始然繼妻張氏　　父景陽有《傳》。性端莊，動遵禮法，撫前室所遺三子：堂、基、逵，與己出如一。始然卒，砥節持家。延師課子，堂、逵並登賢書。所生子坡、勝，相繼游庠，亦足徵母訓云。嘉慶九年，年五十七[1]。　　以上新纂。

封公王思高妻張氏　　元圃女。嫻禮法，孝舅姑。思高年盛，時負豪氣，泥飲酒樓，夜分歸寢，家人皆倦臥，氏挑燈刺繡以待。嘗因事進規，或至觸怒，而如賓之敬，不易其恒。夫病，夜不交睫，歿後，墓祭必親往。初舉男，不育。生大經，奇愛之，而不以妨教。稍長，晝入塾，夜令讀書紡車側，無故不令出戶。大經年壯，優行貢成均，及三次計偕，留滯都門，氏力持門戶，延師課孫，不貽內顧憂。洎襄軍務皖北，籌防江南，累薦擢官，傳諭盡忠，毋染浮華，蹈官家習氣。以大經貴，誥封太夫人。享壽八十有六。顧廣譽撰《墓誌》。

【校注】

[1] 按："七"後脫"卒"。

石門縣

明

張鵬繼妻曹氏　　前妻遺孤四齡，曹爲鞠育，與己子無異。鵬卒，諸孤煢煢，曹織紙籌燈，親自課讀。子國魁舉于鄉，縞衣糲食，不減啜蘗時。曹族有嫠嬬朱苦節，敬而憐之，饋遺不絕。生平通曉大義，家範肅然。年七十一，稱未亡人者垂四十年。

知縣李華春妻許氏　　父無子，贅華春爲壻。華春貧，許躬織紙，佐之讀書。及華春舉進士，官南城知縣。卒，許扶櫬歸葬。訓二子太沖、太淳，俱讀父書，有文名。

解元朱用光妻王氏　　用光卒，遺二妾馬氏、諸氏，年俱少。王甘苦共之，矢志靡二。勤課其子繼芳，入泮有聲。

王宰妻彭氏　　宰早卒。孝事舅姑，撫庶子與己子如一。督課有成，咸推其慈淑。

生員錢思正妻姚氏　　適錢後，即勸思正置妾。生子懋興，十歲而思正亡，拮據守家業，人稱令母。

知縣吳郡繼妻陸氏　　隨郡榮昌任，時中丞喻思恂方垂髫，陸一見，卜其國器，勸郡膳穀之。喻時至署，親爲梳櫛。喻後任浙撫，至墓拜之。陸治家勤儉有法度，教前子皆成名。

國　朝

生員吳夢寅繼妻陳氏　　性慈惠。生三子，撫前子女踰己出。性不佞佛，臨終命諸子曰："汝輩讀書，當崇實行，浮華無益也。喪事勿用浮屠，但盡心殯葬，勿之有悔而已。"子涵，賜進士及第。

貢生徐勳妻吳氏　　夫早亡。子駿聲甫九歲，吳紡織膳讀，寒燠靡輟。後駿聲補諸生，雅譽卓然，人服其母教。

鍾起鵬妻朱氏　　年十九歸起鵬，相夫治家，具有禮法，待親族有恩。鵬卒，遺孤在襁褓。朱矢節茹荼，歷經饑饉，多方拮據，延名師訓其子定，學成有聲，邑令陳邦寄[1]表其閭曰"貞慈"。

生員郁起鼇妻徐氏　　年三十三鼇卒，遺孤詒甫六齡，妾所生也，恩撫逾己出，有過，輒流涕導之。詒爲諸生，有文名。繼姑嚴酷曲意善事，得其懽，養、葬俱克如禮。嫠居三十九年，邑令陳表其閭。

監生曹以成妻程氏　　名發嫻，歙人。海南學憲程有守之女孫，生而端慧，少受《論語》《小學》。相夫治家，生三子，撫育備至，延師課讀，克敦孝友。長女適生員吳芬，次適進士沈寧，皆得婦道，亦足徵母訓云。

吳尚思繼妻范氏　　年十七歸吳，撫前四女如己出。年二十五夫亡，子之振方九齡，值明季盜賊蜂起，攜孤播遷所至，輒延名宿督課之。之振以詩文成名，實由母教云。年六十餘卒。

治中吳寶林妻顧氏　　從寶林抵河津任，甫下車，奉檄運粟賑隰州、大寧等州縣，頗以費重爲憂。顧急貨衣飾，以濟饑民。長子大成宰蕭縣，徐屬四邑向有調夫役河工之例，民大困，顧憐之，命子力請各憲改派雇工錢，募就近人充役,于是四邑之民得安農業。寶林歿,次子蘭成尚幼,顧親課讀,不以庶出歧視。親族子弟貧不能讀書者,出金勸課之。生平扶危濟困,不可枚舉。

田鷺繼妻顧氏　性喜朴素,躬事操作,不辭勞悴。夫歿,遺孤俱幼,顧大小兼理,尤篤于訓學群從。子姪有以稗行聞者,必加懲戒。兄弟多妖,遺一姪不絶如綫,親爲撫育授室,人更以此賢之。

吳鳳苞妻姚氏　鳳苞性落拓,不事生産。生五子,家甚貧,姚紡績助薪水。訓子嚴而有法,性好善,每節衣食以施窮乏,後諸子皆成立,爲里黨所稱頌。

吳克諧妻張氏　孝事媥母。年十七于歸,即勸夫迎養。母病,割股進藥,卒不起,哀慕成疾。克諧每遠遊,終歲不歸,張撫育子女,教以義方,能不墜家聲。長女玖適兵部郎中程同文子廷珍,太學生;廷鏞,乾隆乙卯舉人。俱讀書能文章,有恂恂孝謹之風。

監生沈廷鍠妻朱氏　性賢淑。事舅姑,存歿盡禮。無出,勸夫置側室。得子後,延師教讀,供膳必親檢點。子瀹、滄,皆有名庠序。夫歿,母儀愈肅。好施與,歲歉,親族有告貸者,命子輩勿辭絶,或自典質以應之。

監生馬澄懷繼妻李氏　性慈惠,孝事舅姑。生子一女四,撫前氏子女逾己出。婢僕不加苛詈,内外姻親,悉頌其賢。嘗訓諸子曰:"汝輩爲人須篤行敦倫,矢念爲善。"前氏子召棠承志勿忘,歷有善舉;己子國棠獨捐資于洲泉、玉溪兩鎮,建接嬰堂以救遺嬰。經巡撫陳具奏,恩賜職銜,以旌其美。

吳秋槎妻黃氏　夫亡日,子中岳年十三,氏以鄉村僻陋非居子地,卜宅遷生賢里,閉户課讀,寒暑罔閒。中岳遊庠後,督訓彌嚴。

生員姚樹基妻鄭氏　候選州同鄭廷標女。年四十而寡,苦志教子,子殀,教孫,俱聲著膠庠。母老弟貧,助弟膳。母内姪有獨子,年踰三十未娶,資助成婚,俾得延祀不絶。

姚堯臣妻徐氏　年二十九,夫棄家遠出。子二女一,賴氏拮据撫養。子無力從師,親自課讀,茹茶以終天年。邑人咸稱慈淑。

生員沈高爵妻顧氏　中年夫亡,子培寧甫五歲,卒勤撫字,慈嚴並濟。晜孫師向遊庠。

姜世照繼妻沈氏　幼穎悟,習經書。及笄,適照,家故貧,鬻匲飾以資薪水。事姑盡孝。夫亡,教子之堦習醫,之珪業儒,常引古今忠孝事以勵子孫。

【校注】
　　[1]按:本《志》卷三十九《職官表·石門知縣》:"(順治九年)陳邦奇　完縣廩生。"光緒《石門縣志》卷六《文職表·知縣》:"(順治九年)陳邦奇　完縣廩生,有傳。"《名宦》:"陳邦奇,字震軒,完縣廩生。順治初,知縣事。"故"陳邦寄"是"陳邦奇"之誤。

桐鄉縣

明

生員鍾應宮妻吕氏　應宮積學敦行,爲鄉里冠。以王事卒于京,家日落。時諸孤尚未成立,姑年九十有五,吕奉上撫下,各盡孝慈。教子貞,爲諸生。次彝,鳳翔推官;次超,濮州知州,並以廉稱。

貢生莊冕妻郭氏　性柔慧。工書。孝事翁姑。子女皆親自課讀,崇禎丁丑隨冕之任興安州。夫死,輿櫬歸,遇寇,爲飛刀所中,既甦,顧子女曰:"今得與若輿櫬歸,死可無恨矣。"後十年,趺坐卒。

工部郎中錢貢繼妻申氏　家政肅嚴,内外斬然。訓女以閨範,偶有不莊,即長跪譴責。釐居三十餘年,節操凜凜。前子夢得宦歸定省,時以清廉勗之。

國　朝

仲九霄妻山氏　秀水山翠娥女。性至孝。及笄，贅九霄爲壻。相夫勤愼，生子宏道，幼善病。山密爲夫置妾，冀廣嗣續，訓子成名。順治三年，九霄死，山一慟，嘔血數升，不數日，亦卒。贈孺人。

楊應魁妻汪氏　孝事翁姑，不踰禮度。尤留心惇睦之誼，命子炯修輯《族譜》，宗黨奉爲女師。康熙三十一年，邑令林謙光給“孝著坤儀”額，邑令郭金湯給“巾幗丈夫”額。三十三年，藩憲蔣毓英給“淑德可風”額。年七十五卒。

諸董威妻沈氏　董威晚舉一子士鳴而歿。沈教之極嚴，士鳴有過失，必跪而杖之。見其讀書，輒喜曰：“但得汝作秀才，繼先人，死無恨矣。”一日火將及董威之柩，沈號泣，欲與俱燼。鄉人感奮，舁水而入。瓦與石俱碎，一棺獨存。士鳴父執顏楚先哀其貧，遺之以粟，悉令籍記曰：“長者德，不可忘。”沈劬勞節嗇，娶婦嫁女，歷凶饑，恒産雖薄，不廢親舊，慶弔不失禮。

推官顏俊彥妻潘氏　有賢行。比卒，歎息，語其子女曰：“我死，爾宗族未得無事也。”俊彥從兄避難崇得[1]，聞訃，流涕曰：“何遽喪此賢婦耶？”未幾，而顏氏家難起，人咸服其先見。

舉人盛榮繼妻戴氏　姑宋善病，能先意承志。榮躓南宮，久滯京邸，未幾榮卒，戴念有孤在，不忍殉。越三載，翁由明經秉鐸湯溪，戴以翁年踰七十，渡江涉險，命子麟然隨侍左右。已而翁以老乞歸，甫五月歿，而麟然亦相繼逝。時歲饑，家貧乏，三孫孑立，三喪縈縈未葬，而戴竟以白頭嫠婦，拮據支辦，人以爲難。

皇甫銘妻戈氏　臨海人。年十六，適銘，未幾舅夭殁，姑潘老而目盲。戈進甘旨，從不假侍婢手。迨銘歿，遺二子洸、汸讀書，兼治生。汸補諸生，不數年夭。遺孤二，俾洸撫教之。後，孫樞成進士，人謂得大母之教爲多。年八十九卒，海昌許葵爲之《傳》。

縣丞馮錦繼妻孔氏　名傅蓮。訓導毓瓚女。錦任宜川縣丞，查勘賑饑，感疫攖疾，誤醫成痼，歸，竟不治。孔孝侍翁景夏，課子浩成立。撫前妻陳所出女三人如己出。幼工詩，有《寄外宜川》句云：“官爲七品佐，身落萬山中。”年六十有六，以浩貴封太安人，孫應榴貴贈恭人。浩妻陸氏，編修樹本女。事姑孝，脫簪珥助夫買書。夫姊王徐貧無出，同膳數十年終老。持家勤儉有法，好行善，樂助人婚嫁喪葬事。年七十有九，封恭人。

生員沈廷光妻孔氏　名繼瑛，字瑤圃。父傅志贈襄陽知縣，廷光遠館吳門，繼瑛課諸子嚴而有法。家貧不能購書，令長子啟震借書抄讀之。鈔未竟，輒代爲手繕，嘗有句云：“手寫兒書供夜讀，身兼婢織佐晨餐。”又云：“夜枕先愁明日米，朝寒更典過冬衣。”及啟震之官運河，貽書戒之曰：“毋慮不足而多取一錢，毋恃有餘而多用一錢。”無錫稽文恭公題其言，手書“愼一齋”額以寄。著有《南樓吟草》并《詩餘》一卷。以啟震貴封太恭人。

汪淮妻王氏　應綵女。淮以附生准貢，未幾卒。氏撫子嘉穀成立。嘉穀官泰順縣學教諭，取所産相思竹、雪鰻、香脯進，氏歎曰：“爾講學官，矜式多士，先之以孝弟，輔之以藝文，爾分内事也。奈何營此以益，吾憂哉！”聞者憬然。《桐溪詩述》。

【校注】

[1] 按：“崇得”是“崇德”之誤。崇德，地名。

列女賢婦

嘉興縣

國　朝

農部錢豫章繼妻金氏　名孝維。仁和禮部主事潔女。平居不苟言笑，博觀書史，工吟詠。豫章微時，貧而好學，氏雞鳴相警。逮官部曹，節清俸所入歸，而仁其三族，亦氏贊成之。豫章即世，教子孫有法。祭祀誠，敬事畢，無倦容,戚鄖咸奉爲式。壽九十有七。著有《此廬詩草》。　新纂。

學士錢福胙妻戚氏

海寧袁花鎮人。學士性曠達,不問生產,氏黽勉有無。祀賓必豐腆,周瞻困乏,雖處貧不吝。伯姑王氏聞夫開仕訃,哭踊氣絶。氏急抱救,以食指抉王齒,齒開,嚙指幾折,病傷年餘,無怨言。學士終歲按臨於外,氏肅家政,好談祖宗舊聞及鄉黨善行,警後輩。　《聽松樓述略》。

同知錢汝恭妻沈氏

歸安人。居室以孝聞,嬪於錢,恒歟不逮。事舅姑時享必敬。汝恭舉孝廉,家猶貧,不能延師訓子。豫章、開仕皆幀授句讀。舅文端《四婦詞》云:"仲婦吳興幼,嫺女則蓋深。"趨之。　《錢氏行狀》。

秀水縣

國　朝

生員范應元妻金氏

應元貧,授徒。故嗜酒,夜醉歸。氏每坐,暗中待聞排闥聲,已酣踣於地,左右扶掖以爲常,口無怨言。讀書通大義,時以《詩》《書》佐教授,理家政。應元至喪偶,始自知貧不敢縱飲云。陶模撰《傳》。

生員陸鑛妻沈氏

鑛好結客,富搜藏。徵詩評畫,多翰墨交。居吳江黃家溪。氏名貞婉,字淑君。孝事姑徐氏,每平旦盥洗,必躬爲櫛髮,務遂老人意。鑛素有肝疾,藉吟詠滌煩。朝夕薪水,皆氏料量。且勅兒女輩毋得關白。鑛有傳畫樓,藏卷軸,時購書箱有不足,輒典簪珥應。書或破壞,篝燈爲補綴。其相夫子,戀學業,隆孝思如此。　《悔過齋續集》。

生員盛鑛妻許氏

許,海昌望族。家有對松堂,富藏書籍。于歸後,宅毀書散,竹竿河廣之思,言輒流涕。鑛歿,邁姑褚氏在堂,潔修瀟,親廚瑜。中饋畢,鍼黹至夜分,寒宵漏長,遣婢媼早睡。繡餘倦且餒,預煨藷芋,聽兒瑗、琯讀,時或分唼之。會婚嫁畢,以疳疾卒。　《盛氏家乘》。

嘉善縣

明

寶坻知縣袁黃妻沈氏

黃從雲谷禪師受功過,格日以感應行善。氏信陰騭,不能書。每行一事,輒用鵝毛管印紅圈於時憲書。迨黃登第,知縣事,氏置空格冊題曰《治心篇》。纖悉必登,閱月見所記不多,頻蹙額曰:"前在家相助,善願易完。今衙中無事,何時得圓滿萬善數乎?"夜夢神告,減糧一事已完,萬行以慰之,卒成善果。　《立命篇》。

國　朝

鹽巡道金汝珪妻王氏

廩膳生作霖女。早失恃。依陸氏姑母講授鍼黹。來歸汝珪家,猶貧,紡績助。洎宦京秩,迎姑魏氏就養。歿,扶櫬歸。值夏粱南陽河大決,柩舟夜繫樹杪,會狂颺陡發,船顛簸,氏撫棺號泣,俄風息,得無恙。汝珪在江蘇,歷臘仕,卒以句容縣書吏侵盜錢糧罷職,鬱鬱卒,氏慟哭不欲生。刻苦持家,延師課子,供膳節餽必敬。立祭田,虔時享,理婚嫁,瞻親族,均有法度。八十餘歿。　《行述》。

贈榮祿錢潮妻吳氏

會稽人。父大成幕游燕趙,因家保定。氏年未笄,動合禮訓,凡女紅及饎酏酒醴之屬,莫不勤習。潮授徒上黨、燕薊,遂就婚焉。攜前妻子樾,即甥館務學。寒燠解推,與己生子枚無異視。後樾顯貴,晉封一品,粗衣糲食,仍戒華飾。年逾八十歿。　陸湘撰《傳》。

孫坫妻全氏

事舅姑,生養死葬,均盡禮。坫幕游燕晉,家徒壁立。躬執爨,延師課幼弱。坫性懇急,每緩言譬解,馭臧獲,不形喜怒。有過以微詞警覺,不假鞭撲,而群自敬畏。里黨告乏,力勸坫周恤。子成彥、正鐠列仕途,恒以三不朽勗,毋許以功名自喜。　《孫氏家乘·書事》。

湖北知縣錢清履妻汪氏

秀水人。吏部文選司孟銷次女。幼擅翰墨,通經史。歸錢,姑倪氏早歿,忌日節辰,潔蘋蘩孝享。夫女弟未笄,遭危疾,能手配方藥。舅詢何由通醫理? 則以曾讀《内經》《素問》故。清履鼓篋北雍去,閱十年,家書不提貧字,恐交謫,妨學業也。不信二氏説,謂修葺先祠墓即以資冥福,布施奚爲? 戒子孫毋營放逐子母利。以家世儒,素不可胅鄉里肥我。著有《香史詩祠》若干卷。　《行狀》。

張我樸妻朱氏　名又貞。性孝,嘗笑不苟。年十六適張,閨中廣唱,聞者豔之。後張爲科場所累,全家發遣,乃上疏捐軀贖罪。後爲尼,名德容。　《續檇李詩繫》。

江西泰和縣知縣郁鼎鐘妻李氏　廩生李應照女。幼嫻《内則》,釐鹽持家。相鼎鐘仕宦,歸閫範樸實,仍椎髻荆釵以爲常。苹川巫風熾,屏絶尼媪,不得藉持齋禮斗入門。秉性温和,化家人,無詬誶。子洪誥、洪猷、洪疇,均有聲黌序。洪謨,舉人,仙居縣教諭。門庭萃慶,頤養天和。現年八十六歲。　新纂。

海鹽縣

明

主事劉世埏妻徐氏　聰慧饒智略,凡五行、醫藥、堪輿家言皆通曉。埏之葬地,亦手自定也。性尤儉嗇,善治生産。

彭紹賢妻鄭氏　鄭曉女。御史宗孟之母。生有懿德,與紹賢莊事如賓,而事舅姑,善體隱志。嘗慮世録,家無恒産,鮮知學爲買田課耕。及購書籍,俟生子,長大教之。

御史彭宗孟妻朱氏　幼喪母,事繼母以孝聞。年十八歸彭,事翁昭毅將軍及太姑談淑人、繼姑李淑人,俱盡婦道。生平布素自安,不離織紝。戒子孫毋營子母利。

太常寺卿吴麟徵妻朱氏　父有庶子朱,甚愛之。麟徵居官廉苦,朱能佐以淡泊。後麟徵殉難,哀痛欲絶。越十五年卒。

知縣彭長宜妻祖氏　婉淑孝謹。久未舉子,謀置一妾,長宜不可。未幾有子而殤,遂發病卒。繼娶沈氏,亦能操作佐家。年七十四卒。

指揮使童乾鍾妻徐氏　從翁姑涉海宦松門,備歷艱苦,孝養倍至。乾鍾投筆,襲廕食指頗繁,徐日夕紝織以佐之。及乾鍾解職,益自刻勵,訓子孫以讀書,孝友爲本。年六十七卒。

國　朝

生員彭孫求妻陸氏　職方員外郎澄原女,名令芬。嘗割股以療母病。孫求侍父宦京邸,病目失明,諸父謀以宗女代之,陸不從,歸彭,克修婦職,教二子復曾、光曾爲諸生。年六十卒。

戚啟光妻童氏　端重識大體,居恒勞苦,以佐家計。啟光艱于嗣,童勸納妾,生子令畹、令疇,撫育如己子。令畹登進士。

徐鍾元妾齊氏　隨鍾元之任粵西,鍾元齎表至京,齊留署中。值兵變,挈少女幼子,饑走荒山,歷盡艱苦,幾十年始得歸。鍾元已卒,嫡朱妾王,亦相繼殁。齊撫養己子與王所生子,俱至成立,年八十二卒。

生員張龍楨繼妻朱氏　德性温粹。生子朝晉,與前子朝鼎一體撫視。後朝晉妻徐氏事姑孝,處家儉,佐朝晉營葬先世,構祠屋,皆以紡績餘資爲之。

朱茂生妻吴氏　年四十無子,勸夫納妾沈氏。三載夫亡,同心誓守,撫沈所育遺腹子亮采成立。　以上《海鹽續圖經》。

給事中朱丕烈妻徐氏　年二十適朱,孝翁姑,和姒娌。及丕烈勞于王事,一切家政賴徐操持,積勞成疾。年五十八卒。

朱沆如妻吴氏　幼爲養媳。比婚數月,沆如賈于乍浦,棄吴不歸。既而歸售其屋,吴乃賃屋而居。後沆如卒於乍浦,吳爲經紀其喪,扶柩歸里。以沅如兄子爲嗣,教有法度,鄉黨稱之。

方震齡妻吳氏　幼慧,父訓蒙,與妹刺繡堂後,聽所書授,皆成誦。歸方,妯娌議析産,涕泣勸止。震齡客還,方歲暮,有所入,輒分贍族黨之貧者。妹寡,養終其身。每夜集子婦及諸孫論説古今,嘉言懿行,以爲勸戒。

蕭巨高妻馬氏　農家女。年十八歸蕭,夫病篤,貧不能醫藥,馬因焚香祝天,刲股肉以療之,病得愈。後夫婦偕老,訓子嚴而有法。年七十餘卒。

監生馮天麟妻楊氏　少嫻女儀。適馮後,夫婦相敬,六十年如一日。操持家政,具有禮法。　以上伊《志》。

平湖縣

國　朝

費淮妻謝氏　新埭鎮人。歸淮三年寡,撫遺孤椿嚴,繩以禮法。學偶怠輒,涕泣不食,激改乃已。嘗歸自舅氏宴席,倚醉叫囂,氏怒曰:"只此子,設任性不成器,如承先何時?"椿方八歲,懼母杖痛懲,爲斷酒,氏懸淮遺像於書室,具餐進茗如生時。嗜《內則》《小學》,閱武進《桑梓潛德録》,命椿採訪鄉里節烈,題曰《藭香録》。又讀《温氏母訓》,謂嫠婦當奉爲法。欲重刊流布,貞静知文,里閭推重之。　顧廣譽撰《傳》。

生員方金鶚妻何氏　幼秉祖母葉氏訓,舉止端重。金鶚以奉母命至禾,感時疫。臨危,擎舟迎氏。遄行及半途,凶聞至,倉皇欲投水,侍媼力擁之,遂哭而往。遵姑命,黽勉不死。撫嗣子衍禧嚴,夜爲徹女紅,課書所授書,盡成誦則喜,否則予夏楚,繼以泣。衍禧夭,益操作勤苦,每曰:"天與人四肢,固當自食其力,況亂世乎?"揩持門户,故內外無閒言。　顧廣譽書事。

徵士顧廣譽妻何氏　幼秉母《節孝葉氏懿訓》,二十四來歸,婉娩得姑歡。廣譽嗜購書,氏甫至,未踰月,值書賈索直無以應,出文定金簪,典質與之。未幾家窘,拮據操中饋,恒冬葛着體,夜擁敗絮。歲除釜甑蕭然,不露顰蹙狀。夫兄卒,無後,廣譽先以幼子許嗣,不能,蒲伏易仲子嗣。里黨咸是之。　《悔過齋集》。

石門縣

國　朝

張繼昌妻沈氏　繼昌本姓陸,以姪繼,姑遂以張爲姓。沈奉兩家姑嫜,俱極孝敬。夫亡,盡出所蓄,命子某建宗祠,置祭田,爲春秋祭祀之費。持家勤儉,親族無力婚葬者,必有以贈。待佃農計畝減其租。

周大來妻馬氏　大來以事戍邊,馬守志母家,鍼黹度日。及大來遇赦歸,馬年已五十矣。迨既歸,馬益勤操作,支持門户。大來仍蹈舊習,而馬之令淑人咸稱之。年六十餘卒。

生員吳起鳳妻童氏　善事舅姑,曲意承志,訓子姪凜若嚴師。家本儒素,紡績以助膏火。乾隆三年,督憲稽曾篤給"陶孟可風"額。

監生方承德妻孫氏　事舅姑盡孝,治家有法。夫中年捐世,二子一女皆幼,義方式訓,備極劬勞。年踰六十,綜理一切,內外肅然。劉太史涵以"熊丸鶴算"額贈之。　以上伊《志》。

周寶儒妻費氏　性慈和,識大義。凡殯葬舅姑,婚嫁姑叔,念姒家食指較繁,鬻衣飾,助夫獨任。戚族有貧乏者,輒以財粟周濟之。

生員田士宏妻陳氏　士宏常遊學于外,陳於內政一一任之。家貧,售簪珥,勤鍼黹,閨範可法。

生員周齊鞏妻沈氏　鞏家貧,幕粤,病旅館十年,信絶。氏勤指給食,奉邁姑,色養備至。夫兄殁,正室遺弱女,妾遺幼子,氏諭妾同爨,督令習勤,兼訓其子女。方購地營葬舅姑,遣子赴粤探夫,以心血盡耗,旋卒。

生員曹世璨妻吳氏　性慈惠,無疾言遽色。孝謹事姑,勤儉相夫。夫亡,家業漸廢,氏勉力主持婚嫁,并教子遊庠有聲。

吳東山妻呂氏　東山性豪宕，不事生產。呂氏治家勤儉，教子有法，得以興起成家。　以上于《志》。

桐鄉縣

國　朝

施德溥妻錢氏　姑歿，哭死至再。子增，諸生。女適歿，少寡。歲饑，糟糠矢節，並由母訓。

沈昌宏妻李氏　年十九歸沈。孝事舅姑，生子朝棟、朝楨。乾隆二十五年夏，夫病，巫醫，禱罔效。氏早夜焚香，籲天請代。孟秋月吉，忽告舅曰："婦薄弱不足上感，請翁繕疏爲助，庶有濟。"翁弗忍，固請，乃從之。氏奉疏巫詣東嶽祠神前哭禱。歸，越五日，氏無疾逝，而昌宏獲瘳。年二十五。邑人馮浩、沈琳、李枝昌俱有《傳》。　新纂。

陸廷璋妻倪氏　納采三年，廷璋病瞽廢。陸請辭婚，氏大言曰："古有男室瞽女者矣，況我天乎！"卒歸陸。新纂。

編修鈕汝騏妻張氏　于歸後，凡賓祭、補紉、饎爨，悉以身任。方汝騏未第時，氏辟纑佐讀，凌晨率先起，梳裹，故汝騏詩有"每年伴我支寒漏，半世何人見曉雜"之句。既艱於嗣，置一妾，舉一子，自襁褓中翼而長之。氏之戚有戴節母者，寄珠飾一篋，值千金，無何，戴暴卒。氏瞿然曰："向所寄物，及茲未殮，還之。"遂遣伻持篋歸其子肇基，封識儼然。氏卒，親串中及臧獲輩，多有出涕，至累日不食者。　伊《志》。

御史馮浩妻陸氏　編修樹本女。事姑孝。脫簪珥助夫買書。夫姊歸徐，貧無出，同膳數十年終老。持家勤儉有法，好行善，樂助人婚嫁喪葬事。年七十九。　新纂。

解州州判陸憲曾繼妻陳氏　陳世鈐女，名葆懿。能詩，工書。性孝，世鈐病，侍奉不解帶。母病，禱天願身代。及適陸，撫前氏子女如己出，能得舅姑歡。閨範肅雝，動遵《女誡》。年未三十卒。著作見《藝文》。　新纂。

列女孝婦

嘉興縣

明

夏錫瑞妻馮氏　字佛齡。年十七適夏。姑病痿厥，禱神願以身代。姑夢大士告曰："汝病，當不起。以汝婦孝，上格，今且瘳矣。"馮願繡大士像百幅，祝姑長壽。自後姑竟起，馮忽患厥如姑以死，有司給"孝感回天"額表之。

知州包汝楫妻賀氏　姑陸病劇，進湯藥，輒搖手云："幸勿苦我。"一夕，賀手進一湯，告姑曰："此非藥，第少啜之。"姑飲而甘之，吸至盡。寢息頗安，數日而愈。此湯乃婦翦股肉所手烹也，孝感之應如此。

知縣李敷妻徐氏　事寡姑率先媵侍。姑患疽，親爲吮膿。性好善，拯災恤貧，常折券契。

國　朝

生員朱慧妻湯氏　名學光，海鹽人。慧砥礪學行，中年高蹈，以著述爲事。不憂貧困，湯亦安之。持家勤儉，孝養舅姑。年六十六卒。何汝霖爲之《傳》，以爲偕隱同清，有梁孟之風云。

李平妻徐氏　徐舜儒女。姑賀氏，年六十餘。徐奉其姑，克盡孝道。姑患軟胺病，徐獨力扶持，盥漱必親視，食案必親舉，久無倦色。

程瑋妻徐氏　瑋早卒。家貧，辛勤織紉，敬奉翁姑。翁病革，徐懷刀剜股，和藥以瘳。教子能讀父書，里人王鴻宇、楊漢籌作五言詩紀之。

徐賢妾賈氏　年十七歸賢。賢有疾，賈奉湯藥惟謹。未幾，賢歿。適姑病篤，賈急割股肉，煮以進，姑疾漸瘳，人以孝稱之。

張尊周妻閔氏　閔洪濤之女。年二十一歸張。事翁姑能孝且敬。姑病，閔躬侍湯藥，不離左右，未幾病劇。閔于竈前割股，暈絕。夫以藥敷之，漸甦，戒勿令姑知。已而姑病漸愈，人咸以爲孝感所致。越三月，姑又染時疫，數日而逝。閔爲絕粒，誓從姑于地下。翁解勸之，勉進水漿。踰年亦卒，年止二十八。

孝廉方正李毅妻朱氏　翁病革，與夫同時割股，暈絕，良久始甦。嘔和藥以進，翁疾已不可爲矣。哭哀盡禮，年僅二十一卒。

職監黃沅妻何氏　幼喜讀書。庶母劉氏病，氏嘗割股，獲痊。及笄，歸黃氏。舅年老，患咯血症，醫藥罔效，氏復割股，和藥以進，舅亦獲瘳。人咸稱其孝。嘗作近體詩，刊有《培蘭詩鈔》。

文學孫志鈞溪朱氏　名森，贈給事中煌孫女。幼事大父母、父母，俱以孝聞。及嫁，事舅姑如事父母。族鄰咸稱效之。尤工詩文，有《楳花溪舍存槀》。

監生胡琛繼妻聶氏　夫故，姑年已耄。四子俱幼，侍姑二十四年以婦道，而兼子職。孝養無懈，撫育成立。乾隆二十九年卒，時年七十。其生平事跡，詳載《墓志銘》中，宏博諸錦《撰》。

秀水縣

明

監生姚鈵妻項氏　襄毅公從孫女。姑老，事之謹。晨起問寢，無敢疾步。夕攜乳兒侍姑側，俟寢熟，爲納衾于肱，乃返己室。後姑疾，割股肉煮以進，得瘳。

生員姚邦俊妻馬氏　性賢淑，孝奉翁姑，姑項病危，籲天願代，割股肉以進，姑飲之得瘥。項即姚鈵妻，曾割股救姑者。

知州吳繼妻屠氏　性至孝，姑戴目雙瞖。繼之官，屠獨留侍姑，親操匕箸者三十年。母項宜人年逾大耋，遭危疾，寒月護湯藥，衣不解帶者凡三月，以勞瘁成疾。卒，封宜人。

卜允孚妻徐氏　姑懷病篤，徐割左股肉投劑中，手奉以進，異香滿室，姑飲之，不旬日愈。

國　朝

卜震生妻吳氏　事姑至孝。相夫治家，亦具法度。教子有母儀。康熙十一年旌。

州同江天錫妻朱氏　姑疾，調羹進藥，寒暑弗懈。疾篤，籲天請代，姑疾獲瘳。訓孤子開泰成立，年四十一卒。乾隆十一年旌。

卜禮繼妻潘《卜氏家乘》作史。**氏**　年十九于歸。姑吳患病，夜嘗不寢，寢輒八九起。病篤，籲天請身代，割股和藥以進，疾遂瘳。甲寅，亂兵入室，抱姑急走，失足墮樓。時懷姙，俱無恙。教子雲從、雲來，俱成名。年四十七卒。

吳源起妻計氏　事祖姑鈕極孝。一日，劇賊數十自吳興來，攻劫且露刃抉户，鈕年百歲，倉猝不能出避，揮計去，計曰：「太宜人在，孫婦以死守。」未幾賊自解散，里人皆謂純孝所感也。計東有《吳孺人傳》。

卜寶耕妻姚氏　六齡父母歿，撫字于兄。少貞靜。及長，歸卜。奉事翁姑，先意承志。舉二子三女。事母俱孝，長，婦吳氏，孝尤肫摯。姚病牀褥三年，進食加衣，未嘗少息。一門盡孝，皆姚之克盡婦道有以致之也。

戴焜妻徐氏　年二十四，姑染時症，奉侍湯藥，月餘不瘳，乃默禱天地，割股煎湯以進，姑疾漸愈。

沈某妻蕭氏　年二十五夫亡，事舅姑以孝聞。舅姑並遭危疾，氏兩次割股和藥以進，舅姑病尋愈。守節四十八年。

楊樹勳妻馮氏　年二十一歸楊。媚姑年老多疾，家貧無以爲養，氏以簪珥易甘旨。姑病喘，艱於飲食，氏以乳食。姑夜不安寢，氏徹夜袒衣，以姑背倚己胸前，使得成寢。嗣因病久不起，氏刲股和湯以進，復延數十日而卒。卒後，氏與夫哀毀盡禮，春秋享祀，哀敬不衰。

梅氏婦梅氏　有子媳兩房，輪養其親。婦房極貧，飲食不給，或勸婦推與長房，不必輪養。婦不置其言，仍竭蹷以奉，每自忍飢。一月，其里盡災，獨婦屋無恙，咸謂孝養之報。

監生攴培芬妻張氏　氏幼習《詩》《書》。出嫁後，勤儉操持，孝養翁姑。嘉慶二十四年冬，姑患痢甚危，氏因醫藥無效，刲股以救，姑服之即愈。隣里共知。後其姑猶安然，而氏已病卒矣。

錢勳墀妻王氏　同治十年旌。

楊文潮妻張氏　姑周氏多病。又值粵匪亂，張奉侍避兵孝養備至。姑壽至九十餘卒。光緒元年，蘇撫吳元炳奏旌。

庠生盛善揚妻王氏　夫歿，兒稺。舅世儒，耄而病，刲股進。食指繁，不能贍，率兩幼女日夜繡綳刺搭膊，佐饔飧。訓子力學列黌。長子桂芬，庚申被擄入舟，誓不從賊，夜溺平望河死，亦見稟承有自。　新纂。

王楊氏　聞川人。爲童養媳。道光三十年夏，大水没廬，氏滌器河干，聞樓將坍，急負姑自梯下，未出門，屋已塌，兩人俱壓死。里人楊象濟立石表之。　新纂。

趙王氏　庠生王良佐繼妻。道光二十三年，夫游閩，歿幕次。氏扶匶旋里。上事八旬衰翁、六旬餘夫兄，竭指力，計饔飧。相繼棄世，拮據營葬，卒嬰心疾，絕食數日歿。

嘉善縣

明

孫言　嘉善新纂《志》作賢。妻王氏　年十九夫亡，適繼姑病，悲號累日，祈以身代，夜夢神語曰："念汝孝，錫汝姑百歲。"姑果年九十五卒。

孫枝良妻張氏　監生張志仁女。淑孝端凝，得姑嬪歡心。與子婦沈氏、倪氏聚順無間。孫婦馮氏、李氏並稱賢淑。曾孫孝廉霖婦謝氏，亦能孝，曾繪《世澤圖》以志前徽。有《漱芳雜藝》。

舉人孫在鎬妻倪氏　生員士觀女。士觀歿，家中落，倪傾囊營葬其父。且割腴田授其兄子。生平孝事舅姑，喪葬盡禮，夫亡後，長齋守志。以子衍貴贈孺人。

監生浦永銘妻孫氏　通書史。著有《繡閒集》。事太翁及媚姑盡孝敬。父衍與母李相繼亡，悲痛致重疾，卒。

監生葉棕妻黃氏　性孝謹。翁姑病，嘗湯藥，早夜祈禱。及歿，哀痛成疾，未久卒。

生員毛正學妻葉氏　性至孝。侍母疾，衣不解帶者累月。歸毛後，恪修婦職。姑卓疾篤，籲天祈以身代。夫之從子九萬三齡喪父，外甥曹淑五歲亡母，葉兼撫之，咸爲婚娶。并授田宅，訓子璐成名。

訓導毛璐妻顧氏　父患疽，親爲調治。及適毛，孝事舅姑。姑患心痛，醫言人乳可治，顧乃以餅餌啖其子。朝夕進乳于姑。子遠，生員，能文。

章文錦妻袁氏　文錦性至孝，父歿，哭百日死。袁孝于姑，姑病，割股肉以進，尋愈。子如海少孤，撫之成立。年六十三卒。

張泰安妻曹氏　曹烇女，泰安就館于外，資脯修以供菽水。曹主中饋，恪修婦道。夫嘗刊父遺文，未竣而亡。曹盡鬻奩具，命子續成之，爲《嶺雲集》行世。

許澄原妻朱氏　事祖姑翁姑至孝。年二十六寡，撫八月遺孤有成。守節二十六年。

張振遠妻陳氏　翁復元，年八十，病篤，剜股和羹以進。元夢一黑旗書"孝感"二字，病遂瘳。

國　朝

訓導孫慎機妻馮氏　姑遘危疾，夫祈身代。馮曰："君死不若妾死。"遂禱北辰。夜聞神呼曰："馮孝婦，帝鑒汝誠，已允汝請。"馮驚起，尋卒。姑立瘳。夫感其孝行，賦《哀絃集》。子賡微，領鄉薦。

封文林郎丁穎全妻顧氏　尚書顧錫疇孫女，嫺《女誡》。適丁，時姑已歿，祭必盡哀。事繼姑極誠敬。翁年邁，臥病二年。顧親嘗湯藥，勞苦不倦。翁歿，慟哭絕粒。初喪七日，遽歿。以長子棠發貴贈孺人。

知縣孫衍妻馮氏　父瀛秀，多病。馮茹素終身，祈益親算。歸孫後，事繼翁姑及本生姑倪極敬。以侍疾過勞卒。衍繼妻李氏，性至孝。父母喪葬，脫簪珥支辦。惠撫弟妹，俾無失所。應得封典，請夫上告，隨贈本生姑，子孫俱成名。幼女守貞，子婦三人並賢孝，皆馮訓誨之力。夫妹適諸生謝元起，亦稱賢孝。知縣張鑐以"賢孝聯輝"額表之。

陸在選妻沈氏　在選初娶于沈。性賢淑，敬養舅姑，贊夫力行善事。繼娶亦沈氏，性行亦如之。三娶徐氏，翁病，奉事不怠。夫歿，待前六子錦、鈺等如己出。兼撫鈺子景、准成學，先後均稱賢孝。

舉人夏愻妻陳氏　初，剜臂療母病。及歸愻，繼姑病，需人乳。陳日夕進乳，獲痊。既寡，事姑尤謹。子鎔，娶孫氏，亦以淑孝稱。

程文略妻金氏　夫亡，紡績養姑，姑病，籲禱獲痊。撫孤成立，茶苦二十餘年。

浦時英妻沈氏　夫亡，時翁已八十餘二。孤皆幼，沈力操作，盡孝養，侍姑疾，左右不少離。值水災歲歉，周恤里黨。訓次子聖明，勵志力學。

汪介福妻郁氏　幼喪父，哀慟幾失明。適汪後，姑病劇，日夜叩禱，割股進藥，姑疾得瘳。而郁以奉養勞瘁卒。

監生張惟治妻金氏　事姑曹盡婦道。姑疾，奉湯藥不倦。及病篤，夫禱于神，願減算與母。金知之，籲天禱代，姑痊，金旋卒。子炎，穎悟過人。人稱孝婦之報云。

監生汪霖妻程氏　性淑慎。事舅姑，克盡孝養。既歿，終身追慕。訓子以琬成名。程卒，夫感其孝，遂不復娶。

生員朱學浩妻周氏　學浩早亡。周孝事孀姑，姑患病，瀕死，婦侍湯藥，積勞成心疾，姑瘳，而婦卒。

朱文華妻錢氏　事姑孝。姑亡，積勞哀毀，嘔血數升，不逾月卒。子履和、履豐，少孤，教之俱成名。

章星海妻魯氏　年二十四夫亡。家貧，苦守二十餘年，鍼黹度日，奉事舅姑，克敬婦職，人無間言。

胡爾宏妻張氏　庠生原素女。婚未三載，胡遠商不歸，紡績苦守。瀹瀡奉姑二十餘年。撫姪應宸，遊郡庠有名。爲婦則烈，爲母母[1]則慈。　萬《志·外紀》。

監生曹楨妻孫氏

海鹽縣

明

陳允武妻萬氏　萬炳女。年十六歸陳。值姑歿，撫夫弟妹有恩。翁受役于官，輸兵餉軍門，遇倭失餉，法當死。萬亟鬻嫁裝及私產得金，跽獻軍門以贖，翁得不死。

沈拱辰妻宋氏　幼喪母，即歸夫家。事姑甚孝，姑病，宋割股肉投藥中進之，姑以爲甘，疾遂起。宋亦不言。其後姑之姊來，與同臥，見其創，知之。邑令王臨亨表其閭。

序班賀萬春妻趙氏　平湖世家女。歸賀，事夫治家，悉合禮則，尤孝于其姑。雖姑之侍婢弗敢訶斥。姑嘗病瞀[1],祝而舐之者五歲,遂復明。人以爲孝感云。

指揮崔成俊妻呂氏　翁以領漕米失法,當代償,始免罪。呂罄奩資,授夫赴京買米輸官,救之歸。夫收養貧宗,撫弟姪有恩,皆呂相之也。

巡撫吳麟瑞妻朱氏　年十六歸吳。曾大父、大父母俱在堂,奉養備至。麟瑞既貴,絕請謁,朱亦以耿介相勵。年六十八卒。

【校注】

　　[1]姑嘗病瞀:"瞀"是"瞀"之誤。瞀,眼花。瞽,盲。姑目盲,舐之復明。

國　　朝

侍郎彭孫遹妻朱氏　生有淑德,克勤婦道。從宦京邸,猶勤女紅。長子齊曾早亡,婦施事姑尤孝。朱晚年生子景曾,幾不育,施加意撫養,乃得成立。

舉人陳遇麒妻徐氏　十齡失怙,擗踊中禮。及笄,歸陳。事姑曲盡孝敬。年二十八卒。

生員楊雲致妻李氏　年十九歸楊。遭家多難,勞苦備至。孝事孀姑,恩撫幼叔,敬夫教子,舉動合則。年八十二卒。

監生徐中道妻吳氏　事姑孝謹,必潔必誠。年六十一卒。長子敦彝妻謝氏以哭姑過哀,嘔血死。

許雄妻孫氏　雄孝事父母,孫佐夫奉甘旨,能承順姑意。姑歿,以女紅所積,佐夫營喪葬。

鄭士模妻劉氏　名厚蓮。兩事繼母,愉色婉容,待異母昆弟曲盡友愛。年二十歸鄭,事繼姑盡孝。三載不育,即脫簪珥置妾,生子兆燕,視如己出。年六十卒。

孝子朱廷采繼妻何氏　佐夫孝養,姑年八十,夜半進粥者八載。姑病不食,以乳參奉之。

繆氏二孝婦　繆宗美妻陳氏,繆成美妻馬氏,妯娌也。姑病在牀,宗美兄弟赴田作,忽隣火延燒,二婦見勢急,各棄其子,從烈燄中負姑出。

生員何兆辰妻徐氏　事姑嚴甚孝。姑病篤,嘗禱于神,刲股和藥以進,病遂愈。

竹橋孝婦　佚其姓氏。康熙年間,乞食養姑三十餘年。姑歿,號泣流血,募錢葬之,即自經死。

同知彭景曾妻吳氏　景曾爲侍郎孫遹子,素嫻禮教。吳事翁盡孝,一生淡泊,貴而能勤。年七十九卒。

監生周履謙妻許氏　翁早歿,夫負笈從師,氏兼子婦職,極盡孝養。姑偶患咯血,氏親侍湯藥,衣不解帶者累月。夫先歿,氏督子營理葬事,并延師課讀。子鵬海,登戊子賢書,充景山宮學教習,在部,具呈請旌。

陳玉如妻林氏　氏性純孝,素無忤色。方飢荒之際,里中有變,時姑老龍鍾,妯娌凡六人,林獨奉姑避難。病不能速,猝遇衆軍,以身蔽姑,被七刃。

監生郁聞三妻吾氏　聞三抱疾終身,不知有婦,而吾事夫益恭。年十九翁亡,五十二姑亡,五十九夫亡,先後三喪,吾獨力經理之。

生員朱俎莘妻吳氏　氏少事父母以孝聞。後歸朱,力能奉養,姑患背疽,氏親爲吮疽,三日而痂結,咸以爲孝感。

生員朱埏之妻李氏　姑患瘧,值大暑,氏晝視藥爐,夕驅蚊蚋者累月。夫弟登賢書,北上乏資,氏窺翁憂煩,盡出簪珥,易金以獻。並勸夫置側室以慰舅姑得孫之望。年三十六卒。

朱寬宏妻張氏　奉事嗣姑至孝。甲戌秋,姑病,醫、禱罔效,氏割股調羹以進,姑病遂愈,復得久延。

監生李應台妻麗氏　居家以孝稱。歸李,時翁姑在堂,恪盡孝敬。翁姑歿,佐夫營喪葬盡禮。教子女以孝義爲先。咸豐元年題旌孝行。年七十餘卒。

潮州府同知徐槐廷妻朱氏　　讀書識大體，歸徐。時姑已歿，翁年邁，竭盡孝養。雖厨㸑，恒躬親之。槐廷家素貧，朱佐以勤儉。隨宦粵東，整理内治起居，一如寒素。遇善舉，不吝施予。刊《身世繩規》等書以勸世。年七十一。閩縣王彬撰《傳》。

庠生徐炳妻朱氏　　十九嫁炳，二十八寡。舅年耄，奉養極甘旨。子方齔，延師締姻。母兼父教，勤悴恢業。三世殯宫，竭力營葬。

平湖縣

明

屠紹慶妻張氏　　年二十一歸屠。三載，夫以疾卒。無子。張事姑如母，朝夕不忍離者三十年如一日。姑亡，張日夜哀慕，遂患瘵瘝，卒。

沈思孝妻過氏　　年二十歸沈。家故貧，夫就館于外，過盡饘盦具以奉翁姑。歲荒，自啖糠粃，而以甘旨奉姑。姑歿，將葬，過已病甚，幾不能送，號哭强起，沈疴立痊。及歿，夫感其行，終身不復娶。

國　朝

戈中襄妻倪氏　　知縣倪籥女。早寡。姑病，割股療之。巡撫秦世楨、學使王康侯並表其門。子三人，俱以能文稱。

贈儒林郎鮑連妻程氏　　年十五歸鮑，夫早世。程孝事其姑，嘗割股以療姑疾。

沈鴻緒妻張氏　　少聰慧，立心行善。長歸鴻緒，孝養舅姑，妯娌無間言。年七十九卒，人稱孝婦。

金麒麟妻方氏　　年二十歸金。奉姑甚謹，踰年目瞽。夫亡，遺子纔三齡。家苦貧，方匍匐奉姑，飲食必先姑而後己。所賃居在西郭外，將傾，鄰人相率引去。方貧不能徙，請于主人，支以木。夜有盜其木者，方晨起爲炊，風雨驟作，屋震動有聲，急起負姑，未出户遂圮，皆死。起視之，方箕坐于地，兩手抱姑，執姑衣甚緊，劈之方解。時乾隆戊午九月十九日也。方年四十二，見者皆流涕。陸奎勳爲作《出自西門行》。

翁式善妻張氏　　九歲遭父喪，慟絕，二日始甦。年十六適翁，得舅姑歡心。母沈病疫，張歸省視，侍奉湯藥不倦。及卒，時當六月，枕尸而哭，卒亦不染。姑夙嬰心疾，張代操家政，姑亦盛稱其孝。年六十八卒。

李孝婦管氏　　翰林昭文某之姑也。適樂城知縣李青之子宗海。青歿，宗海久遊嶺表，逾十年不返，氏事姑甚孝。歿後，姑檢其蓋篋衣裳，簪珥無一存者，蓋盡鬻以供甘旨。姑悲痛幾絕，人皆稱爲孝婦云。

高孝婦黃氏　　名章光，字希孟。南陽知府法孫女，監生朝棟女也。歸監生高廷瓚。廷瓚游江淮間，姑驟得疾，幾殆，治弗效，婦炷香默禱，刺指血投藥中，服之立愈。家素貧，質嫁衣以供養。後以哭姑得羸疾，卒，年三十七。

馬廷謀妻羅氏　　父錫爵，從兄生，甫官遵義守。年十八歸廷謀。事舅姑盡孝，姑病革，刲股和藥以進。年二十八寡，撫三子成立，幼子峻補庠生。年四十六卒。

金朝九妻鄭氏　　耀廷女。年二十四而寡，子鑑生甫二月，貞節自矢，事姑周恪盡婦道。踰年遭火災，冒火救姑。又懷鑑遁出，衣物盡燬。竭力揹持，撫子成立。年四十二卒。

石門縣

明

葉承光妻徐氏　　姑癱瘓，割股進糜不效，日夜慟哭，致成目疾，歷二十四載。姑飲食便遺，悉徐扶助。姑壽八十,臨終言:"無以報婦,願爾婦亦如是耳。"後爲子娶婦費,孝不減其姑。

國　朝

姜序妻宋氏　序不顧母養,宋孝事其姑,姑病瘋癱,醫不能治,宋割股餌之,病尋愈。未幾宋卒,其姑終身嘖嘖稱婦賢孝云。

州同沈淶生繼妻勞氏　舉人勞大與孫女。諸生子崚女也。性端静,宅心仁厚。撫前子女逾己出,待侍妾有禮,内外姻戚多稱其賢。方勞之歸沈也,甫十日,姑卒,哀毁幾斃。未幾,翁又病篤,勞憂甚,乃密割股以進,翁食之竟愈。越十年,翁殁,年八十一。勞體故羸弱,至是哀毁,疾亦篤,不復痊,去翁卒六閱月也。邑令傅以履給"甚孝可風"額以表之。

訓導田琦紳妻姚氏　姚克巍女,事姑姚宜人以孝。琦紳遊京師,姚奉老翁左右就養。歲庚寅,翁病痢將殆,姚禱天,割股肉和藥以進,翁獲痊。姚初祕之,小姑窺得其實。于是姊妹與弟争效之,以救其親,皆姚之孝所感云。

監生陳湛妻胡氏　在室時事父母以孝。及歸湛,事舅姑克盡婦道。父炳宦粵東,思慕成疾。湛遠遊不歸,胡支持門户,日供舅姑甘旨,戚黨咸稱其賢孝。

楊繩振妻許氏　質性柔嘉,能知大義。事媧姑,曲意承志。夫或無力備甘旨,必典衣飾以助。金令輝以"坤輿毓秀"額贈之。

李鼎鍾妻祝氏　鼎鍾幼有心悸疾,未婚,父母議改配。祝矢志不從,歸後,鼎鍾病益甚,不能顧父母。祝以婦代子奉舅姑色養,兼盡貞而且孝,里黨欽之。

朱基繼妻曹氏　舅姑皆卒,其夫無力營葬,時形憂懣。曹脱簪珥,勤操作助之,遂得封馬鬣。族黨咸稱其孝。

生員田賜妻劉氏　性端重,自幼孝于父母。姑病,侲傯成婚。廟見後,即卸簪珥,侍湯藥,不以新婦自諉。姑殁,哭泣盡哀,襄夫經理喪葬。歲時祭祀,俱極誠謹。

沈青來妻陸氏　夫幕雲南,杳無寄濟,家貧甚,勤鍼㵦,以膳姑。姑病,侍奉不倦。後遭父喪,慟哭幾絕。回念尚有邁姑,哀毁稍節。晨夕供奉,益謹恪。殁後,人猶稱道不置。

桐鄉縣

國　朝

施德溥妻錢氏　姑殁,哭死至再。子增,諸生。女適殳,少寡。歲饑,糟糠矢節,並由母訓。

沈昌宏妻李氏　年十九歸沈。孝事舅姑,夫病,禱神願以身代。夫起,李無疾而逝,年二十五。

徐浩妻于氏　幼賢孝。歸徐後,浩以家貧遊幕,氏脱簪珥,以充資斧。事媧姑,畢喪葬,皆賴以經營,因患咯血卒。

李發祥妻吕氏　夫家赤貧,出外營工。婦紡績以事舅姑,自食糠粃。姑病危,割股以進,遂愈。

陳采苓妻李氏　舉人李日燨娣。姑嬰疾,瀕危,氏割股煮湯以進,尋瘥。

副貢施曾錫妻金氏　震澤嚴墓人。歸施八年,曾錫疾革,籲天請身代。夫死,訓遺孤福元讀。所生姑老,紡績給甘旨。冬寒皸瘃,指流血,不恤也。姑殁,率子返嚴墓事母。值歲祲,自食豆粥,雜糠麭,母與子必有一飯。母病,謹司湯藥,常患目蝸睆,然不少去側,歷廿餘年如一日。　《張士元文集》。

徐天柱妻程氏　事姑以孝聞。祖姑篤老氏,奉養尤謹。少從其父鈐學作詩文,出筆秀異,而隨手棄置,無專稿。孫璜爲綴輯成卷,藏于家。　《桐溪詩述》。

郭紹榮妻談氏　幼即適郭,爲童養媳。家縈貧,夫紹榮患病七年,氏侍奉不稍懈。舅大閒年邁,度日維艱。時氏年十七,乞食以養其舅。後紹榮爲人誘,欲賣以償逋。氏泣不從,訴於官。知縣郭文銍給錢數緡,使磨菽乳爲生。並資衣物,以鼓樂送歸其家。

江南河庫道沈啟震妻蔡氏 婚一載,啟震試禮部,姑與婦各居母家。姑病篤,暈絶,氏亟往,躬擁以歸,乃得蘇。夫弟啟晉卒,無子,其娣請命于姑,欲得其仲子爲嗣。仲子失明,氏曰:"娣無子,烏可使廢疾者嗣?"乃易以叔子。

解州州判陸憲曾繼妻陳氏 世鈴女。工書,好詩。性至孝。世鈴病,事奉惟謹。母病,焚香禱天,願以身代。適陸,撫前妻子女若己出,能得舅姑歡心,戚族賢之。年未三十卒。

列女孝女

嘉興縣

宋

楊孝女 無兄弟。事父母至孝。既笄,欲嫁之,女曰:"女恨身不爲男,爲父母持門户,何忍棄父母他適耶?"侍養終身。及卒,鄉人立祠祀焉。案:劉《志》載宋張堯同《楊姑廟》詩:"孝德衰陵久,天然與衆殊。生男不能養,應合愧楊姑。"

明

徐孝女 名于潤。孝廉徐郴臣女。性至孝,祖母潘有疾,割股療之,愈。崇禎丙子,父臨試,得病,刺臂血和藥,籲天願代,父愈。踰年于潤卒,年僅二十四。

李孝女 夢康女。四歲喪母,長而矢志養父。里中有問字者,女請于父曰:"世所稱賢媛,何等也?"曰:"善事舅姑,無違夫子耳。"女曰:"事人親,孰與事己親?爲婦順,孰與爲女順?兒必不以彼易此。"遂以童真老,孝養四十七年如一日。卒,諡孝貞。有《傳》。

國　朝

金孝女 性至孝。幼時割股救母病。後適生員吳璜,年二十八寡,晝夜哭,成疾。家貧,力疾養姑。越五年,病卒。

甪里二孝女 失其姓。或曰姓吳氏。康熙間人,父早殁,無兄弟。家貧,二女鍼黹養母,常不給。庭中忽生通草數叢,人咸異之。隣有宋時靈光庵,已毀。惟觀音堂僅存,二女嘗禱之。俄有五色蝴蝶自堂中翥井出,飛至于通草上。二女于是劈通草,紮蝴蝶花,鬻以奉母。且重塑觀音像于堂中。母卒,二女長齋奉佛,未幾相繼殁,通草隨萎,人咸謂孝感所致云。

莊孝女 父患項疽,幾殆,女割臂肉煎湯以進,疽愈。越四十餘年,子如金繪圖以誌母行。年九十三卒,錢陳群《題〈許母莊孺人刲股圖〉記》:"女未行而持節于家,謂之貞;親有疾而剔股以進,謂之孝。然則歸熙甫之論,與昌黎韓子所議一。據曾子問,一援《孝經》,不敢毀傷之義,彼皆非歟。解之曰:'聖人立教以《中庸》爲歸,則熙甫貞女論、昌黎議王友貞,不當旌是也。然事有出於賢者之過與愚者之不及,則君子亦進而許之,以敦世礪俗。蓋人子不幸遇親疾,醫藥罔效,思所以己親之疾者無所不至。雖肢體有所不計,而遑計人之訾議耶!'同里許母莊孺人,幼有至性,予嘗耳其刲股愈父項疽一事,閟今四十餘年。孺人不以語人,今子文學筠菉爲圖以誌,介其外弟杉屋廣文請題。予樂聞里鄠善事,每怪世之論列,貞孝獨行,輒多責備,因推論之。"

李孝女 李鴻源女,名祥芝。性純孝。喪母,哀毁過甚,遂得疾,卒。女幼能詩,臨殁,呼其婢,悉焚之其遺槀。中有傷母諸什,至性流露。秀水諸錦亟稱之,爲賦詩題其後。

陳孝女 生員陳肖克女。肖克患奇疾,醫藥無效,女割左股以進,疾頓愈。越十二年,肖克又病。女時已適陸氏,歸視父病,已革矣。又割右股以進,不效,女痛哭幾絶,見者皆流涕。年八十三卒。

金孝女 金輅女,年十五母病劇,女焚香籲天,願以身代,母病漸減。逾半載,母復病而殁,女絶粒哀毁,屢致暈絶。父曲慰,稍進飲食,事繼母亦孝。尋以勞瘁成疾,卒。

　　朱孝女　年未笄,父病篤,與兄妹先後割股療之。後適生員汪燾爲繼室,撫前女,愛逾己出。未幾夫亡,無子,以從子聯增爲嗣。年五十一卒。

　　周孝女　名文姑,鍾帶鎮人。監生周豐垣女。性純孝,立志不字,以事其親。親殁後,終身茹素,有餘慕焉。兄子連二歲失恃,撫育之。年三十四卒。

　　李孝女　生員李雋女。年十九母病劇,女泣禱于庭,取小刀割股肉和藥以進,疾遂愈。後適沈逢,事寡姑,並以孝聞。年二十七卒。

　　包孝女　監生包士榕女。泗姑。乾隆庚寅,年二十一,父母年邁多病,弟幼。父病劇,服侍湯藥,兼勗幼弟以紹書香爲要。家貧,晝夜視疾不輟,心力交瘁,親戚無不贊歎。閱數月,父逝,三朝含殮時,撫弟欲囑言,忽哭暈於柩傍。須臾氣絶,里人咸稱孝女焉。未題旌。

　　蔣孝女　蔣廣仁女,素潔。家貧,父母多病,兄弟二人皆依人爲衣食計。女本田家女,而讀書知禮,事親盡孝。有求婚者,父母欲字之。女曰:“兄弟出門謀食,所奉父母者唯女一人。女若出嫁,父母將何以爲立?”竟守貞不字。道光十一年,父母相繼殁,女年已四十五,哀毀盡禮。後遂茹素誦經,戚黨罕見其面焉。

　　陸氏二孝女　陸漢錦女鸞壽、鳳簫。女少讀《內則》諸書,孝事父母。幼弟澐,少年入泮。甫得子,即去世。二女自此矢志不嫁,侍奉晨昏。經理內政,深得二老懽心。父母欲爲相攸,涕泣陳情,俱不可奪。又共撫姪葶梅長大,讀書婚娶。及父母相繼殁,哀慘異常。鸞壽身故,年七十二歲。鳳簫後年亦逾古稀。

　　顧氏　年六歲,鬻於張鳳喈家婢。及長,父母俱亡。家主欲與擇配,誓不許字,甘服役終身。年七十四卒於主家。

　　凌孝女　名和珍。附生士材女。許字桐邑王振元爲室,未笄,習紡織。時以十指所出,易得百錢,輒喜爲父母作食。母病痢,割股。居喪次,泣語家人以未報劬勞爲憾,哀傷成疾,卒。　新纂。

　　錢孝女四姑　咸豐八年旌。

秀水縣

明

　　徐孝女　徐全女,早失恃。父疾,醫藥罔效,遂剖左股以療之,父得愈。女痛楚幾殞,後亦愈。

國　朝

　　姜孝女　姜撫躬女。母患目翳,三姑以舌舐之。長嫂沈氏目盲,仲嫂邱氏癱疾,俱不能操作。三姑于是願侍父母,孝養終身。乾隆十七年旌。

　　宋孝女　九歲,父患背癰甚篤。晝夜號泣,籲天求代。夜夢神曰:“若父毒發于腎,非藥石能療。汝能吮之,當愈。”驚寤,即以舌舐之,毒漸平。嫁鄭典,孝事其翁,人亦稱之。

　　諸葛孝女　九歲失怙。母病,割股相藥,飲之而愈。早年苦節,訓子入泮。晚奉佛,繡千佛幢,精工如畫。

　　歐陽孝女　歐陽麟女。監生沈兆基妻也。在室時,割股以療母疾,疾得愈。兆基妾謝氏侍兆基母水氏病,竭力扶掖,洗厠牏惟謹。病劇,夜禱于天,割股肉,忍痛縶其臂,手烹以進。明日水病瘳,而謝臥不起。其嫡歐陽詢之,曰:“寒疾也。”又明日,嫡密覘得其實。謝懇曰:“萬勿言,恐老主母知之,傷厥心也。”與嫡相持泣。比水愈,嫡以告,復相持泣。事在乾隆二年。

　　沈孝女　沈益堂女。十餘齡時父殁,疏食三年。母病,腹瘤劇,割右股煮以進,得少瘥。又劇,復割左股。母又患脾泄。醫云:“嘗矢甜苦,可卜生死。”女輒嘗之。吳紹曾有《傳》。

　　王孝女　王翰季女,適徐泗英爲室。丁未夏,省視母疾,不離牀褥者二旬。疾革,女將割股而母已氣絶。憑棺長慟,遂遘疾。歸,呼號七日夜而卒。

陳孝女 陳珩女。董廣淮妻也。母朱氏,年逾八十。患痰症,醫藥罔效,女籲天禱泣,割股調藥以進,母疾得瘳。

陳孝女 陳經猷女,早失恃。父疾,割股調藥者再。許字孫淵鑑,未嫁而卒。

金淑媛 金杓女。杓生媛而卒。一日母病,媛焚香禱天,刲股以進。越歲母卒,哀毀骨立。後適新塍范氏,思慕其親,時飲泣,年二十九卒。

朱孝女 刲股療父疾。外祖母病篤,亦刲股療之。後適陳澐,亦以賢孝稱。

陸孝女 名貞。父患疾甚劇,貞刲左股肉,和藥以進,疾漸瘳。

顧三姑 顧雲山女,母蔡氏。三姑幼秉至性,篤志承歡。父母中年無子,三姑日夜祈禱,果生弟。時姑年十七,有議婚者,姑以家貧母病,自誓不嫁,願依父母終年。父故,撫弟奉母,以十指爲生,爲弟成室。迨道光八年,母年八十七歲而歿,時姑年六十五歲矣。越二年,籲有司以貞女旌。方伯多公核改孝女,詳題,蒙褒榮焉。道光十二年旌。

陳五姑 太平坊陳天瑞女,母程氏。五姑秉性篤孝,自幼不煩父母訓誡。母多疾,侍起居,奉湯藥不離左右。年及笄,父屢爲之議婚,五姑以母病牀席,兄又外出,願供子職。牽延至於父母終喪,五姑身已三十餘矣。兄又欲爲之擇配,五姑誓欲魂魄終依父母,死必葬父母墓傍。卒年四十有八。道光十九年已詳,未旌。

潘孝女 洪昭次女,孝事父母,終身不嫁。以父母多病,日夕相依。弟妹賴以撫養,後胞姪賴以成立。操持五十餘年,鄉里推重。住報忠坊。

呂孝女 貢生鏞次女。女字茹蕙,幼習詩書,嫻女紅,性至孝。及笄,不願嫁。父母患病,侍奉湯藥不輟。迨後父病篤,醫藥罔效,女刲股以進,病暫甦,卒不起。昔年,母又歿,守幃盡哀,卒以毀卒,鄰里皆爲隕涕。卒年三十一歲。

王孝女 教諭嘉興張大淳室,曾刲股療父疾,疾果獲愈。

陳孝女 父陳鳴山。五歲喪父,母濮氏撫女守節。女既長,欲爲擇壻,女以無人奉甘旨,願學北宮以終。年三十四母卒,遂守貞終身。以十指羨餘營葬兩世。後年踰期頤。

盛孝女 盛維標女。母楊氏病危,女刲股以進,病得以愈。又十年母歿,女泣繼以血,盡哀盡禮,茹素三年,人咸稱之。適上舍顧錦瑤爲室。

金孝女 早歲事親,中年撫姪,完貞不字,旌年六十六歲。

陸孝女 陸倩如女。親老無子,守貞不字。家貧,以十指佐薪水,孝養備至。年七十四卒。

鍾孝女 鍾聯元女。因母多病,願全貞事母。旌年五十九歲。

吳孝女 事親盡孝,終身不字。年五十九卒。

范六姑 幼失母,依父以長,因父年老多病,遂事親不字。旌年四十四歲。

龔孝女 龔鳳山長女。父亡,母家貧無子,女事親不字,喪葬盡禮。旌年五十九歲。

金孝女 名爾英。父傳慶,號芝山。鰥不復娶。女失恃,猶未笄,晝操作,夜課弟爾珍讀。父兩目起翳,舐以舌,復明。飲饌衣履,先意承歡。庚申避地滬城,聞女賢名者爭執柯。女以患難餘生,願終身侍父,喜讀《女誡》《孝弟圖說》等書,在室四十年卒。 新纂。

吳孝女 名三慶。新塍鎮布衣瑞元女。瑞元生三子,長廢,次夭,季遺一子,又歿。父欲爲三慶筮字,以願事親辭。親相繼歿,又助季弟婦持家,身不辭瘁,口不怨尤,公貲十指所出,撫弟遺孤,以養以讀。 新纂。

朱孝女 名若棻,字仲芬。監生朱漳次女。祖母卜無疾逝,女哀毀。母錢患怯症,女刲股。母復發,復刲。幼弟走達母,母不忍飲,遂卒,哀毀成疾。每逢時祭,及母四周期,慟哭幾絕,時年二十一。女幼承母教,工詩善畫。著有《蕙閣吟草》。咸豐九年旌。 新纂。

周孝女 名慈,敘山次女。早失怙恃,兄嫂繼歿,遺子女俱稚。女矢志不字,鍼黹度日,撫姪宗顥成婚,姪女及笄,嫁周氏,既孝且貞,有光巾幗。 新纂。

鍾七姑 佚其事。見咸豐五年《旌冊》。

沈二姑　監生補成女,住報忠坊。三歲失恃,秉性貞靜,言笑不苟,侍父孝養。因無兄弟承祀,父歿,矢志不嫁。女紅鍼黹,積資營葬,時祭罔缺。光緒二年旌。　　新纂。

汪孝女　父茂才,號小坡,佚其名。父病,露禱求代,父愈,女竟得疾,歿。其舅祖吳惓圃作歌徵題。《聞湖詩續鈔》。

徐秀英　蘇州籍。父蟾,爲秀水莊中書仲方世僕,娶婦生秀英。歿,繼母遇之薄,女敬事之。聞盲詞唱忠義事,聽忘倦。父病篤,憂且泣。越數日,父病忽愈,而女驟殂,年十有八。聞臨死,喃喃作杭語,衆謂病讝也。既小歛,解袒服,見左臂纏布,去之,則臂肉已刲,漬血猶漬,始知創重而殞也。仲方碑其墓,題曰孝女。《映雪樓記略》。

徐孝女　父天祥,年耄。仰事膝下,立志不字。乾隆五十六年,二老見背,女經營喪窆。爲幼弟婚,生姪景芳。弟與婦相繼歿,撫姪,奉徐氏祀。嘉慶十九年卒,壽六十有五。

嘉善縣

明

陸孝女　名喜貞。父澄疾,刲股愈之。疾又作,女乃剖胸剟肝,作羹以進,澄覺之,不食。疾輒愈,女亦無恙。

徐孝女　徐遠女。年六歲,母患癰瘡。女問:"母何以得愈?"母謾曰:"兒吮之乃愈。"女遂請吮,母難之。女悲啼不已。母不得已,聽之。吮數日,果愈。

鄒孝女　鄒鏞女。家貧,每夕焚香祝親壽。父遭危疾,刲股以進,父隨愈。

姜孝女　若冲女。年十九,父病,割股和藥,病立瘳。邑令徐儀世表曰"蘭閨純孝"。適舉人朱國望爲繼室,親操井臼,訓諸子成名,贈孺人。

錢孝女　性至孝。父貧病,饋養終身。及適沈懋德,以弗獲。逮事翁姑,每飲涕泣。訓子保業,邑令某表之。

陳孝女　父育奇病劇,女時年十四。鬻絲縷,購神香,朝夕跪中庭,籲天祈代。父病痊,而女竟死。

國　朝

蔣孝女　剜臂肉以療父疾。後適錢念永,事翁亦盡孝敬,兼以節著。

趙孝女　少有至性,母病癰疽,委曲調治,十年始愈。後適諸生劉傳彪,孝事重闈。姑病久,侍湯藥,無倦容。傳彪亡,教子學謙游庠。年八十二卒。

汪孝女　汪楠女。九歲母病,籲神祈代。祖患疽,舌舐而愈。適閔耀麟,事舅姑亦盡孝。年二十四生子錫璜,以積勞致疾,卒。

柯孝女　寧夏道鄧枝女。適監生錢鈐,一載而亡,痛不欲生,舅姑慰勸之。性至孝。念父遠宦,縫衣寄書,孺慕深切。及父卒,聞訃,慟絕,移時始甦。盡典衣飾,經營葬父。歲時祭祀,伏地哀號,鄉里稱之。

郁孝女　父振宗,年六十七病危。女方十齡,欲刲股進藥,爲母所阻。乃朝夕籲神,延父壽。父感異夢,疾漸愈。年十八將適孫姓,恐離膝下,憂鬱成疾,卒。

張孝女　年十九失怙。母姚欲以死殉,女慟哭慰勸,遂誓不字,以養母。時大疫,母病篤,女割股和藥,病立愈。次年復病,醫視之,轉劇。女匿匕首將刲右股投藥鐺,鐺裂。女奔告其叔,叔精于醫,診脈與藥相反,易方乃安。人以爲貞孝所感云。

陳孝女　名慶姑。陳枚吉女。母病,侍湯藥經年,衣不解帶。母歿,欲自經,家人救免,遂誓不嫁。年六十六卒。

張孝女　名金。父母年老多疾,誓願侍奉雙親,至老不嫁。道光三年旌。

俞孝女　名大姑。家貧親老,無子,終身不願許嫁。道光十四年旌。

袁孝女　名瑤。秉直孫女。父斯鳳疾,侍側不稍離。及父卒,痛哭十餘日,以哀毀歿,時年二十有二。

馮孝女　名孝娥。九歲母疾，刲股進。及笄，歸貢生孫慎機。歲己亥，尊嬋遘疾瀕危，籲天求代。夜半若聞神語，急起更衣，瞑目坐逝。翌日，舅姑病瘳。汪學使瀠作序紀其事。　《檇李詩繫續》。

方孝女　生陶莊農家。親老病，女鮮兄弟，矢志不嫁。紡織供菽水，迨親歿，祝髮空門，請操畢世。胡允滋紀以詩。　嘉善縣萬《志·外紀》。

沈孝女　廩生丹培女。母病，割臂和藥進，人無知者。及長，適袁舍人召齡，見創痕，始詢悉之。　新纂。

劉孝女六姑、吳孝女四姑　均道光年題旌。

海鹽縣

國　朝

陸孝女　父應雲，捕卒也。謫戍嶺南道，死。女年十四，聞之晝夜號泣，遂絕食數日，卒。貧不能殮，里人義之，捐貲殮焉。見《節孝備采》。

洪孝女　父完宇，無子，赴任建寧府廣實倉大使，八年音信杳絕，女呈縣，印給護身批文，訪至仕所。倉役皆云順治四年身故，指引認的，抱骨歸里。

許孝女　名懷瑜。父惟崧病，女年二十四，割股以療。明年父病復發，又刲股以進。後適同邑田士正爲妻。

徐孝女　年十六而孤，母顧遺腹生子。女念兩姊俱已適人，弟在襁褓，母無人奉養，誓不適人。事母三十餘年，務得懽心。撫弟成婚，得一姪，而弟又亡。撫姪彌篤，人咸以孝稱。

張孝女　名長姑。監生裕曾之女。至孝性成，父病篤，籲天請代，旋割股以進。父病得愈。後歸朱頤爲室。

朱孝女　名瑞華。監生程奎女。祖病篤，割左股以進。父病，衣不解帶者經年。母病復，露禱中庭，願以身代。年十八，未字卒。

任孝女　名德姑。廣文宗延女。幼時母疾，奉湯藥不離側。勢劇，籲天割股以進，掩其迹。後爲姊氏覺，泣告勿宣。長適海寧諸生查世鴻，事邁姑亦以孝聞。

程孝女　父紹基，文溪塢人，適海昌。吳紹基無後，女爲安葬，事詳《拜經樓孝女阡詩註》。

吳孝女　父應賓，適六里堰朱昌期，事父母以孝聞。

李孝女　監生李溶女。母久病，女侍湯藥二十餘年。有議婚者，女誓不嫁，遂終身事母。人稱貞孝。　以上于《志》。

朱氏二孝女　名芝澤。吏目光照女。名玉貞，生員殿英女。

范孝女　文虎女，名大姑。事親以孝聞。以上道光二十九年旌。

林孝女　名龍，朝尊女。性至孝。母病篤，林年二十五，割股以療。後適同邑廩生高增爲繼室。新纂。

王孝女　盈川女。三多里人。幼讀書，解吟詠。父疾瘵，禱神，割股煎服，病得痊。後適徐振玉，前氏子甫九齡，撫養如己出。　新纂。

何孝女　適庠生顧鳳翼，幼有至性。母病失明，舐，尋愈。長歸顧，未有子，鬻釵釧爲置妾。姑陸氏多病，竭力奉養，紡織佐參苓。父患疫，傍人相戒勿視。氏毅然歸省，躬侍湯藥。父卒，哀痛成疾，不數日亡。　新纂。

龔孝女　幼字周紹奎，以親老，守貞，孝養終身。　新纂。

平湖縣

明

馮孝女　事母以孝。後歸顧乃言，未幾夫亡，誓死守節。奉姑曲盡孝愛，姑死後，以母病，籲天請代，竟以疾亡。

國　朝

胡孝女　孝事父母，割臂療疾。後適諸生李儀，儀殁，遺孤三齡，撫之成立。

屠孝女　屠宏和女，五歲，父母相繼殁，日依柩側，涕泣悲悼，寢處不離者三年。長適州同知徐青選，孝事舅姑，晚年親爲父母卜地營葬。並建祠置田，膳祭終身，孺慕有古孝女風。

黃孝女　字慧雲。黃漢女。年二十二漢殁，哀毀踰節，依母及兄嫂以居。未幾兄復殁，時姪炳年止四齡，女曰："母老矣，兄亡姪幼，誰歟侍膝下者?"遂矢志不嫁，奉母終身。年六十四卒。

黃孝女　農民黃梅柏女。有三妹一弟，先後殀殤。女念父無子，願終身不嫁，侍養父母。父畊隴畔，女往餉飼，見農器輒親自負重。乾隆丁酉，父病瘝，躬侍湯藥，衣不解者經年。父殁，慟絕，復甦，喪祭盡禮。母張年老多病，扶掖不稍懈。年七十二卒。

吳孝女　母裴氏病，女晝夜侍奉不倦。病益劇，倉皇無計，遂刲股煎湯以進。母病尋愈。時康熙庚寅三月也。

王孝女　王士哲女。士哲殁，子令讀書力學，越四載夭，無嗣。女年甫十一，母鄭年四十四，母女相依爲命。稍長，母欲爲擇壻。女悼兄早世，母老家貧，不忍離膝下，矢志不嫁。親操井臼，以奉母。母多疾，飲食、藥餌皆女調護。母卒，女年四十一。哀禮交盡，既葬，除服，仍守前志。依姪國昌以居。年九十四卒。

曹孝女　曹迪前女。幼時父母有疾，飲泣不食，願以身代。年二十二父卒，哭盡哀。時母孫年老多病，飲食、湯藥非女不適。女遂矢志不嫁，奉養其母。臥牀二十年，頃刻不稍離。比殁，女年四十一矣。營室墓傍，廬墓終身。家故貧，兄靈皋、文皋，爲授田五畝。年至六十八，猶自勤操作。歲時祭祀父母無缺。

徐孝女　小字催姑，監生徐宗枚女。至性過人。父遘疾，焚香祝天，願以身代，病尋愈。比長，以母屠年老，矢志不嫁，奉養其母，代理家政數十載，井然有條。撫弟妹，篤友愛，年四十七卒。

趙孝女　趙士華女。性純孝，年二十二遭母喪，哀毀骨立。弟錫璣方四歲，女憐其幼，矢志不字，以撫育之。歲戊寅，父殁，錫璣早世，女又偕弟妻孟撫其子永成立，辛勤操作，終世不渝，年八十卒。

許孝女　小字寧姑，監生許烈之女。三歲失恃。比長，父爲擇壻，女泣告諸姑曰："我早喪母，賴我父提攜，以至于今，我于膝下不忍離也。"諸姑勸諭再三，輒毀妝以見志。父憐其意，因卻聘焉。父年七十餘，境益坎坷。而孝女奉侍愈謹。父殁，哀毀得疾，年六十三卒。

戴氏二孝女　農民戴秀山女，長曰有姑，次曰如姑。父早世，時弟筠芳甫十歲。二女矢志不字，以事嫠母趙氏。凡饎爨以及紡織之事，俱身任之。弟長，佐母爲娶婦葉，生一女，葉亡，繼娶馬。弟遘疾卒，越明年，遺腹生子聯元。馬旋他適。二女撫其姪一如其弟焉。歲庚戌，母卒，二女爲孺子泣，哀毀不欲生，見者俱爲動容。計其前後數十年，經紀四喪，又嫁其姪女，並爲聯元畢婚。戴氏一線之延，皆二女力也。

過孝女勤姑、龍姑　父聚春，母陶氏生子娗，即患病。二女左右扶持，撫幼弟備至。父母欲爲議婚，二女泣辭，俱願事親以終，強之不可。父母殁，盡哀盡禮，依弟以居。旌時年俱六十餘矣。道光九年旌。

王孝女　父彥廷。幼佐母撫弱弟。及長，代母操井臼，矢志不嫁，以報劬勞。弟石麟早世，又撫四姪成立。終身守貞，卒以孝聞。

鄭孝女　父乾元。家貧，歲歉，與母勤鍼黹以奉大母、後母，以積勞患手疾，不能操作。女願終身事母，矢志不字。前後撫弟及兄子，不辭勞瘁。後年踰古稀。

李孝女　生員李恭安女。名凝壽，事親盡孝。年十八，母病劇，割股和藥以進。三十七歲未字而卒。

王大姑、順姑　俱王太冲女。事父母，不嫁。家貧，賴鍼黹以資薪水。父既卒，兄萬育遠客未歸。會其母病殁，兩姑號哭，貸諸戚黨，始得具含殮。已而萬育死，亦兩姑竭力爲之殯厝。大姑年六十四卒，順姑依其寡姊以居，日夜勤金紅，積金買地北郭外，葬其父母兄姊四棺。卒年八十二。

楊孝女　名珠。父時少。字張嘉鈺。父卒，哀毀過情，遂成瘵疾。越二載，歸張，未幾疾益甚，旋卒，年二十四。

白魏氏　白錫圭妻也。依其寡母沈氏以居。母病劇，禱天，刲左臂肉，煎湯奉母，母病旋愈。

湯孝女 名能璋。父德昭。女長，猶未字。會弟婦卒，遺子二。女念親老姪幼，慨然矢志不嫁，佐理家政，奉父母以終，撫兩姪成立。卒年七十二。

錢孝女 父大章卒，女以母老弟亡，無人侍養，矢志不嫁。至六十歲，母歿，哀毀盡禮，爲姪濬操持家政。濬妻早卒，遺女三，撫育以長。年七十八卒。

馮孝女 名畹秋。海鹽庠生馮鈁女。少讀書傳。母疾，不解衣者三月。母歿，女哀毀成疾，卻藥餌弗進。小祥營奠，大慟扑地，疾益劇，數月而卒。年十八。

張孝女 名貞。孝事父母，以長兄出嗣，季弟幼弱，矢志不嫁。母疾篤，孝女焚香籲天，願以身代，衣不解帶者數年，里黨咸稱之。

盛氏三孝女 俱序功女。家貧力田，三女同心不字，日勤操作，以養父母。長年八十四卒，次年五十二卒。季年七十四卒。

劉孝女 桂山長女。家貧，躬勤紡織養母。不字。母歿，爲兩親營葬，兄弟早世，撫姪成立。年九十二卒。

盛孝女 永青長女。幼失生母，矢願侍養，終身不字。年六十六卒。

朱孝女 廷綱長女。父母繼歿，女因弟邦彥幼穉，妹在襁褓，矢志撫養，俾各成立。迭營婚嫁，操持家政，亦具有條理。年七十卒。

全氏二孝女 一建安次女，父母年老，侍奉膝下，終身不字，年七十九卒。一建安孫女，父福珍遠賈，歿於江，女憫母煢煢一身，侍養不字，戚族共賢之。

顧孝女 名連喜。年十二，父廣歿，女恐母魯氏傷感，侍養不嫁。越三十年母卒，居喪盡哀。弟朝楹暨季弟妻沈氏歿，並爲經營殯葬。旌年六十二。

盛孝女 文表次女。父母年邁，兄子維凝幼孤，女養親不字，撫姪成立，爲之娶婦。父母繼歿，竭力營葬。兄子夫婦又亡，孤苦無依，年八十三卒。

楊孝女 時行女。名珠，字淑貞。受同邑張嘉鈺聘。其明年父病卒，女哀毀絕粒，遂成瘵疾。越二歲，適張，歿。有執既嫁先舅姑之說訾議者，實則在室嬰疾。既嬪，求疾不作，不得也。雖毀而死，可屬薄俗。顧廣譽撰《傳》。

陸孝女 元彪女。孝事雙親，守貞不嫁，父母既歿，哀毀如子，遂得喘疾。晚年依弟以居，撫姪輩以禮。咸豐己未年七十卒。

林義姑 武生林中獮女。母歿，父老，矢志不嫁。撫姪成立，經父母喪葬，恪盡孝道。卒年七十五。

周孝女 名掌珠。太學生周克年女。七歲能讀《孝經》《女訓》。道光戊戌，年十六，父患病，侍奉湯藥，衣不解帶者幾一月。父歿，水漿不入口者五日。母吳氏素多羸疾，庚子母歿，痛哭一聲遂絕。年僅十有八。後請於朝，得旌。

沈孝女 洞女。孝事父母，守貞不字。卒年八十餘。

翠屏 農家女。父負租被繫，女甘鬻身以脫父，因爲邑中屈氏婢。後父病，逃歸，省視。父死後，復至主家，念父悒鬱，未幾死。 新纂。

石門縣

國　朝

聞孝女 名璞。父仕滇南，璞從之。諸兄歿，父母倚以侍養，歸里年四十餘矣。父歿，家益貧，紡織以養母，年七十餘病癱卒。

莫孝女 名靜姑。莫維周女。七歲母病，晝夜侍側。比長，母沈痾不能起，女即自誓不嫁，以奉湯藥。歷三十餘年，庭前有香櫞樹久枯，母嘗歎曰："吾病似此，枯樹豈能再活耶？"女聞之，旦夕向樹默禱，不兩月，忽發萌芽，生枝葉。未幾，母病竟愈，人咸異之。女年八十二，謂其弟曰："吾死，幸葬吾于父母冢旁。"言訖而逝。

　　李孝女　　李以功女。五歲失恃。繼母范生弟樂璜。女年二十七，繼母歿，弟甫五歲。有養媳曹氏亦止九歲，俱賴女教導撫育。父欲爲擇婚，堅執不允。謂："父老弟幼，不忍離膝下也。"父亡，哀毀逾節。服闋後，爲弟成婚。一載，弟又卒。與弟婦同撫遺腹姪君元至婚娶。後年臻耄耋，守貞不字，其孝思有過人者。

　　沈孝女　　沈美書女。年二十四母亡，弟妹二人俱幼，父無力續娶，女矢志不字，終身事父，撫育弟妹。後竟守貞，享壽以終。

　　鍾孝女　　鍾來城女，眇一目。及笄，父欲字人。女曰："吾形相有歉，祇宜長守閨中矣。"父言："爾志果堅否？"女遂咬指立誓，終身不嫁。至八十卒。

　　聞孝女　　名際融。聞禹銓女。自幼質弱，善病。比長，父母將以厚奩嫁之。女言："吾常患病，且無兄弟，願畢生瞻依膝下也。"後即病袪體健，卒守貞以終，年六十二。

　　楊孝女　　楊守仁女。幼失怙恃，親族無可依，紡績餬口。鄰媼欲爲媒，泣而謝曰："我薄命如此，尚何適人？"爲中年後，掩埋親柩，棲托尼庵以終。貞潔之操，人無間言。

　　孫孝女　　名大姑。嗣興女。以親老弟幼，矢志不嫁。日勤紡織，以養父母，撫弱弟，人咸以貞孝稱。

　　吳孝女　　名普明。瑞山女。矢志不嫁，以養父母。女年四十九歲，其父年已八十九。女孝養之，不啻萊舞云。

　　王孝女　　名嘉修，金陳女。性至孝，母有瘵疾，女年方十九，潛刲股救母。嗣金陳又患瘋症，臥不起，貧無以爲生。女勤紡織，供晨夕，遂終身不願適人，守貞以矢志。

　　太學生胡屛之女二姑　　十七歲，父母相繼病歿。矢志不嫁，撫十齡之弟成立。卒年三十二歲。

　　倪沈氏　　職貢沈保壽女。同治六年，母病劇，侍湯藥惟謹，密割左股以進。宵分，露禱中庭。閱四十九夕，無倦容，母賴以安。後適桐邑倪樂堯，瞥見傷痕，詰之始悉。

桐鄉縣

國　朝

　　張惜惜　　張乾之女。五歲喪母，無兄弟。父女相依十載，父得痼疾，女侍湯藥甚謹。父病篤，目不交睫者逾月。度父病必不起，恐以己貽父憂，預爲父整衣裳，告其父不食，先父死，又具數日糜以遺父。越三日，其父死，友人葬于其先塋，而以女袝於旁。

　　王孝女　　諸生丁時春妻也。年二十一寡，長齋矢志，父允晉老而病，女奉侍湯藥不懈。及歿，痛哭不已。繼之以血，遂卒。

　　仲孝女　　監生仲雲章女。母病篤，刲股，暈絕。爲姊妹所覺，以告母，母不忍食，遂亡。女以哀毀尋卒。

　　徐孝女　　性至孝。生員孔廣田妻也。父國昌病，女割股以療。父歿，欲以身殉，食銅片不死，屢就縊，又不死，遂成心疾，年三十三卒。

　　沈孝女　　父母年老無子，曲盡孝養。時有沈孝女之稱。後適吳爆，年二十五寡。遺孤鑄，親課之。旋殀，又撫從子鼇爲後。

　　莊孝女　　庠生莊自鎬長女。父病危，女刲股和藥以進，尋愈。

　　程孝女　　監生程拱寬長女。少事父母至孝。母亡後，弟世樾尚幼，女守貞不字，留事老父，又兼撫幼弟。

　　方孝女　　方苣園女。自幼讀書，以父母年邁，誓不適人。侍奉兩老及生母，片刻弗忍離，色養備至。

　　胡孝女　　年十八，父患疽，甚危。女禱天，願以身代，遂刲股煎湯以進，父痊而女竟以創死。

　　沈孝女　　河南主簿沈潭生女。幼嫺閨訓。讀書通大義。父歿，女年方笄，一慟幾絕。後母病劇，禱天請代。晝夜侍奉，兩閱月，遂得心悸疾。長，歸孝廉鄭鳳鏘。遇父諱日，猶望空肅拜，哀其母詩爲《饔餘集》，藏之家。

金孝女　金映彩女。以父母年邁，誓不適人，終身守志，以奉二老。

王孝女　王賡昌女。因父母衰邁，不願出嫁，朝夕侍奉，年四十卒。

陸大姑、三姑　兩女天性至孝，母病，籲天請代，割股和粥以進，幼弟覺而告母，母不忍食，遂亡。二女誓以身殉，父喻之，乃已。大姑適沈姓，三姑適朱姓。

王孝女　訓導馮省槐繼妻，王安人勿庵殿撰之姊，孟亭給諫之媳。未笄時，母遘危疾，刲臂以進，遂瘥。踰年復病，刲臂如前，尋亦愈。歸馮後，從舅秋鶴爲繪《刲股圖》，賦《孝女行》鐫石行世。二子俊焯、爾熾，皆貴，襲封安。

嚴氏　名澂華，字稺薌，雲南順寧府知府廷珏女。年十三父病，氏晝夜侍湯藥。比長，事母尤謹。母病痢亟，潛刲股肉和藥以進，母病愈，而氏得寒疾卒。　新纂。

陳孝女　適烏程縣儒童鮑承詮爲室。越一年，夫亡。氏屢欲身殉，念父老乃止。又越一年，氏歸家省父，因父病危絶，仰藥以殉，年僅二十三。　新纂。

周孝女　王錫璋妻。父士熌有《傳》。母病，刲臂肉作羹進之，竟愈。母偶見其臂創，固詰之，姑以實告，且曰："兒籲天默禱，勿令人知，願毋洩也。"母諾之。道光二十九年以疾卒。周學濬爲撰《傳》。

程氏　鮑承詮妻。性至孝。以父病不起，仰藥死。時同治二年五月十六日也，年二十四。承詮先一年卒。《采訪册》。

周氏　張沖和妻。年四歲，即許字沖和。父母歿，育于外祖家。張酷貧，外祖更許他姓。及長，將婚，氏奔歸，抱父木主而啼曰："告父在聞，許張氏耳。張即貧，奈何廢死父之命，更事他姓乎？"於是挾利刃訴之官，官爲動容，斷歸沖和。　參李《志》、于《志》。

濮孝女　温重有德。嘉慶十一年五月，父天德染疫瀕危，刲股瘳父病。後適曹南群，夫不治生産，食常不繼。茹苦含辛終其身。卒年五十五。

列女貞女、貞婦附

嘉興縣

明

楊某聘妻吴氏　嘉善農家女，名秀瓊。許字後，年及笄，楊歿，斷髮誓不嫁。父母不能强，遂居家奉佛，以紡績自給。

沈童祖聘妻高氏　高表仲女。性端莊，寡言笑。許字沈，年十六，沈殤，乃棄盥節，毁容自誓。邑令羅星上之，御史蕭月給米贍，閱二十八年卒。

沈志聘妻朱氏　年十四，聞沈訃，易服奔喪，守貞三十七年卒。

沈涵聘妻朱氏　未婚，沈亡。朱年十四，聞訃斬衰，從母往弔。辭母曰："夫不及養，兒代之；夫不及嗣，兒立之。"爰立夫姪暹爲後。奉姑孝謹，閱四十年卒。

姚諺聘妻沈氏　沈儒女，年十七姚亡，聞訃，痛哭幾失明。請夫衣履祀之。父母歿，依弟皋終其身。

生員黄九疇聘妻薛氏　薛文煌女。未婚，夫亡。翦髮披麻，往守夫柩，哀毁骨立。五年而卒，與夫合葬。

生員沈之韶聘妻盛氏　嘉靖庚申，卜九月初十日成婚。是日夫亡，盛即翦髮納棺中，誓死不二。年六十五卒。邑令李寅賓表之。

嚴可相聘妻錢氏　未婚，夫亡。錢往視。其殮日，侍靈幃，哭之哀甚。舅姑憐其志，爲之立後。守貞四十餘年，孝養舅姑。萬曆初，郡守某表之。

許錫琦聘妻陸氏　陸雲澄女。年十四，未婚，許亡。與嫡母女紅度日。陸欲過門守制，姑聞，往慰母。不令即見，扃之于樓。踰窗墜地，抱姑求死。母不忍留，令從姑歸，克盡孝養。教嗣子及孫，俱游庠。母歿，買地合葬。崇禎間旌。

張某聘妻湯氏　石工女也。許字張氏子，行八。張年十四而亡，訃聞，湯父往唁。湯曰："兒願往一拜即還。"父從之，偕往，撫尸慟哭畢，泣拜父曰："兒勿還矣，願成兒志。"父不能強，舅姑爲之冠笄，守貞五十年卒。

鍾貞女　未婚守貞，撫院各司道表之。

蔣某聘妻徐氏　思賢鄉人，許配蔣氏子。蔣病卒，徐年十六，號泣奔喪。姑憐其未婚，泣告其母另擇所配。追吉有期，徐聞之大慟，闔戶自經，姑救之甦。自是椎髻操作，養姑終身。撫伯氏子，又殀。婦後嫁去，遺孫未週，徐鞠養艱苦，以延一綫。奉詔建坊。

王迅聘妻陸氏　陸嚴女。年十八夫亡，陸聞，即引刀自裁。父奪刀，慰之曰："汝既有志，父豈不欲成汝志耶？"遂聽其粗服操作，守貞十二年。臨終，謂父曰："必葬我王氏之墓。"父憐而從之。後學使某表曰"完貞"。

國　朝

張嗣昭聘妻陳氏　陳國英女。年十七夫亡，聞訃，更素服，飲泣絕粒，欲殉，母諭止。遂往夫家，居一室中。機杼晝夜不輟，足不踰戶。事舅姑甚孝，守貞二十四年。雍正十二年旌。

沈本然聘妻陸氏　年二十一，許字于沈。甫一載，沈亡。陸於聞訃日即奔喪哭拜，暈絕，翁姑百計慰勸之。夫弟有子聯筠，時尚鬌齡，立以爲後。翁姑歿，陸既營葬。因念父母遺棺暴露，乃取奩、田售之，以合葬焉。乾隆元年旌。

沈煥章妻錢氏　年二十六適沈，夫已疾篤，不能成合巹禮，惟勸錢早自爲計。錢飲泣，無一言。夫亡，錢欲從死，翁姑慰諭至再，乃爲夫立後，守貞以卒。乾隆五年旌。

趙鑑聘妻張氏　年二十六趙亡，聞訃，絕粒數日。念翁姑年邁無依，立志過門，躬執婦道，頗以孝聞。翁姑歿，泣告宗族，繼從子維翰爲嗣。媵婢陳素雲自幼相依，年當及笄，屢次遣嫁，素雲感張貞節，至老不嫁。

吳掌綸聘妻殷氏　夫抱羸疾，未能成婚，年十九歲而歿。殷年二十，聞訃奔喪，奉事翁姑甚孝。初立從子錫鯤爲繼，早殤。又繼嗣錫鳳，鞠育備至。守貞三十五年卒。乾隆二十七年旌。

余世熊聘妻諸氏　諸錦女，自幼許字余。余亡，訃聞于諸母。以女性激烈，祕勿道。諸詗知之，泣告母曰："《禮》：'女子許嫁，繫纓。'則此身已繫，屬于人矣。請適余守制。"母從之。諸將營夫葬，請于父曰："兒未識夫，而義在同穴。幸擇地近吾諸氏祖塋，庶幾禮經未成婦而歸葬　女，氏之黨之遺意。"父義而許之。乾隆十四年旌。

顧樹棠聘妻陳氏　年二十一未婚夫亡，陳即過門守貞。撫夫弟樹德之子爲後。孝姑嫜，和妯娌，訓子力學，食貧居苦，以終其身，守貞三十五年。乾隆三十六年旌。

鄭鶴鳴聘妻屠氏　年十八未婚夫亡，訃至，屠飲泣，請于父母，願往一送，夫殮，以畢終身。父母從之，乃奔喪成服。事寡姑錢至孝，姑命以夫姪應奎爲嗣，方延師訓讀，而應奎又殤。屠處境愈苦，而貞操益堅忍云。

錢汝愨聘妻馮氏　平湖馮巨欽女。母錢氏太傅錢陳群妹也。馮幼撫於外祖母陳太夫人，太夫人甚鍾愛之。以太傅第三子汝愨年齒相若，乃委禽焉。愨年十八，隨官京邸，遭痘血症而亡。馮聞訃，痛不欲生，惟願過門守志。追太傅予告里居，馮來歸，侍奉，立夫姪復爲子。復方就外傅，露頭角，而馮不逮養。守貞十七年卒。以上乾隆三十八年旌。

胡政煜聘妻祝氏　許字七載，胡亡。祝聞訃哀泣，易服過門。時幼叔文煜尚在褓襁，翁姑既歿，祝氏撫育，愛護倍至。守貞三十五年卒。嘉慶四年旌。

李光垣聘妻陸氏　陸鈺女，幼字李衷純仲子光垣，因病癇，將議解婚，陸聞，輒不食，父母嘉其志，竟歸于李。別寢以居，更歷五載，日侍湯藥，無纖毫厭倦。比歿，以兄子銘爲嗣。銘復早卒，撫其孤，教養兼至。年逾五十，族黨謀具節行上，白女，峻辭乃止。

陳某聘妻李氏　李俟長女，年四歲許字湖郡陳麟佳子。陳年十二而歿，訃至，李哭之哀痛，聞者皆爲流涕。後遂減飲食,病臥牀褥。至十五歲病愈危,謂其媼曰:"余死,爲陳氏鬼,其無憾矣。"言畢即逝,陳以子合葬焉。

王某聘妻黃氏　新行鎮農人。黃玉樓女,許字王姓。有里豪金某以語戲之,黃正色辱詈,豪不能堪,遂以貲贈其夫,令退婚。黃痛哭,誓死不改適,紡績奉親,歷數十載。比卒數月,金寗室被火,焚死。

金某聘妻潘氏　賣花嫗女。金氏子聘之而殤,潘私爲之慟,竊練其總茹素守志。其母欲更許人,潘矢不從。越十餘年,堅守如故。舅姑乃迎之歸,後守貞以終。

馮貞女　教諭馮鎮鼎之妹。馮年少,父母欲嫁之。馮曰:"吾好直言而貌朴,嫁焉,未有不困者也。吾從兄嫂以居,而送父母老,何以嫁爲?"父母歿,食于其兄者四十年。年六十七卒,葬于練浦東馮村。朱彝尊撰《冢銘》。

李華勳聘妻朱氏　年二十一,于歸有期,而夫凶問至。朱乃謝鉛華,減飲食,不下樓者歲餘,鬱鬱以歿。家人得其手書"願歸李氏"四字于枕函,因合葬。

王孚伯聘妻張氏　年十六爲養媳。逾年,孚伯病革,姑遣之歸。孚伯旋歿。居數日,張求歸王氏。入門,知孚伯已死,即暈絕,頃之始甦。家人扶入寢室,臥牀不復食,五日而歿。遂與孚伯合殯,以成其志。

李元堂聘妻杜氏　年二十二,未成婚,俄聞元堂病歿,即閉户自經,娣排闥救之。次日縞素過門,撫尸大慟,哀動鄰里。翁姑亦憐其志,爲之立嗣,未及期年,以過哀成疾。臨終,泣謂翁姑曰:"我死,幸以衰絰殮我。"遂瞑目而逝。

葉大觀聘妻陸氏　陸爲養媳,年十五未婚,大觀病歿,誓不再適。孝事翁姑,撫夫從子榮立,守貞七十七年。

于邦宗聘妻趙氏　夫亡,趙年十八,聞訃,即日過門,擗踊盡禮。立夫從子名表爲嗣,旋卒,偕婦卜氏撫嗣孫成立。守貞四十八年。

潘如藥聘妻陸氏　幼失恃,事父甚孝。及笄,許字如藥。婚有日矣,如藥以痘殤,陸告于父往視。含殮,哭泣盡哀。旋即絕粒,姑慰戒之,嘔血踰月而卒。

支允上聘妻顧氏　年十三養媳。未婚夫亡,吞聲飲泣,幾死者再。或勸改適,自矢益屬,年二十二卒。

葉大成聘妻某氏　餘賢埭農家女。未婚夫亡,歸夫家成服,孝事舅姑,守貞四十餘年卒。

張明齋聘妻曹氏　年二十,未婚夫亡。在家守貞,至七十二歲卒。

張某聘妻湯氏　年未及笄,許字張耀山子。不數載,張殀卒。訃至,湯欲投池以殉,家人急救得免。遂泣請于母,歸張守志,撫棺慟哭,鄰里咸爲嗟歎。孝事翁姑三十餘載,歿,里人爲書"潛德隱微"四字額其門。後宅易他姓,字已磨滅,然陰雨暝冥時,四字痕迹宛然顯露,里人咸賦詩紀之。

顧東山聘妻沈氏　未婚夫亡,沈年二十二。聞訃,奔喪,撫夫從子大德爲子,早卒。與其婦朱氏早夜操作,撫孤孫成立,守貞六十六年。

陳怡庭聘妻莊氏　陳抱廢疾,未婚歿。訃至,莊痛不欲生,乃歸陳守貞,恪遵婦道。然以哀毀致疾,越十五年卒。

李書玉聘妻杜氏　杜禦能女,未婚守貞,年二十二卒。

高中立聘妻金氏　爲養媳于高。年二十四,未婚夫亡,翁姑憐金年少,將治奩具嫁之。無何,翁歿,姑謂之曰:"及我未死,爲汝定計。我死,亦瞑目。"金以姑老無依,不忍離爲辭。未幾,姑亦卒。戚族以金煢煢,請自爲計。金正色曰:"翁姑在,已許我克終厥志矣。"衆知其貞愨,不復敢言。金以鍼黹度日,所存薄産,悉以分給族人,守貞以終。

孫漣聘妻富氏　自幼過門,年二十四,未婚夫亡,誓不更適。撫夫從子學義爲後,一生勤儉,孝事翁姑。年四十卒。嘉慶二十一年旌。

沈世芳聘妻鄭氏　年二十,聞訃哀痛,矢志不二。侍奉寡母以孝聞。守貞六十二年。

陳貞女　白馬堰陳宗寅女,守貞不字,繼母歿,遺二弟尚幼,訓誨成立。

陳倫敘聘妻沈氏　年二十三,未婚聞訃,慟哭頻死,旋起,易縞衣守志。父母諷以改適,不爲動。夫家聞之,迎沈歸,衣布茹蔬,日事鍼黹,以養翁姑。守貞十九年卒。

邱世德聘妻計氏　年二十一,未婚聞訃,即去妝飾,誓不他適。卒歸于邱,邱素貧,衣食惟賴十指計,處之恬如也。

陸童子聘妻周氏　　陸鴻飛之子。周年十五，聞訃，大慟，欲易服以往。父母知其志不可奪，遂許之。周孝事舅姑，舅姑歿，喪葬悉周措辦。年五十五卒。

彭某聘妻田氏　　未婚守貞，撫夫從子天成爲嗣。年九十二卒。

張書賢妻杜氏　　年十一，未婚守貞以終。

王貞女　　名淑貞，王有恒女，母朱氏。有恒家貧，力作以助薪水。兄榮三與父相繼歿，嫂胡氏無子，撫他姓子本立爲嗣。未幾胡亦卒，王先後典衣資喪費。本立稍長，自就傅以至婚配，皆王措辦。母老病臥牀，侍奉不稍懈。王思三棺權厝未了，多方籌畫，乃克舉葬。初有求締姻者，王以寡母無人侍養，立誓不嫁，守貞以終。母女相依，有甘旨悉以奉母，而以野蔌自給。稱貞孝者，無間言。

馬元亨聘妻洪氏　　年十四，未婚聞訃，誓不另適，遂歸馬氏守貞，撫夫弟之子爲嗣。

章錫齡聘妻余氏　　年十六，許字錫齡。越數月，訃至，夫家迎往守志。持家勤儉，守貞以終。

張朝英聘妻盧氏　　年二十，聞訃，即日過門守喪，哭泣之哀，感動鄰里。

莊錫嘏聘妻徐氏　　年十八，婚有期而莊殀。越七年，有求姻者至，徐聞之，夜半投繯，爲婢救免。于是莊氏涓日迎歸，以遂其守貞之志。道光元年旌。

生員呂時揚繼聘妻沈氏　　年二十四，未婚，時揚故，歸夫家，撫前妻莫氏子成立。歿年六十七。嘉慶十九年旌。

王有成聘妻仲氏　　年十七未婚，有成故，歸夫家。立嗣子大寶。歿，年五十七歲。計守貞三十六年。嘉慶二十一年旌。

甄百壽聘妻郁氏　　郁載雲女，許字甄。年二十一，未婚夫故，歸夫家，撫姪明爲嗣，教養成立，生孫。計守貞三十三年。道光元年旌，時年五十四。

陳汝淮聘妻吳氏　　吳奎女。年二十一，未婚，汝淮故，誓不再嫁。歿年四十一歲，計守貞二十一年。道光八年旌。

周坊聘妻方氏　　方本體女，許字周。年十五，未婚坊故，誓不再嫁。歿年三十四歲。計守貞二十年。道光八年旌。

高殿秀聘妻鍾氏　　鍾上驥女。未婚夫卒，鍾聞訃慟絕，遂素絲束髮，足不下樓者年餘，抑鬱以歿，年二十一。道光九年旌。

張人美聘妻朱氏　　朱肇邦女。自幼歸養，朱氏年二十一，未婚夫故，矢志守貞，立姪獻爲嗣。歿年三十七歲，計守貞十七年。道光十一年旌。

李錕聘妻蕭氏　　幼時許字于李。未經成婚，即遭夫故。越三日，奔喪成服，時年二十二。守貞計二十九年。道光十一年旌。

王敬伊聘妻李氏　　李廷芳女。年二十四，未婚，敬伊故，歸夫家。立姪犧爲嗣。歿年四十六歲，計守貞二十三年。道光十二年旌。

楊兆珠聘妻馬氏　　馬如彪女。年二十九，未婚，兆珠故，歸夫家。撫姪爲子，教養備至。道光十四年請旌。

鄭介錫聘妻施氏　　氏未婚，聞訃，立志來歸。父母許之，抱主成親，哀痛之餘，幾死者再，年僅二十。至道光十八年身故，苦節三十四年。道光十九年具題請旌。

趙桐聘妻張氏　　年十二爲養媳，至十八未及結褵，夫亡，矢志守節。家貧，勤紡績，孝奉媚姑。姑歿，勉力營喪葬，無缺禮。苦節素著，遠近無間言。

張廷揚女　　幼字同里徐姓。十一歲，母楊氏亡，父患足疾，兄鼎元又素羸弱，女代兄事父，以針黹所出，供甘旨焉。十七歲，未嫁夫亡，遂矢志不嫁，終身事父。嘉慶十三年，父及兄相繼歿，遺孤姪延禧僅三歲，女偕寡嫂秦氏，紡績縫紆，上葬二親，下撫孤姪三十餘年。歿，年六十一歲。里人咸稱貞孝。

張元瑞聘妻朱氏　幼爲養室。未婚夫亡，且晝欲泣，誓死靡他，請于翁姑，笄而拜廟，執婦道，撫嗣子宗獻成立。守貞四十三年卒。

徐泰階聘妻許氏　氏名白雲。年十六字徐姓。夫亡，氏聞之，誓守終身。日夜哀毀成疾，疾革，父允其志。疾漸瘳，乃歸徐姓，抱主成親，後每思身殉，因翁老，不忍重加之戚，遂執婦道，咸稱賢孝。守貞二十年，歿年四十二。

張邦棟聘妻徐氏　年十九，許字張姓。次年邦棟死，女泣請于父母曰："兄身許張矣。壻死，當趨喪。"父母止以禮。女且不食，父母憐之，而難于言。兄嫂慰之曰："若欲趨喪，於若心安矣。如傷父母心，何盍少待？"女泣不語，登所居樓，飲泣減食凡八年，遂成疾不起。歿後，張氏以其柩與夫合葬，年二十七。

陸振鏞女寶姑　女幼許字方清淑之子行四。未婚，四病故，寶姑方十八歲，聞訃，哀毀幾欲自盡，父母知其志不可奪，憑媒抱主成婚，侍養翁姑，終身疏布持齋，紡績度日。撫堂叔子鍜齡爲嗣。旌年七十歲。

胡三喜聘妻沈氏　年十三養媳，過門越四載，三喜病故，氏涕泣盡哀，幾欲自盡。翁姑慰勸，情願抱主結襟。不數年姑病故，氏哀毀如親生之女。翁又續娶姑，奉事惟勤。貞節四十餘年。

王漢石聘妻李氏　年十八，字王。王即於是年病故，李聞訃大慟，誓不再字，遂抱主結親，越六年卒。

盛文元聘妻沈氏　已旌。

陸竹溪聘妻李氏　年十六夫亡，抱主完姻，守貞節十一年身故。

湯貞女　名慶雲，縣丞錢世繩婢也。世繩將納之，尋病卒。時湯年二十，以青衣侍疾，矢志不嫁，與嫡李茹茶守節，勤操作，不苟言笑，數十年如一日。

沈雅漁聘妻姚氏　年十八，聞夫故，奔喪，誓不他適，情願抱主成婚。旌年三十九，苦節二十一年。

徐之濟聘妻沈氏　湖郡國學生世業女，名光貞。自幼通書史，動必以禮。嫁有期，夫亡，父母祕弗言，年餘，有乳媼洩之。女聞，慟絕而甦，誓志歸徐氏。孝舅姑，相叔娣。庶姑張氏有子爾駿，甫週歲，張卒，賴以教育，規授經傳，弱冠入庠，後繼爾駿子爲嗣。居梅里。卒年六十九。守貞三十餘年。

任季良聘妻王氏　名佩芳。年二十四將嫁夫亡，聞訃，哀痛減食，誓不再字，鬱鬱成疾，越一載卒。

庠生李某聘妻杜氏　官谿人，許字青谿李某，甫入泮而歿，氏歸李，守夫喪，誓死不嫁。

李貞女　名筠壽。梅里人。孝廉方正轂女。八歲許字故少司寇蔡鴻業曾孫景福。早殤，女年十二，家人訝其食衹齋致，衣必故敝，詰之，以他詞對。居家孝事親，撫弟有恩。遭母喪，神瘁骨立。既蔡歸庚帖，李亦返聘。女偵知，堅臥絕食，乃邀隣媼善星命者極言命吉，當膺二品，誑且宜男，冀以轉其意。語未竟，掩淚走，知志不可奪。年二十二許歸蔡，族郵皆稱歎。徐熊飛書事。

李貞女　九齡許字同里庠生朱鼎爵子淞。越七載，淞卒，女聞訃，輒毀容涕泣，欲詣夫家，父母婉爲勸喻。絕粒數日，以死自誓，乃許之。道光元年歸朱氏，年二十八。事姑盡孝，鄉里咸稱之。

仲二姑

卜元兆長女大姑

陳某聘妻楊氏

方願乾聘妻周文姑　以上于《志》。

徐榮椿聘妻某氏　十六歲，未婚夫亡，守貞十二年。道光二十四年旌。

潘吉順聘妻錢氏　瑞文女四姑，十九歲聞夫訃，誓不再適，孝養父母，卒年四十九。

劉應雷聘妻穆氏　十七歲夫亡，抱主成婚，撫嗣守貞，旌年五十。

張杰聘妻張氏　十八歲夫亡，抱主成婚，撫嗣守貞，旌年五十一。以上咸豐八年旌。

儒童馮簡青聘妻沈氏　二十一歲夫亡，抱主成婚，撫嗣守貞，旌年五十六。

沈倍信聘妻金氏　金心印女，名珍。二十歲未婚夫亡，守貞五年。以上同治九年旌。

知縣金兆棠聘妻汪氏　知府銜湖州府教授彥增女。兆棠隨父吳瀾宦揚州，歿邸舍。氏年十六，聞信，過門。秉性貞靜。同治十三年，由蘇撫奏請旌表焉。

吳某聘妻康氏　十九歲未婚夫亡，矢志守貞。

吳某聘妻計氏　十六歲未婚夫被粵匪擄，計至夫家，矢志守貞。

朱某聘妻某氏　鍾埭人。未婚夫亡，抱主成婚。食貧，孝養其姑，撫嗣子成立。姑偶疑其有私，忽一日，有霹靂示警，姑疑旋悟。

周貞女　周尚文女。七歲父亡，無姊妹。弟兄與母孤苦度日。及長，母將擇配。女念母家貧，願奉養以終，誓不適人。及母亡，哀毀幾絕。爲拮据辦喪葬畢，願以死殉。族有某氏孀姑勸其同處，長齋繡佛，冰操如一。旌年五十四。

張貞女　國學生張昌燕女。母程氏早卒，父繼娶戈氏，生弟國堃。父即逝，女守貞不字，侍繼母，撫幼弟，現年五十九歲。

秀水縣

明

高岑聘妻俞氏　未歸，岑亡。父母別爲擇壻，俞斷髮，以死自誓。父母憐其志，不復强之。閱六十餘年卒。郡守趙瀛奏旌建坊。

聞人濂聘妻項氏　項元沂女。未婚，濂歿，時年十六。聞訃，即晝夜悲痛，請濂衣履供奉，樓居四十六年，足不履地。終身不施笄緫。

沈貞女　字淑貞，沈澤之女。姊妹二人，其姊嫁盛寶，早世。議聘淑貞，以續舊姻。淑貞辭曰：「姊之夫，非妹之匹也。」遂誓終身不適人，以處女終。

項貞女　襄毅後裔。夙嫺禮教，許字吳江周。未嫁而殉。　《橫雲山人集》、新補纂。

國朝

王景直聘妻姚氏　生員姚遂昌女。年十三，父遭危疾，姚禱三晝夜，得丸于衣裾間。父服之，愈。王聞其孝，聘焉。年十七，夫代父先甲死於難。聞訃，姚闔戶自經，以救得免。姚乃請于父母，過門謁舅姑成服。立夫弟之子成喜爲後。未幾翁亡，子亦殤。姚截髮誓死守貞以卒。順治十四年旌。

李貞女　李夢康女。性至孝，四歲喪母，哀如成人。事後母以孝聞，告其父曰：「我母早世，何忍去父膝下？」父悲其志，聽之。父病，李禱于天，有青鳥銜一朱實墜藥鐺中，人稱孝感。年四十七卒。閩中黃道周題其基，陳懿典有《傳》。康熙十一年旌。李鄴嗣《繡州孝女詩》：「遠我父母，事人父母。誰無父母，誰有父母。少慕事親，十年不字。長慕事親，終身不字。謂我女子，謂我男子。宛然孝子，宛然處子。有父子倫，無夫婦倫。嬰兒子後，惟此一人。暮雨梨花，年年寒食。麥粥一盂，父母之側。」

金鼎聘妻鍾氏　鍾楚奇女，未婚，鼎遇兵，被害，鍾年十七。即請于父母，歸金守貞。年七十七卒。康熙四十三年旌。

楊焕聘妻翟氏　未婚，焕歿。翟年十九，聞訃奔喪，號慟欲絕。遂留事舅姑，曲盡婦道。舅姑卒，歸母家守貞，歷三十九年。康熙五十三年旌。

沈元聘妻夏氏　未婚夫亡，守貞五十七年。乾隆二十年旌。

薛壽國聘妻楊氏　年十七受聘，十八未婚聞訃，楊涕泣，欲過門守志。戚族以薛氏貧苦爲勸，楊曰：「雖餓不悔也。」于是父母聽其奔喪，奉侍翁與繼姑，終身不改。撫嗣子元桂成立。乾隆二十七年旌。

沈世勳聘妻徐氏　年十九聞訃，旋至夫家，易服守喪。績紡以養翁姑。姑病，侍奉甚謹。撫夫從子恪廷爲嗣。乾隆三十一年旌。

蔣在人聘妻鄒氏　未婚夫亡，過門守制。時年二十二，孝事舅姑。撫嗣子紹裘成立，一生勤勞，未嘗稍暇。年七十二，守貞五十一年。乾隆三十七年旌。

王宗坦聘妻楊氏　未婚夫亡，矢志守貞。乾隆三十九年旌。

生員姚廷銓繼聘妻曹氏　年十九，許字廷銓。次年夫亡，曹即過門成服，撫尸大慟。誓欲身殉，翁姑再三慰諭乃止。年六十九卒，守貞五十年。乾隆四十三年旌。

沈錫曾聘妻萬氏　年十六，許字錫曾。次年夫亡，訃聞，萬即更服過門，守貞四十一年。乾隆四十五年旌。

生員方愷聘妻卜氏　愷入泮後，攻苦嘔血，卒。訃至，痛絕。請于父母，過門守制，時年二十四。守貞四十年。乾隆五十六年旌。

朱鳴盛聘妻蕭氏　未婚，朱歿。蕭聞訃，告于父母，易服過門，衰絰擗踴。姑憐其志，以長子之子克紹爲之後。事姑撫子，茹荼二十載。年四十歲卒。

姚正宗聘妻沈氏　沈琛女。方一歲，即許配正宗。正宗年十四而殀，未婚守貞，至二十六歲，父欲更締姻，沈憂忿卒。

沈貞女　嘉興沈成之孫。女許字秀水某，未嫁夫殤，沈誓不改適，守貞十二年卒。

范戀聘妻沈氏　未婚守貞，事蹟無考。

卜明叔聘妻謝氏　錢塘人。明叔父死于盜，乃依棲外家十餘年，疾亟，謝年二十八，夫貧不能娶，旋殀。謝聞訃，請于父母曰："女雖未成婦，此心許卜氏久矣。"夫歿將殮，即成服，呼號而出。遂扶柩抵家，廬于墓次。撫夫從子翼斯爲後，守貞五十一年。　案：伊《志》又載有卜洪聘妻謝氏，未婚夫亡，過門守貞五十餘年。現據《採訪冊》，卜明叔，名洪。伊《志》誤作兩人。

孫貞女　名一揆。鍾瑞妹，守貞志寂，鍾瑞建參同精舍，以遂其志焉。

沈某聘妻路氏　鳳池坊監生路祈純之長女。年十三，未婚聞訃，在家守貞三十一年。父病篤時，刲股療之，病得瘥。

徐公藩聘妻諸氏　年十九，未婚聞訃，即欲自經。父母慰解之，諸泣曰："兒徐婦也，請歸于徐。"夫兄公于聞之，遂迎諸歸。越二年，哀慟成疾。康熙甲子元旦，趣具盥，盥沐整衣卒。

錢維垣聘妻沈氏　沈思皇女。許字於錢。未婚錢歿，心喪三年畢，欲絕粒以殉。屆壬子歲，朝沈不起，父使其姊問之沈，于枕畔出《自誓文》一篇，父母知其志不可奪，令其過門廟見，以成婦道。沈請于翁姑，立嗣撫之。同人俱賦詩以記其事。陳梓《秀州沈貞女》詩："深谷孤生蕙，靈泉別有源。寶珠明自晦，良玉栗而溫。許字縷先屬，知名誼早敦。麻衣愁結緒，藤枕淚編痕。終服當元日，哀詞告二尊。孝思延喘息，誓已絕饗殮。弱質綱常繫，貞心節操存。爲將彤管紀，不覺肅吟魂。"

沈祖奎聘妻路氏　年十九夫亡，誓不再字。孝事父母。乾隆丙子，歲歉多疫，沈翁老且病，路涕泣往侍。歿後，爲殯殮，守貞四十七年。

萬某聘妻袁氏　年十九，萬病瘵，袁聞，語其姊曰："吾其爲萬氏鬼矣。"及卒，欲往視含殮，父母不可，袁哭一晝夜不絕聲，勺水不入口，遂適萬氏，執女紅以事姑。踰年歿，吳紹曾爲《傳》。

范燦梁聘妻曹氏　曹泰真之仲女，名素位。少許字同邑范汝英次子燦梁。燦梁以病瘵卒，曹時年二十三。聞訃，即誓死不嫁。范氏重其貞節，迎之歸，以夫弟之子世勳爲嗣。邑令張圖南表其廬曰"未字奇貞"。年五十一年[1]。

沈某聘妻徐氏　濮院鎮人。父晨山，自幼訓以《詩》《禮》，敏慧婉嫕。長能詩。父疾篤，徐撤環瑱，以奉湯藥。父歿越半載，沈氏子病殀，時徐年十八。訃至，欲奔喪，家人百計阻之。徐志不可奪，卒往視含殮，誓守終身。徐初歸沈，即取舊所作詩草摧燒之，或傳其《立夏日追念其父》有句云："不知地下逢今日，也有青梅佐酒無。"足以見其貞孝矣。詳陳梓《傳》。

石孝貞女　女幼從父爾敦自吳江遷來，願終身依父母。有妁至，即詈之，父母亦不之強。勤操作以養，務得歡心。親歿，率兩弟營窆，處骨肉間，誼極肫摯。年七十卒。群目以"貞孝石長姑"云。

生員張世哲聘妻曹氏　年二十五夫亡，聞訃，矢志不嫁。後賃居殯所，守貞四十四年。

葉周慶聘妻李氏　夫亡，李蓬首垢面，與嫂同居紡紝，年二十五卒。

陳貞女　陳樹年女。六歲失怙，世母路氏撫之，世母老且病，煢煢一身。陳朝夕侍奉，迨世母歿，陳年已四十，遂終身不嫁，與寡嫂張氏安貧相守。年六十一卒。

朱樹本聘妻李氏　未婚守貞，年六十七卒。學使某給"柏舟矢志"額。

金貞女　朱汝需妻施氏媵婢也。朱故貧，施茹荼守節，金時年甫十六，勤鍼黹以助主母。已而終不忍去，守貞不嫁，施歿，時金年五十九。越十年卒，附殯于施氏墓側。

潘廷柱聘妻蕭氏　年二十夫亡，在室守貞，足不出閫者五十九年。

王孝先聘妻朱氏　朱應龍女。年七歲爲養媳，夫忽患瞽，舅姑憐朱年少，將爲之另字。朱聞，瞿然曰："此新婦命也。安之而已。"未幾夫亡，朱年十七。舅姑又欲嫁之，朱請立夫從子信成撫之。孝奉舅姑，竭力耕織。守貞四十一年卒。

王錫恩聘妻潘氏　年十二爲養媳。十七夫病歿，衆勸改適，不從。事翁姑盡禮，勤紡織，寡言笑。旌年七十八歲。

陳士榮妻沈氏　年九齡爲養媳。十六夫亡，姑陳孤寡，止生士榮。哀慟欲絕，沈泣謂姑曰："姑在一日，婦願侍奉一日，即窮苦餓死，不怨也。"于是撫夫從子紹熊爲後。年六十。

李兆芹聘妻陶氏　年二十七，未婚夫病不起，尋亡。旌年五十五。　以上于《志》。

監生李大升聘妻陳氏　陳孝昇女。許字於李。未婚，年十九，大升故。歸夫家，撫嗣子德新成立。四十歲，氏故，計守貞二十一年。嘉慶十五年旌。

凌萬華未婚妻龔氏　年十五過門童養。十八歲夫故，尚未成婚，矢志守貞四十四年。嘉慶十六年旌。

葉永春聘妻陶氏　年二十一，未婚夫故，歸夫家，撫嗣子瑞珍成立。計守貞三十年。嘉慶二十二年，具題奉旌。

王裕昆聘妻馮氏　自幼歸養王氏，年二十一，未婚夫故。撫嗣子偉成立。三十六歲，氏故，計守貞十六年。嘉慶二十四年旌。

李永鍠聘妻程氏　程玉彬女。年二十一許字，未婚，永鍠故。歸夫家，撫姪堯民爲嗣。四十四歲，氏故。計守貞二十四年。道光十年旌。

生員沈維梅聘妻王氏　監生王廷桂女。年二十七，未婚，維梅故。歸夫家，矢志守貞。旌年五十五歲。計守貞二十九年。道光十四年旌。

卜文相聘妻沈氏　沈德全女。年二十幼字於卜。未婚，文相故，歸夫家。撫嗣子景福成立，生孫。旌年六十九歲。計守貞五十年。道光十九年旌。

沈肇熊聘妻沈氏　兩家同姓，不宗，許字。未婚夫故，誓不更字。他族父母許以衰絰，往弔，時年二十七。紡織自給，守貞二十六年。道光十四年旌。

監生汪善彙聘妻史氏　大宗伯史公致儼女。年十九，聞善彙亡，矢志守貞二十一年。

朱人杰未婚妻李氏　幼年童養，朱亡之日，舅姑諭以改圖，女矢志不從，遂撫姪爲子。茹苦守貞。旌年四十七歲。

沈承燾聘妻方氏　年十九沈故，過門守貞，旌年四十歲。

楊漢垠聘妻沈氏　年十三，楊故，過門守貞，旌年四十四歲。

張德賢聘妻沈氏　　年二十四,張故,過門守貞。旌年五十四歲。

張懷宗未婚妻婁氏　　年二十三,歸張。結褵之日,張以咯血死,女矢志守貞三十七年。

史某聘妻王氏　　年二十,史故,守貞四十二年。

生員濮上九未婚繼妻呂氏　　上九喪偶,誓不再娶。適上九出門,母爲復聘,上九不知也。結褵之日,上九不肯成禮,女遂大歸。後有爲另議婚者,氏蓬首垢面,示無更志。年餘遘羸疾[2]卒。

朱某聘妻項氏　　年十九,聞朱亡,誓不再字,守貞十七年故。

卜人仲聘妻凌氏　　年十九,聞卜亡,誓不再字,守貞二十四年。

章天申聘妻朱氏　　年十七,爲養媳。越四載,章亡,奉姑撫姪。旌年四十歲。

謝某聘妻陸氏　　陸聚山長女。許字。未婚夫亡,父欲再字,女誓願不嫁,誦經以了餘生。旌年六十一歲。

蔡某聘妻馬氏　　馬翰文次女。名秀,許字於蔡。未婚夫故,不願他適,家赤貧,女紅自給。現年五十八歲。

金五姑　　成章女,字陳姓。未婚,守志。父母兄弟歿後,姪又早亡,撫養姪孫成立。旌年六十八歲。　　以上于《志》。

姚貞女　　心錦女。幼許字沈姓。及長,因父母奉侍乏人,不願出嫁,年四十二卒。

朱貞女　　渭揚女。及笄,父欲許字,女願侍父母,堅執不嫁。年八十五卒,以貞節終。

虞貞女　　名汝清,虞鳴球女。咸豐六年旌。

孟貞姑　　咸豐八年旌。

某貞女　　沈廣涵婢女。

朱桂姑　　計然女。

張純聘妻婁氏　　十七歲,未婚夫亡,矢志不嫁,抑鬱成疾,卒。守貞十九年。

項德淵聘妻魏氏　　二十一歲,夫以癆疾亡。女聞訃,欲奔喪,父母勸止。誓不他適,守貞十六年。夫兄項寶源高其義,迎柩與德淵合葬焉。

徐福珍　　省三女。幼字某氏。未婚夫亡,因無兄弟,矢志守貞,以養父母。及父母歿,撫族姪以延嗣。卒年四十九。

沈鳳林聘妻李氏　　十三歲適沈,爲養媳。二十歲將婚,夫亡,矢志守貞。孝事翁姑,撫嗣子德循成立。卒年七十四。

沈鈞聘妻程氏　　童養夫家,十七歲未婚夫亡,現年四十七。

莊貞女　　長蘆鹽大使敦女。許字刑部侍郎、江蘇張文貞錫庚子恩霖爲室。咸豐二年,恩霖歿,氏過門守貞,奉事舅姑,克盡婦職。光緒元年請旌。　　新纂。

王貞女　　前窑人。父瑞興,爲人操舟,早世。女性端淑,事母孝。許字秀水陳玉珍。玉珍歿,女泣謂母曰:"父貧而死,夫貧而又死,命也。"乘間自縊機下。時道光九年九月十四日,距夫死一日,年二十二。舅姑感其義,請以笄服歛,迎其棺歸葬于王江涇。楊象濟刻石表其墓。　　新纂。

陳貞女　　爲江都議敘杜思寬聘妻。幼隨兄光照寶應縣丞任所,罷官不能贍,復依儀徵稅課司傅大光署。傅,貞女女兄壻也。思寬,揚州宦家子,家貧,佐江西先方伯福幕。喪偶後,聘女爲繼室。未婚而思寬客死南昌。有同幕義友戴廷璋者,病視醫藥,歿爲含殮,卒攜其幼弱,扶櫬歸江都。貞女聞,白女兄,請歸於杜。女兄尼之曰:"杜家無立錐地,子女又稚幼,若何恃以生?"女曰:"此吾所以必往也。"遂往拜思寬柩,牽子女問誰經理身後,偕若等來。以廷璋對。收涕謝之,告於杜之族,僦居舊城,卜兆於城西葬舅。始與思寬及其妻妾無違禮。廷璋述貞女事於先福。福感之,厚賻贈焉。得稍給朝夕,佐以十指,撫子女迄成立。李兆洛記事。

王本晉妻陳氏　　名淑貞。煐長女。歲貢生仕超子。婦性至孝,母陸氏素患頭風,佐理內政惟謹。父病,刲股進。許字王越。五載，夫攖癇症廢。家人以其不可行婚，遣某氏來告。氏聞，涕泣不食，乃歸王，晝夜侍疾，事舅姑如父母，闥以外不聞其聲。執姑喪，悲哀無已。夫歿，絕粒者屢。父與舅多方勸護，乃强進飲食。行三年喪，不苟言笑，娣姒奉以爲則。卒年五十一。　丁子復《傳》。

　　生員沈維銛妻李氏　　吳江李龍鑲女。字埼子維銛。維銛歿，時氏方客親串家，連得噩夢，趣裝歸。聞訃，飲泣不食。白父母，願歸沈，諾之，始進食。自此，服常縞素，笑未嘗露齒。維銛葬，白父母使人於沈，請並營竁穴。兩親歿，季妹甫十齡，課之讀《小學》，能講大義。歷九年，舅姑感其忱，始迎歸。孝事姑，姑病寢，未安，不入己室。體素羸，患肝疾，顧以叔姒方有身，冀生男以爲夫後。及產女，抑鬱，病遂劇。咸豐四年卒，年三十。得旌如例。陳壽熊、顧廣譽有《傳》。

　　王貞女　　言紫尊家婢。言氏寓郡徐家埭，御下有恩。氏先配某，夫死後立誓不嫁。侍主宦游，服役勤儉，至七十八歲坐逝。　新纂。

　　謝貞女　　咸豐七年，字屠姓。庚申遭變，聞屠氏子殉難，女遂守貞不字，針指度日。現年五十二。　新纂。

【校注】

　　［1］按：當作“年五十一卒”。
　　［2］羸疾：據文意是“羸疾”之誤。

嘉善縣

元

　　張六姑　　楓涇張仲實女。幼字顧演才曾孫細一郎。初，仲實無子，禱於里中真武廟，即得六姑。與顧氏聯姻，後未婚，夫亡，守志奉父，撫姪孫子俊視如嫡孫，張祀得以不絕。人稱節孝並隆云。　見《顧氏家乘》。

明

　　陸允孝聘妻許氏　　年十七夫亡，父母舅姑皆令更字，許截髮自誓，曰：“吾以身許陸，從一之義，守死不渝。”遂依母紡績終身。

　　莊世植聘妻任氏　　年十九，未婚夫亡，依寡姨顧氏守貞，詔旌其門。

　　陳志道聘妻許氏　　年十七夫亡，矢志不嫁。及翁萬載歿，許即往奠，遂留侍養姑，撫夫從子爲嗣。

　　李碩果聘妻顧氏　　夫暴亡，顧痛不欲生。奔喪守志，孝養翁姑二十七年。

　　吳宗昌聘妻龔氏　　夫亡，父母議更字。龔毀容截髮，以死自誓。衣縞素，獨處一室。年二十七病革，請舅姑面訣，且欲歸葬于吳。許之，乃瞑。邑令莫大勳表之。

　　生員王璈聘妻金氏　　年十八，婚有期矣。璈病歿，金衰絰執喪，守墓三年。翁憐其志，以幼子份嗣之。份，辛酉舉人。

　　李承章聘妻朱氏　　未婚夫亡，守貞終身，邑令莫表之。

　　高大倫聘妻奚氏　　未婚夫亡，夫妹嫁董卿，亦早寡。奚過門，姑嫂矢志守貞三十餘年。

　　監生錢璜聘妻褚氏　　夫亡，奔喪守貞，撫夫從子源爲嗣，源孝謹，兼有文名。

　　沈治豐聘妻張氏　　吏科張王典女。父宦山右，治豐就婚，歿於途。張年十九，誓不更字，抑鬱成疾，卒。

　　錢廷銓聘妻孫氏　　長山令孫銓女。淑慎，通書史，許字司理錢黯孫廷銓。未婚夫亡，孫年十六。俟父宦歸，力請守貞，遂詣錢，孝奉重闈，茹茶七載，營夫。殯後，竟不食卒。

　　孫宸樞聘妻倪氏　　年十九，未婚夫亡，守貞三十餘年。其姑徐，庠生孫邦裘妻，以慈孝聞。

生員蔡純仁聘妻陳氏　　許蔡爲繼室,未婚守貞,撫前子成學,訓女徒自給。

郭宏聘妻顧氏　　汾湖人。未婚守貞,與陳貞女稱蘆川雙節。

闞永嘉聘妻李氏　　年十九,未婚夫亡,歸闞守貞,撫育嗣子,至六十四卒。

張道源聘妻周氏　　年十九,未婚夫亡,歸張守貞,孝事舅姑,至五十一卒。

高德聘妻張氏　　父君耀,以德有孝行,以女字焉。德惑異夢,度爲僧,張誓不嫁,守貞四十餘年。

丁傅臣聘妻沈氏　　未婚聞訃,奔喪。立夫從子爲嗣。性孝,紡績所餘,問遺父母不絕,守貞四十餘年。

沈映簧聘妻汪氏　　夫亡,汪年十八。矢志守貞,請于舅姑,得夫遺像,朝夕對之,悲不自勝。年三十卒。

黃智林聘妻程氏　　夫亡,程年十六,守貞至三十三歲,念舅姑衰邁,過門奉養,至五十餘卒。

馮學陳聘妻徐氏　　年十九,未婚夫亡,守貞三十年。

楊永熺聘妻路氏　　年十七,未婚聞訃,誓以身殉,父母慰止之。遂往夫家,守貞三十七年。

國　朝

楊熙撰聘妻陸氏　　年十五,未婚夫亡,誓不更字,守貞至六十六卒。乾隆二十年旌。

許端撰聘妻陳氏　　年十七未婚,聞訃,過門執喪,守貞六十七年。乾隆二十四年旌。

錢南岡聘妻顧氏　　年十七聞訃,歸夫家守貞,至六十八卒。乾隆五十一年旌。

程模聘妻吳氏　　金山人。未婚夫亡,聞訃,馳赴守貞,孝養舅姑,越三載卒。

陳永梓聘妻朱氏　　幼許字陳。夫亡,朱年二十,聞訃,搶地,欲以身殉。父母勸慰,因即縞衣歸陳,守貞二十八年。

潘洪仁聘妻任氏　　年二十三,許字于潘。夫患癲症,且貧不能娶。舅姑遣媒持聘還之,女毀容截髮曰:"我寧死不受二姓聘。"遂依父母紡績,盡孝守貞,年七十卒。

馬易元聘妻朱氏　　未婚守貞。夫兄宏儒妻顧氏早寡,人稱一門貞節。

葉承堯聘妻錢氏　　未婚夫亡,訃至,父母匿之。錢探知,大慟。遂往執喪,終身足不踰閫。年八十卒。

毛懋嘉聘妻費氏　　年十三,許字毛十五。夫亡,即辭父母過門,撫尸哭,盡哀。終身茹素,守貞四十九年卒。

張朝徵聘妻張氏　　年十九,聞訃,痛哭奔喪,守貞以卒。

曹相傅聘妻孫氏　　未婚守貞,撫嗣子炳仁,官閩中典史,先歿。孫晚年荼苦備嘗,至八十餘卒。

吳季塘聘妻戴氏　　未婚聞訃,涕泣請于母兄,欲過門執喪,不許。欲以身殉,乃爲請于吳,吳復以禮辭,戴日益悲傷致疾,將卒,遺言以吳氏殮。時年二十四。

生員沈培遠聘妻張氏　　年二十一,許沈爲繼室。沈遘痼疾,未婚而亡。張年二十七,聞訃奔喪,撫前子成立。守貞四十二年卒。

朱九思聘妻懷氏　　年二十,未婚夫亡,歸朱,守貞至七十八卒。

沈上珍聘妻姚氏　　年二十一未婚,聞夫訃,欲自盡,父母慰諭,乃歸沈,守貞至五十六卒。

生員謝均聘妻費氏　　夫疾篤,或微諷之。費曰:"予不爲烈婦,必爲貞女。"及訃至,則已不寢食七日。請于父母,欲奔喪成服,不可,則以死自誓。許之,乃歸謝守貞。後以夫弟垣官部郎,貤贈恭人。

張萬足聘妻姚氏　　年十二爲養媳。十七夫亡,尚未成婚,姚誓不更適,守貞三十九年卒。

吳懷楨聘妻錢氏

蔡學夔聘妻姚氏

生員孫鈞持聘妻蘇氏

邱如岡聘妻錢氏

汪文濂聘妻戴氏　未婚夫亡，苦志守貞。道光元年旌。

俞錩聘妻嚴氏　未婚夫亡，哀毁盡禮，守貞不字。道光十五年旌。　以上于《志》。

儒童蔡學夔聘妻姚氏　未婚夫亡，過門守志，抱主成婚。道光三年建坊。

黄人望聘妻朱氏　未婚夫亡，慟絶，復蘇，誓不他適。未及一周，抑鬱死夫家，迎其柩合葬焉。

陳殿侯聘妻孫氏　十九歲，未婚夫亡，過門守志，抱主成婚，撫嗣子鑑成立。年八十一，學使賓給"冰玉同清"額表之。

王貞女　鶴書女。九歲母亡，哀毁逾於成人。幼字婁邑金聖龍爲妻。未婚金亡，過門守志，抱主成婚，守貞三十八年。

汪是溪聘妻戴氏　未婚夫亡，過門守貞，撫嗣子成立，苦志十餘年。

蔡純仁聘妻陳氏

庶吉士沈丹槐聘妻朱氏　吴江人。名履淑，未嫁而沈卒，女請奔其喪，遂具禮歸婁縣。　姚椿《贊》。

海鹽縣

明

潘某聘妻姚氏　沈家亭人。潘貧，父欲絶婚。姚年十二，聞父言，即自扃一室，不復出，守貞至五十五卒。

徐某聘妻吴氏　吴泮林女。年十五夫亡，訃至，紿其父母曰："姑一視含殮，以了此心。"母率之，行至，則伏柩大哭，誓欲終守。未幾，父迎之歸，聽其守貞以卒。

吴中宰聘妻王氏　年十七夫亡。王辭母歸吴，守貞後，哀至，輒絶口不食，不數日死。以上二人，邑令俱表之。

朱祥符聘妻陸氏　年十四夫亡，訃至，慟哭幾絶，即易服誓守。久之，以淚枯失明，年僅二十二卒。其舅國華哀之，迎其柩與祥符合葬焉。

國　朝

張芳滐聘妻俞氏　海寧俞宣琅女。合卺有期，而夫亡。訃至，俞慟哭，欲奔喪，遂絶粒。母憐其志。乃令至張，旦夕上食幃前，哭盡哀。三年如一日，平日布衣蔬食，後更茹淡，其堅苦有人所難者。尋以嗣子殤，痛悼成疾。年僅二十九。康熙三十六年旌。

徐禹聘妻朱氏　年十九，未婚夫亡。訃至，將所製嫁衣納還繼母，足不下樓者五年。翁迎之歸。事翁盡孝，撫夫從子爲子，守貞三十二年。

許漸嘉聘妻劉氏　年十七，未婚夫亡。聞訃，即服滷以殉，母力救得免。遂至夫家成服，獨居一室，撫夫幼弟成立。紡織，營葬父母，守貞四十九年。　以上雍正十一年旌。

吾定仁聘妻朱氏　朱倫女。未婚夫亡，朱年二十三。聞訃，易素服，往夫家不返。奉夫遺像，爲夫營葬。已，亦穿壙于旁，志同穴也。守貞十九年卒。

葉仙芝聘妻張氏　張容書女。未婚，聞訃，服滷，父母救免，始議奔喪，舅姑以家貧辭之。張號泣翦髮，遂詣夫家，守繐幃。後舅姑兩喪，相繼竭力殯殮，遂致病。曰："我事畢矣。"戒其嗣子勿進醫藥。守貞三十年。　以上雍正十二年旌。

吾紹先聘妻陳氏　年十八，未婚夫亡，矢志守貞。年六十三卒。乾隆元年旌。

朱薇垣聘妻祝氏　未婚，薇垣遊粤東，卒。有勸祝父母别許者，祝覺之，嗚咽欲絶。朱之族聞之，爲立嗣迎養焉。

　　汪蘭言聘妻徐氏　　年十八夫亡，聞訃，奔喪守貞。姑死，歸母家。翁死，復歸于汪。年四十三卒。

　　劉西侯聘妻胡氏　　夫亡，聞訃，往劉憑棺視殮。旋歸母家，晝夜紡織。父母歿，會姑病篤，復往劉，調視湯藥，克盡婦道。　　以上乾隆三年旌。

　　陳應龍聘妻朱氏　　未婚過門，孝事翁姑。守貞四十五年。乾隆六年旌。

　　鄭調元聘妻許氏　　未婚，聞訃奔喪，事翁姑以孝。姑歿，哀慟成疾卒。乾隆八年旌。

　　俞汝諧聘妻張氏　　年十五夫亡，奔喪成禮。翁姑俱沒，悉爲安葬。旋歸母家，守貞至四十一卒。乾隆十二年旌。

　　黃星河聘妻張氏　　夫亡，奔喪。孝事翁姑，撫育幼叔。叔又歿，無子，張與寡娣曹並勵貞節。乾隆三十二年旌。

　　韓振塤聘妻徐氏　　夫亡，聞訃，閉戶自經者數四。家急救之，蘇。遂奔喪，守貞終身。乾隆三十八年旌。

　　何顯業聘妻馬氏　　夫亡，聞訃，過門守貞。以從子蔚文爲嗣。乾隆四十一年旌。

　　葉駕璜聘妻張氏　　張捴三女。年二十二，聞訃，奔喪。撫嗣子務本如己出。守貞三十四年。乾隆五十七年旌。

　　任省修聘妻許氏　　聞訃，過門。撫夫從子蘭生爲嗣。守貞二十四年卒。嘉慶元年旌。

　　朱乘聘妻曹氏　　年二十三，夫因哭母亡。聞訃，歸朱守貞，終身縞素。年六十二卒。

　　李天植聘妻張氏　　年十八，字李。未婚夫亡，守貞五十餘年。邑令張素存表之。

　　朱御六聘妻曹氏　　未婚守貞，撫夫從子子墨爲嗣。年九十餘卒。

　　許某聘妻劉氏　　劉錫恩女，名保。爲許所聘。許亡，保年甫十五，歎曰：“夫死，安用生爲？”潛取鹽滷服之，父母力救始甦。越五年，父母將嫁之，又以死誓，乃過許門，成子婦禮。尋歸于劉，紡績度日，以遂初志。

　　朱廷玗聘妻劉氏　　廷玗以病嘔血，未娶病劇，卒。劉年十九，聞喪，投繯，嫂力救不死。旋易素縞，請于父，必歸其喪。父屢止之，踰月始得，斬衰過門，憑棺慟哭，請留侍姑。父不能止，始爲立嗣。勤苦紡織，僅給饘粥。奉寡姑盡孝，三年喪畢，亦嘔血卒，年二十二。彭孫貽《三貞女傳》：“吾里同時有三貞女，廷玗妻，其一也。其二爲曹氏，邑諸生曹陳礪女。許字于朱乘。乘貧未娶，病卒。曹氏守貞不字，年踰三十矣。其一爲徐通判升貞女，印鴻玉妻。鴻玉父廷榮爲奴所弒，驚怛得痼疾，不知人，積療不瘥，遂辭婚。徐泣曰：‘女子從一而終，豈以盛衰易節乎？’請歸于印。升貞泣而從之。姑蔣病，已革，撫婦泣曰：‘吾兒有托，吾目可瞑矣。’遂卒。既終喪，攜鴻玉同至升貞家。產薄不給，女紅佐之。鴻玉雖廢疾，時其飢飽寒燠，幾微無溫色。人皆賢之。斯二氏者，一則年未登艾，例不得旌；一則所天尚在，誼難見節。《易》曰：‘苦節不可貞。’二女之謂矣。”

　　吳簧基聘妻陳氏　　夫亡，聞訃歸吳，截髮毀容，鄰里罕見其面，守貞四十餘年。

　　邱某聘妻陳氏　　幼字邱上瞻子。聞訃，守貞四十餘年。

　　張貞女　　名月悟。父母歿時，俱以幼弟廷璉囑張撫育，張遂不嫁。教養其弟二十餘年，年四十卒。司農俞以“貞孝貽芳”額贈之。

　　周兆熊聘妻蔡氏　　年十三許字周。十六夫歿，蔡曰：“我其爲北宮之女乎！”久之，歸周，守貞五十餘年。

　　許某聘妻劉氏　　某殤，劉欲送殮，父止之，不可。乃往，易衰絰盡哀，旋歸母家，守貞終身。

　　周某聘妻蔡氏　　周殤，蔡依母家，守貞以終。

　　吳某聘妻陳氏　　陳殤，守貞母家，終身不嫁。

　　吳播史聘妻朱氏　　父文儀見播史《八疊〈秋興〉杜韻》詩甚工，遂以女許之。未婚，夫遠遊不歸，或傳其客死。朱歸吳，立嗣，年四十八卒。

陸學海聘妻吳氏　吳振元女。九齡,父母歿,即歸陸,爲養媳。孝事翁姑。迨年十九,未婚夫亡,撫嗣子,守貞四十二年。

姚君亮聘妻李氏　李長庚女,有至性。年十三爲養媳,甫五月未婚夫亡,甘貧,矢志事舅姑,養生送死俱盡禮。守貞五十七年。副憲陳公佐以"節媲柏舟"額表之。

李振先聘妻馬氏　馬家堰人。夫暴亡,馬年十八,聞訃,投繯。母驚救之,得不死。遂至夫家,撫從子如松爲嗣,守貞四十餘年。

孫貞女　孫天佑女。父母年老,奉侍膝下,終身不字。撫從子繩成立。

陳某聘妻沈氏　字陳大年長子。未婚而亡,沈至夫家,守貞終身。

李雲卿聘妻查氏　許字後,李日貧。父將另字他姓,查不從,遂驅之出。查泣別父母,歸李,日事女工,絕無怨意。未幾,遘疾不起,語雲卿曰:"已矣,若汝何歇歟訣別?"夫感其義,終身不娶。

沈貞女　年十六喪母,遺弟榮甫二歲,父廷琦續娶盧氏,沈事之以孝聞。踰年,盧又歿,沈事父益孝。父欲嫁之,沈以父衰弟幼爲辭,貞潔自守,助弟操作,以終其身。

金貞女　金君祥女。年二十六,喪母。弟妹三人尚幼,父義不再娶。金亦誓不字,撫育弟妹,以成父志。八十四卒。

范坤元聘妻高氏　將婚,夫亡。父母憐其少,欲令擇嫁,高不從。乃立膳田,以成其志。

吳某聘妻陳氏　幼字吳德昭子。年十七,聞訃,奔喪。事翁姑盡孝。年五十七卒。

李貞元聘妻俞氏　年十七,夫亡,過門守貞。奉事翁姑,閱三年以哀毀成疾卒。

俞用礪聘妻王氏　將婚,夫亡。王絕粒誓死,越五日,過門。撫夫從子守志,未終喪卒。

顧某聘妻王氏　年十九,夫病篤,請婚,父母不可。王聞之,願歸顧奉侍。甫五十日,夫亡。翁亦歿。竭力事姑。守貞終身。

費介臣聘妻徐氏　字費爲繼室。未婚,夫亡,徐奔喪,過門,事姑盡孝。撫前子一峰如己出。娶俞氏。子又歿,同婦撫孫廷槓,苦守貞節。

俞耳鉉聘妻胡氏　鉉力學能文,將婚而亡。胡年二十一,聞訃,以死自誓,遂適俞,恪守婦道。服未闋而卒。

朱貞女　父母年老多病,無人侍奉,不願許字,終身奉養父母,年六十五卒。

徐相周聘妻陳氏　徐館京邸,客死,陳守貞母家,女工度日。年七十二卒。

沈貞女　字同里吳氏子。未婚夫亡,沈哀毀盡禮,守貞不字,卒。　見《燈庵詩鈔》。

王貞女　少受夏氏聘,未成婚,夫亡。王年十九,聞訃,矢志守貞終身。

顧馨聘妻陳氏　年十九,未婚夫亡,陳飲泣誓死。父憐其志,許往顧家,立夫從子奎爲嗣。守貞二十九年卒。

夏肇淮聘妻田氏　未婚夫亡,田過門守貞,孝事翁姑。

賈某聘妻潘氏　潘戀穀女,許字賈某。久出,不歸,潘顧事其父,紡織奉養,以終其身。

吳某聘妻周氏　文溪人。早失怙,爲吳養媳。年十二夫亡,矢志不易,守貞至八十二卒。

徐鳴高聘妻馮氏　未婚,聞訃,過門守貞。邑令王如珪給額曰"志懷霜雪"。學使于以"冰操永固"四字表其閭。

沈萊爲聘妻崔氏　崔左朝女。年十四,未婚夫亡,守貞五十餘年。

宋貞女　名春蘭。吳宜庵婢。矢志貞潔,終身不嫁。年六十七卒。

陸應元聘妻姜氏　年十二爲養媳。未婚夫亡,矢志守貞,旌年五十八。

李騰麟聘妻周氏　年二十六許字。未婚夫亡,周矢志守貞。遂適李,孝事邁翁,撫從子敏泰爲嗣。旌年五十六。

顧正元聘妻王氏　顧遘危疾,王聞之,欲往侍疾。父母止之,遂絕粒,已而許之。至顧門,夫病不起,躬奉湯藥。夫歿,王年二十。家無恒產,紡織養姑。姑後染病,歿,鬻衣服斂之。終喪,歸依母家,守貞以終。　以上伊《志》。

郭貞女　嘉慶十五年旌。

陳敬敷聘妻胡氏　　氏家貧，童養夫家。年二十，敬敷故，未成婚，守貞不嫁。有議婚者，氏潛知，翦髮，矢志冰霜，五十餘年。道光十五年旌。

監生陳普聘妻李氏　　未婚夫故，聞訃，奔喪成服，守貞六年卒。

陳迥聘妻何氏　　氏家貧，童養夫家。未婚而夫亡，氏衰絰毀容，矢志不二，孝養翁姑，終無怨言。

張祥麟聘妻方氏　　童養夫家，未婚夫故，撫姪爲嗣，誓不再適。

馬貞女　　方應泰妻韓氏之媵婢。應泰與韓氏相繼卒，遺孤弱小無依，立志撫孤，誓不他適。

湯貞女　　未笄，父母俱亡，遺弟妹三人，無所依。矢志不嫁，撫弟妹，畢婚嫁，殯葬父母，里黨欽之。

徐貞女

生員蔡人麟聘妻顧氏　　人麟應秋試，抱病歸，卒。訃至，氏奔喪，抱木主成禮。撫姪教養成立。

孟維城聘妻陶氏　　年二十，未婚夫卒。訃至，痛哭，衰麻以往，抱木主成禮。及翁姑歿，貧無所依。道光十五年，歲飢，竟以餓死。

李綱聘妻馬氏　　年二十四，夫故，聞訃，奔喪成服，守節三十二年終。

葉文彪聘妻陳氏　　童養夫家，年十九，未婚夫故，守貞五十年。

張錫韓聘妻黃氏　　氏家貧，童養夫家。年十七，夫故，未婚，矢志守貞。撫姪爲嗣，冰霜已三十餘年。　　以上于《志》。

錢氏　　名月姑，生員鳳翔女。字吳春林。未婚，道光癸卯，春林溺死。姑聞信縊，救免；潛飲鹽汁，亦救治得生。越日，衣縗服墜樓，破腦殞。

馬氏　　方應泰婢。嘉慶九年，應泰夫婦先後卒。幼主在襁褓，氏年未笄，護助主。纔弱冠，主又卒。氏終老方氏。至同治八年，享年八十三歿。　　以上新纂。

朱貞女　　舉人鍾赤女。幼字海昌倪氏。二十歲，未婚夫亡，矢志不二，幾死者數矣。夫家憐而迎之，茹苦含辛者三十五年。嘉慶十九年卒，已旌。孝廉陳鱣爲立傳。

儒童范鍾佑聘妻陳氏

王巽聘妻郁氏

楊慶聘妻姜氏

戈恒元聘妻徐氏　　以上四人，道光二十九年旌。

沈學彰聘妻施氏

方起宗聘妻孫氏　　以上二人，道光二十九年，由學詳請，學使趙給予“志節冰霜”額。

何貞女　　名二姑，何殿英女。

趙貞女　　趙福元女。　　以上咸豐元年旌。

全福清聘妻朱氏　　二十三歲，未婚夫亡，矢志守貞十二年。

吳氏　　澉浦人。嘉慶年許字同里吳。吳遠遊，氏在室。父年老，傭書，人競以耳廢辭。乃朝辟纑、夜業屨以贍之。兄悍甚，憎其不肯改適，數侮辱。嫂又利其能養父，稍安之。後父死，氏年已五十八，而吳仍不歸也。吳之族人迎以歸，爲立嗣。方廟見，髮種種，淚盈盈，數行下，仍勤操作，訓嗣子成立，計終其身，無舉案日。　　祝華鼎《紀略》。

平湖縣

明

毛某聘妻沈氏　　沈渭女。少字毛坤子某。及笄將嫁，夫浪遊不返。翁憐之，欲令他字，沈不從。請于父母，歸毛立後，守貞以終。

張應祥聘妻陸氏　年十三，許字嘉善張應祥。逾年，夫亡，媒氏來議姻，陸入戶翦髮，鍵關不復出。其嫜李氏亦嫠。邑令黃籨表曰"一門雙節"。

蔣衍章聘妻陸氏　衍章，歸安人。病瘵，不克成婚禮，告其母，願謝婚。陸年十七，泣請行，至門則章已屬纊矣。泣視含殮畢，誓死不歸，日坐斗室，督老婢鹽績。萬曆時旌。

陸在德聘妻曹氏　年十九，夫以疹卒。曹聞訃哭臨，視棺殮畢，誓死不歸，與所攜婢陳氏紡績相守，年六十餘卒。陳感其義，亦終身不字。

生員陳龍馭聘妻錢氏　名冰，庠生錢澹女。夫年十七補諸生。將婚，病瘵，死。聞訃，盡易縞裳，將奔喪，以母病止。後三年，會葬其夫，憑棺號痛，淚盡繼以血。葬畢，遂入陳門。翁為立後，以遂其志。

張洪遵聘妻顧氏　年十七，未婚夫亡，聞訃欲哭臨，紿父母以三朝當歸，遂留夫家。不一載，翁姑詈逐之，顧志益堅，至五十七卒。邑令賴垓表之。

國　朝

生員錢長庚聘妻時氏　年十八，許字錢。二十一，夫亡。聞訃，矢志茹齋服縞。至三十六歲，舅軼干高其節，迎歸。家中落，親操井臼。孝養舅姑，撫夫從子坦成立。年六十三卒，乾隆四年旌。

陳孟麟聘妻翁氏　年十齡為養媳于陳。越二年，夫病痢亡。翁呼天號泣，儼若成人。及笄，兩家父母憐其年少，議更嫁之。則泣而以死自誓，乃止。事舅姑以孝。生平言笑不苟，雖兄弟相見，必正容肅對。晚年葬夫遺骸，號哭送窆，觀者皆為泣下。守貞五十餘年。

盧儼思聘妻沈氏　年十齡，許字盧。翁生甫官遵義府知府，歿後家甚貧，儼思因就傅外家，病歿。沈年十八，慟哭絕粒數日，強之食，乃服縗麻，日依靈次，以示終身無二志。後歸夫家，事姑盡孝，撫夫從子保士為嗣，守貞四十餘年。　以上乾隆十二年旌。

胡宏源聘妻孫氏　年十七，未婚聞訃，過門，孝事舅姑。姑歿，撫夫弟溶成立，守貞三十餘年。乾隆十四年旌。

生員姚培善聘妻黃氏　年二十一，未婚聞訃，奔喪。事舅姑以孝，撫夫弟培永子錫齡為嗣，守貞四十餘年。乾隆十八年旌。

何世培聘妻陳氏　年十七，未婚聞訃，誓欲奔喪。舅姑知其志不可奪，乃迎以歸，哀毀成服。以夫從子如鏞為嗣，守貞二十四年卒。乾隆二十四年旌。

顧玉山聘妻王氏　年十六許字。未婚，訃至，痛不欲生。母周許以守志，乃脫簪衣布，誓無二心。越數年，舅昂歿，王奔喪成服，哀毀盡禮。後夫弟蕊芳生子萬資，撫以為嗣。守貞二十二年卒。乾隆三十八年旌。

舉人翁光遠聘妻韓氏　光遠改籍大興，乾隆甲子領順天鄉薦，乙丑奔父喪歸，服闋而歿。韓年二十六，聞訃，奔喪，矢志不二。孝事祖姑及姑，撫嗣子敘讀書成立，守貞三十年卒。乾隆四十六年旌。

吳嗣荃聘妻劉氏　年十八許字吳。二十三聞訃，製服往哭。或以未成婦諷，對曰："納吳氏幣，即吳氏婦矣。豈以未成婚異乃心乎？"守貞三十年，卒，與夫合葬焉。乾隆五十九年旌。

戈某聘妻汪氏　汪沛侯女。幼字戈。戈殀，父欲另字。汪瞿然曰："豈有一女而許兩姓者乎？"更其衣，衣麻，徑往戈宅，拜其夫靈。再拜翁姑，遂留守制。戈家貧，輒以鍼指紡織之資佐之。年二十餘，病瘵而殂。

施某聘妻屠氏　某病，日者曰得喜，可愈。遂令屠過門。期月，某死，屠猶未廟見成婦也。後姑亡，歸養母家，守貞終身。

徐貞女　名春梅，曹璿婢也。璿夫婦相繼亡，遺子女二人，皆幼。春梅年二十餘，不嫁，以撫璿子女。璿家貧，僅存薄田九畝。璿兄屢逼嫁之，志益堅。勤苦十餘年，為璿子女婚嫁畢。子女有過，涕泣勸導。年五十八[1]。

陸潛默聘妻過氏　幼喪母，適陸，為養媳。靜默寡言笑。陸殤，過抑鬱飲泣，尋卒。合葬于六里墩。

劉某聘妻曾氏　劉，海鹽人。甫弱冠，以羸疾亡。曾聞訃，不食累日。請于父母，送劉葬，憑棺一哭，因乞廬墓，不許。久之，罹奇疾，卒。

胡迂衡聘妻劉氏　性至孝。少字胡右宏子。未婚夫亡，誓不改適，茹素終身，年八十餘卒。

沈本然聘妻陸氏　未婚夫亡，遂往夫家，獨處小樓，屏去服飾，歷四十餘載。事舅姑生養死葬，無不盡禮。邑令表其門。

陸某聘妻黃氏　未婚聞訃，即號泣奔喪。既葬，獨居一室，歷五十餘載。其婢為所感，亦終身不嫁。

劉某聘妻吳氏　父楫，許配劉氏子。父母亡，依叔父居，紡織自給。劉氏子亦貧困，遠遊，歲久不歸。吳年幾三十，劉子音信仍杳。吳叔父已歿，遂至夫家，以盡婦道。紡織所出，為夫弟婚娶。又念父無子，力營兩世窀穸。年五十卒。

江燿武聘妻陸氏　夫亡，陸欲奔喪，為親長所格。有乞姻者，至絕粒五日乃止。父母歿，歸江。越明年，疾作而逝，乃合葬焉。

袁御龍聘妻楊氏　楊魯占女。幼字袁。未婚夫亡，父將更適之。楊哀號誓死，父遂不復言。楊杜門斷髮，守貞十餘年。卒之日，涕泣告請合葬袁氏子墓。

顧立山聘妻吳氏　幼許字顧。顧亡，吳年二十二。兄欲更嫁之，誓死不從。夫兄岳山妻袁氏釐居，憐其同志，迎以歸。孝事舅姑，及歿，與袁拮據喪葬。撫嗣子宏木成立。吳年六十卒，袁至七十餘乃卒。

馮千鶴聘妻錢氏　嘉善錢應綸女，年十六許字。未婚聞訃，矢志守貞。越三年，母病歿，錢却飲食死。馮氏哀其志，迎柩合葬焉。

馮錫祚聘妻張氏　年二十三，未婚聞訃，奔喪。事翁姑甚孝，撫九齡嗣子思禮至于成立。守貞三十六年卒。

馮如錫聘妻潘氏　年十八，未婚聞訃，慟哭嘔血，改服縞素。依兄正宏以居，兄歿，復依姪世澄。馮氏義之，為立後，延之歸，屏居小樓，戚族罕覲其面。守貞三十一年卒。

戈南吉聘妻馮氏　南吉居父喪，哀毀歿。馮年十九，聞訃，絕粒三日，遂往奔喪。立從子君錫為嗣。葬後，仍歸依父母。父亡，馮慟絕，復甦，遂得心疾。越二年卒，嗣子奉柩與南吉合葬焉。

王某聘妻王氏　年十九，未婚奔喪。事翁盡孝，十八年如一日。翁歿，歸依母家，守貞二十八年。

高楚玉聘妻顧氏　年二十一，未婚訃至，痛欲奔喪，父母諭止之。遂長齋素服，在室守貞。父母繼歿，依其弟德均以居。年七十餘卒。

張兆清聘妻李氏　年二十，未婚聞訃，過門。以夫從子琦為嗣，教之讀書游庠。琦早世，撫孫忠。辛勤持家者五十年。

陸聲遠聘妻金氏　蘇州人。幼許字陸。未婚夫亡，金年二十三，號哭奔喪，事姑袁盡孝。姑歿，殯殮盡禮。歲壬午，營葬五棺于祖塋側，金年五十。後積勞成疾，雙目皆瞽。近族無可依，乃與寡妹王金氏同居，守貞四十餘年。

朱八慶聘妻蔡氏　年十三，為養媳。十五夫亡，誓不再適。營葬翁姑。幼叔裕隆，庶姑嚴出也，嚴死，蔡撫之成立。守貞三十四年。

劉剛中聘妻朱氏　年二十五，未婚聞訃，痛哭矢志，依父母以居。母歿，兄欲奪其志，不可。已而聞夫弟震中殤，近族無可嗣，乃往經理殯殮。仍歸，紡織度日，積數年，始克葬其夫。守貞二十六年卒，剛中從兄九錫為迎其木主以歸。

李清聘妻陸氏　年二十，未婚聞訃，遂服衰絰過門，敬事舅姑，始終不倦。學使王杰給"松筠節操"額表之。守貞三十餘年。

潘東明聘妻陸氏　陸變昌女，幼字潘。未婚，潘客京師，久不反。變昌家故貧，陸日勤女紅佐之。及父卒，戚族議更嫁。陸曰："許潘，父命也。敢有二志？且潘若在，生還有日。如其已死，吾忍背乎？"其弟紹堯妻俞氏年二十三寡，共處一室。以貞節相勖。陸守貞至六十八卒。

陳大經聘妻俞氏　幼字陳，爲繼室。未婚夫亡，俞年二十一，矢志守貞，遂易服奔喪。舅家貧，姑多病，謹事二十年，以孝稱。撫前子長大。後子、婦相繼歿。俞家徒壁立，惟與一婢相依以老。

沈謙益聘妻徐氏　年十九，未婚聞訃，泣語父母曰："聞沈無兄弟，兒若不往，誰奉侍者？"父母以其志堅，從之。既奔喪，善事舅姑。及歿，親營窀穸，葬夫于旁。年五十一卒。

王貞女　張兆麟妻媵也。兆麟將納之，尋歿。遺子二女一，王年二十三，代爲撫育。族有逼之嫁者，誓死不移，操家勤苦，拮據婚嫁。年五十六卒。

范璠聘妻陳氏　少失怙恃，育于寡姑。年二十三，許字范。明年夫亡，矢志不移。越四年，翁姑迎以歸。守貞已三十七年。

張世傑聘妻陳氏　年十七許字于張。是年夫歿，訃至，陳絕粒數日。父母慰諭之，乃奔喪成服。家貧，勤操作以養姑。守貞三十二年。

監生龔廷林繼聘妻黃氏　年二十七許龔爲繼室。聞訃哀號，誓以身殉，母陸防護之。乃請于父，奔喪成服。事本生姑張盡孝，撫元配徐氏子文烈，繼配李氏子文燕、文然。守貞歷二十年。

生員劉昕聘妻王氏　幼聰慧，讀書知大義。《孝經》《女論語》《女誡》《列女傳》諸書，無不通曉。年十七許字劉。時劉攻苦勤學，體羸弱多疾，久不議婚。越七載，婚有日矣。卒以羸疾療治不起。王一聞訃至，即欲親視含殮，夜半籌燈，手製喪服，告於父母。勸止之，不可，遂奔喪，撫棺長號，絕而復蘇者再。舅姑愛憐之。王侍左右，彌盡孝敬，族黨以爲賢，立從子爲嗣。以《孝經》口授之。

許汝溶聘妻郭氏　年二十，未婚聞訃，即欲奔喪，爲戚族所阻。依兄嫂居十年。翁憐其意，迎之歸，立汝溶從子佳木爲後。守貞已三十三年。

朱士模聘妻劉氏　年十六夫亡，聞訃慟哭，欲往視含殮，父母勸止之。劉乃衣縞素，獨居一樓，戶外不聞言笑。年三十三，翁錫祚歿，劉即奔喪成服，事姑恪盡婦道。邑令黃嵩齡表之。

范儀瀠聘妻顧氏　未婚夫亡，聞訃慟絕，復甦，矢志守貞。　以上伊《志》。

監生何榮聘妻孫氏　年十八，榮歿。聞訃，奔喪。姑趙氏亦節母，事之曲盡婦道。夫兄子文煥生甫三日，即撫以爲子，教育兼至。旋以子銜敕封安人。勤儉操作，于親族之不給者，時多賙恤。撫長孫紹瑾，亦親自課讀，得膺鄉薦。氏年逾耄耋。嘉慶十四年旌。

儒士徐玠聘妻張氏　年二十，玠病歿。聞訃，號慟，矢志不二。即歸徐氏，撫棺一慟，既絕而甦。姑患病，衣不解帶者三月。後撫夫姪金緩爲嗣，十七而殤。族中無可推繼，終日號泣，聞者傷心。守貞二十八年卒。嘉慶十六年旌。

儒士高洽聘妻葉氏　年十六，洽卒。氏聞訃，奔喪，矢志守節，撫夫姪廷瓚爲嗣。守貞四十九年卒。

高沆繼聘妻郭氏　年二十九，沆患病不起，聞耗，趨視，僅獲一面而沆沒。氏即矢志守貞，撫前氏子廷璨，爲之娶媳生孫，長孫一諤後登丙子鄉薦。守貞三十一年。嘉慶十九年旌。

盛均聘妻陸氏　年十八，均歿。氏矢志靡他，即歸盛氏守貞。善事其姑。夫姪際康甫離襁褓，即撫爲嗣。稍長，教之綦嚴，不少寬假，際康卒能成立。道光二年旌。

尹達孚聘妻楊氏　監生楊鵬九女。年二十三，達孚故，矢志不嫁。旌年七十三歲。已守貞五十一年。道光十五年旌。

鄒士祥聘妻倪氏　方叔女。年十八，聞士祥卒，女欲往服喪。母固不許，乃毀容矢志。家素貧，以女紅自給，餘助其兄。守貞四十六年。

戈守禮聘妻趙氏　庠生戈秦勳子也。字守禮，早慧而夭，趙年十九，聞訃，即欲奔喪，父母勸止之。越數日，不食死。

蔣杙聘妻孫氏　杙于婚之前月卒。氏聞，請于母，願奔喪守志，蔣氏以貧故，緩之。氏截髮，不出閨閫五年，得咯血疾,卒。

陸七聘妻周氏　年二十八,陸未婚而亡。守貞于家四十一年卒,年六十九。　以上于《志》。

朱觀漢聘妻吳氏　增生昶長女。幼字朱。未婚夫亡,女聞,欲自盡,父母力止之。乃泣請曰:"兒已許朱氏,當即歸朱家守志。"父母勸其姑緩之,乃易服去飾,在家守節。越七年,始抱主成婚。翁姑時已歿,每歲時,必出紡織賚,以祭其夫。值忌日,恒慟絕復蘇。嗣子楠尚幼,親自課讀,不啻嚴師。咸豐元年旌,時年五十一。

朱福城聘妻徐氏　農家女也。未婚夫殉粵匪難,女聞,欲從之,父母力阻乃止。自誓不嫁,抱主成婚。勤操作以給薪水。守貞已十四年。

陶財源聘妻胡氏　光緒二年旌。

章笠漁聘妻許氏　二十四歲,未婚夫亡。聞訃,請衰經,奔喪。兄嫂力止之,不可。拜廟受笄後,即矢志茹蔬。上事舅姑,下撫嗣子克勤、克儉。守貞已三十二年。

陳念祖聘妻韓氏　韓尚賢次女。二十歲,未婚夫亡。聞訃號泣,欲奔夫家守志。陳氏憫其年少,未之許。女遂在家誓守,墨經茹素,矢志靡他。旋以悲痛嬰疾,越五年卒。

吳蔭庭聘妻陳氏　陳德祚女。二十一歲,未婚夫亡。訃至,欲奔喪。父母止之,即號泣絕粒,許以不奪志乃已。後終父母喪,笄而歸吳,年已三十四矣。吳族議立姪爲其後,氏布衣蔬食,以鍼黹賚,時買魚鳥等放生。吳氏家日落,氏典簪珥,爲嗣子娶婦。守貞三十年。

胡廣漢聘妻程氏　二十九歲,未婚夫亡。過門守節,以夫兄次子璆爲嗣,布衣蔬食終身,守貞四十七年。

伊勤姑　監生伊似川妹,守貞不字。卒年六十八。　以上新纂。

陸老姑　清溪農家女。父母歿,年已踰笄,助兩幼弟支門户,率之耕耨力作。有求姻者,輒涕泣不食。弟壯,有室,姑督之嚴。寖惡之,潛鬻於太湖漁户,偽爲就焚香穹窿山,載與俱。及覺,泣投湖,爲他船救援免,尋脱白尼庵。見諸尼跡穢,難與偕。當湖宦婦某憐縈煢獨無依,爲覓乍浦鎧光山之北草庵,俾往居之,持誦佛號,終其身。　《白鵠山房集·書事》。

【校注】

[1] 年五十八:據文意,"八"後脱"卒"字。

石門縣

明

吳玠聘妻張氏　未婚夫亡,張乞視殮。既至,毀容斷髮,死守吳門,父母弗能强。玠有妹與嫂相激厲,亦没齒不適人。

國　朝

范懋英聘妻沈氏　年十八,聞訃,慟絕而蘇。遂過門,奉姑撫從子爲嗣。乾隆三年旌。

祝昌宗聘妻錢氏　年十九,未婚夫亡。衰經奔喪,以死自誓。姑病,刲股以療。立從子咸章爲後,早殀。復撫咸章弟咸慶成立。守貞四十年。乾隆十一年旌。

錢念劬聘妻陳氏　年二十二,未婚聞訃,倉卒奔喪。姑泣曰:"吾煢婦也,貧無立錐,難以自活,安能活汝耶?"陳曰:"婦十指所入,足以給薪水,無慮匱乏。"于是日夜紡績奉姑,又積餘資營葬其舅與夫。撫從子某爲嗣,勤劬備至。守貞三十八年。乾隆十四年旌。

朱璜聘妻沈氏　未婚聞訃,沈方紡績,斷績大慟,衰經往哭,父母不能奪其志也。乾隆二十五年旌。　案《採

《訪册》又有朱璜聘妻沈氏，其事蹟云："沈淶生女璜，幼失怙恃，就學于婦家。弱冠爲諸生，婚有期而璜病殁。訃聞，沈奔喪，過門，絕粒者數四，長者慰勸之，乃竭力孝養。其後，舅姑與夫及父母之葬，俱以一身營之，人稱其孝云云。"未詳是一人否？附書于後，以俟再考。

陸某聘妻顏氏　名雪姑，陋巷村顏志曜女。未婚夫亡，顏矢志，守貞四十餘年。同時陸自顯女，許字陳莊沈某，亦未婚而殁，陸往視含殮，即留其家，閉門茹素終其身。

魏君瑞聘妻施氏　農人施裕泉女。未嫁而君瑞以遠商卒于道，時施年二十一，斷髮自誓。勤紡織以奉母，歷四十餘年。

勞之芳聘妻管氏　海寧人。將請期，之芳卒。聞訃，一慟幾絕。請衰絰往哭，父母難之。請死，以骨往殉。父母乃許其過門，號泣擗踊，誓不欲生。乃嗣夫弟之裕子綸爲後，娶談氏，平湖進士談允誠女。之裕病篤，談虔禱于神，獲痊。勞氏一貞一孝，人咸稱之。

聞光大聘妻沈氏　年十三爲養媳。未婚而光大殀，父令再適，號泣不從。撫立從子，又死。勤苦操作，以奉舅姑。年七十卒。

胡君卿聘妻李氏　乾隆丁卯秋，婚有期，而夫暴亡。李年十九，奔喪號慟。事舅姑盡孝。守貞至三十六卒。合葬于君卿之墓。

馬桓武聘妻洪氏　未婚夫殁，洪大慟，請于父母，纕絰往哭，誓死靡他。訓繼子焕綸入泮。嘉慶十七年旌。

許作霖未婚妻陳氏　年十九，作霖身故。聞訃，奔喪成服，上事媳姑，下撫繼子。其姑得享餘年，每言其媳之孝云。矢志守貞節，已二十五年。

趙思成聘妻謝氏　名馥，謝邦年女，幼許字趙。未婚，思成遠遊不歸。女年踰三十，父母欲改擇壻，矢志不從。父母殁，依兄以老。

張鳳羽聘妻范氏　名孝儒，范經綸女。未婚，鳳羽卒，女年十六。訃至，欲奔喪，父母多方勸止。既而憐其年少，私議擇配。女偵知，潛出赴水，以救得免。親殁，脫簪珥，助弟營葬。年五十五卒。夫弟以子爲鳳羽後，并迎柩合葬焉。

譚叙三聘妻施氏　未婚夫殁，欲奔喪，父母力沮。女曰："生爲譚氏人，死作譚氏鬼，吾之志也。"遂歸譚，事舅姑孝，撫姪爲嗣。旋以悲痛嬰疾，越五載卒，時年二十六。

沈貞女　名金姑，沈蓮芳女。幼字某。將婚，夫卒，沈年二十。痛欲奔喪，父母止之。遂在家誓守，素服終身。

葉某聘妻勞氏　生員勞十棟女。未婚夫卒，誓不改配，苦志守貞。旌年七十八。

陳兆熊聘妻袁氏　年二十，未婚夫殁。聞訃痛哭，歸陳守志。孝事舅姑，撫從子成立。旌年七十一。

張聖祥聘妻楊氏　楊守成女。未婚夫殁，女年十七，守志不嫁。旌年六十四。

俞貞女　俞廣年女。年十八，父母相繼殁，幼弟甫十齡，矢志不嫁，撫以婚娶。嗣弟又病故，遺半歲孤姪，撫之成立。旌年五十八歲。

桐鄉縣

明

戴禹功聘妻陳氏　年十七，夫亡奔喪，抱尸而哭，親爲夫殮。越三日，請于翁姑，笄而拜廟，執婦道，獨處小樓，日習女紅爲生計。邑令蔡時鼎、高梅先後表之。

莊大成聘妻蘇氏　年十四，未婚夫亡，矢志守貞。翁姑以禮迎歸，拜廟受笄，坐臥一室，不窺戶庭者五十餘年。邑令譚承詔、楊兆斗[1]俱表之。

張沖和聘妻周氏　年四歲許字于張。父母殁，育于外祖家。以張貧，更許他姓。及長，將婚，周奔歸，抱父木主泣曰："父命許張,奈何以貧廢命?"挾利刀,訴之官。官爲動容,卒守初約,人稱其貞孝。

朱應宿聘妻楊氏　　未婚夫病篤,翁紿之來。閱三月未成婦,夫亡,翁姑繼逝。力營三葬,守貞數十年。

韓氏二貞女　　父某性僻,不令出嫁。二女從父命,終其身。長年八十餘,次年七十餘卒。

【校注】

　　[1] 按:本《志》卷四十《官師表·桐鄉知縣》:"(天啟年)楊兆升,字升之,常州進士。"光緒《桐鄉縣志》卷八《職官·知縣》:"天啟七年,楊兆升,字升之,南直常州人,進士。"康熙《常州府志》卷十六《選舉一·進士》:"天啟二年壬戌文震孟榜　楊兆升,禮科給事中。"故"楊兆斗"是"楊兆升"之誤。

國　朝

蔡昇猷聘妻施氏　　大吳村人,幼字于蔡。未婚聞訃,施即衰絰往,慟哭之。素幃獨處三十餘年,年八十五卒。乾隆元年旌。

沈貞女　　幼許某。未婚聞訃,即縞素奔喪,斬衰三年,事翁姑曲盡孝養,未幾卒。

張起龍繼聘妻朱氏　　年二十五,未婚夫亡。父維新欲爲更配,朱扃處一樓,截髮自矢。越十八年,父歿,既葬,起龍前妻子之玫迎之歸,守貞四十一年以上。乾隆二十三年旌。

貢生陳寀聘妻濮氏　　名蘭年,十四許字。未婚聞訃,濮年二十一,誓不另字。夫家聞之,迎之歸,守貞四十一年。乾隆三十九年旌。

周冕聘妻錢氏　　監生錢清女,許字青鎮周冕。未婚冕卒,錢年十六,守貞母家,至七十卒。

范戀聘妻沈氏　　庠生沈樞女,許字訓導范道岸孫戀。未婚聞訃,號泣奔喪。姑田氏已年老,賴沈侍養,守貞數十年。

沈崐英聘妻陸氏　　年二十三夫亡,陸欲奔喪,父母不許。絕粒數日,又自縊,幾死。遂歸沈,終身縞素,孝事翁姑。年六十八卒。

監生金梁聘妻戴氏　　婚有期而夫亡,戴告父母,斬衰往哭。請于舅姑,撫夫弟之子爲嗣,守貞誓死不嫁。

沈某聘妻夏氏　　沈星來之弟以夏爲養媳,而不容于繼姑。其夫孝,恐違繼母意,遂出不返。夏亦誓不他適,守貞以卒。

管某聘妻王氏　　未婚管歿,守貞終其身。

徐貞女　　未婚守貞。徐工詩,家貧,授女弟子以老。參李《志》《桐溪詩述》。

徐衡銓聘妻陳氏　　幼爲養媳。夫亡,孝養舅姑,矢志誓守貞節,歷四十二年。學使阮給"節堅貞璞"額以表之。

姚啟棠聘妻沈氏　　沈子發女。年十六,未婚,夫久客不歸。沈守貞六十餘年卒。

胡耀寰聘妻周氏　　周建中女。年二十一,方議婚而夫亡,周毀容臨奠,守貞四十年卒。

徐世元聘妻張氏　　幼爲徐嚴章子世元養媳,未婚而世元歿,張矢苦志,奉媚姑姚,守貞五十五年。

沈元發聘妻張氏　　希賢女。未婚夫亡,氏聞訃,心裂,蒙被而臥,絕粒數日,父母詰之,則曰:"兒願奔喪守志,不然有死而已。"父母許之。詣沈述氏志,沈迎女歸,憑棺大慟,幾絕。尋立族子爲嗣。氏教養如己出。年二十八卒。守貞八年。

費大麟聘妻徐氏　　夫隨父遠名之襄陽雙鈎鎮巡檢任所,病亡。徐聞訃,哀慟,誓不再適,年八十五卒。學使王杰表其閭曰"閫閾完人"。

鍾某聘妻沈氏　　年二十六,未婚夫亡,遂至夫家守貞。年六十二卒。

宗尚德聘妻張氏　　年二十,夫亡,奔喪成服。年五十三卒。學使竇光鼐給額曰"志堅金石"。

莊德馨聘妻倪氏　幼爲養媳。年十六，未婚夫亡。或勸其改適，倪矢志，奉侍寡姑，守貞三十餘年。

朱廷儒聘妻張氏　幼爲養媳。年十七夫亡。張誓不他適，守貞以終。

沈增聘妻江氏　增以痘殤，訃至，江悲痛絕粒，母泣慰之，勉進醨粥。逾年有議婚者，江聞又絕粒。舅姑聞其義，迎歸。守貞三十三年。嘉慶十七年旌。

程世佑聘妻沈氏　夫故，歸程，守節二十年歿，年四十七歲。道光十六年旌。

徐埔聘妻周氏　在家侍奉父母至孝。計守貞二十八載，歿年五十歲。嗣子寶鋒迎柩合葬。道光十七年旌。

張貞女　年十一爲養媳。未婚，其夫文璉以瘵疾亡。氏年十五，誓不他適，守貞十一年。

朱貞女　幼字張元掄爲養媳。未婚夫亡，誓死靡他，恪遵婦道，撫嗣成立。守貞四十三年。

曹佐春聘妻方氏　西蜀參將方學沆次女。未婚夫亡，矢志不移，茹素終身，年四十八。

蘇薔聘妻呂氏　幼爲養媳。十九歲夫亡，欲以身殉，爲姑所沮，貧苦守志。旌年五十二。

李貞女　幼字胡某某。未婚夫故，守貞以歿。

楊順傑聘妻袁氏　袁書充女。年五歲，未婚夫亡，欲奔赴從死[1]。父母泣止之。誓志苦守。旌年五十三。

舉人許杓[2]聘妻陸氏　四川雅州知府陸元鉉女。二十六歲字菱湖孫杓。是秋領鄉薦，春闈報罷，即病亡。女聞之，潛取約指金環吞之，一晝夜不死。復投繯自盡，家人聞聲起救，逾時始甦。允歸孫氏守節，乃稍進飲食，縞素成禮。先是，女母鄭氏病危，女割股和藥以進。歿後，日侍靈帷，一如母在。節孝兼至，歿年三十六。

沈大姑　自幼鬻於陸姓爲婢。家主早故，事主母極謹。年長，主母欲嫁之，自言願隨主母以終。老人因以大姑稱之。主母歿，無後。大姑爲之殯葬，貧無所依，爲人挑水以自活。撫異姓子天如爲嗣。卒年六十二。

嚴以仁聘妻朱氏　幼爲養媳。十六，未婚夫亡，慟絕復甦者再。翁姑許以抱木主行禮，遂上笄以成婦道。立姪禮耕爲嗣。旌年四十一。

胡兆庭未婚妻朱氏　幼許胡爲養媳。年十三，兆庭病故。翁父議字他姓，女聞之，絕粒不食。許以爲嗣乃已。居家孝翁姑，勤紡績，餘資以營殯葬。卒年七十有一。

李英聘妻沈氏　文源女。未婚夫亡，素服奔喪，撫嗣子錦標爲後。年三十二。

張宗堂聘妻沈氏　德明女。未婚夫亡，誓死守貞，年二十八卒。

濮嘉珍聘妻吳氏　童養夫家。二十一歲，未婚夫亡。母欲迎歸，矢死不從。孝事翁姑，矢志守貞。撫嗣子慶福成立。卒年七十四。

沈貞女　青鎮人。字某氏。未婚夫亡，聞訃往，成婦禮。守貞以終。

朱鳴盛聘妻蕭氏　未婚夫亡，即易服登門，朝夕擗踊。翁憐其志，以長孫克紹爲之後。守貞二十年。

陸某聘妻顏氏　陌巷村人。名雪姑。未婚夫亡，矢志守貞，四十餘年。

沈某聘妻陸氏　陳莊人。未婚夫亡，氏往視含殮畢，即留其家，閉戶茹素以終。

楊煥聘妻翟氏　十九歲，未婚夫亡。氏聞訃奔喪，截髮明志。立夫姪大培爲後。守貞五十五年。

胡君卿聘妻李氏　十九歲，未婚夫亡，女聞訃，欲奔喪，父母難之。女曰：“委禽之先，惟父母命。今日非父母所能制也。”翁姑禮迓之，女亦奉事維謹。守貞十八年。　以上見桐鄉李《志》。

沈氏　國子生徐晞女，字沈氏。未婚守貞，依膝下十年。父歿，積刺繡資，爲刊《赤巖詩遺》問世。《檇李詩繫續》。

徐天錫聘妻程氏　名珠姑，二十五歲字歸安徐天錫。因多故，未嫁。道光六年，天錫亡，女時五十二。守貞三十五年。

錢貞烈女　許字嘉興某氏子。未婚而某氏子卒，女以父老無子，誓不嫁，以奉親。除簪珥，去華飾，已有年矣。突有委禽者至，女知父命不可回，題《絕命詞》一首，即以某氏原聘紅絲自縊。　吳履旋《聞見錄》。

顧貞烈女　名季縈。府學生顧漢女，字烏程庠生張廷芝子九彰。九彰卒，訃聞，女哽咽垂絕，保母强慰曰："猶幸未至張門。"女起作色曰："我生平用一器一席，尚不欲妄，更況此身乎！"無何，女有大母之喪，廷芝來設奠，女即於是日自經臥室。家人檢其遺篋，得所著《薄命賦》《絕命詞》，哀愰不可卒讀。女時年二十一。　吳履旋《聞見錄》。

施貞女　幼字魏塘瑞君。瑞以尋親死于四川。訃聞，女即卸鉛華不御。旋女父欲他字，女誓死不二。事父母以孝聞，年至八十九卒。學使姜棣給"幽貞純孝"額。

陸聖聘妻周氏　十六歲，未婚夫亡。氏聞訃，奔喪。侍奉翁姑，守貞已二十五年。　以上新纂。

【校注】
　　[1] 年五歲：據文意，"五歲"是"十五歲"之誤。
　　[2] 按：下文言"字菱湖孫杓……允歸孫氏守節"。光緒《菱湖鎮志》卷二十《選舉·舉人》："嘉慶十八年癸酉科　孫杓，順天中式。"光緒《桐鄉縣志》卷十八《列女下·貞女》："舉人孫杓聘妻陸氏，爲《宦績傳》陸公元鋐幼女，生性至孝……（嘉慶）十八年，氏年二十六歲，許字孫氏，是年杓即中式京兆，次年春闈報罷，旋以病亡。"故"舉人許杓"是"舉人孫杓"之誤。

列女烈女

嘉興縣

元

柳烈女　至正間，紅巾賊陷嘉興。女年十八，與父母同匿，爲賊所得。女號曰："若欲何爲？"其母曰："欲妻汝，汝善事之。"女曰："若然，無捽我，我乃行。"兵驅女前行，至河滸，女紿爲結襪狀。兵不爲防，遂投河死。明金綱《記》。

錢氏二烈女　錢子順之二妹。紅巾賊至其家，二女義不受辱，相與結裙裾，投河死。

明

張于拱聘妻包氏　于拱，張鳳嗜子。未婚，包之戚有貴人者，嘱張貧，屬更牽絲，張不敢抗。包紿其女以張郎死，女不語。遂入房稱病不出，絕粒七日而死。上下衣皆自縫，書于襟曰："必葬我張氏之壟。"

錢某聘妻朱氏　年十九，未婚，聞訃，即欲殉死。時母已病革，旋歿。女侍母殮畢，語其兄曰："妹錢婦也，願死從之。"不食五日，卒。舅家遂合葬焉。每于霜天曉月，見二白鳥飛集冢樹，里人異之。

胡烈女　乙酉城破，與父愛橋俱被執。至衆安橋，不能行，兵迫之。紿曰："釋我父，從汝。"父既釋，行已遠。佯言繫履，投水死。

國　朝

陳學澍聘妻楊氏　楊汝雯女。幼婉淑，通《詩》《書》，事親至孝。許字于陳。未婚夫亡，女擬奔喪，兄阻之。居二載，女絕粒七日，遣婢迎其姑至，奉歸聘物。并告兄割父所許奩田屬姑，爲他日立後計。遂吞鉛粉死，時年二十四。乾隆八年旌。

張載揚聘妻陳氏　名文姑。陳國英女。許配于張。年十七，未婚卒[1]。文姑聞訃，悲泣往視其殮，歸即自經死。

李某聘妻樊氏　小字婉婉。梅里樊晉胘女。性聰慧，熟精女史，未嫁而李卒，女數日不食，作《絕命詞》，自縊而死。嘉慶十九年具題給匾。

生員王某聘妻高氏　生員高鴻女。母早亡，事鴻至孝。許字王氏子。未婚而婿幾陷獄，女驟聞，而投杼曰："我少失恃，今又失所天，不若從母于地下矣。"遂吞金死。《輓貞録》："烈女，死于康熙十八年己未六月六日。"

王元宰聘妻潘氏　年二十，夫亡。父母苦貧，另爲擇配，不令潘知。屆期迎娶，强之登輿。潘竟經于輿中。康熙六十一年事。

張陶菴聘妻嚴氏　未婚，過門守貞。三年服闋，絕食七日死。

張某聘妻曹氏　曹店村曹成章女，許配張。張殀，女誓以死殉。父母防之密，乃屏華飾，服縞素以明志。父母防稍疏，乘間自縊。死年二十三。

陳烈女　《節孝録》："聞訃，吞金死。"

杜烈女　《梅里志》："聞訃，絕食死。"

高烈女　何《志》："聞訃，自經死。"

李烈女　梅里李鋐女，許字錢氏子。婚有期，而錢殁，父母不使女知。一日，女聞之，即手製白衣，不食七日死。臨絕，告父母必以衰麻殮我，里人哀之。

陸焜聘妻朱氏　早喪母，無兄弟。父履仁客死富陽，朱日夜涕泣，願往負父骸骨。其叔履端感之，即往富陽扶履仁櫬以歸。女親自負土奉母合葬焉。乾隆三年，夫亡，欲往持服。叔不許，女自經，急救得不死。已乃詣陸守貞，事姑甚孝。姑殁，遂絕食死。時年二十五。

錢璞堂聘妻李氏　將結褵，夫亡。有戚族洩其事，女不食七日，瀕死，就枕上叩頭，別父母，請以衰麻歛。一慟而絕，年二十五。嗣翁欽其節烈，迎柩合葬。立麗天爲嗣。道光三年旌。

張大本女大姑　幼字顧天錫子寅清。未婚，寅力學病故。女年二十，聞訃，求就顧守制，父母不許。悲慟數月，絕食而亡，時道光五年。

盛文元聘妻沈氏

馬鎧聘妻何氏　道光六年旌。

高殿秀聘妻鍾氏　鍾士驤女，許字。未婚，殿秀故，絕粒而死，年二十歲。道光十年旌。

監生周玉柱女五姑　女幼字汪新齋子理潭。未婚，潭病故，五姑年十四歲。聞訃，啜泣不已。隨母紡績，夜深人靜，解帶自縊，其貞烈如此。

汪四姑　年十八，許字秀邑楊世慶爲室。未經結褵，世慶病故。聞訃，痛切哀毀異常，誓不欲生。越數日，自縊身死。時年十九歲。

徐瑞珍聘妻金氏貴姑　道光九年九月十八日，瑞珍病亡，貴姑時年二十二。聞訃，即涕泣不食，其母慰諭之。十九日，母怪貴姑臥室門不啟，呼之不應，毀門視之，貴姑已縊死，上下衣履俱縫紝周密，急解救，已無及矣。徐氏宗族感貴姑貞烈，請于貴姑之母，即迎櫬與瑞珍合葬焉。

邑庠生王啟曾女　年二十五受聘海鹽任叔良。未幾，任病故，女矢志自守。旋有媒氏議別嫁，遂絕食而死。

王汝深聘妻伍氏　煥若女，未嫁夫亡。女知之，即誓死不食。母强之復食。踰半載，父母更許他姓。女閣樓扉自縊，急救得蘇。由是絕粒七日，不死，服鹽汁，吞鉛銅，咬斷腸花根，露受寒霜，引刀自刺，凡可以速死之具，無弗爲。俱以救免。後防稍懈，裂衣襟，續若繩，懸樓下死。時乾隆二十年六月，當盛暑，越三日殮，貌如生，蠅不敢近，距汝深死一載云。後里人欲具其事請旌，爲吏議所格，學院某顏其額曰"冰雪聰明"。

何烈女　名雲。父業賈，早殁。年二十，許字同里馬濂濂。以讀書攻苦，得瘵疾，逾年卒。家人密不以聞。女偵知之，即毀容涕泣，欲以死殉。母爲慰諭，且以己年老，女憬然曰："願侍母以終其身。"自是屏膏沐，不御紈綺，奉事如常。次年母殁，女益哀痛，卒哭。後促姊歸夫家，身衣衰絰，夜半自縊。死年二十二。道光六年七月日也。　以上于《志》。

陳文典聘妻張氏　聞夫訃，越四日，絕食而死。時年二十三。咸豐八年旌。

唐其聘妻王氏　　王舜濤女。未婚夫亡，聞訃痛泣，易服自矢同穴。父奪其志，改配徐氏，即自縊死。

張氏二烈女　　長字壽媛，字桐鄉陸費炳；次字景煖，字海昌蔣學濬。父慶榮，病風痺五年，侍奉有至性。家世詩書，喜聞講忠孝事。兄晉燮從戎，檄守德清縣鍾管各鄉，眷屬隨防所。辛酉七月，賊至，二女均出寓後門，匿樹陰下。辰刻，俱奮躍入河死。得旌如例。陸以湉撰《傳略》。

張七二姑　　附貢國楨女。咸豐庚申，新篁里遭寇警。幼弟先走避南德橋。女奉母命往視，至則猝遇賊，索簪珥，擲與之。賊欲搜其身，憤甚，赴水死。張晉燮《記略》。

訓導張以莊女錦華　　以下俱殉粵匪難。

布政司經歷何宗模女二姑、三姑、四姑

縣丞何宗楷女七姑

從九品祖汝瑜婢玉蓮、平安，生員沈茂勳女大姑

廩生馮柳孫妹四姑，女大寶、二姑

監生程光熊女引璋

生員孫福康女圓姑

監生張國望女永貞

生員沈德基女二姑

監生何魯卿妹大姑，女二姑、三姑、四姑

嚴開妹某姑

徐汝章女四姑

祖有榮女小姑

馮啟源女四姑

邱秉鈞女六姑

梅有仁女八姑

祖耀珍女大姑

祖世榮女寒姑

張老仁女大姑

戚寶馨女二姑

朱梅岩女某姑

倪菊人女勝姑、成姑

陳大名女大姑

顧大女四

周省三姪女三

朱方來女蘭姑

沈嘉崟女某姑

龔大觀女阿寶

毛五女美寶

高廷勳女某姑

金嘉禧女三姑

吳東材姪女大姑,婢順順

馮德齋女桂姑

蔣維新女大姑

倪炳文女大姑、二姑

姚漢承女六姑

倪廷璵女秀貞

陳正魁曾孫女璵寶、茆寶

莫宗培女幼姑

倪純碬女張倪氏

倪作舟女許倪氏

陸大姑

龔順天女金姑

沈大姑　　以上見《忠義録》已旌。

長垣典史張世椿妹閏姑

倪九姑　　以上採訪已旌。

俞球婢秋菊

周省之女某姑

張詒堂女某姑

張順順

王傳妹董王氏

王阿録

周遠香女招姑

俞洪範女某姑

蘇善溥表妹陳氏　　以上見《梅里殉難録》。

倪耕圃女秀貞　　未旌。

【校注】

　　[1] 未婚卒:據上下文體例,"卒"前脱"夫"字。

秀水縣

明

　　劉伯春聘妻張氏　　張組女。年十四受劉聘。夫少負才名,必欲舉于鄉而後娶。未幾卒。女號泣截髮,自爲詩祭之。持服三年,不踰閾,不茹葷。服闋,即絶食飲,旬日而卒。年甫二十。舅姑迎柩合葬焉。

　　周應祈聘妻項氏　　監生道亨女。許氏吳江周應祈。精女工,解琴,通《列女傳》,事祖母及母孝。年十九,聞周病瘵,謂乳媼曰:"未嫁而亡,當奈何?"曰:"未成婦也,改字無害。"女正容曰:"昔賢以一劍許人,猶不忍背,況身乎!"及訃聞,父母祕其事。然女聞吳江人來,已喻。祖母屬其母入視,女色甚温,母釋然去。夜,俟諸婢熟睡,獨以素絲約髮,衣内外悉以縞，而紉其下裳。撿衣物當勞諸婢者，標之名，列諸牀上。大書于几曰："上告父母，兒不得奉一日歡，今爲周郎死矣。"遂自縊。兩姓父母從其志，遂合葬焉。

　　包氏季女　李生委之禽，母兄嫌李貧，議他適，女遂憤懣，不食者七日。長姊力持七箸瀹之，未及咽而卒。

　　徐烈女　王江涇人。許字鼎室子。其父以醫致富，父死而產落。徐之父欲唉壻罷婚，壻亦甘焉。女潛知之，問父："計奩金幾何？予我，當從父。"授以百金。輒呼鼎室子，與之。抵暮，自經死。後以其柩歸鼎室子。

國　朝

　　葉時青聘妻汪氏　名桂芳，許字葉。年未笄，葉亡。汪以不得過門守貞，因作《絶命詞》二首，絶粒死。乾隆十八年旌。

　　楊浚聘妻沈氏　沈陛可女。年十四許字。越六載，夫以瘵疾亡。女聞，暈絶，急救方甦。女家近南湖濱，于浚殁之次日，攜小磨石繫身，投淵以死。時乾隆壬子閏四月事也。乾隆六十年旌。

　　沈守堃聘妻史氏　年十六許字沈。沈嬰疾旬日亡。訃至，女方刺繡，盡碎之。慟絶，七日不食。泣請于父母曰："誓不爲他氏婦也。"又謂其婢曰："我必歸沈，否則必死。"時屆酷暑，日方午，女攜水入卧室。有頃，不聞聲。一婢排户入視之，則已浴畢，整衣投繯，氣絶矣。時年二十。嘉慶三年旌。

　　濮廷松聘妻陸氏　性純孝。年十六，母患瘋癱，凡起居行動，悉力扶掖三年，未嘗厭倦。許字濮。成婚有期，而濮累亡。訃至，陸方執爨，聞變痛絶。既蘇，即除簪珥，衣素縞，望空長號。家人恐其殉身，多方防獲。未幾，陸含哀忍淚，潛入卧房，自縊死。時嘉慶三年正月二十日也。濮氏憐其志，含殮畢，即合葬于廷松之墓。嘉慶四年，具題奉旌。

　　王爾榮聘妻顧氏　幼喪父，隨母嫁于邱，許字長興王爾榮。未婚而寡，誓不再嫁。既而母改許沈氏，女整衣裳，服滿死，年二十四。將死，密戒隣母曰："我死，無受沈姓片楮污我。"及死，沈果來唁，隣家群起却之。時康熙己亥正月十九日也。

　　生員朱大年妻江氏　壬午鄉試，大年已首薦，爲主司所黜，遂抑鬱而歿。江即絶粒，吞金死。見《蔣鶴鳴詩集》。

　　祝成泰聘妻朱氏　朱桐女，夫亡，女矢志守貞，吞環而死。

　　沈文榮聘妻潘氏　早喪母，事父熊飛甚孝。同里沈氏聞其賢，聘之。未婚夫亡，潘請于父曰："義不可他適。"遂閉閣自盡。沈氏迎其柩合葬焉。乾隆六年，邑令董給"貞烈維風"額，以表其閭。

　　葛雪觀聘妻朱氏　孝廉朱以綸女。未婚夫亡，女年十九。訃至，旋屏飲食，竟以餓死。葛氏移柩合葬，遂女志也。

　　胡爾樑聘妻錢氏　名月芬。桐鄉錢紫司女。年十九聞訃，素服登樓，作《絶命詞》七章，自縊死。

　　姚文光聘妻沈氏　年十九，未婚聞訃，遂自縊死。夫家爲之治喪，迎柩合葬焉。

　　葛起雷聘妻朱氏　孝廉朱以綸女。乾隆丙子夏，起雷病亡，朱年二十六。請歸于葛，翁未之允。自夏迄冬，竟絶粒以死。

　　朱隴福聘妻諸氏　年二十一，未及成婚，聞夫故，稟母奔喪，未允。絶食自經。嘉慶十四年旌。

　　陳熠元聘妻張氏　年十九，未婚。于道光元年夫故，聞訃，捐軀自經。道光二年旌。

　　王大姑　王瑞興女，許字同邑陳玉珍。年二十三，未婚。玉珍故，聞訃，自經死。道光十年旌。

　　鍾某未婚妻吳氏　女父以鍾爲贅壻。尚未成婚。因鍾喜浪遊，欲逐鍾而另嫁女，女遂自經死。

　　楊堂聘妻沈氏　年二十，堂故，女守貞七年。父復爲議婚，遂自經死。

　　陳長齡聘妻王氏　年二十三，聞陳亡，下紲入閨，久之復出，紡織如故。迨深夜就寢，潛衣縞素，結束整齊，遂自經死。

　　沈守坤聘妻史氏　史家村人。觀察沈名世燾子婦，守坤年十九，以攻苦致疾死。女聞之，七日不食。哀毀過情，欲往壻家守喪。父母度其志不可驟奪，姑令從緩。後觀察聞女意，亦以禮却之。女知所願不遂，沐浴整衣自經死。

年甫二十。王公昶爲作《傳》。

嚴某未婚妻湯氏　年十三爲嚴氏養媳。嚴氏子素無賴。姑歿後，與女父母相商，欲另嫁女，女截髮以誓。復逼之，遂自經死。年甫十八。

章原姑　以上于《志》。

聞川鎮七烈女　沈姑，沈珊琿女。被賊執，佯不能行，令具舟，藉近水次，遂躍入死。黃七姑，監生鑑女，許字吳江陸昌沐。聞許先被殺[1]，更衣自沉南鏡蕩死。又若潘烈女家南張女，從家人舟居避西雁蕩，賊駕舟上流來，解懷中銀授弟，投巨浸死。王銘勳女，年尚穉，亦從之溺死。錢蘭庭女二寶，住大霜圩，遇賊投水，賊曳之起，伺賊隙，復沉河于死。至姓名並佚者有堂樓衖、南蕩灣兩女子被斫，俱投水死。　以上新彙纂。

儒童楊駿聘妻王氏　道光二十七年旌。

嚴泰源聘妻翁氏　二十二歲，聞夫訃，越五日，絕食而亡。咸豐八年旌。

王巧姑

巡檢汪伯勳女祥寶　以下殉粵匪難。

從九品潘增女大姑

舉人鄭觀濤女盛姑

增生朱廣熙女二寶

生員金振聲妹二姑，女六姑

生員朱心梅姊桂姑

生員錢煥女大姑

王承炯女大姑

倪竹舟女大姑

倪純蝦女大姑

王維增女巧姑

李景春女三姑

羅維寧女大姑

楊克和女大姑

張以莊女大姑

張巽權女大姑

翁小坡女某姑

王卓庭女五姑

錢蘭女二寶

沈珊遲女大姑

金大名女念貳姑

汪爾燅妹佳齡，女瑞姑

汪某女賜齡

張蘭溪女大姑

胡蓉境妹紹芬

沈貴瑚女寶珍

沈遇春女吟鳳

吳桂寶

何毓芸女大姑

沈攀龍女蘋姑、藻姑

褚湘姑

衛福姑

徐三姑

陳吉庭婢小姑

浦之陶女二姑

張某女大姑二姑

沈七姑

王五姑

楊遇春外孫女某姑

沈壽姑

朱壽楷女大姑　　以上見《忠義錄》,已旌。

生員吳蘋洲女四姑

高行忠女玲姑

楊富德女愛珠　　以上採訪,未旌。

儒童史英甫聘妻周氏　　副貢周榮椿女,年十七許字秀水史氏聘。氏舅史硯畦習申、韓,挈子英甫游幕渡江。咸豐庚申寇警,氏隨母避滬。旌聞勇與夫團防殉難,父母秘勿使知。氏檢書籠,得凶問,閉口僵臥,絕粒卒。　　新纂。

【校注】

　　[1] 按：據前"許字吳江陸昌沐"分析,此"許"當是"陸"之誤。

嘉善縣

明

錢某聘妻葉氏　　葉雷女。嘉靖甲寅,母子爲倭所執,倭欲辱其母。葉時年十七,紿以身代,求釋母。母得脫,遂罵賊,投吳家塘溺死。

曹相陛聘妻錢氏　　推官錢黯孫女。將婚,相陛亡,錢即欲自盡。以祖年九旬,慮傷老懷。又念母當侍奉,未敢殉死。後欲至夫家守貞,不果。值母病篤,遂乘間自盡。

朱令嘉繼聘妻屠氏　　諸生屠浚女。將婚,令嘉死。女哀慟毀容,屢欲吞環,爲侍婢奪阻,乃矢志絕粒。將卒,泣告父母,願遷木主于朱,遂逝。時年二十二。

國　朝

陸烈女　　許字蘇州生員張某。陸之父宦僕也,自慚非耦,將還張原聘,令字。女聞之,密縫衣裾,自經死。

顧某聘妻顏氏　　少失恃,依于兄嫂。康熙甲寅夏,顧父遣子就婚,其兄重索聘禮,且加辱詈,顏遂自縊。邑人哀之,徵詩記其事。

奚鍾瑛聘妻丁氏　清惠公七世孫女。未婚,鍾瑛死。女聞訃,一痛幾絕,願奔喪守志。舅姑辭以百日內安葬過門,女易服縞素以俟。舅姑終以女年尚少,有諷使另字之意。女聞之,忿甚,痛哭七晝夜,淚盡血枯,死,時年二十。

王球聘妻錢氏　錢士明女,許字楓涇王球。乾隆丁卯,女聞夫訃,即取定婚紅絹自經。時年十九。

蔣學洙聘妻沈氏　婁縣人。未婚,學洙死。女聞訃,遂絕粒以死。翁源德哀其志,迎柩與洙合葬。事詳《婁縣志》。

陶烈女　農家女也。其嫂亡,遺孩纔五月。女撫之,夜呱呱泣,漫以乳,使吮之,已而有乳。鄰有毀之者,女忍不校。踰年,兄又歿。族人為擇配,女涕泣不從。乾隆乙卯,遺孩八歲,自能飲食,女以謗言故,絕食死。以上于《志》。

劉烈女　漁家女也。未嫁夫亡,聞訃,即投江以殉。屍浮至夫家門首,屹立不移,因合葬焉。

顧烈女　從九品錢志方聘妻。夫以療疾亡,聞訃,痛哭幾絕。越數日,飲酖死。

金四姑　金部三孫女。幼字朱姓。聞夫凶耗,遽投河死。

山東管勾廳陳鍾書女佩蘭　以下俱殉粵匪難。

從九品徐樟女大姑

生員陸伯塤女寶琇

附貢陸伊勳女二姑

監生朱秋泉女大寶

郁叙奎女四姑

郁承勳女貞姑

程樾女大姑

黃耀耕女大姑

萬心銘女四姑

郁增卿女寶姑

姚堃女某姑

王勖夫妹二姑、三姑,女大姑

顧澄鑑女二姑

毛寶德女六姑

葉永堂女大姑

朱傳珍女大姑

謝長源女耿珠

沈生女大姑

沈文錩孫女阿珠

沈鐙女八姑

金紹昌女八寶

金增齡女大姑

羅焜女二姑

武廷模孫女寶姑

沈大官女貞姑

傅大觀女三姑

朱傳珍女大姑　　重出。

鍾大女大姑

儒童程椒甫女合寶

郁寶姑

汪二觀女三寶

卓世海女大姑

卓雲標女大姑、二姑

葉永堂女大姑　　重出。

卓九姑　　以上見《忠義録》,已旌。

廩生程光熊女引璋

監生王子淵女某姑

吳蓉塘女某姑　　青浦人寄藉。

監職黄紹良女三姑

謝某姑　　以上採訪,已旌。

增生李釗女七姑

汪光孝婢某姑

凌耀山女大寶

趙安民妹二姐

程熙春婢某姑

張桐鳴女大姑

朱松泉女大寶

王勖夫女大寶、二寶、三寶　　重出。

海鹽縣

明

陳某聘妻錢氏　　半邏錢君儀女,許聘于陳。陳初裕後貧,其姑不自檢。嘉靖庚寅冬,將婚矣。女歎曰:"盟不可變,義不可辱,吾有以死謝耳。"先期三日自縊死。

張某聘妻沈氏　　名雲。年十七,許聘于張。未婚夫亡,邑中聞其賢,争求聘。父母將許之,雲覺,投河死。嘉靖丁酉春也。朱朴作《烈女詩》紀其事。

千户胡獻奇聘妻徐氏　　學掾徐鳳女。夫領漕入都,約明年竣役成婚,竟客死邸中。訃至,徐慟哭,不食數日,縊死,時萬歷甲申十月也。

于氏女　　乙酉避兵,遇執不屈,兵牽其髮,引手奪之,遂被害。

國　朝

徐杼聘妻祝氏　　海寧袁花里人。諸生祝維馨女。及笄,許字徐。徐以力學得瘵疾,未婚而亡。祝聞訃,絶粒,父母告徐，諏日過門，時年二十七。事姑懂，姑遘疾歿，祝欲引決，宗長以兩世未葬，嗣子未立，勸勿死殉。祝收涕謝之。徐故貧，祝欲爲窀穸計，晝夜操作不輟。旋居父喪，哀毀成疾。歲丙辰，欲鬻産營葬，舅姑與夫衆尼之，不果。祝自裁之計始決，絕粒八日不死，乃投繯死。時四月初四日也。嘉慶二年旌。

李玉如聘妻陸氏　未婚聞訃，將歸李氏。父勸慰之，女度不能伸其志，乘家人不及防，荊釵孝髻，投河而死。

李可旦聘妻楊氏　可旦年少力學，將婚而殀。楊聞訃，絕粒死。

曹烈女　曹秉忠女。許字某氏。訃至，往哭而絕，少頃蘇。自經死。

林烈女　澉浦人。戚芸生詩云："痛心舉室媚金夫，百死休教白玉污。不少林間姑惡鳥，聽來海上尚慈烏。"

倪烈女　早失怙恃，依兄嫂居惟謹。迨兄嫂相繼亡，撫姪以延宗祀。後姪漸蕩逸，教之屢逆。女曰："吾之撫汝者，凡以爲先人也，今則已矣。"撫父母棺大慟，投海而死。

邵某聘妻黃氏　年十八邵訃至，哀痛欲絕。有另議配者，氏即不食死。邵氏哀其貞烈，迎柩合葬。　以上于《志》。

吳春林聘妻錢氏　生員鳳翔女，名月姑。年二十四許字吳春林。未婚夫溺死，月姑聞訃，即自縊，兄嫂救免。多方勸慰，志不稍渝。潛飲鹽汁，亦救治得生。越日，月姑衣衰服墜樓，破腦而殞。道光癸卯事也。

生員張南金聘妻朱氏　儒童吳咸淳聘妻方氏　吳春山聘妻錢氏　以上三人，道光二十九年旌。

陳烈女　名翠黛，陳宗女。

陳根生聘妻仇氏　名亭姑，許字陳根生。以上咸豐元年旌。

陳其澎聘妻顧氏　未婚夫亡，聞訃，誓不欲生。母勸慰之，乃止。母歿，其叔勸其擇姻，竟仰藥死，年二十。

陳氏　名貞儀，字敬卿。朱庚康聘妻。咸豐十一年，賊搜海鹽，欲掠以行。環刃相脅，貞儀罵賊，被戕。兄德牲，妻王氏，給賊入他室，乘間自經死。海昌許楣爲撰《雙烈傳》。　新纂。

王烈女俊姑　舉人學蘇妹，讀書聞大義。同治元年，聞海寧賊將至，舉家謀出避。俊姑告其母曰："請先與族姊妹行。"母信之，嗣遍覓不得，已溺死於夾垣中。牆上有血書：今而後，上不累親，下不失身云。　新纂。

吏部稽勳司員外郎朱蘭馨孫女五姑　以下俱殉粵匪難。

開化訓導吾點孫女福姑

富夢鼎女大姑

從九品朱昌晉婢鳳春

巴元齡婢翠蓮

錢戴坤女素姑

楊萬程女大姑

郭次梁女大姑

朱組纓女大姑

繆炳華女小姑

武生袁南橋女秀姑、委姑

吳有章女大姑

褚質庵女應姑

張關觀女二姑

褚翔庭女卯姑

倪景昌女七姑

王子村女順姑

朱龍觀女順姑

吳崑玉女培姑、應姑

蔣大女遊姑

陳勝祥女鳳寶

鍾點彝女娥姑

陳秉鈞女淑英

趙源女玉姑

陳春榮女素英、縣英

趙霖女賢姑

朱觀其孫女引姑

曹大女春姑

王叙隆女瑞姑,婢秋鳳

黃世欽女安姑

俞邦雄妹善姑,女叙姑

湯守明女愛姑

高雲衢女賢芳,婢琴香

許甫女富姑

馮春畬女士寶

吳秋田女珍姑

王大女福姑

徐福元女大姑

陳蘭亭女紫姑

張福元女小姑

陳興隆女某姑

楊甫女小姑

張小蘭女某姑

吳甫女韻姑

何鐵生女春姑

姜甫女趣姑

朱珍女保姑

張方女小姑

錢恒康妹素姑

許甫女金姑

朱椿齡女大姑

朱蓮生妹朱姑

陳省三妹愛姑、雅姑

徐燮堂女大姑

徐星然女徐姑

金振鏞女聯姑

王子春女順姑

褚國楨妹應姑,女卯姑、三姑

顧序賓女鈺英

俞静谷女寶姑

吳瑞弟女静姑

徐心和妹徐姑

金花圩女三姑

金昉齋女惠姑

曹柳堂女珠姑

富敬文女賢姑子姑

吾錦綬女丹娥

馬配女馬姑

馬文山女馬姑

查楚橋女五姑

駱蘭亭女文華

趙厚亭女華姑

姚才寶女姚姑

俞鴻香姊蘭姑,妹俞姑

徐黻卿妹徐姑

顧老大女顧姑

馮春嶼女雅姑、細姑

嚴榮如女瑞姑

湯守明女大姑

陳龍女大姑

徐士林婢紡琴　以上見《忠義録》,已旌。

生員陳其炳女二姑

生員陸學泗女引姑

王定姑同婢玉琴

胡雅儒女竹姑

胡文耀女卓姑

王賓仁孫女厚姑、和姑

黃雲安女子姑　以上採訪,已旌。

生員徐學純女亥姑

生員徐克謙孫女已姑,婢秋桂、美雲

監生徐炳鑾婢某姑

黃榮女黃姑

朱嘉幹女莊姑

張惟善女補珍　　以上採訪，未旌。

平湖縣

明

乍浦七烈女　　並嘉靖中，倭陷乍浦，不受辱死者。郭臣妻董氏，投池死；柳暉女與陳起二女，投井死；李金女、沈表女與戴鑑妻周氏，投河死。又，倭驅數婦人至俞姓家，有一女乘間觸門死，失其姓名。見《海鹽圖經》。案吳《志》：諸生李金女居乍浦，嘉靖間倭入寇，父攜之行，女度不免，乘間投海死。學使阮鶚立石海濱曰：“李烈女死節處。”

姚某聘妻朱氏　　朱炳第四女，年十六許姚。未及笄，炳卒。女依寡母，極盡孝養。惡少邱鍾乃其姊夫，强附同居，數挑之以言。女痛哭于庭，自歎無父之女，爲人所凌如此。至夜遂自縊于父柩旁。

生員戴裕津聘妻趙氏　　裕，嘉興人，以力學聞，未婚而亡。趙脫簪擗踊，誓不再生。盡出衣飾，歸夫家營兩穴。穴成，闔户縊。母排闥救之，趙不言，但以手叩胸，呼往嘉興者三，遂絕。就殮如生，事聞，建坊。

倪烈女　　年十八未字。倭寇臨城，以麻纏身，自誓必死，倭逼之，紿曰：“以鼓樂迎我，當從若。”乘間赴水死。

劉摯生聘妻陶氏　　年十三，兵亂，與兩嫂俱被執，陶以手攀水車亭柱，兵斫其手，更以足挽，復斫其足，遂仆地，以刃貫胸而死。

陸麟錫聘妻陳氏　　夫十歲殤，陳亦十歲，即立志守貞。兵亂被獲，至廳事前，抱柑子樹，厲聲詬罵。兵怒，亂斫殺之，猶抱樹不可脫。時年三十一。

吳烈女　　名鳳姐，隨其母呂氏避兵橫河。兵至，被執，負之行。鳳姐嚙其項肉脫，兵怒，磔于道。

國　朝

翠金　　施德望婢也。德望館于鄉，家無僮僕，惟翠金侍其妻。年及笄，性貞潔。雖以市易米鹽，間出户外，然不輕與人交一言。鄰有馬四者，豔其姿，欺其室無人，一夕踰垣入，藏匕首至卧所，欲犯之。翠金驚呼，馬懾以刃，翠金曰：“我不畏死。”罵愈屬，遂遇害。德望妻越窗走，墜樓傷足。里鄰共獲馬四，聞于官，按例抵罪。而爲翠金題旌，時雍正五年也。

陸沈鯤聘妻丁氏　　湖州丁元凱女，年十八許字。未婚夫亡，父母憐其年少，將復議婚，丁遂闔户絕食。父母許以奔喪成服，乃不死。既歸陸，事舅姑以孝。立夫兄子時煐爲嗣。尋以母病歸，侍奉湯藥。母死，哭傷目，幾失明。父亦繼歿。既葬，爲書別舅姑，願與夫同穴，遂絕粒十日而卒。乾隆八年旌。

邱尚懋聘妻王氏　　年十六，許字邱。明年夫亡。聞訃，欲奔喪，父强抑之。女含淚飲泣，潛易縞素。越半載，父亡，以身殉者再，遇救獲免。服闋，聞繼母與兄有他議，遂闔户自經，死年纔十九。時乙丑十月二十一日也。乾隆十三年旌。

全永賢聘妻曹氏　　小名六姑，許字永賢。未嫁，依母以居。鄰人朱文達瞷其母他出，突入室中，戲執其手。曹叱之，文達遁去，羞憤服滷死。文達坐誅。乾隆二十四年旌。

朱烈女　　母亡，居喪次。其姊壻突入帷，欲汙之，遂自經死。案朱《志》：土人名其墓曰“阿姨墩”。

莊烈女　　農家女。里有無賴乘女父他出，夜操戈入室，强逼之。女守義不屈，自經死。里人爲立烈女祠，在縣之西鄉。

案吳《志》：烈女父名耀昌。無賴爲曹大許殿宣。事在康熙戊子三月。

趙烈女　　女出名族，父許配高氏。高起家微，驟致富，且曾爲其外祖前馬。女愧之，將嫁，自縊死。

俞文漢聘妻曹氏　諸生曹蕭斗女。許字俞，未婚而亡。曹聞訃，嘔血，欲以身殉。母曲慰之乃止。母病七載，奉湯藥不離。母歿，遂絕粒死。郡邑哀其貞烈，徵詩輓之。

陸若榮聘妻劉氏　年十九，未婚聞訃，誓以身殉。已而聞若榮柩厝東湖案山麓。乃自製冥衣，服衰麻，親詣柩前焚之，一慟而絕，家人救甦。既歸，絕粒三日卒。

沈玉奇聘妻王氏　幼爲養媳。未成婚，夫因割股療親致羸疾，卒。王即日乘間投河死。時雍正乙卯三月也，年二十四。邑令郜煜表其閭曰"孝烈可風"。

單某聘妻李氏　單，金山人。李許字未久而夫亡，時即欲歸單守制，父母憐其少，姑緩之。比服闋，李年二十四，作《絕命詩》，自經死。時乾隆壬午二月六日也。單氏聞之，迎其柩與夫合葬。

張鳴九聘妻郭氏　幼字張。夫亡，郭年二十。聞訃，慟幾絕。矢志守貞。翁坤元聞而賢之，迎以歸，距鳴九歿纔六日也。歲戊子，夫兄生子天鼇，撫以爲子。次年一日，忽謂乳嫗曰："吾夫祀有屬，吾將從夫地下矣。"七月七日，自縊死。年二十九。

生員陳某聘妻馮氏　小字虎姑，幼許嘉興陳某。陳貧未娶，馮亦家無立錐地。嘗與母棲身白雲尼菴，勤繡作以供朝夕。父惑匪人語，更納富家焉。馮時年二十三，泣語其母，以死自誓。一夜，俟母酣睡，乃以布束遍身衣，投菴後水中死。時乾隆庚子七月八日也。鄉里哀其烈，賻贈以葬。

戈守禮聘妻趙氏　農家女，幼字守禮，早慧能文，遘疾而亡，趙年十九。聞訃慟絕，即欲奔喪。父母阻之，越數日不食死。

倪氏二烈女　乍浦伊懷忠女長順姑，次美姑。有內戚某少年佻達，以白金挑之。二女泣訴于父，父怒叱之去。某懷忿，陰中以蜚語。二女聞之，恚甚，將登樓自縊。家人偵知之，不果。乃相率出後戶，赴海死。翼日，二屍隨潮至，兩手互抱，顏色如生。時乾隆己酉七月晦日事。順姑年二十三，美姑年二十一。

胡烈女、徐烈女　胡名福姑，徐名瑞珍。瑞珍，福之甥女也。福父元奇，開飯店，許字近憐丁某。丁與福之弟相謔云："飯店人家，焉有好女？"福聞，累日不食。適姊夫徐耀文挈其女瑞珍來，耀文已許賣瑞珍爲妾，行有期矣。瑞珍不願從，泣訴福姑。二女各懷怨恨，至夜以巾相繫，投河死。

沈烈女　名淑貞，年十七許字儒童張曰楣爲妻。越五年，曰楣歿。女聞訃，號慟。欲自盡，家人百計防護。曰楣葬有日，女欲往，父母不允，遂絕粒五日死。張氏感其義，與曰楣合葬，并以夫兄之子煦兼桃焉。嘉慶十四年旌。

錢烈女　父介生無子，烈女朝夕侍奉。父母歿後，有叔父老且貧病，女以女紅給其饔飧。幼字計大成。大成暴死，烈女欲往視含斂，叔父力阻之。越二日自縊，死時年僅十九。

俞某聘妻謝二姑　謝凌一女，未娶而俞卒，二姑年甫及笄。聞訃，悲涕不食，誓欲奔喪守志，父母以其年幼，阻之。遂齎齎得咯血疾，未幾卒。

俞芳村聘妻胡氏　名明貞，生員鳳枝女，許字俞，嫁有日矣。有浮薄子誣以未下聘時，氏與芳村曾先謀面。女聞，涕泣絕食。父母勸諭之，女曰："當爲厲以褫造言者之魄。"夜半潛起，自經死。時道光九年六月事也。

陸爲楨聘妻張氏　陸家貧，又逋官糧，力不能娶。介媒妁請于氏母，願離婚，索還聘物。氏聞，長號數日，自經死。　以上于《志》。

林烈女　爲乍浦湯山西麓顧三子婦。三妻，土妓也。女入門，見往來雜沓，諧謔無所忌，恚甚。無何，三妻覺，計欲并污婦以年少之金。夫百計齚之，婦輒向壁立，淚涔涔下。自忖不能活，竊出奔，赴海求死，爲老嫗所持，强送之歸三妻。及夫疾，刺骨，日鞭笞無算，且奪之食。復以杖笞爲未足，取重器撞擊其身，并炮烙下體，糜爛以死。死之日，鄰里無不切齒，鳴之官，遂擬罪如律。　《當湖外志》。

盛烈女　新溪人。繼母某不飭其行，女極諫，被截舌死。　新纂。

劉烈女　生員東藩女，字王浚源子。道光二十二年四月，英夷陷乍浦，四出搜掠，女急趨井所，欲投入，父兄援止之，叩頭謝曰："忍兒辱於賊耶？"竦身入井，因闊隘，解縣裝，捱摩而下，水淺，彎跽俯吸，良久乃絕。黃安濤撰《傳》。

彭烈女　　家徐家埭。父務農,遭亂不能度日,將女賣於賊。賊欲逼姦,女從容謂曰:"今夕合巹,須暢飲盡歡,勿急也。"賊喜甚,布筵痛飲,未幾賊大醉,女取利刃,斷賊喉,即自刎死。　《當湖外志》。

劉進女鳳姑

生員胡贊喜女秀姑

杜義茂妹貞姑　　以上道光二十二年殉夷匪難,已旌。

陳氏三烈女　　貢生陳其忠女,長名隱芳,少有至性,寡言笑,比長,字方氏子。逾年方卒,姑聞之,屢欲自盡,遇救得免。母疾,刲臂肉以進。辛酉乍城陷,自投河中死,年二十一。妹信芳,年十九;品芳,年十五,隨之亦死。事聞得旌。

何玉英姑　　台郡人。靛商何邦春女,僑居乍浦,年十九,字同邑某氏。性嚴正勤敏,人有搆以誹語,姑聞之,泣告父母,旋服毒物,竟死。時道光二十八年四月十五事也。

庠生林中麒女五姑　　年二十五未字。鄰媼以誹語誣之,服滷死。

蔣烈女　　名璂,生員蔣煜女,知縣蔣珪妹。才而賢,且能制藝,值粵匪亂,避於鄉間,竟絕食死。

翰林院侍詔徐以鏡女蘭徵,婢秋雲、翠芳　　以下俱殉粵匪難。

職員朱逢咸女瑞姑

府知事何振鷺女順寶、蕙貞

生員謝昌烈女璧成

陶桂榮妹九姑

生員陳維任孫女大姑、二姑、三姑

生員李鏡蓉女七姑

廩生馬駿聲妹聚慶

監生陳國藩女六姑

生員馬增女二姑

生員施汝福女五姑

生員江龍瑞女大姑

羅廷霽女大姑

張彩湘女大姑

黃某妻玉姑

蔣明姑

張曰樫女四姑

陶敦倫女蘭徵

陸五姑

陸燗女大姑

胡鏡堂婢阿珊

張秋泉妹八姑

屈有姑

陳士傑婢巧連

周美觀女三和

屈仰山女大姑、二姑

鮑金湘女小姑

胡德芳女二姑

錢萬選女大姑

錢那保孫女二寶

胡耀奎女大姑、二姑

姚二俶女四姑

朱永高女六姑

張八壽女五寶

蘇阿毛女大姑

馬二觀女六寶

張案宗女六寶

張愛林女叙寶

沈虎觀女四姑

吳三大女七寶

楊鹽俶女大姑

孫廣明女大姑

顧八湘女美姑

山景福女美姑

周三福女三寶

徐柳橋女大姑

山壽齡女美姑

顧大觀女根姑

于壽林女寶姑

顧秋圃妹三姑

屈振基女六姑

李保金女保姑

金老壽女七姑

陸琴齋姊銀姑

李金聲女翠姑

趙鳴飛女五姑

錢有福女大姑

張富元女長姑、次姑

顧八觀女大姑

張萬觀女某姑

錢訪舟姪女三姑、二寶

許敦士女愛珠

周銀觀女大姑、二姑,姪女某姑

趙興觀女某姑

周汝霖女二寶,姪女三寶

顧楨姑母貞女三姑

蔣應章女静秀

趙二倌女大姑

陸史夫女四姑

龔大章女大姑

姚茂華女四姑

邵寶林女珠姑

吳雪高女二姑

謝大姑

姚二倌女四姑

倪紹謀女貞寶

符連倌女九姑

張采俶女五姑

徐壽觀女三姑

金八倌女五姑

韓大觀女二姑

傅維誠女品寶

馬六倌女小姑

孫珍福女大姑

張大倌女大姑

朱老美女六姑

馬炳堂女大姑

張百壽女大姑

郭鳳巢女大姑

朱大姑

張修智

方洪婢冬琴

陶九倌女桂姑

潘闕通女大姑

鄔榮春姊美姑

孫愛林女美姑

范錦林女三姑

王四姑

黃珊之女慕貞

莊錫蕃女小姑

戈維熊女大姑、二姑、三姑

朱金墀婢小五

何大倌女大姑

陸四俶女五姑

鮑書齋女大姑

賴三倌女五姑

馬文炳女懷姑

陳文卿婢巧連

張清和女龍姑

王松亭寄女大姑

韓泰來女巧姑

周老蘭女大姑、二姑

朱老文女大姑、二姑

韓介福女大姑

錢寶林女三姑

高龍倌女二姑、三姑

江熊吉女三姑

陸鞠洲婢阿勤

張大女大姑

董小山女大姑

朱淡舉女大姑

周同仁女銀姑、寶姑

李四倌女三寶

高龍倌女大姑、二姑

繆掌林妹七姑,女六姑

黃益三女大姑

褚松圍婢杏琴、翠琴

居寶和女二姑

李泰來女大寶

徐秀章女大姑

郭左賢女五寶

陸七襄女關生,婢春芳

潘老壽女二姑

劉維熊女大姑

曹五福女大姑

費廣興女小姑

陸修潔妹九姑

蕭枚女四姑

謝某姑

孫珍福女小姑

包錦仁女珠姑

彭七倌女美姑

王松亭女八姑

蕭給榮女三姑

監生錢炳婢阿彩　　以上見《忠義錄》已旌。

石門縣

明

朱阿妹　　朱朝女。倭寇劫至城隍廟橋，朱紿曰："吾偕祖母來，有金可取。"倭信之，乘間投河，觸石柱死。祖母陸亦隨溺焉。

范欽聘妻費氏　　費霆女，名金菊，許字范。未婚，范卒。女聞訃，號慟。欲往，父母阻之。隨有議婚者，女泣曰："吾心已死，身豈再適?"父潛許嚴氏。納聘之日，自經死。殮時面如生，監司爲買地葬之，表其墓曰"蘭閨勁節"。

陸憲聘妻趙氏　　名淑女。德清人。幼許字。陸家貧，趙父謀他適。女聞之，躍入河死。憲感其貞烈，終身不復娶。

國　朝

金烈女　　錢林里農家金明和女。順治六年間，里中盜猖獗，父無力遷避。是年十月，盜沿村劫掠，女被執，欲污之。時年十五，罵拒不屈，投河死。

姚濂聘妻沈氏　　玉溪鎮人。年十四，許字姚濂。濂貧，不能娶，以病卒。沈聞，哀號不輟。求往夫家，父母力止，不從，絕粒、吞錢求死，乃許歸姚。進以銷錢之藥，得不死，家人救甦。已而絕粒，至三十二日，復吞錢十餘枚，乃死。年二十三。　　案《桐溪節烈志》載：姚濂聘妻《絕命詞》云："少小曾翻烈女編，敢將心跡擬前賢。只知從一而終義，一命追隨到九泉。"事在康熙丙申之夏，學使馬豫給額曰"志貞從一"。邑令姚述虞額曰"節烈流芳"。

姚某聘妻沈氏　　未婚，某亡。沈聞訃，號泣奔喪，喪畢，絕粒三十日而死。邑令韓麟趾、學博張孝友俱有詩記其事。

田兩元聘妻蔡氏　　蔡裕光女。性純孝。將婚而兩元病亡。女方食，即投箸却立，嘔食殆盡，脫簪珥，易髮，將奔喪。父母止之曰："汝兄遠出，弟幼，吾兩人方藉汝奉朝夕。汝忍舍之去耶? 然志由汝立，吾不汝奪也。"女嗚咽不能言，注視父母者久之，嘔血數升，遂臥病不起。其姑聞之來視，慰之曰："汝善自保，少痊，吾當迎汝。"女曰："兒病恐無痊日矣。"女泣，姑亦泣。姑曰："吾知汝意，汝即死，必使若同穴也。"比兩元既營壙，女遂絕粒數日死。時乾隆辛巳四月四日也。李翊撰《傳》，吳迪採撰《事略》，莊存與、董潮、曹培亨撰《墓銘》，蔣士銓、沈初、施朝幹皆有詩記其事。

張品元聘妻姚氏　　年十九未婚，聞夫訃，即自經死。

沈烈女　　玉溪費氏婢，韶年待字，爲狂且所逼，服滷死。

錢烈女　　錢仲文女，幼字同里周某。仲文歿，家貧。周聞女貌陋，以金餌其兄，退婚別娶。女聞之曰："女子從一而終，豈可再字耶?"即自縊死，時年二十一。

柳烈女　　吳江平望人。幼字石門趙炳嗣。炳因目疾成瞽，辭婚。父某將改字，女聞之曰："吾一女可字二夫乎?"服滷死，年二十二。　　以上于《志》。

貢生徐多禄女小姑　　以下俱殉粵匪難。

生員徐多貴妻妹大姑、二姑,婢鄭姑

生員李文瀚女琴姑、藏姑

强四姑

錢懷玉孫女大姑

朱得年女大姑

陸焕南女大姑

李鳳高女大姑

沈福康婢大姑

屠坤玉女大姑

田之瀾婢大姑

張景松女大姑

胡烺妹大姑

沈仁連女貞姑

錢永豐女大姑

沈大姑

張五姑

沈五姑

吕貞姑

鍾四姑

金大姑

朱大姑

談福麟女大姑

王國昌女大姑

沈大姑

馬大姑

俞大姑

郭八姑

沈大姑

顧大姑

孫三姑　　以上見《忠義録》,已旌。

李掌模婢春熙　　未旌。

桐鄉縣

國　朝

張九彰聘妻顧氏　　名季縈,事母至孝。未婚夫亡,悲號欲殉,兄時新日夜守之。祖母死,其翁來唁,家人咸在喪次。季縈遂閉戶自經，衣裳俱紉結不可解。檢其笥，得《絕命詞》數篇。翁心傷之，遞其柩與九彰合葬焉。康熙十一年旌。

許換姑 農人許勝宇女。年十四，採豆田間，鄰有惡少張麟兆調之，力拒得脫。歸告其母曰："兒幾爲人所辱。"遂自縊死。康熙三十九年旌。

沈烈女 沈體義女。父母外出，鄰程尚林調之，不從，忿恨自縊。乾隆二十三年旌。

孔繼光聘妻張氏 婚有期而夫亡，聞訃痛哭，遂飲滷死。時乾隆二十九年八月十八日，年止二十三。乾隆三十一年旌。

程之梁聘妻沈氏 夫亡，欲奔喪守制。父母阻之，女泣曰："兒終不爲二姓人也。"絕粒七日，不死。乃服滷死。年甫十九，時己酉六月九日也。乾隆五十四年旌。

姚又吟聘妻沈氏 未婚夫亡，之殯所哭之。居三年，不露言笑。服闋，哀號竟日，旋自經死。

朱際斯聘妻沈氏 年十三，許字于朱。夫亡，闔戶自經。祖母吳排闔救之，獲甦。乃絕粒死。

姚某聘妻沈氏 未婚夫亡，痛哭不止，遂自經。

陳汝璉聘妻蔡氏 未婚夫亡，欲奔喪，父止之。女曰："字陳，父命也。"慟哭嘔血，闔戶雉經死。時年二十，乾隆十四年八月事。

鄭蔚章聘妻周氏 夫亡，聞訃不食。父母強之食，卒不顧，絕粒七日死，年二十四。乾隆十九年事。巡撫周人驥表其閭。

王文玉聘妻張氏 年十七夫亡，父母欲奪其志，乘間投環死。乾隆四十二年二月事。

孫坰聘妻沈氏 錫蒼女。幼字孫坰。坰以力學成疾，卒。女聞訃，即屏處一樓，不見外人。後有議婚者至門，女知之，投環死。孫家迎其柩，與坰合葬焉。

許烈女 農家女，年十三爲強暴所逼，力拒得脫，忿恨自縊。

姚某聘妻沈氏 幼受姚氏聘。未婚，聞夫亡，自經以殉。 以上于《志》。

姚濂聘妻沈氏 沈，邑人。姚，石門人。婚有期，而濂卒。請奔喪，不許。吞金求死，父母救以藥，復蘇。知其志不可奪，庀輿送之往。氏哭奠已，執子婦禮，主中饋，曰："就柩側理刀尺焉。"夫喪既襌除，氏泣囑嗣子力學，且諭以葬事。作《絕命詞》二章訖，手刃其喉，又掬鍼吞之，皆不死。夜夢濂語之曰："汝欲死，效夷齊可耳。"竟以絕粒卒。年二十三。事在康熙丙申之夏。督學馬豫獎曰"志貞從一"。

蔣某聘妻錢氏 幼字麻溪蔣敬南次子。未婚夫亡，女聞自殉，邑人張廷錫作詩挽之。

沈烈女 幼字某氏。及笄，某歿，女聞訃，絕粒以殉之。

從九朱寅賓聘妻毛氏 名蔭姑。幼失怙恃，年十三歸朱。咸豐十年粵匪擾境時，氏年二十，避至桐城南鄉，八月初三日，聞賊將至，因姑病篤，不忍去。逮賊至，詬罵不絕口，賊縛而鞭之，並以繩縊其喉而去。毛俟賊去，匍匐解縛，半夜纔甦。越年絕粒而卒。

曹烈女 名蘭姑。父錦以女聰潁，侍親能得歡心，針指之暇，與講《女訓》，亦能會心。惜遭賊警，遂殉死，年未及笄。

增生鄭以嘉姪孫女某姑 以下俱殉粵匪難。

舉人陳中元妹綠雲

監生倪鳳翔女梅姑，婢冬蘭

監生李文遇女大姑

監生沈寶檀婢如意

監生沈樸全女某姑

監生皇甫鼎金女吟姑

監生徐蘭祥姊某姑

徐作明女大姑

朱岷樵姪女大姑

施孝蘭女大姑

周履安女六姑

錢榮福女雲屏,婢冬蘭

吳義姑

徐坪香女大姑

徐毓文曾孫女大姑

陳南榮女姪大姑

朱聖全女二姑

周鶴新女大姑

沈有忠女大姑

王永祥女大姑

胡學文女大姑

王大姑

陸大姑

栢兆祥女某姑

王富林女某姑

高順安女大姑

沈玉庭女大姑

程楚江女大姑

陸世榮女姪大姑

張慶堅女美英

陳安奇女大姑

蔣調元妹二姑

隱姑女大姑

曹渶女大姑

沈秉南女大姑

潘繼發女大姑

蔣調和女大姑,女姪大姑

沈遇春女吟鳳

周松元女大姑

曹仁安女大姑

唐晃如女璋姑

朱右箴姊銀姑

朱右箴表姑母吳二姑

曹畫堂女蘭姑

朱士鈺女誠姑

朱逢慶女葆姑

沈金廷女大姑

沈聖蓮女某姑

胡清如女三姑

王富林女某姑

高順安孫女大姑

沈文黿女大姑

朱聖泉女二姑

金桂芳女大姑

陳坤山女大姑

畢容泉女某姑

陳福壽女大姑

陸大姑

吳珮珊女某姑

沈彩福女某姑

李滄海女某姑　　以上見《忠義錄》，已旌。

姜敬堂女滿姑

監生吳雨豐女金吳氏

嘉興府志卷六十五

〔列女二〕

列女烈婦上

嘉興縣

漢許升妻呂氏　呂氏女，字榮。升少爲博徒，不理操行。榮躬勤家業，奉養其姑，數勸升修學，流涕進規。榮父積忿疾升，呼榮欲嫁之。榮嘆曰："命之所遭，義無離二。"終不肯歸。升感激自屬，乃尋師遠學，遂以成名。尋被本州辟命，行至壽春，道爲盜所害。刺史尹耀捕盜得之。榮迎喪於路。詣州，請甘心讐人。耀聽之。乃手斷其頭，祭升。後郡遭寇，賊欲犯之。榮踰垣走，賊拔刀追之。榮曰："義不以身受辱也。"遂殺之。是日疾風暴雨，雷電晦冥，賊惶懼叩頭謝罪，乃殯葬之。《後漢書》本傳。　後刺史增其冢於嘉興郭里，名曰"義婦坂"。《太平廣記》："糜府君聞榮高行，遣主簿祭之。又出錢助縣爲冢於嘉興郭里墟北。"　按：吳《志》作"吳計升妻呂氏"。

宋

何士誠妻楊氏　殿中侍御史楊大法女。結褵未及期，夫病，謂楊曰："我病，必不起。若能守制終身，我瞑目[1]矣。"疾革，復曰："不幸無後，前言不必遵也。"言訖而瞑。楊哭之，絕而復甦，嘔血數升，勺水不入口者三日。未幾，竟赴河死。慶元元年，覈實建坊，顏曰"貞烈"。其河名何母涇。

【校注】
　[1] 瞑目：當是"瞑目"之誤。

元

趙六妻羅氏　名愛卿。性識通敏，工詩詞，歸同郡趙六，執婦道甚恭。居二年，趙子入都求官，留愛卿奉母。未幾，母病，孝事甚謹。母歿，哀毀踰常。治喪葬甫畢，張士誠陷平江，苗軍帥楊完者拒之於嘉興，不戢軍士，大掠居民。趙屋爲劉萬戶所據，將納愛卿。愛卿知不免，紿以甘言，潛入閣自經死。

明

張昱妻彭氏　字妙寧，父公衍鍾愛之，館昱爲甥。未幾，夫疾且革，彭曰："妾爲君同年生，必期同年死。苟不幸，妾不忍獨存。"已而夫亡，自殞而殯，日夜號哭，痛絕者三，自盡者再，姑皆挽奪，且泣誠曰："吾年老，爾兒幼且病，忍棄捐邪？"乃奉姑命，調護其兒。兒愈，遂絕食死。夫妻皆年二十九。子璟，方九齡焉。

馬興繼妻沈氏　貞静有至性。夫爲漢陽守，以壽終。沈年尚少，無子，悲啼不絕聲者八日，自經死。

顧煜妻梅氏　父江，擇壻得煜，第進士，爲給事中。早卒，梅不食死。

董壽妻王氏　名桂芳，十七歲適董。踰年，夫病革，屬以更適，桂芳誓以死殉。夫亡，其母湯亦寡居，命女歸同處，桂芳不從。母固强之歸，一飯，哽塞不能下咽。還，過宣公橋，顧其母曰："河水清泠，可就死。"母懼，抱持之，乃止。

至家,即麻經自經死。知縣洪範營葬于鹽倉橋北,撰《墓表》。嘉靖中,佃爲民居,移柩於清真觀傍。

六烈婦　周聰妻金氏,沈茂華妻吳氏,汪志妻婁氏,顧惠妻金氏,吳銓妻沈氏,徐胡妻費氏,皆遇倭寇,投水死。

徐尚友妻馬氏　十九歲夫亡,痛夫早逝,自縊柩前。邑令何源手撰《祭章》,親臨拜奠。

賀德修妻朱氏　二十八歲夫亡,即日服毒自盡。

馮裔道妻張氏　二十二歲夫亡,哀毀,自經柩側,士紳歌以挽之。

顧之球妻薛氏　嫁期月,夫以禍死,屢欲自盡,母防閑之。除夕,母歸,即縫衣自縊。巡撫李邦華題請,旌曰"貞烈"。

汪桂奇妻沈氏　十九歲適汪,貧甚,未一月夫亡。沈嗚咽,不出一言,視含殮。越三日舉柩,沈始出聲,大呼天者三,俟暮人靜,自縊而死。

包勇錫妻楊氏　夫疾,楊禱于神,願以身代。夫亡,楊遂飲毒死。良久,夫甦,疾漸差,終身不再娶。

周某妻方氏　十九歲夫亡,無子,鍼指自給。依其弟居,苦節六十二年。崇禎十七年,聞變,群遷,方慟泣兩日死。

陶本立妻陳氏　乙酉城將陷,有已嫁女十三姑者,遣使問計。陳曰:"毋負吾家清白,宜早爲之。"使反。十三姑即服滷死。城潰,陳即向庭中井跳入。婢紅梅與陳幼子亦赴井,鄰婦之從死者十有三人。

徐爾縠繼妻孫氏　爾縠爲石麟恩撫子,以湖寇波及,死于江寧。孫聞夫死,一女在抱,棄之赴水死,立而不仆。《檇李往哲續編》:"爾縠遭禍繫獄,知不免,以書報孫曰:'我悔不從父死,以至今日。汝宜早自爲計。'孫得書,閱,竟太息曰:'夫復何言?'于夜伺媼、鬟睡,竟出赴水死。訃至獄中,爾縠設位哭之。時同繫者竟爲激楚之音。嘆'忠孝節烈,萃于一家'云。"

徐士模妻陸氏　無子,生二女。明末兵亂,陸攜其女,誡曰:"男盡忠,女盡節,分也。倘遇不測,無苟貪生。"已而避居俞家村,盜至,陸拉其女及婢投河死。

李士標妻沈氏　士標授山東寧海州州同。崇禎壬午,冷口兵圍州城,士標督守盡力。癸未春,病卒,城遂陷。妻沈率其妾、婢同日死之。

張某妻沈氏　二十一歲適張,未半載遇亂,避兵陶墩。遭掠,持刀自殺,守者奪之,乘間投河。越數日雷雨,尸浮至門,顏色如生。首背刀痕深入,而上下衣縫牢密。夫感其義,爲僧。

沈華區妻潘氏　明末,流寇至硤石,掠婦女數十人,潘亦被掠至王店,泊舟慶豐橋。潘乘隙赴水,寇怒,遂刃于水。時人哀而殮之。國朝周篔《沈烈婦傳》:"烈婦潘氏,硤石沈華區妻也。乙酉八月被俘,舟泊王店四塘口,伺卒他顧,突躍赴水中。旁一卒就水鈎其髮。又一卒挽其衣提之,拔刀指曰:'斫汝!斫汝!'言未既而烈婦又躍入水。一卒取茅絞縮裙裾而上,水血淋漓,同俘諸婦女皆掩面不忍視。前拔刀者怒斫之,中肩,烈婦且呼且躍,終搶入水。持刀卒怒甚,擲刀取長矛,刺水中,連數十創,血沫湧上,水爲殷。挽視之,氣絕卒。欲磔其屍,兩崖觀者爲乞請,乃舍去。後遂名其處爲烈婦津。"

國　朝

呂大經妻蕭氏　夫亡殞命。乾隆五年旌。

盛濤妻畢氏　二十七歲,夫病垂絕,畢潛飲鹽滷死,死四日而夫歿。許王猷撰《傳》。乾隆二十九年旌。

王添南妻陳氏　里有無賴某瞷其夫出,調之,陳斥罵,鄰里爲之解免。陳羞忿莫釋,投繯自縊死,時年二十。夫鳴于官,寘某于法。乾隆二十九年旌。

丁來修妻王氏　王庭曾孫女,十七歲適丁。七載夫亡,無子。王椎心嘔血,曰:"婦所天者,夫也,今已矣,生何爲?"遂投井死。乾隆四十八年旌。

生員徐宸烜妻吳氏　夫亡無子,吳慟絕。既甦,經紀棺衾。殯畢,潛赴內室,投繯死,時年二十五。乾隆五十三年旌。

吳源溪妻沈氏　康熙戊午夫亡，遺一男一女。翁貧甚，欲嫁之，沈矢志不移。癸亥六月望夜，沐浴整粧，與鄰嫗談笑更餘，潛縊死。

鄭叔文妻李氏　二十一歲適鄭。鄭病瘵，成婚四十六日寡，歸依母居。有謀奪志者，李覺，謂母曰："兒在，終爲人所覦，悔不當時早殉泉下。"是日夜半，竟服滷死。事聞，邑令許肇起攄媒笞之，表其閭曰"勁節維風"。

史義堅妻談氏　二十一歲夫亡，誓即從死。姑曰："汝無子，然有從子，當撫之。"閱四載而應繼者殤，談死志益決，遂營葬其夫。既葬之，明日沐浴整衣，自經死。時雍正七年三月二十三日也。

侍郎張天植妾王氏　名湘貞。天植被逮，王同衆妾史蘭若、張蘇淑裂帛作小楷，寄詩以死。

烈婦李氏　李延初女，歸某氏。既寡，依父母以居，屢勸之再適，不從。一日媒氏來，父納其聘，即于是夕服滷身死。

王賡堂妻沈氏　二十六歲夫亡，翁耄姑病。一日，村嫗誘之至同里胡某家，嫗已與胡預約，將逼成婚。沈大怒，不從。立胡庭中大哭三日三夜，族人聞之，急迎歸。適遭姑喪，一慟嘔血，數日卒。

張周官妻張氏　夫不得其母，服毒死。張號慟，欲殉。以方有娠，不即死。其姑屢諷之嫁，不聽。潛通媒妁，勒嫁于鄰村某氏子。張從舟中躍入水，以救免。潛將衣裳及臥被一一密縫，絕食七日，旋服鹽滷，恐未速死，復投繯自縊而絕。

魏三妻周氏　二十歲適魏。夫亡之日，誓欲死殉。適產一子，遂強起乳哺。未幾，遺孤殤，周即自縊，年二十二，去夫死纔四十二日。

曹勝敍妻沈氏　二十歲歸曹。夫患羸疾亡，貧不能殮。沈拮据喪事，慟哭不絕聲數日。尋有諷以改適者，沈度不能免，將所生女棄于人，欲投河死，以救免。越日闔戶，用又袋繩自縊，死年止二十三。

王運乾妻黃氏　二十八歲夫亡，止生一女。于乾隆四年六月二日送夫殯回家，投繯死。

史昌期妻張氏　二十一歲夫亡，撫孤至弱冠又歿。翁繼逝，張自經死。

沈吉昌妻王氏　二十三歲夫亡，將引刀自裁，翁奪刀防護，旬日竟絕食死。

孫某妻程氏　夫早亡，無子。翁姑欲奪其志，遂投河死。陳處士其源合五烈女，賦《雙烈詩》。

陳安如妻陳氏　二十歲適陳，生一子，甫四歲，夫亡。踰七年，子溺死。陳大慟，遂自縊于夫之柩旁。

莊元暉妻汪氏　二十三歲夫亡，奉姑十年。姑歿，服毒死。

姜璆妻徐氏　夫亡，徐嘔血數升，幾至殞命。無何，遺孤又殀，遂絕食死。

朱愷中妻崔氏　二十三歲夫亡，日夕慟哭，絕而復甦者數次。不數日，嘔血死。

魏仲升妻周氏　二十一歲夫暴亡。越六日，舉一遺腹子。帀月，又殤。周大慟曰："夫死，有子。子死，復何望耶？"遂闔戶自經死，乾隆五十五年十一月事。

金葆曾妻王氏　夫亡，王哭而死。既甦，不能哭，血淚迸枯，數日死。

李鋐妻錢氏　夫病，錢不食。夫亡，錢血淚交睫，長號而死。同里王焯撰《金李二烈婦合傳》。

汪亨妻吳氏　二十六歲夫亡，遺姙未産。吳慟哭，擗踊，踰百日胎墮，吳痛甚。兩次投繯，爲婢救免。吳念宗祀無托，晝夜痛哭，乞宗族立夫之從子循泗爲嗣。于是哭告于夫之靈曰："夫今有後，可無憾矣！"遂闔戶絕粒，旬日死。

顧御猷妻張氏　二十六歲夫亡，即欲絕粒。翁姑勸以孤兒待哺，死而後甦。次年兒出痘，斷乳。後出契券、衣飾，交叔爲翁姑備喪葬之具，竟整衣投繯而殉烈。歿年二十七歲。嘉慶十年旌。

職員沈兆蓉妻錢氏　三十歲夫故，百日安葬夫柩，後麻衣素縞自經死。嘉慶十六年旌。

監生朱仁壽妻龔氏　二十六歲夫故，針黹積累，爲夫營葬。爲長女擇配畢，自經死。歿年三十六歲。嘉慶十八年旌。

朱國祥妻王氏　十八歲歸朱姓。越六載,夫亡。該氏願終事姑,姑因氏年少無子,欲氏出嫁。氏飲泣不言,徐起入臥室,自縊死。時年二十六。嘉慶十九年具題給匾。

監生徐福龍妻陸氏　三十七歲夫故,視夫含殮畢,立姪品爲嗣,自縊死。嘉慶二十一年旌。

生員汪載燕妻蔣氏　二十六歲夫故,次年議立姪維城兼祧畢,絕食殉夫,歿年二十七歲。

劉吳氏　夫故,殉節。以上嘉慶二十二年旌。

候選訓導張昌琳妻懷氏　二十七歲夫故,視殮畢,絕食九日而歿。嘉慶二十五年旌。

監生張廷本妻許氏　三十七歲夫故。越數月,遺腹生子,夭。絕粒十日而亡,歿年三十八歲。嘉慶二十五年旌。

監生鮑臨妻李氏　十九歲夫故,因翁諭遺腹生男,宗祧有賴,至次年產女,立姪汝雯兼祧,閉戶自經死,歿年二十。嘉慶二十五年旌。

謝寶榭妻姚氏　二十一歲夫故,氏于次年正月二十八日不食身死。嘉慶二十五年旌。

周士堂妻沈氏　二十五歲夫故,時嘉慶二十五年二月初一日。該氏號泣覓死,于二月二十不食身故,計距夫故僅一十八日,年二十四。嘉慶二十五年旌。

張富善妻李氏　二十二歲夫故,次年立姪基德爲嗣,飲滷而亡。道光三年旌。

于凝懷妻吳氏　二十六歲夫故,遺腹生子,夭。復立嗣子畢,自經死。道光四年旌。

沈世模妻金氏　二十六歲夫故,喪葬畢,絕食七日而歿。

汪仲先妻陳氏　二十六歲夫故,無嗣,立姪宗煌爲後。孝養翁姑。至嘉慶二十二年翁姑謝世,喪葬事畢,自經死,年四十三歲。以上道光五年旌。

許奕勳妻沈氏　二十八歲夫故,投繯,救甦。次年正月初八日歸母家,拜辭回家,祭夫靈,入房自縊死。歿年二十九歲。道光七年旌。

謝鍾妻朱氏　二十七歲夫故,遺腹生子,殀。除服後,絕食而歿,年二十九。道光八年旌。

金錕妻李氏　二十二歲歸金姓,結縭四月夫亡,即欲殉烈。以家中時時防檢,苟延殘喘,至道光十年四月初三日自經身故,年二十四歲。道光十年旌。

唐世楷妻沈氏　十七歲結縭,未週三月夫故,氏不食身故,距夫死僅十七日,實屬青年殉烈。道光十一年旌。

夏樹芬妻郁氏　三十歲夫故,氏誓不獨生,卜地葬夫,議立後嗣既定,遂乘夜投繯死,距夫死不逾百日。道光十一年旌。

陳南榮妻吳氏　二十五歲于歸,半載夫故,氏投繯不遂,血淚幾枯,竟於是年八月十六日含哀而卒。道光十二年旌。

陳士榮妻顧氏　二十九歲夫故,遺腹生子,彌月而殀,絕食而歿。

葉康侯妻吳氏　二十四歲夫故,遺子未週,又殀。投河自盡,歿年二十五歲。　以上道光十三年旌。

周玉君妻沈氏　二十歲歸周,夫病瘵,婦方有娠,竭力奉湯藥,不少瘳。常泣謂其母曰:"設有變,兒不願生也。"夫死,氏號泣不止。姑勸之,氏曰:"我死決矣。雖有娠,男女未可必,以未可必之事而苟延殘喘,我不爲也。"視夫含殮畢,遂絕食而死,距夫死僅十八日。年二十四。

芷蘭女史　名芳英,嘉興金氏女也。天資端淑,嗜書史。年二十三,適海鹽候選鹽運司經歷煩。事尊長孝,且敬妯娌矜式焉。越四載歸寧,母家忽報郎君得暴疾。氏星夜至鹽,至則已彌留矣。氏呼號搶地,死而復甦者四次。親長勸以夫尚未葬,且無後,汝方有娠,宜稍節哀。娩得男嗣,續可不絕也。氏勉進湯糜,是年冬營窆歿畢,次年正月遺腹基豫生,既彌月,氏曰:"我今乃可以死矣。"遂不食數日而死,年二十八。

陸近仁四女　名志剛。適太學生徐某。結縭一載,夫故。撫孤子,又殤于痘。烈婦遂焚香膏沐,題《絕命詩》

於壁云："夫亡子死我何從,守節偷生萬事慵。不若自經存烈性,冥途夫子或相逢。"題畢自經。岳氏《錦流堂詩集》中載有小傳。

浦廷敘妻顧氏　　二十歲歸顧。結褵一載,夫故。翁姑以家貧難守,聽其自適。氏矢志不從,至百日即自經死。年二十一。

胡增妻沈氏　　氏奉翁姑孝。結褵二年,增病瘵。子女無出,醫藥罔效。氏涕泣籲天,兩次割左右腕肉和藥以進。及死,哭踊極哀。翁姑及夫弟出外焚化衣楮,返入室中,見氏已自經于尸牀後,殉夫同死,時道光六年六月十八日也。

丁大年妻王氏　　方伯庭曾孫女,文學處厚之女。適大年七載,無子。康熙己丑,大年病歿,氏椎心嘔血,泣曰:"婦所天者夫也,今已矣,生何爲?"囑娣婦善事其姑,遂投井死。年二十三,同里朱彝尊等合詞聞之有司,學使吳垣旌之。乾隆四十八年題旌。

張鑑妻李氏　　二十四歲夫亡,遂絕粒死。

庠生李煊妻許氏　　紹興人。二十九歲夫亡,絕粒欲殉,戚黨咸以有娠,慰勸勉進飲食。遺腹生子昌嗣,曰:"自今夫有後矣。"竟絕食死。

朱復亨妻陸氏　　十六歲適朱,逾年夫亡,因有遺腹不死。上奉媼姑,恒以鍼黹謀菽水。姑歿,盡哀如禮。後爲子娶婦。復念四世停柩未葬,拮據營坿祖塋。氏曰:"我事已畢,可無憾矣。"遂投繯而死,年三十有八。道光四年旌。

吳御天妻程氏　　三十七歲夫故,守喪終,自縊死。

顧御端妻張氏　　御端,是否即御就,無考。

鄒我柯妻曹氏

繆爔妻陳氏

王某妻陳氏　　以上四人見祠册。

馬何氏　　夫故,殉節。道光八年旌。　　以上于《志》。

顧關雄妻楊氏　　夫亡,越七日投繯死。咸豐八年旌。

張綸音妻徐氏　　二十八歲夫暴亡,越四日,閉戶自經以殉。兩柩並發,戚族傷之,乃立姪瑞璜爲嗣。時道光二十一年十月初三日也。

張聲遠妻朱氏　　以上夫亡殉節。

監生陸錦槐妻節婦屠氏　　十九歲婚,十年而寡。鍼黹度日,苦節五十九年。咸豐庚申遭粵匪難,罵賊不屈,被戕,年七十八。

從九品陸顯榮　　原名聲遠。**妻施氏**　　即錦槐子與婦也。遇賊衝散,旋里,後知母被害,夫妻俱哀痛不食死。子萬祥、女隆姑亦與焉,屍骨無覓,一家五口,死事甚烈。惟長子萬福被擄,現存。

布理問朱昌爔妻岳氏　　以下殉粵匪難。

訓導張以莊妻金氏

未入流鄭兆晉妻濮氏

從九品宋炳妻孫氏

國子監典簿徐明妻陳氏

同知銜楊錦妻曹氏

縣丞何宗楷妻吳氏

從九品施汝輔妻何氏

直知州陸敬爕妻倪氏

從九品虞乾乙妻胡氏

從九品陳以照妻鄒氏

從九品祖汝瑜妻何氏

五品銜縣丞王履吉妻陳氏

從九品沈愛芬妻盛氏

附生姚樹人妻朱氏

監生姚壽昌妻沈氏，妾屠氏

監生朱炳圖妻王氏

附生胡鈵錩妻柴氏

歲貢鄒翊祚妻陸氏、子婦馮氏

廩生馮柳孫庶母葉氏、妻許氏

附生沈懋勳妻謝氏、子大官

附貢章奎勳妻蔡氏

廩生沈國珊妻馬氏

附生孫福康妻王氏、嫂陸氏

貢生蔡效三妻莊氏

監生沈炳珍妻朱氏、子二

監生孫惟幹母杜氏

監生邵澄妻朱氏

監生張金城妻邱氏

生員沈德基妻朱氏

生員胡麟妻柴氏

生員殷蔣迖妻張氏

監生陳烈秉聘妻王氏

監生葉奎妻楊氏

廩生陳慈蔭繼妻劉氏

生員夏盧昌妻陳氏

生員胡徵祥嫂王氏

生員錢重廉妻張氏

生員陳文炳妻程氏

武舉蔣澎妻俞氏、子大觀

周朵雲妻趙氏

俞六楷妻王氏

陳傅氏

蔡馬氏

周伯雅妻楊氏

李榮妻俞氏

宋子壽母王氏

俞世椿繼妻周氏

陳性川妻張氏

嚴開母潘氏

徐餘漳祖母蔣氏

張少畦妻徐氏

周養齋妻宋氏

馮查氏

錢友棠妻朱氏

馬瑞明妻楊氏

張沅芷妻吳氏

馮啟源妾錢氏

姚長達繼妻忻氏

蘇宏開妻毛氏

鄒正倫妻馮氏

陸景遠妻徐氏

王洵妻屠氏

蔣作堂母孫氏

王溶妻張氏

岳廷楣妻節婦夏氏

陳翁氏

周士鍔妻顧氏

周培初妻張氏

張廷珍妻富氏

張聚財妻湯氏

龔寶興妻俞氏

鄭光熙妻金氏

鄭方氏

蔣祥觀妻浦氏

毛二觀妻高氏

趙三元妻胡氏

陳廉妻葉氏

戈本榮妻陸氏

章葆墉聘妻程氏

汪南屏妻沈氏

懷彭氏

胡通勳祖母嚴氏

龔子芳妻某氏

俞蕭氏

顧順發妻鄭氏

沈張氏子二觀、四觀，三媳某氏

羅沈氏子大寶

朱梅嚴妻某氏、子一

倪菊人妻王氏

陳大名妻阮氏

顧大妻程氏子一

范錦城母張氏、媳郁氏

徐張氏、子一

姜少岳妻朱氏

馬楊氏、子二觀

周省三妻李氏

朱方來妻賀氏

沈嘉釜妻龔氏、子一

龔大觀妻李氏

錢毛觀妻楊氏、子一

毛五妻金氏

汪念莊妻夏氏、子一

高國棟妻王氏

高廷熙妻朱氏

高廷煥妻沈氏

邱東皓妻馬氏

王溶妻張氏

褚朝鎮妻崔氏

高廷勳繼妻邱氏、子一

吳東材妻盛氏

莫慶豐妻鍾氏、子一

金鴻紳妻汪氏

劉應葵妻穆氏

劉應棠妻沈氏

高起鵬妻彭氏

高秉楷妻謝氏

王士妻戴氏

周壽妻趙氏

沈右文妻伍氏

高蟾桂妻歸氏

周曰庠妻宋氏

王高氏

黃憲章妻節孝潘氏

蘇沈氏

蔣維新妻馬氏

戴雲岩妻孔氏、子大觀

倪炳文妻陸氏

姚漢承繼妻馮氏

程如珍妻陳氏

傅莊氏

陶徐氏

于沈氏

周朱氏

吳蘇氏

周粹文妻許氏

莫宗源妻淩氏

屠松妻蔣氏

韓潘氏

范敬業妻陳氏

陳應魁妻李氏

計硯耕妻沈氏

沈慶楨妻趙氏、子大觀

沈顧氏

陳正魁妻李氏

莫宗培妻汪氏

王樂和妻陳氏

王秀章妻顧氏

孫福安妻陸氏

褚作肅妻胡氏

沈殷氏

譚之楨妻呂氏

陸姚氏

王錢氏

孫洪妻節婦杜氏

陳廉妻葉氏

蘇毛氏

王紹棠妻高氏

陳浩妻宋氏

蔡景福聘妻李氏　　以上見《忠義録》,已旌。

長垣縣典史張世藉母陳氏,姊王張氏,寡嫂沈氏、李氏

監生俞世椿繼妻周氏

生員陸文藻聘妻俞氏

監生倪汲繼妻陸氏

倪慶棻妻賈氏

閔春泉妻倪氏

洪少禄妻倪氏

陶計浩繼妻徐氏　　以上已旌。

監生金鯤妻夏氏

監生蔣理繼妻張氏

監生陳安慶妻王氏

監生杜昌妻夏氏

監生褚璋妻蔣氏

徐恩春妻鄭氏

戴金甫聘妻陳氏

俞珱繼妻王氏

周省之妻李氏,姪一

張詒堂妻徐氏

徐全慶妻張氏,子一

謝益三妾邱氏

王傅妻金氏

張慶森妻敖氏,子一

周遠香妻梅氏

王溶妻張氏

王洵妻節婦屠氏

馬振祥妻金氏

殷桂生妻賈氏

周俊方妻施氏

周度妻蔣氏

徐懋廷妻某氏

張申寶妻錢氏

王會田妻胡氏

俞洪範妻陳氏

王沛妻俞氏　　以上見《梅里殉難録》。

生員金盤谷妻費氏

監生沈慶晟繼妻徐氏

汪應昌妻施氏

貢生金應佳妻葛氏

從九品蔡羽儀妻邱氏

監生蔡成芝妻毛氏

監生蔡以卿妻許氏

生員吳棟妻盛氏

生員胡蓉江妻盛氏

沈右文妻任氏

董百壽妻沈氏

蔡鴻葵妻邱氏

邱世培妻沈氏

邱金笏妻于氏

姚陸氏

姚沈氏

王高氏

監生某妻邱氏、子景榮

屠程氏

顧山壽妻沈氏

儒童馬星臺妻李氏

倪少琴妻陸氏

生員鮑清模妻、節婦潘氏

倪新之妻婁氏、子一

廩生陳穎禾妻王氏

陳倬妻宋氏

監生范榮堂妻陳氏

曹雲齋妻范氏

州同鮑兆熊妻方氏

布經歷鮑廷璋妻董氏　　以上採訪。

朱恩綖妻沈氏　　夫亡哀毀卒。

庠生褚榮椿妻范氏　　守節八年，庚申殉難。

庠生褚濬源妻陸氏　　守節十五年，庚申殉難。以上補録。

程氏　　嫁爲孫氏婦，早寡，翁姑欲奪其志，投水死。陳布衣北舫合伍氏女，爲賦《雙烈詩》。

孫氏　　居東郭外雙溪。有名和梅者，生長子慶全，娶婦陸；次子福康，娶婦王；長女，適庠生趙蘊。王早寡，歸於家。庚申四月，避烽火匿陸家浜。王氏見賊至提刃脅慶全，遽披髮趨河干，襁幼女圓姑躍入水，陸氏、孫氏相繼從之。水湍急，弗暇拯，遺骸無存。惟孫氏凫水，氣未絶，有洇者救之，得甦。龍游訓導褚榮槐撰《孫氏三烈婦傳》。同治三年請旌。

監生張炳妻沈氏

汪載安妻陸氏

朱敬山妻某氏

周雙湖妻汪氏

秀水縣

明

陳貴妻李氏　甲寅倭變,李抱幼女走。倭追及,遂身入水。倭急持其髻,李抓倭手濡血,倭怒以刃抉其首,擠之水。詰旦,母女相持浮出水次。

丁鳳鳴妻楊氏　十五歲適丁。越二年夫亡,舅姑火其屍,當烟熖熏灼時,婦捐軀,救之得免。既而欲奪其志,乃自刎喉,不絕如綫,家人傅之藥,楊搔藥斷喉死。郡人賀燦然葬於杉青道旁。

張龍德繼妻侯氏　乙酉城破,龍德死于金陀坊項氏之池亭,侯投河死。

項嘉謨妾張氏　嘉謨棄官歸,城陷,率二子翼心及妾張氏投天星河死。

高穎琦繼妻徐氏　乙酉城陷,穎琦激烈攖刃死。徐語三女曰:"不可辱身,以悖汝父。"先推墮三女于井,即自投井死。又,張次柳妻某氏,城陷自縊死。

王鯤妾張氏　鯤死,張抱幼子乳名蓮觀投井死。

徐世淳妾趙氏、倪氏,肇樑妻張氏　世淳守隨州,流賊陷城,不屈死。妾趙氏亦罵賊死。賊并殺其幼女申姑,妾倪氏匿叢篠中得免,出赴屍所,痛哭扶櫬以歸,年二十七,守節三十餘年。子肇樑殉父難,其妻張在母家守節。乙酉城陷,密縫衣襦,自經死。

袁烺妻吕氏　明季兵亂,吕竊烺匕首佩之。一日舟行遇兵,遂赴水,兵以鈎攬其髮,吕出佩刀截髮,乃没。烺三日屍浮,更收葬焉。

錢淳妻曹氏　明季兵亂,淳他往。鄰婦拉曹以逃。曹曰:"我寧死耳。"遂抱幼女赴水。越五日,淳歸,得屍,面如生,抱女不釋。淳感泣,不復娶。

舉人黃季瀚妻胡氏　乙酉同夫避難,胡被掠,紿兵緩行,投河死。

蕭烈婦　居郡學後,明末兵欲汙之,不屈,投學井死。人呼其井曰烈婦井。

錢世茂妻陳氏　乙酉兵下,有數騎散入於鄉。陳見卒,驚避。卒追之,陳抱二歲子將投水。卒大呼救人,有高僕從傍舍出,陳付子於僕,遂赴深淵死,時年三十四。

國　朝

郭大娜　農人郭聖嘉女,年十九未字。大娜執爨厨下,傭人仲二匿暗中欲犯之,大娜堅拒,大呼,父母繼至,哭訴憤恨,隨入房自縊死,康熙六十年旌。

張超倫妻葉氏　夫亡,絕粒誓死,翁姑及父母泣止之。姑以哭子喪明,葉日以舌舐,乃復明。次年寒食,葉哭奠其夫,至半夜徐起,整衣自縊,死時年二十五。乾隆三年旌。

鈕禹聲妻沈氏　十七歲適鈕,甫三載夫亡。姑痛絕未蘇,沈即自經以死。乾隆十五年旌。

江纘祖妻汪氏　十九歲成婚,月餘夫亡,汪一慟幾斃。時翁姑無人侍養,汪佐翁姑爲夫弟婚娶,行禮既畢,從容語曰:"高堂侍奉,今有人矣。"乃扃戶自縊,鞋、膝等物,無不密縫,年二十三。乾隆二十三年旌。

吳雲海妻胡氏　濮院鎮白雲兜人。年甫十歲，爲養媳。十六成婚，越六年夫亡，伏屍悲號，措辦殯殮畢，即自縊死，年二十三。乾隆二十三年旌。

王馨懷妻劉氏　夫亡，具含殮畢，從容語曰："本訃隨殉泉下。但夫弟遠客漢陽，得其成婚，以延似續，我志乃完。"于是竭蹶葬其夫于翁姑穴傍。夫服將闋，聞夫弟永錫已就婚陶氏。劉即拜送夫主入祠，闔戶投繯死。乾隆三十五年旌。

周鼎鍾妻吳氏　夫亡，殉死。乾隆四十年旌。

張元洪妻葉氏　二十二歲適張。踰年夫亡，欲絕食死，舅姑強之。欲飲鹽滷，舅姑覺而傾之。一日，家中失火，欲自焚死，舅姑急呼而出之。乃于明年正月乘閒自經死，時乾隆三年也。　案：葉氏亦載《吳江縣志·別錄》內，葉工詩文，著有《霜閨吟》一卷，曾以節烈請旌，建坊於王江涇，坊已坍毀，字蹟模糊，年分無考，附識于後。

鄒之屏妻孫氏　乙酉變起倉猝，孫恐受辱，赴水死。越數日，屍抱石椿不仆，酷暑面色如生。

俞瑞宇妻張氏　順治初城破，一卒欲汙之，抵死不從，竟自殺。

仲晉妻金氏　三十九歲夫亡，誓以身殉，號慟不已，絕粒七日死。

邱永侯妻顧氏　夫亡無子，紡織養姑。里豪施某欲逼之嫁，顧躍身投河，鄰人救甦，遷龔家浜。康熙庚午六月，復有里豪張某糾黨謀娶，佯允諾，梳妝整衣，閉戶自縊。邑令任之鼎給扁曰"節烈可風"。

沈光裕妻項氏　歸沈四載，夫病篤，以死自誓。夫亡，哭臨畢，扃戶服滷死。

范介如妻某氏　二十四歲，夫病瘵亡，號痛絕泣[1]三日死。

陳向高妻虞氏　十八歲夫亡，屢欲自經。舅姑曲諭之，乃佯應諾，終日涕泣不離殯所。未幾竟絕食死。

丁元德妻周氏　夫亡，哀毀目盲。終喪，即絕食死。

袁福生妻李氏　十八歲適袁。九月夫亡，痛哭投繯，救甦。藏滷一罌，急仰之。灌救，又不死。未幾，嘔血數升。歸別父母。父母強留療治，疾篤，曰："兒欲歸死于袁。"起而仆，嘆曰："不能歸矣，奈何？"遂卒。

陳琦標妻沈氏　十八歲歸陳。甫六載夫亡，越七日，遺孤復殤。乃拜別翁姑，屬伯叔以孝養。姑驚，防護之。翌辰，姑少解，遂闔扉自經，年二十三。

金某妻徐氏　名婉，永豐里人。父楫，太醫院判，納同里金氏子爲壻，三月而死。楫貧甚，謀更嫁之。婉泫然不語，入戶自經，父母救之甦。自是茹蔬飲水，或竟日不食。明年丁酉元日，語其弟曰："余今日死矣。女子喪其夫，義當死。顧父母貧，汝好讀書，做男子事也。"是夜卒。

史某妻談氏　二十五歲夫亡，于葬夫之明日赴水死。

卜昌期妻陸氏　夫病，親嘗湯藥。每夜祝天，減己算。夫竟死，陸服滷自盡，年三十五。

吳時達妻嚴氏　二十五歲夫亡，水漿不入口數日，誓以死殉。服鹽滷盞許，家人急救得活，越三日，夜衰経，自經死。

徐大業繼妻陸氏　二十二歲夫亡，痛絕復蘇者數次。越三日，水漿猶不入于口。翁曰："婦至賢孝，而性過激，吾恐其從死也。"亟以撫孤之義曉之。陸懼然聽命，復進飲食。越六年，遺孤殤于痘，既殯，陸大慟曰："天不令留此一線而又殤之，吾何用生爲？"遂自經死，年二十有七。

陳經叔妻張氏　太平里人。二十八歲夫亡，撫孤守節。隣有惡少許五，酗酒無行，叩門欲入。張痛斥之，因穢言辱詈，夫弟滄洲控于縣，張懷忿激，自經死。邑令孫爾周給"貞心激烈"額。

王烈婦　十九歲適王，王故賣酒家也。夫有癈疾，姑當壚，屢以諷之，不爲動，愈自謹守。姑憾甚。每食，令不得飽。未幾，有以重利啗姑，將奪其志，遂赴水死。乾隆二十年六月某日也。

沈天山妻徐氏　五龍坊人。天山紡織爲業，乾隆三十年三月十八日，土豪張圖良、夏時蓮等歛錢賽社，不遂其欲，因即糾衆凌辱，天山氣忿自縊。徐以夫死非命，次日亦投繯死，時年三十一。邑令紀實土豪于法。

蔣某妻虞氏　夫亡，守節。鄰有許天若調之，氣憤自縊。乾隆二十六年某月事。

江天錦妻王氏　夫亡,即絕食。越五日,營殯畢,赴秀水兜死。

朱名遠妻湯氏　夫亡,投井死。乾隆四十八年某月事。

烈婦吳氏　福建興化縣人,嘉興協副將實誠妾也。實誠臨歿,謂其妻曰:"若年少,無子,我死,善嫁之。"追靈柩將歸旗,其妻為擇配,伏于棺側,慟哭一夜,達旦自縊死。

張長發妻張氏　二十七歲夫亡,即欲身殉,因思夫柩未殯,乃拮据營葬畢,從墓上哭奠回家,衣縗麻縊死。

陳江妻吳氏　夫嬰療疾,結褵時夫已憊甚,遂宿于姑寢。越二十一日,夫亡。吳年二十五,父母以無子可依,微言以奪其志,號泣數晝夜,仰藥而死。

孫鼎元妻王氏　二十二歲夫亡,無嗣。次年稟命翁姑立侄有慶為嗣畢,即投繯隕命。嘉慶九年旌。

盛承培妻周氏　十八歲夫故,無嗣。將屆百日,稟請翁姑立侄近思兼祧為嗣。親赴夫墓,哭奠回家,是夜投繯畢命。嘉慶十二年旌。

翁城妻陶氏　二十三歲歸翁。一載夫故,痛絕,勺飲不入口。越五日,卒於苫。嘉慶十五年旌。

生員汪承勳妻卜氏　二十六歲夫故,孝侍邁姑逝世。夫歿後,久無繼,服滿死。嘉慶十八年旌。

陳廷枚妻施氏　三十一歲夫故,子殀,無嗣,扶夫柩安葬畢,即投繯以殉。嘉慶二十五年旌。

劉時中妻錢氏　三十六歲夫故,子殀,奉姑命,立姪應昌兼祧。夫祀定後,絕食而亡。道光四年旌。

王上珍妻項氏　歸王三載,夫故,誓殉,強延月餘,自經死,年二十七。道光九年旌。

陸桂森妻何氏　二十四歲夫故,遺腹生子,殀。泣告翁姑,本望延夫一綫,今已無望,遂投繯死。道光十二年旌。

錢興隆妻湯氏　二十歲夫故,遺子殘疾,奉侍邁姑,後葬畢,自經死,年二十五。道光十七年旌。

俞邦榮妻于氏　二十二歲夫亡,姑以家貧無藉,欲遣之,遂絕粒死,時年二十三。士林有詩傳述其事。

倪淦亭妻吳氏　二十八歲夫故,無嗣,立姪士奇為子,成服含殮,伏屍哀哭,越二日投繯死。道光十七年旌。

王錫齋妻項氏　二十四歲夫故,自經死。

監生朱仁壽妻龔氏　二十七歲夫故,自經死。

茹元茂妻張氏　十九歲夫故,自經死。

湯某妻錢氏　二十九歲夫故,姑密謀賣氏。佯言探親,具舟載往,氏至舟中,覺其事,躍入水中,以救得不死。連躍三次,知其志決不從,方載歸。因救時誤傷其胸,歸即喀血死。

王維均妾張氏　二十四歲維均故,氏事維均母益謹。嗣因維均母亦故,氏念孤子無依,遂自經死。

倪二妻周氏　家貧,氏以紡績自給。倪素無賴,鬻其妻并女,行有日矣。氏瞯倪出,與其女全自經死。

許五觀妻湯氏　二十四歲夫故,自經死。

朱士興妻王氏　二十九歲夫故,自經死。

胡翰英妻鍾氏　十九歲夫故,姑謀奪其志,遂自經死。

仲禹謨妻曹氏　二十二歲夫故,舅姑謀奪其志,氏因情迫,致疾死。

丁錫榮妻嚴氏　二十六歲夫故,絕粒而死。

魯洪濤妻朱氏　二十二歲夫故,喪畢,自經死。

孫天瑞妻鮑氏　二十五歲夫故,赴水死。

沈應凡妻楊氏　夫故,自經死。

盛駿妻馮氏　夫故,以哀毀死。

王駕鰲妻張氏　夫在都闒署服役。姑素有淫行,欲逼氏同己所為,氏堅守不從。屢加鞭扑,不堪其虐。氏懼不免,遂赴老人橋河下死,年甫十七。

監生朱仁榮妻汪氏　十八歲夫故,以哀毀死。洪桐生太守爲《記》。

周鼎鎬妻王氏　夫亡殉節。

陳向高妻虞氏　夫亡殉節。

范忠信妻劉氏　二十五歲夫亡。越二年,貧不能自存,翁憐之,欲遣嫁。氏即喪服哭祭其夫,閉戶自經。

范晉錫妻徐氏　二十七歲夫故,遺一女,僅六齡,撫育成人。遣嫁畢,即自經死。　以上于《志》。

許九如妻沈氏　二十三歲夫亡,守節越四年,撫嗣又殤,自縊以殉。

唐厚甫妻錢氏　十七歲夫亡,守節越四年,姑歿後,投繯自縊。

監生陳秉曾妻殷氏　二十八歲夫亡,絕食不言,延至月餘,呼夫數聲,一笑而逝。

陸山養妻顧氏　十七歲夫亡,守節,抑鬱年餘,絕食而卒。以上咸豐八年旌。

仲禹謨妻曹氏　二十三歲夫亡,事衰翁,撫幼女。及翁歿、女殤,有欲奪其志者,乃減食月餘卒。

監生錢聖彩繼妻曹氏　二十八歲夫亡,即爲前氏子鳳臯迎婦成婚。越三日,自經死。

沈福綏妻陳氏　二十二歲夫亡,痛欲同棺以殉。其母泣慰之,勉進薄饘。越百日,哀毀傷神卒。以夫兄庠生福崇次子爲嗣。　以上見《梅涇節孝錄》。

增生沈寶琳妻陳氏　二十八歲夫亡,殉節。

鹽知事鍾坦妻金氏　十七歲適鍾,持家勤儉,孝事嫡姑。鍾病歿揚州,氏聞訃,痛哭暈絕。其姑慰之,乃慨然曰:"未得撫棺一慟,心未安也。"迨夫棺至,遂仰藥死。年三十六。以上光緒二年旌。

生員陳頤年妻吳氏　二十五歲夫暴亡,哀毀誓死,後夫百日,遂自盡。

俞世良妻朱氏　二十九歲夫亡,無子,又無族人可嗣,夫七,終日痛哭,祭畢,即自縊死。

莫如錦妻邵氏　二十四歲夫亡,無子,撫夫弟如鑑成立,完姻後,邵絕粒七日歿。守節十二年。

楊瑞山妻沈氏　十八歲夫亡,姑逼他嫁,誓死不從,姑恨焉。越二載,會沈母死,歸三日,姑約以隔宿。因逾期,大遭詬屬,氏終順受,夜半自經死,年二十,時同治元年事也。十二年,知府許瑤光給"翠柏凌霜"額。

監生陳怡慶妻虞氏　以上夫亡殉節。

生員范那義妻節婦陳氏　二十九歲夫亡,守節至聞粵匪至,絕食以殉,時年六十六。

生員朱淦妻節婦范氏　二十九歲夫亡,守節,粵匪至,吞金自盡,時年三十五。

候補知縣沈紹洙妾錢氏　以下殉粵匪難。

候補巡檢汪伯勳繼母金氏、生母吳氏,妻王氏

候選訓導金福曾妻李氏

九品軍功魏松年繼妻王氏

八品銜高維牔妻徐氏

六品軍功高鏞妻吳氏

從九品張仁勇妻胡氏

國子監典簿陳松齡妻周氏,子婦唐氏、楊氏

布理問趙榮恩妻虞氏

布理問陳照妻沈氏、媳沈氏

按經歷孫浩母鄭氏

八品銜王鈺妻褚氏

從九品王丙滮妻節婦闞氏
從九品鈕明鉥妻張氏
職員錢卿鏞妻陳氏
增生朱廣熙妻沈氏
監生金衍科妻鍾氏
附生汪鼎梅庶母李氏
附生金鴻鑒妻徐氏
附生金振聲妻張氏、媳唐氏
廩生沈和鳴妻趙氏
舉人馬寶田妻姚氏
副貢吴英妻節婦程氏
監生李濂妻朱氏
監生莫嘉德妻范氏
監生王應濤妻汪氏
監生吴寶校妻熊氏
監生徐旅庭妻節婦朱氏
生員鍾文耀妻徐氏
生員金錫康妻節婦吴氏
生員沈晉蕃妻吴氏
生員萬炳華妻金氏
生員朱心梅母高氏
生員吴淦妻范氏
監生沈增妻唐氏
廩生朱榮恩妻高氏
生員沈莊槐妻吴氏
監生唐彦才妻湯氏、子婦陸氏
項桂芬妻沈氏
沈世炳妻節婦楊氏
馬張氏
周應春妻薛氏
羅維城妻戴氏
賀南臯妻殷氏
唐兆霖妻金氏
陸茂亭妻王氏
鍾錦堂妻徐氏
朱鴻妻徐氏
胡其枏妻李氏

劉煥章妻高氏

汪曉隁妻石氏

倪介山妻高氏

陸汝元妻包氏

張傳林母楊氏

何家楨妻高氏

曹洛和妻馮氏

曹濂如妻嚴氏

周恒慶妻吳氏

衛開爔聘妻周氏

黃銑妻李氏

許廷貞妻顧氏

殷漢祥嫂董氏

曹泳妻沈氏

吳有山妻鄒氏

周小大妻蔡氏

唐棣妻王氏

范祥林妻曹氏

計瑩堂妻陳氏

賈友貞妻呂氏

錢青選妻夏氏

吳一舟妻顧氏

徐照妻朱氏

項子卿妻陳氏

魏璜妻朱氏

黃天衢妻孫氏

徐本立妻汪氏

范銘三妻周氏

徐墲妻王氏

薛元春妻楊氏

張崑三妻徐氏

張輔卿母包氏

盛配高妻張氏

汪熙載妻唐氏

羅維寧妻沈氏、子大官

張以莊妻莊氏

袁小園妻陳氏、女姚袁氏

楊克和妻劉氏、子大官

汪葆燠妻唐氏

李應傳妻錢氏

李榮印妻倪氏、子一

李茂印妻金氏、子一

趙濂妻虞氏、子一

張巽權妻高氏、子大官

翁小波妻祝氏、子一

陳芝仁妻王氏、媳鄭氏

秦爾梅妻節婦徐氏

沈文鍾繼妻陶氏

陶淮妻沈氏

潘五官妻沈氏

柴有名妻沈氏

周肇基妻張氏

周善銘妻蔡氏

金義妻俞氏

錢秋帆妻賈氏

汪民妻唐氏

顧名妻黃氏

潘廷妻周氏

潘愛園妻沈氏

鄭壽昌妻潘氏

陳鳳和姊節婦沈陳氏

賈廷煊妹節婦錢賈氏

郭裕堂妻江氏

錢鶴書妻全氏

朱世忠妻金氏

周玉田妻洪氏

趙明齋妻姚氏

夏盧昌妻陳氏

沈俊夫妻柴氏

李源勳妻范氏

徐百泉妻鄒氏

程明鑒妻徐氏

汪黃氏

陳爲儒妻張氏

錢俊升妻葉氏

張文英妻某氏

汪載妻王氏

施貽枚媳周氏

夏攵氏

李寶妻王氏

周寶妻朱氏

沈大名妻某氏

沈塈增妻潘氏

李含章母楊氏

郎梅川妻王氏

朱鈞繼妻周氏

王應濤妻汪氏

朱聲雄妻梅氏

金由明妻陳氏、媳沈氏

汪殷氏

王允恭妻麗氏、媳錢氏

張蘭溪妻邵氏

邱松泉妻王氏、姊宋王氏

胡蓉鏡妻吳氏

沈寅妻張氏、子一

朱恩妻高氏、子一

徐芹香妻華氏

鄭王氏

包張氏

朱聲林妻節孝王氏

吳寶寶妻卜氏

沈少庭妻張氏

王胡氏

楊遇春妻節孝夏氏

葉沈氏

顧艦舟妻周氏

何高氏

曹並卿妻陸氏

沈潤齋妻伍氏

何竹堂妻江氏

胡張氏

胡金氏

朱成章妻沈氏

朱椿壽妻施氏

鄒粹文聘妻許氏

陳寶義妻鄒氏

鈕張氏

許煥文母徐氏

湯五夘妻闕氏

高純臣妻呂氏

何毓芸妻謝氏

沈攀龍妻章氏

徐王氏

顧胡氏子大官

蔣慶妻吳氏

裴沈氏

沈玉庭母節孝柴氏

卜某母節孝沈氏

周寶母闕氏

麗福元妻徐氏

霍玉山母湯氏

沈渭珍母闕氏

王沈氏

趙濂妻虞氏、子大觀

錢士鉉妻朱氏

沈賢甫妻孫氏

魯趙氏

李闕氏

林炳妻周氏

王劉氏

張大妻闕氏

錢卜氏

張陸氏

麗學泉妻懷氏

胡善楨妻錢氏

浦之陶妻周氏

高明妻姚氏

張高氏

沈戚氏

顧沈氏

王禄棣妻黃氏

陶壽母闕氏、妻謝氏

宋吳氏

高張氏

沈頌熙妻周氏

俞本善妻王氏

王大妻楊氏

周繼燮妻王氏

王允恭妻麗氏、媳錢氏

楊鑑堂妻吳氏

陶淮妻沈氏

陶贊賓妻徐氏

潘大妻沈氏

陳寶妻鄒氏

高純臣妻呂氏

劉周氏

雷徐氏

范葆邱妻陳氏

吳有山妻鄒氏

曹海槎媳沈氏

朱壽楷妻施氏

朱高氏

賈友貞妻呂氏

顧大觀妻王氏

莊同孫妻浦氏

陳復吉妻金氏

胡其柟妻李氏

施煥庭妻趙氏

施錦庭妻陶氏

徐芹山妻華氏

徐渭妻王氏

黃少波妻王氏

沈闕氏

陸錦城妻沈氏

沈某氏

徐汪氏

馬章氏

徐朱氏

周錦堂妻薛氏　　以上見《忠義錄》,已旌。

庠生姚東升妻沈氏

四品封贈朱炳圖妻王氏　　以上已旌。

候補經歷姚紳妾張氏

儒童施純熙妻周氏

監生邵澄妻朱氏

陸敬初母駱氏妻王氏

朱景煜妻陸氏

監生何家仁妻曹氏、媳沈氏

歲貢褚曾善妻陸氏

高行忠妻褚氏

趙家塘庶母陳氏

沈秀甫妻韓氏

增生虞光祚妻朱氏

沈堃增妻潘氏

沈原壽妻節婦錢氏

沈世炳妻節婦楊氏

方玉林妻嚴氏

監生盛元熙妻殷氏

吳熊氏

鄭士俊妻陸氏

俞賜梅妻史氏、子一

章耀堂妻吳氏

儒童董定樑聘妻王氏

沈坤妻潘氏

徐旅庭妻朱氏

徐墀妻汪氏

張桐鳴妻姚氏

陶汾妻沈氏

金鼎爕孫女瑞姑　　以上採訪。

生員沈莊槐妻吳氏

費應元妻唐氏、媳沈氏

把總唐雲卿妻楊氏　　以上見《梅涇節孝錄》。

周星餘妻陶氏　　守節三十四年,庚申殉難。

生員盛慶瑎妻金氏　　道光甲寅春，瑎以瘵疾卒，氏遂不踰閾，暗中絕粒。臨終，睨夫兄慶瑞暨嫂沈氏，舉手指兒女，沈會意頷之，乃瞑目。沈自痛子殤，加意撫養，旋因諸孤夭，益悲，囈而歿。

增生沈寶琳妻陳氏　　歲貢生其煐女。幼讀書知大義，寡囅笑。自琳幕游崇明，染病歸，旋卒，氏送夫匶殯祖塋返，乃勾稽喪費，不足，變衣飾以抵，且出寬詞慰邁母。越四日，伺人靜，服毒卒。

陶孫氏　　嘉善人。少隨父成彥宦遊嶺外。性嚴重，言笑不苟。讀《列女傳》，頗慕節烈事。既笄，適秀水廩生陶謙元。陶故豪族，家以多故中落，烈婦躬操井臼，宿逋盡償。咸豐庚申，避居鄉村，預縫刃衣襟間曰：“急則需此也。”嗣賊突至，夫死，烈婦聞耗，號哭絕粒，家人市椶木反，叩戶扃鎖甚固，啟視，已仰藥死矣，年三十有六。

楊堂聘妻沈氏　　嘉善北窰人。道光六年，堂卒。氏聞，投繯者再，遇救不獲死，則樓居，屏華飾。越有年，家人復議婚，詗知，慟哭，遂絕食入，閱月而餓死。將死，語侍者欲歸骨於堂。未合葬，時會大水，一夕家聞撼門聲甚厲，啟視，則柩已離厝所，浮沉河濱。急維而告楊其再從孫象濟，移歸合窆，徵文傳之。

周繼燮妻王氏　　乾隆時周節母郁氏曾孫，婦性閒靜，工紡績。夫亡後，茹素未嘗見齒。咸豐庚申四月二十六日黎明，賊未至，揮其子奔避，自縊於所織機上。婦女弟五姑王卓庭女聞賊來，投水死。時殉身水次者陶淮妻沈氏，溺萬德庵浜；潘五官妻沈氏，投鎮東九曲港。更有姑投水，婦就縊者，若王允恭妻酈氏與長子婦錢氏；母女同縊者，若陳維洪妻守節俞氏與女金姑，金適出嫁之期，親迎壻未至，而賊遽入，急解帶就死。

聞川鎮諸烈婦　　沈文鍾繼妻陶氏，秦爾福妻節婦徐氏，一因子擄，一痛夫擄，均縊死。楊鑒塘妻吳氏，亦縊死。抗賊不屈，死事尤慘者，則趙老勤妻王氏，被磔於聞川鎮西王滙。生員陶贊宸妻，遇賊於鎮東被字圩，脅以刃，欲掠走，唾罵被斫死。

潘志棠妻張氏、振玉妻王氏、大鏞妻陳氏

監生朱景鈺妻陸氏

穆汪氏，女一

穆顧氏

馬烈婦　　二十歲夫故，匝月，服毒死。

【校注】

[1] 絕泣：當是“絕粒”之誤。

嘉善縣

明

周阿香　　農家婦也。正德庚午饑，夫與姑欲賣以自活。婦誓不從，數箠楚之。遣有日矣，前一夕，赴水死，鄉人具棺葬焉。

郁自魯妻馮氏　　二十六歲夫亡，哀慟絕食。居數月，手書辭其父兄，乘夜沐浴更衣，從容自縊。

曾巖妻張氏　　遇倭不辱，投河死。

沈春雷妻張氏　　少值倭亂，舉家避難。甫出門，即遇寇，執春雷之父，將刃之。春雷泣，請代，遂遇害。時張在舟中，手抱一孩，倉皇泣曰：“吾死，兒安歸？然吾不能以此身爲賊污也。”竟赴水死。時遇難死節者有孫三妻郁氏，亦不受辱，投河。

許應鯉妻何氏　　嘉靖中倭亂，應鯉夫婦與嬬母馮氏同出，遇倭。何年十九，馮年三十餘，俱赴水死。夫得脫，終身不娶。

孫承祖妻嚴氏　　二十二歲夫亡，止一女。念姑老，未即身殉。姑没，及女亦嫁，曰：“吾事畢矣。”遂不食死。

許可遂妻吳氏　二十二歲適許。夫性孝,母病,割股和藥,終不愈。父娶繼室,凌虐非常,婦事益虔。夫後爲繼母子所給,浴于河,溺死,無子。吳絕食,不死,旋服滷而死。

朱若達妻顧氏　縣役催科,瞷若達遠出,突入竈下,舉手加顧頸。顧旋入室,泣曰:"此頸可污乎?"遂自縊。

陳時經妻吳氏　十八歲適陳。姑遘奇疾,刲股以進,姑疾得起。家貧,夫游學在外,聞母病,馳歸,殞于道。比柩歸,而姑亦歿。吳泣曰:"已矣,方寸裂矣。"遂自縊死,年二十七。

生員孫鉞妻盛氏　夫亡,絕粒九日死。

何寅妻朱氏　二十四歲夫亡,日夜痛哭,嘔血數升死。

生員沈于道妻顧氏　十九歲生子永春,夫亡,以紡織贍翁姑,營殯葬。年四十五,語其子曰:"吾所以不死者爲若也。若婚矣,吾當從若父于地下。"遂不食數日卒。

胡士毅妻張氏　二十三歲,夫遠商不歸。張以兵燹之際必罹于難,遂一慟氣絕。　案明張氏《褒祀編》云:"夫兄之遇,之憲徧訪士毅,踪跡不獲,張一慟氣絕。夫之從子應宸奉其祀。"吳《志》云:"士毅遠商不歸,張晝夜悲號,誓無異志。年八十卒。許譽卿銘其墓,鄭友元傳其事。子光祖有孝行,郡邑表其門。"二書所載,事蹟不同,並存之,以俟考。又案吳《志》,士毅作爾宏。

葉舒芑妻錢氏　乙酉,師泊汾湖,錢匿蘆葦中,度勢不免,遂躍身赴水死,僕婦張亦從死。

生員王明妻孫氏　十九歲夫亡,自經數四,家人環守之,不得死。後翁成進士,令休寧,欲携之任,孫泣辭,嘔血死。

徐階荃妻金氏　二十四歲夫亡,哭泣三年,服除次日自經死。

謝旭超妻沈氏　夫亡,誓以身殉,絕粒七日卒。

監生蔡照妻張氏　松江進士張榮源女。十八歲適蔡,二十三照以暴疾亡,張嘔血,欲自盡,翁姑勸止。撫遺孤培節至七齡,張殉夫之志益決,遂不食死。

生員朱俞妻周氏　二十歲夫亡,無子,慟不欲生。舅姑曲慰之,強進飲食,延數月,絕粒死。

國　朝

蕭敬明妾吳氏　二十七歲敬明死,吳率婢阿秀紡織自給。敬明有女,適錢仁之。錢死于兵,歸依庶母。順治三年,猝遇大兵,吳偕女及阿秀,抱仁之幼子,俱投河死。

姚氏二烈婦　姚佛子之妻及其子婦也。斜塘沈姓被盜,誣佛子父子下獄。姚妻訴冤于某,某曰:"汝婦、姑能死,禍可免也。"翼日,二人竟赴水溺死。

吳雲祥妻鄒氏　憐有強欲逼之,伺吳他出,遣人道意,鄒怒而叱之。迨雲祥歸,鄒方訴及,而強暴又於門外辱詈。婦恚恨,自縊。夫隨書數語于壁,亦縊死。遲數日方殮,顏色如生。

徐保和妻魏氏　二十七歲夫亡,子殤。家素貧,姑將有他意。亟歸依弟。弟無家,乃依舅氏。舅亦勸他適,魏誓不從。久之,舅具舟送歸其姑。魏知不免,及劉家墳,一躍入水死,年三十三,時乾隆戊子六月三日也。

姜明周妻程氏　夫出外,病亡旅店。訃至,程亦投繯,翁姑救止。晝夜哭不絕聲,絕粒數日死,時年三十。

陸彩衢妻趙氏　十八歲成婚,七月夫亡,哀慟忘食,竟以死殉。

鄒坤和妻陸氏　夫亡,無子,椎心慟哭,暈絕,復甦。匝月,嘔血數升,絕粒自盡。

陳徐鈞妻薛氏　十八歲適陳。夫目瞽,薛不以咎,成婚。四載夫亡,殯畢,引剪刀自殉,姑救之,已絕髮矣。逾七載,父兄諷以他適,薛憤甚。詣夫墓泣,歸,鍵戶不出。舅斧門視之,已自剄。

李永妻郁氏　二十九歲夫亡,矢志捐軀,殯葬畢,遂絕粒死。

金在鎔妻李氏　夫亡,無子,誓不獨生,勺飲不入口。有勸之者,痛哭愈甚,晝夜不絕聲,越十八日死,年二十三。

黃紹鎧妻潘氏　成婚三月，夫亡，撫棺慟絕。已而築兩穴，營葬畢，泣拜墓下，歸，遂投繯自縊，年二十一。

進士錢伯壎妾楊氏　二十五歲伯壎歿，絕粒七日死，時乾隆辛卯年十月事。

計振聲妻范氏　秀水諸生范苟尚女。年十七歸計，十九夫亡，無子，范痛不欲生。因念夫之祖父在堂，姑洪又老病，未忍殉死。越五載，祖翁與君姑相繼歿，范經營喪葬悉如禮。持服既闋，適寒食，范走祭夫墓，號哭久之而歸。踰十日夜分，潛出，投舍旁溪水死。家人覺，往救，氣已絕，顏色如生，是爲乾隆四年三月初八日也，年止二十八。吳紹曾有《傳》。

孟世華妻黃氏　夫疾革，誓以偕死。夫亡，痛絕數次，翁姑諭之曰："婦死，如遺孤何？"因泣謝。及子已娶，黃曰："吾今有以畢吾志矣。"子不解。及晨，失母所在，急求之，已僵立河中，衣悉縫，面如生，距夫死二十二年矣。乾隆甲寅年十月事。

生員丁造錕妻金氏

陳邦達妻高氏

潘應城妻王氏

孫本勇妻朱氏

生員沈慶曾妻楊氏　以上五人，俱早寡，終喪捐命。

高星槎妻丁氏　夫故即殉，前劉邑尊給"節烈可風"匾。

何庭柱妻朱氏　以上于《志》。

李維榮妻胡氏　二十一歲夫亡，投水以殉。

王蘭若妾楊氏　十八歲蘭若亡，自縊以殉。學憲周旌其閭曰"節烈垂型"。

生員張汝康妻周氏　二十歲夫亡，欲殉。因遺腹未娩，勉盡喪禮。越三日，生一子。不育，即吞金死。同治九年旌。

生員陸燿墀妻劉氏　二十九歲夫亡，家貧甚，鬻衣飾殯夫。畢，即自經死。未旌。　以上夫亡殉節。

山東管勾廳陳鍾書妾夏氏，子婦丁氏　以下殉粵匪難。

知縣陳二璋妻楊氏

訓導陳鷦翔妻程氏

從九品俞江妻朱氏

通判金星輝姑母戴金氏

訓導楊導沈母吳氏

從九品朱少溪妻金氏

從九品徐樟妻朱氏

鹽經歷王忠霖妻節婦李氏

生員金雲錦弟婦顧氏

生員陸壬林母節婦錢氏

附貢盧秉爲母呂氏

陳燮元妻朱氏

呂亦堂妻龔氏

陳炘妻張氏

孫如洋妻俞氏

監生楊志清妻謝氏

武生周鯤池妻余氏

附貢陸伊勳妻羅氏

監生張四海妻朱氏

生員許汝珍妻蔡氏

生員吳江妻許氏

武生程長齡妻夏氏

監生金學禮妾節婦盛氏

生員吳寅槎妻節婦朱氏

周菊坡妻沈氏

張臨金妻王氏

蔡永林妻許氏

盛錫慶妻劉氏

顏遇妻王氏

王宗海妻蔡氏

楊飾堂妻吳氏

孫棫堂妻陸氏

楊茂春妻王氏

程平齋妻戴氏

黃友谷妻鍾氏

顧大觀妻節婦王氏

魯嘉齡妻褚氏

王二觀妻陳氏

陳方觀母闕氏

劉張氏

譚仁照妻謝氏

丁暢周妻宋氏

丁益開妻宋氏

謝一廉妻楊氏

陳竹林妻孫氏

薛光瑤妻朱氏

李五德妻趙氏

沈福生妻潘氏

吳天培妻王氏

顧王氏

笪金氏

萬心銘妻郁氏

郁增卿妻鄭氏

姚堲妻張氏、子一

沈炳堂妻錢氏，外孫錢大官、二官

唐穎川妻錢氏媳周氏

顧澄鑑妻陳氏

袁春圃妻陳氏、女姚袁氏

吳子香妻張氏、子大官

張加升媳蔣氏

包建昌妻周氏

吳敘金妻張氏

江臨波妻高氏

徐蘭棻妻節婦孫氏

錢慶穀妻節婦沈氏

項佩卿妻馮氏

吳方氏

於斯盛妻管氏

楊積齋妻朱氏

金德妻節婦韓氏

沈生妻節婦俞氏、媳陳氏

沈文錩妻陸氏

沈鉦妻陸氏

程鑑妻謝氏、媳沈氏

陸泳禮妻華氏

方衡齋妻顧氏

盛亦廷妻節孝俞氏

邱生妻董氏

錢玉成妻節孝顧氏

程聖元妻丁氏

陳生妻張氏

蔣祥麟妻周氏

彭鳴皋妻孫氏

楊毛氏

吳兆熊妻李氏

許大椿妻王氏

羅焜妻錢氏

武廷模妻沈氏，媳查氏、錢氏

戴春泉母錢氏

王元榮妻李氏

汪玠妻吳氏

郁韶音妻全氏

孔廣坤妻節婦戚氏

戴茂春妻孫氏

王錦衡妻黄氏

朱璇妻吳氏

沈嘉賓妻談氏

顧礪堂妻節婦屠氏

顧鴻吉妻徐氏

金人杰妻吳氏

曹燕祥妻唐氏

陸伯壎妻錢氏

江慶祥妻方氏

顧費氏

葉鍾氏

金盛氏

萬郁氏

張金氏

錢子襄妻沈氏

金顧氏

錢壉妻沈氏

黄其福妻金氏

謝寶森妻石氏

程度桂妻章氏

汪二官妻馬氏

范石樓母某氏

彭六妻程氏

王濤母顧氏

吳汝賢　一作言妻葉氏

卓品堂妻陸氏

蔡九一妻邱氏

周文德母王氏

胡如熊妻節婦陳氏

戴濬中妻錢氏　以上見《忠義録》,已旌。

金溪巡檢范芬妾唐氏

監生張邦栻妻程氏

從九品吳益妻王氏

沈仰卿母葉氏

凌耀山妻高氏

沈雲泉妻包氏

陳四觀妻丁氏

劉張氏

楊繼榮妻鍾氏

儒童王大木妻顧氏

費如汾妻孫氏

程吟秋妻姚氏

唐玉瀛妻胡氏

朱文榮妻陳氏

王在金母吳氏

葉三九妻郁氏

監生施銘妻沈氏

廩生謝江妾孫氏

張宏業妻葉氏

儒童馬炤麒妻楊氏

監生費晉涵妻王氏

金德妻李氏

王飾章妻鍾氏

戴笙六妻金氏

彭蒼培妻程氏　　以上見《楓溪小志》。

候選訓導錢維楨妾方氏

歲貢孫鎧妻曹氏

廩生孫鱗妻陳氏

增貢孫贊清妻丁氏

附生孫康濟妻張氏

顧士鈞妻查氏,媳盛氏

宋績卿妻陳氏

胡淵妻孫氏

曹浩川妻李氏

張桐鳴妻姚氏　　以上已旌。

增生李釗妻趙氏

監生李濂妻尹氏

副貢周爾圻妻茅氏

縣丞周士鏞妻謝氏

生員呂奕堂妻節婦龔氏

增生徐振熙妻楊氏

生員徐振燕妻胡氏

武三湘妻錢氏

姚鏡聘妻貞女鄒氏

沈福生妻潘氏

武澄甫妻查氏

魏孝煜妻陶氏

朱械繼妻顧氏

金應標妻錢氏

張鼎鏞妻黃氏

金應機妻節婦錢氏

徐振庶妻節婦陳氏

蔡久益妻某氏

唐聲宏妻王氏

潘如珪妻節婦馮氏

朱肇東妻節婦蔣氏

曹鶯祥妻唐氏

艾□雲妻劉氏、子一　　吳縣人寄籍。

徐應枏妻畢氏

李大母某氏

王雲庵母黃氏

沈雲泉妻包氏

楊繼榮妻鍾氏

王濤母顧氏

程吟秋妻姚氏

監生陸誠塘僕婦劉張氏

縣丞孫榮壽妾黃氏

從九品張鴻妻孫氏　　以上採訪。

黃若濟妾陳氏　　廣東人。侍若濟幕游白下。若濟病歿，遂仰藥死，距所天亡，僅旬有六日耳，時道光壬寅年三月。

曹孫氏　　歲貢生孫鐙女。少嫻姆訓，讀書知大義，歸同邑曹鳴珂為室。事翁姑，修婦道。光緒三年六月，鳴珂抱病，氏衣不解帶者浹旬，卒不起。擗踊哀號，請姑立嗣，即於是夕仰藥自盡，距鳴珂卒僅半日耳。越日，借夫入殮，當盛夏，面如生人，咸異之，謂古有“血碧三年，屍香七日”，其節烈亦不過是。

計范氏　　秀水人。歸計駿，性至孝，負氣節。夫亡，翁姑相繼殂謝，氏以一身經營喪葬。事畢，自沉於溪。

庠生汪培妻朱氏　　培家中落，訓蒙脩脯僅自給。生男四，長協和，次引耆，次寶賢，次增慶，女三。食指孔繁，婦夙持勤儉，隆冬溽暑，中夜猶聞紡織聲，賓祭慶弔，仍復井井。庚申秋城陷，婦年四十一。時協和服賈城外，引耆幼讀，寶賢、增慶在襁褓，二女在室。婦謂培曰："男也，守宗祧，宜走避。女可殉義。"麾二女赴彩筆溪死。婦方孕彌月，左挈寶賢，右抱增慶，赴水死。培携引耆走，遇協和將入城，猝被賊，俱擄。協和憤罵，被戕。培夜逸，引耆不知所終。甲子城復，培覓葬殘骸不得，遂欝欝死，一門節義亦僅矣。

　　吳雲祥妻鄒氏　色艾，鄰有强暴欲奸之，伺吳出，遣人道意，慍而叱之。鄰人當門辱詈，迨夫歸，婦方訴及，而門外又辱詈不堪。詰朝，婦恚恨，自縊。夫隨書數語於壁，亦縊死。保甲鳴官，遲數日方歛，顏色如生，衆憐異之。重出。

海鹽縣

宋

　　歐陽夢桂妾陸氏　夢桂，莆陽人。早入上庠。德祐間，讐人執夢桂所賦詩，發其事，囚獄以死。陸名柔，柔母以柔許嫁張酋，柔不從，自縊于樓死。

明

　　楊彥璋妻魯氏　名淑清。父彥中徙餘杭而嫁其女于故里。永樂丙申夏，倭寇犯海鹽武原鄉，淑清被掠，抱一子，未晬，泣而委之曰："幸天活我兒。"潮至，遂躍入水死，年二十一。所棄兒卒無恙。

　　姚琿妻周氏　名福蓮，周孟經女。年二十一，適姚甫四年，夫亡，生女名孝。家甚貧，孟經因促歸，與繼母、諸嫂處。有富家求爲婦者，孟經許諾。周覺之，謂嫂曰："我命如此。此足肯再踏他人門限耶？"遂抱女不復置。是夜，與女同溺死，年二十七。時弘治戊申二月九日也。

　　向升妻王氏　十六歲歸升。甫一年，升卒，王殞地幾死。設一榻柩旁，朝夕坐卧其上，屢欲自經，以勸乃止。姑憫其少，欲奪其志。王號泣，引斧斷足以誓。居一年，姑以從子某來爲升後。王念以叔爲子，焉能混處？遂俟姑寢，沐浴整衣，縊于柩側，時嘉靖戊戌冬十一月五日也，年十八。

　　海寧衞卒李政妻某氏　十八歲歸李，夫亡，不寢食六日。既送葬，即以孤子雲托夫妹，自經死。

　　步橋妻朱氏　海寧朱天宏女。嘉靖三十五年正月，遇倭寇，欲污之，不從，抱幼子投虞溪橋下。倭以鎗引之起，朱罵不絕口，遂被戮，母子同死。

　　監生徐乾貞妻朱氏　明末避兵豐山，夫他走。朱病不能行，婢商氏、顧氏掖之伏林莽中。兵見，執之，誓不辱。露刃脅之，罵愈厲。婢亦不屈死。

　　生員黃一卷妻崔氏　明末避亂石馬山。聞兵至，先投幼女于池，與長女躍入水死。一卷受創，危急，忽見崔撲面迎刃，得不死。越七日，屍浮水出，面有傷刃痕，人咸嘆其靈異。

　　郭乾妻何氏　十九歲夫亡，守節二十年。明末兵至，族人挈何避亂，何不可，曰："死則死耳，去此將安之？"未幾兵至，拒户自經死，年三十七。

　　吳上舍妻童氏　婚一年夫亡，守節三十餘年。乙酉聞兵至，即投河死。

　　小康橋烈婦　與姑俱被執，婦不行，抱橋柱大罵，受箭，沉水死。

　　生員陳悃妻蔡氏　乙酉，夫遇游兵被執，不屈死。蔡聞變，方痛哭，兵又至，即大罵，投河死。

　　乍浦千户馬某妻嚴氏　明末夫死于戰。兵見嚴色美，迫之。嚴大詈，兵殺之。二子哭罵不已，亦被殺。

　　沈三妻某氏　乙酉被兵擄，抱子投河死。

　　參將崔文榮妾郭氏　崇禎末，文榮殉難武昌。郭攜一子兩女赴河死，婢僕從者六人。

國 朝

生員陳蒼永妻彭氏 名孫懿，知縣彭長宜女。蒼永少負才名，嘔血卒。孫懿曰："必不令君獨死。"殮畢，不食數日死。巡撫祖光先[1]奏旌。

戴子亭妻朱氏 二十三歲，美姿容，持身甚謹。康熙六十一年五月初十，夫入城市，姑、朱抱病臥牀。朱晨起執爨。傭人王雲卿瞯室無人，強欲污之。朱堅拒罵詈，雲卿以刃斫死。子亭弟尚幼，聞聲出視，亦被害。俄而鄰里環集，雲卿度不能脫，遂自到。當事題請旌表。

監生洪琦妻徐氏 烈愍公曾姪孫女。夫亡，時舅姑未葬，力營窆岁。除夕托夫兄夢吉撫孤，設享祀夫。夜半自經死，年二十四。乾隆三年旌。

生員郁仁繼妻趙氏 結褵彌月，夫亡。將及百日，自縊死。乾隆十年旌。

陳潮妻錢氏 結褵一載，夫亡，無子。屆百日，哭奠畢，即自經。乾隆二十四年旌。

郭紹衣妻李氏 十九歲夫亡，無子。喪畢，遂自盡。嗣子逸堂重其貞烈，具呈請旌。

楊廷煌妻朱氏 寇盜竊發，避地豐山。俄而盜至，見朱有色，殺廷煌，逼取朱。朱不從，盜支解之，至死罵不絕口。

潘文昇妻孫氏 紫雲村農女也。舅姑早亡，夫婦力耕自給。生一男，纔二歲。文昇死，孫年二十二。夫有叔二：曰升、叔明。叔明闕以錢粟，日升無賴，潛許嫁于鍾。孫瞯知，即續麻爲繩，匿之。一日，日升來，曰："吾憐汝少，已善爲汝地，今夕當娶汝。"孫默不應，設杯羹奠其夫，自縊死。有頃，日升借娶者至，披其帷，已氣絕矣。時康熙壬申八月二十二日也。去文昇死纔一月耳。海寧沈珩有《傳》。

張國柱妻徐氏 夫亡，屢欲身殉。越數月，防者稍疏，遂乘間投井死。

查某妻馮氏 角里山人。歸龍山查某，伉儷甚篤。夫死，歲饑，或勸令改適。未幾委禽者在門，即自縊。吳曰："《蘡物表亭集》有《馮烈婦傳》云：'距溆浦之十里，角里山人也。'方知烈婦姓馮。《傳》又云：'百年前有虞節婦者，其所產之地與角里甚邇。山川有靈，鍾秀於女子如是。'"

何劒威妻洪氏 成婚二月，夫亡，日夜哀號，嘔血數升死。

吳巨川繼妻朱氏 歸吳後，念夫未得子，勸納前氏媵婢蕙蘭爲妾。未幾，巨川暴卒，朱即縊死，時年二十八。蕙蘭姓沈氏，痛夫主、主母同日慘死，立巨川之姪紹思爲嗣，以終主母之志。守節五十餘年。

祝文圭妻方氏 夫病篤，願以身代。焚香告家廟，奔赴外河死。夫後漸愈，無恙。

汪兆琦妻金氏 夫亡，自縊死。

生員王建斗妻董氏 二十七歲夫亡，越五月，遺孤又殀。絕食旬餘，端坐自縊。

蔡某妻倪氏 夫亡，家貧，歸依父母。父憫其少，許嫁他姓。倪偽爲改妝，閉戶自縊。

魏烈婦 武林人，乞食於海鹽。夫病不起，囑婦改圖。婦不從，先縊子，而後自縊。

祝文先妻張氏 夫病劇，張願身代。無何，氣絕，急投後池死。張既死，而夫復甦。

馬宏敷妻陳氏 夫亡，遺腹生子，不百日而殤，絕粒七日死。

蔡敬佺妻倪氏 二十七歲夫亡，父憫其無依，勸之嫁，誓不從。比娶者臨門，倪更衣奠夫。及入寢門，已氣絕矣。

采昭妻鍾氏 二十六歲夫客死，子幼。族有強爲媒者，遂闔戶自經死。

朱元勳妻張氏 母無子，贅元勳在家。張屢請歸見翁姑，母不許。越四載，姑喪，欲同夫奔喪，又不許。未幾，夫以哀毀卒。張哭，請歸朱守制。其母僅許在家設位祭享。張嘆曰："何太苦若是？"即晚投繯死，年二十五。

生員孫源肇妻劉氏 適孫三月，夫溺死，劉投繯數次，以救免。越數年，仍縊死，時年三十三。

黃萬榮妻崔氏 夫亡，遺腹生子。至八歲，一日崔謂姑曰："兒已長成，可不必撫矣。"已而闔戶自縊死。

王某妻韓氏　婚三月，夫亡。子殀。王本農家，且貧，翁與其父母商嫁之，而韓不知也。娶者至，韓駭且泣，閉戶破妝鏡，更素衣，自縊死。

李再梁妻姚氏　二十九歲夫亡，家貧，無子，守幃二十七日，絕粒而死。

馮東廷妻石氏　歸馮十年，孝事翁姑，夫病歿，即投河以殉，時年二十八。

汪烈婦　杭州人，故海鹽令張九華之妾。九華病篤，以汪年少，無出，戒家人令他適，汪誓以死殉。卒後旬月，將發喪，遂引刀自絕，時乾隆辛丑五月十三日也，年二十六。家人倉猝不能理，邑人士義之，瘞于西關外義冢之西，并勒石以誌其顛末。

生員巴泰來妻項氏　泰來客死于外。訃至，項大慟，遂闔戶自縊死，其妾錢氏亦即驚痛卒。

葉華初妻采氏　二十五歲歸葉。婚未三載，華初依外父讀書南陽，以猝疾亡。氏聞訃，痛絕，復甦，誓從地下。舅姑苦慰，立姪爲嗣。成服後，即盥漱告廟，絕粒痛哭而死。以上嘉慶八年旌。

方大玉妾姚氏　二十歲大玉亡，將遺子乞嫡撫養，密投暗室自縊，家人驚救得甦。越百日，竟投繯死。嘉慶九年旌。

許張氏　里中有無賴與氏夫妹有姦，氏潛知，稟姑禁絕往來。無賴挾恨，誣氏與人有姦。被誣不甘，投繯殞命，邑令雪其冤，請大府題旌焉。

甘馮氏　氏早寡，一日歸自母家，于荒野中遇無賴二，强行逼姦，氏哭罵不從。適有人至，無賴恐事洩，推氏溺河而死。以上道光四年旌。

蕭廷寶妻張氏　夫早故，氏撫子成立。婚未一載，子卒。撫尸慟絕，既而甦，曰：「天乎！早知今日，我死晚矣。」遂自縊死。

王烈婦　夫某流寓城西，病故，氏矢志殉節。殮畢，遂密投繯而逝。

庠生富根源妾葉氏　二十八歲根源故，貧不能殮，氏典質營辦，成服後即自縊死。

生員張襄綸妻陳氏　夫亡悲痛，誓不獨生，即日服滷死。

李飛熊妻盛氏　二十一歲夫亡，欲從死，爲姑所持，不得間。且喻以養姑守貞，氏遂安焉。後姑他出，夫兄某欲奪其志，事垂成，氏潛知之，飲滷死。

周璈妻王氏　二十二歲甫婚而夫亡，有强爲媒者，氏闔戶自經死。

生員倪爲穀妾朱氏　爲穀卒，氏誓不獨生，絕食七日而死。海寧人，寓海鹽。

生員孫維鏋妻繆氏　二十二歲夫亡，絕粒不食，越十日死。

舉人顧德馨妻張氏　德馨春闈罷歸，病卒。氏視含殮畢，遂自經死。

潘文華妻張氏　二十六歲夫亡，誓不獨生，族中以遺腹未生，力止之。及產，生女，又殤，氏曰：「早知如此，不如同殉。」遂服滷死。

張康瑞妻劉氏　二十一歲夫亡，自縊死。

蔡茂芳妻葉氏　茂芳傭工在外，有不逞葉元元乘間圖姦。葉不從，自經死。事發，捕元元，置之法。葉欽褒節烈，入節孝祠。　以上于《志》。

胡穀妻卜氏

黃漁莊妻吳氏

生員張綸妻陳氏

儒童孫紹裘妻何氏

徐汝梅妻程氏

儒童湯永成妻張氏　以上道光二十九年旌。

朱壽平妻侯氏

儒童朱汝霖繼妻張氏

徐東巖妻沈氏 　以上咸豐元年旌，俱夫亡殉節，未詳事實。

生員陳德銓聘妻李氏 　以下殉粵匪難。

湖南岳州府知府陳遂孫婦節孝李氏

從九品朱昌晉妻吾氏

從九品朱文藻妻俞氏，媳王氏

從九品陳家正妻俞氏

府司獄陸耀宗繼母錢氏

從九品宋鉉妻馮氏

州同銜補用巡檢巴用福母沈氏

生員陳德甡妻王氏

陳基豐妻沈氏

歲貢沈元祺妻邱氏

監生施巨源妻吳氏

朱壋妻馮氏，媳俞氏

陳惟欽妻朱氏

朱世堃妻陶氏，媳王氏

陸人憲妻錢氏

黃昌穀母節婦徐氏

廩生朱昌泰妻孫氏

黃穀琴妻張氏

增生施警簀妻胡氏

富夢鼎妻吳氏

巴元齡妻徐氏

生員施警箴妻胡氏

馮學曾妻龐氏

何鳳蓀妻顧氏

朱純熙妻李氏

顧元爕妻陸氏

楊萬程妻吾氏

彭恭誠母繆氏

胡秉鈞妻馬氏

武生沈振標妻姚氏

監生胡裕妻張氏

武生袁南橋妻蔡氏

生員許春煦妻陳氏

監生李時皆妻虞氏

陳應得妻朱氏

吳福生妻徐氏

董家亨妻胡氏

朱有寶妻張氏

陳福龍妻張氏

陸大妻節婦葉氏

金生才妻張氏

徐鴻妻吳氏

金大申妻張氏

金佩齋妻陸氏

麗鶴洲妻張氏

陳基堃妻查氏

徐大妻闕氏

姜文妻趙氏

朱甫妻仇氏

王金鈺妻徐氏

褚嘉妻吳氏

張應壽妻方氏

徐兆龍繼妻俞氏

朱福生妻計氏

彭桂泉妻繆氏

沈德彰繼妻王氏

沈俞寶妻徐氏

張何氏

朱大名妻吾氏

陸真有妻沈氏

董成龍妻殷氏

吳以發妻鄭氏

張金壽妻朱氏

謝張氏

周祥麟妻陶氏

張振珮母沈氏

湯甲壽妻張氏

陸田觀妻戴氏

孫七觀妻陸氏

朱大銘妻王氏

陳趙氏

盛大妻馬氏

宋馬老妻馬氏

顧采妻袁氏

張培升妻周氏

鄭大妻王氏

鄭大妻詹氏

王春老妻何氏

王甫老妻何氏

舒有生妻王氏

沈甫妻許氏

麗年福妻朱氏

朱壽福妻沈氏

朱桂生妻蕭氏

湯發妻胡氏

徐大妻張氏

陳祥生妻楊氏

楊正發妻李氏

趙天壽妻胡氏

沈才林妻張氏

陳濚妻吳氏

朱長生妻沈氏

徐友生妻陳氏

趙瑞生妻王氏

董柴榮妻張氏

陳升元母步氏

潘方正妻湯氏

郭時和妻朱氏

潘奎映妻孫氏

潘信成妻鄭氏

湯發元妻虞氏

湯連生妻顧氏

周敬熙妻徐氏

沈甫妻林氏

朱廷荃妻顧氏

方廣聲妻顧氏

朱文永妻楊氏

趙連慶妻吳氏

何觀濤母姜氏

何新橋妻顧氏

王祥祥妻陳氏

李三老妻吳氏

周桂龍妻王氏

湯正福妻盧氏

沈進方妻張氏

許乾元妻胡氏

錢來生妻陳氏

黃大妻闞氏

王士妻黃氏

姚甫妻何氏

姜甫妻張氏

馬大妻王氏

沈大妻林氏

張耕生妻湯氏

姚奇生妻姜氏

李永寶妻嚴氏

姚大妻張氏

姚二妻許氏

湯士妻王氏

陳大妻陸氏

張桂老妻史氏

楊進老妻黃氏

王大妻張氏

蔡甫妻富氏

徐七妻何氏

徐二妻劉氏

朱甫妻徐氏

沈大妻陳氏

蔡二妻袁氏

蔡文妻何氏

張甫妻周氏

姜正餘妻周氏

許恒生妻周氏

周餘慶妻盧氏

王毛毛妻周氏

沈桂山妻吳氏

朱德妻闕氏

朱友元聘妻陸氏

胡大棣妻張氏

翁大成妻姚氏

李永春妻嚴氏

楊榮曾妻李氏

朱鼎龍妻鍾氏

胡德元妻許氏

朱觀順妻吳氏

李錫瓚繼妻節婦沈氏

蘇繼昌妻步氏

沈天福妻顧氏

裴關生妻張氏

蔣二妻朱氏

陳榮妻胡氏

鍾大妻徐氏

徐克齋妻張氏

甘開元妻周氏

王亦山妻陸氏

萬樸君妻尤氏

楊甫女小姑

宋玉林妻馬氏

彭年福妻張氏

楊餘福妻張氏

孫多多妻胡氏

彭三福妻張氏

姚五老妻胡氏

范紹宣妻毛氏

徐連元妻何氏

戴大妻顧氏

郭慶元妻倪氏

潘汝生妻張氏

張永順妻潘氏

顧坤元妻許氏

郁二妻曹氏

陳二妻徐氏

陳大妻胡氏

王思信妻干氏

沈福生妻陳氏

許也魯妻吳氏

王二妻顧氏

姜文妻趙氏

徐士妻姚氏

王大妻吳氏

許采寶妻陳氏

蕭小奎妻馬氏

錢大妻張氏

錢二妻富氏

彭月樵妻陳氏

馮甫妻吳氏

徐大妻闕氏

許甫妻陳氏

干甫妻儲氏

吳大妻姜氏

沈和尚妻錢氏

費萬萬妻沈氏

黃子康妻馮氏

黃遇清妻馮氏

馬鑑齋妻胡氏

宋勝林母金氏

王甫妻舒氏

胡壽林妻吳氏

胡南餘妻薛氏

張元棣妻吳氏

印留生妻劉氏

朱培生妻干氏

陳大妻朱氏

常德妻蘇氏

蔡士妻朱氏

褚質庵妻俞氏

褚翔庭妻黃氏

王子村妻李氏

吳崑玉妻吾氏

徐甫妻張氏子一

何觀濤妻徐氏子二

張宿堂妻吳氏子一

金建齋母張氏媳徐氏

陳有福妻陸氏媳陸氏

陳勝祥妻程氏

胡大妻金氏弟婦董氏、蔡氏

祝泰交妻伍氏,孫二

陳秉鈞妻王氏

陳春榮妻顧氏

曹桂生妻顧氏

朱觀其妻馮氏

陳益亭妻朱氏

朱柳堂妻吳氏,子一

鄭鳳飛妻姜氏,媳馮氏

陳餘慶妻王氏

孫勝林妻方氏

吳雲章妻陳氏

陳秋伊妻吳氏

高民妻朱氏

沈生妻程氏

趙維有妻沈氏

趙民妻高氏

韓某妻陳氏

馬九四妻周氏

馮春畬妻高氏

俞卯官妻尤氏

朱應妻周氏

陸錦雲妻徐氏

陳興隆妻姜氏

張小蘭妻王氏

陳明煒妻李氏

陳基堃妻查氏

王金鈺妻徐氏

俞心友妻沈氏

朱柳巖妻仇氏

金大生妻張氏

王引之妻褚氏

韓芳谿妻李氏

李修德妻陳氏

錢杏溪妻張氏

許卓山妻王氏

姜永慶妻王氏

麗酉生妻張氏

查甫妻麗氏

沈彙堂妻蕭氏

朱椿齡妻黃氏

徐士林妻朱氏

朱印妻周氏

朱連生妻楊氏

朱墫妻黃氏

陳含齋妻朱氏

陳東文妻葉氏

陳省三妻范氏

陳聚寶妻王氏

徐盈山妻朱氏

徐燮堂妻張氏

徐慶元妻栢氏

徐星然妻張氏

徐鴻妻吳氏

李燮南妻沈氏

錢春周妻王氏

錢馬妻姚氏

金振鏞妻吾氏

金元增妻徐氏

王子春妻李氏

褚清儒妻陳氏

褚敬可妻俞氏

褚國楨妻黃氏

褚澄懷妻吳氏

陸徵麟妻沈氏

陸大生妻許氏

陸懷邦妻許氏

顧序賢母徐氏

張國楨妻朱氏

張耀堂妻金氏

俞靜谷妻張氏

陶懋功妻鄭氏

董嘉亨妻何氏

董雲樵妻鍾氏

盧廷芳妻董氏

費東梅妻金氏、媳沈氏

吳瑞弟妻田氏

吳竹坪妻謝氏

薛芳溶繼妻鄭氏

李福生妻馮氏

林祥符妻祖氏

吳拙安妻謝氏

施裕隆妻葉氏

姜春林妻張氏

邵運國妻張氏

章德妻徐氏

徐心和妻張氏

仲二妻沈氏

馮春嶼妻高氏

曹掌生妻吳氏

嚴榮如妻張氏

葉順有妻吳氏

周雲卿妻徐氏

李永亨妻嚴氏

韓雲卿妻陳氏

王榮妻趙氏

朱富生聘妻徐氏

朱國鈞妻徐氏

鄔懋春妻程氏

萬君樸妻尤氏

朱爾康妻吳氏

陳謙觀妻朱氏

潘小泉母謝氏、叔母吳氏

陳裕慶妻王氏　　以上見《忠義錄》，已旌。

儒童朱椿齡妻黃氏

朱維榮妻劉氏

顧元宬繼妻黃氏

朱國鈞妻陸氏

徐保生母吳氏

姜五棣妻何氏

徐王氏

吳鄭氏

徐蔣氏

金陸氏

曹薛氏

葉趙氏　　以上已旌。

生員徐克謙妾馮氏

監生徐炳鑾妻陶氏

監生朱廷煃妻顧氏

武生俞寅妻王氏

查有臺妻朱氏

查人照妻朱氏

馮繩武妻吳氏

趙君和妻沈氏

趙一亭妻沈氏

朱少初妻陸氏

盛關生妻馬氏

朱文淵妻周氏

趙厚亭母沈氏

趙清華母沈氏

沈懋昭繼妻王氏

朱變堂母陸氏　　以上採訪。

生員吳楣妻節婦顧氏　補錄。

陸錦雲妻徐氏　同治二年，粵匪入鄉，伺家無男丁。滅火。以梃格賊。既知不免，潛床下，以裙帶結頸死。

舉人陸世勳繼妻李氏　城陷，李以問疾之母所。母氏兄弟謀遷浙東，李曰："母宜遠避，我當隨翁夫生死。"遂乘卑舠徑去，避地吾家港。世勳以事急，仰藥卒。李即出衣餹，市二槥，以一殮夫，并購地豫爲窀夕。治具既畢，亦仰藥殉。

郡廩生徐石麟妻張氏　事姑陸氏孝。咸豐辛酉，聞賊警，夫被擄，因請於姑曰："媳有兄避居西鄉，送姑往依。"自投河死。手抱幼兒，遇鄰人救去。長子宗德同躍入河死。陸氏與孫女美珍旋亦赴火死。

趙曉峰妻吳氏　賊犯邑城，吳以夫客歸，未及遠避，謂鄰婦曰："婦人以守身爲大，我義不受辱。"遂投池死。平湖馬承昭爲撰《傳》。

　　生員李葆元繼妻許氏　　匪亂，值夫病重，願死守。有勸避者，曰："棄夫而逃生，非義也。"賊至，與女秉姑投河死。

　　監生陳基望繼妻張氏　　守節四十一年。同治二年，粵匪掠沈蕩鎮，被斮，斷手死。

　　方氏　　農家女，適虎墩里蕭四四。溺賭博，一夕負金，將鬻婦以償。方愬諸父，旋沐浴易衣，投河死。

　　武生俞寅妻王氏　　同治二年，賊下鄉。夫避，子擄，氏尾追，許以金贖。賊同至家，子半路潛逃，氏實無金，賊怒其誑，加以刃。氏痛罵不屈，遂被害。

【校注】

　　[1] 按：巡撫祖光先，光緒《海鹽縣志》卷二十《列女》："彭氏名孫懿，長宜女。海寧諸生陳蒼永妻。蒼永爲大學士之遴子，少負才名，入闈不售，嘔血卒。疾革，孫懿執其手曰：'必無令君之獨死也，請從君。'殮畢，衰絰以謝舅姑曰：'與夫子既言矣。'止之不可，令侍者詞之。乘間吞一金珥，姑徐強之吐，謝藥，不食數月，卒。巡按祖光先題請旌表。"錢海岳《南明史》卷六十一："左光先，字述之，桐城人。都御史左光斗弟。天啟四年舉於鄉。授建寧知縣，遷山西道御史，巡按浙江。未幾，金華許都亂，光先受代出境，馳歸徵兵餉，命將蔣若來、李夢麒、賈鴻陽及朱輅、張建高復蘭谿、東陽、義烏、武義、浦江，都降。至南京，史可法勞曰：'浙靖，南京福也。'時北京危迫，勉可法勤王。已而安宗立，按撫浙江。南京亡，隱居。紹宗立，起江西道，加太僕少卿。永曆三年五月，起僉都御史，聯絡安六廬州義旅，道遠未聞命。卒年八十一，謚貞介。"道光《續修桐城縣志》卷十二《宦績》："左光先，號三山，贈少保光斗弟。生而沉靜，居家以孝友稱。天啟甲子科舉人，筮仕綏安令，以異績入西臺，復條陳善後五款，勒石貽遠甘露、雲谷間，尸祝不衰。至本朝陸可求爲請祀名宦焉。按部兩浙，勤恤民隱，周覈官方所問，風采凜然……"查錢實甫《清代職官年表》之《巡撫年表》，無"祖光先"其人。故"祖光先"當是"左光先"之誤，當任"巡按"。本《志》卷六十七"萬寧妻張氏"條、"生員沈士麒妻項氏"條分別有"巡撫左光先奏旌"、"巡按左光先奏旌"句。